Rolf Palm

Die Sarazenen

WILHELM HEYNE VERLAG
MÜNCHEN

HEYNE-BUCH Nr. 7107
im Wilhelm Heyne Verlag, München

Genehmigte, ungekürzte Taschenbuchausgabe

Printed in Germany 1980
Umschlagbild: Archiv für Kunst und Geschichte, Berlin
Innenfotos: Archiv für Kunst und Geschichte, Berlin (4),
Bavaria Verlag – Bildagentur – Gauting b. München (5),
Germanisches Nationalmuseum Nürnberg (1),
S. U. Graf, Schwaig bei Nürnberg (8),
Dr. Luther, München (8)
Umschlaggestaltung: Franz Wöllzenmüller, Unterhaching bei München
Gesamtherstellung: Presse-Druck, Augsburg

ISBN 3-453-01059-0

Inhalt

»Als erstes schuf Allah die Feder.
Und Allah sprach zu ihr: Schreibe!
So eilt sie dahin, seit jenem Tag,
Und berichtet alles, was geschieht...«

(Ibn Kutaiba)

»Vergangenheit und Zukunft
sind sich gleich
wie zwei Tropfen Wasser...«

(Ibn Chaldun)

Der alte Mann
in Alis Grabmoschee

Zwei stramm gestiefelte, helmgeschützte Gendarmen auf sandverkrusteten Motorrädern vornweg, eine Polizei-Eskorte hinterdrein, so fuhr ich an einem glühendheißen Wintertag 1975 in die irakische Wüstenstadt Nadschaf ein, den heiligsten Wallfahrtsort der Schiiten. Es war »Adh al-Fitr«, der »Tag des Opfers«, einer der höchsten islamischen Feiertage. Hunderttausende von Pilgern strömten in Nadschaf zusammen, drängten sich in den Basar-Straßen, knieten unter der im gleißenden Sonnenlicht strahlenden Goldkuppel der Grabmoschee des Propheten-Neffen Ali.

Warum diese dramatische Polizeischutzaktion? Glaubte der Informationsminister, der solch spektakuläre Vorkehrungen befohlen hatte, den »ungläubigen« Besucher vor dem heiligen Zorn der Gläubigen schützen zu müssen? Oder bewegte ihn etwa der leise Verdacht, ich könnte – da mein nächstes Reiseziel die nicht minder geheiligte Schiiten-Universität von Ghom im Iran war – eine geheime Mission für oder gegen den Ayatollah Chomeini im Schilde führen?

Chomeini lebte damals noch in Nadschaf im Exil, von den Behörden mit Argwohn beobachtet, denn wenn auch knapp zwei Drittel der Bevölkerung des Irak schiitisch sind, so setzt sich die Regierung doch ausschließlich aus Sunniten zusammen. Und nicht nur das: aus sunnitischen Sozialisten, die jedem rechtmäßigen Schiiten ein Greuel sind; »Kinder des Satans« nennt Chomeini heute alles, was links ist.

Spannungen lagen schon damals, für Fremde freilich nur schwierig auszumachen, in der von Staub und inbrünstigen Gebeten geschwängerten Luft über Nadschaf. Aber noch schlug der fremdenfeindliche Fanatismus der Schiiten keine großen Wellen.

Meine Schutztruppe freilich schien die Eskorte nach Nadschaf eher für einen Feiertagsausflug zu halten, verzog sich nach und nach, sofern sie Sunniten waren, bis zur Abfahrt in die Kaffeehäuser oder, die Schiiten unter ihnen, zum Beten. Der »Mutawalla«, der Hüter der Moschee – ein Sayyed natürlich, ein Nachfahre des Propheten – nahm mich durchaus freundlich in seine Obhut.

Und zeigte mir, im Vorhof der Moschee, einen alten Mann mit inzwischen weltberühmtem mürrischen Gesicht, der dort inmitten einer Schar von gläubigen Jüngern hockte und lehrte – den Ayatollah Chomeini.

Ich betrachtete ihn eine Weile, erinnerte mich, was ich über ihn gelesen hatte – wie der Schah ihn beschimpft, er den Zorn Allahs auf den Schah herabbeschworen, die Kaiserliche Garde ihn gewaltsam ins Flugzeug gesetzt und so ins Exil verfrachtet hatte –, und ging dann mit dem Sayyed, der mir von der jahrhundertalten Hoffnung der Schiiten auf die Wiederkehr des »Mahdi« erzählte, Limonade trinken.

Hätte ich damals schon verstehen sollen, daß zwischen dem Hinweis des freundlichen Sayyed auf den predigenden Ayatollah und den scheinbar unvermittelten Worten über den »Erlöser«, über die Wiederauferstehung des vor elfhundert Jahren spurlos verschwundenen »Zwölften Imam« ein Zusammenhang bestand? Daß sich damals schon die Sehnsüchte Tausender Schiiten nach einer Neugeburt des alten, reinen Glaubens auf Nadschaf richteten?

Der Zufall hat es gewollt (oder soll ich es Allahs Fügung nennen?), daß zur gleichen Zeit, da die erste Auflage der »Sarazenen« auf den Markt kam, auch der alte Mann mit den mürrischen Stirnfalten aus der Moschee von Nadschaf nach Neaupfhle-le-Chateau umsiedelte – zwangsweise, weil von der irakischen Regierung wegen seiner Aufrufe an die Schiiten zum »Heiligen Krieg« unbequem geworden –, um nun von französischem Boden aus den Umsturz im Iran zu bewerkstelligen. Das war um die Zeit der Frankfurter Buchmesse 1978. Seitdem ist in der Welt nichts mehr wie zuvor.

Und nicht nur in der islamischen. Mit dem Sturz des Schah, dem Sieg der schiitischen Revolution im Iran, dem neuen Aufbruch des Islam, der seitdem wie ein Wüstensturm durch Afrika und den Orient fegt, gerät auch der Westen immer tiefer in das Dilemma zwischen steigenden Ölpreisen und umstrittenen Atomkraftwerken. Hat das alles der alte Mann gemacht, den ich in der Moschee von Nadschaf sah, fast übersah? Die jüngsten Ereignisse und Entwicklungen jedoch machen es notwendig, einige Akzente noch stärker hervorzuheben und – vor allem – dem Buch voranzustellen, um die Bedeutung der Sarazenen-Historie für unsere Zeit klar auszuleuchten.

Zwei Punkte scheinen mir dabei besonders wichtig. Einmal muß man sich vor Augen halten, daß im muslimischen Denken und Empfinden sich Vergangenheit und Gegenwart vollkommen durchdringen. Geschichte ist da nicht historisch, sondern allgegenwärtig.

Wenn inbrünstige Schiiten die Gedenktage ihrer Helden und Heiligen feiern – wie den Tod Alis oder Husseins –, dann ist das nicht mit den Oberammergauer Passionsspielen für Touristen zu vergleichen.

Die Passion islamischer Märtyrer wird von den Moslems als Gegenwart erlitten. Mancherorts peitschen sich die Gläubigen mit klingenbestückten Riemen, bis sie blutüberströmt in Trance verfallen und eins sind mit ihren ermordeten Idolen. Die von Chomeini auf die Straßen Teherans geschickten Massen waren so unüberwindlich, weil für sie noch genauso wie für die ersten Krieger Mohammeds das Koran-Versprechen gilt, daß jeder im Heiligen Krieg Gefallene unverzüglich ins Paradies auffährt.

Vor Augen halten muß man sich zweitens einen fundamentalen Unterschied zwischen Christentum und Islam. Der Islam hat nie eine (protestantische) Reformation erlebt und wird sie wohl auch nie kennenlernen.

Da es keinen islamischen Papst gibt, konnte auch kein islamischer Luther erstehen.

Selbst als Staatsreligion war das Christentum nie auch der Staat; kirchliche Strukturen existierten immer – selbst zu Zeiten engster Annäherung, wie etwa in der Epoche der Inquisition – neben, allenfalls parallel zum Staat. Der Islam ist der Staat.

In das Christentum haben sich Reformation, geistiger Fortschritt, Wissenschaft, Technologie und Gesellschaft integriert, das Christentum hat sie assimiliert. Im Islam jedoch, da jeder Reformationsgedanke an den Grundfesten des ewigen Koran rütteln müßte, kann eine solche Assimilation von und Integration mit außerislamischen Werten schwerlich stattfinden. Die rechtschaffene Gläubigkeit empfindet sie als Fremdkörper und speit sie aus – so wie es jetzt im Iran mit der »westlichen Dekadenz« und dem »kommunistischen Atheismus« geschieht.

Das ist gewiß holzschnittartig dargestellt. Raum für Modifikationen ist durchaus gegeben. Mohammed riet seinen Gläubigen im Koran: »Suchet Wissen, und sei es in China!« Und auch die Koran-Gelehrten, denen die Prüfung solchen neuen Wissens obliegt, sind gehalten, bei einem Widerspruch zwischen Vernunft und Tradition, wo immer es der Koran erlaubt, der Vernunft den Vorzug zu geben.

Wo immer es der Koran erlaubt – das ist also Interpretationssache.

Die Interpreten des göttlichen Willens aber sind die Koran-Gelehrten, die »Ulemas«, die »Mullahs« und die »Ayatollahs«. Sie werden von keiner Hierarchie eingesetzt, sie sind auch keine Priester, denn es gibt im Islam keine Sakramente und keine Mysterien. Bestimmt werden diese Interpreten vom Konsensus, vom großen, gemeinsamen Übereinkommen in der Gemeinde und der islamischen Gemeinschaft. Kein Mensch hat Chomeini zum Groß-Ayatollah bestimmt, gewählt oder eingesetzt – er ist es geworden, durch den Konsensus, und aus dem Konsensus spricht Allahs Wille. So einfach ist das im Islam, so kompliziert, und so zieht es sich durch die Jahrhunderte.

So, vor allem, zieht es sich auch durch die Geschichte der Schiiten, die immer, schon seit Ali und Hussein, im Gegensatz zur herrschenden Macht standen. Die sich immer, wenn sie selbst einmal an die Macht gelangten, was selten genug der Fall war, mit den falschen Freunden verbündeten – wie jetzt wieder beim Sturz des Schah mit Kommunisten – und daran dann letztlich doch scheiterten. Vorbilder für schiitische Revolutionen wie im Iran, fast aufs Haar genau, zeigt dieses Buch auf (so die Revolution des Abu-Muslim im 10. Kapitel) – und auch was daraus wurde. Die Parallelen liefern allerhand Stoff zum Nachdenken.

Freilich, das Wiedererwachen des Islam in unserer Zeit ist keine alleinig schiitische Sache. Diesmal nicht. Von der Renaissance sind auch die verfeindeten Brüder der Schiiten erfaßt, die Sunniten (zwar sind 90 v. H. aller Perser Schiiten, aber im gesamten Islam machen die Schiiten nur 10 v. H. aus). Unter Sunniten fand überhaupt die erste konsequente Reformbewegung im Islam statt. Im 18. Jahrhundert stand im Nedschd, im Osten des heutigen Saudi-Arabien, ein Beduinen-Chomeini namens Abd al-Wahhab auf, der einen gnadenlosen Kampf gegen den im Laufe der Zeit eingerissenen Heiligen- und Reliquien-Kult, wie auch gegen die verderbten Sitten, predigte. Wahhab gewann Ohr und Herz des über den Nedschd regierenden Scheich Mohammed Ibn-Saud, der seinen ganzen Stamm auf die neue Orthododoxie einschwor.

Es dauerte zwar bis nach dem Ersten Weltkrieg, bis sich die Saudis das ganze Herz Arabiens, einschließlich der Heiligen Städte Mekka und Medina untertan gemacht hatten. Aber nicht erst seit sich in den Händen der Saudis die geistige Vormachtstellung als Hüter der »Ka'aba« und die politische Vormachtstellung als Besitzer der reichsten Ölquellen der Erde vereinigten, bildeten die Saudis die Speerspitze der Re-Islamisierung. Denn für die Ausbreitung des strenggläubigen Wahhabismus konnte es keine idealere Plattform als die jährlich zur »Hadsch« nach Mekka einströmenden Pilgermillionen geben, die den Gedanken der »Reinigung« und des »Wiedererwachens« in die gesamte islamische Welt trugen.

Unterdessen war, im 19. Jahrhundert, im heutigen Sudan ein Mann, der sich »Mahdi« nannte, zum Kampf gegen die englische Kolonialmacht angetreten. Dieser »Mahdi«, der um Khartum einen ersten, freien Mulim-Staat gründete, inspirierte bis in unser Jahrhundert hinein kraftvolle Befreiungsbewegungen, wie noch vor dreißig Jahren etwa die algerische FLN, die sich unter der »Fahne des Propheten« sammelte. Im Zeichen des »Mahdi« erkämpften sich afrikanische Staaten ihre Freiheit, wie auch die Moslems in Britisch-Indien, die sich ihren eigenen Staat abspalteten: Pakistan. Wie in Ägypten. Wie in Syrien, im Irak, wie auch in Libyen.

Nun jedoch ist von Algier bis Kuala Lumpur eine ganze Weltreligion im Aufbruch – eine Religion, die mit ihrem Machtmittel Öl den gesamten »ungläubigen« Rest der Welt auf die Knie zwingen kann. Und die islamischen Fanatiker wollen das auch.

Daß sich ein paar Öl-Prinzen diese oder jene Kostbarkeit der westlichen Welt gekauft haben – wie das »Ritz« oder das »Café de la Paix« in Paris, das »Dorchester Hotel« und das »Hilton« in London, Kaiser Wilhelms II. silbernes, 830-teiliges Tafel-Service, ein Viertelchen Krupp, ein Achtelchen Mercedes oder einen Happen Fiat – das sind nur kapriziöse Begleiterscheinungen.

Symbolisch ist der Plan des Emirs von Kuweit, in Andalusien eine arabische Stadt mit Moschee und (islamischer) Universität zu bauen – Spanien war ja einst die schönste und reichste Kolonie der Sarazenen, bis sie 1492 vertrieben wurden.

In Wirklichkeit gehen die neuen Sarazenen den »Ungläubigen« bereits an die Gurgel. Da droht der libysche Wüsten-Oberst Kadhafi, der sich für den Sendboten des Islam in Afrika hält, seinen kapitalistischen Kunden: »Behaltet doch euere Technologie und euere Perversionen – wir behalten eben unser Öl bis zur nächsten Generation!«

Libyen kassiert jährlich acht Milliarden Öl-Dollar. Mit diesem pro-Kopf-Einkommen von 12000 Mark könnte jeder Libyer beinahe leben wie ein Franzose – wohlgemerkt, ohne einen Finger zu rühren. Aber die 2,5 Millionen Kadhafi-Untertanen existieren eher ärmlich. Denn mit seinem Geld finanziert der Missions-Oberst Anschläge wie das Olympia-Massaker von München 1972, den Überfall auf das OPEC-Treffen in Wien 1975, die Entebbe-Entführung 1976. Er finanzierte die RAF und die IRA, die Separatisten auf den Kanarischen Inseln und den Azoren, die Palästinenser im Libanon, die eriträischen Aufständischen gegen Haile Selassie, moslemische Scharfmacher in Thailand und auf den Philippinen, Putschisten in Ägypten, Tunesien und im Sudan und nebenbei auch eine Koran-Schule für türkische Gastarbeiter-Kinder in München-Freimann.

Gegen Kasse kassierte er Freundschaftsverträge mit zahlreichen afrikanischen Ländern: mit Uganda und Kongo-Brazzaville, Niger und Mali, Togo und Burundi (Preisvorstellung: Idi Amin vermählte sich für eine Morgengabe von 100 Millionen Mark mit dem Islam). Alles Länder übrigens, in welche die Israelis zuvor zwanzig Jahre Entwicklungshilfe investiert hatten.

Idi Amin und den anderen blutigen Buhmann Afrikas, den Kaiser Bokassa, stützte Kadhafi bis zum letzten Augenblick; für Ugandas Diktator setzte er sogar seine Armee ein, ebenso wie für die Rebellen im Tschad. Das erklärt – vielleicht –, wieso er für seine 30000-Mann-Armee 3000 (russische) Panzer braucht. Weniger erklärlich ist, was der Oberst mit dem 400-Megawatt-Reaktor will, den Rußlands Kossygin ihm versprochen hat. Was er damit kann, ist klar: über zwanzig Atombomben von Hiroshima-Wucht bauen.

Mit einem deutlichen – um nicht zu sagen: erpresserischen – Wink mit der Ölkanne hat Nigeria die amerikanische Regierung zur (islamischen) Ordnung gerufen.

Rhodesien hat nun, nachdem dort zum erstenmal Wahlen stattfanden, endlich den jahrelang verlangten schwarzen Regierungs-Chef. Dummerweise ist der Wahlsieger Muzorewa ein christlicher Bischof. Doch Präsident Carter erkennt weder die Wahlen noch den bischöflichen Präsidenten an – Nigeria ist Amerikas zweitgrößter Öl-Lieferant.

Persiens neuer starker Mann, Chomeini, der sich als Statthalter des »Mahdi« sieht, des vor elf Jahrhunderten in einer Höhle bei Samarra spurlos verschwundenen »Zwölften Imam« der Schiiten, schleudert von seiner Moschee in Chom aus – die jetzt das Regierungszentrum des Iran ist – den Bannfluch Allahs gegen die »Satansbrut der Ungläubigen«. Keine leeren Worte. Sein Öl braucht jeder. Jeder, der sich über die Anwendung strenger Koran-Gesetze durch »islamische Revolutionsgerichte« und bei seinen Vernichtungsaktionen gegen die (sunnitischen) Kurden empören möchte.

So hält die Empörung sich, was Wunder, in »vernünftigen« Grenzen. Weltweite Kampagnen zugunsten der Kurden, so wie sonst zur Unterstützung der Palästinenser, finden nicht statt.

In der Manier vornehmer, im Effekt nicht minder wirkungsvoll schwören Saudi-Arabiens königliche Hüter des islamischen Heiligtums Mekka die Welt der »Ungläubigen« auf die Fahne des Propheten ein. Mit Millionen von Dollars haben die Saudis bereits Somaliland, Moskaus Brückenkopf in Afrika, aus der Einflußsphäre der Sowjets herausgekauft. Fast wäre der auch rote Brückenkopf an der Südspitze Arabiens, der Süd-Jemen, gefallen. Nur in letzter Minute verdarb der Staatsstreich einer moskautreuen Junta den Saudis das Spiel.

Prophetische Warnungen richten die islamischen Öl-Könige jedoch gleichermaßen an kapitalistische Adressen. Ihren Öl-Minister, den Scheich Yamani, ließen sie mehr oder weniger offiziell befürchten, die Palästinenser könnten, falls ihnen nicht Genugtuung geschähe, auf die Idee kommen, einen Super-Tanker in der Meerenge von Hormus zu versenken – und damit die Ausfuhr aus dem Persischen Golf total blockieren. Seitdem führen amerikanische und europäische Politiker Gespräche mit Vertretern der PLO.

Besonders das Beispiel der saudi-arabischen Missionspolitik zeigt, daß die modernen Sarazenen gerechterweise zwischen kapitalistischen und kommunistischen »Ungläubigen« wenig Unterschied machen. Der erklärte Atheismus der Kommunisten ist dabei nur ein Grund. Ebensowichtig ist die Tatsache, daß in östlichen Republiken der UdSSR über 50 Millionen Moslems leben, die es zu »retten« gilt.

Denn die Sowjets hören da längst eine bevölkerungspolitische Zeitbombe heranticken. Da die moslemischen Volksgruppen in der UdSSR sich schneller vermehren als andere, sieht die Hochrechnung für das Jahr 2000 so aus: 150 Millionen »russischer« Sowjetmenschen werden 100 Millionen sowjetischer Moslems gegenüberstehen. Trotz jahrzehntelanger Unterdrückung aller religiösen Betätigung, trotz Schließung und Abbruchs zahlloser Moscheen hat das fromme islamische Brauchtum in der Sowjetunion überlebt. Zwar ließ der Druck bereits nach, als Moskau sich in den islamischen Staaten Afrikas und in Nahost-Ländern um Einfluß mühte. Schon da hat die innenpolitische Unterdrückung religiöser Minderheiten der außenpolitischen Einsicht weichen müssen, daß ohne eine, wenn auch widerwillige Verbeugung in Richtung Mekka kein Segen für eine erfolgreiche Propaganda in Entwicklungsländern zu erhoffen war.

Nun hat der Aufbruch der islamischen Renaissance, vor allem im Iran, auch den sowjetisch regierten Moslems frischen Auftrieb gegeben. Die historischen Heiligtümer des Islam in Samarkand werden renoviert, und nicht nur in moslemischen Hochburgen wie Baku, Taschkent und Marya sind die Moscheen am geheiligten Freitag wieder voll. Wenn hier auch noch keine Muezzins von den Minaretts die Gläubigen zum Gebet rufen – kleine Delegationen von Moslems dürfen neuerdings sogar zur »Hadsch«, zur Wallfahrt nach Mekka, ausreisen. Auf die Dauer werden wohl auch die Sowjetgrenzen die islamische Renaissance nicht aufhalten können. Schon jetzt macht der Staatschef Libyens Kadhafi die Eröffnung eines sowjetischen Konsulats in seiner Hauptstadt Bengasi davon abhängig, seinerseits ein Konsulat in Taschkent eröffnen zu dürfen. »Denn dort«, so beschied er Breschnew, »leben meine Brüder.«

Unterdessen macht auch Chomeini die Wiederaufnahme der iranischen Erdgaslieferungen an die Sowjetunion von größeren Freiheiten für die fünf Millionen Moslems in der »Aserbeidschanischen Sozialistischen Sowjetrepublik« (Hauptstadt: Baku) abhängig. Fürs erste kontern die Sowjets mit der »Stimme des Iran«, die von Baku aus über neue Sende-Antennen die 2,8 Millionen Aserbeidschaner in Chomeinis Reich aufwiegelt.

Wie wenig Chomeini sich von den Sowjets (»Söhne der Hölle«) gefallen läßt, beweist seine erfolgreiche Unterstützung der schiitischen Aufständischen im benachbarten, von einer moskautreuen Regierung nur noch schlecht beherrschten Afghanistan. Sollte es ihm gelingen, seinen islamischen Wiedererweckungs-Fanatismus auch über die aserbeidschanische Grenze hinüberzustrahlen, muß Moskau mit Schlimmerem als nur verstärktem Moscheenbesuch rechnen. Aserbeidschan liefert zehn Prozent der sowjetischen Erdölförderung. Sabotage-Akte von schiitischen Fanatikern kämen da ungelegen. Und von einem Ayatollah aus der engeren Chomeini-Umgebung, der ein »Komitee zur Ausbreitung des Glaubens« (im Klartext: eine Geheimdienst-Zentrale) leitet, ist denn auch zu erfahren, daß die Sowjets bereits in der aserbeidschanischen Erdölindustrie mit nicht ganz geglückter Unauffälligkeit einheimische Techniker durch religiös immune Zentralrussen ersetzten.

Denn auch das marxistische Rußland sieht sich seit einiger Zeit einer energiewirtschaftlichen Krise ausgesetzt. Selbst als größter Erdölproduzent der Welt fällt es der UdSSR immer schwerer, ihre Satelliten ausreichend zu beliefern – nicht nur wegen der Unflexibilität der Verteilungs-Funktionäre und der Schwerfälligkeit der sozialistischen Bürokratie, sondern vor allem, weil die UdSSR – wie der gesamte Ostblock – gezwungen ist, gigantische Mengen an Erdölprodukten in riesigen Versorgungslagern stillzulegen, um die übergewichtige Rüstungsmaschinerie (die ohnehin schon 15 Prozent des Brutto-Nationalprodukts auffrißt) einsatzbereit zu halten. Da andererseits die UdSSR nun auch, naiverweise unerwartet, die Auswirkungen der weltweiten Inflation kennenlernt, außerdem mit einer galoppierenden Außenverschuldung von 60 Milliarden Dollar (Hochrechnung für 1990: 200 Milliarden) fertigwerden muß, geht sie dazu über, ihr Erdöl nur gegen harte Westwährung abzugeben. Das jedoch muß zu Widerspenstigkeit und Groll führen – wie bereits in Rumänien. So scheint es denn aufgrund von amerikanischen und französischen Analysen, die in »Paris Match« zitiert wurden, nicht ausgeschlossen, daß die UdSSR eine politische Unvorsichtigkeit von Fanatikern wie Chomeini nur zu gern zum Anlaß nähme, um den Griff zum Öl Persiens oder des Persischen Golfs zu riskieren.

Daß die vom Öl abhängigen Industriestaaten – ob kapitalistisch oder kommunistisch – einer Wirtschaftskrise zutreiben, die von den OPEC-Staaten gesteuert wird, ist unbestreitbar – und die sind nun einmal, Allah ist seinen Gläubigen gnädig, bis auf wenige Ausnahmen islamisch.

Wer Wirtschaftskrise sagt, muß auch Konfliktgefahr sagen. Konfliktgefahr – um nicht zu sagen: Kriegsgefahr – entsteht, wenn:

- Der Ölhahn abrupt abgedreht wird – sei es infolge einer direkten oder indirekten Intervention der UdSSR, sei es unter dem Druck eines islamischen Radikalismus,
- oder die ölproduzierenden Länder den Öl-Preis über eine »unzumutbare Erpressungs-Schwelle« (»Le Figaro«) hinaus anheben.

Wie hoch die politische oder die moralische Erpressungs-Schwelle liegt, ist schwer zu sagen – da haben wir uns bis jetzt schon viel gefallen lassen. Wo die wirtschaftliche Schwelle liegt, hat indessen der französische Außenminister, sicher nicht ohne Absprache mit seinen europäischen Kollegen, bereits zu verstehen gegeben:

»Von einem militärischen Eingreifen wird auch dann keine Rede sein, wenn der Ölpreis über 30 Dollar pro Barrel steigt.«

Von den diplomatischen Arabesken befreit, heißt das im Klartext: »Wohl aber, wenn die Schraube auf 40, 50 oder 60 Dollar angedreht wird.«

Dazu paßt das Wort des bundesdeutschen Wirtschaftsministers Graf Lambsdorff in einem Interview mit der saudi-arabischen Tageszeitung »Arab News« (ebenfalls gewiß nicht ohne Absprache mit Kollegen): »Ein Ölkrieg kann in den nächsten fünf Jahren ausbrechen.«

Welche Manöverspiele für diesen Fall in sowjetischen Generalstabs-Sandkästen durchgespielt werden, läßt sich nur ahnen. Die amerikanischen und die französischen Einsatzpläne sehen jedenfalls so aus:

In Fort Bragg (Nordkarolina) stehen die 82. und die 101. US-Luftlande-Division Gewehr bei Fuß, um rechtzeitig vor Ort zu sein, falls

- die 2000 russischen Panzer des Irak sich in Richtung Kuweit in Marsch setzen oder (schiitische) Chomeini-Fanatiker die Öl-Quellen in den (sunnitischen) Emiraten in die Luft sprengen,
- falls ein Putsch von islamischen Radikalen die als »westlich korrumpiert« verschriene Königs-Familie von Saudi-Arabien aus dem Sattel katapultiert.

In ständiger Einsatzbereitschaft befinden sich auch 6000 Elite-Soldaten der französischen Armee – mehrere Regimenter der 11. Fallschirmjäger-Division und der 9. Marine-Infanterie-Division. Zwei Regimenter haben bereits in Katanga, im Tschad und beim Sturz Bokassas ihre Feuertaufen hinter sich gebracht – Aktionen, die Libyens Kadhafi als »bösartige Schläge gegen den Islam« verteufelt.

Der Eingreifbefehl der Franzosen: Schutz der Ölquellen auf dem 1500 Kilometer langen Küstenstreifen zwischen dem Schatt-el-Arab (Mündungsdelta von Tigris und Euphrat) bis zur Meerenge von Hormus. Zu diesem Zweck wird auch der französische Vertragsstützpunkt im kürzlich unabhängig gewordenen Dschibuti verstärkt, während die Amerikaner die unbewohnte Insel Diego Garcia im Indischen Ozean zur Truppenbasis ausbauen.

Allerdings: Kriegsgefahr muß nicht ausschließlich durch die Konfrontation zwischen den modernen, ölbesitzenden Sarazenen und den ölbedürftigen »Ungläubigen« entstehen. Genügend Konfliktstoff steckt bereits in den inneren Widersprüchen und Spannungen, mit denen der Aufbruch der radikal-religiösen Wiedererweckung des Islam aufgeladen ist.

So fürchtet im Irak die aus Sunniten bestehende sozialistische Regierung die rund 60 Prozent Schiiten in der Bevölkerung – und Schiiten-Führer Chomeini heizt tüchtig auf. Andererseits ist in Syrien die aus Offizieren der extremen Schiiten-Sekte der Alawiten bestehende Regierung ständig Terroranschlägen von fanatischen Sunniten-Gruppen ausgesetzt. So wird in Saudi-Arabien, vor allem unter dem riesigen, aus Palästinensern, Ägyptern und Jemeniten rekrutierten Gastarbeiter-Heer, kräftig subversive Propaganda gegen den feudalistischen Regierungs- und Lebensstil der über 3000 Prinzen-Familien des Königshauses betrieben – hauptsächlich durch Tonbandkassetten mit aufwiegelnden Predigten von Schiiten-Führern aus dem Iran.

Wohin letzten Endes der Aufbruch des Islam führt, ob der Iran aus dem permanenten Revolutions-Rausch doch noch einmal zu einer staatswirtschaftlichen Sanierung findet oder ob er in seine Völkerschaften zwischen Kurdistan und Belutschistan auseinanderbricht und dem Ayatollah Chomeini am Schluß nur die unfruchtbare Wüste im Landeskern übrigbleibt, ob vielleicht einmal aus dem Orient der Sowjet-Union eine Reihe von islamischen Republiken wird, ob die neuerbaute Londoner Moschee (das größte islamische Bauwerk auf abendländischem Boden seit der Alhambra von Granada) in nicht allzuferner Zukunft eine noch größere in Rom nach sich ziehen wird, ob wir eines Tages jeden Liter Benzin für unsere Autos nicht nur mit fünf Mark, sondern auch mit einem frommen »Allah akbar« bezahlen müssen, ob vielleicht sogar ein Dritter Weltkrieg an der Meerenge von Hormus beginnt – das alles kann, wie der gläubige Moslem sagt, nur Allah wissen.

Begründet liegt das alles in den ersten sieben Jahrhunderten des Islam, in den Gestalten, die diese Religion und ihre Gläubigen bis zum heutigen Tag prägen – in Mohammed, Ali, Hussein und dem legendären »Zwölften Imam«, dem Mahdi. Von ihnen berichtet dieses Buch.

Wie dicht im Islam Vergangenheit, Gegenwart und Zukunft einander durchdringen, ist mir bewußt, seit ich in Nadschaf, in der Grabmoschee von Mohammeds ermordetem Schwiegersohn Ali, den greisen Ayatollah Chomeini, den die Gläubigen als Vermächtnisbewahrer Alis ansehen, um die Verwirklichung seiner Vision von einer islamischen Republik beten sah, die es doch in der ganzen Geschichte des Islam nur zweimal gab: in den zehn Jahren, als Mohammed in Medina regierte, und in den fünf Jahren, als Ali ein Kalif war.

Dieses Buch über geschichtliche Ereignisse, die fast vierzehn Jahrhunderte zurückliegen und heute, scheinbar plötzlich, unsere Welt prägen, scheint mir mit jedem Tag mehr an Aktualität zu gewinnen.

Monte Carlo, im Oktober 1979 Rolf Palm

1.
Invasion aus dem unbekannten Raum

Durch das endlos-öde Sandmeer der südsyrischen Wüste jagt ein hagerer Beduine auf einem Rennkamel nordwärts, staubbedeckt vom tage- und nächtelangen Eilritt. Der einsame Reiter, dessen Namen spätere Chroniken mit Dichja Ibn-Chalifa angeben, kommt aus den Tiefen Arabiens.

Die Halbinsel Arabien, umgeben vom Roten Meer, dem Indischen Ozean und dem Persischen Golf, ist zu Beginn des 7. Jahrhunderts für die Kulturvölker, die alles über die Sterne zu wissen glauben, rätselhafter als der Weltraum. Vom Landesinneren haben die römischen und persischen Geographen nur unbestimmte Vorstellungen, über die kriegerischen Beduinenstämme nur bizarre Vermutungen.

Dichjas Kehle ist ausgedörrt, zwischen den Zähnen knirscht ihm der Sand. Die Wasserschläuche schlappen fast leer gegen den Leib des dahingaloppierenden Kamels. Die Augen des Sarazenen, halbverdeckt hinter dem um Kopf und Gesicht geschlungenen Tuch, schärfen sich auf einen grünen Streifen am hitzeflirrenden Horizont ein. Im Sonnenglast schimmern hinter fernen Dünen Ausläufer der fruchtbaren Nukra-Ebene herauf, später Mauern und Türme der römischen Garnisons- und Provinzhauptstadt Bosra.

Wenn Herakleios, Kaiser von Byzanz, diesen Außenposten seines Weltreiches noch nicht verlassen hat, kann Dichja Ibn-Chalifa den Auftrag des Propheten erfüllen.

Im Trajans-Palast von Bosra, dem Gouverneursquartier, sitzt an diesem Junitag des Jahres 628 der Imperator des oströmischen Reiches einem Halbkreis von Männern gegenüber, die ihn halb feindselig, halb bewundernd betrachten. Herakleios, ein Kappadozier mit blauen Augen und dichtem grauen Bart, jetzt Mitte Fünfzig und seit fast zwanzig Jahren Kaiser, ist mittelgroß, ungemein stark gebaut; von seiner Muskelkraft und seinem Mut erzählt das Volk sich phantastische Geschichten. Im Hippodrom zu Konstantinopel soll er mit nackten Händen einen Löwen erwürgt haben; im soeben beendeten Krieg gegen die Perser erschlug er mit seinem Schwert vier feindliche Generäle im Zweikampf. Fünf Jahre war er im Feld, an der Spitze seiner Truppen trieb er die Perser bis vor ihre Hauptstadt Ktesiphon, nahe dem heutigen Bagdad. Jetzt reist er durch die befreiten Gebiete. Die Verwaltung muß neu organisiert werden, vor allem neue Steuern müssen verordnet und eingetrieben werden. Die Kirche des oströmischen Reiches verlangt ihre Kriegsdarlehen zurück.

Neben dem Kaiser sitzt seine Frau Martina, dreiundzwanzig Jahre jünger als er, schlank und schwarzhaarig, große dunkle Augen. Auf allen Kriegszügen hat sie ihn begleitet, auch auf dieser Reise nimmt sie jede Unbequemlichkeit in Kauf. Sie weiß, daß sie eine innenpolitische Belastung für ihn ist. Sie spürt die verhohlene Begierde, mit der die Herren der Kirche sie anstarren. Martina ist die Nichte des Kaisers, die Tochter seiner Schwester. Ihre Ehe ist Inzest in den Augen der Priester, Todsünde.

Draußen, vor dem Palast, werden Stimmen laut. Dem Kaiser ist die Unterbrechung willkommen. Die Konferenz steckt in einer Sackgasse. Die Priester der Staatskirche sperren sich gegen jede Versöhnung mit den zerstrittenen Sekten, halten aber höhere Steuern für möglich. Die Beamten und die Garnisonsoffiziere befürchten Unruhe, wenn dem ausgeplünderten Volk neue Lasten aufgebürdet werden. Herakleios tritt unter das hohe Rundbogenfenster. Jubelgeschrei brandet empor.

Herakleios kneift die Augen gegen die stechende Sonne zusammen. Über die Menge hinweg beobachtet er einen Beduinen. Unberührt von der Begeisterung des Volkes, das Gesicht staubverkrustet von der langen Wüstenreise, führt er sein Kamel aus dem »Decumanus«, der West-Ost-Hauptstraße, durch den Nabatäer-Bogen auf den großen Platz. Zwei Soldaten der kaiserlichen Garde stellen sich ihm in den Weg. Der Beduine greift in sein Gewand. Er hält den Gardisten eine Schriftrolle hin.

Der Kaiser zieht den Gouverneur an seine Seite. »Siehst du den Sarazenen? Hol mir den Brief. Und der Mann soll festgehalten werden.« Dann hebt er die Hand zum Gruß ans Volk.

Der Herrscher der Christenheit, Astrologe und Sucher nach dem Stein der Weisen, hält viel von seinem sechsten Sinn. Seinen Vorahnungen glaubt er verdanken zu können, daß er länger als fast alle seine Vorgänger auf dem Thron sitzt. Auch als ein persisches Heer schon vor Konstantinopel stand, vertraute er seinem sechsten Sinn und griff nicht, nach gewohnter Strategie, frontal die Belagerer an; er führte seine Armee auf scheinbaren Irrwegen das Schwarze Meer entlang über Armenien und stieß, von Norden kommend, auf die persische Hauptstadt.

»Der Brief!« flüstert es neben ihm. Herakleios greift nach der Rolle, ohne hinzusehen. Der Bischof hat begonnen, zur Menge zu sprechen. Lobeshymnen auf den Kaiser. Dank an Gott, weil er die Christenheit zum Sieg führte. Mein sechster Sinn, denkt Herakleios. Fehler habe ich immer nur gemacht, wenn ich ihm nicht folgte. Dieser Brief ist der Anfang von irgend etwas, das Änderung bringt. Aber was? Persiens Schahinschah Chosrau II. ist von seinen eigenen Aristokraten ermordet worden. Die Nachfolger zerfleischen sich im Kampf um das Erbe. Und das byzantinische Heer ist durch Krieg zu erschöpft für eine Rebellion.

»Im Namen des Vaters, des Sohnes und des Heiligen Geistes!« Der Bischof hat geendet.

»Amen!« dröhnt es vielhundertstimmig über den Platz. Herakleios tritt an die Brüstung. Hochrufe, die kaiserliche Garde rasselt mit den Schilden. »Der Kaiser soll zu uns sprechen!« Herakleios benutzt den Augenblick, um die Rolle zu öffnen. Er überfliegt die wenigen Zeilen.

»Im Namen Allahs, des Gnädigen, des Barmherzigen! Von Mohammed, dem Gesandten Gottes, an Herakleios, den Großen der Römer! Gruß dem, der den rechten Weg geht. Ich fordere dich auf, dich zum Islam zu bekennen. Werde Moslem, und erwirb dir den Frieden. Dein Lohn wird doppelt sein. Weist du jedoch diesen Ruf zurück, so fällt auf dich die Schuld für alle, die im Irrtum verharren. O ihr Völker, die ihr an die Schrift glaubt – vereinigen wir uns nach dem Wort: Lasset uns nur den einzigen Gott verehren, dulden wir keine anderen Götzen neben ihm...«

Herakleios verhält bei den unverständlichen Worten Allah, Moslem und Islam, dann reicht er dem Gouverneur die Rolle zurück. »Unfug«, sagt er. »Ein Verrückter aus der Wüste.«

»Keine Antwort?« fragt der Gouverneur.

»Keine Antwort. Laß den Beduinen laufen.« Herakleios hebt beide Hände über sein Cäsarenhaupt und läßt sich vom Jubel berauschen.

Kaum eine Stunde später reitet Dichja Ibn-Chalifa wieder über den Decumanus zum Westtor hinaus, durch die grünen Felder in die gelbbraune Wüste, nach Süden. Keinen Atemzug will er länger in der Stadt der mit Blindheit geschlagenen Ungläubigen bleiben. Eines weiß der Kurier des Propheten genau: Diese Stadt mit ihren Kirchen und Palästen, ihren Thermen, ihrem Amphitheater und ihren blühenden Gärten wird der Zorn Allahs treffen.

Spät in der Nacht wacht Kaiserin Martina auf. Herakleios hat das Bett verlassen, er steht am Fenster und starrt über die Dächer.

»Du schläfst nicht«, sagt Martina und tritt neben ihn.

Herakleios legt den Arm um ihre Schultern. »Eine alte Prophezeiung geht mir nicht aus dem Kopf. Ich soll mich hüten vor dem Volk der Beschnittenen. Sie würden mein Reich in Gefahr bringen. Ich glaubte immer, die Juden seien gemeint. Aber die Juden bereiten mir weniger Ärger als die christlichen Sekten. Die Sekten bekämpfen sich und verschwören sich gleichzeitig gemeinsam gegen Kirche und Staat. Manche haben im Krieg sogar für die Perser gekämpft.«

»Du denkst immer noch an diese verworrene Botschaft?«

»Die Nacht bringt viele Gedanken, schwarze und weiße«, sagt der Kaiser. »Auch Araber sind Beschnittene.«

Eine andere Stadt, ein anderer Gouverneur. Kaiser Herakleios hat immer wieder versucht, Auskünfte über den geheimnisumwitterten Absender des seltsamen Briefes einzuziehen. Agenten durchstreifen in seinem Auftrag die Basare. Nun behauptet der Gouverneur von Damaskus, einen Informanten gefunden zu haben. Vom Gouverneur begleitet, betritt ein hochgewachsener Sarazene den Raum.

»Das ist Abu-Sufjan«, sagt der Gouverneur. »Karawanenführer aus Mekka, Scheich der Sippe Omajja. In Krisenzeiten befehligt er die Miliz seiner Stadt.«

»Händler und General also«, sagt Herakleios, leichte Ironie in der Stimme. »Was weißt du über diesen Mohammed?«

»Wir haben ihn aus Mekka ausgewiesen. Er brachte Unruhe in unsere Stadt. Nun schart er eine Bande von Abenteurern um sich und überfällt unsere Karawanen.«

»Und das mächtige Mekka wird nicht fertig mit ihm?«

»Es wird viel Blut kosten, aber wir werden ihn vernichten. Seine Anhänger sind Fanatiker. Sie fürchten den Tod nicht und zerreißen die geheiligten Familienbande.« Abu-Sufjan weiß, wovon er spricht. Seine Tochter hat sich den Fanatikern angeschlossen. Sie ist eine der zehn Frauen im Harem des Propheten.

»Viel Glück. Gott sei mit dir.«

Der Kaiser sieht Abu-Sufjan nach, wie er mit dem Gouverneur davonschreitet. Dann zuckt er mit den Schultern. Sollen sich die Sarazenen im unbekannten Arabien allein die Köpfe einschlagen. Er hat Wichtigeres zu tun.

Diesmal scheint sein sechster Sinn ihm einen Streich gespielt zu haben.

Ein Weltreich kündigt sich an

So ungefähr muß sich, wenn arabische Überlieferungen stimmen, die erste Begegnung des Islam mit dem Herrscher der Christenheit abgespielt haben. Kuriere des Propheten überbrachten gleichlautende Botschaften an die Machthaber der Weltreiche der zu Ende gehenden Antike und deren Stellvertreter auch in Persien, in Ägypten und im Jemen. Beduinen, die Anfang Juni 628 in Tag- und Nachtritten aus dem unbekannten, rätselhaften Arabien heraus die Wüsten durcheilten, waren die ersten Sendboten eines neuen Zeitalters. Durch sie wurden zum ersten Mal vier fremdartige Begriffe in die Welt getragen: Allah, Islam, Moslem und Mohammed. Namen eines unbekannten Gottes, einer explosiven Macht, ihrer fanatischen Anhänger und ihres Propheten. Inbegriffe für das gigantische Reich, das sich in den folgenden sieben Jahrhunderten von den Pyrenäen bis zum Himalaya erstrecken sollte: das Sarazenen-Reich – größer als Rom, Byzanz oder Persien auf ihren Höhepunkten.

In dieser 700jährigen Epoche assimilierten die Sarazenen »ihrem Glauben, ihrer Sprache, sogar ihrer äußeren Erscheinung mehr fremde Völkerschaften als irgendein Volk vor oder nach ihnen – als Griechen, Römer, Angelsachsen, Russen oder Amerikaner«, sagt der im Libanon geborene Orientalist der amerikanischen Princeton-Universität, Philip Khuri Hitti.

Sarazenen – woher kommt dieses Wort? Was umschreibt es?

Werfen wir einen Blick in unsere Bibel. Dort ist die Rede von »Leuten, die gegen Morgen wohnen«. Wir lesen von »Kindern des Morgenlandes«. Das klingt hübsch märchenhaft, liefert jedoch geographisch und ethnographisch nur einen Begriff ohne Trennschärfe. Für uns Europäer, weit entfernt vom Ort der biblischen Handlung, ist »Morgenland« ja einfach alles, was östlich des Mittelmeers liegt.

Für alttestamentarische Berichterstatter war der Beziehungspunkt jedoch präzise fixiert: Palästina. »Gegen Morgen« meinte für sie »östlich von Palästina«. Folglich sind die »Kinder des Morgenlandes« Beduinenstämme, die in der Wüste östlich und südöstlich von Palästina ihr kriegerisches Nomadenleben führten.

Schuld an diesem Mißverständnis ist die verfälschende Übersetzung eines Wortes semitischen Ursprungs. »Ben« (hebräisch) oder »Ibn« (arabisch) heißt »Sohn«, die Mehrzahlform (arabisch) heißt »Banu«. Das bedeutet auch »Kinder«, im weiteren Sinn »Abkömmlinge« und damit letztlich »Stamm« (Mohammed war ein Mitglied der »Banu Koraisch«, ein Koraischite also).

Für die Beduinenstämme in den Wüsten östlich von Palästina gab es einen Sammelnamen. Er rührt von dem arabischen Wort für »Osten« und »Sonnenaufgang« her: »schark«. Arabische Tageszeitungen geben die Zeit des Sonnenaufgangs-Gebets unter der Rubrik »schark« an; Leute aus den Stämmen im Osten – und hier schließt sich der Kreis wieder zu den »Kindern des Morgenlandes« – hießen »scharkijjun«.

Nun haben sich die ersten Reisenden aus dem griechisch-römischen Kulturkreis, die mit Arabern in Berührung kamen, auf das Wort »scharkijjun« einen eigenen Vers gemacht – wie sie überhaupt die merkwürdigsten Verformungen arabischer Worte verbrachen.

Da es weder im Griechischen noch im Lateinischen einen »sch«-Laut gibt, wurde dieser in »s« verwandelt, und da der »k«-Laut im Lateinischen durch »c« wiedergegeben wird, entstand aus »scharkijjun« zunächst »sarcinae«, dann schlich sich zur Erleichterung der Aussprache noch ein Vokal ein. Das Endergebnis lautete nun »saracinae« und schließlich »saracenae«. Dieses Wort setzten die Reisenden aus dem Abendland nun mit ihrem eigenen Wort »scenitae« in Beziehung, was soviel wie »Zeltbewohner« heißt – und das waren die nomadisierenden Araber ja.

Um der Verballhornung das I-Tüpfelchen aufzusetzen, wurden am Ende daraus sogar die »Zeltbewohner, die von Sara abstammen« – nämlich von der Frau Abrahams. Und damit näherten sich die antiken Berichterstatter, wenn auch verquer, wieder der Überlieferung der Araber, die Abraham als ihren Stammvater ansehen; als Stammutter freilich nicht Hauptfrau Sara, sondern Nebenfrau Hagar. Das also ist die abenteuerliche Entstehungsgeschichte des Wortes »Sarazenen«.

Ein Sarazene war Hiob. Von ihm sagt das Alte Testament: »Er war herrlicher als alle (anderen), die gegen Morgen wohnen.« Hiob war ein mächtiger Sarazenen-Scheich.

Sarazenen spielen überhaupt wichtige Rollen in der Bibel. Moses heiratete die Tochter eines Sarazenen. Sulamith, für die König Salomon sein »Hohelied der Liebe« sang, war eine Sarazenin – König Salomons Goldminen lagen vermutlich zwischen Mekka und Medina. Und die »Drei Weisen aus dem Morgenland« waren wohl Beduinen aus Nordarabien, kluge Männer ihre Stammes, Priester oder Scheiche-Sarazenen.

In der griechischen Literatur bürgert sich die Bezeichnung »Sarazenen« zuerst ein, dann bei den Geschichtsschreibern von Rom und Byzanz. Das Abendland des Mittelalters bezeichnet schließlich mit »Sarazenen« alle kriegerischen Völkerschaften des Islam, die auf ihren schnellen Araberpferden, unter dem Banner des Propheten, das Schwert aus Damaszenerstahl schwingend, bis nach Spanien, Frankreich und Indien vordringen und später im »Heiligen Land« gegen die Kreuzritter kämpfen.

Aber diese Sarazenen, die mit Koran und Schwert das größte Weltreich des Mittelalters schaffen, absorbieren und assimilieren auch die Hauptwesenszüge der griechisch-römischen Kultur und sind das Medium, das dem Europa des Mittelalters die Einflüsse vermittelt, die schließlich zum Erwachen der westlichen Welt führen. »Kein Volk«, so Professor Hitti, »hat mehr zum menschlichen Fortschritt beigetragen.«

Die Sprache der Sarazenen bleibt jahrhundertelang die Sprache der Lehre, der Forschung und des progressiven Denkens in der gesamten zivilisierten Welt. Hitti: »Zwischen dem 9. und 12. Jahrhundert wurden mehr Werke der Philosophie, Medizin, Geschichte, Theologie, Astronomie und Geographie durch das Medium des Arabischen verbreitet als in jeder anderen Sprache.«

Die Sprache jenes Briefes, den ein Beduine namens Dichja Ibn-Chalifa zum Kaiser Ostroms überbrachte, wurde freilich nicht zur Kenntnis genommen. Das Römische Reich horchte erst auf, als sich die Sarazenen einer anderen Sprache bedienten, die Byzanz besser verstand: der Sprache der Eroberer.

»Allahs Schwert«

Durch die Wüste am Roten Meer zieht ein Heerwurm nach Norden. In der sengenden Sonne blitzen die Schwerter und die Lanzenspitzen der Sarazenen. Dreitausend Krieger folgen der Spur, die vor ihnen der Kurier des Propheten geritten ist – zu den Grenzen des Römischen Reiches.

Eine armselige Armee. Sie verfügt über nur tausend Kamele. Die Krieger lösen sich im Sattel ab, die meisten sind barfuß. Kettenhemden besitzen die wenigsten. Einige wenige Pferde werden am Zügel mitgeführt. Ihre Kraft ist kostbar, sie werden nicht als Reittiere mißbraucht. Sarazenen sitzen erst auf, wenn die Schlacht beginnt.

Auf dem Leitkamel reitet Said Ibn-al-Harith, der einst ein Sklave war, bevor Mohammed ihn adoptierte. An seiner Lanze weht das weiße Tuch, das Mohammed ihm als Feldzeichen mit auf den Weg gab. »Fällst du in der Schlacht«, sagte Mohammed, als er vor dem Abmarsch in Medina die Parade abnahm, »dann gib die Fahne an Dschafar weiter.« Dschafar ist ein Vetter Mohammeds. Er reitet hinter Said.

Nach zehn Tagesmärschen sichten Späher ein byzantinisches Aufgebot. Zehntausend Mann haben bei al-Balka, westlich vom Roten Meer, Stellung bezogen.

Said läßt anhalten. Drei gegen einen, damit haben die Sarazenen nicht gerechnet. Die Anführer hocken sich zum Kriegsrat in den Sand. Soll ein Kurier bei Mohammed neue Befehle erfragen? Ibn-Rawaha, ein alter Haudegen des Propheten, springt auf: »Entscheidet die Zahl eine Schlacht – oder Allahs Hilfe?«

Die dreitausend setzen sich wieder in Marsch. Sie umgehen die Südspitze des Roten Meeres, lassen Muta hinter sich, dringen in die Sandebene von al-Balka vor.

Der Anblick, der sie dort erwartet, raubt ihnen minutenlang den Atem. In breiter Front, Mann an Mann, in Helmen, Brustpanzern und Beinschienen, Schilde und Schwerter bei Fuß, bilden die oströmischen Legionen eine drei Kilometer lange Barriere in der Wüste. An den Flanken, fast schon am Horizont, rückt die Kavallerie der Beduinenstämme Syriens vor, die mit Byzanz verbündet sind: die Bahras, die Balis, die Wails, die Bakr, die Lachmiten, die Dschuhams.

Einen täuschenden Augenblick lang glaubt Said noch an einen Vorteil. Er hat die Sonne im Rücken. Die Byzantiner müssen gegen ihre blendenden Strahlen kämpfen. Da heben 6000 Legionäre wie ein Mann ihre Schilde, 6000 grelle Sonnenblitze stechen den Sarazenen in die Augen.

Dichtgeschlossen rückt die Metallwalze in der Ebene vor. Schritt für Schritt. Unaufhaltsam. Mit zusammengekniffenen Augen weichen die Krieger Allahs der Phalanx.

Kein Moslem hat je zuvor das oströmische Heer in Aktion gesehen.

Die Wüstengefechte um die Ausbreitung des Islam spielten sich bisher fast nur in dem 400-Kilometer-Streifen zwischen Medina und Mekka ab. Aber da kämpften die Sarazenen Mann gegen Mann, nach alter Beduinensitte, Anführer gegen Anführer. Und das auch erst, nachdem sie sich mit ätzendem Spott bis aufs Blut gereizt hatten. Die Konfrontation mit einer anonymen Kriegsmaschine ist ein lähmender Schock.

Said gibt das Zeichen zum Rückzug. In hügeligerem Gelände hofft er eine Verteidigungslinie aufzubauen. Doch die Byzantiner lassen den Sarazenen keine Zeit. Kaum in neuen Stellungen, stehen die Legionen schon auf den Hügeln dich hinter ihnen. Aus Seitentälern preschen Beduinenhorden heran.

»Allah erwartet uns!« ruft Said und bricht, links die Fahne des Propheten, rechts das Schwert, aus seiner Deckung hervor. 3000 Sarazenen werfen sich, den Namen Allahs auf den Lippen, in immer neuen Wellen gegen die Schilde, die Lanzen, die Pfeile.

Said stürzt vom Pferd. Bevor die Byzantiner über ihn hinwegstampfen, reißt Dschafar ihm die Fahne aus der Hand. Sein Pferd bricht unter ihm zusammen. Dschafar kämpft zu Fuß. Schwerthiebe hacken ihm die Arme ab. Dschafar wirft sich über die Fahne. Ein Byzantiner spaltet ihm den Schädel. Ibn-Rawaha stürzt sich ins Getümmel. Von Lanzen durchbohrt, verblutet er über dem Tuch. Ein junger Krieger kann das Feldzeichen an sich bringen.

Inzwischen hat Chalid Ibn-al-Walid einen Haufen Sarazenen um sich versammelt. Chalid ist zweifellos der erfahrenste Kämpfer der Truppe. Mohammed wollte ihm das Kommando nicht anvertrauen, weil er erst vor kurzem zum Islam übergetreten war. Vorher versuchte er jahrelang im Auftrag Mekkas, den Propheten und seine Rebellen zu vernichten. Auf diesem ersten Feldzug für den wahren Glauben sollte er sich als einfacher Krieger bewähren. Nun flehen ihn die Überlebenden des Massakers an, den Oberbefehl zu übernehmen. Später wird Chalid den Krieg gegen Persien beginnen. Er wird Mesopotamien, Palästina und Syrien erobern. Als »Schwert Allahs« wird er in die Geschichte eingehen.

Chalid richtet die zusammenbrechende Verteidigung wieder auf. Der zusammengeschmolzene Kern leistet Widerstand noch bis zur bald hereinbrechenden Dunkelheit. Dann sichert Chalid dem geschlagenen Haufen mit einer Kriegslist den Rückzug. Er verteilt kleine Kampfgruppen in den Senken des Geländes. Von Zeit zu Zeit stoßen sie wilde Freudenschreie aus, als sei Verstärkung eingetroffen. Die dreiste Taktik wirkt. Die Byzantiner stoppen den Vormarsch, um den Morgen abzuwarten.

Während der Nacht greift Chalid mit Stoßtrupps die Wachen entlang der Front an. Unhörbar schleichen sie sich an die Posten heran, brechen aus dem Dunkel hervor und nehmen blutige Rache für den Tod ihrer Glaubensbrüder. Als der Morgen graut, lebt kaum noch ein Wachtposten. Die Sarazenen sind verschwunden.

Als Chalids dezimierter Haufen zu Mohammeds Hauptquartier Medina heimkehrt, wird er mit Schmährufen empfangen. Mohammed reitet in die Menge. Im Arm hält er den kleinen Sohn seines gefallenen Vetters Dschafar. »Diese Männer«, ruft er, »sind nicht feige! Sie waren tapfer und werden wieder in die Schlacht gehen, wann immer Allah es will!«

Die Schlacht von Muta hat Kaiser Herakleios mehr Männer gekostet, als nach dem ungleichen Kräfteverhältnis zu erwarten war. Was aber schwerer wiegt: Die halbchristianisierten Beduinenstämme Syriens, die bei Herakleios' Siegeszug gegen die Perser nie auf so verbissene Gegner getroffen waren, verlieren ihr Vertrauen in die materielle Überlegenheit der byzantinischen Kriegsmaschine. Dazu kommt, daß Byzanz, ausgeblutet vom Krieg gegen die Perser, mit den Vertragszahlungen an diese alliierten Beduinen im Rückstand ist. Vielleicht fragen sie sich zum erstenmal, ist Allah doch der stärkere Gott?

Als Chalid erneut gegen die oströmischen Legionen ins Feld zieht, reiten die syrischen Beduinen an seiner Seite.

Herakleios nimmt die Schlacht von Muta ebensowenig ernst wie das »Bekehrungsangebot« des unbekannten Wüstenscheichs. Aufstände beutegieriger Beduinenstämme gab es immer schon in den Grenzgebieten. Bis jetzt sind die Garnisonen in Palästina und Syrien damit fertig geworden. So trifft die Sarazenen-Invasion, die 634 mit geballter Wucht einsetzt, das oströmische Reich völlig unvorbereitet.

Vier islamische Heeresgruppen befinden sich auf dem Vormarsch nach Norden. Die Invasionsarmee Allahs, zunächst nur 16500 Mann stark, aber täglich durch konvertierte Beduinenstämme anwachsend, vertreibt in knapp zwei Jahren die oströmischen Truppen aus Palästina und Jordanien. Die byzantinischen Generäle können immer noch nicht begreifen, daß die Horden aus dem unbekannten Arabien eine größere Gefahr darstellen als je zuvor die Perser.

Welches Bild bieten die Beduinenheere dem Auge des Byzantiners? Auf den ersten Blick nur wilde Haufen ohne soldatische Zucht und taktische Ordnung. Reiter zu Kamel und Pferd mitten im Fußvolk. Viele halbnackt. Manche in kostbaren Gewändern. Bewaffnet sind sie alle, wie es sich beim Plündern und Leichenfleddern eben so ergeben hat. Bogenschützen streiten neben Schwertkämpfern und Lanzenwerfern. Kettenhemden trägt, wer zufällig eines ergattert hat. Scharmützel spielen sich zumeist nach den alten Regeln der »Razzia« ab: überraschender Überfall und schnelle Flucht – »Razzia« ist ein arabisches Wort.

Von Schlachtordnung keine Spur. Krieger, die sich durch aufsehenerregende Mutproben einen Namen gemacht haben, dreschen auf den Feind ein, wie es ihrem persönlichen Ehrgeiz entspricht. Sie tun dies in der Gewißheit, beim Tod durch Feindeshand gleich ins Paradies hinaufzufahren. - Für die byzantinischen Experten der hochentwickelten griechisch-römischen Kriegskunst kann das kein ernst zu nehmender Gegner sein.

Als Herakleios endlich seine Meinung ändert, fällt er ins andere Extrem. Nach im Perserkrieg bewährtem Muster will er nun mit Super-Armeen dem Wüstenspuk ein Ende machen – anstatt die Geländegegebenheiten seiner gefährdeten Ostprovinzen für einen ausgefächerten Verteidigungskrieg zu nutzen.

Die byzantinischen Ostprovinzen: das sind Irak, Syrien, Ägypten, Palästina. Starke Garnisonen und befestigte Hafenstädte sichern das Protektorat: Cäsarea, Jericho, Jerusalem, Pella, Askalon, Chaza, Jaffa, Accra. In Syrien heißen die Fortifikationen: Damaskus, Palmyra, Petra, Emessa, Aleppo, Antiochia. Ein schöner Besitz, fruchtbar und reich, den Persern oft und hart genug abgetrotzt.

In zwei gigantischen Schlachten – bei Adschnadain, nahe Beerscheba im heutigen Israel, und am Jarmuk-Fluß südlich der Golan-Höhen – gelingt es diesen »Haufen« dennoch, sämtliche byzantinischen Legionen zu vernichten.

Palästina und Syrien liegen entblößt. Der Weg nach Damaskus und Antiochia steht offen. Jerusalem fällt. Aleppo leistet Gegenwehr, dann bekennt sich sein Stadtkommandant Jukinna zum Islam und erobert seinerseits für Allah die alten Phönizierstädte Tyros und Tripoli. Städte wie Cäsarea, Askalon, Gaza und Nablus schicken Vermittler, ehe die Sarazenen noch am Horizont auftauchen. Accra, Jaffa und Sidon schützen sich mit Tributzahlungen vor einem verlorenen Krieg.

Das nächste Ziel heißt Alexandria, Ägyptens glanzvolle Hauptstadt, Schnittpunkt der Welthandelsstraßen, der Marktplatz der Welt.

Persische Elefanten

Als Mohammeds rauhe Reiter noch ahnungslose Handelskarawanen überfielen, war Saad Ibn-Abi-Wakkas ein scharfsichtiger Spurenleser und tollkühner Lanzenreiter. Er, ein Vetter des Propheten, führt im Jahr 634, knapp vierzigjährig, eine Kaderarmee von 10 000 Sarazenen gegen das persische Königreich. Noch vor der Invasion Byzanz' hat der Islam sich auch eine Ostfront aufgebaut.

Saads Sarazenen rollen über ein Land, das von inneren Machtkämpfen zerrissen ist. Die Aristokraten hatten den König der Könige, Chosrau II., vom Thron gestoßen, als Kaiser Herakleios vor den Toren der Hauptstadt Ktesiphon stand. Nun streiten sich zwei Königstöchter und ein Sohn um das Erbe. Reichsverweser Rustam setzt 637 der Speerspitze der Sarazenen bei Kadisijja eine »Panzerarmee« entgegen: Kampfelefanten. Rustams Wunderwaffe geht nach hinten los. Am dritten Tag der mörderischen Schlacht trennt ein Sarazene mit einem Schwerthieb dem Leitelefanten den Rüssel vom Kopf. Dieser dreht sich um, wirft sich gegen das eigene Heer. Die Herde folgt blindlings und trampelt eine Bresche in die Verteidigerfront. Die Sarazenen stoßen nach. Persiens Hauptstadt Ktesiphon ist sturmreif. Chosrau-Sohn Jasdagard, der im nationalen Notstand die Regierung an sich riß, und seine Garnison haben die Metropole bereits in wilder Flucht verlassen.

Die Beute für Saad und seine Sarazenen übertrifft alle Erwartungen. Jeder Reiter bekommt 6000 Silber-Dirhem auf die Hand, jeder Fußsoldat 2000 und wer den Koran auswendig hersagen kann, noch ein Aufgeld. Und damals kostete eine Ziege höchstens zwei Dirhem. Saads Trophäe ist das persische Reichsbanner, ein diamantenbesetztes Leopardenfell.

Saads Invasionsarmee teilt sich, von eilends herangeführten Reserven und konvertierten Beduinenstämmen aufgefüllt, nun in drei Heeresgruppen. Die Nordgruppe erobert 641 Mosul, nahe dem antiken Ninive, dringt nach Armenien und Aserbaidschan vor und weiter nach Osten, bis kurz vor Samarkand, das damals noch unter chinesischer Schutzherrschaft steht. Weise verzichtet man zunächst darauf, sich auch noch mit den Chinesen anzulegen.

Die Heeresgruppe Mitte zertrümmert 642 bei Nihawand ein von König Jasdagard neu aufgestelltes Heer und hält 643 erst an der Grenze Indiens an.

Die Süddivisionen marschieren 644 in Isfahan ein und besetzen 649 eine Stadt namens Istachr, die vorzeiten unter dem Namen Persepolis als Königsstadt berühmt war. Zwei Jahre später ist ganz Persien eine Provinz des Sarazenen-Reichs, König Jasdagard ist auf der Flucht, verkleidet, von einem Müller ausgeplündert und ermordet worden. Der allerletzte Sproß der Sassaniden-Dynastie, Pirus, versteckt sich als landloser Emigrant am chinesischen Kaiserhof. Was das mächtige Römische Reich in sechs Jahrhunderten Krieg nicht erreichte – die Invasoren aus dem unbekannten Raum schaffen es in siebzehn Jahren.

Am anderen Ende von Allahs jungem Reich geht der Vormarsch ebenso unaufhaltsam weiter. An der Spitze seiner staunenden Truppen marschiert General Amr im September 642 in Alexandria, der reichsten Stadt des Römischen Reiches, ein.

Die Werften von Alexandria bekommen viel Arbeit. Die Söhne der Wüste bauen sich eine Flotte. Schon acht Jahre später segeln sie die Insel Cypern an. 652 vereitelt die Sarazenen-Marine einen Landeversuch byzantinischer Schiffe bereits auf See und wagt sich kurz bis nach Sizilien vor. Zwei Jahre darauf überfallen sie die Insel Rhodos. Wiederum ein Jahr später vernichtet die Beduinenarmada in ihrer ersten Seeschlacht 500 Kampfschiffe Konstantinopels. Kaiser Konstans rettet sich dabei, der Überlieferung nach, nur knapp vor einem Sturz ins Wasser.

Der Fall Alexandrias gibt den Weg für weiteres Vordringen nach Westen und Süden frei. Während eine Division bis nach Nubien hinunter marschiert, trägt der Hauptstoß die Fahnen Allahs die Küsten Nordafrikas entlang – durch die Cyrenaica-Wüste bis nach Libyen und Karthago, Algerien und Marokko. Wo der Sus in den Atlantik fließt und heute die Hafenstadt Agadir steht, treibt der junge General Ukba, ein Neffe Amrs, sein Pferd in den Ozean und ruft, sein Schwert schwingend: »Allahu akbar! Wenn dieses Meer mir hier nicht Halt geböte – ich würde weiterreiten bis zu den unbekannten Königreichen des Westens, und alle Ketzer-Völker würde ich dieses Schwert hier fühlen lassen!« Und wenn am Bosporus der Kaiser von Byzanz von den Mauern Konstantinopels blickt, sieht er auch dort bereits die Sarazenen biwakieren.

Genau 100 Jahre nachdem in der kaum bekannten Beduinenstadt Mekka ein mäßig erfolgreicher Karawanenhändler namens Mohammed vor seiner Frau zusammenbrach, ihr mit Schweiß auf der Stirn erklärte, ihm sei soeben der Erzengel Gabriel erschienen und habe ihm eine neue Religion namens Islam verkündet – genau 100 Jahre danach landen Sarazenen-Truppen im Zeichen eben dieser Religion an der Südküste Spaniens, rüsten Sarazenen-Krieger zum Sturm auf Samarkand.

Was war dieser Karawanenhändler in Mekka für ein Mann?

Was war das für eine Religion, die er da predigte?

Was war das Geheimnis ihrer alles überrollenden Kraft?

Und wie war es möglich, daß die Sarazenen mit den dürftigen Mitteln der Spätantike zum erstenmal der Welt vorführen konnten, was ein Blitzkrieg ist?

2.
Die unheimliche Wandlung des Karawanen-Millionärs Mohammed Ibn-Abdallah

Mekka an einem Spätnachmittag im Monat Ramadan des Jahres 611. Die Sonne wollte eben hinter den kahlen, karstigen Bergen verschwinden, die das weite, sandige Tal des Wadi Ibrahim umschließen. Kühlung war nicht zu erwarten. Die bizarren Felsen, die tags die Sonnenhitze speichern, strahlen sie nachts in die Ebene hinab. Ein Glutofen ist diese Stadt in der Wüste. Auch im sogenannten Winter sinken die Temperaturen nachts nicht unter 20 Grad.

Von Osten her, vom Hira-Berg vor dem Mina-Tal, schleppte sich ein Mann durch den Sand. Auf der hohen Stirn, unter dem verdreckten Kopftuch, stand ihm kalter Schweiß. Das runde Gesicht mit einem sonst wohl gepflegten Bart war eingefallen, abgehärmt. Die schwarzen Augen brannten im Fieber. Die breiten Schultern bebten im Schüttelfrost. Das Beduinengewand aus teurem Stoff hing in Fetzen, Männer, die in kleinen Gruppen vor den zwei- bis dreistöckigen Häusern aus sonnengebranntem Lehm saßen, starrten der erschreckenden Gestalt nach, die auf eins der vornehmeren Gebäude zuwankte.

Das Haus gehörte der reichen Unternehmerin Chadidscha. Sie war eine robuste Dame von 65 Jahren, eine jener Frauen, die sich auch in frauenfeindlichen Gesellschaften männliche Positionen erobern. Wie alle Kaufleute von Mekka besaß sie zahlreiche Lastkamele, rüstete Karawanen aus, trieb Handel zwischen Damaskus in Syrien und Sana im Jemen.

Und der da durch die Straßen stolperte, war Chadidschas Mann; Mohammed Ibn-Abdallah.

Bis zu diesem Augenblick war es ein Nachmittag wie fast jeder andere in Mekka.

Mekka war ein wichtiger Knotenpunkt von Karawanenstraßen. Seit Jahrhunderten zog der würfelförmige Bau der Kaaba mit ihrem rätselhaften schwarzen Stein die nomadisierenden Beduinen aus ganz Arabien an. Hier brachten sie heidnischen Stammesgötzen Opfer dar. 360 Götzenbilder und Symbole standen in und an der Kaaba. Einmal im Jahr war Markt und Wallfahrt. Die Mekkaner verdienten gut am Messe- und Pilgergeschäft. Etliche Unternehmer, Chadidscha gehörte dazu, waren Millionäre, auch nach heutigen Begriffen.

Dennoch waren die Mekkaner Beduinen geblieben, seßhaft nur dem äußeren Anschein nach. Wie ihre Vorfahren durchzogen sie die Wüsten, wenn auch jetzt mit Karawanen voll wertvoller Fracht. Wie im ganzen Land gab es auch in Mekka keine Regierung, es war kein »Staat«. Jede Familie, jede Sippe, jeder Stamm war autonom. Recht und Gesetz lagen in der Hand des Familienoberhaupts, des Sippenscheichs, des Stammesfürsten. Doch Autorität war nicht unbedingt erblich. Immer wieder mußte der Scheich sich durchsetzen, mit Überredung, mit Gewalt. Die Sippe schützte jeden Angehörigen, die Alten, die Erwerbsunfähigen, die Irren, die Mörder. Wer innerhalb der Sippe kriminell wurde, den richtete die Sippe. Wer einen Angehörigen anderer Sippen tötete, den schützte die Sippe mit dem eigenen Leben, Mann für Mann. Blutrache hieß das Gesetz der Wüste, und das galt auch in Mekka, wo die Beduinen in Häusern wohnten. Im günstigsten Fall ließ sich Blutrache durch Blutgeld ablösen - üblicher Tarif: 100 Kamele für ein Menschenleben. So hatte alles seine rauhe Ordnung.

Die reichsten Sippenoberhäupter des Stammes Koraisch hatten in Mekka das Sagen. Wenn ein Problem die ganze Stadt betraf, versammelten die Scheichs sich in der »Dar en-Nadwa«, dem »Rathaus« an der Kaaba. Es war eine Versammlung von Gleichen, nur manchmal war einer gleicher als die anderen. Das hing ab von seiner Persönlichkeit, von seinem Reichtum, seiner Macht. Oder auch nur von seiner Rednergabe.

So bestand die Gesellschaftsstruktur von Mekka aus drei konzentrischen Ringen. Da waren die »inneren« Koraischiten, die Aristokraten unter den Karawanenhändlern – sie herrschten in Mekka wie etwa später die Dogen in den italienischen Stadtstaaten. Sie hatten ihre Häuser, die eher Familienburgen waren, rund um den Platz der Kaaba. Da waren die »äußeren« Koraischiten, die kleinen Händler, die Neureichen, die Aufstrebenden. Sie lebten in den Seitentälern. Ein »Proletariat« gab es auch: die Sklaven und die Fremden. Sklaven, die bei Stammeskriegen gefangen und weiterverkauft worden waren; Fremde, aus Persien, Syrien, dem Irak und Jemen, die Mekkas Reichtum anzog. Sie lebten ebenfalls im System der Sippen, als »Klienten«.

Und alle beteiligten sich am Karawanengeschäft: die Reichen mit Zehntausenden von Gold-Dinaren, die Armen, selbst die Sklaven, mit ein oder zwei Silber-Dirhem. Wer sich anpaßte, lebte sehr angenehm in dieser Stadt.

Chadidscha, von der keine Chronik schreibt, daß sie eine schöne Frau gewesen wäre, zählte zu den reichsten der »äußeren« Koraischiten. Sie war zweimal verheiratet, zweimal verwitwet, jedesmal mit Zugewinn. Vergeblich versuchten kapitalstarke Mekkaner, sie zur Wiederheirat zu bewegen. Das brachte ihr den Beinamen »die Reine« ein. Aber mit vierzig verliebte sie sich in einen ihrer jungen Karawanenführer, der eben erst fünfundzwanzig geworden war: Mohammed Ibn-Abdallah.

Die mütterliche Chadidscha brachte ihrem jugendlichen Mann sieben Kinder zur Welt: drei Söhne, die jedoch früh starben, und vier Töchter. Für den armen Mohammed war die Ehe mit der Unternehmerin eine glückliche – später wird man sagen: göttliche – Fügung.

Mohammed, früh verwaist, war schon immer ein wenig sonderbar gewesen, obwohl er bei Beduinen in der Wüste aufwuchs – Mekkas Familien gaben ihre Söhne zu Nomadenammen in Pflege, damit das Luxusleben Mekkas sie nicht verzärtelte.

Als er die erste Karawane für Chadidscha nordwärts nach Syrien führte, amüsierte er sich nicht wie seine Treiber in Weinschenken und Bordellen neben den Basaren. Er saß bei Asketen und Sektierern, die seltsame Geschichten vom einzigen Gott der Juden und der Christen und ihren Propheten predigten. Geschichten, die den Beduinen seltsam vorkommen mußten, denn in Arabien herrschten Geister und Dämonen, Dschinns und Schaitans.

In Mekka galt Mohammed Ibn-Abdallah als netter Mensch, der niemals Ärger machte. »Al-Amin« nannte man ihn, den Gerechten, Friedlichen, Verläßlichen. Man ging zu ihm, wenn man Heikles auf dem Herzen hatte. Dank der reichen Heirat materieller Sorgen ledig, hatte er Zeit genug, um zuzuhören. Dank seiner verbindlichen Natur nicht in Mekkas Sippenfehden eingesponnen, schätzte man seinen Rat.

Einmal wurde die Kaaba renoviert. An der 50 Kilometer entfernten Küste des Roten Meeres, bei Dschidda, war ein römisches Schiff gestrandet; da Holz ein unbezahlbar teures Importgut war, kam das Strandgut sehr gelegen. Zum Abschluß der Arbeiten mußte der berühmte schwarze Stein wieder an seinen angestammten Platz gehievt werden. Vier der angesehensten Familien von Mekka stritten sich um die Ehre des Steineinhebens. Mohammed löste das Dilemma. Er ließ unter den Stein einen Mantel legen, Vertreter der vier Familien hoben an je einer Ecke, und Mohammed rückte ihn persönlich zurecht. Der Stadtfrieden war gerettet.

Mohammed hatte eine Schwäche: Er liebte alle Düfte des Orients,

Ambra, Moschus, Salben und Pomaden. Das war allerdings in der damaligen Oberschicht nichts Ungewöhnliches. Doch hinter seinem wohlduftend-freundlichen Lächeln verbarg sich, was freilich kaum ein Mitbürger ahnte, ein Grübler.

Auf seinen Karawanenreisen hatte er allerhand fremde Religionen kennengelernt. Da sah er in seiner Stadt so allerhand an Ungerechtigkeit, an Gegensätzen zwischen Luxus drinnen und Armut draußen. Da registrierte er die abergläubische Anbetung der 360 »Kaabagötzen«, die niemandem halfen, außer den zynischen Stadtscheichs, die sich am Wallfahrtsrummel bereicherten und selber an nichts glaubten. Dieses Mekka zu Beginn des 7. Jahrhunderts – es war ein Sodom und Gomorrha vor der Rache des Herrn. Welches Herrn? Das wußte er nicht. Aber so wie es zuging, konnte es nicht weitergehen. Ein Umschwung war fällig. Mohammed Ibn-Abdallah war reich und freundlich, besorgt und frustriert.

Und nun, an einem heißen Spätnachmittag, torkelte dieses sonst so elegante und gepflegte Mitglied der gehobenen mekkanischen Mittelklasse durch die Straßen, Schweiß auf der Stirn, mit fiebrigem Blick, verdrecktem Gewand und Schaum vor dem Mund. Vor seinem wohlbekannten Handelshaus brach er zusammen. Die Leute, die wie üblich auf Palmfasermatten vor ihren Häusern und im Kaaba-Schatten saßen, waren mehr als verwundert.

Sklaven zogen ihren Herrn ins Haus. Chadidscha warf einen Mantel über ihn, um seinen Schüttelfrost zu lindern.

Doch was Mohammed befallen hatte, war keine Krankheit.

Etwa fünf Kilometer östlich von Mekka, an der Straße nach Taif, liegt der Berg Hira. In einer Höhle dieses Berges hatte der grüblerische Karawanenmillionär ganz nach seiner Gewohnheit ein paar Tage und Nächte über den Zustand der Gesellschaft, Gott und die Welt meditiert.

»Ich war eingeschlafen«, berichtete Mohammed später, »als mir plötzlich der Erzengel Gabriel erschien. Er breitete eine lange Stoffbahn mit eingestickten Schriftzeichen vor mir aus. ›Lies!‹ sagte der Engel. ›Aber ich kann nicht lesen!‹ antwortete ich. Da würgte er mich mit der Stoffbahn, daß ich zu ersticken glaubte. ›Du sollst lesen!‹ – ›Aber ich kann es doch nicht!‹ Wieder würgte er mich, und ich glaubte schon, ich hätte den letzten Atemzug getan. ›Lies!‹ – ›Und was soll ich lesen?‹ – ›Lies! Im Namen deines Herrn, der alles erschaffen hat, der aus einem

Klumpen Blut den Menschen schuf! Lies: Dein Herr ist der Allbarmherzige; er, der den Gebrauch der Feder gelehrt hat, der die Menschen lehrte, was sie nicht wußten...!‹ Ich sprach diese Worte nach, und der Engel verschwand. Als ich erwachte und aufsprang, war mir, als hätte sich mir ein ganzes Buch ins Herz geprägt. Ich verließ die Höhle, um wieder zu Sinnen zu kommen. Halb auf dem Berg hörte ich abermals die Stimme des Engels: ›O Mohammed, du bist der Botschafter Gottes – und ich bin Gabriel!‹«

Die Erscheinung folgte dem Verwirrten bis ins Haus. Als er dort zu Boden stürzte und seine Frau ihn zudeckte, hörte er noch einmal die Stimme: »O du, eingehüllt in deinen Mantel – steh auf und warne!«

Es war der erste, aber nicht der einzige Anfall Mohammeds. Bald wiederholten sich die Anfälle auch in der Öffentlichkeit. Und Mekka fragte sich: Ist Mohammed geisteskrank?

In Byzanz wird Mohammed später polemisch als Epileptiker abqualifiziert. Der Verdacht hält sich bis heute. Aber Epileptiker erinnern sich nach einem Anfall nicht mehr an den Bewußtseinsverlust. Außerdem: Epilepsie verschlimmert sich mit fortschreitendem Alter, die Zeiträume zwischen den Anfällen verkürzen sich, die geistige Aktivität verkümmert. Bei Mohammed war das Gegenteil der Fall. Die Anfälle wurden seltener, der Geist klarer, seine Persönlichkeit gefestigter, seine Verkündigungen weniger schwülstig, undramatischer, pragmatischer. Das freilich erst, nachdem die von ihm ausgelöste Bewegung die Erfolgsschwelle überschritten hatte. Doch bis dahin war es noch ein weiter Weg.

Die unheimliche Wandlung im Leben des Kaufmanns Mohammed Ibn-Abdallah hat Psychologen immer wieder zur Analyse gereizt. Ohne Rücksicht auf die Dürftigkeit des analysierbaren Materials über Mohammeds Vorleben. Denn über Mohammeds Kindheit weiß man nicht viel. In alten Beschreibungen von Mohammeds Frühleben wird geschildert, wie das Kind von »Erscheinungen« heimgesucht wurde, es habe – damals schon – »Stimmen gehört« und »Gesichter gesehen«. Aber diese (mündlichen) Überlieferungen wurden – wie fast alles, was über Mohammed bekannt ist – erst lange nach seinem Tod aufgezeichnet. Um den Wahrheitsgehalt dürfte es dabei ähnlich bestellt sein wie bei den erbaulichen Legenden über christliche Heiligengestalten.

Was ist da Tatsache, was naiver Versuch, den Propheten als immer schon von Gott erkorene Lichtgestalt zu kolorieren?

Was bleibt, ist die seelische Krisensituation eines knapp Vierzigjährigen. Eines Mannes, der gewiß unter dem frühen Tod seiner Söhne litt, gilt doch bei den Arabern ein Mann ohne Söhne als »Mann ohne Schwanz«. Die Krise eines Mannes, der unbezweifelbar tiefer schürfend als seine Zeitgenossen die materialistische und zynische Mentalität der Gesellschaft, in und von der er lebte, in Frage stellte.

Was bleibt, ist auch die Neigung visionär und meditativ veranlagter Menschen, die Lösung eines Problems, mit dem sie sich lange gequält haben, plötzlich, wie im Traum, in Trance, kopierfertig vor sich zu sehen. Beispiele dafür finden sich bei jüdischen und christlichen Mystikern, bei Wissenschaftlern, Künstlern und sogar Krimiautoren. Der Chemiker Kekulé sah die komplizierte Formel der Kohlenstoffverbindungen, der er jahrelang erfolglos nachgejagt war, schließlich im Halbschlaf; die Welt verdankt dieser »Erscheinung« das Benzin. Und immer heißt es dann von den »Betroffenen«, sie seien danach mehr oder weniger »schweißgebadet« aufgewacht, mehr oder weniger »außer sich«. Plötzliche Erkenntnis, wenn es einem »wie Schuppen von den Augen fällt«, ist wohl immer ziemlich »umwerfend«.

»Ich habe geglaubt, ich müsse daran sterben«, sagte der Kaufmann Mohammed, als er wieder zu sich kam. Doch klar über den Weg, der sich ihm nun vorgezeichnet hatte, war er sich noch lange nicht. Seine ersten Schritte tat er nur zögernd.

Wie man eine Religion »verkauft«

Mohammeds erste Jüngerschaft, die er um sich versammelte, machte wenig Eindruck in Mekka: seine Frau Chadidscha, sein minderjähriger Vetter und Adoptivsohn Ali, sein freigelassener – jedoch im Haus als Dienstbote weiterlebender – Sklave Said Ibn-al-Harith, seine Töchter. Die Verkündigung blieb fürs erste Familiensache.

Mohammeds Onkel Abu-Talib, Oberhaupt des Haschim-Clans, versicherte den wunderlichen Neffen, obwohl er wenig von seinen Ideen hielt, seines Schutzes. Das entsprach ganz dem arabischen Sippengesetz.

Überraschend war indessen der Eintritt eines Mannes in Mohammeds Anhängerschaft, der in der Stadt gelegentlich das Amt des Ombudsmannes ausübte. Bei Mordfällen legte er zwischen den Sippen den Preis des Bußgeldes fest, wodurch die Ausübung von geschäftsstörenden Blutracheaktionen verhindert wurde. Der Kaufmann Abu-Bekr unternahm, was sich sein zwei Jahre älterer Jugendfreund Mohammed bislang nicht traute. Er trug Mohammeds Prophetentum an die Öffentlichkeit.

In Hausversammlungen und Straßendiskussionen predigten nun bald Mohammed und seine Handvoll Anhänger nicht nur die Furcht vor dem Jüngsten Gericht, die These vom einzigen Gott. Sie predigten auch, daß vor diesem Gott alle Menschen gleich seien und sich am Tag des Urteils verantworten müßten. Die neue Lehre des Millionärs Mohammed bekam einen unübersehbar sozialen Drall. Sklaven, Bettler und Diener verbündeten sich mit Zweiflern am herrschenden System, mit unzufriedenen »Kapitalisten«-Söhnen, die hier vielleicht einen Weg aus goldverzierter Langeweile sahen.

Mohammed, der sich allmählich von der Bewegung, die er ausgelöst hatte, getragen fühlte – wenn auch auf schmaler Basis –, gewann bald seine alte Selbstsicherheit wieder. Was ihn von den wirren Sektierern und pathetischen Himmel-und-Hölle-Beschwörern unterschied, die zwischen Damaskus und Sana an den Oasen saßen und um Gehör und Almosen bettelten, war das ungewöhnliche Kraftstoffgemisch, das seinen inneren Motor trieb.

Einerseits verfügte er über die faszinierende oder – je nach Standpunkt – verdächtige Strahlkraft dessen, der im direkten Kontakt zum Allerhöchsten steht. Aber er war auch Kaufmann. Sein Leben lang hatte er Ware gekauft und verkauft, hatte Millionenumsätze in die Wege geleitet, realisiert, investiert, hatte gefeilscht und getrickst. Kühle Berechnung und Kundenkenntnis, Einschätzung der Marktlage und Gespür für Marktlücken – was alles er gelernt hatte, als er das Vermögen seiner Frau vervielfachte, stellte er nun in den Dienst seiner Verkündigung. Von allen Propheten dieser Erde, den echten und den falschen, war und ist er der einzige, der eine Religion »verkaufen« konnte.

Er war – elegant, wohlduftend und durchaus freundlich – zwar der Bürgerschreck von Mekka, nicht aber der Buhmann. Sicher auch ein Grund, warum einigen Leuten, von denen es in Mekka niemand erwartet hätte, der Anschluß an Mohammeds Bewegung leichtfiel.

Ein rauflustiger Bulle, ebenso breit wie groß und dabei gut einen Kopf größer als die meisten, fast immer in Prügeleien verwickelt, wenn er nicht gerade auf die Jagd ging, gewiß kein Typ, den religiöse Fragen beschäftigen – das war Hamsa, ein Onkel Mohammeds, aber nur vier Jahre älter; da dieselbe Amme sie genährt hatte, waren sie Milchbrüder, was unter Beduinen enge Verwandtschaft bedeutet. Dieser Hamsa ging eines Nachmittags über den Platz vor der Kaaba und erfuhr, daß Abu-Dschachl, Oberhaupt der Machsum-Sippe, Mohammed die Nachgeburt eines Schafes an den Kopf geworfen habe. Ein paar Gaffer lachten noch. Hamsa, der eben von der Jagd kam, fand das weniger belustigend. Er packte den Scheich, zog ihm ein paar mit dem Pfeil über und schrie: »Wag es noch einmal, meinen Neffen anzurühren! Und damit es jeder gleich weiß – ab heute ist sein Glaube auch mein Glaube!«

Omar Ibn-al-Chattab, Anfang Dreißig, war auch so einer, dem niemand religiösen Bekennermut zugetraut hätte. Heute würde man sagen, ein Playboy mit leicht kriminellen Neigungen. Er war hitzköpfig und arrogant. Da es Mode wurde, Hexenjagd auf Mohammed und seine Anhänger zu machen, entschloß er sich zu einer spektakulären Tat. Er nahm sein Schwert und verkündete lauthals, diesen Mohammed bringe er nun um. Auf dem Weg durch die Stadt riefen ihm Leute zu: »Sorg lieber dafür, daß dein eigenes Haus nicht diesem Islam verfällt.« In der Tat ertappte Omar seine Schwester beim Lesen der Koransprüche. Er schlug sie, das Mädchen weinte. Er sagte, es täte ihm leid. Sie antwortete, er solle erst mal lesen, was er unwissend verurteile. Omar las und war beeindruckt. Spontan, ganz seine Art, meldete er sich, das Schwert in der Hand, beim Propheten.

Aber auch wohlhabende Kaufleute wandten sich bald Mohammed und seiner Lehre zu. Da war der Karawanenhändler Talha Ibn-Ubaidallah; ein kleiner Mann von großem Mut, der gern goldene Ringe und gelbe Gewänder trug und einmal dem Propheten das Leben retten sollte, was ihn zwei Finger kostete.

Da war Abd al-Rachman Ibn-Auf, eine der gerissensten Händlerseelen der Stadt, der mit einer Tochter eines der mächtigsten Mekkaner verheiratet war.

Da war Saad Ibn-Abi-Wakkas, siebzehnjähriger Sohn reicher Eltern, der wegen seines scharfen Auges als Mekkas bester Bogenschütze galt.

Reich war auch der fünfunddreißigjährige Bankier Osman Ibn-Affan, der Karawanen finanzierte und mit Sklaven handelte; ein schöner Mann, mit einem starken Bart, den er sich mit Henna rot färbte, mit viel Gold im Gebiß und teuren Samtgewändern. Er war in Mohammeds schönste Tochter Rukajja vernarrt und opferte der neuen Lehre sein Vermögen.

Aus den untersten Klassen der Stadt dagegen rekrutierten sich Burschen wie der sechzehnjährige Subair, der mittelgroß und hager war und nicht viel Bart hatte, aber immer mit gezogenem Säbel durch die Stadt lief, wenn die Leute sich über Mohammed lustig machten.

Typisch für Mohammeds Gefolgschaft aus der Klasse der Unterprivilegierten: der Sklave Chabbab, Sohn einer Beschneiderin. Nach einem der ewigen Stammeskriege gegen auswärtige Beduinen war er als Gefangener an eine reiche Unternehmerin verkauft worden. Wie die meisten Sklaven durfte er seinen Beruf – er war Degenmacher – auf eigene Rechnung ausüben, mußte seiner Besitzerin aber die übliche hohe Leibeigenpacht zahlen, was ihm, bei allem Fleiß, kaum ein paar Silber-Dirhem zum Leben ließ. Ausgebeutete wie Chabbab erhofften sich von Mohammeds Bewegung die Freiheit.

Insgesamt zeigte Mohammeds Kadertruppe, nur vier Jahre nach der ersten Verkündigung, bereits eine ziemlich operationsfähige Struktur. Ihm als Chefideologen stand, in Treue, Frau Chadidscha zur Seite, die für die Finanzierung sorgte. Weitere Mittel stellten Kaufleute wie Osman, Talha und Rachman. Als Berater machte sich Abu Bekr unentbehrlich. Er übernahm auch heikle diplomatische Missionen bei heimlichen Sympathisanten in der Stadt und bei Beduinen-Scheichs außerhalb.

Eine schlagkräftige Leibgarde hatte der Prophet inzwischen auch. Ali, der Adoptivsohn, war zu einem fanatischen Halbstarken herangewachsen, Said, der ehemalige Sklave, war bereit, sich für den Propheten in Stücke schneiden zu lassen. Der stämmige Saad Ibn-Abi-Wakkas hielt seinen Bogen stets schußbereit, und der bullige Milchbruder des Propheten, Hamsa, hatte bereits einen Stadt-Scheich das Fürchten gelehrt.

Alle diese Männer sollten Geschichte, ja Weltgeschichte machen: Abu Bekr, Omar, Osman und Ali, die ersten Kalifen nach Mohammed.

Said führte die ersten Sarazenen-Truppen gegen Byzanz, Saad die Invasion Persiens.

Die Oberhäupter der großen Sippen reagierten auf Mohammeds Bewegung unterschiedlich – teils mit unwirschem Langmut, teils mit Schikanen, schließlich mit offenem Krieg. Sie fürchteten, daß ihnen ein sozial-religiöser Eiferer Bürgerruhe und Geschäft störte.

An ihrer Spitze standen der reiche Walid Ibn-al-Mughira, von der Machsum-Sippe, und der greise Otba Ibn-Rabi, von den »Banu Omajja«. Beide bemühten sich, da ja Mekka keine »Regierung« hatte, als Oberste der Stammes-Konföderation aller Koraischiten um das Machtgleichgewicht zwischen den Clans.

Da war Otbas Schwiegersohn und späterer Nachfolger Abu-Sufjan, Führer von Großkarawanen und »Sicherheitsbeauftragter« der Stadt. Da waren der rothaarige Scharfmacher Abu-Dschachl, Scheich einer kleineren Machsum-Sippe, und der giftsprühende Mohammed-Onkel Abu-Lahab, die sich beide gerne an den hilfloseren Prophetenanhängern ausließen. Und da waren auch die beiden tollkühnen »Stadt-Grafen» Chalid und Amr, Soldaten aus Leidenschaft, die sich so lange der neuen Religion widersetzten, bis sie erkannten, daß der Islam ihnen die ferneren Horizonte erschloß.

Aber noch war der Islam nur eine kleine, von vielen belächelte, ärgerliche Sekte. Noch fand die junge Moslemgemeinde Platz im Haus eines jungen Mannes namens Arkam, der – obwohl erst fünfundzwanzig – reich und unabhängig genug war, um sich gegen seine Sippe zu stellen. Dort vollführten die Anhänger Mohammeds ihre Gebetsrituale, ihre Koranlesungen, dort fanden die Verfolgten Zuflucht. Dem Propheten war sein eigenes Haus – Chadidschas Haus – zu unsicher geworden.

Zwischen diesen beiden Fronten versuchten zwei wohlmeinende ältere Männer mit einer – heute würde man sagen: liberalen – Ausgleichspolitik, den brüchig gewordenen Frieden in der reichsten Stadt Arabiens aufrechtzuerhalten: Abu-Talib, Mohammeds Onkel und Oberhaupt der Haschim-Sippe, verarmter Inhaber des angesehenen Erbamtes des Hüters der Kaaba; und Abbas, auch er einer der vielen Onkel des Propheten, aber reich, da er die Wasserversorgung Mekkas verwaltete und seine Gewinne im Geldverleih investierte.

Abbas versuchte seinem Neffen immer wieder zu helfen, indem er ihn heimlich über die Pläne seiner Gegner informierte. Einmal soll er

Mohammed beim Gebet getroffen haben. Der Prophet kniete auf dem Boden und berührte mit der Stirn den Sand. »Ich weiß zwar nicht, was das für ein Gott ist, der von seinen Anbetern verlangt, den Hintern höher zu halten als den Kopf«, sagte er, »aber ich respektiere dich als meinen Neffen.«

Einmal noch setzte die Fraktion der Gemäßigten ein Vermittlungsangebot an den Propheten durch. Der weißhaarige Otba Ibn-Rabi überbrachte es persönlich: »Willst du König von Mekka sein, werden wir dir huldigen. Geht es dir um Geld, machen wir dich reich. Bist du krank, werden wir die besten Ärzte nach Mekka holen...« Vergebens.

Damit hatten sie angeboten, was ihrem Krämergeist das höchste schien: Macht und Geld. Gleichzeitig hatten sie kundgetan, daß sie Mohammeds Lehre nicht begreifen konnten oder wollten. Die Stadt brach auseinander.

Sippenhaft

Mit Spott und tätlichen Beleidigungen war dem Renegaten Mohammed und seiner Gefolgschaft nicht beizukommen gewesen. Am Anfang hatten sie sich noch im Schatten der Kaaba um ihre Götter gestritten. Mohammed hatte den Weltuntergang prophezeit, und die anderen hatten frivol nach dem Datum und nach den Wundern eines anständigen Propheten gefragt. Doch nun war es mit den Frotzeleien vorbei. Die Eskalation hatte begonnen.

Sie bewarfen Mohammed mit Steinen und Schmutz, rissen ihm an Haaren und Bart. Mitglieder ihrer Familien, die sich zum Islam bekannten, wurden gefesselt und eingesperrt – so auch Osman Ibn-Affan, als er sich mit Mohammeds Tochter Rukajja verlobte. Den Degenmacher Chabbab drückten sie in ein offenes Feuer. Noch Jahrzehnte später war Chabbabs Rücken eine offene, aussätzige Wunde. Talha und Abu Bekr wurden überfallen, Abu Bekr mißhandelt, wochenlang hatte er Kopfschmerzen. Ein Überfall auf den stämmigen Saad Ibn-Abi-Wakkas mißlang; Saad schlug seine Gegner mit Kamelknochen in die Flucht. Der Clan der Machsumiten schleppte drei abtrünnige Mitglieder in die Wüste und folterte sie zu Tode. Einer wurde zwischen zwei Kamelen gefesselt und auseinandergerissen. Einer jungen Frau stieß Abu-Dschachl eine Lanze zwischen den Beinen hoch in den Leib.

In Mekka regierte der Terror.

Mohammed schickte daraufhin einen Teil seiner Anhängerschaft – darunter Osman mit seiner jungen Frau Rukajja – ins christliche Abessinien. Der Negus sah im Glauben der Emigranten eine Art Christentum und gewährte ihnen Asyl. Mekka entsandte eine Delegation, die ein Auslieferungsbegehren vortrug.

Einer der Gesandten war der junge Haudegen Amr Ibn al-As, der seinen Auftrag sehr ernst nahm. Ein anderer aber, ein berüchtigter Frauenheld, hatte nichts Eiligeres zu tun, als die Frau des Negus zu verführen und sich von ihr mit dem Lieblingsparfüm des Königs einreiben zu lassen, wodurch natürlich die Affäre ruchbar wurde. Der Negus wies den Gesandten zurück.

Nun hatte Mekkas schwelender Bürgerkrieg auch eine außenpolitische Dimension. Mekkas Beziehungen zu Abessinien waren seit Jahrzehnten gespannt; 45 Jahre zuvor hatten Truppen des Negus einen – allerdings erfolglosen – Angriff auf Mekka unternommen.

Die Mekkaner stellten nun der Sippe Haschim ein Ultimatum: Entweder stoßen die Haschimiden Mohammed aus ihrem Clan aus – oder die ganze Sippe wird boykottiert.

Was sich nun ereignete, ist für unsere Begriffe schwer faßbar. Sippenchef Abu Talib, weiß Gott kein Anhänger seines Neffen, stellte sich vor Mohammed – und alle Haschimiden, in der Mehrzahl Nichtmoslems, folgten widerspruchslos ihrem Scheich in die halbverfallenen Hausburgen im Seitental Schaab, außerhalb Mekkas. Dort hatten die Banu-Haschim einmal gewohnt, bevor sie sich elegantere Stadtwohnungen im Umkreis der Kaaba zulegten. Das Sippenschutzgesetz, die Vollkaskoversicherung für alle Wechselfälle des Lebens, funktionierte im halbverstädterten Mekka noch wie in alten Beduinenzeiten. Nur einer distanzierte sich: Mohammeds Onkel Abu-Lahab.

Zwei Jahre lang war die Haschim-Sippe von jeder Erwerbsmöglichkeit ausgeschlossen. Manchmal gelang es, Lebensmittel aus der Stadt zu schmuggeln, das linderte die bitterste Not. Doch kaum ein Wort des Vorwurfs fiel gegen Mohammed. Die Sippe hielt zusammen. Noch! Gemäßigte Gemüter betrieben schließlich eine formlose Aufhebung des Boykotts. Da erlitt Mohammed zwei herbe Verluste. Chadidscha und Onkel Abu-Talib starben. Mit einem Schlag verlor Mohammed seinen finanziellen Rückhalt – Chadidschas Clan kassierte das Erbe – und die Protektion der Sippe. Neuer Sippenchef wurde Abu-Lahab.

Ein Versuch, in der nächstgelegenen Stadt Taif, 50 Kilometer entfernt, eine neue Basis zu finden, scheiterte. Die Obst- und Gemüsebauern der fruchtbaren Hochebene trieben den Propheten mit Steinwürfen in die Nacht. Mohammed war vogelfrei.

Geheimvertrag mit Medina

Nicht ganz. Eine andere Institution in Mekka, durch Tradition geheiligt, half Mohammed über die nächste Runde. Seit grauer Vorzeit galten vier Monate in Mekka als »Tabu«. Da durfte kein Streit ausgetragen, kein Blut vergossen werden. In diesen vier Monaten pilgerten die Sarazenen der arabischen Halbinsel zu den 360 Göttern der Kaaba. Wallfahrtszeit war auch Marktzeit, da konnten selbst verfeindete Stämme ungefährdet beten, opfern und feilschen, alles zum Nutzen der Mekkaner, die sämtliche einschlägigen Handels- und Dienstleistungszweige fest in der Hand hatten.

»Da wurden«, beschreibt Essad Bey, »Ritterkämpfe veranstaltet; Wahrsager, Propheten, Magier und Ärzte promenierten auf dem Hof der Kaaba. Sklaven, Frauen und Kamele wurden gekauft und verkauft, Liebesbande angeknüpft und zerrissen. Es wurde gewürfelt, gespielt und gesungen. Große Scheiterhaufen wurden entzündet und nächtelang an ihnen gezecht. Persische und griechische Mädchen durchwanderten die Straßen, Priesterinnen der Liebe, die der Ruf Mekkas herbeilockte. Auf den Gelagen in den Burgen der Kaufherren schenkten sie ihre zivilisierte persisch-byzantinische Gunst der glühenden Leidenschaft liebeshungriger Wüstensöhne. Mekka taumelte im Trubel des Jahrmarkts...«

Abseits des Trubels traf Mohammed auf eine Handvoll Fremde. Sie waren aus Jathrib gekommen, einer Stadt knapp 400 Kilometer nördlich von Mekka. Heute heißt sie Medina.

Mohammed erzählte den Jathribern von seiner Berufung und seiner Lehre. Die Jathriber hörten mit halbem Ohr zu und dachten an etwas anderes. Dann erzählten die Jathriber von ihrer Stadt, von den fünf Stämmen, die dort lebten, zwei arabische und drei jüdische. Mohammed hörte genau zu und dachte schon viel weiter. Daraufhin erklärten beide Seiten, sie hätten das gleiche Ziel, und schlossen einen Pakt. Was wollte wer von wem nun wirklich?

Medina war eine offene Siedlung, die weitgestreut in die Wohnbezirke der verschiedenen Stämme zerfiel. Aber Medina war fruchtbar. Hier gediehen Trauben und Dattelpalmen. Die hundert Sorten Medina-Datteln sind heute noch in ganz Arabien berühmt.

Die fünf Stämme Medinas lagen in Dauerfehde. Aber nicht Juden gegen Araber – in Medina machten ein Araber- und ein Judenstamm Front gegen eine Allianz aus einem Araber- und zwei Judenstämmen. Im Grunde waren sie das ewige Blutrachekarussell leid. Was ihnen fehlte, war ein starker Mann, auf den sich alle einigen konnten. Genau den sahen nun die aufmerksam an Mohammeds religiöser Predigt vorbeihörenden Pilger in dem verfemten Propheten.

Eine glänzende Zukunft malten sie sich für ihre Stadt aus. Wer einen Propheten hat, bekommt Wallfahrer. Wallfahrer bringen Geld. Und stirbt der Prophet, baut man ihm ein schönes Grab – der Pilgerstrom reißt nie ab. »Wir bedauern das Leid, das du in Mekka erdulden mußt«, sagten die Medinenser. »Bei uns findest du eine Zuflucht für dich und deine Lehre.«

Mohammed interessierte sich mehr für die Lage Medinas an der Karawanenstraße von Syrien nach Mekka. Wer Medina beherrschte, konnte Mekka die Lebensader abdrücken.

Bald gab es Moslems in jeder Sippe Medinas. Die Juden, die ohnehin einen neuen Messias erwarteten und auch nur einen einzigen Gott anbeteten, sahen dem Propheten hoffnungsvoll entgegen. Als sich zur nächsten Pilgersaison siebzig Moslems aus Medina mit Mohammed trafen, war die Entscheidung gefallen. Medina brauchte ihn. Die Übersiedlung der Moslems war nur noch eine taktische Frage. In kleinen Gruppen, ohne Abschied, begann der Exodus. Mohammed und einige Getreue blieben bis zuletzt.

In der Ratsversammlung der Koraischiten-Chefs wurde Mord verhandelt. Im ehrwürdigen, fast zweihundert Jahre alten »Dar an-Nadwa«, dem Lehmziegelhaus, das noch der Stadtgründer und Koraischiten-Stammvater Kossaj für Bürgerschaftsversammlungen gebaut hatte, stand nur ein Punkt auf der Tagesordnung: »Wer tötet Mohammed?«

Mohammed konnte nicht mehr als religiöser Spinner gelten. Selbst die Gemäßigten sahen in ihm eine Gefahr für die Stabilität der Gemeinschaft. Abu-Dschachl, der ja schon immer gewußt hatte, daß es soweit käme, präsentierte die Patentlösung: »Aus den Adelsfamilien der Stadt wählen wir je einen Krieger. Sie stürzen sich alle im selben Augenblick mit dem Dolch auf Mohammed. Welche Hand den Todesstoß führte, wird nachher niemand feststellen. Mohammeds Sippe wird nicht gegen uns alle Blutrache üben können. Wir werden der Sippe Blutgeld zahlen, wie es die Tradition verlangt. Das ist sein Tod uns wert...«

Der Rat nahm den Mordplan an. In der Nacht bezogen die Verschwörer Posten vor Mohammeds Haus und auf den Dächern der Nachbargebäude. So warteten sie auf den Morgen. Abu-Dschachl war dabei; er wollte sichergehen, daß bei der Hinrichtungsinszenierung jeder seine Rolle spielte.

Der erste Smaragdschimmer des heraufziehenden Tages hob den Gipfel des Abu-Kubais vom blausamtenen Nachthimmel ab. Bald lag blutrotes Morgenlicht auf der Kaaba. Das übernächtigte Todeskommando trat die Tür zu Mohammeds Haus ein. Auf den Ziegenfellen sahen die Männer eine schlafende Gestalt, eingehüllt in den grünen Mantel des Propheten.

Abu-Dschachl riß den Mantel auf. Der zwanzigjährige Ali blinzelte verschlafen auf die gezückten Dolche. Wütend stapften die verhinderten Mörder in den Morgen.

Mohammed war längst über die Berge, die das Mekka-Tal umgeben. Seit Tagen hatte Abu Bekr im Hof seiner Hausburg zwei schnelle Kamele bereitgehalten. Während die Ratsversammlung die Exekution beschloß, war Mohammed mit Abu Bekr durch ein Hinterfenster seines Hauses geflüchtet. Sechs Tage später, in glühender Mittagshitze, erreichten die Flüchtlinge Kuba, eine Vorstadt von Medina. Es war Ende September 622.

3.
Machtkampf um Medina

Mit dieser Emigration des Propheten, der »Hedschra«, beginnt die Zeitrechnung des Islam: Mohammeds erstes Jahr in Medina ist das Jahr 1 (oder »Anno Hedschra« 1, wie die Orientalisten sagen). Allerdings verlangt die Umrechnung von arabischer in christliche Zeitwährung Kopfarbeit.

Erstens liegt der exakte Beginn des Islamära nicht auf dem tatsächlichen Hedschra-Datum, sondern auf dem Neujahrstag des damals laufenden (arabischen) Jahres. Und das war, nach christlicher Rechnung, der 16. Juli 622.

Zweitens zählten die Araber – immer schon – ihre Zeit nach Mondphasen. Ergebnis: Das arabische Mondjahr ist 11 (in Schaltjahren 12) Tage kürzer als unser Sonnenjahr. Die Differenz macht in einem Jahrhundert drei Jahre aus. Ein hundertjähriger Christ ist also drei Jahre älter als ein hundertjähriger Moslem...

Als Mohammed in Medina einritt, jubelten ihm die Leute zu. Araber und Juden standen am Weg, boten Datteln und Wasser, Waffen und Häuser an. Sie alle hofften, daß mit dem Propheten nun Gesetz, Wohlstand und Frieden bei ihnen Einzug hielten. Mohammed ritt weiter. Er hatte andere Pläne.

Die Sippe Banu-Nadschar begrüßte ihn besonders herzlich. Sie erwartete, Mohammed würde sich ihnen anschließen: Mohammed war weitläufig mit den Banu-Nadschar verwandt, seine Urgroßmutter Selma war eine der Ihren gewesen. Aber der Prophet lehnte höflich ab. Er wollte sich keiner Sippe mehr unterstellen. Er war jetzt selbst ein Scheich, die Moslems sein Stamm. Der Islam – aber das war noch Mohammeds Geheimnis – sollte neue Gesetze schaffen, die alten Stammesblutsbande sprengen.

»Mein Kamel wird einen Platz für mich finden«, sagte Mohammed, »Allah wird es leiten.«

Er ließ seinem Kamel die Zügel. Auf einem freien Platz, wo Datteln zum Trocknen ausgelegt wurden, legte es sich nieder. Das Grundstück gehörte zwei Waisen, sie schenkten es dem Gesandten Allahs um Gottes Lohn. Die Medinenser riefen Beifall. Mohammeds Empfang war ein Volksfest.

Nur einer in der Menge wurde das Gefühl nicht los, daß hier weniger ein bescheidener Flüchtling sein Asyl betrat, als vielmehr ein Eroberer seine neue Operationsbasis in Besitz nahm. Dieser ahnungsvolle Mann war Abdallah Ibn-Ubaj, Scheich der Banu-Chasradsch. Er hatte sich Chancen ausgerechnet, zum Oberlord von Medina gewählt zu werden. Nun sah er seine Pläne gefährdet. Ein Machtkampf zwischen Mohammed und Ibn-Ubaj schien unausweichlich.

Auf dem Dattelplatz von Medina werkelte bald ein fleißiges Völkchen. Eine Mauer wuchs heran, ungefähr dreißig Meter im Quadrat. Ein offener Hof entstand, am einen Ende überdacht, mit drei Toren: die erste Moschee des Islam, noch ohne Minarett. Zwei Hütten fügten sich an die Ostmauer: das Quartier Mohammeds. Daran schlossen sich, um insgesamt einen weiteren Hof zu bilden, die Behausungen für Mohammeds Töchter Fatima und Rukajja, deren Mann Osman und für Ali. Die Medinenser betrachteten das seltsame Moscheegebäude, das da entstand. Aber warum sollten die Flüchtlinge nicht ihr eigenes Heiligtum haben? Es störte ja niemanden.

Eines Morgens, noch vor Sonnenaufgang, schreckte eine laute, sonore Stimme die Medinenser aus dem Schlaf.

»Allaaaaah-u-Akbaaaar!« dröhnte es über die ganze Stadt: »Gott ist groß!« Die durchdringende Stimme gehörte Bilal, einem ehemaligen Negersklaven aus Mekka. Er rief die Moslems zum Gebet in die neue Moschee; Bilal war der erste Muezzin des Islam. Und von nun an rief er, in grünem Mantel, die breiten, braunen Hände als Schalltrichter vor dem Mund, fünfmal täglich. Jedesmal strömten die Moslems in Scharen durch die Stadt, sternförmig auf die Moschee zu. Ihre Zahl war nicht zu übersehen, ihre Anwesenheit nicht zu überhören. Ihr Tagesrhythmus, vom fünfmaligen Gebetsruf bestimmt, beherrschte das Stadtleben.

Medinas Bewohner teilten sich bald in vier Kreise. Die »Muhadschirun«, die mit Mohammed aus Mekka emigriert waren, bildeten den harten Kern des jungen Islam. Die »Ansar«, die »Helfer«, die konvertierten Medinenser, verbreiterten mit überzeugtem Einsatz Mohammeds Basis bei den Einheimischen. Den dritten Kreis, am Rande, bildeten die »Munafikun«: Opportunisten, die zwar ein Lippenbekenntnis zum Islam ablegten, dem Treiben der »Ansar« und »Muhadschirun« jedoch mit einer Mischung aus Belustigung und Argwohn zusahen. Führer dieser widerwilligen Mitläuferpartei war natürlich der durch Mohammeds Ankunft in seinen Herrschaftsansprüchen bedrohte

Ibn-Ubaj. »Munafikun« heißt, grob übersetzt, »Heuchler«. Das Wort, das aus dem Äthiopischen stammt, enthält aber auch das Bild einer Springmaus, die sich bei Gefahr ins Loch stürzt.

Und dann waren da noch die jüdischen Stämme. Ihre Religion war monotheistisch wie der Islam. Also suchte Mohammed ihre Allianz. In der neuen Moschee wies die Gebetsrichtung, die »Kibla«, nach Jerusalem. Mohammed trug seine Haare jetzt, auf jüdische Art, ungescheitelt. Von den Juden übernahm er auch einen Fastentag. Er habe, so versicherte er den Juden, seine Botschaft ebenso von Gott erhalten wie einst Abraham und Moses. Die Feststellung der Verwandtschaft war ihm sehr wichtig.

Die Juden von Medina wollten es genau wissen. Sie schickten ihm ihre Rabbiner ins Haus und verwickelten ihn in theologische Diskussionen. Aber dem war Mohammed nicht gewachsen. Wo auch hätte er sich das geistige Rüstzeug erwerben sollen? Die wenigen Juden und Christen, von denen Mohammed in Mekka Bruchstücke ihres Glaubens aufgeschnappt hatte, waren keine Theologen, sondern wandernde Trödler und Weinverkäufer, Fleischer und Sklaven; Fremde, die ein komisches Arabisch mit aramäischen und hebräischen Fremdwörtern sprachen, unbeauftragte Missionare ohne Kirche und Synagoge, ohne Priester und Rabbiner. Für die Schriftgelehrten von Medina jedenfalls war Mohammed nicht bibelfest. Er hielt Maria für die Schwester von Moses, Jakob für Abrahams Sohn und Isaaks Bruder. Die Rabbis machten sich lustig über Mohammed. Dieser Prophet, so fanden sie schnell heraus, war keiner von ihren Leuten.

Schlimmer müssen die täglichen Reibereien in der Stadt gewesen sein. Zwischen Mekkanern, »Heuchlern« und Juden gab es ständig Krach, an den Brunnen, auf den Märkten, in den Straßen.

Es ging ganz einfach um den Lebensunterhalt. Die meisten Emigranten hatten nur mitbringen können, was sie auf dem Leib trugen. Medina war eine Oase, Datteln das Hauptprodukt, aber Dattelkultur ist ein schwieriges Geschäft: Die weiblichen Blüten müssen behutsam mit männlichen Pollen befruchtet, anschließend mit Tüchern und Palmfasergeflecht sorgsam geschützt werden. Das verlangt Sachverstand und Erfahrung, und an beidem mangelte es den Mekkanern natürlich. Außerdem war ihrer Beduinenmentalität die sorgfältige Fleißarbeit des Seßhaften ein Horror. Zu allem Überfluß fand Mohammed die »künstliche« Befruchtung weiblicher Blüten mit männlichem Samen höchst unanständig und verbot sie kurzerhand. Daß er kurz darauf einen Rückzieher machen mußte, um nicht die Dattelernte zu gefährden, tat – wie schon die mangelhafte Kenntnis biblischer Geschichte – seinem Unfehlbarkeitsanspruch in den Augen der Juden neuen Abbruch.

Die stolzen Auserwählten Allahs wurden so zu Hilfsarbeitern. Ihre Arbeitgeber gehörten meist entweder der Munafikun, den »Springmäusen«, oder den jüdischen Stämmen an.

Die wenigen Handwerker unter den Flüchtlingen machten sich zwar sofort an die Arbeit, aber Handwerker waren die meisten Juden auch. Bald gab es viel Konkurrenz und wenig Konsumenten. Nur im Geschäftemachen waren die Mekkaner flinker und gerissener. Der »Suk«, der Markt, war von altersher fest in der Hand des jüdischen »Chanukla«-Stammes. Die Mekkaner machten nun ihren eigenen »Suk« auf und zeigten den Juden, wie man wirklich Rebbach macht.

Mohammeds Schwiegersohn Osman hatte als einer von wenigen sein Vermögen aus Mekka retten können. Mit einem jüdischen Brunnenbesitzer, der sein Wasser teuer losschlug, machte er folgendes Geschäft.

»Für 20000 Dirhem kaufe ich dir die Hälfte deines Brunnens ab«, sagte Osman.

»Ein halber Brunnen? Wie soll das gehen?« sagte der Jude.

»Einen Tag nutze ich den Brunnen, am anderen Tag du.«

Der Jude war einverstanden. Aber Osman gab an seinem Brunnentag das Wasser gratis ab. Der Jude sah an seinem Nutzungstag keinen Käufer mehr. »Nun gut«, sagte er schließlich, »du kannst auch die andere Hälfte haben. Gib mir noch einmal 20000.«

»Du träumst«, sagte Osman. »Du siehst doch, deine Brunnenhälfte ist nichts wert. Ich gebe dir noch einmal 20 Dirhem, und damit bist du königlich bezahlt.«

Es wurde in Medina viel darüber gelacht, wie ein Mekkaner einen Juden das Geschäftemachen lehrte. Es war ein böses Lachen. »Munafikun«-Führer Ibn-Ubaj registrierte es interessiert. Die Begeisterung der ersten Stunde wich enttäuschtem Schmollen. Medina spaltete sich wieder in verfeindete Gruppen. Nicht wie früher nach Stämmen: Die Risse gingen nun quer durch die Familien.

Wie sehr die Atmosphäre der Stadt sich mit Gift auflud, zeigt ein pamphletisches Lied, das die einheimische Dichterin Asma Bint-Marwan verfaßte. Es prangerte die, wie Asma meinte, Schlappschwänzigkeit der alteingesessenen Sippen an. Bald machte es im Untergrund die Runde.

»Ihr Gefickten der Malik und der Nabit und der Aus!
Ihr Gefickten der Chasradsch!
Wie die Hunde lauft ihr einem Fremden nach,
Der nicht aus euerer Heimat stammt!
Gibt es denn keinen Mann von Ehre mehr,
Der einen Augenblick zu nutzen weiß
Und der Bauernfängerei ein Ende macht!«

Am wenigsten schmeckte den Nicht- oder nur Halbengagierten das spartanische Regime, das Mohammed der Stadt aufzwang.

In dieser Zeit begann die Verteufelung des Alkohols, die bis heute in Moslemländern nachwirkt. Noch in Mekka war dem Propheten Wein »eine Gottesgabe«. Fürs Paradies stellte er »Wein, mit Moschus versiegelt und mit (dem besonders wohlschmeckenden) Wasser von Tasnim vermischt« in Aussicht. In Medina wurde jedoch Wein fast ausschließlich von jüdischen Händlern ausgeschenkt – die jüdischen Stämme betrieben den Weinbau. Sie verwickelten die Moslems gerne im Suff in ketzerische Diskussionen, entließen sie wohl auch volltrunken in die Gebetsversammlungen. »O ihr Gläubigen!« mahnte der Prophet, »betet nicht in Trunkenheit, sondern erst wieder, wenn ihr wißt, was ihr redet!« Sicher nutzten auch mekkanische Agenten den Weinausschank, um die Pläne des Propheten auszuforschen.

Außer Alkohol verbot Mohammed Glücksspiel, übermäßiges Essen, sogar Singen und Tanzen, Musizieren, Malen und Bildhauern. Auch diese Verbote sind in den strengeren Staaten des Islam heute noch in Kraft. Saudi-Arabien hat kein Kino, kein Tanzlokal, keine öffentlichen Musikveranstaltungen. Die islamische Kunst brachte es zwar im Ornamentalen zu hoher Meisterschaft, aber Darstellungen von Menschen darf es eigentlich nicht geben.

»Warum«, wurde Mohammed einmal gefragt, »bist du gegen die Künste?«

Die Antwort spricht sicher manchem Gegner bestimmter Kunstrichtungen des 20. Jahrhunderts aus dem Herzen: »Am Tag des Gerichts wird Allah den Künstlern befehlen, ihren Gestalten Leben zu geben. Das wird die Künstler in tiefe Bestürzung versetzen.« Die wahren

Gründe entsprangen aktuellen politischen und religiösen Gründen. Einmal war Mohammed bemüht, eine schlagkräftige Streitmacht aufzubauen. Jedes Lotterleben war daher zu verwerfen. Zum anderen mußte Mohammed befürchten, daß bildende Kunst zu neuer Götzenbildnerei führte.

Hauptziel Mohammeds war jedenfalls, Medina zu einem tragfesten Fundament für künftige Ausbreitung des Islam zusammenzuschmieden; aus Medina die disziplinierte, ergebene Gemeinschaft zu machen, die ihm als Muster eines Gottesstaates vorschwebte.

Mohammed bestellte die Oberhäupter der Sippen von Medina in seine Moschee. »Das Volk von Medina«, begann er seine historische Ansprache, »lebte in Fehde und Blutsfeindschaft. Ich betrat diese Stadt, um Frieden zu stiften. Diesen Frieden verkünde ich jetzt!«

Auf den ersten Blick war, was Mohammed nun kundtat, eine »Magna Charta«, die neue Ordnungsinstanzen einsetzte, um inneren Frieden und äußere Sicherheit zu garantieren.

Der Verfassungsvertrag hatte – in groben Umrissen – folgenden Inhalt: Alle Gläubigen bilden, zusammen mit denen, die sich ihnen anschließen, eine »besondere Gemeinschaft«. Alle sind gleich, Juden und Christen genießen Schutz und Religionsfreiheit, unterstehen jedoch dem Gebot des Propheten. Das Territorium von Medina ist unverletzlich; Angriffskrieg ist verboten. Wird Medina angegriffen, sind unterschiedslos alle zur Verteidigung aufgerufen. Tötet ein Moslem einen Ungläubigen, so gilt die Blutrache nicht, wird jedoch ein Gläubiger verletzt oder getötet, sind alle Gläubigen zur Rache verpflichtet. Die Einwohner Medinas haben sich dem Propheten und den Gesetzen des Islam gegenüber loyal zu verhalten. Wer dagegen verstößt, darf auch von seinen Verwandten nicht geschützt werden. Jeder Streit zwischen den unterzeichnenden Parteien wird der Entscheidung Allahs und seines Gesandten unterworfen...

Für alle, die keinen anderen Ehrgeiz hatten, als bequem zu leben und ruhig zu schlafen, schien der Vertrag Frieden in die geteilte Stadt zu bringen. Andere lasen aber auch zwischen den Zeilen. In ihren Augen war dieser Verfassungsentwurf ein kalter Staatsstreich. An die Stelle der Blutsverwandtschaft trat eine bisher unbekannte Rechtsnorm: die »Gemeinschaft der Gläubigen«, der »Islam«, das »Gebot des Propheten«. Dieser neuen gesetzgeberischen Gewalt und ihren – mit ihr identischen – Vollzugsorganen sollte das Recht der Sippe von nun an unterworfen sein. Das war das Ende einer vertrauten Welt, der Beginn einer unauslotbaren Zukunft.

Mohammed, dem Allah die Verkündigung des wahren Glaubens in der Welt aufgetragen hatte, sicherte sich mit diesem Vertrag innenpolitisch eine Machtbasis und außenpolitisch einen Brückenkopf. Von religiösen Zielen ist darin nicht mehr viel die Rede. Aus dem scheinbar zögernden, verschüchterten, verfolgten Sprachrohr Allahs war ein selbstsicherer, autoritärer Politiker geworden.

Die Scheichs, die sich im Innenhof der Moschee versammelt hatten, fröstelten in der Nachmittagshitze. Sollte man das wirklich unterschreiben? Ratlos blickten sie einander an, Araber und Juden. Dann sahen sie sich um.

Die Mauern entlang, vor den drei Ausgängen, auf dem Hof der Moschee, standen die »Muhadschirun«. Eine ausgesuchte Mannschaft. Sie hatten starke Muskeln, zuckten mit keiner Wimper und klirrten leise mit ihren Waffen.

Die Scheichs unterschrieben.

Mohammed war kein sanfter Jesus

Wie konnten sich Mohammeds Charakter und sein Auftreten so schnell, so radikal wandeln? Wo war der verfolgte, gedemütigte Prophet von Mekka geblieben, der nichts im eigenen Land galt, mitleidend mit der geknechteten Kreatur?

»Es scheint«, schreibt der Orientalist Frants Buhl in einer Analyse früher Mohammed-Biographien, »als zerfiele Mohammeds Charakter in zwei unzusammenhängende Teile, in einen mekkanischen und einen medinensischen.« Als Ursache dieses scheinbaren Bruchs erkennt Buhl »die unvollkommenen Berichte aus der mekkanischen Zeit. Sie zeichnen mit Vorliebe das Bild des geduldig Leidenden und verschweigen Züge, die den Zusammenhang zwischen den beiden Charakterbildern vermitteln.«

Zutreffender ist wohl, daß unsere Vorstellung von einem Religionsstifter und Gotteskünder vom Bild des sanften Jesus als »Lamm Gottes, das hinwegnimmt die Sünden der Welt« bestimmt wird; eine Projektion, die auch in spätere arabische Mohammed-Biographien hineinstrahlte.

Mohammed, bei Beduinen in der Wüste aufgewachsen und jahrelang Karawanenführer, ständig von Überfällen räuberischer Nomaden gefährdet, war nie ein sanfter Jesus, der die linke Wange hinhielt, wenn man ihn auf die rechte schlug.

In der ältesten Lebensbeschreibung des Propheten, verfaßt von Ibn-Is'hak, nur etwa 150 Jahre nach Mohammeds Tod, als mündliche Überlieferungen noch lebendig waren, finden sich durchaus plastische Schilderungen eines aggressionsfreudigen Mohammed.

So berichtet Ibn-Is'hak von der spektakulären Niederlage, die »einer der stärksten Männer unter den Koraischiten« im Zweikampf gegen Mohammed erlitt.

Ähnlich muß eine Begegnung Mohammeds mit dem Scharfmacher Abu-Dschachl auf dem Kaabaplatz verlaufen sein. Der Rothaarige – sein richtiger Name lautete übrigens Abul Hakim, aber Mohammed nannte ihn penetrant »Vater der Dummheit«, eben »Abu-Dschachl«, und das blieb hängen – hatte großmäulig verkündet: »Wenn er beim Gebet niederkniet, zerschmettere ich ihm den Kopf!«

Abu-Dschachl ging mit einem Stein auf Mohammed zu. Plötzlich, berichtet Ibn-Is'hak, »kehrte er um, wie ein Flüchtiger, ganz entstellt und erschrocken«. Seinen Freunden machte er vor, er habe ein Kamel zwischen Mohammed und sich erblickt, »mit einem Kopf, einem Genick und mit Zähnen, wie ich sie nie an einem Kamel gesehen, und es machte Miene, mich aufzufressen!« Vielleicht hatte der kniende Mohammed ihn ins Gemächt geboxt, und Abu-Dschachl hatte sich den Stein auf die Füße fallen lassen, so daß ihm vor Schmerz Phantasiebilder vor den Augen flimmerten.

Abu-Dschachl hatte schon als Kind Mohammeds Kraft zu spüren bekommen. Bei einer Rauferei verletzte Mohammed ihn so am Knie, daß er zeitlebens dort eine Narbe trug.

Nein, Mohammed war, bei aller religiösen Zielsetzung, bei aller Selbstüberzeugung von seinem göttlichen Auftrag, nie ein Schwärmer, dessen Gedanken ausschließlich im Himmel weilten. Andernfalls hätten die Medinenser auch kaum in ihm den starken Mann gesehen, der bei ihnen »law and order« durchzusetzen in der Lage war. Anders als bei Jesus war sein Reich durchaus auch von dieser Welt. Einige Mekkaner hatten es längst geahnt – bald sollten es alle erfahren: durch eine Schreckensnachricht.

Immer im Oktober verließen die beiden größten Karawanen des Jahres Mekka. Die eine zog südwärts, nach Sana und Aden im Jemen, in das einstmalige Reich der Königin von Saba. Dort waren einheimisches Weihrauchholz sowie Duft- und Gewürzstoffe aus Indien einzukaufen, die übers Meer kamen, Affen, Sklaven und Holz aus Afrika. Die andere Karawane zog nach Norden, zu den Marktplätzen Syriens und Ägyptens. Sie nahm die jemenitische Ware mit, die über die Weihrauchstraße nach Mekka heraufgebracht worden war.

Die Händler, die nach Norden reisten, verbrachten die kühlen – für sie erholsamen – Monate der Regenzeit im Großstadtgewimmel von Alexandria und Damaskus. Dort tauschten sie die Umschlagware aus dem Süden gegen die Fertigprodukte der zivilisierten Welt – Stoffe, Waffen und Gewänder zum Beispiel –, aber auch Korn, Gold und Silber. An einheimischen Produkten hatten die Mekkaner übrigens nur wenig anzubieten; Leder von Kamelen, Gazellen und Rindern.

Bei Frühlingsbeginn versammelten sich die mekkanischen Händler zum großen Konvoi heimwärts. So trafen sie pünktlich wieder zur Frühjahrspilgermesse in Mekka ein. Karawanen von 2500 Kamelen waren keine Seltenheit. Und was sich da mit einer Durchschnittsgeschwindigkeit von 25 Kilometern pro Tag durch die Wüste bewegte, repräsentierte fast das gesamte Volksvermögen von Mekka.

Der Wert eines Kamels lag, je nach Alter und Geschlecht, zwischen 80 und 110 Dirhem (gute Reit- und Rennkamele freilich kosteten bis zu 300, Pferde waren selten und dementsprechend teuer: zwischen 400 und 20000). Die Frachtkapazität eines Kamels lag bei etwa zwei Zentnern. Der Orientalist Sprenger hat pro Kamellast einen durchschnittlichen Warenwert von 20 Dinar oder 200 Dirhem ausgerechnet – da das unfruchtbare Mekka für seine Nahrungsmittelversorgung auf Importe angewiesen war, mußten auch viel Datteln (zu 15 Dirhem die Last) und Korn (30 Dirhem für Weizen) transportiert werden.

Nach vorsichtigen Schätzungen belief sich allein der Import-Export-Verkehr Mekkas mit Syrien in der ersten Hälfte des 7. Jahrhunderts auf 6000 Kamellasten jährlich – in jeder Richtung. Der Warenwert lag also etwa bei aufgerundet 2,5 Millionen Dirhem. Veranschlagt man für den Handelsverkehr mit dem Jemen die gleichen Werte, so kommt man auf 5 Millionen Dirhem. Solche Warenwerte ließen sich natürlich nur bei entsprechend großen Investitionen bewegen. So waren denn auch die mekkanischen Handelskarawanen in der Mehrzahl Kommanditunternehmen. Auch Diener und Sklaven beteiligten sich mit Minimaleinlagen, Karawanenanteile waren Volksaktien. Wer gerade nicht kapitalkräftig war, nahm Kredit auf die zu erwartenden Gewinne zu einem Prozent Zins pro Monat auf – Warentermingeschäfte würde man das heute nennen. Investition und Kreditaufnahme waren fast ohne Risiko. Der Durchschnittsgewinn lag stets bei mindestens fünfzig Prozent. Somit darf man für Mekka insgesamt einen Netto-Jahresgewinn von mindestens 2,5 Millionen Dirhem annehmen – nicht eingerechnet die Profite aus dem Pilgergeschäft und den einschlägigen Dienstleistungsgewerben. Kein Wunder also, daß Mekka bis nach Byzanz und Persien einen sagenhaften Ruhm als reichste Stadt Arabiens genoß. Doch jetzt war aller Reichtum in Gefahr. Von Medina aus kontrollierte Mohammed die nördlichen Karawanenstraßen.

Die Superkarawane, die im Februar 624 Gaza in Richtung Mekka verließ, transportierte auf 1000 Kamelen Waren für eine halbe Million Dirhem. Die Sippe Abd-Manaf hatte allein 100000 Dirhem investiert. Führer der Karawane war der erfahrene Abu-Sufjan, der Sicherheitsbeauftragte von Mekka.

Späher meldeten Mohammed, daß der Konvoi nur von einer halben Hundertschaft bewacht würde. Unverzüglich trommelte der Prophet mehr als 300 Krieger zusammen. Mekkanische Agenten galoppierten inzwischen dem Geleitzug entgegen, um ihn zu warnen. Konvoichef Abu-Sufjan jagte seinerseits einen Eilboten nach Mekka, um Schutz anzufordern. Ein Expeditionskorps von 950 Mann auf 700 Kamelen und über 200 Pferden zog daraufhin der Karawane entgegen. Abu-Dschachl, mit seinen siebzig Jahren noch fest im Sattel, machte den Anführer. Er ritt das teuerste Kamel Mekkas; es stammte aus Mahre im Jemen, wo die schnellsten und ausdauerndsten Kamele Arabiens gezüchtet werden, und war angeblich 1000 gewöhnliche Kamele wert. Außerdem gehörten ihm mehr als 200 Kamele in der Karawane. Abu-Dschachl fieberte der Abrechnung mit dem Propheten entgegen.

Abu-Sufjan war inzwischen seinem Frachtzug vorausgeritten. An der Oase Badr, wegen ihrer Brunnen ein beliebter Rastplatz, sah er Spuren und frischen Kamelmist im Sand. Er sprang aus dem Sattel, hockte sich auf den Boden und untersuchte die Abdrücke. Kein Zweifel: Da waren zwei Kamele von ihren Reitern getränkt worden. Er

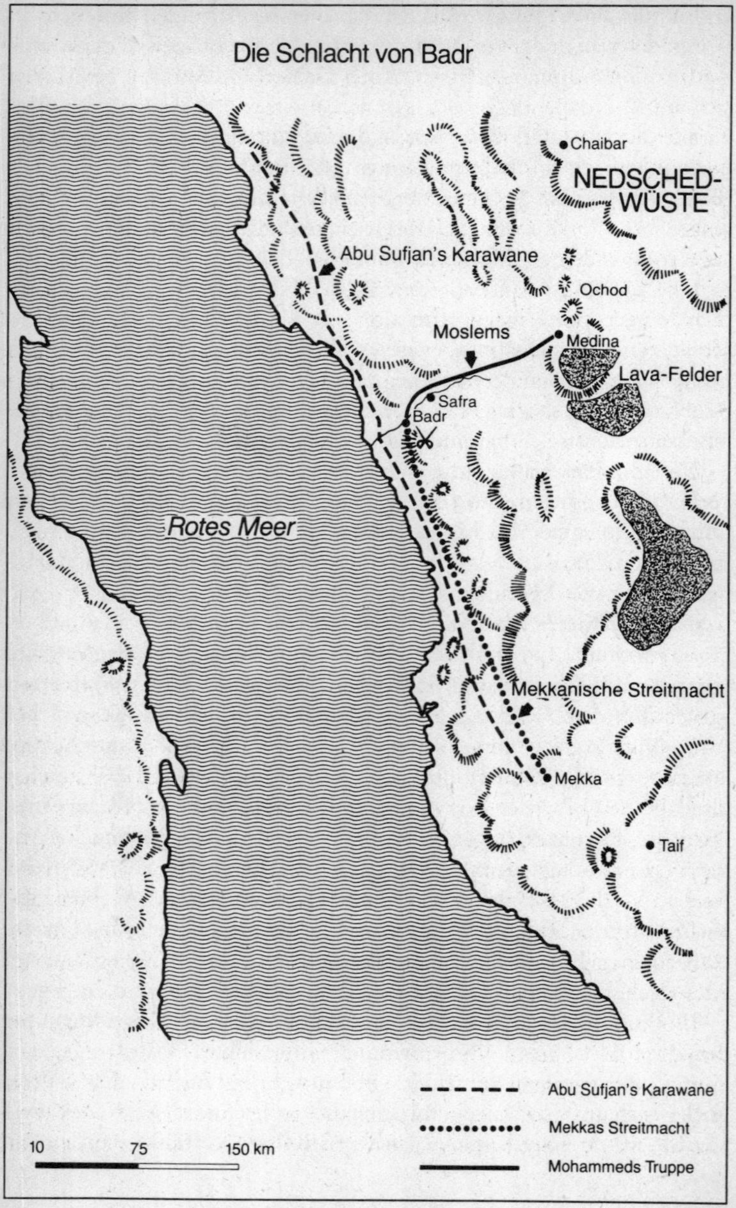

Die Schlacht von Badr
Chaibar
NEDSCHED-
WÜSTE
Abu Sufjan's Karawane
Ochod
Moslems
Medina
Lava-Felder
Safra
Badr
Rotes Meer
Mekkanische Streitmacht
Mekka
Taif
Abu Sufjan's Karawane
Mekkas Streitmacht
Mohammeds Truppe
10
75
150 km

nahm den Kamelmist in die Hand, zerbröselte ihn. Im Kot steckten Dattelkerne. Kein Wüstenbeduine würde seine Kamele mit Datteln füttern. Dies aber waren Kerne einer Dattelart, die nur in Medina wuchs.

Abu-Sufjan galoppierte zur Karawane zurück. Er befahl einen Umweg, führte seine durstigen Männer und Tiere in weitem Bogen um die Brunnen von Badr herum und abseits der Karawanenstraße, dicht am Meer, nach Süden weiter. Das mekkanische Expeditionskorps setzte unterdessen seinen Weg nach Badr fort.

Mohammeds 300 Krieger besaßen nur 70 Kamele und drei Pferde. Die Männer wechselten sich während des Fünf-Tage-Marsches auf den Kamelen ab. Der Prophet, sein Adoptivsohn Ali und ein Medinenser teilten sich in ein Kamel. Die drei Pferde wurden an den Zügeln geführt. Dieser armselige Haufen war der Kern jener unwiderstehlichen Sarazenen-Heere, die wenig später ein Weltreich eroberten.

Die Moslems schlugen in sicherer Entfernung von Badr ihr Lager auf. Ali ritt mit einem Spähtrupp zu den Brunnen. Sie überraschten junge Sklaven, die Wassersäcke füllten, und führten sie dem Propheten zum Verhör vor. Bald wußte dieser: Was hinter den Hügeln lagerte, war nicht die Karawane, die reiche Beute versprach. Das war ein Heer von erdrückender Übermacht.

Mohammed, der sich, den Notwendigkeiten seiner Berufung folgend, vom Kaufmann zum Prediger, dann zum Politiker und Diktator gewandelt hatte, mußte sich nun als Feldmarschall beweisen.

Über viele Traditionen hatte er sich bereits hinweggesetzt. Nun brach er weitere Tabus. Nach dem Gesetz der Wüste sind Brunnen heilig. Der Prophet ließ die Brunnen von Badr zuschütten. Vor seinem – niedriger gelegenen Lager ließ er ein neues Reservoir graben. Seit undenkbaren Zeiten kämpften Sarazenen nur im Familien- und Sippenverband, jeder auf eigene Faust unter seinem Scheich. Der Prophet stellte auch diese klassische Beduinenschlachtordnung radikal um. Die Moslems sollten künftig in straffer Formation unter einem einzigen Oberbefehl antreten.

Mohammed ließ für sich und Abu Bekr einen Feldherrnhügel mit Schattendach bauen. Von dort aus traf er seine Dispositionen. Das Gros seiner geringen Streitmacht stellte er, unter Ausnutzung der Hügellandschaft, mit Blick nach Südwesten auf. So mußten die Mekkaner am Morgen der Sonne entgegenstürmen. Bogenschützen sicherten die

Flanken gegen Umgehungsversuche der Kavallerie. Eine Sondereinheit übernahm die Sicherung des Reservoirs. Die Nacht fiel, und die Mekkaner ahnten nicht, daß sie am Morgen durstig in die Schlacht ziehen mußten.

Sieg bei Badr – und die Folgen

Als die Sonne über den sandigen Hügeln von Badr zum heißen 16. März 624 aufging, nahmen die Mekkaner vor der geschlossenen Front der Moslems Aufstellung. Nach klassischem Muster begann die Schlacht mit Zweikämpfen der angesehensten Krieger. Stadtältester Otba Ibn-Rabia trat hervor, gefolgt von seinem Bruder Schaiba und seinem Sohn Walid. Aus den Reihen der Moslems lösten sich Mohammeds Onkel Hamsa, Ali und Abu-Ubaida. Otbas großer Kopf war ungeschützt, er hatte keinen passenden Helm gefunden.

Der greise Aristokrat Otba hatte gegen die bulligen Moslems keine Chance. Hamsa fällte ihn mit einem einzigen Schwerthieb. Ali tötete den Sohn. Nur Schaiba machte einen Punkt für Mekka gut: Ubaida krümmte sich mit zerhackten Beinen im Sand und erwartete den Todesstoß. Aber Alis Schwert durchbohrte Schaiba, dann hob Ali sich den blutenden Kameraden über die Schulter und stapfte ins Glied zurück.

Die Mekkaner, ihrer Anführer beraubt, noch ehe die Schlacht begonnen hatte, stürzten sich in kopfloser Wut gegen die muselmanische Front. Abdallah Ibn-Masud, Mohammeds erster Propagandist in Medina, brachte Mohammed den rothaarigen Kopf Abu-Dschachls.

Die Reihen der Mekkaner lichteten sich. Ungeordnet, wie sie angegriffen hatten, flüchteten sie nun, warfen Schilde, Panzerhemden und Schwerter weg. Mohammed zählte die Strecke: 70 Mekkaner waren getötet, 74 Gefangene waren gemacht worden. Mohammed hatte 14 Krieger verloren. Er blieb noch drei Tage auf dem Schlachtfeld, um die Beute einzusammeln und die Toten beerdigen zu lassen.

Die Beute war längst nicht das, was sich die Moslems von der Karawane versprochen hatten. Aber 150 Kamele, 10 Pferde, viele Waffen und Rüstungen bildeten doch eine willkommene Bereicherung des Kriegspotentials. Für sich selbst requirierte der Prophet Abu-Dschachls rassiges Kamel sowie ein Schwert, das den Namen »Dhu'l-fakar« (»Spaltmeister«) trug, weil es sich wegen seiner doppelschwänzigen Spitze hervorragend zum Aufspalten von Kettenpanzern und Rückenwirbeln eignete. Bedeutsamer war der moralische Gewinn, den der Sieg dem jungen Staat des Propheten brachte. Bei den Beduinenstämmen im Umland sprach es sich herum: Medina ist die kommende Macht.

In den eigenen Reihen hatte der Prophet indessen heikle Probleme zu klären. Nach altem Beduinenbrauch wollten die Krieger, die sich Beute gegriffen hatten, sie auch behalten. Dagegen protestierten andere – so die Bewacher des Reservoirs –, die ohne Gelegenheit geblieben waren. Auch hier brach Mohammed mit alter Tradition. Die gesamte Beute wurde zusammengelegt. Vier Fünftel wurden zu gleichen Teilen an die gesamte Anhängerschaft verteilt; auch an die in Medina Zurückgebliebenen, die dort die gefährdete Ordnung gesichert hatten, auch an die Witwen. Das fünfte Fünftel war – Mohammed legte es gleich im Koran fest – für »Allah und seinen Apostel sowie dessen Anverwandte, für die Waisen und die Bedürftigen und die Reisenden« bestimmt. Das war der Anfang eines Staatsschatzes und eines Sozialetats.

Ein weiteres Problem waren die Gefangenen. Zwischen Mohammeds einflußreichsten Mitstreitern brachen dabei erste Differenzen auf. Der hitzige Omar wollte ihnen den Kopf abschlagen, der diplomatische Abu Bekr dagegen sprach sich für ihre Freilassung gegen Lösegeld aus. Humanität, gab er zu bedenken, sei ein wirksamer Propagandaeffekt.

Mohammed entschied sich für Abu Bekrs Votum. Damit setzte er Maßstäbe für die Bewältigung künftiger Siege. Vorrang sollte immer die Propagierung des Islam haben, deshalb also weitestgehender Großmut gegenüber potentiellen Konvertiten. Der spätere Welterfolg des Islam beruhte nicht zuletzt auf diesem Gebot.

Schon in Medina zeigten sich die ersten Früchte. Einige Gefangene blieben, die »Ansar« registrierten starken Zulauf von bisher zögernden Einheimischen. Aber in Medina wurden gleichzeitig auch Exempel für die Unnachsichtigkeit bei der Verfolgung Ungläubiger statuiert.

Die Pamphletistin Asma überlebte den siegreichen Wendepunkt Badr kaum um einen Monat. »Der Prophet hat aus privaten Gründen nicht viele Menschen verfolgen lassen«, schreibt Mohammed-Biograph Essad Bey. »Die meisten waren Dichter und Witzbolde. Die Satire des Dichters sticht schmerzlicher als die Lanze des Feindes, sagte

Mohammed aufrichtig, denn ihm fehlte der Sinn für Humor.« Aber Humor war bis heute kaum je ein Charakterzug von Propheten und Ideologen, echten oder falschen.

Die Exekution der Dichterin war nur ein Auftakt. Die Moslems waren jetzt entschlossen, jeden subversiven Widerstand in Medina zu brechen. Die »Heuchler« kuschten, sie bildeten eine Partei, die quer durch die Sippen ging, sich aber auf keine Sippe stützen konnte. Die drei jüdischen Stämme Medinas jedoch, obwohl untereinander verfeindet, fühlten sich in der wachsenden Ablehnung des Islam noch stark.

Mit der Zeit war der Bruch zwischen den Juden und Moslems immer tiefer geworden. Zwar beschäftigte Mohammed weiterhin Juden als Sekretäre – fast die einzigen Schreibkundigen in der Stadt –, aber längst trug der Prophet seine Haare nicht mehr nach jüdischer Art. Auch die Gebetsrichtung änderte er: Nicht mehr nach Jerusalem sollten die Moslems schauen, sondern nach Mekka. Die Juden hatten die Hinneigung des Propheten nicht honoriert, er fühlte sich enttäuscht, so schien es jedenfalls bei oberflächlicher Betrachtung.

Die theologische Koexistenzfrage, vom alltäglichen Hickhack aufgeladen, drängte einer Explosion zu. Ein alberner Zwischenfall löste sie aus.

Ein Moslem-Mädchen saß auf einer Bank im »Suk«, Burschen aus dem (jüdischen) Chanukka-Stamm befestigten ihr heimlich das Kleid an der Sitzplanke. Das Mädchen stand auf, das Kleid zerriß. Großes Gelächter. Ein roher Spaß in einem rohen Land, nichts Ungewöhnliches. Ein junger Moslem ging mit dem Säbel auf die Burschen los – Massenprügelei, der Moslem kam ums Leben.

Mohammed befahl die Belagerung des Chanukka-Viertels. Zwei Wochen hielten die Juden aus, dann mußten sie, ausgehungert, kapitulieren. Vergebens hatten sie gehofft, die anderen jüdischen Stämme würden sich mit den »Heuchlern« zu einer Entsatzaktion zusammenfinden.

Die Chanukka zogen in die Oasen des Nordens. Ihren Besitz mußten sie zurücklassen. Da sie Waffenschmiede waren, fiel ein kostbares Arsenal an die Krieger Allahs: 50 Harnische, 50 Helme, 340 Schwerter.

Diese Waffen kamen ihnen gelegen; denn Mekka rüstete zum Großangriff.

Für Mekka war die Situation nach der Niederlage von Badr unerträglich. War Allah doch stärker als die 360 Götter der Kaaba? Mekkas greise Stadtväter hatten bei Badr ihr Leben verloren. Junge Aristokraten übernahmen die Führung. An ihre Spitze trat Abu-Sufjan, Schwiegersohn des von Hamsa getöteten Otba. Sufjans ebenso heißblütige wie korpulente Frau Hind soll öffentlich geschworen haben: »Ich schlafe erst wieder mit meinem Mann, wenn ich das Blut des Mörders meines Vaters getrunken habe!«

Abu-Sufjan stellte ein Heer von 3000 Mann auf. 700 verfügten über Panzerhemden. 200 Pferde standen ihnen zur Verfügung. Auf 3000 Kamelen bewegte sich der Heerwurm zehn Tage lang nordwärts. Ein Kamel trug, in einer Art Tabernakel, als siegverheißenden Talisman, den Stadtgötzen Hobal. Aristokratenfrauen heizten mit Tambourins und Haßgesängen die Kampfmoral auf. Hind, die Rachsüchtige, versprach einem abessinischen Sklaven namens al-Wachschi die Freiheit, wenn er Hamsa für sie töte. Die Kavallerie wurde von zwei jungen Haudegen angeführt: Chalid Ibn al-Walid und Amr Ibn-al-As – später sollten sie Syrien und Ägypten erobern, für Allah.

Abu-Sufjan hatte seinen Aufmarschplan gut vorbereitet. Das Heer umging Medina und bezog südwestlich des Berges Ochod Stellung, der sich einsam in unwegsamem Vulkantrümmergelände erhebt und die sich daran anschließende fruchtbare Ebene vor der Stadt beherrscht.

Es war März 625, die Saat hatte schon Ähren, war aber noch grün. Die Mekkaner unternahmen zunächst wenig. Sie ließen nur ihre 3200 Reittiere durch die halbhohe Gerste trampeln.

Wieder zog der Prophet gegen einen überlegenen Gegner. Von den Judenstämmen traten nur zwei Krieger an; es war Freitagabend, Sabbatbeginn. Der »Munafikun«-Chef lief mit seinen Mitläufern nur bis zur Stadtgrenze mit: Verteidigung des Territoriums stand im Vertrag, Angriffshilfe außerhalb nicht. Vielleicht rechnete er mit einer Niederlage des Propheten, das würde die innenpolitischen Machtverhältnisse ändern. Dem Propheten blieben 700 Mann, Fanatiker allerdings, die den Tod nicht fürchteten.

Bei Sonnenaufgang bezogen die Moslems an den Abhängen des Ochod Stellung, zwischen dem feindlichen Lager und der Stadt: Somit beherrschten sie den Zugang nach Medina. Nach bewährtem Muster

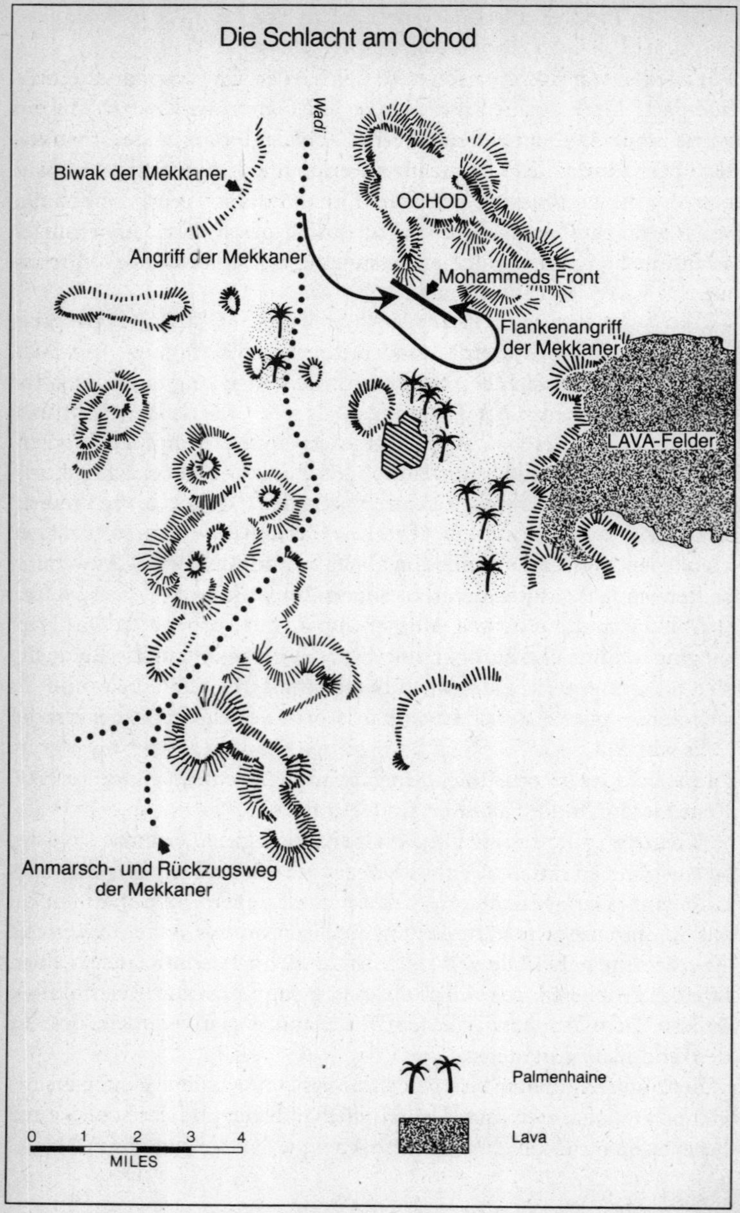

Die Schlacht am Ochod
Wadi
Biwak der Mekkaner
OCHOD
Angriff der Mekkaner
Mohammeds Front
Flankenangriff der Mekkaner
LAVA-Felder
Anmarsch- und Rückzugsweg der Mekkaner
Palmenhaine
Lava
0 1 2 3 4
MILES

stellte der Prophet seine Bogenschützen zur Flankensicherung ab, diesmal auf den zackigen Felsnasen des Ochod.

Schnell hatten sich die Krieger Allahs bis zum Feldlager des Gegners durchgeschlagen. Frauen wie Männer flüchteten vor ihnen durch die Felstrümmer. Das mitgeführte Karneol-Heiligtum des Hobal blieb zurück. Das Banner der Koraischiten zerriß unter den Füßen der Gejagten. In diesem Augenblick hielten Mohammeds Bogenschützen die Schlacht für gewonnen. Sie stürmten von ihren Felsstellungen hinunter ins feindliche Lager, um die Sicherstellung der Beute nicht zu verpassen.

Chalid, der bis jetzt für seine Kavallerie keine Chance zum Eingreifen gefunden hatte, sah die Bogenschützen den Berg herabrennen. Mit der Geistesgegenwart, die ihn zum genialsten Truppenführer des Jahrhunderts machen sollte, erfaßte er die veränderte Feindlage. Mit Amr und Abu-Dschachls Sohn Ikrama brach er ungehindert in den Rücken der Moslems vor. Und vorn riß eine Mekkanerin das verlorene Feldzeichen vom Boden hoch. Allahs Krieger, den Sieg schon vor Augen, die Beute in der Hand, waren zwischen Hammer und Amboß geraten.

Eine mekkanische Angriffsspitze, neu formiert, hackte sich bis zum Feldherrnhügel Mohammeds an einem Ausläufer des Ochod durch. Abu Bekr sah sich plötzlich seinem Sohn Rachman gegenüber, der für Mekka kämpfte. Erschrocken ließ Abu Bekr seine Waffen sinken. »Mein Sohn!« rief er. »Was schuldest du mir nicht alles!«

»Nichts außer diesem Schwert, das dich nun töten wird!« schrie Rachman.

Abu Bekr holte zum Schlag aus, der Prophet drängte sich dazwischen, andere Moslems gingen auf Rachman los, gaben ihm aber Gelegenheit, sich zurückzuziehen. »Schone ihn«, hatte Mohammed zu Abu Bekr gesagt. »Auch dein Sohn findet noch den rechten Weg!«

Ein Reiter preschte heran, Ib-Chalf, ein Mekkaner; er hatte nach Badr seinen gefangenen Sohn für 4000 Dirhem loskaufen müssen. »Das nächstemal komme ich, dich zu töten!« hatte er damals geschrien. Jetzt trieb er, Mord im Blick, seinen Hengst dicht vor den Propheten. Mohammed winkte seine Gefährten zur Seite. Hier ging es um die persönliche Ehre. Beduinenehre.

Sekundenlang starrten sich die Männer an. Mohammed streckte die breiten Schultern. Seine großen, harten Hände lagen fest um den Schaft seines Speeres. »Du wirst sterben«, sagte er.

Mohammed sah das Zucken in Ibn-Chalfs Auge. Noch ehe Ibn-Chalfs Hand das Schwert heben konnte, stieß Mohammed seinen Speer nach oben. An der rechten Schulter getroffen, stürzte der Mekkaner vom Pferd. Zu Fuß flüchtete er zu seinen Kameraden. Mohammed ließ ihn laufen.

Als Ibn-Chalf seine Wunde von mekkanischen Freunden untersuchen ließ, erwies sie sich als ungefährlich, beim Sturz aus dem Sattel hatte er sich noch eine Rippe gebrochen. Aber Ibn-Chalf war nicht zu beruhigen. »Ich werde sterben!« schrie er. »Mohammed hat es gesagt. Und wenn er mich nur angespuckt hätte, würde ich sterben!« Er starb tatsächlich eine Woche später. Aus Angst.

Der Ring der Mekkaner um Mohammed und seine Gefährten war enger geworden. Mohammed schoß in wilder Folge Pfeil um Pfeil ab, bis sein Bogen zerbrach. Neben ihm versuchte Scharfschütze Saad Ibn-Wakkas verzweifelt, die immer dichter herandrängenden Feinde abzuwehren. Mohammed reichte ihm Pfeile, bis er sich selbst mit kreisenden Schwerthieben seiner Haut wehren mußte.

Ibn-Kamia, ein berühmter mekkanischer Schwertkämpfer, erspähte eine Deckungslücke, ließ seine Waffe auf Mohammeds Kopf niedersausen. Talha Ibn-Ubaidallah griff mit nackten Händen in den Hieb, er verlor zwei Finger, lenkte das Schwert aber um Zentimeter ab. Krachend fuhr das Eisen in Mohammeds Helm. Splitter des Kopfschutzes drangen dem Propheten in die Wange. Gleichzeitig riß ihm ein Pfeil die Lippen auf, Steinwürfe zerschmetterten ihm das Gebiß. Das Blut des Propheten floß in Strömen. Röchelnd wälzte er sich am Boden. Abu-Ubaida versuchte die Helmsplitter aus Mohammeds Gesicht herauszuziehen, schaffte es aber erst, als er seine Zähne zu Hilfe nahm. Das kostete ihn die Schneidezähne. »Mohammed ist tot!« schrien die Mekkaner, die den Propheten fallen gesehen hatten. Der Angriffsdruck ließ etwas nach.

Von den dreißig Mann der Leibgarde Mohammeds lebten nur noch vierzehn. Sie schleppten Mohammed zu einem Felspaß. Ali holte Wasser in seinem Schild, Fatima wusch ihrem Vater die Wunden.

Unten auf dem Schlachtfeld schlich sich der Abessinier al-Wachschi mit seinem Speer durch die Kämpfenden, hinter ihm Abu-Sufjans rachsüchtige Frau Hind. Sie suchten Hamsa. Der bullige Milchbruder des Propheten hatte bereits zwei Gegner niedergemacht, nun stand er mit Schwert und Schild dem dritten gegenüber. Al-Wachschi und Hind krochen um Lavatrümmer und Felsen, um hinter Hamsa zu gelangen.

Hamsa reckte sich, um seinem Gegner einen tödlichen Hieb zu verpassen. Der Sklave erhob sich, zielte sorgfältig. Als Hamsas Schwert den Kopf seines Gegners spaltete, durchbohrte ihn der Speer des Sklaven. Hind nahm sich ihren kostbaren Halsschmuck ab und legte ihn al-Wachschi um. Der Sklave hatte sich seine Freiheit erkauft.

Von Hind wird erzählt, daß sie sich mit einem hysterischen Schrei über den Toten stürzte. Sie grub ihre Hände in die klaffende Wunde, riß die Leber heraus und schlug ihre Zähne hinein, wie sie es sich geschworen hatte. Andere Mekkanerinnen feierten den Sieg ihrer Männer nicht minder makaber. Sie hackten den Leichen der Moslems Nasen und Ohren ab und machten sich Halsketten daraus.

Die Mekkaner, vom knappen Sieg erschöpft, zogen sich zurück. Abu-Sufjan verzichtete darauf, die geschlagenen Moslems bis in ihre Stadt zu verfolgen. Mit geschwächten Kräften wollte er keinen Straßenkampf im befestigten Medina riskieren, vielleicht auch nicht die Opposition dort in eine gemeinsame Front mit Mohammed zwingen. Eine blutige Lektion war erteilt worden, fanden seine Kampfgefährten, Mekka hatte bewiesen, daß Allah seine Krieger keineswegs unbesiegbar machte. War das nicht genug?

Abu-Sufjan wußte, daß es nicht genug war.

Ein Graben macht Geschichte

Auch Mohammed wußte, daß Mekka über kurz oder lang den Endkampf suchen würde. Die Vorbereitungen dafür, auf beiden Seiten, machten die Wüste zum machtpolitischen Schachbrett. Man bewog Oasenbauern- und Reiterstämme – mit irdischen Gütern und himmlischen Versprechungen –, strategische Positionen für kommende Durchmärsche zu öffnen oder zu sperren. Fallen für die »Könige« wurden gestellt und zerschlagen: Mohammed entging knapp mehreren Attentaten, ein Mordanschlag auf Abu-Sufjan mißglückte nur um Haaresbreite. In Mekka wurden gefangene Moslems öffentlich zu Tode gefoltert, einmal sogar durch Kinder, die Erwachsenen sahen dabei begeistert zu. In Medina wurde, aus Furcht vor Verrat, ein zweiter Judenstamm ausgewiesen. Ende März 627 war es dann soweit: Drei Heerhaufen bewegten sich auf Medina zu.

Feldmarschall war wieder Abu-Sufjan. Ihm zur Seite ritten der bereits am Ochod erprobte Chalid und der bisher als couragierter Karawanenführer und Diplomat bewährte Amr. Es war die größte Armee, die Arabien je gesehen hatte: 10000 Mann auf Kamelen und 600 auf Pferden, eine Konföderation aller mekkanischer, zahlreicher Beduinen- und vieler Judenstämme. Mekka hatte das gesamte Volksvermögen in Rekrutierung und Aufrüstung investiert. Was hatte Medina diesem Ansturm entgegenzusetzen?

Strategisch gesehen bot Medinas Lage einige Vorteile. Nach drei Seiten war die Stadt durch die »Harra« geschützt, die mit Felstrümmern aus schwarzem Vulkangestein dichtbesäten Hügelfelder. Nach Norden jedoch war Medina offen. Diese kahle Ebene mußte der Prophet mit kaum mehr als 3000 Kriegern blockieren. Die Moslems hatten allerdings immer noch keine Kavallerie, vielleicht insgesamt 10 Pferde. Mohammed erwartete, daß Allah einen Finger rührte.

Der Fingerzeig hieß Salman al-Farsi. Das war ein Perser, und der hatte gesehen, was keinem Moslem bisher vor Augen gekommen war. Handelskarawanen aus Mekka und Medina zogen natürlich nie in Gebiete, wo Perser und Byzantiner sich Kriege lieferten, also konnten auch die Moslems nicht wissen, welche Verteidigungstaktiken die Kriegskunst dort entwickelt hatte. Beduinenkrieg war Überfall und Zweikampf, war »Razzia«, nicht Stellungskrieg. Der Perser Salman machte Mohammed einen ebenso einfachen wie für Moslems undenkbaren Vorschlag: die Errichtung eines Wallgrabens!

Die Ratlosigkeit des mekkanischen Riesenheeres angesichts dieses Grabens ist jahrhundertelang ein Quell der Schadenfreude für alle Historiker geblieben. Philip Khuri Hitti ironisierte: »Es war das unsportlichste (›unsportsmanlike‹) Ding, das sie je gesehen hatten.« Essad Bey, der Mohammed-Biograph, spottete: »Hypnotisiert wie ein Huhn am Kreidestreifen, blieb das Heer am Graben stehen. Was, in der Tat, sollten 10000 Beduinen gegen einen Graben unternehmen?«

Natürlich hätten die Mekkaner mit Leitern oder Planken die Ungeheuerlichkeit überwinden können. Dazu hätte man freilich dergleichen Belagerungswerkzeug anfertigen müssen, vielleicht aus Palmen. Aber stolzen Beduinen war solche Arbeit fremd.

Chalid, der Haudegen, wagte mit einigen zornigen jungen Reitern vergeblich einen Husarenritt, im ganzen gab es drei Tote bei den Angreifern und fünf bei den Belagerten; schließlich zog Mekkas stolzes

10000-Mann-Heer unter Absingen schmähender Lieder wieder von dannen. Die Schlacht, die nicht stattfand, ging nichtsdestoweniger als »Schlacht am Graben« in die Annalen des Islam ein. Es war das Hornberger Schießen der arabischen Geschichte.

Das Ende der Juden von Medina

Weniger glimpflich kam der letzte Judenstamm Medinas, die Banu-Koraisa, davon. Ob die aufgestaute Kampfeslust der Moslems ein Ventil brauchte oder ob die Moslem-Front von den in der Etappe verbliebenen Juden einen Dolchstoß in den Rücken befürchtete, läßt sich aus den – hier besonders widersprüchlichen – Überlieferungen nur mühsam herausfiltern.

Wie es scheint, hatten beide Heerführer versucht, durch angestrengte Agententätigkeit über den Graben hinweg die Fronten von hinten aufzuweichen. Mohammed hatte sich bemüht, zwei Beduinenstämme aus der Konföderation Mekkas herauszubrechen. Er versprach ihnen ein Drittel der Dattelernte Medinas, doch seine eigenen Leute waren dagegen. Umgekehrt hatte Abu-Sufjan versucht, den Banu-Koraisa und den »Heuchlern« die Befreiung Medinas von der Moslem-Herrschaft schmackhaft zu machen. Aber seine Agenten erreichten keine bindenden Zusagen. Diese Geheimgespräche in Medina boten Mohammed sehr wahrscheinlich auch den Vorwand, gegen die letzte Insel zweifelhafter Loyalität, die es in der Prophetenstadt gab, vorzugehen.

Der schwarze Muezzin Bilal stieg auf die Moschee und ließ seine durchdringende Stimme über die Stadt erschallen. Er rief nicht zum Gebet. Auf Mohammeds Befehl rief er Allahs vom Graben zurückkehrende Krieger, noch ehe sie ihre Waffen ablegten, zum Sturm auf die Häuserburgen der Banu-Koraisa. Die nicht unvorbereiteten Juden warteten vergeblich auf die Hilfe des alteingesessenen Araberstammes der Banu-Aus, mit dem sie vor Mohammeds Ankunft verbündet gewesen waren.

Doch die Zeiten hatten sich geändert. Mohammed genoß jetzt den Mythos des Unbesiegbaren. Die Banu-Aus und auch die Mitläuferpartei rührten sich nicht. Ausgehungert kapitulierten die Juden nach zwei Wochen. Sie hofften, unversehrt abziehen zu können wie die zwei anderen Judenstämme vor ihnen. Heimisch fühlten sie sich in Medina ohnehin nicht mehr.

Nach ihrem Exodus hatten die Banu-Chanukka und die Banu-Nadir die 60 Kilometer nordwärts gelegene Oase Chaibar zu einem neuen Großhandelsplatz gemacht – und zu einem antimuselmanischen Agitationszentrum. Mohammeds Einflußgebiet reichte inzwischen jedoch weit über Medina hinaus. Die zunehmende Bedeutung Chaibars störte die Moslems. Sie durfte durch den Zuzug der Banu-Koraisa nicht noch vergrößert werden.

Was nun geschah, ist vielen islamischen Historikern bis heute peinlich geblieben. Mit rhetorischen Klimmzügen versuchten sie durch die Jahrhunderte, das Bild des Propheten ungeschwärzt aus den Ereignissen des blutigen Mai hervorgehen zu lassen.

Mohammed schlug den Banu-Koraisa vor, ihr Schicksal dem Schiedsspruch eines Unparteiischen zu unterwerfen: Saad Ibn-Muath. Das war ein dicker Mann mit unberechenbaren Temperamentsausbrüchen. Er war Scheich der Banu-Aus, und einige seiner besten Freunde waren Juden. So weit, so gut. Aber Scheich Saad war einer der wenigen, die am Graben verwundet worden waren. Schwer sogar. Er hatte nicht mehr lange zu leben. Liebevolle Pflege freundlicher Moslemmädchen hatte ihm die letzten Tage leicht gemacht. Das Urteil des Todgeweihten: »Die Juden sollen getötet, ihr Besitz beschlagnahmt und ihre Frauen und Kinder als Sklaven verkauft werden.«

Bis in die Nacht hinein, zuletzt bei Fackelfeuer, soll die Massenhinrichtung angedauert haben. Ali war einer der Scharfrichter.

»Der Weg zur Macht führt durch den Sumpf der Sünde«, apologisierte Essad Bey in seiner Mohammed-Biographie. »Auch Mohammed mußte den Sumpf der Sünde betreten, durch Blut, Schmutz und Verrat gehen; doch hell und strahlend leuchtete am anderen Ufer das Wort Gottes, das befohlen hatte: ›Verkünde...‹«

Die »Strafaktion Medina« als anti-jüdisches Pogrom zu bezeichnen wäre unfair, meint Samuel Rosenblatt in seinen »Essays über den Antisemitismus«: »Mit den gleichen Methoden ging Mohammed gegen alle vor, die gegen ihn opponierten.« Der Orientalist Maxime Rodinson urteilt: »Vom rein politischen Standpunkt aus war es eine kluge Maßnahme. Ließ man die Koraisa ziehen, verstärkten sie Chaibar. Nur die Toten kehren nie mehr zurück.« In seinem Buch »Und Mohammed war ihr Prophet« schließlich findet Walter R. Fuchs: »Eine typisch menschliche Emotion, ein enttäuschtes Erwartungsgefühl, etwas höchst Persönliches, Subjektives also« sei Mohammeds Motiv gewesen.

Alle diese Erklärungsversuche rühren nur an die Oberfläche. Die Wurzeln von Mohammeds Haß lagen wohl tiefer. Da war der »alte« Jude, der sich mit väterlich-nachsichtiger Arroganz über den »jungen« Propheten lustig machte. Gleichzeitig aber wachte der Jude eifersüchtig über seine Religion, die Mohammed ihm entreißen wollte.

Denn: Wenn ein Prophet unter Nichtjuden auferstehen konnte, dann waren die Juden nicht mehr Gottes auserwähltes Volk, und das bedeutete, daß ihnen überhaupt keine Glaubensbasis mehr blieb. War andererseits aber Mohammed nicht Gottes Prophet, dann konnte er auch in seinen eigenen Augen nichts anderes sein als ein – wie Montgomery Watt findet – »Hochstapler, der seinen Selbsttäuschungen erlag«.

Von der jüdischen Mutter-Religion aber hatte Mohammed seine ersten und wesentlichsten Impulse empfangen, sich lange von ihr – auch in Äußerlichkeiten – genährt. Mit der Verlegung der Gebetsrichtung von Jerusalem nach Mekka hatte er die Nabelschnur durchschnitten. Nun, mit der Koraisa-Exekution, bewältigte er seinen Ödipuskomplex gegenüber der jüdischen Vaterfigur.

Der Islam hatte seine Unschuld verloren und war erwachsen geworden. »Daß der Islam eine Weltreligion wurde«, schrieb der Orientalist Frants Buhl, »hat er zum Teil den Juden von Medina zu verdanken...«

An materiellem Gewinn verdankten die Moslems der Koraisa-Aktion 1500 Säbel, 1000 Speere, 1500 Schilde, 300 Rüstungen sowie etwa 1000 Frauen mit Kindern als Sklaven. Der Gesamtwert der Sklavinnen wird auf 450000 Dirhem veranschlagt. Nach bekanntem Schlüssel teilten sich der Prophet und seine 3000 Krieger die Beute. Dementsprechend erhielt Mohammed 200 Sklavinnen. Einigen gab er die Freiheit, andere schenkte er Freunden, den Rest ließ er in Syrien gegen Waffen und Pferde eintauschen. In Besitz genommen wurden auch, wie schon bei der vorangegangenen Ausweisung zweier Judenstämme, die Häuser und die fruchtbaren Ländereien, so daß nunmehr alle Mekkaemigranten versorgt waren. Osman, der Schwiegersohn des Propheten, kaufte, zusammen mit dem ebenfalls als tüchtig bekannten Kaufmann Abd-ar-Rachman, von den Kriegern zahlreiche Beutefrauen auf. Das war klug spekuliert: Aus Chaibar, Taima und anderen

Orten eilten Juden herbei, um ihre Glaubensschwestern vor der Deportation nach ausländischen Sklavenmärkten loszukaufen. Die Preise stiegen rapide. Zwei Frauen mit drei Kindern, bei der Beuteteilung mit 400 Dirhem bewertet, konnten nun um 1500 Dirhem versteigert werden.

Die Herren von Mekka registrierten mit wachsender Sorge die Ausweitung und Festigung des muselmanischen Einflusses bei den Beduinenstämmen im Norden der arabischen Halbinsel. Alle Karawanenstraßen waren blockiert. Das Wallfahrtsgeschäft ließ nach. Viele Beduinenstämme hatten sich zum Islam bekehrt. In Mekka herrschte Ruhe. Die Ruhe einer Wirtschaftsflaute. Wie sollte es weitergehen?

Vor dieser Frage stand allerdings auch Mohammed. Medina hatte er nun fest im Griff. Die Opposition war ausgeschaltet. Mohammeds Gefolgsleute bewohnten die Häuserburgen der vertriebenen und vernichteten Juden, pflückten deren Datteln und mehrten ihren Reichtum durch Razzien auf heidnische Stämme. Aber erfüllte das den Verkündungsauftrag?

4. Marsch auf Mekka

Beim Gebet, fünfmal am Tag, verneigten sich die Moslems in Richtung Mekka, zur Kaaba. Mekka war das Ziel, die Kaaba der irdische Zentralpunkt des Islam. Mekka mußte erobert werden. Allah verlangte es. Aber mit konventionellen Mitteln war Mekkas Streitmacht, trotz allem, nicht zu besiegen. Wie also?

Mohammed hatte Allah auf seiner Seite, und der schickte ihm Erleuchtung. Im März 628 – Kaiser Herakleios hatte Persien besiegt, Persiens »König der Könige«, Chosrau II., war von seinen Aristokraten ermordet worden – gab Mohammed die erste Etappe seines Planes bekannt. Seine gläubigen Anhänger, von den Inspirationen ihres Propheten allerhand gewohnt, hatten Mühe, sich auf die neue Perspektive einzustellen.

Kurz nach Beginn des Pilgermonats schlug Mohammed mit etwa 700 Männern und einigen Frauen beim Brunnen am Fuß des kahlen Berges Hodaibidscha ein Lager auf – nur noch einen Tagesmarsch von Mekka entfernt.

Mekka war ratlos. Späher meldeten, Allahs gefürchtete Krieger schmückten 70 reiterlos mitgeführte Kamele mit Opfergirlanden und sprächen fromme Gebete. Statt Rüstungen trügen sie das nahtlose Pilgergewand aus rauhem Tuch.

Mekkas Krisenstab traf folgenden Beschluß: Man solle Mohammed den Pilgergang erlauben, falls er einen Friedensvertrag abschlösse. Aber erst nächstes Jahr. Stadtscheich Suhail nahm sich vor, Mohammeds unhaltbare Verhandlungsposition erpresserisch auszunutzen. Mekkas Streitmacht hatte inzwischen das Moslemlager umstellt.

Suhail handelte einen Vertrag aus, den er für ein Meisterwerk der Diplomatie hielt. Mohammed ging, trotz großen Widerstandes aus den eigenen Reihen, auf alles ein. Der junge Ali war Protokollführer. Mohammed diktierte ihm die Präambel:

»Zwischen Mohammed, dem Gesandten Gottes, und...«

»Augenblick!« unterbrach Suhail. »Wärst du wirklich ein ›Gesandter Gottes‹, hätte ich dich nie bekämpft! Schreib nur deinen Namen und den deines Vaters!«

Ali kochte. Die Gefährten muckten auf. Aber Mohammed nickte Ali zu. »Suhail wünscht es so. Schreib also: ›Zwischen Mohammed Ibn-Abdallah und Suhail Ibn-Amr wird vereinbart...«

Was dann kam, war für Allahs Krieger ein harter Brocken. Die Moslems verzichteten auf ihre Wallfahrt. Fürs nächste Jahr gaben sie sich mit einem Drei-Tage-Besuch zufrieden, unbewaffnet bis auf einen Degen pro Mann. Zukünftige Überläufer aus Mekka mußten von Mohammed ausgeliefert werden. Beide Parteien verpflichteten sich, allen Stämmen frei die Wahl zu lassen, ob sie Bündnisverträge mit Mekka oder mit Medina abschließen wollten. Allahs Krieger begehrten auf. Sie verstanden die Welt ihres Propheten nicht mehr.

Im gleichen Augenblick wurden Mohammeds Vertragstreue und die Disziplin seiner Truppe auf eine harte Probe gestellt. Steine rollten vom felsigen Hang des Hodaibidscha-Hügels. Ein junger Bursche, Gewand zerrissen, Gesicht zerschunden, stürzte hinterher. Um die Fußknöchel trug er noch die Ringe und Ketten, die er aufgesprengt hatte. Der Junge hatte sich in Mekka zum Islam bekannt, sein Vater hatte ihn ausgepeitscht und ins Gefängnis geworfen. Suhail sprang zornbebend auf. Es war sein Sohn. Der Junge warf sich vor Mohammed auf die Knie.

»Und den«, sagte Suhail, »lieferst du uns als ersten aus!«

Die Gefährten blickten den Propheten an, warteten auf ein Zeichen. Einige zogen schon die Degen.

»Steh auf«, sagte Mohammed. Er nahm den Jungen in die Arme. »Hör mir gut zu. Allah wird dich nie verlassen. Geh jetzt mit deinem Vater. Ich habe einen Vertrag mit ihm. Ich darf mein Wort nicht brechen.«

Sogar Suhails Begleiter blickten betroffen. Einer schwor, den Jungen höchstpersönlich gegen den Vater in Schutz zu nehmen. Wortlos bestiegen sie die Kamele und ritten davon.

Auch Mohammeds Männer standen stumm. Der hitzige Omar fand als erster die Sprache wieder. Er stellte sich vor den Propheten. »Bist du Gottes Gesandter oder nicht?«

»Der bin ich«, sagte Mohammed kühl.

»Sind wir in der Wahrheit und die Feinde im Irrtum?«

»So ist es.«

»Warum duldest du dann diese Erniedrigung?«

»Weil wir heute den größten Sieg für unsere Sache errungen haben.«

»Dann weißt du mehr als ich!« brauste Omar auf.

»Natürlich.« Mohammed lächelte nachsichtig. »Ich bin ja der Prophet.«

Wütend setzte sich Omar mit seinem Kamel an die Spitze der Karawane. Der Rückmarsch begann.

Es dauerte lange, bis die Gefährten begriffen, wie genial Mohammeds Konzept war. In einer Welt, deren Erfolgsbegriff von der »Razzia« geprägt war, mußte eine Langzeitstrategie als undenkbar erscheinen. Undenkbar nur für einen nicht. Der Prophet bezog selbst die Ewigkeit ein.

Mit dem scheinbar demütigenden Vertrag hatte Mohammed dreierlei erreicht. Erstens war er, bislang in den Augen vieler Araber ein vom eigenen Stamm ausgestoßener Räuberhauptmann, nun als bündnisfähiger Partner und als Scheich eines eigenen Stammes anerkannt. Zweitens machte sich Mekka durch den Auslieferungsparagraphen lächerlich: Mekkanische Moslems, deren Aufnahme Medina vertragstreu verweigerte, schlossen sich zu Banden zusammen, die Mekkas Karawanen plünderten. Drittens fand ein Jahr später tatsächlich Mohammeds Wallfahrt statt:

Der Pilgermarsch war eine eindrucksvolle Demonstration. 2000 Krieger Allahs, in geschlossener Formation, bewiesen Disziplin, Frömmigkeit, Ehrfurcht vor der Heimat und ihrem Heiligtum – auch wenn sie von den 360 Göttern der Kaaba nur einem huldigten, Allah. Vor allem stellten sie unübersehbar jungen Reichtum zur Schau.

Der Koraischiten-Adel begriff die Zeichen der Zeit; die Kaufleute, wie meistens, eher als die Politiker. Einer davon war Abbas, Mohammeds Onkel, Inhaber des Monopols für Wasserverkauf an Wallfahrer. Sei es, daß er insgeheim stolz auf die Karriere seines Neffen war, sei es, daß er sich von einer Allianz des Propheten mit Mekka einen persönlichen Gewinn versprach – Abbas begann mit stetem Tropfen den Damm des Widerstands gegen Mohammed auszuhöhlen. Um die Dinge vollends in Fluß zu bringen, verkuppelte er eine Halbschwester seiner Frau mit dem Propheten.

Die Dame hieß Maimuna. An äußeren Reizen soll sie wenig geboten haben. Aber sie war die Tante von »Kavalleriegeneral« Chalid. Dessen engster Freund und Waffenkamerad war Amr. Beide, von Mohammeds militärischer Durchschlagskraft und seinem strategischen Einfallsreichtum fasziniert, hielten längst schon Mekkas Lage für aussichtslos. Die Hochzeit gab ihnen das Alibi, sich Mohammed anzuschließen. Als der Prophet nach vollzogenem Pilgerritual wieder nordwärts zog, hatte er eine Frau – die zwölfte in seinem Harem –, mit der zwar wenig Staat zu machen war, aber zwei Generäle, mit denen man ein Weltreich erobern konnte.

Und dann ereignete sich einer von jenen kleinen Zwischenfällen, die große Entwicklungen auslösen. Der Chusa'a-Stamm, mit Medina verbündet, wurde vom Bakr-Stamm, mit Mekka verbündet, angegriffen. 20 Alliierte Medinas wurden getötet. Nach Vertrag und Tradition hätte Mekka nun die Bakr-Leute ausliefern müssen. Vor dem Propheten im Staub kriechen oder Medina die Stirn bieten, das war hier die Frage. Aber durch die Kaufmannsstadt mit dem sinkenden Umsatz und dem bröckelnden Prestige wehte der Wind der Veränderung. Der Prophet, sein Islam und sein Medina waren reich und mächtig geworden. Vernichten konnte man ihn nicht mehr. War es da nicht angezeigt, sich in Macht und Reichtum mit ihm zu verbinden? Im Rat setzten sich die realistischen Kaufleute durch. Abu-Sufjan reiste als Unterhändler zu Mohammed.

Was der Prophet und der Kaufmann in Medina verhandelten, ist den Überlieferungen nicht zu entnehmen. Aus den nachfolgenden Ereignissen läßt sich jedoch vermuten, daß eine Art von »Anschluß« zur Debatte stand: unter der Bedingung, daß Mekka dabei sein Gesicht wahrte – was allen Parteien im Hinblick auf die jeweiligen Zukunftspläne nur dienlich sein konnte.

Im Abendland schrieb man den 1. Januar 630, die Moslems schrieben den 10. des Monats Ramadan ihres Jahres 8, als der Prophet in Medina die allgemeine Mobilmachung ausrief. 10000 Mann, ein gewaltiger Heerwurm, machten sich auf den Weg nach Süden. Je näher die Armee an Mekka heranrückte, um so zahlreicher kamen ihr die Überläufer entgegen. Niemand wollte versäumen, mit dem Propheten als Sieger in die ausgelieferte Stadt einzuziehen.

Großscheich Abu-Sufjan und Onkal Abbas erreichten das Heerlager eben rechtzeitig, um ein beklemmendes Schauspiel zu erleben. Der Prophet verrichtete sein Morgengebet. Hinter ihm in endlosen Reihen vollführten 10000 Krieger, Zug um Zug, die gleichen Bewegungen: warfen sich auf die Knie, berührten mit der Stirn den Boden, reckten die Hände himmelwärts, riefen Allahs Namen wie aus einem Mund. 10000 Schwerter, Schilde und Harnische spiegelten die aufgehende Sonne.

»Erkennst du, Abu-Sufjan, daß es keinen Gott gibt außer Allah?« Mohammed war neben die beiden Männer getreten.

»Wenn es einen anderen gäbe«, sagte der Omajjade, »hätte er uns wohl geholfen.«

»Und erkennst du mich als Allahs Gesandten?«

Abu-Sufjan ließ seine Augen über die unzähligen Reihen von Kriegern wandern, die nun ihre Waffen anlegten und sich zum Weitermarsch auf Mekka formierten.

»Ja«, sagte er schließlich, »ich erkenne dich an.«

Der Prophet wandte sich an seine Offiziere. Abu-Sufjan erblickte Chalid und Amr unter ihnen. »Hört mich an!« rief Mohammed. »Verschont bleiben sollen alle Mekkaner, die im Haus Abu-Sufjans Zuflucht suchen. Ferner alle, die ihre Waffen wegwerfen und sich in ihren eigenen Häusern oder der Kaaba ruhig verhalten!« Dann drehte er sich wieder zu Abu-Sufjan und Abbas um. »Zufrieden?«

Die beiden Männer nickten.

Von einem nahen Hügel beobachteten sie den Abmarsch der Streitkräfte auf Tausenden Kamelen und mehreren hundert Pferden.

»Wahrhaftig«, sagte Abu-Sufjan, der da noch nicht ahnen konnte, daß sein Sohn Muawija einmal als Kalif die Dynastie der Omajjaden begründen würde, die den Orient beherrschte und Spanien zur höchsten Blüte führte; »wahrhaftig, die Macht deines Neffen hat bemerkenswerte Dimensionen erreicht.«

Abbas schlug fromm die Augen zum Himmel, hob die Hände und lächelte verschmitzt. Er konnte nicht ahnen, daß die nach ihm benannte Abbasiden-Dynastie einen so unsterblichen Namen wie Harun ar-Raschid hervorbringen würde. »Da kann man nichts machen«, sagte er. »Das ist eben die Macht seines Prophetentums.«

Dann eilten sie nach Mekka, um die Kapitulation vorzubereiten und ihren Familien einen Vorzugsplatz in der Geschichte zu sichern.

Mohammeds Politik des offenen Herzens

Mohammed teilte seinen Heerhaufen in vier Marschsäulen, die von allen Seiten gleichzeitig in die Stadt einrückten. Chalid, der sich in dem Jahr seit seinem Übertritt zum Islam bereits in der ersten Feindberührung der Sarazenen mit einer byzantinischen Legion, bei Muta, bewährt hatte, besetzte mit der Beduinenkavallerie die Südstadt. Nur hier flackerte kurz Widerstand auf. Ikrima, der Sohn Abu-Dschachls, hatte sich mit einem letzten fanatischen Rest in einigen Häuserburgen verschanzt. Chalid machte kurzen Prozeß mit seinen ehemaligen Freunden. Im Nahkampf blieben 12 Mekkaner auf der Strecke. Ikrima floh aus der Stadt.

Mohammed hatte inzwischen sein Zelt an den Gräbern seiner ersten Frau Chadidscha und seines Onkels Abu-Talib aufgestellt. Hier meldeten ihm die Kolonnenführer die Besetzung der gesamten Stadt. Darauf bestieg er sein Lieblingskamel al-Aswa und ritt zur Kaaba.

Siebenmal umrundete er den heiligen Bau, berührte vom Sattel mit seinem Stab den Schwarzen Stein. »Die Wahrheit ist erschienen, die Zeit des Irrtums ist abgelaufen!« rief er. Er richtete seinen Stab auf die Karneolstatue des alten mekkanischen Stadtgottes Hobal mit der goldenen Hand. Gläubige sprangen vor und stürzten das Idol vom Sockel. Hobal zersprang in tausend rote Scherben.

»Koraischiten!« rief der Prophet. »Wie, glaubt ihr, werde ich euch behandeln?«

»Mit Großmut, o großmütiger Bruder, Sohn eines großmütigen Mannes!« riefen einige Stimmen aus der Menge.

»Dann geht, ihr seid frei!« sagte er.

Nach dieser Amnestieproklamation ließ er den Kaabaverwalter kommen, der ihm die Schlüssel aushändigte. Mit einigen Gefährten betrat er das Innere des altarabischen Pantheons. Ali, vorneweg wie immer, wenn es das Schwert gegen den Unglauben zu schwingen galt, schlug die falschen Götter aus ihren Bleihalterungen. Omar reinigte die Wände von götzendienerischen Malereien. Als sie alles beseitigt hatten, was Allah ein Ärgernis war, ließ Mohammed den schwarzen Muezzin Bilal auf das Dach der Kaaba steigen und die Gläubigen zum ersten Gebet in der befreiten Stadt rufen.

Am folgenden Morgen begab sich der Prophet auf den Safa-Hügel. Dort hatte er, zu Beginn seiner Berufung, eine Predigt halten wollen, aber das Volk hatte ihn ausgelacht. Nun drängten sich die Bürger, und die ihn damals gelästert hatten, waren heute die ersten. In den Händen hielten sie die Scherben der Hausgötzen, die sie selbst zerbrochen hatten, um dem Propheten zu zeigen, wie fromm sie schon dem neuen Glauben anhingen. Und dann traten sie vor ihn, einer nach dem anderen, um Mohammed von Angesicht zu Angesicht ihr Bekenntnis zum Islam zu schwören.

Al-Habbar kam, schuldig am Tod von Mohammeds Tochter Sainab; bei ihrem Auszug nach Medina – sie war damals schwanger – hatte er sie mit einem Speer vom Kamel geschleudert. Ikrima, der Sohn Abu-Dschachls, hatte seine Flucht aufgegeben und stellte sich. Sogar Hind hatte über Nacht zu Allah gefunden. Der Prophet nahm sie alle auf in die Gemeinschaft der Gläubigen. Über die Klinge springen mußten nur vier Mekkaner, zwei hatten Moslems mißhandelt, einer war ein Dichter, der Spottverse verfaßt hatte; getötet wurde auch die Sängerin, die sie gesungen hatte. Trotzdem: Mohammed gab sich als der großherzigste Eroberer, den Arabien je gesehen hatte. Nicht einmal die Rückerstattung der bei der Auswanderung zurückgelassenen Vermögen wurde verlangt.

Die Politik des offenen Herzens zahlte sich aus. Schon in den nächsten Tagen zogen alte Kämpfer und Neubekehrte Schulter an Schulter gegen die reichen Nachbarstädte Hunain und Taif. Die Beute war reichlich, und bei der Verteilung bevorzugte der Prophet seine alten Gegner. Abu-Sufjan und seine beiden Söhne Jasid und Muawija, der »Diplomat« Suhail – auch inzwischen bekehrt – sowie weitere Stadtscheiche von Mekka bekamen je 100 Kamele zugeteilt, Würdenträger minderen Ranges je 50. Die übrigen Feldzugsteilnehmer teilten sich in die restlichen 24000 Kamele, 40000 Ziegen und Hammel, 6000 Frauen und 1 Tonne Silber. Mekkas Kriegsverluste waren somit ausgeglichen. Den Mekkanern fiel es nicht besonders schwer, sich mit der Herrscherrolle ihres großen mißverstandenen verlorenen Sohnes zu befreunden.

Mit der Einnahme Mekkas hatte sich Mohammed auf der arabischen Halbinsel das Reich geschaffen, das nun Ausgangsbasis der gewaltigen Expansion des Islam wurde. Hauptstadt dieses Reiches wurde Mekka jedoch nicht. Medina blieb, was es geworden war; Zentrum der Macht. Für Mekka war eine andere Rolle vorgesehen: die Stadt der Kaaba, des Schwarzen Steins, der Wallfahrt, sollte der Ort der Begegnung mit dem einzigen Gott, der religiösen Besinnung sein.

Mohammed hinterließ einen Gouverneur und Vorbeter, der mit einem Silber-Dirhem pro Tag entlohnt wurde – der erste festbesoldete Beamte des jungen Sarazenenreiches –, und machte sich mit Ansar und Muhadschirun und zahlreichen Neubekehrten wieder auf den Weg nach Medina.

Am 18. März 630, elf Wochen nach dem Aufbruch zum größten Sieg seiner irdischen Laufbahn, kehrte der Herrscher der Sarazenen zurück in die niedrigen Hütten an der Ostmauer der kleinen Moschee von Medina, die er mit eigenen Händen gebaut hatte.

In einer dieser Hütten honorierte ihm Allah nun den entscheidenden Sieg für die Verkündigung mit einer ganz persönlichen Erfüllung.

5.
Mohammeds Sohn
oder
die Brücke
ins Dunkel der Zeit
der Unwissenheit

Stammbaum der Koraischiten von Kossaj bis zur Gegenwart

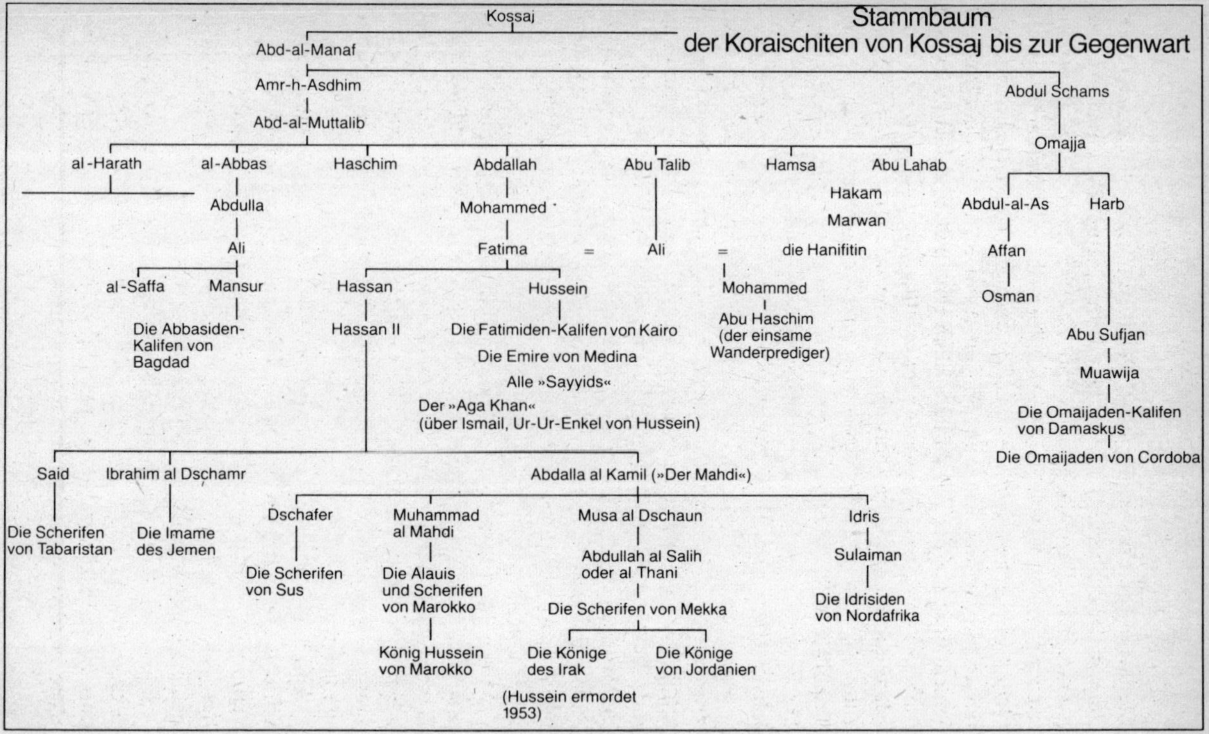

Medina fieberte im Siegestaumel. Jubel empfing das siegreiche Heer, das von der Eroberung Mekkas heimkehrte. Stolz führten Allahs Krieger ihre erbeuteten Waffen in den Straßen spazieren. Die Stadt war gewachsen in den letzten Jahren, über die Palmenhaine in die Ochod-Ebene, zwischen den Basaltfeldern, hinaus. Viele Fremde lebten jetzt in Medina, Leute aus Persien, Ägypten, Syrien, dem Irak und Jemen; Fromme, die dem Ruf des Islam gefolgt waren und in ständiger Nähe des Propheten leben wollten; Kaufleute und Krieger, denen der Islam nur ein Lippenbekenntnis war, aber Medina eine verlockende Zukunft. Aus dem Zufluchtsort räuberischer Sektierer war eine Metropole geworden. In die Siegeseuphorie fiel ein Ereignis, das dem aufbrechenden Sarazenenstaat wie die Verkörperung einer Garantie Allahs erscheinen mußte: Dem Propheten wurde ein Sohn geboren.

Maria, die koptische Konkubine, stellte über Nacht alle Frauen des Propheten in den Schatten. Sogar Aischa, die Lieblingsfrau. Maria, ein schönes Mädchen mit weißer Haut und schwarzem Lockenhaar, gerade sechzehn Jahre alt, löste damit für den Propheten und sein Volk die bange Frage der Nachfolge. Nun schien es plötzlich eine Fügung Allahs, daß der Prophet sich nie auf einen Kronprinzen festgelegt hatte. Mohammeds leiblicher Sohn würde den Islam in die strahlende Zukunft führen.

Mohammed nannte seinen Jungen Ibrahim – also Abraham. Das war mehr als ein Name. Das war Symbol, Verheißung und Programm. Damit legte er dar, woher alles kam und wohin alles führen sollte. Vor allem aber war es eine Brücke, die die »Zeit der Unwissenheit« überspannte, die »Dschahilijja«, wie die Moslems die Ära vor dem Propheten nennen.

Abraham stand für alle Araber, immer schon, am Anfang der Geschichte. Auch mit Mekka ist der Urvater der Araber und der Juden verbunden. »Wadi Ibrahim« nannten die Nomaden biblischer Zeiten das von schrundigen Felswänden umsäumte Trockenflußbett, in dem heute Mekka liegt – das »Tal Abrahams«.

Eines Tages kam Abraham in dieses Tal, und Gott schenkte ihm den seltsamen Stein, der heute in die Kaaba eingebaut ist. Und eines Tages kam Hagar in dieses Tal, die zweite Frau Abrahams, die er verstoßen hatte, obwohl sie die Mutter seines Sohnes Ismail war – Ismail, von dem alle Araber abstammen. Verstoßen hatte Abraham Hagar, weil seine erste Frau Sarah ihm schließlich auch einen Sohn geschenkt hatte – Isaak, von dem alle Juden abstammen – und Sarah die Nebenfrau samt Sohn nicht mehr im Haus haben wollte. Mit Ismail kam Hagar also hierher, das Kind schrie vor Durst. Verzweifelt flehte Hagar in diesem von der Sonne ausgeglühten Wüstental zu Gott. Da erschien der Erzengel Gabriel, grub seine Ferse in den Sand – und plötzlich sprudelte Wasser.

Irgendwann baute jemand ein Haus für den heiligen Stein. Abraham, sagen manche Legenden; Abraham zusammen mit Ismail, sagen andere. Nomaden und Karawanen rasteten an Stein und Brunnen und trafen auf Leute, die sagten, sie stammten in gerader Linie von Ismail ab – und damit von Abraham – und sie hätten hier schon immer gelebt.

Ein Mann, der behauptete, Ismails Nachkomme zu sein, hieß Adnan, von ihm stammen, so heißt es, alle Stämme im Norden Arabiens ab. Einer seiner Nachfahren war Fichr; er lebte, und damit weiß man endlich halbwegs Genaues, im 3. Jahrhundert und gilt als Gründervater des Beduinenstammes Koraisch. Aus diesem Sippenverband ging, gut 300 Jahre danach, der Prophet Mohammed hervor. Noch heute leben in Mekka Koraischiten (genauere Umschreibung: Quraisch). Ihr Name strahlt noch immer über der Stadt – in Neonschrift. Jetzt sind sie Großimporteure von amerikanischen Zigaretten und japanischen Kameras.

Damals, im 3. Jahrhundert, standen im weiten Umkreis der Kaaba die schwarzen Kamelhaarzelte der Koraisch. Der Bezirk um die Kaaba und den Brunnen blieb leer. Der gehörte niemandem. Und allen.

Mekka war Schnittpunkt internationaler Handelswege. Von Süden her, vom Jemen, führte ein berühmter Karawanenweg durch Mekka: die »Weihrauchstraße«, auf der das in den Tempeln und an den Höfen der Antike unentbehrliche Räucherholz in die sogenannte zivilisierte Welt gelangte. Nördliche Endpunkte dieser Route waren Petra und Palmyra, Akaba und Damaskus. Zwei weitere Karawanenstraßen berührten Mekka. Die eine kam von Osten, von Maskat am Indischen Ozean, quer durch das sandige Herz Arabiens. Die andere von Nordosten, vom Irak, aus China und Persien. Am Heiligtum in Mekka versicherten sich die Karawanenführer der freundlichen Zuneigung der Wüstendämonen.

Ein Sarazenen-Scheich namens Kossaj, aus dem Stamm der Koraisch, fand diese Mischung aus Kult und Kommerz interessant. Kossajs Machtübernahme, um 440, war eins von jenen historischen Ereignissen, die dem Gang der Weltgeschichte auf Jahrhunderte ihre Richtung geben – und von denen die Umwelt kaum Notiz nimmt.

Mekka, wenn auch schon im 2. Jahrhundert dem Geographen Claudius Ptolomäus zu Alexandria vom Hörensagen als »Macoraba« bekannt, lag abseits von allen macht- und handelspolitischen Zentren. Geschichte und Geschäfte wurden anderswo gemacht. Zum Beispiel in einer Stadt namens Mariaba im Jemen.

Das Märchenreich der Königin von Saba

Was von Mariaba noch übrig ist, liegt 120 Kilometer östlich von Sana, der heutigen Hauptstadt der »Arabischen Republik Jemen«. Ein atemberaubendes Panorama: Sandhügel und Trümmer, Pfeiler, die nichts mehr zu tragen haben, Tempelreste, die von ihren Göttern im Stich gelassen wurden, Mauerstümpfe von Palästen, die seit anderthalbtausend Jahren ihren Herrschern nachtrauern, Ruinen, die noch ein letztes Wort von der Genialität ihrer Baumeister mitteilen wollen, bevor der Treibsand sie endgültig zudeckt. Ein pathetisches Stilleben aus Zufallsspuren einer einstmaligen Weltstadt – der Metropole der sagenhaften Königin von Saba.

Gegenüber, auf einem Felsstock, das heutige Dorf Marib: zerstörte Häuser. In den sechziger Jahren herrschte Bürgerkrieg im Jemen, das Land spaltete sich in die kommunistische »Volksrepublik Jemen« im Süden, mit Aden als Hauptstadt, und die nördlichere »Arabische Volksrepublik Jemen» mit Sana als Hauptstadt.

Auf dem Zufahrtsweg noch eine Straßensperre: aus Säulen vom ovalen Tempel der Königin von Saba, der das Hauptheiligtum des Sabäer-Reiches war, dem Mondgott geweiht.

Nach Westen ragen Felsformationen des »Jemenitischen Hochmassivs« über 3000 Meter in den Himmel, nach Osten dehnt sich die menschenleere, oasenlose Wüste »Rub al-Chali«, das »Leere Viertel«, die bis 1930 noch nie von einem Europäer durchquert worden war. Am Rand dieser Wüste, am Fuß des letzten Gebirgszuges also, verdämmert Mariaba, die einstige Märchenstadt.

Vor einem Einschnitt in der Felsenbarriere liegen Reste des einstmals gigantischsten Bauwerks der arabischen Antike: des großen Dammes von Mariaba. Über 1000 Jahre lang staute er die Wasser, die nach Regengüssen von den Bergen herabstürzten. Über 1000 Jahre machte der Damm – insgesamt ein geniales System aus Staubecken, Schleusen, Verteilern, Aquädukten und Kanälen – die Ebene am Rand der Wüste zu einem blühenden Paradies. So überwältigend schien den Völkern Arabiens diese Mammutanlage, daß sie glaubten, ein Riesengeschlecht aus fernster Vorzeit müsse den Bau geschaffen haben.

Noch heute wirkt, was von dem Damm geblieben ist, gewaltig: Fundamente der Schleusenanlage, solide Quadertürme, Mauertrümmer, die von ihrer eigenen Katastrophe vergessen wurden.

Die Sabäer, die von 750 bis 115 v. Chr. über ganz Südarabien herrschten, waren die Phönizier des Indischen Ozeans. Die Kapitäne ihrer Handelsschiffe kannten den rätselhaften Rhythmus der Monsunwinde, mit denen sie – von Aden aus – nach Indien segelten. Aber so eifersüchtig hüteten sie die Geheimnisse ihrer Navigation, daß Griechen und Römer jahrhundertelang glaubten, alle Köstlichkeiten des sabäischen Exports hätten ihren Ursprung nur im Jemen. Die Städte am Nordende der »Weihrauchstraße« waren reich, solange es der Jemen war: Tyros, Petra, Palmyra, Hira.

Daran änderte sich auch nichts, als die Sonnentage der Sabäer verdämmerten. Vom Hochland südwestlich von Mariaba brach 115 v. Chr. ein Haufen ärmerer Verwandter in die gesegnete Ebene ein: die Himjariten. Unter frischem Management gingen die Geschäfte weiter wie bisher. Die Himjariten, deren Könige sich »Tobba« nannten, bauten sich in Sana die Ghumdan-Zitadelle, ein zwanzigstöckiges Märchenschloß aus Marmor und Porphyr, mit fast durchsichtigem Alabasterdach, den ersten Wolkenkratzer der Geschichte.

»Arabia Felix«, das »glückliche Arabien«, nannten griechische und römische Chronisten den Jemen. War es ein Zufall, daß nur der Süden so glücklich war?

»Dschesirat al-Arab« – eine Insel aus Sand

»Dschesirat al-Arab« nennen die Araber ihr Land. »Dschesirat« heißt Insel, auch Halbinsel. Arabien ist beides. Blickt der Europäer auf den Globus, sieht er zwischen Afrika und Indien eine Landmasse, die auf drei Seiten von Wasser umgeben ist: im Westen vom Roten Meer, im Süden vom Indischen Ozean, im Osten vom Persischen Golf. Im Norden begrenzt die syrisch-irakische Wüste die »Dschesirat« – Brücke oder Barriere?

Für die Araber der Antike war Arabien eine Insel, die nur wenige verließen. Eine Insel war es auch für die damaligen Weltreiche, für die Griechen, die Römer und die Perser. Arabien war geheimnisvoll, man stellte wirre Theorien auf, wagte sich aber nie hinein.

Die »Dschesirat al-Arab« ist eine Insel aus Sand. Regen ist rar. Rotes Meer und Persischer Golf sind schmal. Wolkenbildung findet nicht statt, Regenwolken vom Indischen Ozean fangen sich an den Bergmassiven des Jemen, den Regenwolken vom Mittelmeer sperren die Berge des Libanon und Anti-Libanon den Weg. Nirgendwo ein durchgehender Wasserlauf von Berg zu Meer. Nur ein System von Trockentälern, »Wadis«, die Regenfälle aufnehmen, wenn sie sich, selten genug, doch einmal ereignen.

Eine Insel aus Sand – aber in der Eiszeit ein fruchtbares Land. Die Eisdecke reichte nie über die Gebirge Kleinasiens nach Süden hinaus. Das ist jedenfalls der Ausgangspunkt der Winckler-Caetani-Theorie über die Vorzeit Arabiens, und die scheint im Gewirr von halb haltbaren und halb widerlegbaren Hypothesen noch am plausibelsten. Anderswo vereiste die Welt, Arabien, Urheimat der semitischen Völker, grünte und blühte. Dann jedoch, unaufhaltsam, breiteten sich Austrocknung, Versteppung und Versandung aus. Nur ein schmaler südlicher Küstenstreifen blieb von diesem Garten Eden übrig. Hier drängten sich die »Insel«-Bewohner immer dichter zusammen. Überbevölkerung bei schwindenden Lebensmöglichkeiten war die Folge. Offen blieben, so die Winckler-Caetani-Theorie, nur zwei Auswege. Beide führten nach Norden.

Vor 5500 Jahren machen sich die ersten beiden Züge auf den langen Marsch. Der eine die Westküste entlang zur Sinai-Halbinsel hoch ins fruchtbare Niltal. Dort sitzen Hamiten, die Semiten mischen sich mit ihnen und zeugen die Ägypter. Der andere Zug wählt die östliche Route und schlägt Wurzeln im ebenfalls fruchtbaren Zweistromland zwischen Tigris und Euphrat, wo die hochzivilisierten Sumerer wohnen. Die Semiten kommen als Barbaren, aber von ihrem Wirtsvolk lernen sie, wie man Häuser baut und Land bewässert, wie man schreibt. Aus Semiten und Sumerern entstehen die Babylonier. Von ihnen erbt die Welt den Gewölbe- und Bogenbau, den Radkarren und ein System von Maßen und Gewichten – das Sexigesimal-System, das auf der 60 beruht, die ein Sechstel des Himmelskreises ist, der 360 Grad beträgt. Damit rechnen wir heute noch, ein Blick auf die Uhr beweist es.

Um 2500 v. Chr. schwappt die zweite Wanderwelle nach Norden: die Amoriter. Zu ihnen gehören die Kanaaniter, die Syrien und Palästina besiedeln, und die Phönizier – Völker also, die nach der »Völkertafel« im 1. Buch Moses (»alle Völker stammen von Noahs Söhnen Sem, Japhet und Ham ab«) den Hamiten zugeordnet werden sollten. Die Phönizier entwickeln ein Alphabet aus nur 22 einfachen Zeichen, auch dies eine wegweisende Leistung für die Menschheit.

Abermals ein Jahrtausend später machen sich die Hebräer nach Norden auf, ins südliche Syrien, nach Palästina; die Aramäer besetzen das Gebiet zwischen dem Libanon- und dem Anti-Libanon-Gebirge. Die Hebräer vermachen der Welt ihre Vorstellung vom einzigen Gott; darauf gründen später Christentum und Islam.

Noch einmal 1000 Jahre darauf kommen die Nabatäer aus dem Süden. Sie lassen sich nordöstlich der Sinai-Halbinsel nieder. Von ihrer Zivilisation zeugen die noch als Ruinen eindrucksvollen Überreste der in rote Felsen hineingemeißelten Stadt Petra.

Das also ist das Jahrtausendgemälde der semitischen Völkerwanderungen, wie moderne Orientalisten es sehen. Klärende Ergänzungen hat die neuere Sprachforschung geliefert. Sie weist nach, daß alle Völker, die zu den verschiedensten Zeiten ihre großen Süd-Nord-Wanderungen unternehmen, im Norden siedeln und sich mischen, gemeinsame Sprachwurzeln haben. Urvater Sems verfeindete Kinder, die Araber und die Juden, haben immer noch fast das gleiche Wort für Frieden: »Salaam« die Araber, »Schalom« die Juden.

Der Damm von Mariaba riß zum erstenmal in der Zeit, als Kossaj die Geschicke von Mekka in die Hände nahm, etwa 450 n. Chr. Zwischen 539 und 542 brach er endgültig. Riesenquader donnerten auf die Stadt, entfesselte Wassermassen überfluteten Gärten und Felder. Die Wüste »Rub al-Chali« begann mit ihrem Treibsand wieder zuzudekken, was ihr schon immer gehört hatte. So unfaßbar schien die plötzliche Glücklosigkeit des »Glücklichen Arabien«, daß sich phantastische Legenden um die Katastrophe bildeten. Eine Ratte habe im Damm einen Stein unterhöhlt, den fünfzig Männer nicht bewegen konnten.

Aber die Ratte war wohl mehr ein Sinnbild für die Wühlaktionen fremder Mächte. Doch was war wirklich geschehen?

Um 100 v. Chr. schmuggelte sich ein griechischer Spion auf einen jemenitischen Indiensegler. Nach drei Törns in jene Länder, wo der Pfeffer wächst, hatte er Mariabas bestgehütetes Geheimnis im Kopf: die Navigation durch Klippen und Monsune zu den Ursprungshäfen aller Luxuswaren. Die nächste Reise machte er als Kapitän eines eigenen Schiffes von Alexandria aus. Als er, umjubelt wie später andernorts Columbus, mit Fracht nach Alexandria heimkehrte, war der langsame Untergang des »Weihrauchlandes« und seiner Weihrauchstraße endgültig besiegelt. Der Name des Handelsspions, der Jemens Monsungeheimnis ausgespäht hatte, war Hippalus. Wenn es wirklich eine »Ratte von Mariaba« gegeben hat, er muß es gewesen sein.

In Sana, in ihrem Marmorturm mit Alabasterdach, spürten die Himjaritenkönige den Umbruch. Die Karawanenführer fanden keine Fracht mehr für ihre Kamele; die Importverteiler am Nordende der Karawanenstraße, in der syrischen Felsenstadt Petra, registrierten den Schwund im Handelsaufkommen, die Hüter von Kaaba und Brunnen in Mekka die Flaute im Transit. Schon damals multiplizierten sich also Wirtschaftskrisen international.

Ein anderer Typ von Reisenden begann in Mekka Rast zu machen. Südarabische Stämme, die ihre Heimat im nun nicht mehr ganz so »Glücklichen Arabien« verließen, um sich in Syrien und Mesopotamien neue Kleinkönigreiche aufzutun: die fünfte arabische Süd-Nord-Wanderung. Es waren wieder einmal 1000 Jahre verstrichen.

Die Vorhut bildeten die Stämme der Asditen. Ihre Auswanderer-Trecks folgten der Weihrauchstraße bis Mekka, machten hier gut 100 Jahre Rast, zogen dann weiter an die Nordgrenze des Hedschas, nach Ghassanland. Als »Ghassaniden« besiedelten sie dort 300 Städte und Dörfer. Die Lachmiden schlugen am Euphrat Wurzeln. Sie lebten lange in Zelten, bis sich aus einem ihrer Zeltstädte, unweit des alten Babylon, ihre Hauptstadt Hira entwickelte, von der allerdings heute nur noch Sandhügel zu besichtigen sind.

Alle diese Nordlandsiedler gerieten in ihrer neuen Heimat zwischen die Mühlsteine der römisch-persischen Kriege. In Hickhack der beiden Großmächte, die das 700 Kilometer breite Wüstenareal zwischen Jordan und Euphrat über sieben Jahrhunderte als Supersandkasten für ihre Auf-, Durch- und Rückmarschspiele gepachtet zu haben schienen, wurden sie fast zerrieben.

Petra, die rote Felsenstadt in der Wüste, einst vom Midianiter-König Recham gegründet (Moses' Frau entstammte diesem Volk) und durch Karawanen aus dem Süden reich geworden, mußte sich 105 den Römern unterwerfen.

165 Jahre später erhob sich Palmyra; seine Herrscherin Zenobia ernannte sich zur »Königin des Morgenlandes«, trieb die römischen Legionen weit nach Kleinasien – bis Ankara – zurück und mußte dann doch der Übermacht weichen. Kaiser Aurelian führte die streitbare Dame im Triumph in immerhin goldenen Ketten durch Rom. Die Römer hausten derweil in Palmyra, wie später die Wandalen in Rom; die Ruinen liegen, über sechs Kilometer verstreut, noch so da, wie Aurelian sie hinterlassen hat.

Die Ghassaniden, die von den Römern feine Lebensart und später das Christentum übernahmen und ihre Städte (wie Bosra) mit Häusern aus Basalt, Aquädukten, Bädern und Theatern schmückten, bildeten Byzanz' Elitekavallerie gegen die Perser. Ghassaniden-Scheich Mudhir wurde 580 von Kaiser Tiberius mit einer Krone beschenkt und zum »Fürsten über alle arabischen Stämme« ernannt, konnte jedoch diesem Titel nie gerecht werden. Die Beduinen blieben, trotz gelegentlich imposanten Städtebaus, im Herzen stets Nomaden und beugten sich keinem Gesetz außer dem der Sippe. Als Mundhir sich in christliches Sektierertum verstrickte, ließ Byzanz ihn fallen. Verbannt starb er auf Sizilien. Drei Araber jedoch machten im römischen Reich Karriere: Elagabulus, Severus Alexander, Philippus Arabus – sie waren zwischen 216 und 249 römische Kaiser.

Die »Banu-Lachm«, deren Zentrum Hira war, bildeten dagegen westlich vom Euphrat den Wüstenschild der Perser. »Der schrecklichste Gegner, den Byzanz je hatte«, schrieb Prokop.

Nur ein aus dem Jemen ausgewandertes Volk gab nie ganz die Bindung an die alte Heimat auf: die Kindis. Stammvater der Könige der »Banu-Kind« war ein Stiefbruder des Himjariten-Tobba. Durch diesen Sippen-Verband hofften sich die Herrscher von Sana einen Brükkenkopf im Norden zu schaffen. Einmal gelang es einem Kindi-König auch, Hira zu erobern. 50 Mitglieder der Kindi-Königsfamilie bezahlten das Unternehmen mit dem Tod.

Die letzte Auswandererwelle aus dem »Glücklichen Arabien« war also die wohl glückloseste. Doch den Daheimgebliebenen erging es nicht besser. Römer und Perser eröffneten im Jemen einen Nebenkriegsschauplatz.

Rom gelüstete es schon lange nach dem sagenhaften Südland. Nach der Auskundschaftung des jemenitischen Seeweges nach Indien setzte es 24 v. Chr. auch noch eine Landarmee von Syrien aus südwärts in Marsch. Das Unternehmen, von Aelius Gallius befehligt, mißlang. Die Legion, 10000 Mann stark, wurde von Beduinen in die Irre geführt und verlief sich buchstäblich im Sand. Aber Kaiser Konstantin kam im 4. Jahrhundert mit subtileren Mitteln fast zum Ziel.

Konstantin war es, der abrupt mit der Christenverfolgungspolitik seiner Vorgänger brach. Er erkannte als erster das staatstragende Potential einer jungen, fanatischen Religion mit starker Jenseitserwartung (»phantastisch, wie diese Leute zu sterben verstehen«) und setzte sie auch sofort – ohne freilich selber Christ zu werden – für seine innen- und außenpolitischen Ziele ein. Kaum 30 Jahre nach dem Toleranzedikt von Mailand schickte Konstantin die erste christliche Mission, angeführt von Theophilus Indus, nach Aden. Theophilus Indus baute eine Kirche; das Evangelium und damit der Einfluß Roms breiteten sich schnell aus. Dhu-Nawas, der letzte Himjariten-König, sah, daß ihm seine alten Götter wenig halfen, und wählte sich einen neuen: Jehova. Brutal versuchte er, sein Volk aufs Judentum einzuschwören. 20000 Menschenleben soll Dhu-Nawas' Gegenmissionierung gekostet haben. Auf Konstantinopels Hilfsersuchen setzte der (christliche) Negus von Abessinien 70000 Mann in Marsch. Sie überquerten bei Bab al-Mandab das dort nur 25 Kilometer breite Rote Meer und befreiten den Jemen. Dhu-Nawas warf sich auf sein Pferd, ritt ins Meer hinaus und wurde nicht mehr gesehen.

Der Jemen war nun endgültig ein christlicher Staat, Satellit von Byzanz. Aber den Jemeniten war das auch nicht recht. Sie baten nun Persien, sie von ihren Befreiern zu befreien. Darauf hatte König Chosrau I. nur gewartet. Er schickte eine Invasionsflotte nach Aden, und ab 597 war der Jemen eine persische Kolonie – und für immer ruiniert nach all den Befreiungskriegen. Der Jemen ist heute noch eins der ärmsten Gebiete der Welt.

So gingen im Norden und Süden die Königsstädte unter, die Sarazenen-Stämme trieben von Oase zu Oase, zerstreuten sich, ließen sich im Machtkampf der Großen verheizen. In Mekka jedoch wurde derweil die Sippe Koraisch mächtiger, reicher und beherrschender. Denn nur in einer Stadt der ganzen »Dschesirat al-Arab« wuchs ständig der Wohlstand, ihr Glanz strahlte über ganz Arabien: Mekka.

Scheich Kossaj hatte die richtige Idee gehabt.

Eigentlich war er ein Fremder in Mekka. Er war zwar dort geboren, aber sein Vater starb, als er noch ein Kind war, und seine Mutter zog mit einem Treiber einer durchreisenden Karawane an den Jarmuk. Heimisch wurde er dort nie. Sein richtiger Name war Said, aber alle nannten ihn nur Kossaj, was soviel heißt wie »der Kleine, der von weither kommt«. Er blieb ein Außenseiter. Als solcher entwickelte er die ihn kennzeichnenden Eigenschaften: Verschlagenheit und Brutalität, Wachsamkeit und Vorausdenken. Als er in das Alter kam, wo Jungen nach ihrer Herkunft fragen, erzählte ihm seine Mutter von Mekka. Er dachte eine Weile darüber nach, dann ließ er sich von seiner Mutter ein Kamel geben und ritt heim zum Stamm seiner Väter.

Kossaj erkannte die Zeichen der Zeit. Der Karawanentransit ebbte ab. Sollte Mekka nicht in der Konjunkturtalsohle des rückläufigen Jemen-Handels veröden, mußte es sich autark machen. Das einzige »Produkt« Mekkas jedoch, das sich zur Vermarktung anbot, waren die Kaaba und der Brunnen. Kossaj beschloß, die Pilgerei in ganz großem Stil aufzuziehen. In und um die Kaaba ließ er alle Götter, Götzen, Gottheiten und Idole aufstellen, die irgendeinem Stamm Arabiens heilig scheinen konnten. Er kam auf 360. Mit strengen »law-and-order«-Maßnahmen sorgte er für die Sicherheit der Wallfahrer. Mit den Pilgern kam der Markt. Als Ersatz für die spärlicher gewordenen Karawanen zwischen Jemen und Syrien rüsteten die Koraischiten nun eigene Konvois aus, um den ständig wachsenden Konsumbedarf zu befriedigen. Die Stadt, zu der Kossajs Vorfahr Abraham den Grundstein gelegt hatte, wurde so zum Mittelpunkt Arabiens, ohne es freilich zu regieren. Bis Kossajs Ur-Ur-Ur-Enkel Mohammed kam.

Von den vier Söhnen Kossajs spielen hier Abd-Manaf und seine Linie eine Rolle. In ihren Verzweigungen finden sich die Männer und Frauen, die dem Islam später die wichtigsten Kalifen und Könige, Würdenträger – und Widersacher stellten.

Einer von Abd-Manafs Söhnen hieß Haschim. Sein Name verewigt sich bis heute: Jordanien nennt sich »Haschimitisches Königreich«, der regierende König Hussein bezieht sich mit seinem Stammbaum auf diesen Abd-Manaf-Sohn, der im alten Mekka einer überaus fortpflanzungsfreudigen Sippe seinen Namen gab.

Haschim war einer jener großen klassischen Kaufleute, die – zu allen

Scheich Kossajs Erben: der Stamm der Koraisch

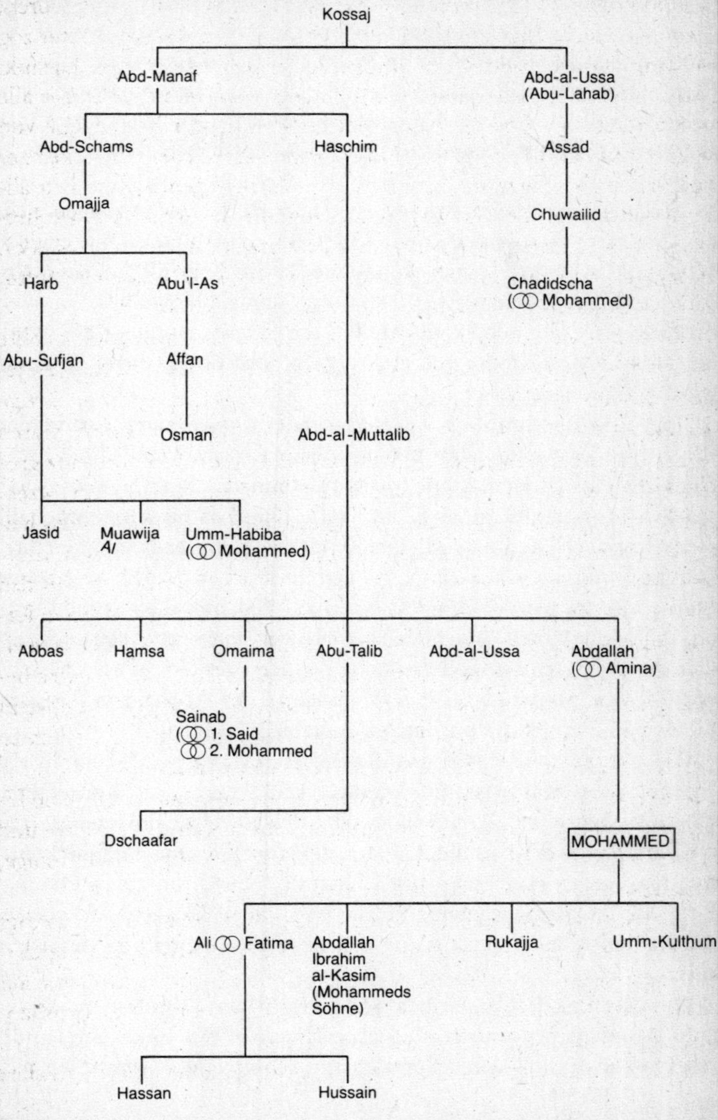

Zeiten – kommerzielle Energie und soziale Verantwortung in sich vereinigten. Von Amts wegen zuständig für die Wasser- und Lebensmittelversorgung der Pilger, schuf er auch eine Armenkasse für Bedürftige – aus seinem Privatvermögen. Das konnte er sich leisten, weil er die Karawanen organisierte, die im Winter nach Jemen und im Sommer nach Syrien zogen. Er schloß Freundschaftsverträge mit Byzanz und Ghassanland, die Mekkas Karawanen Schutz garantierten, und ähnliche Kontrakte mit Abessinien, Jemen und Persien. Haschim war der Fugger Mekkas.

Auch als Großscheich von Mekka gab er das Karawanenleben nicht auf. Auf einer Rast seines Konvois in Medina heiratete er eine gewisse Selma, die, wie auch später Mohammeds Frau Chadidscha, eine selbständige Unternehmerin war. Der Sohn, den sie in Medina zur Welt brachte, übernahm später in Mekka die Pilgerversorgung der Wallfahrts- und Messestadt: Abd al-Muttalib. Und dessen Sohn Abdallah war Mohammeds Vater.

Von Abd al-Muttalibs anderen Kindern spielten etliche in den Wachstumsjahren des Islam entscheidende Rollen. Abu-Talib war der Chef der Haschimiten-Sippe, der Mohammed schützte; Abu-Lahab sein Nachfolger, der diesen Schutz aufhob und dadurch eigentlich die Hedschra nach Medina verursachte. Hamsa war der Onkel, der Mohammed mit seinem Schwert verteidigte, bis er von dem Sklaven seiner Frau ermordet wurde. Omaima bekam als Tochter die reizvolle Sainab, die Mohammed seinem Exsklaven wegheiratete. Abbas schließlich, der abwartend-positiv zu Mohammed eingestellte Wasserhändler von Mekka, perpetuierte seinen Namen in der Abbasiden-Dynastie, die den Kalifenthron von Bagdad besetzte.

Ein zweiter Sohn des Kossaj-Erben Abd-Manaf war ebenfalls der Urvater eines Kalifenstammbaumes. Abd-Schams, als Karawanenhändler ebenso erfolgreich wie sein Bruder Haschim, zeugte das schwarze Schaf der Familie: Omajja, der einmal einen – mißglückten – Aufstand gegen Haschim probte. Historisch beschränkt sich Omajjas Rolle auf die Namensgebung für die Omajjaden-Dynastie, die von ihrer Kalifenstadt Damaskus für die weiteste Ausbreitung des Islam sorgte.

Omajjas Enkel (über seinen Sohn Harb) war Abu-Sufjan, dessen Sohn Muawija begründete die Kalifendynastie. Der Enkel eines anderen Omajja-Sohnes war jener elegante Schmuggler Osman, der sich zum Gefährten Mohammeds wandelte und zwei Töchter des Propheten heiratete. Um das genealogische Tableau abzurunden: Chadidscha, Mohammeds erste Frau, war die Urenkelin eines Bruders von Kossaj-Sohn Abd-Manaf.

So also war das alles miteinander verwandt und verschwägert, verbrüdert, verfeindet und versöhnt, von Urvater Abraham bis zu Ibrahim, dem Sohn des Propheten.

Für Mohammed war indessen nicht nur die Blutlinie, die ihn mit dem Erzeuger aller Araber und dem Gründer Mekkas verband, ausschlaggebend, seinen Sohn Ibrahim zu nennen. In Abraham sah Mohammed auch den geistigen Vater seines Werkes, das Ibrahim vollenden sollte.

Was Ibrahim dem Propheten bedeutete

Den richtigen theologisch-ideologischen Stellenwert für Abraham fand Mohammed freilich erst, als sich sein Bruch mit den Juden von Medina vollzog.

Was trennte ihn und seine Botschaft von den Juden? Er lebte mit ihnen in Medina, hatte ihre Nähe gesucht, fühlte sich unverstanden, abgelehnt, er war ihr Messias nicht, wollte es schließlich auch nicht sein. Wo die Grenze zum Christentum lag, verwischte sich zunächst, da Mohammed nicht in Tuchfühlung mit Christen lebte, wurde aber immer deutlicher, je schärfer er sein Gott-Konzept herausarbeitete.

Mohammeds Allah ist einzig, ewig und alleinig, er ist nicht gezeugt und zeugt auch nicht, er hat keine Mutter und keinen Sohn, auch keine Heiligen als Fürbittenvermittler. Wie der Gott des Islam nicht der rächende Gott der Juden ist, so ist er auch nicht der »liebe« Gott der Christen. Allah – das ist die strenge Barmherzigkeit eines Sippenoberhauptes, eines Wüstenscheichs; was er fordert, ist Gehorsam und Gefolgschaft, das Äußerste, was man von ihm verlangen kann, ist Wohlwollen – ein »Liebes«-Verhältnis, wie es sich durch das Neue Testament zieht, findet hier nicht statt.

Für Moslems ist der Christengott ein nahezu weinerlich-weibisches Wesen, das Tränen vergießt, weil die Welt – oder die Menschheit – im Sündenfall die Liebe verrät. Hier bricht freilich die alte Verachtung der Beduinen für den Seßhaften, den Städter, durch: Der Christengott ist ein »städtischer« Gott und deshalb, im letzten Sinn, verweichlicht. Dazu paßt, daß der Christengott auch seine Mutter verehrt wissen will. Mohammed hielt sogar für wahr, die christliche Dreifaltigkeit umfasse Gottvater, Gottsohn, Jesus und Maria. »O Jesus, Sohn der Maria, hast du je den Menschen gesagt: ›Nehmt, außer Allah, noch mich und meine Mutter zu Göttern an...‹« (5. Sure). Schon die christliche Theorie von der Wesengleichheit Gottes und Jesus schien Mohammed als Verfälschung der monotheistischen Idee. »Hier erhebt sich«, schreibt der Religionswissenschaftler Thomas Vereno, »der nie mehr verstummte Protest des Islam nicht nur gegen das Trinitätsdogma, das die strenge Einheit Gottes, sondern auch gegen das Inkarnationsdogma, das die strenge Unterscheidung zwischen Schöpfer und Geschöpf zu verwischen scheint.« Kult für den Menschensohn Jesus, Kult für dessen Mutter Maria – in Mohammeds Augen waren das Rückfälle ins Heidentum.

Moses und Jesus waren für Mohammed Propheten, deren Botschaften von ihren Völkern verfälscht worden waren.

Aber: War nicht Abraham lange vor Moses und Jesus aufgetreten? Dann durften also weder Juden noch Christen Abraham für sich in Anspruch nehmen. Denn wie könnte man Abrahams Glauben, der lange vor den Vorschriften der Juden und Christen bestand, besser umreißen als »eine Suche, sich Allah zu nähern, ohne Jude oder Christ zu werden«? So versucht der Orientalist Maxime Rodinson Mohammeds Schlußfolgerungen nachzuzeichnen.

Danach war es nur folgerichtig, sich beim Gebet nicht mehr in Richtung Jerusalem zu wenden, sondern nach Mekka – wo Ibrahim Tempel, Wallfahrtsort und Zufluchtsstätte gebaut hatte.

Und nun war Ibrahim wiedererstanden, als Sohn Mohammeds, der ein Sohn Abrahams war. Da lag er in den Armen des Propheten, hellhäutig und unschuldig, unwissend.

Das alles also bedeutete der kleine Knabe, den Maria – welches Symbol auch dieser Name – ihm, Mohammed, geboren hatte.

6.
Die Frauen des Propheten

Die Frauen und Nebenfrauen des Propheten sahen die Sache mit Ibrahim weniger mythologisch. Für sie war die koptische Sklavin ein Eindringling, der sich mit seinem Sohn bei Mohammed eingeschmeichelt hatte.

Neun Hütten standen an der Ostmauer der Moschee von Medina. Hütten aus Lehm, der unter der glühenden Sonne Arabiens zu Jahrhunderte überdauerndem Mauerwerk zusammenbackt – so werden sie dort in den Dörfern noch heute gebaut und bewohnt. In diesen Hütten lebten die Frauen des Propheten, die »Mütter der Gläubigen«, wie die Moslems sie nannten.

Aischa war die berühmteste: die Kindfrau, mit der sich der Prophet verlobte, als sie sechs war, die er heiratete, als sie neun war, und in deren Armen er starb, als sie achtzehn war; verspielt und launisch, klug und intrigant, die puppenspielende Pompadour am Hof des Wüstenkönigs, die später, als sie aus dem Spielalter heraus war – aber war sie es je? –, Kronprinzen und Kalifats-Kandidaten verschob und verschaukelte, aufputzte und abkanzelte, als wären sie nun ihre Puppen. Sicher, auch die Puppen, die Aischa mit in ihre Ehe brachte, fielen unter das Verbot des Koran, daß der Mensch nicht Ebenbilder haben dürfe von Gottes Geschöpfen, aber Aischa durfte vieles, was andere nicht durften. Ihre Skandale machten Politik, ihre Intrigen Geschichte. Aischa war Mohammeds liebste, auch wenn sie nicht seine erste und letzte Frau war.

Neun Hütten – nicht jede Prophetengattin hatte eine eigene, aber Mohammed hatte gar keine; er schlief jede Nacht bei einer anderen Frau, die Reihenfolge lag fest, nur wenn er eine Neue heimbrachte – und er brachte viele –, dann gehörten ihr drei Nächte hintereinander. Eine der älteren räumte dann, nicht immer widerspruchslos, ihr Lager.

Mohammed war, auch wenn er Glücksspiel, Wein und Musik verabscheute, kein Asket. Der Prophet, dem Allah, wie seine Lobpreiser versicherten, »den Samen von 30 Männern verliehen hatte«, läßt sich nicht in die Tugendschablonen einpassen, nach denen Devotionalienmaler des sexualfeindlichen Christentums Heiligenbilder für den abendländischen Hausgebrauch malen. Mohammed hielt es da wie die großen Propheten vor ihm. Wie Abraham, dem auch eine Frau allein nicht genug war. Wie Salomon, der 1000 Frauen hatte. Wie David, der Herr über einen riesigen Harem war.

Allah jedenfalls offenbarte Mohammed mit Sure 33, Vers 51, einen Freibrief für die Liebe: »Dir, o Prophet, erlauben wir alle Frauen, die du gekauft hast, ebenso deine Sklavinnen, die Allah dir geschenkt hat (als Kriegsbeute), und die Töchter deiner Onkel und Tanten, die mit dir aus Mekka geflüchtet sind, und überhaupt jede gläubige Frau, die sich dem Propheten überlassen oder die derselbe heiraten will. Diese Freiheit sollst nur du haben vor den übrigen Gläubigen, denn Allah ist versöhnend und barmherzig.«

Allah wußte wohl, und Mohammed hat es begriffen, daß nicht nur Kriege, sondern auch Ehen die Fortsetzung der Politik mit anderen Mitteln sind. Die meisten Ehen Mohammeds wurden nach diesem Motto, wenn auch nicht unter Ausschluß des Lustprinzips, geschlossen.

Mit Chadidscha, seiner ersten Frau, war Mohammed zwanzig Jahre verheiratet gewesen. Die Söhne, die sie ihm geschenkt hatte, starben früh, und er litt darunter sehr. Wie alle arabischen Männer, und sicher nicht nur diese, wünschte er sich einen Stammhalter. Nach arabischer Sitte hätte er sich weitere Frauen nehmen können, um Söhne zu zeugen, aber reiche Frauen – wie auch schöne Töchter mächtiger Stammesfürsten – schlossen oft Eheverträge, die Nebenfrauen verboten. Vergessen hat Mohammed seine erste Frau nie. Sie muß ihm, solange er lebte und so viele Frauen er nach ihr besaß, immer das Muster einer idealen Gattin geblieben sein. Aischa soll auf keine Lebende so eifersüchtig gewesen sein wie auf diese Tote, die in Mohammeds Erinnerung nicht starb.

Nach Chadidschas Tod heiratete Mohammed schnell wieder. Nach außen hin war die Heirat eine Solidaritätshandlung. Die Sekte war klein, von allen Seiten verfolgt. Die füllige Sauda war eben mit einer kleinen Gruppe von Rückwanderern aus abessinischer Emigration zurückgekehrt, ihr Mann war dort gestorben, die Sippe nahm die Witwe, die einen Sohn zu versorgen hatte, nicht wieder auf, die Moslemgemeinde war jetzt ihr Clan. Das soziale Gefüge der Araber sah – und sieht – keinen Platz für alleinstehende Frauen vor. Vielleicht fühlte sich der Prophet verantwortlich für Sauda. Immerhin war sie seinen Töchtern eine gute Ersatzmutter.

Die kleine islamische Gemeinschaft, bestehend aus den Ausgestoßenen und Abtrünnigen mekkanischer Familien, versuchte sich durch Heiraten untereinander ein neues Sippengefühl zu schaffen. So ist zu verstehen, daß die Gefährten Abu Bekr und Omar dem Propheten ihre Töchter Aischa und Hafsa zur Ehe antrugen. Im Gegenzug verheiratete Mohammed seine Töchter Rukajja und – nach deren Tod in Medina – Umm-Kulthum mit Osman, seine dritte Tochter Fatima mit Ali. Andererseits gab Abu Bekr dem Subair seine Tochter Asma zur Ehe.

Auch die Heirat mit Hafsa war ein Solidaritäts- Arrangement. Hafsas erster Mann fiel bei Badr. Vater Omar wollte die junge Witwe nicht allein dastehen lassen. Abu Bekr und Osman jedoch lehnten ab. Hafsa hatte das aufbrausende Temperament ihres Vaters geerbt, und das wußten sie. Da übernahm Mohammed großmütig selbst die Achtzehnjährige.

Mohammeds fünfte und sechste Frau waren ebenfalls Kriegerwitwen. Die Schlachten von Badr und Ochod hatten Lücken in die Reihen der Moslems gerissen. Die Versorgung der Hinterbliebenen war ein soziales Gebot. Der Prophet legte die Witwen seinen Kriegern ans Herz und ging, wie schon bei Hafsa, mit aufopferndem Beispiel voran. Er nahm sich zweier Frauen an, die es sonst wohl schwergehabt hätten: Sainab und Umm-Salama, beide nicht mehr die Jüngsten. Sainab war eine verdiente Sozialhelferin, »Mutter der Armen« genannt.

Mohammeds siebte Frau hieß auch Sainab. Sie wurde nicht aus selbstverpflichtender Staatsräson geheiratet, sondern aufgrund eines heftigen Liebesdramas. Nur durch das Eingreifen des Allerhöchsten konnte es zu einem Happy-End geführt werden.

Sainabs Ehe wird vom Himmel geschlossen

Sainab, eine aufregende Mittdreißigerin, wohlbeleibt, war die Frau des Exsklaven Said, den Mohammed zu seinem Adoptivsohn erklärt hatte. Die Frau eines Adoptivsohnes zu heiraten kam freilich einem Inzest nahe. Und Mohammeds Gefolgsleute, im Prinzip bedingungslos gehorsam, riskierten gelegentlich doch, nach freier Beduinenart, einen Widerspruch. Aber heiraten wollte Mohammed, dessen Harem bis dahin eher ein Mutterheim mit Puppenstube war, diese Sainab unbedingt.

Lange ging Mohammed mit sich zu Rate. Endlich löste eine Verkündigung von oben das Dilemma. »Allah hat nicht gewollt, daß eure Adoptivsöhne wie eure leiblichen Söhne sind!« Sainab rühmte sich zeitlebens, ihre Ehe sei als einzige von Gott selbst geschlossen worden. Seitdem dürfen alle Moslems, im Koran steht es als Gesetz, ihre Adoptivsohnsfrauen heiraten.

Die achte Frau im Harem war Kriegsbeute, jung und schön. Im Jahr 5 unternahmen Mohammeds Truppen zahlreiche Kriegszüge, um sich die Beduinenstämme im weiten Umfeld Medinas zu unterwerfen. Eine dieser Expeditionen richtete sich gegen die Banu-Mustalik, die acht Tagesmärsche entfernt, in der Oase Muraisi, ihr Lager hatten. Es war ein leichter Sieg, und die Beute lohnte den Ausflug: 5000 Hammel und Ziegen, 2000 Kamele und 2000 Frauen. Einem Moslem-Krieger fiel bei der Verlosung der Gefangenen die Tochter des Scheichs, die schöne Dschuwairijja, zu. Diese schrieb nun einen Schuldschein auf das zu erwartende Lösegeld aus, aber der Krieger wollte Silber oder sofortige Hingabe. Empört wandte sich Dschuwairijja an den Propheten.

Mohammed betrachtete das stolze Beduinenmädchen. »Ich«, sagte er schließlich, »werde das Lösegeld bezahlen. Mehr noch – ich heirate dich!«

Sieger haben immer etwas Unwiderstehliches. Dschuwairijja war einverstanden. Auch für die Krieger wurde es ein Fest. »Wir hatten großes Verlangen nach den Frauen«, zitiert die Überlieferung einen, der dabei war. »Also beschlossen wir, den ›asl‹ (Coitus interruptus) anzuwenden.« Der Prophet hatte allerdings eine Vorschrift erlassen, wonach bei gefangenen Frauen das Ende der Menstruationsperiode abzuwarten war, bevor ihnen beigeschlafen werden durfte. Die Krieger befragten den Gesandten Gottes. Er antwortete nur: »Ihr seid nicht verpflichtet, euch zu enthalten!«

Raihana, die neunte Frau, war die Witwe eines Hingerichteten aus dem jüdischen Koraisa-Stamm, also auch Kriegsbeute. Anfangs soll sich Raihana widersetzt haben, sie weigerte sich angeblich, Mohammed auch nur die Hand zu reichen. Aber schließlich muß auch sie den Propheten unwiderstehlich gefunden haben: Mohammed gab ihr als verspätetes Brautgeschenk 12,5 Unzen Gold.

Diplomatische Bettgeschenke

Als der Prophet seinen reitenden Boten aussandte, um den Kaiser von Byzanz zum Islam zu bekehren, schickte er gleichlautende Schreiben auch an den Vizekönig von Ägypten und den Negus von Abessinien. Die Reaktion von Kaiser Herakleios ist bekannt: Achselzucken. Der Vizekönig von Ägypten, der das Land der Pharaonen für Ostrom regierte, antwortete jedoch freundlich, obwohl auch er Mohammeds Propheten-Anspruch nicht billigte. »Als Geschenk«, schloß er, »schicke ich dir hiermit zwei wohlerzogene Mädchen, einen Esel und einen Eunuchen.«

Ein Mädchen verschenkte Mohammed weiter, die Koptin Maria behielt er. Hier, wieder einmal, ließ sich das Angenehme mit dem Nützlichen verbinden. Maria garantierte ihm, für eventuelle Fälle, freundschaftliche Beziehungen zu den Kopten. Außerdem konnte er von ihr viel über die sogenannte zivilisierte Welt lernen. Maria schenkte ihm dann den langersehnten Sohn.

Auch der Brief nach Äthiopien zeitigte ein diplomatisch liebenswertes Nebenresultat. Der Negus führte für Mohammed die »Ferntrauung« mit einer Witwe namens Umm-Habiba durch, die eine interessante Verwandtschaft besaß. Umm-Habiba gehörte zu den Moslems, die aus der Zeit der ersten Emigration noch in Äthiopien lebten. Sie war die Tochter von Mohammeds mächtigstem Widersacher in Mekka, des Omajjaden-Scheichs Abu-Sufjan.

Als Abu-Sufjan nach Medina kommen mußte, um mit dem Propheten den »Anschluß« Mekkas zu verhandeln, vermittelte Umm-Habiba zwischen Ehemann und Vater.

Eine Strafexpedition gegen die jüdischen Stämme von Chaibar verhalf dem Propheten zu weiterer Bereicherung seines Harems. Während die reichen Ländereien teils islamische Staatsdomäne, teils Privatbesitz der Krieger Allahs wurden, entschied über die Zuteilung der gefangenen Frauen das Los. Dichja Ibn-Chalifa, Kurier des Propheten bei Kaiser Herakleios, gewann die neunzehnjährige Witwe des Stammesführers der Banu-Nadir – das war ein Stamm, den Mohammed schon aus Medina ausgewiesen hatte. Mohammed kaufte Dichja das Mädchen ab – zum Preis von sieben durchschnittlicheren Sklavinnen. Überlieferungen registrierten pikant-galante Einzelheiten der Besitzübernahme: »Mohammed teilte Safjas Lager noch am selben Abend. Damit verstieß er gegen seine eigene Vorschrift, zuvor die Periode einer gefangenen Frau abzuwarten. Als Safja beim Rückmarsch ein Kamel bestieg, stützte der Prophet ein Knie auf den Boden und bot ihr das andere dar, um ihr das Aufsteigen zu erleichtern...«

Auch Maimuna, die zwölfte Frau, die Mohammed bei seiner Pilgerreise nach Mekka heiratete, um sich dem tapferen General Chalid verwandtschaftlich zu nähern, durfte den Vollzug der Ehe schon bei der ersten Rast, 17 Kilometer hinter Mekka, erleben. Maimuna war siebenundzwanzig Jahre alt. Die dreizehnte war ein Beduinen-Mädchen aus dem Stamm Kilab. Die vierzehnte hieß Asma und war eine Prinzessin aus dem königlichen Stamm der Kindi-Sarazenen.

Damit ist die Haremsliste des Propheten längst nicht abgeschlossen. »Während der letzten zwei Jahre seines Lebens war Mohammeds ganze Aufmerksamkeit auf die Vergrößerung seines Harems gerichtet«, schreibt, sicher mit Übertreibung, der Orientalist Sprenger. »Wenn er von einem schönen Weibe hörte, machte er ihr einen Heiratsantrag; arabische Häuptlinge, die ein Anliegen an ihn hatten, schmeichelten seiner Leidenschaft und verlobten ihre Töchter an ihn.« Die Überlieferer erwähnen noch Konkubinen und schweigen sich auch über Frauen nicht aus, die sich ihm aus religiösem Eifer an den Hals warfen. »Gott schenkte seinem Propheten den Samen von dreißig Männern« – das geflügelte Wort scheint nicht aus der Luft gegriffen gewesen zu sein.

Nur mit Mühe hielt Mohammed Frieden in seinen Frauenhütten. Manchmal war er der Querelen und Krawalle so überdrüssig, daß er Frauen und Nebenfrauen mit dem Entzug seiner Anwesenheit strafte und den Nächteplan aussetzte.

Mit Sechzig fiel es ihm anscheinend schwer, seinen Verpflichtungen nachzukommen. Allah hatte ein Einsehen und schickte die im Koran, Sure 33, Vers 28, festgehaltene Offenbarung: «O Prophet! Sage deinen Frauen, wenn ihr das Leben und die Freuden liebt, so geht; ich gebe euch die Freiheit und werde euch reich belohnen. Liebt ihr aber Gott und seinen Abgesandten, so wisset, daß euch im Jenseits großer Lohn erwartet.«

Nur eine, Fatima, bat um Entlassung. Sie soll so arm geworden sein, daß sie Kamelmist sammeln mußte, um mit diesem Brennmaterial hausieren zu gehen. Den anderen wurde die Treue tatsächlich reich gelohnt. Kalif Omar setzte allen Prophetenwitwen hohe Staatspensionen aus – für Aischa sogar 12000 Dirhem im Jahr –, und die Jüdin Safja konnte ihren Erben 100000 Dirhem hinterlassen; für die Hütte Sainabs, der Ex-Frau Saids, zahlte ein Kalif 50000 Dirhem.

So viele Frauen Mohammed auch hatte – Aischa, 44 Jahre jünger, blieb seine Favoritin. Zwar galt die Kindfrau als flatterhaft. Eine Dienerin meinte: Wenn sie in der Küche aufpassen soll, schläft sie ein, und die Ziege frißt den Teig weg. Aber der Prophet nahm ihr keine Dummheit übel. Zeitgenossen beschrieben sie als schön, witzig und verspielt. Sie konnte, was der Prophet nie so ganz richtig lernte, nämlich lesen und schreiben. Sie hatte einen scharfen Intellekt, war intrigant, doch offenbar nicht ohne Charme, und außerhalb des Harems züchtete sie sich eine starke Hausmacht heran, von der sie wirkungsvoll Gebrauch machte.

Sie setzte sich stets für die Partei der Gemäßigten in Mohammeds Führungsstab, von ihrem Vater angeführt, ein. Sie verhehlte nie, wen sie mochte und wen nicht. Ihre Antipathie gegen Ali ist nicht zuletzt mit schuld an der heute noch schmerzlichen Spaltung des Islam in Sunniten und Schiiten.

Von ihrer Verlobung mit dem damals fünfzigjährigen Mohammed berichtete Aischa später: »Es war in Mekka; ich war sechs Jahre alt und spielte mit Freundinnen auf der Schaukel. Meine Mutter kam in den Garten, nahm mich bei der Hand, wusch mir das Gesicht und führte mich ins Haus, wo etliche Frauen versammelt waren, die mich mit Glückwünschen empfingen. Sie putzten mich fein heraus und übergaben mich dem Propheten.«

Die Hochzeit in Medina war ein bescheidenes Fest gewesen; die Moslems hatten es mit ihren »Razzias« auf Karawanen, Beduinen-Stämme und Siedlungen noch nicht sehr weit gebracht. Aischa war wohl neun oder zehn Jahre alt, als Mohammed begann, mit ihr die Ehe zu vollziehen. Aber kindliche Ehefrauen und -männer – »kindlich« allerdings nur nach unseren Begriffen – sind im Orient keine Seltenheit. General Amr, der Eroberer Alexandrias, heiratete bereits mit Zwölf.

Aischa brachte viel Spielzeug mit in die Ehe, Puppen und Stofftiere, die sie »Salomons Pferdchen« nannte, und tummelte sich mit gleichaltrigen Kindern, die freilich davonstoben, wenn sie den ehrwürdigen Gatten ihrer Spielkameradin kommen sahen. Aber dann rief Mohammed sie wieder zusammen und nahm ernsthaft an ihren kindlichen Unternehmungen teil.

Aischa soll zu Hause nur einen Schurz getragen haben, allenfalls noch einen Schal über den schmalen Schultern; nur wenn sie ausging, hüllte sie sich in Gewänder, am liebsten rosarote und gelbe. Sie schmückte sich Finger und Zehen mit goldenen Ringen und rieb ihr Haar so überreich mit duftenden Salben ein, daß sie ihr über die Stirn träufelten.

Aischa und Mohammed waren ein unbekümmert-zärtlich verliebtes Paar. Selbst in der Moschee soll Mohammed seinen Kopf unter Aischas Schleier gesteckt und in ihrem Haar gespielt haben. Sie fand es schön, wenn Mohammed krank war, da konnte sie ihn pflegen und bemuttern. Sie wusch sich mit ihm in derselben Schüssel, trank mit ihm aus demselben Becher, und wenn sie aßen, nagte sie mit ihm an demselben Knochen, den er im Mund hielt. Sie pflegte ihm das üppige lange Haar und rieb ihn am ganzen Körper mit den Duftsalben ein, die er so sehr liebte.

Und es steht wohl zu vermuten, daß die verspielte Aischa ihm in intimeren Stunden keine Chance ließ, so gemessen zu agieren wie etwa bei der, freilich sehr viel älteren, Umm-Salama, die in ihren Memoiren zum besten gab: »Er schloß die Augen, zog sich das Hemd aus und sagte: ›Verhalte dich ruhig und würdevoll!‹«

So wie die Haremshütten gebaut waren, konnte vom Privatleben der Bewohnerinnen nur wenig verborgen bleiben. Jede Hütte – vier aus ungebrannten Ziegeln, fünf aus lehmbestrichenen Palmenzweigen, mit kleinen Veranden davor aus gleichem Material – bot etwa vier Quadratmeter Wohnfläche. Das Dach war niedrig, mit der Hand zu erreichen. Türen gab es nicht, vor dem Eingang hing ein schwarzes Kamelhaartuch, etwa anderthalb Meter lang und einen halben Meter breit.

Die Inneneinrichtung erfüllte die bescheidenen Lebensansprüche von Beduinen: eine palmfasergefüllte Ledermatratze, an den Wänden Schläuche mit Wasser, Mehl und Butter. Aischas Hütte, schon luxuriöser, besaß einen »Tschar-Pay« (wörtlich: Vierfuß), einen auf vier Füßen ruhenden Teakholzrahmen mit darübergeflochtenen Palmfaserstricken – eine Liegestatt aus Indien oder Afrika –, ferner Bodenmatten aus Stroh, Lederkissen, bunte Wandbehänge aus Syrien.

Die Frauenhütten reihten sich von der Ostseite der Moschee bis zu einem offenen Platz. Mit den Behausungen von Mohammeds Schwiegersöhnen Ali und Osman und deren Familien bildeten sie einen Hof, den heute eine Prachtmoschee überkuppelt. Gekocht wurde, je nach Witterung, in oder vor den Hütten. Aischas Haus, Mohammeds liebster Aufenthalt, war das erste an der Moschee, ein Pförtchen in der Moscheemauer führte gleich auf Aischas Veranda.

Natürlich war Aischa eifersüchtig. Oft schlich sie nachts ihrem vielverpflichteten Gatten nach, sogar zum Friedhof, wo sie ihn jedoch nur an Kameradengräbern beten sah. Sie spielte auch gern aus, daß sie ihm als einzige von seinen Frauen ihre Jungfräulichkeit mit ins Brautbett gebracht hatte. Einmal, als er aus der Hütte der – aus erster Ehe kinderreichen – Umm-Salama kam, blickte sie mit unschuldigem Augenaufschlag zu ihm hoch.

»Wenn du zwei Kamelstuten begegnest und die eine hat sich schon lange auf der Weide satt fressen können, die andere aber nicht – welche würdest du reichlicher füttern?«

Ahnungslos tappte er in die Falle. »Natürlich die Stute, die noch nicht gesättigt ist.«

»Dann merke dir, o Bote Allahs, daß ich nicht wie deine anderen Frauen bin. Sie alle haben sich schon auf der Eheweide ihre Bäuche vollgeschlagen. Ich dagegen...«

Aischas Konkurrentinnen fanden allerdings ihrerseits, daß Mohammed allzuoft bei Aischa weilte. Sie steckten sich hinter Mohammeds Tochter Fatima und schickten sie zum Propheten, um Gleichberechtigung für die Haremsfrauen zu fordern. Fatima übernahm das gern. Sie litt schon lange unter dem Hochmut, den Aischa ihr und ihrem Mann Ali gegenüber zeigte. Mohammed stellte sich taub: »Wie kannst du als meine Tochter nicht auch die lieben, die ich am meisten liebe?«

Bald spaltete sich der Harem in zwei Fraktionen. Auf der einen Seite standen die »Aristokratinnen« aus den edlen mekkanischen Sippen der Machsum und der Omajja, nämlich Umm-Salama und Umm-Habiba, später auch Maimuna. Sie alle hielten zu Fatima und somit zur Partei Alis. Auf der anderen Seite standen Aischa und ihre Busenfreundin Hafsa, deren Väter Abu Bekr und Omar – wie auch Mohammed – rangniederen Sippen entstammten.

So spiegelten sich schon frühzeitig im Harem des Propheten die beiden politisch-religiösen Parteien des Islam wider. Man darf sicher die spätere Spaltung des Islam in Sunniten und Schiiten nicht auf die Spaltung im Harem zurückführen. Aber sie hat sicherlich eine Rolle gespielt. Ein Skandal, in dessen Mittelpunkt Aischa stand, zerriß jedoch, damals schon, fast das junge islamische Gemeinwesen von Medina.

Die Brüche waren nie mehr zu kitten. Und alles begann mit einem Halsband...

Die Halsbandaffäre von Medina

Das Objekt der islamischen Halsbandaffäre bestand aus bunten Muscheln von der südjemenitischen Dhofar-Küste, kaum wertvoll, aber Aischa, damals knapp vierzehn, liebte es sehr, weil es so hübsch in der Sonne funkelte. Sie trug es auch, als Mohammed sie auf die Razzia gegen den Mostalik-Stamm mitnahm. Der Prophet ließ eigens eine geschlossene Sänfte anfertigen, ein Sitzkasten mit Vorhängen; darin reiste Aischa auf einem zahmen Kamel.

Auf dem Rückweg kam es dann zu dem Zwischenfall. Aufbruch war lange vor Morgengrauen; es war eine lange Karawane, weil 7000 Stück Beutevieh und 2000 Sklavinnen mitgeführt werden mußten. Mohammed ritt mit der frisch angetrauten Gattin Dschuwairijja ziemlich vorn. Aischas Kamel mit der Sänfte sollte sich am Schluß einfädeln. Aischas Leibgardisten sahen, wie sie noch einmal in die Wüste ging, einer morgendlichen Notdurft wegen, sahen sie angeblich auch zurückkommen. Nach einer Weile hoben sie die Sänfte aufs Kamel. Sie merkten nicht, daß Aischa nicht darinsaß; das kindlich-zarte Fliegengewicht war keine Last. Sie trieben das Tier auf die Beine und schlossen sich der Karawane an.

Aber wo war Aischa? Kurz vor Besteigen der Transport-Kemenate vermißte sie ihre Muschelkette. Sie lief in die Dünen zurück, fand das Schmuckstück auch, aber inzwischen war die Karawane weitergezogen. Die Sonne war noch nicht aufgegangen.

Ein Krieger, der ebenfalls den Aufbruch verpaßt hatte, ließ Aischa auf sein Kamel steigen und führte es am Zügel. Sie folgten der Spur, holten den Geleitzug aber an diesem Tage nicht mehr ein. Mohammed, anderweitig beschäftigt, bemerkte Aischas Verschwinden erst am nächsten Morgen – just als Aischa mit ihrem Retter ankam. Sie waren die ganze Nacht durchgeritten.

Ein Mann und eine junge Frau allein in der Wüste – was konnte da nicht alles passiert sein? Der Klatsch blühte. Parteien kochten ihr Süppchen. Und solche Parteien gab es genug.

Da war die Partei Alis. Für sie war klar, daß Ali eines Tages die

Nachfolge des Propheten und damit die Herrschaft des Medina-Staates übernehmen würde. Wer zu Ali stand, träumte schon von zukünftigen Machtpositionen. Aber hatte Aischa den schwerblütig-schwerfälligen Mann nicht immer lächerlich zu machen versucht? Jetzt war Zeit, Punkte gutzumachen.

Auf anderer Seite standen Männer wie Abu Bekr, Omar und Osman, Vertreter des Prinzips einer theokratischen Demokratie: Mohammeds Nachfolger müsse gewählt werden, war ihr Dogma. Daß es einer von ihnen sein müsse, stand dabei außer Frage. Aischa, die Lieblingsfrau, galt als Lobbyistin dieser Partei.

»Hat sie, oder hat sie nicht?« Die Gretchenfrage der Klatschmäuler wurde zur Vertrauensfrage der islamischen Zukunft. Die »Heuchler« hetzten nach beiden Seiten und hofften, die Moslems würden übereinander herfallen und ihnen, den »Munafikun«, das Feld überlassen.

In dieser wirren Lage zeigte der Prophet Führungsschwäche. Machte ihn die Kränkung seines Mannesstolzes blind für die politischen Konsequenzen? Gespannt, ob Mohammed in der Aischa zustehenden Nacht das Lager der Favoritin aufsuchte, lauerten Aischa-Freunde und Aischa-Feinde zwischen den Frauenhütten. Der Prophet kam nicht.

Bei Sonnenaufgang gab die geschmähte Haremskönigin eine Unpäßlichkeit bekannt und begab sich ins Haus ihres Vaters. Die Krise war da. Sollte Mohammed sich von Aischa trennen? Das wäre der Bruch mit seinem Ratgeber Abu Bekr, das wäre Triumph für Alis Partei und die Munafikun.

Und wieder einmal überkam ihn die göttliche Trance. Abu Bekr und seine Frau betteten den Propheten auf den Boden, deckten Mäntel über ihn, hielten ihm die fiebrigen Hände. Aischa eilte herbei, sagte nichts, tat nichts. Die Zuckungen verebbten. Mohammed erhob sich, wischte den Schweiß ab, der, so ein Augenzeuge, »von ihm herabfiel wie Wasser an einem kalten Tag«.

Vor dem Haus verkündete der Prophet dem wartenden Volk, was der Erzengel Gabriel ihm als Machtwort Allahs übermittelt hatte und im Koran unter Sure 24 nachzulesen ist. Danach waren die Rädelsführer, welche die Verleumdung aufgebracht hatten, streng zu bestrafen, da sie keine vier Zeugen beibringen konnten.

Mit dieser Verkündigung wandelte sich die Halsbandkrise zum innenpolitischen Erfolg. Die »Munafikun« wurden als Verleumder erkannt, ihre lautesten Wortführer vor die Moschee geführt und ausgepeitscht. Endlich hatte die seit Wochen brodelnde Volksseele ihr Ventil. Von Sanktionen gegen einen anderen »Verleumder«, Ali, ist nichts bekannt. Aischa war rehabilitiert. Im übrigen verfügt der Islam seitdem über eine klare Handhabe in Ehebruchsprozessen. Wer nicht vier Zeugen für die Untreue einer Frau beibringen kann, handelt sich als Verleumder achtzig Hiebe ein.

Aischas Favoritenstellung war gefestigter denn je. Ihrem Stiefsohn Ali freilich verzieh sie die Rolle nie, die er gespielt hatte. Aischas Rache kam spät, doch da sollte sie ihn den Kopf kosten.

7.
Das Erbe des Propheten

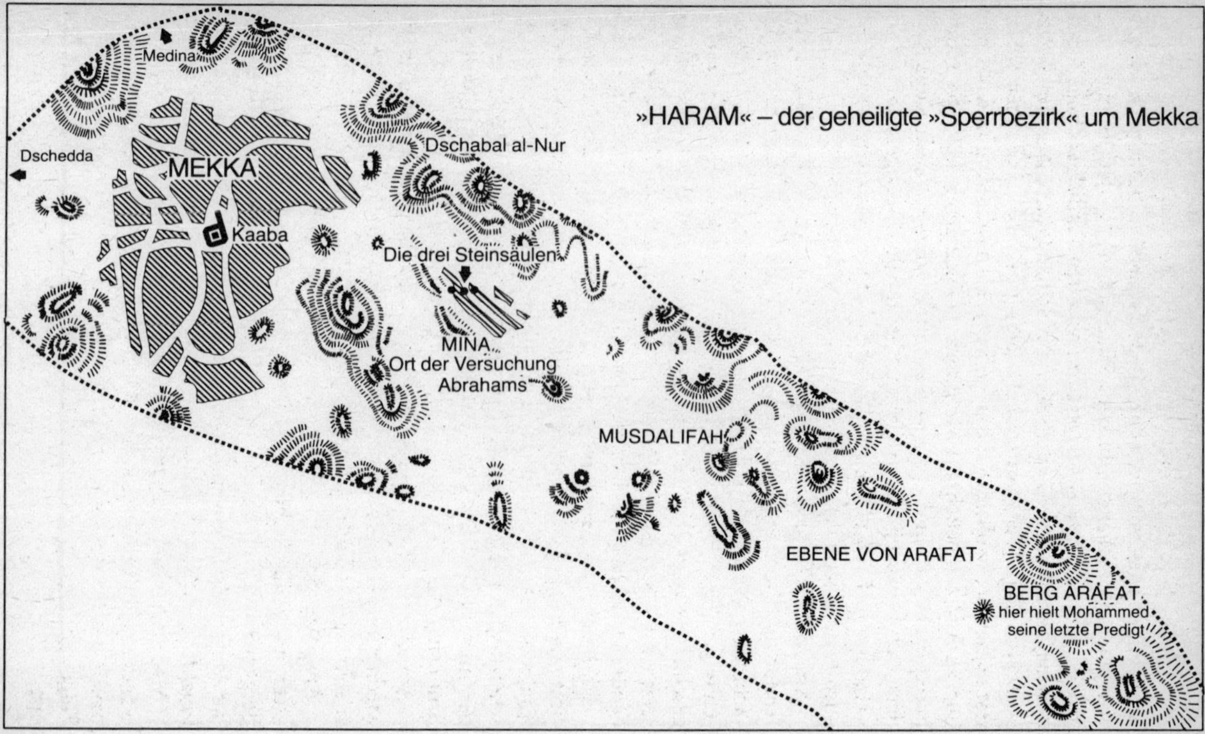
»HARAM« – der geheiligte »Sperrbezirk« um Mekka
Medina
Dschedda
MEKKA
Kaaba
Dschabal al-Nur
Die drei Steinsäulen
MINA „Ort der Versuchung Abrahams“
MUSDALIFAH
EBENE VON ARAFAT
BERG ARAFAT
hier hielt Mohammed seine letzte Predigt

Mohammed hatte Sorgen. Er plante eine große Wallfahrt nach Mekka. Sein Ziel: alle bisher heidnischen Pilgerbräuche in den Islam zu integrieren und, zur Unterscheidung von der alten Tradition, einige Variationen einzuführen. Vor allem aber die Heiden für alle Zeit von Mekka auszuschließen. Wer künftig an Mekkas großem allarabischen Volksfest teilnehmen wollte, und das wollte jeder, hatte sich nun wohl oder übel zu Allah zu bekehren. Mohammeds Pilgergebot sollte der Höhepunkt seines Verkündigungswerkes werden, die strahlende Kuppel auf dem Glaubensgebäude des Islam. Bis auf den heutigen Tag ist die »Haddsch«, die Wallfahrt nach Mekka auf den Spuren des Propheten, auch der Höhepunkt im Leben eines jeden Moslem.

Am 3. März 632 kam der Prophet an der Spitze einer nach Zehntausenden zählenden Pilgerkarawane nach Mekka. Mohammed trug den »Ichram«, das nahtlose Pilgergewand, zweimal um den Körper geschlungen. Über hundert zur Opferung bestimmte Kamele, girlandengeschmückt und am Hals rasiert – dort, wo ihnen der Todesstoß versetzt wird –, folgten dem Konvoi. Die Menge jubelte Mohammed zu, Kinder kletterten zu ihm aufs Kamel, tiefbewegt drückte er sie an sich.

Chronisten beschreiben das innere Leuchten auf Mohammeds Gesicht, als er den Schwarzen Stein küßte. Siebenmal umwandelte er die Kaaba, siebenmal durchmaß er die 400 Meter lange Wegstrecke zwischen beiden Hügeln Safa und Marwa – Erinnerung an Hagar, die auf der Suche nach Wasser hin und her lief, bis sich vor ihr der Semsem-Brunnen auftat.

Am nächsten Tag ritt er in die Ebene von Mina, wo er, in Gebet und Meditation versunken, auch die Nacht verbrachte. In dieser Nacht soll er seine ersten Todesahnungen gehabt haben.

Am folgenden Mittag erreichte er die Ebene von Arafat, ein Sandmeer, in dem kahle Berge wie Inseln stehen. Nach Osten begrenzt die Bergkette von Taif das Tal, vor dem Gebirge steht ein letzter Felskegel: der Arafat. Mohammed ritt auf seiner Kamelstute »al-Aswa« den Pfad hinauf, der sich auf halbem Weg zum Gipfel zu einer Plattform weitet.

Mohammed sah auf das Tal hinab. Die Pilger, in ihren weiten Gewändern, bildeten ein weißes Meer. Bei jedem Ruf »Labbaik! Labbaik!« – »Hier bin ich!« – hoben die Pilger ihre Hände: »wie Engel ihre Flügel, ehe sie sich zum Himmel emporschwingen«, notierte ein Chronist.

Hochaufgerichtet auf seinem Kamel saß Mohammed. Seine Stimme rollte über die Ebene. »Hört meine Worte!« rief er, »denn ich weiß nicht, ob ich am Ende dieses Jahres noch bei euch sein werde...!«

Dann gab er letzte Ermahnungen. Daß alle Moslems Brüder seien. Daß jeder Mann Verantwortung gegenüber seinen Frauen habe. Daß die Blutrache verboten und Wucher nicht gestattet sei; Geldverleiher – wörtlich: »auch mein Onkel Abbas!« – hätten nur Anspruch auf Rückerstattung der Leihsumme. Sklaven seien gut zu behandeln: »Gebt ihnen zu essen, was ihr eßt, und anzuziehen, was ihr anzieht!« Und von Stund an sei die direkte Umgebung der Kaaba heilig und für alle Ungläubigen verboten. Dann führte er noch eine technische Neuerung ein: die Abschaffung des bis dahin nach jeweils drei (arabischen Mond-) Jahren eingefügten Schaltmonats. Durch diesen Schaltmonat war bislang die Pilgersaison mehr oder weniger exakt auf die Saison nach der Ernte festgelegt – und dem römisch-christlichen Sonnenjahr angepaßt – gewesen. Seit dem Wegfall des Schaltmonats bewegt sich die Pilgerzeit jedoch, da das arabische Mondjahr um elf Tage kürzer ist als unser Sonnenjahr, am abendländischen Zeitbegriff gemessen, rückläufig durch die Jahreszeiten. Mohammed vervollständigte damit in einer weiteren Dimension die Selbstdefinierung des Islam gegenüber allen anderen Religionen.

Noch einmal hob der Prophet seine Hände himmelwärts. »O Allah!« rief er aus. »Habe ich meine Mission erfüllt?«

Der Rückmarsch begann. In Mina ließ Mohammed sich von Abbas' Sohn Fadl eine Handvoll Steine aufheben. Sieben warf er gegen jede der drei Felssäulen, die dort heute noch stehen. Abraham hatte dort mit Steinwürfen den Satan vertrieben, der ihn dreimal in Versuchung führen wollte. Symbolisch für die 63 Lebensjahre, die Allah ihm geschenkt hatte, schlachtete Mohammed dann 63 Kamele. Fleisch und Fell teilte er an die Mitpilger aus. Er ließ sich die Haare abschneiden, vollführte in Mekka noch einmal sieben Kaabaumrundungen und ließ sich von Wasserverwalter Abbas einen Becher im Semsem-Brunnen füllen. Den Rest des Tages betete er in der Kaaba.

So legte Mohammed das Ritual fest, das heute noch von allen »Haddschi« treu befolgt wird. Auch wenn sie jetzt mit Jumbo-Jets einfliegen und den Spuren des Propheten mit Omnibus und Taxi folgen.

Die Nachricht, daß der Prophet seine Mission als erfüllt ansah, daß er sich nur noch wenig irdische Zeit zumaß, durcheilte schnell die Wüsten. Die Karawane zog in dumpfem Schweigen ihren Weg. An den Oasen starrten Beduinen mit Tränen in den Augen den Boten Allahs an. Mohammeds Gesicht wirkte eingefallen, aschgrau. Die schwarze Glut in seinen Augen schien zu verdämmern – als sei die intensive Spannung, die ihn sein Leben lang getrieben hatte, mit der Vollendung der letzten Wallfahrtsrituale aus seinem Körper entflohen. Aber es war mehr als nur das. Nun, da er sein Werk stabilisiert glaubte, wurde er sich erst recht des schweren Schicksalsschlages bewußt, der ihn kurz zuvor befallen hatte.

Sein Sohn Ibrahim, in den er alle Hoffnung für die Weiterführung gesetzt, in dem und dessen Kindeskindern er unsterblich zu sein gehofft hatte, war nach fünfzehn Monaten einer heimtückischen Krankheit erlegen. War es eitel gewesen, dem so lang ersehnten Sohn den Namen Abraham zu geben? Aber Allah, der sich bei weniger schwerwiegenden Krisen im Seelenleben des Propheten gern zu äußern pflegte, schickte bei Ibrahims Tod keine Offenbarung, keine Antwort.

Eine Trauerprozession hatte den kleinen Leichnam zum Bakijja-Friedhof vor der Stadt getragen. Als das Grab zugeschaufelt wurde, so berichten Überlieferungen, verfärbte sich der Himmel, verblaßte die Sonne. Aus der Menge riefen Stimmen: »Selbst die Sonne trauert!«

Mohammed, der immer eine Religion ohne Heiligenverehrung und Symbolismus predigte, hatte den Kopf geschüttelt. »Sonne und Mond sind Zeichen der Allmacht Gottes. Sie verhüllen sich nicht, weil ein Mensch stirbt oder geboren wird. Wenn ihr es geschehen seht, ruft Gott an und betet!« Leider scheinen die Überlieferungen hier gemogelt zu haben. Für Ibrahims Bestattungstag läßt sich keine Sonnenfinsternis errechnen.

Ein gebeugter alter Mann war der Prophet nach seiner Rückkehr von Mekka. Allerdings empfing er noch Tag für Tag in einem scharlachroten Zelt im Moscheehof die Delegationen ferner Beduinenstämme, die ihre Unterwerfung erklärten, schenkte die Nächte noch immer reihum seinen Frauen.

Nur einmal noch raffte er sich zu alter Größe auf – um einen Kriegszug gegen Byzanz zu organisieren. Befehlshaber sollte Usama sein, der erst neunzehnjährige schwarzhäutige, plattnasige Mischlingssohn von Mohammeds ehemaligem Sklaven Said, der im Vorjahr bei der ersten Begegnung einer Sarazenen-Truppe mit byzantinischen Legionen gefallen war. Das Heer, das nach Jordanien vorstoßen sollte, errichtete gerade sein Sammellager vor der Stadt, als Mohammed die ersten Anzeichen des nahen Todes spürte.

In der Nacht, die er nach Plan bei Maimuna verbrachte, befiel ihn starkes Fieber. Er bat Maimuna, sich in Aischas Hütte legen zu dürfen. Ali und Abbas mußten ihn stützen, als er umzog.

Mohammed trieb ins Delirium. In lichteren Augenblicken lächelte er seinen Frauen zu, die ihn wuschen und kämmten. Einmal verlangte er Pergament und Tinte. »Ich will euch etwas aufschreiben«, sagte er zu seinen Gefährten, »das euch vor Irrtum bewahrt.«

Einige sprangen auf, Schreibzeug zu holen. Andere hielten sie zurück. »Ihr wißt doch, daß der Prophet nicht schreiben kann!« rief Omar. »Seht ihr nicht, sein Leiden hat ihn überwältigt!« Heftiger Wortwechsel. Längst hatten sich die Fronten formiert, die ihren Kandidaten die Nachfolge sichern wollten. Griff Mohammed jetzt, vielleicht seiner Sinne nicht mehr mächtig, zur Feder, um einen Erben zu bestimmen, dann mußte jede Partei vorzeitigen Konkurrenzausschluß fürchten. Der Lärm wurde so stark, daß Mohammed mit seiner geschwächten Stimme um Ruhe bat.

Mohammed lag in Aischas Armen. Seine Worte verloren jeden Zusammenhang. Aischa tauchte Tücher in kaltes Wasser, wischte ihm das fieberglühende Gesicht. Er starrte mit Augen, die nichts Irdisches mehr sahen, zur Decke. Aischa glaubte, seine letzten Worte verstanden zu haben: »Der höchste Gefährte...« Mehr nicht. War dem Gesandten Gottes in der allerletzten Trance noch einmal der Überbringer göttlicher Botschaften erschienen, um ihn aus dieser Welt hinauszubegleiten?

Sein Kopf, den Aischa hielt, wurde schwer. Sie bettete ihn auf ein Kissen.

Mohammed Ibn-Abdallah al-Amin, der Prophet, war tot.

Aischa stieß die ersten Schreie der Totenklage aus. Die Frauen stürzten aus ihren Hütten, versammelten sich um Aischa und den Leichnam, stimmten ins Klagegeschrei ein, schlugen sich an die Brust, warfen die Hände vors Gesicht. Abu Bekr, der Bedächtige, umrundete die

Menge und trat in Aischas Hütte ein. Lange betrachtete er den Toten, drückte ihm einen Abschiedskuß auf die Stirn. Dann ging er in den Hof hinaus. Klärende Worte wurden jetzt von ihm erwartet.

»Wer an Mohammed glaubte«, rief er, »soll wissen, daß Mohammed tot ist. Wer an Allah glaubt, weiß, daß Allah unsterblich ist.«

Schon formierten sich Fraktionen zum Kampf um den Führungsanspruch. Doch plötzlich verstummten die Diskussionen. Vom Stadtrand marschierten Krieger heran. Ein Teil der Truppe, die sich außerhalb zum Abmarsch nach Jordanien versammelt hatte, bewegte sich, mit ihrem schwarzhäutigen Befehlshaber Usama an der Spitze, durch die Hauptstraßen auf die Moschee zu.

Was der Koran wirklich ist

8. Juni 632. In Konstantinopel müht sich Kaiser Herakleios, sein von endlosen Kriegen ausgeblutetes Reich wieder in Ordnung zu bringen. Sohn Konstantin, zum Prokonsul ernannt, bereitet sich auf sein künftiges Kaiseramt vor. Im persischen Ktesiphon versuchen rebellische Aristokraten, den Thron zu erobern. In Spanien richten sich die Westgoten in die Herrschaft ein, nachdem sie Rom das Land abgerungen haben. In Franken müssen sich die Merowinger-Könige gefallen lassen, daß ihnen ihre Hausmeier die Macht abnehmen.

An diesem Tag schließt in Medina in einer Lehmhütte mit einem Fetzen Tuch vor dem Türloch ein Mann für immer die Augen, von dem die Machthaber in Persien und Byzanz kaum etwas, die in Spanien und Franken gar nichts wissen. Aber dieser Mann hat einen Glauben geschaffen, der Armeen in Bewegung setzt, die ihre Reiche bedrohen, wenn nicht gar vernichten werden. Einen Glauben, der auf den Trümmern der nun versinkenden Antike das beherrschende Weltreich des Mittelalters aufbauen wird.

Im Anfang steht auch hier das Wort. »Lies!« hatte der Überbringer der Botschaft Gottes gesagt, als er dem Propheten in der Höhle des Hira-Felsen bei Mekka erschien: »Rezitiere! Verkünde!« Und zweiundzwanzig Jahre lang hatte Mohammed Ibn-Abdallah verkündet. Diese Verkündigungen sind in einem Buch festgehalten, das »Koran« heißt. Was ist dieser Koran?

Koran ist ein vielschichtiges Wort. Es gehört zu jenen Begriffsformeln, die sich immer nur unzulänglich von einer Kultur und Lebensart in die andere übertragen lassen. »Koran« heißt Lesung. Aber was meint »lesen« bei einem Volk, dem Schreiben eine fast unbekannte Kunst ist? Im Ursprung bedeutet »Koran« für Beduinen: laut vortragen, rezitieren und aufsagen. Und zwar Überliefertes, Gedichtetes, in Herz und Hirn Eingeprägtes, jedoch nicht (jedenfalls nicht unbedingt) Aufgeschriebenes. Mohammed war ein Verkünder, kein Schreiber. Was er »vorlas«, waren die Botschaften, die Allah ihm einprägte, zur Weitergabe auftrug. Als Buch zusammengefaßt wurden diese »Lesungen« erst lange nach Mohammeds Tod.

Um die Welt zu verstehen, in die Mohammeds epochemachende »Lesungen« fallen, muß hier von den Dichtern im alten Arabien gesprochen werden.

Es ist die Welt der Nomaden, der »Razzias« und der endlosen Blutrachekriege, aber auch der Waffenstillstandsmonate und der Jahrmärkte. In dieser Welt sind die Dichter hochangesehene Leute. Dichtung ist die einzige Kunst dieses Arabiens, eine raffinierte Kunst, mit strengen Regeln, im Wüstenleben geschliffen. Eine nomadengemäße Kunst – ihre Werke können mühelos transportiert werden: im Kopf. Jeder Beduine kennt die großen Oden und Epen seiner Stammesdichter auswendig, Vers für Vers, an jedem Lagerfeuer und bei jeder Oasenrast werden sie rezitiert. Und in jedem Stamm ist der Dichter verehrungswürdig wie der tapferste Krieger. Denn Arabiens Dichter sind keine »entertainer«. Sie sind Chronisten und Propagandisten ihrer Stämme, Archivare stolzer Stammestaten, Aufwiegler vor dem Kampf, wortgewaltige Verbalvernichter des Feindes, Moralaufrüster nach verlorener Schlacht, die poetischen Denkmalspfleger gefallener Sippenhelden.

Auf den großen Jahrmärkten, in den Tabumonaten, sind die Dichterturniere die Fortsetzung der Stammesfehden mit geistigen Mitteln. Vor vieltausendköpfigem Publikum zerreißen dort die Dichter ihre Blutsfeinde mit Satire in der Luft, und dagegen gibt es nur eine Waffe: einen besseren Dichter ins Turnier zu schicken, zur Freude der Zuhörer.

Berühmt für seine Dichterwettkämpfe ist der Markt von Okas, außerhalb von Mekka. Dem Poeten des Jahres und seinem Werk wird unvergleichliche Ehre zuteil: mit goldenem Faden wird es auf schwarzes Tuch gestickt, das Tuch ein Jahr lang an der Kaaba ausgehängt. Sieben dieser »Muallakat« sind aufgeschrieben und für die Nachwelt erhalten worden. Alle Orientalisten sind sich einig, daß diese »goldenen Oden« jeden Vergleich zum Beispiel mit Horaz aushalten.

Zum Stammrepertoire jedes Beduinendichters zählten die grandiosen Heldenepen über die »ajjam al-arab«, die »Tage der Araber«, die großen Wüstenkriege der Beduinenstämme, zum Beispiel der »Dahis-Krieg«. Dahis war ein Pferd, das dem Scheich der Abs gehörte; bei einem Wettrennen gegen die Pferde des Dhubjan-Stammes behinderte es die Stute al-Ghabra des Scheichs der Banu-Dhubjan. Von Stund an waren die beiden Stämme Todfeinde. Der »Dahis-Krieg« dauerte Jahrzehnte, und die Odyssee-ähnlichen Dichtungen darüber sind voll mit Heldentaten, Romanzen, Duellen und Abenteuern.

Die Dichter jener Zeit sind sarazenische Siegfriede, die sich ihre Nibelungensagen selber schreiben. Labid, der jüngste »Muallakat«-Poet, ist Mitglied eines ghassanidischen Todeskommandos, das die Opferung seines Königssohnes auf dem Altar eines lachmidischen Götzen rächt. Amr Ibn-Kulthum, ebenfalls »Muallakat«-Autor, erschlägt einen Stammeskönig, der seine Mutter beleidigt. Imru al-Kais, der berühmteste, ist ein Enkel der Königsfamilie des Kindi-Stammes, die von Feinden bei einem Gastmahl, das eine Falle ist, ausgerottet wird. Er schlägt sich bis Konstantinopel durch, will Kaiser Justinian zum Krieg gegen die Meuchelmörder bewegen. Auf dem Rückweg stirbt er durch Gift. Der dichtende Vagabundenprinz hatte ein Techtelmechtel mit der Kaisertochter zu weit getrieben.

In den Augen der Beduinen sind Dichter gottbegnadete Wesen. Ihre Kunst ist überirdisch, ihre Werke entscheiden über Vergessen und Unsterblichkeit, ihre Verfluchungen sind zu fürchten, ihre Prophezeiungen zu beachten. Vor allem aber schaffen die Dichter in einem Land, das keine zentrale Autorität, nur den Sippenkodex kennt, die einzige Klammer der Gemeinsamkeit – die Sprache.

So kann sich, unverfälscht und durch keine Übersetzung verwässert, Mohammeds Koran über die ganze arabische Halbinsel ausbreiten – auf dem gleichen Weg wie jede Dichter-»Lesung»: von Ohr zu Ohr, festgehalten in den auf müheloses Auswendiglernen trainierten Beduinengedächtnissen. Und da auch der Koran alle Anforderungen erfüllt, die Beduinen an Sprachkunstwerke stellen, hat er einen leichten Weg. Allah hatte sich für die Verbreitung seiner Botschaft keinen Unfähigen ausgesucht.

Einige wenige Leute, die des Schreibens mächtig waren, gab es freilich immer. In Mekka sollen es ganze siebzehn gewesen sein. Ob Mohammed schreiben konnte, ist vielfach untersucht worden, am ausführlichsten von dem deutschen Koranexperten Theodor Nöldeken, aber auch er kommt zu keinem überzeugenden Schluß. Dagegen spricht, daß Mohammed die Bibel nur bruchstückhaft bekannt war, wie sich in seinen Diskussionen mit Rabbinern in Medina herausstellte. Dafür spricht, daß er auf dem Sterbebett nach Schreibzeug verlangte. Vermutlich beherrschte er gerade soviel, wie ihm schon in seiner Kaufmannszeit als gelegentliche Gedächtnisstütze nützlich war. In Medina jedenfalls, wo seine prophetische Berufung in Regierungsgeschäfte ausuferte, beschäftigte er Sekretäre. Deren Aufgabe war auch die Niederschrift der nach Trancezuständen hervorgebrachten Botschaften Allahs. Andere Ohrenzeugen notierten Verkündigungssätze auf den gängigsten Schreibmaterialien – auf Lederfetzen, Palmblättern, Schulterblattknochen von Kamelen, flachen Steinen. Als Schreibinstrument diente ein dünnes, zugespitztes Schilfrohr, als Tinte Pflanzensäfte. Gesammelt und geordnet wurden die so festgehaltenen 114 Suren erst nach Mohammeds Tod. Der langjährige Chefsekretär des Propheten, Said Ibn-Thabit, machte die Redaktion des Koran zu seinem Lebenswerk.

Said Ibn-Thabit galt in Medina als Wunderkind. Er konnte schon mit elf Jahren lesen und beherrschte später nicht nur Arabisch, sondern auch Hebräisch und Syrisch. Außerdem hatte er ein phantastisches Gedächtnis. Said übergab seine Koranfassung dem Kalifen Abu Bekr. Kalif Osman mußte feststellen, daß in Syrien und im Irak differierende Koranversionen umliefen. Osman bestellte ein Redaktionskomitee, wiederum geleitet von Said Ibn-Thabit, das nach Hafsas Urexemplar die einzig »offizielle« Koranedition erstellte, die auch heute noch gültig ist.

Gedruckt wurde der Koran zum erstenmal zwischen 1485 und 1499 in Venedig, von Alessandro di Paganini. Ins Lateinische war der Koran schon früher übersetzt worden: 1143 im französischen Kloster Cluny. Zwei Jahre hatten ein Deutscher (Herrmann von Dalmatien), ein Engländer (Robert of Retina) und ein spanisch-arabischer Mönch daran gearbeitet. Doch erst 400 Jahre später wurde diese Gemeinschaftsarbeit gedruckt (von Theodor Bibliander in Basel). Die erste Übersetzung in eine lebende, nichtarabische Sprache erfolgte auf deutsch, 1616 durch Schweigger in Nürnberg. Die erste französische Übersetzung, von Sieur de Ryes, erschien 1647 in Paris, die erste englische 1649 in London. Alexander Ross, Vicar von Colchester, benutzte dabei jedoch keine arabische Vorlage, sondern die französische Ryes-Übersetzung.

Kalif Osmans medinensisches Original existiert heute noch. Auf abenteuerlichen Umwegen gelangte es nach Konstantinopel. Die türkische Regierung machte es dem deutschen Kaiser Wilhelm II. zum Geschenk. Im Versailler Vertrag, Artikel 246, wurde die Rückgabe an den damaligen König von Hedschas, in Mekka, verlangt.

Das Geheimnis des Koran

Als der Kaufmann Mohammed Ibn-Abdallah in der Nachmittagshitze eines Augusttages vor seinem Haus zusammenbricht, weisen ihn die Wortkaskaden, die er von sich gibt, sehr zur Überraschung der Ohrenzeugen, bereits als begabten Wortschöpfer in klassischer arabischer Tradition aus. Freilich bietet sich die arabische Sprache wie kaum eine andere zur spontanen Dichtung an. Mit ihrer Vielzahl an Wörtern gleicher Bauart, ihrem ständigen Wechsel zwischen starken und schwachen Takten, der rhythmischen Wiederkehr gleicher Vokale, ihrem Überfluß an reimenden Wörtern eignet sie sich hervorragend dazu, jenes Hämmern der Reime, jene abgerissene, abgehackte, atemlose Bewegung zu erzeugen, die auf den Hörer fast hypnotisch wirken – und wovon Sprachforscher wie Régis Blanchère so schwärmen.

Die Suren des Koran, die jeweils einer in sich geschlossenen Offenbarung entsprechen, bestehen aus Verszeilen unterschiedlicher Länge (insgesamt 6236), in freien Rhythmen, aber mit Reimendungen.

Mohammed freilich verwahrt sich von Anfang an gegen jede »Verdächtigung«, ein Dichter zu sein. Aus gutem Grund: Jedes Quentchen Aufmerksamkeit, das Mohammed, dem Dichter, zugewandt wird, muß Mohammed, dem Propheten, abgehen. Die hohe Form ist Vehikel für die Botschaft, nichts anderes. Die Inspiration des Dichters ist der Dämon, der Prophet jedoch verkündet Allahs Wort. Nichtsdestotrotz gilt der Koran jedem Moslem und fast jedem Kenner arabischer Literatur als vollkommenstes Kunstwerk in arabischer Sprache. Noch heute wird zwischen Marrakesch und Bangladesch alle Literatur daran gemessen, wie nah oder wie fern sie in Bau und Form dem Koran steht. Zu übertreffen, und das wird jeder Gläubige bestätigen, ob Professor oder Ziegenhirt, war und ist der Koran nie.

Freilich: Schon als sehr kleines Kind bekommt der Moslem Koransuren aufgesagt. Korangeschichten begleiten den kindlichen Alltag, als Morgengruß, als Betthupferl, als Mahnung, Warnung und Lob. Die Stimme der Mutter, während sie einen im Arm wiegt: Koranverse. Die Worte des Vaters, wenn er die Dinge der Welt erklärt: Suren. Fünfmal am Tag, ein Leben lang, der Ruf des Muezzins über der Stadt: Koran. Das prägt sich ins Herz, mit Bildern von Sonnenuntergängen in der Wüste, Nachmittagen in der Schattenkühle der Moschee. Jede Koranzeile durchtränkt mit Erlebnisszenen der Jugendzeit – das kann kein anderes Buch, keine Dichtung, später mit abgeklärterem Kopf gelesen, mehr überschatten. Dagegen muß alles andere bleiben, was es ist: Papier.

Das Erlebnis des Koran ist also kein Lese-Erlebnis, keine Buchstaben-Lese. So erklärt sich, daß Nichtaraber in Übersetzungen vergebens nach der vielgerühmten Wortgewalt fahnden. Dem unvorbereiteten Nichtaraber fällt noch aus einem anderen Grund das Ergriffenwerden schwer. Kalif Osman hat, kein Mensch weiß, warum, bei der Zusammenstellung des Koran die Suren nicht nach Chronologie oder Themen angeordnet, sondern nach Länge – die langen am Anfang, die kurzen am Schluß. Nur wenn man die ursprüngliche Chronologie wiederherstellt – wie es erstmals im vergangenen Jahrhundert der Göttinger Koranforscher Theodor Nöldeke tat –, enthüllt der Koran seine inneren Geheimnisse. Dann allerdings wird er zum ergreifenden Protokoll der Wandlungen einer faszinierenden Persönlichkeit, zum »document humain« des Menschen Mohammed, der nacheinander Prophet und Rebell, Eroberer und Staatsmann war.

Dann zerfällt der Koran in zwei deutlich voneinander abgesetzte Teile, inhaltlich und stilistisch. Der Bruch ist die »Hedschra«. Die Suren von Mekka – das ist verwirrende Poesie, keuchend atemlose Beschwörung, verzweifeltes Mahnen, donnerndes Verfluchen. Ganz anders dagegen die Suren des Regierungschefs von Medina. Der poetische Schwung nüchtert unter den Anforderungen des Verwaltungsapparates aus. Das wirkt oft umständlich und verschachtelt, langatmig und manchmal sogar langweilig. Trotzdem bleibt der Koran auch dabei – oder gerade deswegen – Protokoll einer Charakterentwicklung. Hier wird das ewige Schicksal aller Revolutionäre deutlich: Sobald Revolution zum Establishment wird, muß sie verknöchern und die Revolutionäre mit ihr. Diese Automatik der Macht ist auch Mohammed nicht entgangen. In Medina gerät dem Dichter der Koran zur Parteizeitung: Aufrufe zur Solidarität, ideologische Linienkorrekturen, Entscheidungen zur inneren Ordnung, Tagesbefehle an die Truppe, Analyse von Kampfverläufen, banale und epochemachende Sozialgesetze, Begründungen von Ausnahmeregelungen für Privilegierte.

Einzigartig ist der Koran auf jeden Fall als autobiographischer Report der Entstehung einer Religion. Keine andere Religion hat ein derartiges Werkstattprotokoll aufzuweisen. Es zeigt uns einen Propheten, der trotz göttlicher Berufung kein höheres Wesen ist, sondern ein Mensch mit allen Widersprüchen. Das hat ihn auch wie keinen anderen Propheten angreifbar gemacht.

Der Koran sei, als Offenbarung, eine Fälschung Mohammeds, behaupten Gegner des Islam. An Verdachtsmomenten ist kein Mangel. Allah hat oft genug gewagte Entscheidungen seines Propheten nachträglich sanktioniert. Aischa äußerte sich ironisch über Allahs unermüdlich guten Willen gegenüber Mohammeds privaten Wünschen. Omar, der oft schneller sprach, als er dachte, brüstete sich, Mohammed dreimal Ratschläge erteilt zu haben, die dem Propheten als himmlische Offenbarung wieder über die Lippen kamen. Westliche Biographen fragen, ob Mohammed nicht gelegentlich der Versuchung nachgegeben habe, der göttlichen Wahrheit nachzuhelfen. Aber bedeutet das zwangsläufig schon Fälschung?

Die Menschheit, zumal die abendländische, beschäftigt und beliest sich heute so viel mit Psychologie, Parapsychologie, außersinnlichen Wahrnehmungen und Mystizismus, daß einer, der glaubt, Kommunikation mit »oben« (oder »drüben«, aber das ist eine Frage der Perspektive) zu haben, sich nicht mehr als Betrüger verdächtigen lassen muß. Dabei ist das Thema nicht neu. Schon Platon (427–347 v. Chr.) sprach von der »ekstatischen Erfassung geistiger Inhalte in einer lebendigen Vision«. Die katholische Theologie kennt »auditive und visuelle Gnaden«, die der Gläubige im Zustand der Entrückung empfange, schließlich hatte auch das christliche Mittelalter seine Mystiker. Ähnlich hält die moderne Psychologie seit C. G. Jung das Auftreten von Illusionen und Visionen bei dafür disponierten Menschen für subjektiv echt.

Mohammed jedenfalls befindet sich da nicht in schlechter Gesellschaft. Es sei denn, man habe den Nerv – und die Beweise –, alle Phänomene dieser Art vom Tisch zu wischen. Doch da sei Gott vor, welcher auch immer.

Läge wirklich Fälschung vor, müßte Mohammeds Genie um so höher bewertet werden. Über den Wert des Koran als Kodex der Gesellschaft, die durch ihn geschaffen wurde, läßt sich nicht mehr streiten.

Fatalismus, Blutgeld und paradiesische Wonnen

Dem Beduinen in der »Zeit der Unwissenheit« bedeutete Religion wenig. Er hatte seine Götter, Götzen, Dschinnen und Schaitans, und die befriedigten seine alltäglichen Bedürfnisse an »Höherem« völlig. Bei ihnen konnte man schwören, mit ihnen seine Feinde verfluchen, durch sie günstiges Gelingen bei Geschäft und Krieg versichern, gegen sie bei Mißlingen klagen. Tiefe Frömmigkeit jedoch war dem Beduinen fremd, ein Jenseits fand nicht statt.

In dieses Beinahe-Vakuum stößt nun Mohammed mit seinem Koran. Er malt dem Beduinen Himmel und Hölle aus, die Welt nach dem Tod und den Tag des Jüngsten Gerichts. Damit aber beginnt eine Erziehung zur Verantwortung – entlang der Leitlinien von paradiesischer Belohnung für gute Werke und höllischer Strafe für Missetaten –, die über Sippe und Stamm hinausgeht. Allah ist nun der oberste Scheich.

Der den Moslems zugeschriebene Fatalismus (»nichts geschieht, was Allah nicht will«) hat im Koran eigentlich keine Grundlage – nicht mehr oder weniger als in anderen Religionen (»Herr, dein Wille geschehe«). Der Koran spricht sehr wohl von der Eigenverantwortung; ohne sie hätte ja auch das System von Lohn und Strafe keinen Sinn. Vielleicht hat Mohammed die Allmacht Allahs zu übermächtig gezeichnet. Vielleicht haben sich uralte Begriffe vom Ausgeliefertsein an die Willkür der Dschinnen und Schaitans zu kräftig erhalten. Unbestreitbar ist, daß Moslems – das heißt: »die sich hingeben« – ein tieferes Bewußtsein des Sich-ins-Schicksal-Fügen haben als Angehörige anderer Religionen. »Kismet« ist ein sehr arabisches Wort, »Frustration« nicht. Selbstmord ist in islamischen Ländern selten.

Immerhin sind die Wonnen, die das islamische Paradies verspricht, eher angetan, den Menschen zu gottgefälligem Leben – und Sterben –

anzuhalten, als die projektierten Jenseitsbelohnungen anderer Religionen. Als Hauptattraktion erwartet den Moslem dort zwar, ähnlich wie den Christen, die verinnerlichte Freude, unablässig Allahs Nähe zu genießen – aber auch durchaus irdischer Genuß, selbstredend ohne Reue. Im Schatten duftender Bäume, an murmelnden Oasenbächen sind die Seligen auf immer der sengenden Sonne und der unfruchtbaren Wüstenei ihrer Erdenlandschaft enthoben. Und liebreizende Huris, sanfte Gespielinnen mit dunklen Gazellenaugen, kredenzen würzigen Wein. Am Anstrebungswert dieser Lustgartenvision hat sich, seit Mohammed sie plakatierte, nichts geändert. Um so weniger, da Weingenuß in Islamländern noch immer grundsätzlich verboten ist.

Erschreckend neu für den Beduinen sind die Bestimmungen zur Wahrung von Sicherheit, Leben und Besitz: Sie implizieren die Aufhebung des Blutrachesystems, Grundlage des Sippenzusammenhalts. Immerhin dekretiert Mohammed im Rahmen des Machbaren: Der Rächer darf noch Schaden anrichten, aber nicht mehr, als ihm selbst entstand. Der Koran unterscheidet auch erstmals zwischen Mord und fahrlässiger Tötung – da ist nun Blutrache gänzlich ausgeschlossen. Der Schuldige muß Blutgeld anbieten, die geschädigte Sippe muß es annehmen. Der Prophet beweist, wie ernst er sein Gesetz nimmt: Mehrfach streckt er den Blutpreis vor, um Eskalationen abzuwürgen.

Vieles, was ihm Tradition war, muß der Beduine vergessen, wenn er das ungeschriebene Gesetz der Wüste gegen das geschriebene von Medina eintauscht. Vor allem muß er sich an Steuern gewöhnen. Bisher bedeuteten Steuern Tribut, Tributpflicht das Brandmal der Besiegten. Nicht immer überzeugt der Hinweis, daß die neue Steuerpflicht von Allah verfügt ist. Da hilft dann nur eine Strafexpedition. Einschränkung persönlicher Freiheit bedeutet auch das Korangesetz, das einem Mann nur vier Frauen erlaubt.

Mohammeds Vier-Frauen-Gesetz redet keineswegs, wie das Abendland propagieren wird, der Polygamie das Wort. Im Gegenteil. Vorher hatten Beduinen oft weit mehr als nur vier Frauen. Mohammeds Gesetz ist somit als Schritt zur Monogamie zu verstehen. Vier Frauen sind auch nur dem Mann gestattet, der sich »Gerechtigkeit« gegenüber ihnen allen zutraut. »Sonst«, sagt der Koran, »nehmt nur eine.« Allerdings läßt der Prophet eine Hintertür zum Harem offen: Sklavinnen sind erlaubt.

Wichtiger für Mohammeds neue Gesellschaft sind die Gesetze, die jeder Frau – auch solchen ohne die Durchsetzungskraft einer Chadidscha oder Aischa – ein Mindestmaß an Rechten garantieren. So empfängt nun nicht mehr der Brautvater, sondern die Braut selbst die Morgengabe des Bräutigams. Und ein Mann übernimmt beim Tod seines Vaters nicht mehr automatisch die Witwen.

Natürlich enthält der Koran auch, wie andere heilige Schriften, Sagen und Legenden der Vorzeit. Von Adam und Eva ist die Rede, Erinnerungen an das sumerisch-akkadische Gilgamesch-Epos klingen an, Überlieferungen aus dem Reich der Königin von Saba, von der Sündflut, vom Untergang Sodoms. Freilich nicht um des Erzählens willen. Immer steckt eine Moral darin: Gott belohnt die Rechtschaffenen und straft die Bösen. In diesen Geschichten erreicht der Dichter Mohammed, der kein Dichter sein wollte, wieder grandiose epische Form.

Mohammeds Himmelfahrt – ein Handel mit Allah

Dichterqualität beweist Mohammed auch in der Beschreibung seiner phantastischen Himmelfahrt. Der Erzengel Gabriel, so verkündet er eines Tages, noch in Mekka, habe ihm eine Audienz bei Allah verschafft. Auf der mythischen Stute mit dem Frauenkopf, die Borak heißt, durcheilt Mohammed den Weg von Mekka nach Jerusalem. Dort, von dem Stein, der Jakob schon als Startrampe für eine Weltraumreise diente, steigt er zu den sieben Himmeln auf, in denen er seine Vorgängerpropheten trifft. Gabriel, der unermüdliche Begleiter, läßt ihn zuletzt den Allerhöchsten von Angesicht zu Angesicht schauen. Allah gibt Mohammed eine Botschaft mit auf den Heimweg: Fünfzigmal am Tag, mindestens, müsse ein Gläubiger beten, nur dann öffneten sich ihm die Tore zum Paradies.

Hier muß Mohammeds realistischer Kaufmannsgeist sich eingeschaltet haben. Er beginnt hart zu feilschen – köstliches Aperçu zu allen Berichten über mekkanische Händlerbegabung: Was ein rechter Koraischite ist, der handelt sogar Allah herunter.

Schließlich gelingt es ihm, Allahs Forderungen auf zehn Prozent zurückzuschrauben: Fünfmal täglich soll fortan der gläubige Moslem zu Allah beten. Kein schlechtes Verhandlungsergebnis.

Als der Prophet erwacht, graut eben der Morgen über Mekka. Mohammed verkündet, was er erlebt hat. »Jetzt ist er völlig verrückt«, sagen die skeptischen Mekkaner, »in einer Nacht bis Jerusalem und zurück – das allein wäre schon ein Wunder!«

Mohammeds wundersame Himmelfahrt inspirierte Hunderte von Nachdichtern. Auch Dantes »Göttliche Komödie« rankt sich großzügig um Mohammeds Visionen von Himmeln und Höllen. Leider hat Dante dem Propheten die Anleihe schlecht honoriert. Bei ihm sitzt Mohammed in einer der untersten Höllen – bei jenen, die »Skandale und Schismen« säen. Aber das war die Zeit, als man im Abendland den Islam für eine ketzerische Sekte des Christentums hielt.

Die fünf Säulen des Islam

Ein Beduine tritt auf den Propheten zu. »Kannst du mir«, fragt er, »in einem Satz erklären, was Islam ist?«

»Nur eine Religion, die in einem Atemzug erklärbar ist, kann die Herzen der Menschen packen, denn jeder Atemzug, jeder Herzschlag muß von der ganzen Religion erfüllt sein«, antwortet Mohammed. »Also höre: zu bekennen, daß es nur einen Gott gibt und ich sein Prophet bin, Almosen zu geben, im Monat Ramadan zu fasten, die Wallfahrt nach Mekka zu vollführen und streng die Stunden des Gebets einzuhalten – das ist Islam.«

»Du hast wahr gesprochen«, sagt der Beduine und gibt sich zu erkennen. Er ist Gabriel, der den Propheten prüfen wollte.

Mohammeds Satz, der die »fünf Säulen des Islam« beschreibt, zeigt deutlich, wie eng sich darin religiöse Offenbarung und soziales Gesetz verbinden. »Das Gebet bringt uns halbwegs der Göttlichkeit nahe, Fasten führt uns ans Tor ihres Palastes, Almosen lassen uns dort eintreten«, klassifiziert der Koran.

Die Sozialabgaben, die das moslemische Gesetz verlangt, betragen etwa ein Zehntel vom Besitzwert an Land, Herden und Handelsware. Der Koran unterscheidet zwischen dieser zehnprozentigen Armensteuer (sakat) und der Wohltätigkeit, die unbegrenzt ist (sadaka). Wohltätigkeit soll aus Liebe zu Gott geschehen, Sakat aus Gehorsam vor seinem Gesetz. »Beides«, erläutert Professor Hassan Ibrahim von der Universität Kairo, »beschneidet Gier und Egoismus der Reichen, schützt diese aber auch vor dem Neid der Armen.« Mohammed, der seine mekkanischen Pappenheimer kennt, hat nichts dagegen, wenn

Kapitalisten öffentlich Wohltätigkeit üben und sich damit rühmen; gottgefälliger sind freilich solche, die kein Aufhebens davon machen. Eine dritte Steuerart ist die »dschisja«, die Kopfsteuer für Juden und Christen (in eroberten Gebieten), die sich damit das Recht auf unbehinderte Religionsausübung erkaufen.

Auch über die Verwendungszwecke der Steuergelder gibt der Koran Vorschriften. An erster Stelle der Bezugsberechtigten stehen natürlich die Bedürftigen, an zweiter aber schon die Steuereinnehmer – der Prophet wußte, was für ein schwieriges Geschäft das war. Danach kommen die, »deren Herzen versöhnt werden sollen«. Eine Bestimmung, mit der Mohammed zunächst die hohen Zuwendungen an seine mekkanischen Verwandten aus dem Beutezug nach Taif sanktioniert, was bei seinen alten Kameraden allerhand böses Blut gegeben hatte. Später entwickelt sich daraus eine Art von Missions- oder – wie man's nimmt – Schmiergeld-Kasse für auswärtige Stammesfürsten, die für die Bekehrung ihrer Gefolgschaften Anerkennung erwarten – ähnlich den Zahlungen Bismarcks an deutsche Könige, um deren Zustimmung zur Reichsgründung zu gewinnen, ähnlich auch wohl den CIA-Geldern an ausländische Parteiführer zur Stützung Amerika-freundlicher Regierungen.

Die vierte Kategorie der Subventionsempfänger umfaßt die Feudalherren, die für die Freilassung von Sklaven entschädigt werden. Unter Rubrik 5 und 6 fallen: Kostendeckung für Ausgaben »zur Förderung der Sache Allahs«, für Aufrüstung zum »Heiligen Krieg« gegen die Ungläubigen, für Institutionen, die der Moslem-Gemeinschaft nützen. An siebter Stelle schließlich stehen Spenden an Reisende und Pilger.

Daß Steuerzahlen und Almosengeben dem Gläubigen Eintritt in den Palast Gottes verschaffen, Fasten und Beten ihn dem Ziel aber nur schrittweise näherbringen, unterstreicht einmal mehr den realistisch-kaufmännischen Unternehmergeist des ehemaligen Millionärs Mohammed. Er wußte, im Gegensatz zu vielen Sozialrevolutionären vor und nach ihm, daß ohne Geld kein Staat zu machen ist, auch kein Gottesstaat. Ein Wort, wie das von Jesus, daß zwischen »dem, was Gottes« und »dem, was des Kaisers« ist, zu unterscheiden sei, wird man im Koran vergeblich suchen. Mohammeds Reich ist auch hier sehr wohl von dieser Welt.

Letztlich haben auch Fasten, Mekka-Wallfahrt und Gebet nicht nur rituelle, sondern ebenso durchaus soziale, gemeinschaftsbildende

Funktion. Im Fastenmonat Ramadan soll der Moslem sich von Sonnenaufgang bis Sonnenuntergang allen Essens, Trinkens, Geschlechts- und Geschäftsverkehrs enthalten. Noch heute verbindet der Fastenmonat arm und reich, Basarhandwerker und Ölprinz in gemeinsamer Enthaltsamkeit.

Deutlicher noch vermittelt die Mekka-Wallfahrt dem Gläubigen das Bewußtsein, der weltumspannenden Gemeinschaft Allahs anzugehören – wenn er sich mit ostafrikanischen Negern, nordafrikanischen Berbern, usbekischen Sowjetmenschen, kommunistischen Südjemeniten und antikommunistischen Nordjemeniten, mit Persern, Syrern, Türken und Pakistanis zum siebenmaligen Rundlauf um die Kaaba zusammenfindet.

Die solidarisierende Funktion des fünfmal täglichen Gebets mit Blick nach Mekka ist schon früh im Islam begriffen worden. Es war, so Professor Arnold, »der tatsächliche Beginn eines islamischen Nationalbewußtseins«. Erzieherische Bedeutung für die Volkshygiene hat dabei die Vorschrift, jedem Gebet eine Waschung vorangehen zu lassen. Ist kein Wasser vorhanden, darf ersatzweise Sand verwendet werden.

Das Gebet besteht aus einer unveränderlichen Reihenfolge von Körperhaltungen und -bewegungen. In der Ausgangshaltung steht der Gläubige mit bedecktem Haupt und unbeschuht Mekka zugewandt auf einer Unterlage, das mag ein Gebetsteppich sein, im modernen Großstadtleben genügt eine Zeitung. Nach kurzer Sammlung hebt der Gläubige die Hände vors Gesicht, dann neigt er Kopf und Körper, wobei er, die Hände mit leicht gespreizten Fingern auf die Knie legend, in die Knie geht. Er kniet ganz nieder, dann verbeugt er sich, bis die Stirn den Boden berührt. Wenn er sich nun wieder aufrichtet, bleibt er zunächst noch nach Orientalenart auf den Fersen sitzen. Dieser vierteilige Bewegungsablauf (Stehen, Knien, Verbeugung, Sitzen) heißt insgesamt »rak'a«, die vorgeschriebene Anzahl ist nach Tageszeit verschieden. Das Gebet beginnt mit dem »takbir«, der »großen Anrufung«: »Allah ist groß! Allah ist groß! Es gibt keinen Gott außer Allah! Allah ist groß! Gelobt sei Allah!« Koranverse, die Allah preisen, begleiten jede Bewegung. Persönliche Bitten an Allah können eingeflochten werden, wenn die Stirn den Boden berührt – wenn der Mensch sich am tiefsten demütigt, ist er Gott am nächsten. Das Ritual endet mit einer leichten Verbeugung nach rechts und links, zu den Nachbarn beim gemeinsamen Gebet, mit dem Grußwort »Friede sei mit dir und Gottes Gnade!« Erziehung zur Gemeinschaftlichkeit: Das gemeinsame Gebet steht nach prophetischer Tradition um 27 Grad höher im Wert als das einsame Gebet.

Fünfmal am Tag also ruft der Muezzin von den Minaretts der Moscheen zum Gebet, zum erstenmal in den Stunden zwischen Nacht und Morgen. Und wo immer sich die ersten Schatten der Dämmerung über den Erdball schieben, rollen die Rufe der Muezzins mit ihnen, gefolgt vom Echo der »Allahu akbar!« antwortenden Gläubigen und den Wellen ihrer Rak'as. Es beginnt in kleinen Diasporagemeinden in Japan und China, überspringt den Himalaya, gleitet mächtig breit zwischen Südostrußland und Mittelindien in den Mittleren Osten hinein, reicht in Afrika bis fast zum Süden und in Europa in den Balkan, in die deutschen Gastarbeiterballungen (1,2 Millionen Moslems, 11 Großmoscheen) und die englischen Emigrantenghettos hinein, springt von der Westküste Afrikas über den Atlantik bis nach Amerika, zu den »black-muslems«-Moscheen zwischen New Yorks Negerviertel Harlem und den nach neuem Glauben suchenden Kommunen in San Franzisko. Aber wo immer sie sind, wenden sich die Gläubigen der Kaaba in Mekka zu...

Einmal in der Woche, am Freitag, der dem Moslem Sonntag ist, muß der Gläubige die Moschee besuchen. Er tut es gern öfter. Moscheen sind, wie schon im alten Medina, nicht nur Gotteshäuser. Da kann man am heißen Mittag auch im Schatten der Säulengänge sitzen, mit der Familie Picknick machen, Fremde treffen, für die eine Moschee Kommunikationszentrum ist, »wie hierzulande der Hauptbahnhof für die Gastarbeiter« (Walter R. Fuchs). Das kommt, weil für den Moslem keine Trennung zwischen geistlichem und weltlichem Leben existiert. Der Moslem ist nicht nur am »Tag des Herrn« ein Moslem, so wie viele Christen lediglich zur Stunde der Sonntagsmesse Christen sind. Der Moslem hat auch keine Priesterkultkaste, die sich, ihn immer mehr von Gott entfremdend, zwischen Himmel und Erde schieben könnte, sich mal mit Regierungen arrangiert, mal dagegen opponiert, sich dazu auch stellenweise selbst diskriminiert. Der Islam enthält keine Priesterhierarchie. Der Kaufmann Mohammed, der gegen den – auch religiösen – Krämergeist Mekkas rebellierte, schuf eine Religion, die den unkanalisierten Konsum Gottes bei Ausschaltung jeglichen Zwischenhandels vorsieht.

Der Moslem hat immer seinen direkten Draht zu Allah. Was Allah von ihm will, was er von Allah zu erwarten hat, ist ein für allemal im Koran festgeschrieben. Daran hat sich auch zu halten, wer ein islamisches Land regiert, ob Emir, Scheich, König oder Präsident; mit seiner Treue zum Koran legitimiert er sich, daran muß er sich auch prüfen lassen. So wie der Koran Gesetze über Testament, Hochzeit, Handel, Kleidung und den Heiligen Krieg vorschreibt, Etikettefragen, wie die Benutzung der rechten Hand für Essen und Grüßen und den Gebrauch der linken für unsaubere Verrichtungen klärt, so sehr ist er auch Kanon und Staatsverfassung, Straf- und bürgerliches Recht. Im Prinzip.

»Hadith«-Forscher durchleuchten Mohammeds Leben

Der Koran ist zwar das wichtigste, nicht jedoch das einzige Testament, das der Prophet hinterließ. Neben dem Koran steht die »Hadith«.

»Hadith«, ursprünglich »Bericht« oder »Nachricht«, meint die Beschreibung einer Tat oder das Zitat eines Satzes, die dem Propheten zugeschrieben werden – letztlich die Zusammenstellung aller aufgezeichneten Überlieferungen vom Leben und Wirken Mohammeds. Auch hier diente zunächst, wie zuvor bei den Dichterwerken, die Weitergabe von Mund zu Mund und das legendäre Auswendiglernvermögen der Sarazenen als Datenspeicher. Wann die ersten Hadiths schriftlich festgehalten wurden, ist nicht mehr sicher festzustellen. Die Kette der Überlieferer beginnt mit den Kampfgefährten Mohammeds, seinen Verwandten und Freunden.

Konsequenterweise steht am Anfang jeder Hadith-Aufzeichnung die Liste der Kommunikations-Träger: »A erzählte mir, daß B ihm sagte, er habe C berichten hören, daß D diesem mitteilte, er sei dabeigewesen, als der Prophet...« Dann erst beginnt der eigentliche Tatsachenbericht. Im 8. Jahrhundert sind bereits über eine halbe Million Hadiths in Umlauf. Die Zahl der darin benannten Übermittlungszeugen beträgt 40000. Es ist höchste Zeit, die Spreu vom Weizen zu scheiden.

So entsteht die »Ilm al-Hadith«, die Wissenschaft von den Prophetenüberlieferungen. In detektivischer Kleinarbeit ermitteln Hadith-Forscher die Glaubwürdigkeit jedes einzelnen Übermittlers. Auf der Jagd nach prüfbaren Lebensdaten aller – längst verstorbenen – Überlieferer bereisen Hadith-Rechercheure die gesamte islamische Welt.

Nebenergebnis sind Reisebeschreibungen sowie Sammlungen detailliertester Lebensläufe. Sie machen heute noch viele Facetten der Zeit nach Mohammed transparent.

Endlich können die Hadiths klassifiziert werden. Die Kriterien reichen von »echt« über »unterbrochen« (in der Übermittlerkette) bis zu »erfunden«. Von den über 40000 Informationsträgern finden nur 2000 Gnade vor den kritischen Augen der Hadith-Tester. Nur sechs Hadith-Sammlungen gelten (für die sunnitischen Moslems) als Standardwerke. Zwei davon erlangen eine fast geheiligte Stellung: Die Sammlung von Buchari (810 – 870), der 16 Jahre lang durch das Sarazenenreich reiste, über 1000 Wissensträger interviewte, aus 600000 Überlieferungen ganze 7275 als »echt« gelten ließ und diese in 160 Bänden zusammenstellte; ferner die Sammlung von Muslim Ibn al-Haddschadsch (819 – 874).

Diese Hadiths enthalten die »Sunna«, die authentische Interpretation des Koran durch den Propheten, seine Worte, seine Handlungen, seine täglichen Gewohnheiten. Aus der Sunna weiß der Gläubige, daß Mohammed sich an einem Freitag die Haare schneiden ließ. Also ist es dem Moslem bis heute erlaubt, freitags zum Friseur zu gehen. Auch das ist Mohammeds Vermächtnis.

Als Rechtsquelle ist die Sunna dem Koran gleichgestellt, wenn auch nicht ebenbürtig. Der Koran ist Allahs Offenbarung, die Sunna nur Wort und Beispiel des Menschen Mohammed. Später freilich, als deutlich wird, daß Koran und Sunna nicht immer Antwort auf jede Frage wissen, etablieren sich zwei neue Entscheidungsinstanzen: »Kidschas« und »Idschma«.

»Kidschas«, der sogenannte Analogieschluß, entwickelt aus Koran und Sunna neue Normen – ähnlich wie bei der britischen Verfassung, die aus einer Reihe von Verfassungsgesetzen, Gerichtsentscheidungen, Gewohnheitsrecht und »Conventions« besteht. »Kidschas«-Normen sind der Zeit angepaßt, entsprechen aber immer dem Geist des Prophetenwortes.

»Idschma« ist die Meinungsbildung der Islamgemeinde zu aktuellen Fragen. Sie bezieht ihre Legitimation aus dem Satz Mohammeds, daß Allah die Gemeinschaft der Gläubigen nie Irrwege gehen lassen werde.

Und damit haben Koran und Sunna dann doch wieder das letzte Wort.

Als Mohammed seinen Kopf zum Sterben in die Hände seiner achtzehnjährigen Lieblingsfrau Aischa legte, hinterließ er seinen – in dieser Stunde noch unbekannten – Nachfolgern ein mächtiges Erbe. Aus einem bunten Haufen von Sektierern war eine Bande von Wüstenpiraten geworden, aus Wegelagerern eine politisch-religiöse pan-arabische Partei, schließlich ein Staat. Ein Staat besonderer Art: Allah war die Personifizierung dieser Staatshoheit, Mohammed sein Statthalter und Oberster Befehlshaber; ein theokratischer, ein totalitärer Staat, mit eigener Streitmacht und einem Staatsschatz.

8.
Der stürmische Frühling der Republik

Eine gnadenlose Junisonne brannte auf die Stadt zwischen den schwarzbraunen V-förmigen Felsrücken herab. In den würfelförmigen Lehmziegelhäusern und den schmalbrüstigen Hausburgen Medinas hockten nervöse Sippenpolitiker auf Palmfasermatten und schmiedeten hastige Machtübernahmepläne. Schwerbewaffnete Krieger, kamelberitten und zu Fuß, die mit ihrem schwarzhäutigen Befehlshaber Usama das Rekrutierungslager Dschorf verlassen hatten, biwakierten rund um die Moschee und verbreiteten Vorbürgerkriegsstimmung. Am zweiten Tag nach Mohammeds Tod hatten sich die Risse im Block der islamischen Gemeinschaft bedrohlich vertieft.

»Ohne unsere Waffenhilfe hätte der Prophet seine Lehre nie ausbreiten können!« argumentierten die Ansar, die »Helfer«. Unter sich waren sie zerstritten wie vor der Ankunft des Pwropheten. Die alte Eifersucht zwischen den Banu-Chasradsch und den Banu-Aus flackerte erneut hoch. Doch auch zwischen den Mekkanern brachen langverdeckte Gegensätze auf.

Omar und Abu Bekr sahen die Kontinuität des Isalm nur in ihren Personen gesichert. Ali dagegen, inzwischen Vater von zwei Prophetenenkeln, forderte das erbliche Kalifat für die Blutlinie des Islambegründers. In Medina hatte man unterdessen die Beratungen in das »Rathaus« der Banu-Chasradsch verlegt. Sie wollten den kranken Chasradsch-Scheich Saad Ibn-Ubada zum Kalifen ausrufen. Jetzt zählte jede Sekunde, sonst war der Bürgerkrieg unausweichlich.

Im Laufschritt erreichten Omar und Abu Bekr die Ansar-Versammlung, gefolgt von dem zahnlosen Abu-Ubaida und anderen alten Kämpfern. Omar hatte schon die Hand am Schwert. Abu Bekr, bedächtig wie immer, hielt ihn zurück.

»Wir erkennen eure Verdienste an«, begann Abu Bekr. Aber, gab er zu bedenken, Arabiens Stämme würden kaum einem mäßig berühmten Medina-Scheich folgen, wohl aber der herrschaftsgewohnten Koraisch-Aristokratie.

Die Ansar boten einen Kompromiß an, »einer von uns und einer von euch gemeinsam als Führer!«

Omar empfand das als Beleidigung. »Allah strecke euch nieder!« schrie er. »Nur einer kann führen!« Der Chasradsch-Scheich gestikulierte wild von seinem Krankenlager in der Ecke her. Abu Bekr sah schon Blut fließen. Aber er sah auch, wie die Banu-Aus mit Argwohn auf die Chasradsch blickten. Auf diese Eifersucht der Banu-Aus setzte Abu Bekr jetzt.

Der hagere alte Mann mit dem gebeugten Rücken trat in die Mitte »Seht diese beiden Männer!« Er zeigte auf Omar und Abu-Ubaida. »Wählt einen von ihnen! Welchen ihr wollt! Wir werden ihn dann alle als Führer begrüßen!«

Abu Bekr mußte wissen, daß der unbeherrschte Omar unbeliebt und der Haudegen Abu-Ubaida keine politische Führerpersönlichkeit war. Sie wußten es auch selbst. »Nein!« riefen sie. »Du, Abu Bekr, bist der Würdigere! Du warst auf Befehl des Propheten schon Vorbeter in der Moschee! Reich uns die Hand!«

Sie hatten ihre Hände schon in seinen Händen. Das schnelle Beispiel riß mit. Abu Bekrs Risikorechnung ging auf. Die Banu-Aus schlugen ein. Damit war die Ansar-Front zerbrochen, die Chasradsch überrumpelt. In diesem Augenblick drang ein Haufen Bewaffneter in die Halle ein – Omars Leute. Aber es gab für sie nichts zu tun. Die Chasradsch hatten schon begonnen, ihr Treuebekenntnis zu Abu Bekr abzulegen. Bis auf ihren Scheich – er wanderte später nach Syrien aus, wo er unversöhnt starb.

Mit diesem flinken Schachzug hatte Abu Bekr gleichzeitig auch die Fraktion Alis und Abu-Sufjans Omajja-Clan ins Abseits gestellt. In Alis Hütte wurde noch diskutiert, als in der Stadt schon Jubel für den neuen Kalifen aufbrauste. Ali grollte lange, Fatima sprach kein Wort mehr mit Abu Bekr. Ali raffte sich erst nach Fatimas Tod zu einer Loyalitätserklärung auf. Aber das war sechs dramatische Monate später.

Nacht war schon hereingebrochen, als Medina sich endlich des toten Propheten erinnerte. Er lag noch immer in Aischas Hütte. Die Verwesung hatte bereits eingesetzt.

Ali und seine Leute begannen trotzdem noch, die Leiche zu waschen. Ali lehnte sich den Toten an die Brust, Abbas und zwei seiner Söhne drehten die Leiche um, Usama, der Truppenführer, goß zusammen mit einem Exsklaven Wasser über den Toten. Ali nahm die Waschung selbst vor. Dann legten sie ihm drei Gewänder an, zuletzt einen gestreiften Mantel, den er gern getragen hatte. Unter der Ledermatratze, auf der Mohammed in Aischas Armen verschieden war, hob Ali mit Abbas' Sohn Fasl das Grab aus.

Als der Morgen graute, drängten sich die Kampfgefährten des Propheten in dem engen Raum, in dem Mohammed viele seiner Inspirationen empfangen, wo er seinen Gottesstaat konzipiert und wo er seine glücklicheren, sorgloseren Stunden verlebt hatte. Für die meisten war diese Abschiedsstunde das letztemal, daß sie einig beieinanderstanden.

Mit dem »Schwert Allahs« gegen den falschen Propheten

Mohammeds Tod hatte nicht nur in Medina Unruhe ausgelöst. Es zeigte sich, daß Mohammed doch nur eine oberflächliche Einigung der arabischen Stämme erreicht hatte. Für die meisten war der Islam nichts als ein Lippenbekenntnis geblieben – unter dem Eindruck von Medinas militärischer Macht und Mohammeds Charisma. Kaum hatte sich die Nachricht von Mohammeds Tod mit der Geschwindigkeit schneller Kamelreiter ausgebreitet, als die Stämme auch schon die Steuerzahlungen an Medina einstellten. Gleichzeitig erhoben sich falsche Propheten und Prophetinnen, die das Beispiel Mohammeds für imitierbar hielten, und sammelten Stämme um sich. Renegatenscheiche bezogen 50 Kilometer östlich von Medina Stellung. Fast schien es, als wäre der erste Kalif des Islam auch schon der letzte.

In dieser Situation überraschte der fromme, nachdenkliche Mann, der bisher aus dem Schatten des Propheten heraus unspektakulär als Theoretiker gewirkt hatte, plötzlich als harter Stratege. Abu Bekr entwickelte einen Feldzugsplan, wie ihn Arabien bisher noch nicht erlebt hatte. Immerhin ging es um nichts weniger als die Unterwerfung der gesamten arabischen Halbinsel, von der syrischen Grenze bis zum Jemen, vom Roten Meer bis zum Persischen Golf.

Abu Bekr setzte elf Bataillone in Marsch und behielt ein zwölftes als Eingreifreserve in Medina. Unter den Kommandeuren befanden sich nur wenige alte Mitkämpfer des Propheten. Die meisten behielt der Kalif als Berater in Medina – sei es, daß sich nun so etwas wie eine Regierung heranbildete, sei es, daß er einige, deren Loyalität nicht sicher war, im Auge behalten wollte. Ali jedenfalls, obwohl als Held bewährt, bekam kein Kommando, ebensowenig Usama. Unter den Bataillonsführern ragen die Namen von Ikrima, dem Sohn des rothaarigen Prophetenfeindes Abu-Dschachl, von Amr und Chalid heraus.

Chalid, dem der Prophet nicht zuletzt die Niederlage am Ochod verdankte, aber auch die Rettung des islamischen Expeditionskorps nach der unheilvollen ersten Begegnung mit byzantinischen Legionen bei Muta, begründete in dem nun einsetzenden Krieg gegen die Abtrünnigen seinen Ruhm als unbesiegbares »Schwert Allahs« – jenen Ruhm, der ihm während der Eroberung Syriens treu bleiben sollte, bis zu einem tragischen, ruhmlosen Ende. Die Geschichte der ersten Eroberungen des Islam steht ganz im Zeichen dieses überragenden Truppenführers. Der pakistanische Generalmajor Akram, der 1970 eine Strategie-Studie über Chalid Ibn-al-Walid vorlegte, nennt ihn »einen der bemerkenswertesten Soldaten der Weltgeschichte«.

Chalid, etwa 586 geboren, war vierundzwanzig Jahre alt, als Mohammed seine erste Offenbarung hatte; knapp vierzig, als er die Entscheidung am Ochod herbeiführte. Er war für einen Araber ungewöhnlich groß, über einen Meter achtzig. Sein Vater al-Walid war Scheich der Banu-Machsum gewesen, Oberhaupt der Sippe also, der in Mekka seit altersher der Schutz der Stadt oblag. Mit Zwölf war Chalid ein gefürchteter Raufbold, mit Vierzehn der beste Zureiter junger, untrainierter Kriegspferde. Als Truppenführer war er rücksichtslos und brutal, unüberwindlich im Zweikampf. Ob das »Schwert Allahs« ein guter Moslem war, mag dahingestellt bleiben. Die Kalifen, denen er diente, mögen Zweifel gehabt haben. Chalid gehört zu jenen Berufssoldaten aller Zeiten, denen der Auftraggeber ziemlich gleichgültig ist, sofern er ihnen Kampf und Sieg verspricht. Blut – das Blut der anderen – war für ihn im wahrsten Wortsinn ein Lebenselixier.

Chalid war der geeignete Mann für die Niederwerfung falscher Propheten, wie Musailima.

Musailima war ein Mann von schreckenerregendem Äußeren: untersetzt, ungewöhnlich stark, gelbliche Hautfarbe, kleine, eng beieinanderstehende Augen, flache Nase. Er war Scheich der »Banu-Hanifa« und beherrschte die Provinz Jamama im Nordosten der arabischen Halbinsel; wo seine Hauptstadt Hidschr war, steht heute Saudi-Arabiens Hauptstadt er-Riad. Musailima konnte angeblich ein Ei in eine Flasche praktizieren, einem Vogel die Federn ausreißen und sie ihm dann so ankleben, daß er wieder flog. Vor allem konnte er Verse im Koranstil erfinden, die er als göttliche Offenbarung ausgab. Er nannte sich Zauberer und Prophet. Mohammed hatte ihn einen Schwindler genannt, und der Name war ihm geblieben. Aber nun erhob er Anspruch auf Mohammeds Erbe. In der Ebene von Akraba, am Wadi

Hanifa, bei dem heute noch existierenden Ort Dschubaila, zog er 40000 Mann zusammen, um den Reichtum seiner Felder und Obstplantagen gegen das heranrückende »Schwert Allahs« zu verteidigen.

Chalid bezog auf der Südseite des Wadi-Hanifa Stellung – mit 13000 Mann. Wiederbekehrte Stämme und Teile zweier anderer Moslembataillone hatten seine Streitmacht aufgefüllt, trotzdem hatte er die dreifache Übermacht gegen sich. Aufgepeitscht vom rhythmischen Stakkato der pseudoprophetischen Verse Musailimas, trieb sein Heer die Moslems bis über ihr Camp hinaus zurück. Es stand schlecht um die Krieger Allahs.

Chalid erkannte den schwachen Punkt seiner Kampfmaschine. Mohammed hatte die »Gemeinschaft der Gläubigen« über das Sippengefühl gestellt. Die militärische Konsequenz: Kampfeinheiten wurden nicht mehr nach Stammeszugehörigkeit aufgestellt. Der erfahrene Schlachtenheld Chalid wußte jedoch, daß Sarazenen nie verbissener kämpfen als im Sippen- oder Stammesverband. Mörderischer Ehrgeiz beim Angriff, selbstmörderischer Rachedurst in der Defensive führen das Schwert am sichersten, wenn Blutsverwandte Schulter an Schulter kämpfen. Also stellte Chalid seine Streitmacht nach Familien-, Sippen- und Stammeszugehörigkeit neu auf. Daß er damit ein gesellschaftliches Konzept der ursprünglichen Islamidee für immer beschädigte, kam ihm nicht in den Sinn. Er war ein Handwerker der Vernichtung, er schuf sich sein Werkzeug, wie er es brauchte. Die historischen Folgen von Chalids Entscheidung vor dem Wadi-Hanifa vom Dezember 632 wirken noch heute in den Fehden zwischen arabischen Staaten nach, die im letzten Sinne Stammesfehden sind. Am Wadi-Hanifa jedenfalls zeitigte Chalids neu nach Stammeselementen umgeschmiedete Kampfmaschine Wirkung.

Im fanatischen Nahkampf trieben die Moslem-Sippen die Übermacht Meter um Meter zurück. An Chalids Seite kämpfte eine Elite, die er sich aus den Stammeseinheiten herausgesondert hatte. Da waren Said und Abdullah, ein Bruder und ein Sohn von Omar. Da war Abu-Dadschana, der am Ochod den Propheten mit seinem Rücken vor Pfeilschüssen beschützt hatte, bis er wie ein Igel aussah. Da waren der Kalifensohn Abd-ar-Rachman, der noch am Ochod das Schwert gegen den eigenen Vater erhoben hatte, und Abu-Sufjans Sohn Muawija, der selbst einmal Kalif werden sollte; da war Al-Wachschi, der abessinische Speerwerfer, und da war Chalids junger Favorit Zorror, ein tollkühner Draufgänger, der immer nur mit nacktem Oberkörper kämpfte. Hin und her wogten die Knäuel, als endlich Musailimas Front nachgab. »Zum Garten!« lautete die Fluchtparole.

Der »Garten« war eine hochummauerte Obstplantage drei Kilometer nördlich. In wilder Panik hasteten die Renegaten durch den Sand der Akraba-Ebene dem Refugium zu. Etwa 7000 erreichten die Pflanzung. Hinter sich verriegelten sie das Tor. Sie fühlten sich gerettet. Aber ein alter Moslemkrieger ließ sich über die Mauer heben, Dutzende von Klingen bohrten sich in seinen Körper, dennoch gelang es ihm noch im Tode, den Riegel des Tors zurückzuschieben. Auch die ersten Moslems, die sich durch den engen Eingang drängten, hatten keine Überlebenschance. Sie wußten es und waren glücklich im sicheren Tod, der sie ohne Umweg ins Paradies führen würde. Über die Leichen der Vorhut stiegen die Moslems in den Garten; stachen, schnitten, verstümmelten, köpften, entleibten die auf immer engerem Raum ausweglos zusammengepreßten Anhänger Musailimas.

Al-Wachschi, der Speerwerfer, sah Musailima, der mit dem Rücken zur Wand kämpfte. Zu Musailimas Füßen lagen die Leichen der Moslems, die sein Schwert niedergestreckt hatte, zu zweit und zu dritt übereinander und bildeten fast schon einen Schutzwall vor ihm. Wie damals am Ochod, als er den Prophetenonkel Hamsa mit einem wohlgezielten Speerwurf tötete, nahm Al-Wachschi auch diesmal, unberührt vom Kampfgetümmel ringsum, sorgsam Maß. Der Speer flog auf Musailima zu, riß ihm den Bauch auf.

Wie damals am Ochod drehte Al-Wachschi sich jetzt um und verließ den Schlachtplatz. Er ging hinaus in die Ebene und legte sich in den Sand. Für ihn war die Schlacht beendet. Wie er sich damals mit der Tötung Hamsas die Freiheit erkaufte, so hatte er sich nun seinen Platz in der Gemeinschaft der Gläubigen erworben.

Später, nach der Eroberung Syriens, verbrachte er seinen Lebensabend in Homs, dem verbotenen Suff verfallen, als Touristenattraktion. Für ein paar Silberdirhem erzählte er eitel jedem, wie er »in der Zeit seines Unglaubens den besten aller Männer, in der Zeit seines Glaubens den schlimmsten« getötet habe.

Mit Musailimas Tod verlöschte die Kampfkraft der Renegaten. In dumpfer Hoffnungslosigkeit nahmen sie die tödlichen Schwerthiebe der Moslems hin. Als die Sonne unterging, regte sich nichts mehr im »Garten des Todes«.

Die Schlacht von Jamama war die bislang blutigste in der Geschichte des Islam. Von den 40000 Musailima-Kriegern waren 21000 getötet worden. 7000 in der Akraba-Ebene, 7000 im Garten, 7000 in einer gnadenlosen Säuberungsaktion im gesamten Jamama-Gebiet. Chalid hingegen, der seine Truppe geschickt gegen die dreifache Übermacht eingesetzt hatte, meldete nur 1200 Gefallene. Der Friedhof, auf dem sie als Märtyrer begraben liegen, befindet sich nahe Dschubeila am Südhang des Wadi-Hanifa.

Die Hälfte der Moslem-Toten waren Muhadschirun und Ansar, alte Kämpfer des Propheten – darunter 300, die den gesamten Koran auswendig konnten. Dieser Verlust an »Koran-Gedächtnissen« veranlaßte den Kalifen Abu Bekr, eine schriftliche Festlegung des Koran in Auftrag zu geben.

Während das »Schwert Allahs« den Osten Arabiens nur im erbitterten Kampf dem Glauben zurückgewinnen konnte, hatten die Bataillone des Kalifen im Süden leichteres Spiel, dort waren die Renegaten auch untereinander verfeindet.

Ein Jahr nach Mohammeds Tod war wieder Ruhe im Land.

Für die Stämme Arabiens war der Islam zunächst gleichbedeutend mit der Person Mohammeds gewesen. Nach alter arabischer Tradition hatten sie in ihm weniger den Propheten als vielmehr ihren Groß-Scheich gesehen. Noch war der Islam für sie nichts als eine Idee. Abu Bekr hatte als erster Kalif für alle Kalifen beweisen müssen, daß der Islam, personifiziert im Kalifen, die stärkeren Bataillone besitzt. Nun erst, nach dieser Machtprobe, war ganz Arabien unter fester Hand im Islam vereinigt, vollständiger als zuvor unter dem Propheten. Nun konnte die Expansion beginnen.

Ein erster Schritt zur Welteroberung

Der Mann, der den Befehl zur Sarazenen-Invasion in Persien und Byzanz gab, war kaum der Typ des weltumstürzenden Eroberers, kein Alexander und kein Cäsar, kein Napoleon, kein Hitler und kein Stalin. Bevor er Kalif wurde, lebte Abu Bekr mit seinen vier Frauen in einem Zelt in dem Dörfchen Sunach außerhalb von Medina, und da blieb er auch als Kalif noch wohnen. Morgens ritt er in die Stadt, um in der Moschee die Staatsgeschäfte zu leiten. Abends kam er erst spät nach

Hause, nachdem er beim Abendgottesdienst, wie es sich für den Herrscher der Gläubigen gehörte, den Vorbeter gemacht hatte. Nur freitags blieb er bis kurz vor dem Mittagsgebet daheim und färbte sich Haar und Bart mit Henna rot. Seinem Nachbarn half er oft beim Ziegenmelken. Er behielt seine bescheidene Wohnung, seine schlichte Kleidung, führte auch die kleinen Handelsgeschäfte weiter, die seine Familie ernährten.

Es bedurfte aller Überredungskunst seiner Freunde, um ihn – nach sieben Monaten Kalifat – zum Umzug in Moscheenähe zu bewegen. Omar nahm ihn mit zu Abu-Ubaida, der die Staatskasse verwaltete, und handelte für den Kalifen eine Zuwendung von freier Kleidung bei Bedarf, einem halben Pfund Hammelfleisch täglich und einem Gehalt von 2500 Dirhem jährlich aus.

Die Unternehmungen seiner Generäle gegen die Abtrünnigen füllten den Tresor mit Steuergeldern und Kriegsbeute. Aber Steuer- und vor allem Ausgabenpolitik waren dem ersten Kalifen noch fremd. Die Einnahmen wurden ausgegeben, wie sie hereinkamen, für die im Koran bestimmten Verwendungszwecke. Abu Bekr hielt es für unmoralisch, Reichtümer zu horten. Nach seinem Tod fand sich in der Schatzkammer – die er weder verschließen noch bewachen ließ – nur ein einsamer Gold-Dinar; er war in eine Bodenritze gerollt.

Die Welteroberung des Islam fing ziemlich absichtslos an. Schuld daran war ein Scheich namens Musanna; sein Stamm gehörte der großen Föderation der Banu-Bakr an, die etwa im heutigen Süd-Irak, nördlich vom Persischen Golf, lebten. Nach Chalids Sieg über Musailima und seinen Hanifa-Stamm (der auch der Bakr-Föderation angehörte) begann sich Scheich Musanna um seine Zukunft zu sorgen: Vor sich hatte er den persischen Erbfeind, hinter sich die fanatischen Moslems.

Scheich Musanna wußte dem Kalifen eine Allianz schmackhaft zu machen. Einmal garantierte er dem Kalifen den Schutz der arabischen Grenzregion gegen allfällige persische Attacken. Zum anderen schwärmte er ihm von den phantastischen Reichtümern vor, die er bei früheren »Razzias« auf – in arabischen Augen – wohlhabende persische Stellungen erbeutet hatte.

Im Gespräch mit Musanna erinnerte sich der Kalif an Koransuren, mit denen der Prophet den Kampf gegen die Ungläubigen zur heiligen Pflicht gemacht hatte. Freilich dachte der Kalif da wohl noch nicht daran, sich mit ganz Persien anzulegen. Es war zu groß, zu mächtig. Aber der Teil Persiens, der heute den Irak bildet und damals »irak-al-arabi« hieß, die Region westlich des Tigris, schien ihm greifbar. So würde er die Grenzen des Islam vorverlegen und den Glauben ausbreiten.

Kalif Abu Bekr erteilte Chalid den Befehl, zum Irak vorzurücken, und gab ihm als Operationsziel Hira an, die alte Hauptstadt des Lachmiden-Reiches. Scheich Musanna hatte gehofft, als unabhängiger Kommandeur marodieren zu dürfen. Aber dann unterstellte er sich doch dem Wüstenfuchs. So marschierte Chalid im März 633 mit 18000 Mann in den Irak ein.

Chalids Strategie der totalen Vernichtung

Unaufhaltsam war Chalids Vormarsch. Ubulla, wichtiger Handelsplatz und Karawanenknotenpunkt, wurde eingenommen, drei persische Armeen wurden zerschlagen, Verwaltungsbeamte eingesetzt, die bäuerliche Bevölkerung zahlte die Kopfsteuer, und täglich gingen Karawanen mit Beutegut und »Dschisja«-Abgaben nach Medina ab. Doch Chalid sah keinen Anlaß zur Siegesfreude. Nach jeder Schlacht meldeten ihm Späher schon das Herannahen neuer Heerhaufen. Persiens Menschenmaterial schien unerschöpflich. Auf jeden Fall durfte es nach keiner Schlacht mehr Überlebende geben, die neue Armeen auffüllten. Schnell nahm Chalids Strategie neue Konturen an. An die Stelle der üblichen Frontalangriffe mußte jedesmal eine sorgsame Inszenierung treten, die totale Vernichtung garantierte. Im Mai 633, in der Hölle von Ullais, probierte Chalid sein neues Konzept zum erstenmal aus.

Auf dem Höhepunkt des Kampfes, als der Sieg für die Moslems zweifelhaft erschien, tat Chalid ein frommes Gelübde – auf seine Art: »O Herr! Wenn du uns diesen Sieg schenkst, will ich dafür sorgen, daß dieses Flußbett sich mit dem Blut deiner Feinde füllt!«

Das Flußbett, das Chalid meinte, war ein trockener Kanal, der oberhalb Ullais vom Euphrat abging, aber dort durch einen Damm geschlossen war.

Als die Perser zurückwichen, jagte Chalid seine Reiterei hinter den Fliehenden her. »Bringt sie mir lebendig!« schrie er. »Tötet keinen!«

Alle Soldaten, die Chalids Reiterei nun einfing, wurden zum Kanal gebracht. Erst dort wurde ihnen der Kopf abgeschlagen. Ihr Blut ergoß sich in das Kanalbett. Doch auch nach drei Tagen war noch kein »Fluß« daraus geworden.

Chalid versammelte sich mit seinem Stab an dem grausigen Massengrab. 70000 Perser waren getötet worden, wie der Chronist Tabari behauptet. Aber das Blut bildete nur geronnene Lachen unter den Leichen. Nichts floß. Die Scheiche prüften den Sachverhalt und schüttelten die Köpfe. »Das Blut versickert im Sand. Und wenn du alle Menschen der Welt tötest, Chalid, ein richtiger Fluß wird daraus nie!«

Chalid blickte besorgt: »Und mein Gelübde?«

Scheich Kakaa fand die Lösung. »Wir müssen den Damm öffnen, der den Kanal vom Euphrat trennt.«

So strömte endlich doch ein roter Fluß. Unterhalb des Kanals soll eine Mühle gestanden haben, wo Mehl für die Bäcker der Sarazenen-Armee gemahlen wurde. Drei Tage lang, so heißt es, drehten sich die Mühlräder unter blutrotem Wasser. Das »Schwert Allahs« hatte sein Gelübde erfüllt.

Es war noch immer Mai, als Chalids Krieger ihr Feldzugsziel erreichten: Hira, die alte Königsstadt der Lachmiden-Dynastie mit ihren Zitadellen und Palästen, ihren Kirchen und ihrem »Bischof der Araber«. Die Bewohner erklärten sich bereit, die »Dschisja«, die Tributsteuer, zu bezahlen, 190000 Dirhem jährlich. Niemand wurde getötet. Aber ein Vorfall, der von Chalids Kriegsberichterstattern aufgezeichnet wurde, liefert ein aufschlußreiches Beispiel für die Unbedarftheit des jungen Eroberervolkes aus der Wüste.

Als die Kapitulation unterzeichnet wurde, drängte sich ein alter Mitkämpfer Mohammeds namens Schuwail zu Chalid und erzählte eine verworrene Geschichte. So viel verstand Chalid: Vor Jahren in Medina, als der Prophet die Zukunft des Islam ausmalte, sagte Schuwail treuherzig: »Nicht wahr, o Bote Gottes, wenn wir eines Tages Hira erobern, dann darf ich Prinzessin Kirama, die Tochter von Fürst Abd-al-Masich, heiraten?« Von Kiramas Schönheit träumte damals jeder Beduine. Der Prophet lächelte gnädig: »Ja, mein Sohn, das darfst du.«

Nun war es soweit, und Schuwail wollte seine Prinzessin. Es gab auch Zeugen, die Mohammeds Zusage bestätigten. Chalid diktierte die Hochzeit in den Kapitulationsvertrag.

Tief verschleiert wurde die Prinzessin ins Heerlager geführt. Frauen und Männer ihrer Familie begleiteten sie. Schuwail stand stolz vor seinem Zelt.

Kaum im Zelt, schlug Prinzessin Kirama ihren Schleier zurück. Schuwail versteinerte. Er starrte in das zahnlose Grinsen einer verrunzelten Frau. Die Tochter des angeblich zweihundertjährigen Hira-Fürsten Masich war mindestens achtzig Jahre alt. Die Legende von ihrer Schönheit war, anders als sie selbst, nie gealtert.

Schuwail versuchte das Beste daraus zu machen. Für 1000 Dirhem war er bereit, den Ehevertrag aufzulösen. Die Prinzessin willigte ein. Vor dem Hochzeitszelt mußte sich Schuwail den doppelten Spott seiner Kameraden gefallen lassen. »Für die Tochter von Fürst Masich hättest du leicht viel mehr als 1000 Dirhem herausschlagen können!« sagte einer. »Wieso?« fragte er. »Gibt es höhere Zahlen als tausend?«

Ein Jahr später, 634, war fast das gesamte »Zweistromland«, das fruchtbare Herz zwischen Euphrat und Tigris – Mesopotamien, das Babylonien und Assyrien des Altertums –, fest in Sarazenen-Hand. Chalid residierte in Hira, neben den Ruinen von Babylon, und organisierte die moslemische Verwaltung des Irak, eine nach der grausamen Härte der Eroberung überraschend milde Verwaltung. Ackerbau und Handel gingen weiter, Zwangsmissionierung fand nicht statt, Bauern und Händlern wurde kaum ein Haar gekrümmt, lediglich die Kopf- und Landsteuer mußte pünktlich bezahlt werden. Aber Steuern hatten sie ja immer zahlen müssen. Nur die Steuereinnehmer waren jetzt andere, und die Abgaben nahmen einen anderen Weg. Nach Medina.

Sandblind in der syrischen Wüste

»Wisse, o Befehlshaber der Gläubigen, daß Syrien ein Land der Wolken, der Hügel und der Winde ist, ein Land des Überflusses vom Überfluß. Die Felder sind grün und die Wälder groß. Flüsse strömen dahin, und die Kamele haben reichlich zu trinken...« So beschrieb der Chronist Masudi das Land, das zum Ziel der zweiten Invasion der Sarazenen wurde. Dieses Syrien war die schönste Provinz des römischen Reiches. Sie umfaßte außer dem heutigen Syrien auch die Regionen, die heute die Staatsgebiete von Israel, Jordanien und Libanon bilden, und ein Stück der heutigen Türkei. Antiochia, heute ein unbedeutendes türkisches Städtchen namens Antakya, 22 Kilometer vom Mittelmeer in der fruchtbaren Orontes-Ebene gelegen, aber damals angeblich fast so glanzvoll wie Konstantinopel, war die Hauptstadt dieser »asischen« Provinz von Byzanz. Die großen Städte Syriens – Aleppo, Emesa (heute Homs) und Damaskus – waren nicht nur ungeheuer reich, sondern auch Glanzbeispiele antiker Kultur und Zivilisation. Syriens blühende Hafenstädte am Mittelmeer – Latakia (heute syrisch), Tripolis, Beirut, Tyros (heute libanesisch) und Jaffa (heute israelisch) – waren Umschlagplätze für Handelsschiffe aus der gesamten damals bekannten Welt.

Dieses Syrien anzugreifen bedeutete Krieg gegen das Römische Reich. Kalif Abu Bekr durfte einen Vorstoß nach Norden nicht leicht auf die gebeugten Schultern nehmen. Das Reich das Kaisers Herakleios war eine Weltmacht – wenn auch längst nicht mehr das römische Imperium eines Cäsar oder Augustus.

Die Zentrale des römischen Reiches hieß auch längst nicht mehr Rom – das war schon im 2. Jahrhundert unregierbar geworden; dagegen schien der griechische Orient der zukunftsträchtigere Teil des Reiches zu sein. Kaiser Konstantin entschied sich für eine neue Hauptstadt am Bosporus, die freilich erst noch gebaut werden mußte. Die neue, »künstliche« Metropole, der Konstantin seinen Namen gab, wurde am 11. Mai 330 offiziell eingeweiht. Sie hatte, wie Rom, sieben Hügel, ein Forum, ein Kapitol, einen Senat – und Steuerfreiheit. Mit einem schadenfrohen und einem nostalgischen Auge erfuhren die Neubürger Konstantinopels 410 – also etwa im Geburtsjahr von Scheich Kossai in Mekka –, daß die Goten unter Alarich ihr altes Rom ausplünderten. Konstantin hatte recht gehabt. Rom war nicht mehr zu halten gewesen; die Barbaren kamen: Attilas Hunnen, Odoakers Germanen, Theoderichs Ostgoten.

Konstantinopels Kaiser freilich träumten weiter von der Wiedervereinigung und bestanden auf ihrem Alleinvertretungsanspruch. Sie nannten sich noch »römische Kaiser«, als – um 600 – die griechische Volkssprache längst das Lateinische als Amtssprache ersetzt hatte; in Wirklichkeit war das Reich von Konstantinopel ein griechisches Königreich geworden. Die Byzantiner freilich sprachen nie vom »byzantinischen Reich« – das ist eine Erfindung späterer Historiker –, sie nannten sich »Romäer« oder »Romanäer«, ihr Reich »Romania«.

Nach dem Sieg über die Perser hatte sich das Römische Reich des Ostens als stärkste Macht des Jahrhunderts erwiesen. Mochten im verfallenden Rom die Barbaren hausen – man hatte ja Antiochia, Beirut und Alexandrien mit seinen Welthandelshäfen, Syrien mit seinen blühenden Manufakturen und Ägypten, schon immer die Kornkammer des römischen Reiches.

Gerade auf diese Provinzen zielte nun der Invasionsplan des Kalifen.

Der kleine Mann mit dem gebeugten Rücken, der zum tollkühnen Eroberer herangewachsen war, teilte vier Armeekorps zu je 7000 Mann ein. Er benannte vier Kommandeure und gab ihnen die folgenden Angriffsziele:

Amr Ibn-al-As sollte am Roten Meer entlang bis Eilat marschieren, dann durch das Araba-Tal nach Palästina hinein.

Schurachbil, im Irak unter Chalid bewährt, sollte bis Amman nach Norden marschieren, dann nordwestlich zur Küste auf Tyros vorstoßen.

Jasid, der Sohn Abu-Sufjans, sollte auf Schurachbils verlängerter Marschroute in die fruchtbare Bekaa-Ebene vorrücken und etwa bei Beirut das Meer zu erreichen versuchen.

Abu-Ubaida, der Zahnlose, sollte, immer noch auf der gleichen Marschroute, parallel zur Mittelmeerküste, an Damaskus und Baalbek vorbei bis Homs vordringen.

Ein Blick auf die Karte zeigt, daß Abu Bekr mit seinem Invasionsplan für die letzten drei Armeekorps in etwa die gleichen Zangenbewegungen aus der Bekaa-Ebene heraus zur Küste vorzeichnete, mit denen im Frühjahr 1976 die Truppen des syrischen Präsidenten Assad den Libanon aufzubrechen versuchten.

Während Abu Bekr zur Mobilmachung rief, traf auch in Hira eine Kalifenbotschaft ein. Chalid, der schon Pläne zur Eroberung Ktesiphons in den Sand zeichnete, las den Papyros mit gemischten Gefühlen.

»Marschiere unverzüglich nach Syrien. Teile deine Irak-Armee in zwei Hälften, und lasse die eine Hälfte bei Musanna, der von nun an Oberbefehlshaber im Irak sein soll. Dich ernenne ich zum Oberbefehlshaber aller Moslems im Kampf gegen Syrien. Abu-Ubaida und die anderen sollen dir unterstellt sein. Aber laß deshalb nicht falschen Stolz in deine Seele einziehen, der dich nur täuschen und in die Irre führen wird...«

Zwei Überlegungen hatten die Entscheidung des Kalifen bestimmt. Einmal kannte Abu Bekr die Schwächen seiner nach Syrien beorderten Generäle: fromme Haudegen, aber nicht aus dem Stoff, aus dem ein »Schwert Allahs« gemacht ist, und Scheich Musanna war wohl Manns genug, die Ostfront zu halten. Schließlich aber war ein plötzliches Auftauchen Chalids hinter den byzantinischen Heeren, im Norden Syriens, aus der irakisch-syrischen Wüste heraus, ein unverzichtbares Ergänzungsstück von Abu Bekrs Invasionsplan.

Schweren Herzens begrub Chalid seinen Traum von der Eroberung Persiens. Aber letzten Endes war es ihm gleich, wo er kämpfte. Feinde, die den Tod durch das Schwert Allahs erwarteten, gab es überall. Sorgsam suchte er sich seine Männer für den Marsch durch die wasserlose Wüste aus, durch die noch keine Karawane gezogen war. Chalids Wüstendurchquerung gehört heute noch zu den großen legendären Abenteuern der Kriegsgeschichte.

Die Oase Sakakah hat heute einen Flughafen. Der Flug nach Damaskus, 500 Kilometer Luftlinie nach Nordwesten, dauert in einer Sportmaschine knapp drei Stunden. Man überfliegt dabei zwei Öl-Pipelines, ziemlich das einzige Anzeichen menschlichen Wirkens auf fast der ganzen Strecke. Die »Badiat asch-Schams«, die Syrische Wüste dort unten, läßt einen fragen, ob Schiffbruch im Ozean nicht ein lieblicherer Tod wäre als eine Notlandung in diesem Sandmeer.

Chalid brauchte, 634, für etwa die gleiche Strecke achtzehn Tage. Fünf davon allein für die Durchquerung des absolut brunnenlosen Gebiets östlich des Wadi-Sirhan. Fünf Tage nur glühende Sonne, glühender Sand. Chalids Pfadfinder Rafa war schließlich so sandblind, daß er nicht mehr nach einem dürren Bocksdorngestrüpp ausschauen konnte, das ihm Feuchtigkeit unterm Sand verraten sollte.

Wasser für Chalids 9000 Krieger und ihre Pferde trugen die Kamele. Als es verbraucht war, wurden die älteren Tiere geschlachtet. So konnten wenigstens die Pferde getränkt werden. Endlich fand sich auch der tausendmal verfluchte Bocksdorn, an dem das Schicksal eines die Welt verändernden Feldzuges hing. Er lag zugeweht unterm Sand. Rafa hatte die Stelle zum letztenmal dreißig Jahre zuvor, als kleiner Junge bei einem Wüstenritt mit seinem Vater, gesehen. Die Vorhut, die endlich die Oase Sab-Bijar (»Sieben Brunnen«) erreichte, mußte mehrere Male mit Wasserschläuchen zurück in die Wüste reiten, um liegengebliebene Kameraden und Pferde wiederzubeleben.

Von Sab-Bijar schwenkte das Sarazenen-Heer scharf westlich, an Damaskus vorbei. Plötzlich hatte die byzantinische Armee den Feind, der aus der Wüste kam, im Genick. Von Norden durchzog Chalid nun Syrien. Vor Bosra traf er auf einen Teil der von Süden herausziehenden Heeresgruppen und übernahm weisungsgemäß den Oberbefehl. Er war somit der erste Generalfeldmarschall der Sarazenen. Bosra, wo Mohammeds Kurier dem Kaiser von Byzanz einst seine Botschaft übergeben hatte, fiel ohne nennenswerten Widerstand. Für Herakleios war es höchste Zeit zu handeln.

Als Chalid mit seinen halbverdursteten Kriegern durch die wasserlose Wüste nach Syrien hineinstieß, wählte er den einzigen Zugang, der ihm offen stand: durch den Sand. Wollte man jedoch das fruchtbarreiche Land zwischen dem Toten Meer und Antiochia dauerhaft besetzen – das heutige Israel, Jordanien, Syrien und den Libanon also – und sich passablere Verbindungsrouten nach Medina offenhalten, dann kam nur ein einziger anderer Weg in Frage: die uralte Karawanenstraße über den Jarmuk-Fluß.

Westlich der wasserlosen Wüste türmt sich der Dschabal Hauran auf, ein bizarres Gebirge aus erloschenen Vulkanen und Lavatrümmern. In der Ebene südlich davon liegt Bosra. Die Abhänge im Westen sind mit Lavabrocken übersät, eine Mondlandschaft. Dort liegt Dira'a, heute ein Zehntausend-Einwohner-Städtchen mit einem Bahnhof der Hedschasbahn. Dira'a, immer schon ein wichtiger Verkehrsknotenpunkt, ist das Tor nach Syrien.

Der Jarmuk, der auf dem Dschabal Hauran entspringt, hat sich in Jahrtausenden eine tiefe Schlucht gegraben. Östlich der Hauran-Ebene stürzt er fast 300 Meter tief in den Jordan. Die Jarmuk-Schlucht beginnt schon dicht hinter Dira'a. Hier, zwischen dem unwegsamen Vulkanfelsenfeld und der fast unüberquerbaren Schlucht über einem engen Durchlaß, verläuft seit ewigen Zeiten die Straße, die von Damaskus kommt (104 Kilometer) und in Dira'a auf die Pisten nach Bosra, Jerusalem und Medina stößt. Wer Dira'a hat, ist Spinne im Netz. In biblischen Zeiten kämpfte hier Moses gegen den König Og; 1941 befestigte der englische General Glubb (»Glubb-Pascha«), Chef der »Arabischen Legion«, das Dira'a-Loch gegen einen erwarteten Durchbruch von Rommels Afrikakorps. Und nördlich davon liegen die Golan-Höhen, die in den israelisch-arabischen Kriegen zu unheilvollem Ruhm gelangten. Am Jarmuk sollte das byzantinische Reich sein Stalingrad

1 *Die heilige Kaaba in Mekka, Hauptheiligtum des Islam und Ziel der für jeden Mohammedaner obligatorischen Pilgerfahrt (Haddsch).*

2 *Blick über die Minarette der heiligen Kaaba auf Mekka, die Geburtsstadt Mohammeds.*

3 *Sarazenischer Reiter. Fragment einer Handschrift des 10./11. Jh.*

4 Der Kreuzgang der El Haram Moschee von Medina, in der Mohammeds Tochter Fatima und die beiden ersten Kalifen begraben sind.

5 Reste eines großen sabäischen Tempels im Wadi Dahna bei Marib.

6 Gläubige beim Gebet im Innern der Moschee von Mekka.

7 Die Südschleuse des Staudammes von Marib. Der Damm war das berühmteste Bauwerk des alten südarabischen Königreiches der Sabäer.

8 Qiblah, der erste und heiligste Ort in der El Haram Moschee – der Moschee des Propheten – an den sich die Gebete eines Moslem richten.

*9 Sana, Hauptstadt
und älteste Stadt des Jemen,
einst Kleinod Arabiens.*

10 *Die älteste erhaltene Moschee des Islam, die Abbasidenmoschee in Samarra (Irak).*

11 *Nur die Blechkanister und die Reifenspuren im Wüstensand verraten, daß diese Nomadenzelte aus unserer Zeit stammen.*

12 *Die große Moschee in Bagdad, das seine Blütezeit unter Harun ar Raschid hatte.*

13 *Der Felsendom in Jerusalem.*

erleben. Eine Serie von strategischen Schachzügen mußte unvermeidlich zu dieser Schlucht führen.

Verrat in Damaskus

Herakleios rüstete zwei Superarmeen auf: die eine sollte Chalid zwischen Damaskus und den Golan-Höhen aufreiben, die andere den General Amr Ibn al-As, der in Palästina operierte und Jerusalem bedrohte. Chalid, der Herakleios' Operation durchschaute, entzog sich der Zange im Norden, fädelte sich durch das Dira'a-Loch, marschierte weiter nach Süden, entlang der Südspitze des Toten Meeres, und machte eine halbe Kehrtwendung, um wieder hoch nach Nordwesten zu ziehen.

Parallel zu Chalids Südroute, doch gute 100 Kilometer weiter westlich, befanden sich derweil byzantinische Truppen auf dem Marsch. Sie waren mit Schiffen in Cäsarea gelandet, ihr Ziel war Beerscheba, wo Amr lagerte. Auf den ersten Blick sah Herakleios' Plan klug aus: Vernichteten die Byzantiner das Heer Amrs, dann konnten die Sieger den Truppen Chalids den Rückweg nach Medina abschneiden. Der Plan hatte nur einen Fehler: Nicht einberechnet war die Schwerfälligkeit der byzantinischen Truppen.

Chalid gewann den Wettlauf rund ums Tote Meer um knapp zwei Tagesmärsche. »Die flinken Beduinen auf ihren Kamelen«, sagt General Glubb, »die nur mit einer Brotkruste als Tagesration ununterbrochen reiten konnten, hatten die byzantinische Armee, die ihren gewohnten, zivilisatorischen Ballast mitführte, ausgetrickst.« Als Chalids wilde Jagd in Amrs Lager bei Beerscheba eintraf, standen die 90000 Byzantiner noch 50 Kilometer entfernt bei Adschnadain. Dort traf sie die geballte Kraft der Sarazenen mit 32000 Kriegern.

Arabische Rittertradition und römischer Gladiatorenkult machten bei jeder Schlacht den Zweikampf zwischen den Heerführern beider Seiten zur Ehrenpflicht. Für die Truppenmoral hatte das Vor- und Nachteile. Das Beispiel eines heldenhaften Generals riß jeden Krieger mit; der Anblick eines zwischen den Fronten sterbenden Feldmarschalls mußte, umgekehrt, eine Armee zutiefst entmutigen. Der Erfolg der Sarazenen war nicht zuletzt der Unüberwindlichkeit Chalids, die zur Legende wurde, zu verdanken.

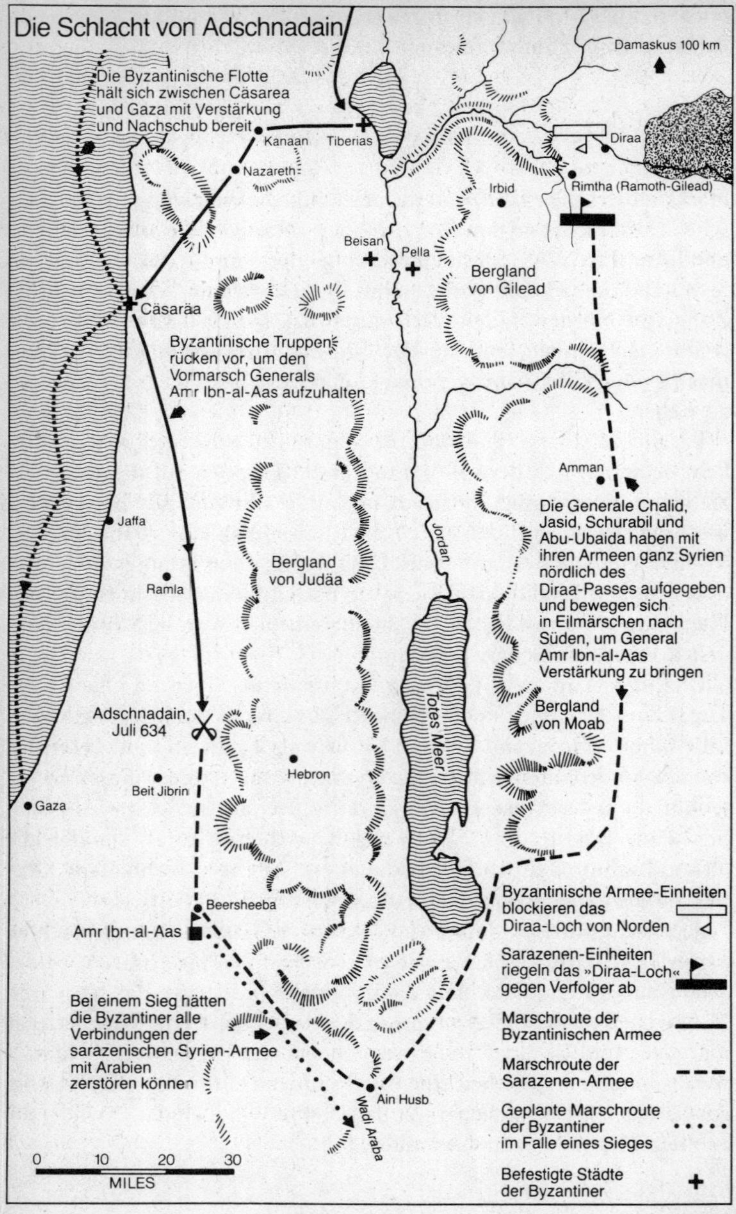
Die Schlacht von Adschnadain
Die Byzantinische Flotte hält sich zwischen Cäsarea und Gaza mit Verstärkung und Nachschub bereit
Kanaan
Tiberias
Nazareth
Damaskus 100 km
Diraa
Rimtha (Ramoth-Gilead)
Irbid
Beisan
Pella
Bergland von Gilead
Cäsaräa
Byzantinische Truppen rücken vor, um den Vormarsch Generals Amr Ibn-al-Aas aufzuhalten
Amman
Die Generale Chalid, Jasid, Schurabil und Abu-Ubaida haben mit ihren Armeen ganz Syrien nördlich des Diraa-Passes aufgegeben und bewegen sich in Eilmärschen nach Süden, um General Amr Ibn-al-Aas Verstärkung zu bringen
Jaffa
Jordan
Ramla
Bergland von Judäa
Totes Meer
Bergland von Moab
Adschnadain, Juli 634
Hebron
Beit Jibrin
Gaza
Beersheeba
Amr Ibn-al-Aas
Byzantinische Armee-Einheiten blockieren das Diraa-Loch von Norden
Sarazenen-Einheiten riegeln das »Diraa-Loch« gegen Verfolger ab
Bei einem Sieg hätten die Byzantiner alle Verbindungen der sarazenischen Syrien-Armee mit Arabien zerstören können
Marschroute der Byzantinischen Armee
Marschroute der Sarazenen-Armee
Ain Husb
Wadi Araba
Geplante Marschroute der Byzantiner im Falle eines Sieges
0 10 20 30
MILES
Befestigte Städte der Byzantiner

Als der erste Kampftag von Adschnadain keine Entscheidung brachte, forderte der byzantinische Befehlshaber das »Schwert Allahs« zum Zweikampf auf Leben und Tod. General Werdan, ein armenischer Hüne aus Konstantinopel, plante jedoch einen Hinterhalt. Zehn Legionäre sollten sich nachts hinter Felsbrocken nahe dem Kampfplatz verstecken und im Notfall eingreifen. Chalid erfuhr davon durch einen Spion und heckte daraufhin mit Zorror eine Gegenlist aus.

Im roten Licht des Sonnenaufgangs stapfte der Armenier, Hunderte von blitzenden Edelsteinen an Rüstung und Schwert, auf die Walstatt. Chalid, einsachtzig groß, das breite Gesicht von der Wüstensonne gegerbt, von Zweikämpfen zernarbt, trug nur sein Kettenhemd und das Anderthalb-Meter-Schwert, das er Musailima, dem falschen Propheten, abgenommen hatte.

Werdan sprang ihn sofort an, preßte ihm mit seinen eisenumgürteten Pranken die Arme zusammen und rief nach seinen Legionären. Chalid sah zehn Römer heranjagen – aber einen mit nacktem Oberkörper, Zorror. In der Nacht hatten Zorrors Männer die Legionäre in ihrem Hinterhalt getötet und sich ihre Rüstungen angezogen.

Werdan fiel durch Zorrors Schwert. Seine Truppen versteinerten vor Entsetzen. Chalid nutzte den psychologischen Augenblick zum Angriff. Das Schicksal der byzantinischen Armee war besiegelt.

Knapp einen Monat später stand Chalid vor Damaskus.

Die grandiose alte Stadt in der fruchtbaren Ebene am Fuß des »Dschabal Kasjun«, Händlermetropole am Kreuzpunkt der Karawanenstraße aus China, Jemen und Byzanz, erwartete hinter ihren dicken Mauern gefaßt die Sarazenen.

Die Garnison, 15000 Mann, stand unter Herakleios' Schwiegersohn Thomas. Die Moslems zählten nur 5000 mehr, aber alle Divisionskommandeure, die der Kalif nach Syrien in Marsch gesetzt hatte, befehligten nun unter Chalid Sektoren des Belagerungsrings. Damaskus war das Symbol der römischen Präsenz im Osten. Der Sieg war für beide Seiten Prestigesache.

In zermürbenden Monaten sank die Moral der belagerten Stadt. Ein Entsatzheer wurde bei Homs zurückgeschlagen, einen Ausfallversuch büßte Garnisonsgeneral Thomas mit hohen Verlusten und seinem linken Auge. Der Schwiegersohn des Kaisers rang schon mit dem Entschluß, Kapitulationsverhandlungen einzuleiten – und zwar mit

Abu-Ubaida, dessen Sanftmut ihm nicht verborgen geblieben war. Da handelte Chalid, ohne Rücksprache mit seinen Generälen, auf eigene Faust.

In der Nacht zum (vermutlich) 18. September 634 fiel von den Zinnen der Stadtmauer, nahe dem Osttor, ein Seil. Ob der Überläufer, ein griechischer Christ namens Jonas, im Auftrag von Bischof Sergins, einer regierungsfeindlichen Christensekte oder aus eigenem Antrieb handelte, ist den widersprüchlichen Chroniken nicht eindeutig zu entnehmen. Jedenfalls kletterte Chalid an dem Seil hoch, hinter ihm Scheich Kakaa. Strickleitern wurden nachgezogen, andere Krieger folgten. Chalids Stoßtrupp erreichte das Osttor von innen, stach die Wachposten nieder und öffnete das Tor. Verbissen kämpfte sich Chalids Kommando die »Gerade Straße« – die schon in der Bibel erwähnt wird – vor zum Stadtkern.

Stadtkommandant Thomas spielte seine letzte Karte aus. Da der Einbruch nur am Osttor erfolgt war, setzte er darauf, daß Abu-Ubaida ahnungslos war. Vorm Dschabijja-Tor, am anderen Ende der »Geraden Straße«, hörte Abu-Ubaida den Kampflärm zwar von ferne, hielt das aber für einen isolierten Ausfallversuch. So empfing er den einäugigen Stadtkommandanten mit der ihm eigenen Freundlichkeit und nahm die Kapitulation der gesamten Stadt an. Das Dschabijja-Tor öffnete sich kampflos.

Inzwischen hatten Chalids Leute kämpfend die Marienkirche erreicht. Hier trafen beide Sarazenen-Gruppen aufeinander. Ein seltsamer Anblick: Dort der gutmütige Abu-Ubaida, umgeben von General Thomas, Würdenträgern der Stadt und Bischöfen – hier Chalid, Scheich Kakaa und seine Sturmtruppe, mit blutbespritzten Rüstungen und Schwertern. Widerwillig übernahm Chalid die Garantie, die Abu-Ubaida für Damaskus und das Leben seiner Einwohner gegeben hatte.

Thomas' List und Abu-Ubaidas Rechtschaffenheit hatten ihn nicht nur einen spektakulären Sieg gekostet, auch die Beute der reichsten Stadt Syriens war verschenkt. Großmütig, wie Abu-Ubaida war, hatte er dem Schwiegersohn des Kaisers freien Abzug für die Garnison mitsamt allem transportierbaren Besitz versprochen – innerhalb einer Schonfrist von drei Tagen. Beute aber war das Brot der Krieger. Nach dem von Mohammed bei Badr festgesetzten Schlüssel gehörten vier Fünftel aller durch Kampf eroberten Güter – auch die Frauen – den

Siegern. In Damaskus hätte jeder Soldat ein Vermögen und einen Harem kassieren können. So fiel nur Tributsteuer an, und die floß nach Medina. Chalid und seine Garde bissen die Zähne zusammen, als die Byzantiner in endlosen Karawanen den Reichtum Damaskus' fortschleppten, darunter 300 Ballen feinsten Brokats, die Kaiser Herakleios gehörten, daneben viele hundert Frauen und Mädchen. Und nichts war dagegen zu unternehmen. Fast nichts.

Jonas, der Überläufer, verriet ein zweitesmal: Der Konvoi werde nicht in einem nahen Fort Schutz suchen, sondern direkt das kaiserliche Hauptquartier in Antiochia ansteuern – auf einer umwegreichen Straße, die für schwerbepackte Wagen befahrbar war. Berittene könnten auf Abkürzungen die Karawane einholen.

Ungeduldig warteten Chalid und seine Offiziere die Schonfrist ab: Mit Sonnenaufgang des vierten Tages ritten sie los. Kurz vor Antiochia brachen sie über den Flüchtlingstreck herein. Das war »Razzia« wie in den alten »Tagen der Araber«. Chalid holte nach, was der fromme Abu-Ubaida ihm verwehrt hatte. Er tötete General Thomas und dessen Stellvertreter. Die Byzantiner flohen in wilder Panik. Froh, das nackte Leben zu retten, ließen sie Damaskus' Reichtümer im Stich, ihre Frauen und Kinder, darunter Herakleios' Tochter – die Chalid allerdings, nunmehr befriedigt, dem kaiserlichen Vater als »Geschenk« schickte.

Überladen mit Beute, reich an Sklavinnen, kehrten Chalids Reiter nach Damaskus zurück, von den Dortgebliebenen vorwurfsvoll-neidisch empfangen. Chalids Männer waren mehr denn je bereit, für ihren General durchs Feuer zu gehen, er hatte ihnen verschafft, was ihnen zustand. Man schrieb den 1. Oktober 634; es war Chalids letzter Sieg als Feldmarschall der Sarazenen.

Abu-Ubaida überreichte ihm wortlos einen Brief, der am 22. August in Medina abgesandt worden war. An diesem Tag war dort die Geschichte des Sarazenen-Reichs in ein neues Stadium getreten.

Zurück zum Puritanismus

Im August hatte Medina einen selten kühlen Tag erlebt. Abu Bekr nahm trotzdem das gewohnte Bad vor dem Abendgebet. Die sich darauf einstellende Erkältung beachtete er nicht. Als ihn dann aber Fieber befiel, wußte er, daß ihm nur noch wenige Tage blieben.

In seinen zwei Jahren als Kalif hatte der schmächtige Mann mit der anfälligen Gesundheit Übermenschliches geleistet: den drohenden Zerfall des Prophetenreiches aufgehalten, den ersten Beweis geliefert, daß der Islam eine weltverändernde Kraft sein werde, und die neugewonnenen Gebiete mit dem ausbaufähigen Grundmuster für eine Verwaltung überzogen. Nun galt es, einen geeigneten Nachfolger zu bestimmen, der ebenso fest in der uneigennützigen Durchsetzung der weitgespannten Ziele des Islam war.

Für ihn kam nur einer in Frage: Omar. Den Versuchungen, die mit der Wohlstandsschwemme über Medina hereingebrochen waren, hatte Omar bisher am besten widerstanden. Für den sterbenden Kalifen, der die Schwächen seiner Freunde kannte, muß das entscheidend gewesen sein. Immerhin übte Abu Bekr bei der vorprogrammierten Machtübergabe soviel Demokratie, wie unter den Umständen möglich. Seine Hauptfrau Asma hob ihn ans Fenster. Mit brechender Stimme erfragte sich der Kalif von der Menge, die sich vor dem Haus versammelt hatte, das Einverständnis.

Aber noch konnte der Kalif nicht in Ruhe sterben. Persiens legendärer Schlachtenheld Rustam, einige Zeit durch Intrigen am immer noch zerstrittenen Hof in Mißkredit geraten, hatte sich als neuer Reichsverweser wieder an die Spitze seiner Truppen gesetzt. Verstärkung war dringend erforderlich, nicht minder ein Feldherr wie Chalid. Dies alles trug Scheich Musanna dem sterbenden Abu Bekr vor.

Mit dem neuen Kalifen, der am Morgen die Vorbeterkanzel der Moschee bestieg, begann ein neues Verhältnis zwischen Volk und Führer. »Die Araber«, rief Omar aus, »sind rebellische Kamele. Ein guter Treiber zwingt sie auf den rechten Weg!«

Der hochgewachsene Omar, der die Masse der Gläubigen überragte, als säße er – so ein Chronist – auf einem Pferd, war, wie sein Vorgänger, ein Verächter allen Luxus. Während seines Kalifats soll er nur ein einziges Gewand besessen haben, Hunderte Male geflickt. Sein demonstrativ zur Schau getragener Puritanismus hatte seinen Grund. Überall um ihn herum, nicht nur in Medina, wich die spartanische Lebenshaltung wieder dem Luxus. Heimlich wurden wieder Weinschläuche geleert, Gelage mit Sängerinnen gefeiert, Luxusgüter gehortet. Omar war entschlossen, unnachsichtig dagegen vorzugehen. War Abu Bekr nachts durch die Straßen gegangen, um Armen zu helfen, so patrouillierte Omar nun mit der Peitsche, um Betrunkene zu züchtigen; sogar seinen Sohn. Während andere sich an Feinschmeckereien Syriens und Persiens erfreuten, hielt Omar für sich und seine Familie am Speisezettel der Notjahre fest: Gerstenbrot und Trockendatteln.

Der Prototyp des Neureichen, der den von ihm, Omar, mitgeschaffenen Islam zur Befriedigung persönlicher, weltlicher Ambitionen mißbrauchte, war für ihn Chalid. In seinen Augen war dieser Soldat, den er seit Kinderjahren haßte – Chalid hatte ihm bei einer Rauferei ein Bein gebrochen –, ein Abenteurer, der Krieg nicht für den Glauben führte, sondern für Ruhm und Beute. Der Prophet hatte dem »Schwert Allahs« die Hinrichtung von Unschuldigen bei einer Strafaktion verziehen. Abu Bekr hatte ihm die Blitzheirat mit der schönen Witwe eines eben erst exekutierten Renegatenscheichs vergeben. Aber Omar war nicht bereit, ihm den Hundert-Frauen-Harem und das Verschwenderleben im Beuterausch nachzusehen. Nur widerwillig erkannte er an, daß der Islam dem »Schwert Allahs« seine größten Eroberungen verdankte. Chalid drohte ein Volksheld zu werden, der den Kalifen überstrahlte, und das war gefährlich für Staat und Glauben.

Omar war entschlossen zu beweisen, daß nur Allah Siege erwirkt, kein Sterblicher. Gleich nach Abu Bekrs Tod ernannte er seinen alten Freund Abu-Ubaida zum Chef der Armee Chalids: »Und hüte dich vor weltlichen Versuchungen, damit sie dich nicht vernichten wie andere. Du siehst ja, wie sie fallen...«

Als Abu-Ubaida im Feldlager vor Damaskus diesen Brief erhielt, freute ihn die Beförderung keineswegs. Er wußte, Chalid war das Idol der Armee. Realistischer als der Kalif, sah er schlimme Folgen für die Moral der Belagerungstruppe voraus. Er hielt das Kalifenedikt geheim. Erst als Chalids Soldaten mit ihrer Beute heimkehrten, gab Abu-Ubaida ihm den Brief.

Chalid sagte nur: »Wenn Abu Bekr tot ist und Omar nun Kalif – dann hören und gehorchen wir.«

Die Todesfalle am Jarmuk-Fluß

Fast ganz Syrien und Palästina waren den Sarazenen zur Beute gefallen. Byzanz hielt nur noch vereinzelte Bastionen und Brückenköpfe: Jerusalem und die Häfen an der Libanon-Küste. Von Antiochia aus, der drittgrößten Stadt seines Reiches, mühte sich Kaiser Herakleios

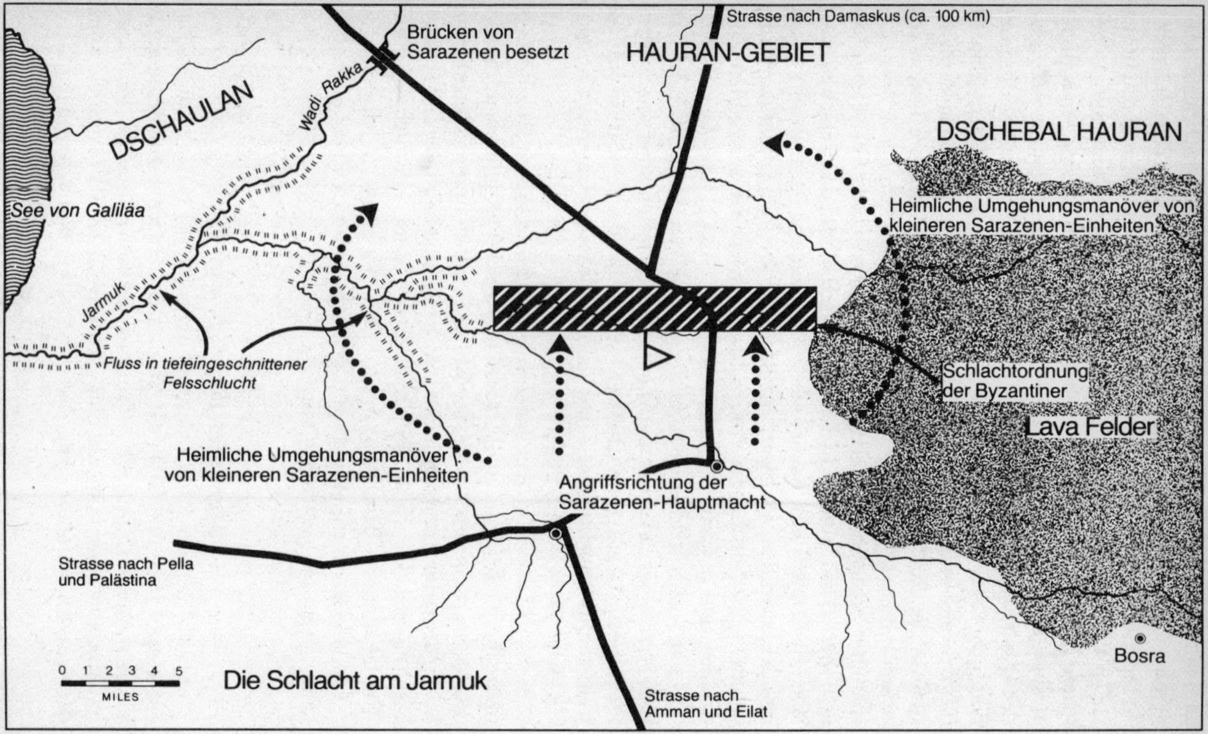

Die Schlacht am Jarmuk

verbissen, noch einmal eine neue Armee auf die Beine zu stellen. Anfang 636 wälzte sich eine gewaltige Streitmacht, aus allen Teilen des Reiches zusammengetrommelt, von Norden, der heutigen Türkei, nach Syrien hinein. Die Entscheidungsschlacht stand bevor.

Kein Sarazenen-General machte sich Illusionen, das strategische Genie eines Chalid übertreffen zu können. Als nun Herakleios sein letztes Aufgebot in Marsch setzte, einigten sich die Moslem-Kommandeure schnell, dem geächteten »Schwert Allahs«, ohne Wissen des Kalifen, wieder den Oberbefehl zu übertragen. Zum Schein behielt Abu-Ubaida das Vorbeteramt beim Gottesdienst, sonst Vorrecht des Feldherrn.

Chalids Schlachtplan war riskant. Er sah vor, ganz Syrien nördlich des Jarmuk aufzugeben, auch Damaskus. Als Walstatt bestimmte er das Dreieck zwischen den steilen Schluchten der Flüsse Jarmuk und Rakka, südlich der Golan-Höhen. Durch seinen strategischen Rückzug sicherte er sich den Platzvorteil, die Byzantiner standen unter Zugzwang.

Vier Monate lang lagen sich die Armeen am »Dira'a-Loch« auf Rufweite gegenüber. Nur einzelne Sarazenen-Stoßtrupps arbeiteten sich durch das Lavageröll im Osten und die zerklüfteten Schluchten im Westen, um hinter den Linien »Razzias« durchzuführen. Militärgeschichtler halten es für einen folgenschweren Fehler, daß Herakleios seinem Heer nicht sofort den Angriffsbefehl gab. Chalid indessen nutzte das Zögern, er ließ von Medina Verstärkung kommen. Arabische Chronisten geben die byzantinische Truppenstärke mit 250 000, die der Moslems mit 40 000 an. Moderne Historiker halten ein Kräfteverhältnis von 50 000 zu 25 000 für realistischer. Aber auch damit gehört der Kampf um den Jarmuk noch zu den blutigsten Schlachtfesten der Sarazenen-Geschichte.

Der 20. August 636 war ein brütend heißer Tag. Windböen wie aus einem Feuerofen jagten Sandwolken über beide Heere. Der Wind kam aus Südosten, die Sarazenen hatten ihn im Rücken, sie rüsteten zum Angriff. Bei den Byzantinern, ihren armenischen und christlich-arabischen Hilfstruppen lasen Priester letzte Messen, segneten Schwerter und Lanzen, auch die mannshohen Kreuze, die im Kampf mitgeführt wurden. An den Flanken bezogen die christlichen Ghassan-Beduinen Stellung. Beduinen gegen Beduinen – Herakleios hatte gesagt: »Nur Diamant schneidet Diamant.«

Der Sandsturm wurde stärker, Sicht nur noch wenige Meter. Zelte rissen sich los, Pferde scheuten, schlugen um sich. Während die Sarazenen, an Sandstürme und Hitze gewöhnt, vorrückten, lag ein großer Teil des byzantinischen Heeres auf dem Boden, die Gesichter in den Armen vergraben. Moslemschwerter und -lanzen hackten sich durch die vom Sand gefällten Byzantiner. Herakleios' Soldaten flüchteten zu Tausenden – eine Flucht in den Tod, in die Felsschluchten des Jarmuk und des Rakkat.

Als der Sandsturm endlich abflaute, trieben einzelne Angriffsspitzen die Sarazenenfront zurück. Dahinter war das Lager der Familien: Dreimal jagten bewaffnete Frauenhorden ihre entnervten Männer zurück ins Gemetzel, unter ihnen Hind, Abu-Sufjans Frau. Sie schrie Schmährufe gegen Feiglinge – wie damals, als sie Mekkas Männer gegen den Propheten trieb, nun aber schrie sie für Allah. Auch Abu-Sufjan war dabei, bereits dreiundsiebzig, er hatte ein Auge verloren, konnte sich nur noch in der Etappe nützlich machen; er versorgte seine Söhne Muawija und Jasid, die an vorderster Front standen, mit Wasser und Waffen.

Am sechsten Tag, die Kräfte der Byzantiner erlahmten, gelang Chalids Reiterei der entscheidende Flankenstoß. Die Legionen, teils als Zehnergruppen in Ketten zusammengefesselt, um so Hunderte von waffenstarrenden Festungsigeln im Getümmel zu bilden, verloren Fuß um Fuß des leichenübersäten Bodens. Gnadenlos stießen die Sarazenen ihre Gegner jetzt der Rakkat-Schlucht entgegen. Inzwischen war ein Kommando, von Zorror geführt, auf Umwegen ans andere Ufer gelangt, hatte eine Brücke zerstört und versperrte am jenseitigen Rand der Schlucht den letzten Ausweg für die wenigen, die dort hochkletterten. Das Schicksal der Byzantiner war besiegelt. Im stumpfen Winkel zwischen Jarmuk und Rakkat zusammengedrängt, wurden die letzten Reste von Herakleios' Superarmee mit Lanzen und Schwertern über die Felsen gestoßen.

Für das grausige Finale sorgte Chalids Reiterei. Mit den Knien und den Hufen ihrer Pferde trieben sie die entkräfteten Kettengruppen in die Tiefe. Chalid hatte wieder einmal seine Strategie der totalen Vernichtung durchgespielt.

Jarmuk, das byzantinische Stalingrad, war, nach der Wertung des pakistanischen Chalid-Biographen Generalmajor Akram, die verheerendste Niederlage in der Geschichte des oströmischen Imperiums –

und mit seiner komplexen Kombination von Frontalangriffen, elastischen Frontrückziehern, punktuellen Durchbrüchen, Flankenangriffen und Umgehungsmanövern das brillanteste Beispiel für Chalids militärisches Genie.

Kaiser Herakleios, krank an Leib und Seele, zusehends verfallend, von epileptischen Anfällen heimgesucht, vom drohenden Verlust auch Jerusalems moralisch erschüttert, brach sein vorgeschobenes Hauptquartier in Antiochia ab. Syrien war verloren. Da Jerusalem, seit langem belagert, nicht zu halten war, ließ er von dort die heiligste Reliquie des Christentums nach Konstantinopel überführen. Das war ein silberner Kasten mit einigen Holzscheiten, angeblich Reste des Hinrichtungskreuzes Christi. Die Perser hatten ihn gestohlen, als sie Jerusalem besetzten. Herakleios hatte ihnen die Reliquie abgejagt und im Triumphzug wieder heimgebracht – nun, neun Jahre später, konnte er sie eben noch vor den Sarazenen retten. Die finstere Feierlichkeit, mit der die Reliquie in die »Hagia Sophia« hineingetragen wurde, nahm die unabwendbare Endniederlage vorweg.

Jerusalem war nicht nur für die Christen, die es eben verloren hatten, sondern auch für die Moslems, die es nun gewannen, ein Ort erhabenster Heiligkeit. Es war die Stadt Salomons und Christi, die Stadt auch, von der Mohammed im Traum zu seiner Himmelsreise aufgefahren war. Mit der Eroberung Jerusalems schloß sich in der Geographie des Islam die Achse Mekka-Medina zum mystischen Dreieck.

Patriarch Sophronius hatte, um die Zerstörung der Stadt abzuwenden, die Kapitulation angeboten. Seine Bedingung: Der Kalif müsse selbst kommen. Kalif Omar machte sich also mit einigen alten Gefährten auf die Reise. Zum Empfang hatten sich Chalid und Jasid phantastisch herausgeputzt: wehende Gewänder aus Brokat und Seide, selbst an ihren Hengsten glitzerte juwelenbesetztes Zaumzeug.

Omar sprang zornbebend vom Pferd und schleuderte eine Handvoll Dreck gegen seine Generäle. »Schande! Wie euch der Überfluß verdorben hat! Bei Allah, noch nach zweihundert siegreichen Jahren würde ich euch degradieren!« Dann wandte er sich demonstrativ dem schlicht-frommen Abu-Ubaida zu. Ihn umarmte er mit überschwenglicher Herzlichkeit.

Omar betrat Jerusalem nicht nur als Eroberer, sondern auch als Pilger, und schlicht wie ein Pilger war er gekleidet. Patriarch Sophronius zeigte wenig Verständnis: Zumindest waschen lassen solle er seinen

Kamelhaarmantel, bevor er die heiligen Orte betrete. Widerwillig ließ Omar sich darauf ein. Dann fragte er nach dem Ort, wo die Leiter aus Licht gestanden habe, über die Mohammed zu Allah hinaufgestiegen sei.

Was der Kalif suchte, war der Tempelberg, der Felsen, um den einmal Salomons Tempel gebaut worden war. Das Heiligtum war längst verfallen, es war mit Unrat übersät. Der Kalif begann mit den Händen den Abfall abzuräumen, um den Felsen freizulegen. Die Moslems, die sich allerhand feine Lebensart von den Besiegten angeeignet hatten, berührte der fromme Eifer ihres Kalifen peinlich. Selbst Abu-Ubaida soll behutsam versucht haben, den derzeit mächtigsten Herrscher zu zivilisierterem Verhalten zu bewegen. Vergeblich – Omar stand zu fest in seinem Glauben.

Am Südende des gesäuberten Tempelplatzes ließ der Kalif aus Balken und Brettern ein Bethaus errichten. Später wurde daraus die »Aksa«-Moschee. Über dem Felsen erhebt sich heute majestätisch der achteckige Felsendom.

Chalid wurde der Oberbefehl wieder entzogen. Bei der Eroberung der Kaiserresidenz Antiochia befehligte Chalid nur, wie schon vor Jerusalem, die Kavallerie. Syrien war nun fest in Sarazenenhand; während andere Generäle in Persien und Ägypten weitersiegen durften, saß Chalid in einer Kleinstadt südlich Aleppo fest, in Ken-Nasein – als Ortskommandant.

Omar hörte nicht auf, übelzunehmen. Er rügte, daß Chalid seinen narbenübersäten Körper im Bad mit einer Lotion einrieb, die Alkohol enthielt. Er beschuldigte Chalid der Verschwendung, weil er einem Dichter, der ihm Loblieder sang, 10000 Dirhem schenkte, etwas mehr als sein regulärer Jahressold. Der puritanische Omar konnte kein Verständnis für einen Menschen wie Chalid aufbringen. Auf Omars Befehl mußte Abu-Ubaida das »Schwert Allahs« vor versammeltem Volk »aller Ämter und Verwaltungen entheben«. Der General, der vierzig große Schlachten geschlagen und nie eine verloren hatte, verabschiedete sich als gebrochener Mann von seiner Truppe.

Vereinsamt verbrachte Chalid seine letzten Jahre im Zwangsruhestand in Homs. Eine Pestepidemie überzog Syrien und Palästina, 25000 Moslems starben, darunter Chalids alte Waffenkameraden Abu-Ubaida, Schurachbihl, Jasid und Zorror, darunter auch fast die halbe Hundertschaft von Söhnen, die er gezeugt hatte. Allein in einer

Welt, die er mitgeschaffen hatte und an der er doch keinen Anteil mehr nehmen durfte, starb das »Schwert Allahs«, vier Jahre, nachdem es vorzeitig zu altem Eisen geworden war, im Bett.

In Homs liegt rechts von der Ausfallstraße nach Hama in einem Park die Chalid-Moschee mit ihren fünf Kuppeln und zwei Minaretts. Dort ruht der Mann, von dem sein modernster Biograph, Generalmajor Akram, sagt: »Er hatte die strategische Vision eines Napoleon und die taktische Brillanz eines Friedrich des Großen.« Gepaart mit der Brutalität eines Dschingis Chan, darf man wohl hinzufügen.

Die Nachricht vom Tod des vergötterten Volkshelden stürzte Medina in Trauer. Omar, in seinem Haus an der Moschee, hörte das Wehklagen auf den Straßen. Da er schon in seiner Regierungserklärung alle Trauerkundgebungen verboten hatte – «wozu, wenn doch jeder wahrhaft Gläubige ins Paradies auffährt?« –, griff er nach der Peitsche, um seine »irrenden Kamele« zu züchtigen. An der Tür hielt er inne. Er hörte Schluchzen unter seinem eigenen Dach. Auch seine Tochter, die Propheten-Witwe Hafsa, trauerte um Chalid. »Vielleicht«, sagte er und ging wieder zurück, »irren jene, die da weinen, weniger als ich. Über einen Mann wie Chalid soll weinen, wer weinen kann.«

Traumstadt Alexandria – Beute für Amr

Der Sarazenen-General, der im Namen Allahs Ägypten eroberte, war hervorragend qualifiziert. Amr Ibn-al-As, nun fünfundvierzig, war als junger Mann oft mit mekkanischen Handelskarawanen durch die fruchtbare Nil-Provinz des oströmischen Reiches gezogen. Er kannte das mächtige Alexandria mit seinen unbezwingbaren Mauern und Verteidigungsanlagen. Mit eigenen Augen hatte er den – für die naiven Wüstensöhne seiner Armee – unvorstellbaren Reichtum dieser Stadt gesehen, den Prunk ihrer Paläste, die Eleganz ihrer Villen. Wenn Amr abends am Lagerfeuer die Traumstadt schilderte, vergaß jeder Krieger Strapazen und Gefahr. In Alexandria würde Allah den Mut seiner Helden überreich belohnen.

Amrs Offiziere schüttelten ungläubig die Köpfe, wenn er ihnen die 30 Meter breiten Hauptstraßen der Stadt beschrieb; den Karawanenmarkt, wo sich, in friedlicheren Zeiten, der gesamte Welthandel konzentrierte, wo die Produkte Arabiens, Indiens, Chinas und Afrikas gegen das Gold, das Silber und die Erze der westlichen Welt getauscht wurden.

Und dann lag die Wunderstadt vor ihnen. Da ragte, hinter 19 Kilometer langen Mauern und Türmen und Bastionen, die Kirche von St. Markus in den Himmel, die ursprünglich das »Cäsareon« war, ein Tempel zu Ehren Cäsars, von Cleopatra begonnen und von Kaiser Augustus beendet. Nach Westen hin erhoben sich die beiden »Nadeln« aus Granit zwischen den Dächern der Paläste, 23 Meter hoch – »Cleopatras Nadeln«, wie sie fälschlich hießen, denn sie waren schon über 2000 Jahre als (heute schmückt eine das Themse-Ufer in London, die andere den Central-Park in New York). Da stand, noch 9 Meter höher, die Pompejus-Säule. Und im Hintergrund, schon draußen auf dem Meer, türmte sich, 130 Meter hoch, ein Weltwunder der Antike: der Leuchtturm von Pharos, der tags Sonnenstrahlen, nachts starken Feuerschein 60 Kilometer weit hinaus aufs Meer reflektierte. Ein 1290 Meter langer Damm verband Ufer und Pharos-Insel; links und rechts davon drängten sich die byzantinischen Handels- und Kriegsschiffe, deren Basis Alexandria war. Die Stadt der Weltwunder war für die Krieger phantastischer als jede Fata Morgana.

Sie starrten auf die Mauern dieser unbegreiflichen Stadt. Da standen 50000 Legionäre und erwarteten gelassen den Sturm. Die Invasoren besaßen keine Belagerungsmaschine, keinen Mauerbrecher, kein Schiff. Zwei tollkühne Sturmangriffe erstarben im Hagel der Pfeile, Katapulte und Wurfbeile. Amr mußte seine Streitmacht auf sicheren Abstand zurückziehen. Aus Syrien herangeführte Reserven verstärkten den – freilich zur See hin offenen – Belagerungsring auf 10000 Mann. Doch die Stadt schien uneinnehmbar. Und sie versperrte den Weg nach Karthago und Konstantinopel. Da entschied der Zufall – oder sollte es wirklich Allahs Fügung gewesen sein? – das Schicksal Alexandrias in Byzanz.

Herakleios war im Februar 641 gestorben. Sein Tod lähmte Byzanz. Daß er zwei Nachfolger eingesetzt hatte, von denen der eine kurz darauf ebenfalls starb und der andere fast noch ein Kind war – Konstantin, Sohn aus erster Ehe, und Herakleonoas, Sohn seiner zweiten Frau Martina –, brachte Unruhe in die Armee. Meuternde Soldaten stürzten den fünfzehnjährigen Imperator, schnitten ihm die Nasen- und seiner Mutter die Zungenspitze ab und schickten beide ins Exil. Als neuen

Herrscher setzten sie einen Herakleios-Enkel, auch erst zwölf Jahre alt, auf den Thron. Diese verworrene Situation in der Hauptstadt suchte der Patriarch Cyrus von Alexandria für sich zu nutzen.

Da weit und breit keine Entsatzarmee für Alexandria zu sehen war, hoffte der Patriarch, Alexandria unter den als religiös tolerant bekannten Moslems mehr oder weniger selbständig regieren zu können. Er bot Verhandlungen an. Seine Bedingung: Die Stadt muß unversehrt bleiben. General Amrs Gegenbedingung: Nie wieder darf eine byzantinische Armee den Boden Ägyptens betreten. Und zwei Dinar Kopfsteuer pro Bürger. Der junge und schwache Kaiser ratifizierte den Vertrag.

Den Sarazenen muß es wie ein Wunder vorgekommen sein: Ohne Kampf, ohne Blutopfer, fiel ihnen die reichste Stadt des römischen Reiches zu. General Amr, außerstande, seinem Kalifen ein Bild vom Reichtum Alexandrias zu vermitteln, meldete: »Ich sage nur, daß ich Besitz ergriffen habe von einer Stadt mit 4000 Villen, 4000 Bädern, 40000 Juden und 400 Vergnügungsstätten für die Aristokratie.«

An dieser Stelle muß wieder einmal – obwohl es schon oft, doch offenbar vergeblich geschehen ist – die unausrottbare Legende dementiert werden, General Amr hätte Alexandrias berühmte Bibliothek mit dem Gesamtwissen der Antike in Flammen aufgehen lassen. Tatsache ist, daß die »Ptolomäische Bibliothek« mit, wie es heißt, 700000 Schriftrollen bereits im Jahre 48 v. Chr. verbrannte – nämlich als Julius Cäsar dort, nach der Ermordung des Pompejus, neun Monate lang einen Volksaufstand niederkämpfte. Weitere 200000 Rollen gingen 389 zugrunde, als es, unter Kaiser Theodosius, zu blutigen Auseinandersetzungen zwischen orthodoxen und koptischen Christen kam. Als die Sarazenen in Alexandria einmarschierten, kann es also nicht mehr viel Beschriebenes zum Verbrennen gegeben haben. Anschuldigungen dieser Art erhebt auch kein zeitgenössischer Chronist. Erst vom 13. Jahrhundert an wird der Bibliotheksbrand den Moslems angelastet – nach den Kreuzzügen.

General Amr wußte die kriegs- und handelsstrategische Lage Alexandrias wohl zu nutzen. Im Frühjahr 643 gab er Befehl zum Weitermarsch nach Westen – erste Schritte auf dem Weg, der schließlich, knapp neunzig Jahre später, tief in Frankreich, zwischen Tours und Poitiers, enden sollte. Schon faßte Amr die Eroberung Karthagos ins Auge, da zwang ihn ein Befehl aus Medina zum Rückmarsch.

Gleichzeitig war ein kleineres Bataillon von Alexandria aus nach Süden, nilaufwärts, vorgedrungen. Unter dem jungen Kommandanten Okba Ibn-Nafi, einem Neffen Amrs, versuchten die Sarazenen in den Sudan (damals Nubien) einzudringen.

Unterdessen war auf General Amrs Order bei Alexandria der verfallene Kanal zwischen dem Nil und dem Roten Meer wieder geöffnet worden, den schon die Ptolomäer erbauten und Roms Kaiser Trajan bereits einmal repariert hatte. Über dieses frühe Muster eines Suez-Kanals wurde die ägyptische Beute in Schiffen zu arabischen Häfen transportiert.

Der Kalif verdächtigte den Sieger von Alexandria, wie fast alle seine Generäle, sich Teile der Beute in die Tasche gesteckt zu haben. Amr wurde ein Revisor vorgesetzt. Funktionäre wurden, je mehr sich das Sarazenen-Reich ausdehnte, so wichtig wie Helden.

Warum die Sarazenen wirklich siegten

Chalid und Amr blieben nicht die einzigen Feldherren, die vom Kalifen gemaßregelt wurden. Saad Ibn-Abi-Wakkas zum Beispiel, der Eroberer der persischen Hauptstadt Ktesiphon, mußte sich ebenfalls einem Revisor unterstellen – er hatte sich einen luxuriösen Palast gebaut.

Kaum anders erging es einem Divisionskommandeur des Heerführers Saad. Der einäugige Troupier Mugira, in Mohammeds Wüstenpiratenzeit Spezialist für Sondermissionen, hatte den Vorstoß nach Südpersien befehligt. Von einem Harem mit vier Dutzend Sklavinnen unbefriedigt, verführte er eine Moslemfrau. Vor einem Ehebruchstribunal des Kalifen mußte er sich verantworten. Drei Zeugen hatten ihn in seinem Zelt auf der Ehebrecherin liegen sehen. Nur der vierte Zeuge, Mugiras Sekretär übrigens, beschwor, gerade wegen der hochgezogenen Schenkel der Frau habe er, bei seinem kurzen Blick ins Zelt, Mugiras Glied nicht in den Schoß der Frau eindringen sehen können. Mugira kam mit einem blauen Auge an der – für den Ehebruch vorgeschriebenen – Steinigung vorbei. Aber sein Kommando mußte er nun abgeben.

Omars Ein- und Absetzungen von Heerführern und Gouverneuren spiegeln ein – vom koranlinientreuen Omar wohl am tiefsten empfundenes – Dilemma wider, das Historikern heute noch zu schaffen macht: War die Sarazenen-Invasion ein Religions- oder ein Beutekrieg?

In der Absicht des Propheten und der frühen Kalifen sollten die Feldzüge ausschließlich der Ausbreitung des Glaubens dienen. Solche Feldzüge waren jedoch weniger mit gläubigen Koranvorlesern zu gewinnen als mit strategiebegabten, kaltblütigen Soldaten. Was aber war das »Geheimnis« der unaufhörlichen Sarazenen-Siege? Versuchen wir, die verschiedenartigen Kausalketten, die sich vielfach überlagern, zu einem Gesamtbild zu ordnen.

»Ungläubige« Historiker, zunächst die byzantinischen, heute die von materialistischen Denkkategorien geprägten, behaupten: Vornehmlich die Gier nach Beute trieb die Sarazenen aus der sonnenverbrannten Armut Arabiens, auf der Suche nach Lebensraum, in den fruchtbaren Norden. Caetani und Becker, die die Theorie von der permanenten südarabischen Völkerwanderung in Wellenform vertreten, halten die Sarazenen-Invasion für die sechste Welle dieses Alle-Tausend-Jahre-Phänomens.

Moslemische Historiker werden immer behaupten, nur der Auftrag des Propheten und das Feuer des Glaubens hätten aus Nomadenstämmen über Nacht unwiderstehliche Armeen gemacht. Zweifellos hat die nicht zu widerlegende Gewißheit, schlimmstenfalls direkt als Märtyrer ins Paradies zu gelangen, aus vielen Sarazenen Kamikazekämpfer gemacht, denen Todesfurcht nicht beizubringen war. Ein Echo davon sind heute wohl die Selbstmördereinsätze von Palästinenser-Kommandos. Doch der Fanatismus allein tat es sicher nicht.

Hinzukommen mußte noch die ungeahnte Fähigkeit der vormaligen Wüstenräuber, strategische Prinzipien schnell zu erfassen. Chalid und Amr, die noch zehn Jahre zuvor einen Graben für unüberwindlich gehalten hatten, scheuten sich bald nicht mehr, an waffenstrotzend befestigten Städten wie Damaskus und Alexandria die Zange anzusetzen. Andererseits hüteten sie sich klug, zweifelhafte Taktiken zu übernehmen, wie etwa die Elefantenschwadronen – an denen die Perser, wie der Historiker August Müller sagt, »mit nationalem Eigensinn noch immer festhielten, nachdem schon 1000 Jahre zuvor die Alexander-Schlachten ihre militärische Unbrauchbarkeit dargetan hatten«.

Aber auch das erklärt noch nicht alles. Alle diese Faktoren hätten nicht die sarazenischen Überraschungssiege garantieren können. Es waren die Zustände in den angegriffenen Ländern, die den Moslems in die Hände spielten.

Was waren das für Zustände?

Nach den Großmachtkriegen zwischen Byzanz und Persien erwartete die Bevölkerung in den Grenzprovinzen, wirtschaftlich und moralisch ausgelaugt, endlich Frieden und Gesundung. Diese Bevölkerung war semitisch, wenn nicht gar arabisch. Und hier wie dort wurde sie von ihren griechisch-byzantinischen oder persischen – und damit landfremden – Feudalherrschaften enttäuscht.

In Ktesiphon hatte eine Palastrevolutions-Allianz aus Militärjunta und Hofkamarilla den Schahinschah und fast alle seine Kinder erschlagen, um mit dem vor der Hauptstadt stehenden Herakleios Frieden schließen zu können. Anschließend überzog die Aristokratenguerilla, im Kampf um Thronfolge und Fürstenunabhängigkeit, das Land mit Bürgerkrieg.

Die arabisch-stämmige Bevölkerung des Irak hatte am wenigsten Lust, sich für ihre iranischen Herren verheizen zu lassen; so empfingen sie die sarazenischen Blutsbrüder mit der relativen religiösen Toleranz als Befreier. Selbst christliche Araberstämme, vor kurzem noch für Persien im Krieg gegen Byzanz, ritten nun, oft auch unbekehrt, für den Islam.

Im Effekt gleichartig, in den Hintergründen komplizierter, waren die Zustände in Palästina, Syrien und Ägypten. Auch Byzanz hatte nie verstanden – vielleicht auch nicht für nötig gehalten –, in den Ostprovinzen seines Reiches eine nationalbewußte Solidarität zu schaffen. Die erst römische, dann griechische Herrenschicht residierte vornehmlich in den großen Städten. Der einheimischen Bevölkerung waren Kult und Kultur der Kolonisatoren fremd geblieben. Griechisch war die Sprache der Verwaltung und der Intellektuellen. Das Volk sprach Aramäisch, Syrisch oder Koptisch. In den Händen griechischer Großgrundbesitzer befand sich die Landwirtschaft: Jahr für Jahr wurden die Ernten aus der Kornkammer Konstantinopels mit riesigen Schiffsgeleitzügen in die Hauptstadt geschafft, wo – immer noch nach altem römischen Muster – das Getreide kostenlos ans Volk verteilt wurde. Die Metropole versorgte dafür die Kolonien mit der Staatsreligion.

Als Kaiser Konstantin das Christentum zur Staatsreligion erklärte, steckte bereits der Spaltpilz drin. Längst wurde heftig um den Fragenkomplex diskutiert: Ist Christus Gottes Sohn? Oder ist Christus Menschen Sohn? Oder ist er beides zugleich? Und wenn ja – welche Wesenheit und welcher Wille überwiegen in der Mischung? Mehr Göttliches? Mehr Menschliches? Aus der frohen Botschaft des Mannes von Nazareth war eine Ideologiediskussion geworden: »Christologie«.

Kaum war das Christentum staatstragend, geriet es auch schon in die Automatik aller Religionen und Ideologien, die Macht erlangen – wie nach ihm der Islam, wie später der Kommunismus: Es bildete sich eine Orthodoxie heraus, die mit den politischen und polizeilichen Machtmitteln des von ihr usurpierten und mit ihr identifizierten Staates jedes Abweichlertum verfolgte. Bald hatte sich die Innenpolitik in Konstantins Imperium völlig mit der Christologie vermischt.

Auf Konzilen wurde um der Wahrheit willen gerungen, geprügelt, intrigiert und bestochen. Die Spaltung weitete sich aus. Ägypten, Syrien und ein Teil Kleinasiens opponierten gegen die Staatskirche.

Herakleios, als Krieger durchschlagender denn als Theologe, schien nicht zu begreifen, daß sich hinter den christologischen Disputen längst schon nationalistische Oppositionsströmungen verbargen. Mit ihren Häresien demonstrierten die Ostprovinzen ihren Widerstand gegen alles Byzantinische.

Gnadenlos verfolgten Staatsbüttel im Auftrag der Staatskirche alle Abweichler. Mit Polizeiaktionen, Kirchenschließungen, Exkommunikationen schuf die Staatskirche in den Ostprovinzen ein Klima, das nach Befreiung schrie.

Die Sarazenen brachten sie.

Nach nur 300 Jahren Staatskirchentum waren die orthodoxen Bischöfe, an ihrer Spitze der Patriarch von Konstantinopel, mächtiger als der Kaiser – und reicher. Die Kirche besaß riesige Ländereien sowie Handelsmonopole für Basisgüter wie Salz und Papyros. Der Staat dagegen war bankrott.

Als Herakleios gegen die Perser aufrüsten mußte, sprang Patriarch Sergios mit einem Kriegsdarlehen ein, forderte es jedoch zurück, als der Krieg noch kaum gewonnen war. Aber der Feldzug hatte das Reich nicht reicher gemacht. Die gesamte Kriegsbeute genügte nicht zur sofortigen Rückzahlung – und der Patriarch ließ sich nicht auf Raten ein. Der Kaiser sah sich zu einschneidenden Spar- und Steuermaßnahmen gezwungen. Syrien, zum Beispiel, mußte die Steuern nachzahlen, die während der persischen Besatzung fällig gewesen wären, aber die Perser hatten doch auch schon das Land ausgeplündert. Steuerfahnder folterten den Finanzamtsdirektor von Damaskus, bis er noch einmal lächerliche 5000 Goldstücke herausrückte.

Die einschneidenden Sparmaßnahmen jedoch sabotierten die Landesverteidigung. Aus Geldmangel mußte Herakleios ganze Armeen auflösen. Die Vertragszahlungen an die alliierten Araberstämme in Südsyrien wurden völlig eingestellt, die Ostprovinzen lagen jeder nennenswerten militärischen Deckung entblößt da.

Und da kamen die Sarazenen.

Die ausgepreßten Städte unterwarfen sich willig den Befreiern von der kaiserlichen Steuerschraube. Die Juden in Palästina, die Kopten in Ägypten, Nestorianer wie Jakobiten in Syrien begrüßten die Sarazenen als Erlöser vom Terror der Staatskirche. Bis Herakleios wieder Truppen auf die Beine gestellt hatte – zum Teil, wie am Jarmuk, aus reichsfernen Gebieten wie Armenien –, war alles zu spät.

Ein liberales Besatzungsstatut, vom Kalifen Omar entworfen, tat sein übriges. Als Chalids Sarazenen vorübergehend Damaskus aufgaben, um die Jarmuk-Schlacht zu schlagen, zahlten sie der Stadt die bereits eingehobene Kopfsteuer zurück. Ein Regime, das Steuern erstattete, anstatt zu erpressen, das hatte man noch nie erlebt. Allah war nicht nur groß, er war auch großzügig.

Fazit: Die wichtigsten Voraussetzungen für den Sieg des Islam waren von der katholischen Staatskirche geschaffen worden.

Staatspension für jeden Sarazenen

Den Kalifen in Medina erfüllte die unerwartete Ausdehnung des islamischen Reiches keineswegs mit ungemischter Freude. Irgendwann, Anfang der vierziger Jahre des 7. Jahrhunderts, muß Omar die Furcht befallen haben, seine unersättlichen Generäle könnten sich zu Tode siegen.

Sie standen in Nordafrika und Aserbaidschan, im Taurus-Gebirge, vor Armenien und hinter dem Zagros in Persien, zwischen Rei (dem heutigen Teheran) und Persepolis. Schon marschierten sie den Nil hinauf und kämpften mit Nubiern. Der Gouverneur in Damaskus – Muawija, den er dort eingesetzt hatte, um dessen Vater Abu-Sufjan und seinen mekkanisch-aristokratischen Omajjaden-Clan bei Laune zu halten – wollte sogar Schiffe ausrüsten und Konstantinopel von See her angreifen.

Da gebot Omar Halt. Wichtiger als Eroberungen war jetzt, das Erreichte zu konsolidieren. Was Omar damals entwarf, wurde ein Jahrhundertwerk der Staatsverwaltungskunst.

In der 9. Sure hatte Mohammed sinngemäß bestimmt: Der Islam schützt alle »Besitzer einer Schrift«, also Juden und Christen; für alle »ohne Buch« bleibt nur die Alternative »Annahme des Islam oder Kampf«. Bei den Christen von Nedschran sowie bei den Juden von Chaibar hatte Mohammed diese Bestimmung zum erstenmal angewandt. Diesen Christen waren, gegen Tributzahlung, Leben und Besitz garantiert worden. Nach der Eroberung der jüdischen Siedlung Chaibar behielten die Besiegten ihren Grundbesitz, mußten aber einen Prozentsatz der Erträge nach Medina abliefern.

Außerdem: Nach der Schlacht von Badr hatte Mohammed ein Fünftel der Beute für die Gemeinschaftskasse einbehalten.

Diese Präzedenzfälle standen Omar als Basis für sein Verwaltungskonzept zur Verfügung. Die besetzten Gebiete konnten – bis auf Ausnahmen – als »gewaltsam erobert« angesehen werden. Hier kam das »Chaibar-Modell« in Frage: Die Besiegten behielten ihren Grundbesitz und hatten zwei Arten von Steuern zu zahlen. Einmal die Kopfsteuer (»dschisja«), die allerdings auch eine Wehrersatzsteuer und Schutzgebühr war; als Gegenleistung wurde von den Besatzern die Verteidigung gegen jeden äußeren Feind übernommen (als Chalid die Damaszener nicht weiter verteidigen konnte, zahlte er sie zurück). Zweitens die nach der Besitzgröße zu bemessende Grundstückssteuer (»chasradsch«).

Köpfe waren leicht zu zählen. Grundbesitz mußte jedoch vermessen und registriert werden. Der nächste Schritt war die genaue Vermessung des gesamten besetzten Gebietes. So darf also Omar als Erfinder des Katasteramtes gelten.

Was aber tun mit den ungeheuren Einnahmen, die Medina überschwemmten? Aus dem Irak allein flossen jährlich 100 Millionen Dirhem in die Kalifentresore. Für das rechtschaffene Gemüt eines Omar war es selbstverständlich, allen Überschuß zum Nutzen aller Moslems zu verteilen. Der Verteilerschlüssel ergab sich, auch hier, aus Prophetenworten. Priorität hatte die Prophetenfamilie, danach kamen die ältesten Kämpfer, dann die verdienstvollsten Funktionäre – und so weiter bis zum letzten Krieger.

Wieder hatte der Kalif ein gigantisches Registrierwerk zu schaffen, das jedem preußischen Regierungsrat Applaus abgenötigt hätte. Omar schuf eine Art Reichsrechnungshof, der genau über Soll und Haben aller Einnahmen Buch führte – und gleichzeitig, nach Stämmen und Familien geordnet, eine Liste aller Moslems aufstellte. Denn alle hatten Anspruch auf Staatspension.

An der Spitze stand Mohammeds ehemalige Lieblingsfrau Aischa. Mit einem Jahresbezug von 12000 Dirhem war Aischa die reichste Frau im Sarazenen-Staat. Die anderen Frauen des Propheten rangierten mit je 10000 auch noch in der Luxusklasse, ebenso die Mitglieder der Mohammedfamilie Haschim, sofern sie schon bei Badr auf der richtigen Seite gestanden hatten. Generäle kassierten zwischen 9000 und 6000, abgesehen von der Kriegsbeute natürlich (Chalid bekam als kommandierender General 9000, nach der Entlassung 3000). Die Veteranen von Badr, dreihundert lebten noch, bezogen je 5000, Veteranen aus den Kämpfen gegen die Abtrünnigen 3000. Kriegsteilnehmer in Syrien und im Irak sowie die »Söhne der Männer von Badr« hatten Anspruch auf 2000. Wer sich erst nach der Schlacht am Jarmuk rekrutieren ließ, mußte mit 1000 auskommen. Frischrekrutierte traten mit einem Handgeld von 200 Dirhem zu den Fahnen.

Bemerkenswert ist die selbständige Stellung der Frauen auf der Staatsgehaltsliste. Sie bekamen zwar nur 10 Prozent der Zuweisungen an ihre Männer, aber sie hatten ihren eigenen Platz im Staatsregister und brauchten somit nicht ums Taschengeld zu betteln. Selbstverständlich gab es auch eine Hinterbliebenen-Versorgung, sogar ein Staatsgehalt für Sklaven. Jedes Neugeborene verfügte bereits über ein Guthaben von 10 Dirhem.

Die staatliche Rechnungsbehörde hieß, nach einem persischen Lehnwort, »diwan«. Das bedeutete ursprünglich »Register«, dann wurde daraus der Aufbewahrungsort für Register, ein Amt eben (in anderer Richtung entwickelte es sich zur »Gedichtsammlung«, wie bei Goethes »Westöstlichem Diwan«, letztlich ja auch ein »Register«). Ein Sitzmöbel wurde aus dem »diwan«, weil Verwaltungsherren, ihrer höheren Stellung entsprechend, nicht auf dem Boden saßen – ein »Amts-Sitz« also. In diesem Sinn hat sich das Wort im Französischen für die Zollbehörde erhalten: »douane«.

Kalif Omars Diwan lieferte, ganz nebenbei, ein für Orientalisten unschätzbares Nebenprodukt: die exakten Ahnentafeln sämtlicher arabischer Stämme und Dynastien.

Das Besatzungsrecht, das aus Omars Verwaltungskodex hervorging, war, an den rauhen Zeiten gemessen, großzügig. Selbstverständlich war es Andersgläubigen verboten, den Koran zu verunehren, den Propheten zu schmähen und moslemische Rituale lächerlich zu machen; freilich auch, Moslemfrauen zu berühren und Häuser größer als die der Gläubigen zu bauen. Andererseits war ihnen nur in der Öffentlichkeit nicht gestattet, ihr Schweinefleisch zu essen, ihren Wein zu trinken, ihre Kreuze anzubeten. Im übrigen ließ man die religiösen, gesellschaftlichen oder juristischen Gewohnheiten der Unterworfenen unangetastet. Fraternisierung war unerwünscht, Besatzungstruppen und ihre Familien lebten außerhalb der Städte in eigenen Lagern. Alles in allem ein »Apartheids-System«, das im 7. Jahrhundert jedoch keineswegs als repressiv empfunden wurde.

Verführen die Besiegten die Sieger?

Omar hatte gute Gründe für seine Apartheids-Politik. Krieg und Sieg und reiche Beute konnten nicht ohne Folgen auf die schlichten, leicht beeindruckbaren Sarazenen-Gemüter bleiben. Die Wüstensöhne, die sich noch vor einem knappen Jahrzehnt um einen Oasenbrunnen die Köpfe eingeschlagen hatten, aalten sich nun in den Marmorbädern der ehemals römischen Residenzen. Kameltreiber, die für eine Handvoll Datteln Karawanen durch endlose Sandmeere geführt hatten, ließen sich jetzt in den Palästen der persischen Adeligen von sündigen Sklavinnen erlesenste Feinschmeckereien auf goldenen Tellern servieren. Omar fürchtete um das Seelenheil seines Volkes.

Noch stemmte er sich dagegen. Den Moslems verbot er, Landbesitz in den eroberten Gebieten zu erwerben, Truppen, die in Ktesiphon die luxuriösen Aristokratenpaläste besetzt hatten, kommandierte er ins Lager am Wüstenrand um. Der Sarazene sollte bleiben, was er war: der an keine Scholle gebundene, vom unauslöschlichen Kampfgeist für den Glauben erfüllte Nomade, der sich allenfalls im Kriegslager heimisch fühlte. Eine kriegerische Herrenrasse, die über dem parfümierten Sumpf der Dekadenz sich selbst und dem Propheten die Treue hielt.

So entstanden, zunächst aus Zelten und Hütten, die Garnisonen Kufa und Basra, die bald zu Militärmetropolen mit je 150000 bis 200000 Einwohnern heranwachsen sollten, größer als Mekka und

Medina. Ähnliche Lager wurden mit Fostat (heute Kairo) in Ägypten angelegt, mit Ramla in Palästina, mit Homs (dem alten Emesa) in Syrien.

Doch die Entwicklung war nicht aufzuhalten. Die Soldatenstädte verhinderten die Korrumpierung der Wüstensöhne nicht, außerdem entwickelten sich die Lager zu Treibhäusern von Spannungen und Revolten. Kufa und Basra sollten eine besonders unheilvolle Rolle spielen. Da Omar die Vormärsche gestoppt hatte und nur noch sporadische Säuberungsaktionen stattfanden, hatten die Soldaten viel Zeit. Etappenüblicher Zeitvertreib wie bei modernen Armeen entfiel. Trinken und Kartenklopfen waren dem Moslem verboten, Exerzieren und Manöver noch nicht erfunden, Haremsspiele nur abend-, nicht tagfüllend. Was blieb, waren Diskussionen. Endlose, temperamentgeladene Dispute nach Araberart. Da saßen sie nun, vollzogen ihre Siege immer wieder in wortreichen Darstellungen nach, malten die Heldentaten ihrer Clans in immer strahlenderen Farben, machten die Niederlagen der anderen Sippen stets von neuem lächerlich.

Hätte sich Mohammeds Idee von der pan-arabischen Verbrüderung durchsetzen können, wären vielleicht die Stammesgegensätze verblaßt. Aber Chalid hatte vor der Schlacht am »Garten des Todes« sein Heer wieder nach traditioneller Stammeszugehörigkeit eingeteilt, und dabei war es geblieben. Was damals ein Geniestreich psychologischer Truppenführung war, sollte sich nun, und für alle Zukunft, als Gefahr für den inneren Zusammenhalt des Sarazenen-Reiches erweisen.

Aber das erlebte Omar nicht mehr. Bevor dort die ersten Unruhen ausbrachen, fällte ihn die Hand eines Mörders.

Kalif Osman: Die Sarazenen marschieren wieder

Mugira, der ehebrecherische General, schickte die Sklaven, die er auf Feldzügen erbeutete, nach Medina, wo sie mit erlernten Handwerken in der rapide wachsenden Stadt guten Umsatz machten. Von diesem Umsatz mußten sie einen bestimmten Pauschalsatz an ihren Herrn abführen – genau noch wie im heidnischen Mekka; darin hatte der Islam wenig geändert. Einer von Mugiras Sklaven war ein Perser namens Feros, genannt Abu-Lulu, er war Schreiner, und seine Abgabe betrug zwei Dirhem pro Tag.

Abu-Lulu fühlte sich ausgebeutet. Eines Tages begegnete ihm der Kalif auf der Straße, Abu-Lulu beschwerte sich über seinen Herrn. Omar ging nicht darauf ein. Am nächsten Morgen in der Moschee, als Omar das Gebet leitete, sprang Abu-Lulu ihn an und stieß ihm sechsmal den Dolch in den Rücken. Sodann beging er Selbstmord.

So starb Omar, vermutlich sechzig Jahre alt, im elften Jahr seines Kalifats, sicher unglücklicher als seine Vorgänger, denn er sah keinen Nachfolger. Er hatte ein Wahlkomitee benannt, das aus seiner Mitte binnen drei Tagen den neuen Kalifen küren sollte.

Die fünf Wahlmänner – Ali, Osman, Abd-ar-Rachman, Subair, Saad Ibn-Abi-Wakkas und Talha – hatten bis jetzt als Kalifenberater die Führungsspitze des Islam gebildet. Freilich hatten sie ihre Stellung in der Machtzentrale Medina zur Förderung ihrer Handelsaktivitäten ausgenutzt.

Am Ende der Drei-Tages-Frist spitzten sich die Diskussionen auf zwei Kandidaten zu: Ali und Osman. Beide waren Schwiegersöhne des Propheten, beide aber auch Exponenten verschiedener Gruppierungen der Stammesföderation der Koraisch, zwischen denen längst wieder die alten Gegensätze aufgebrochen waren: Ali als Vertreter der eher bürgerlichen Haschimiten, Osman als Vertreter der aristokratischen Omajjaden.

Rachman stellte jedem Kandidaten die Verpflichtungsfrage. Ali gelobte umständlich: »Ich hoffe schon, daß ich nach meinem besten Wissen und Können zum Wohl des Glaubens handeln würde.« Osman antwortete mit einem kurzen, kernigen »Ja!«. Und das gab den Ausschlag. Spät, viel zu spät, wurde erkennbar, daß die knappe Zusage Osmans eher konzeptionsloser Selbstüberschätzung entsprang.

Fast auf den Tag vierundzwanzig Jahre nach Mohammeds Ankunft in Medina wurde Osman Ibn-Affan als Kalif bestätigt.

Osman war jetzt, am 6. November 644, etwa siebzig Jahre alt. In seiner Jugend war er ein schöner Mann gewesen. Nun, im Alter, achtete er immer noch sehr auf sein Äußeres. Die lockergewordenen Zähne hatte er mit Gold befestigt, den ergrauten Bart färbte er sorgfältig mit Henna rot, den kahlen Kopf verbarg er unter einem Turban. Anders als seine Vorgänger trug er kostbare Gewänder, zum Beispiel einen Samtmantel mit doppelter Bordüre im Wert von 200 Dirhem. Er hatte immer, auch in den Notzeiten Medinas, gute Geschäfte gemacht. Als in Mekka der Boden zu heiß wurde, hatte Mohammed ihn mit an-

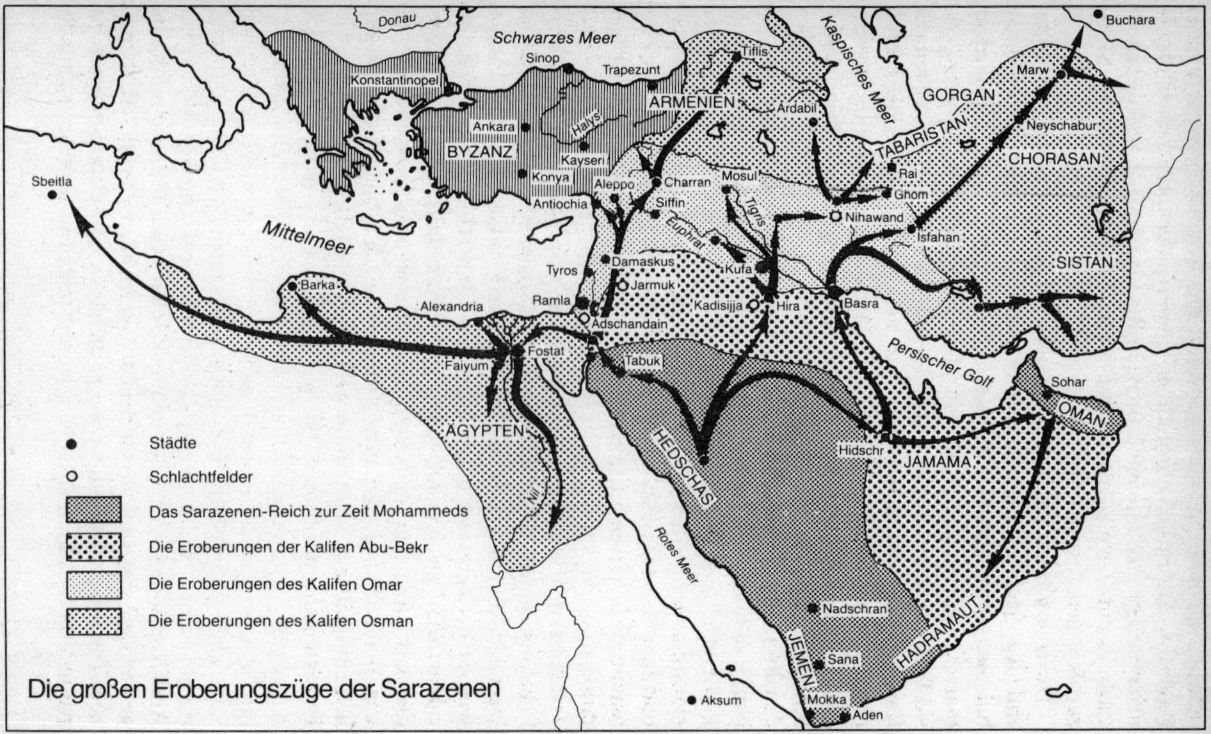

Die großen Eroberungszüge der Sarazenen

deren, deren Belastbarkeit zweifelhaft erschien, ins abessinische Exil geschickt. An der Schicksalsschlacht vom Ochod hatte er nicht teilnehmen können, da gerade seine Frau Rukajja, Mohammeds Tochter, starb. Konnte Osman, in diesem 24. Jahr des Islam, der richtige Mann zur richtigen Zeit sein?

Die erste Zeit seines Regimes wurde von den Moslems als wohltuend mild, nach der puritanischen Strenge Omars, empfunden. Osman hob auch den Vormarschstopp seines Vorgängers auf. Die Sarazenen marschierten wieder: durch Armenien bis nach Georgien hinein, wo sie Tiflis eroberten und erst vor den schneebedeckten Bergketten des Kaukasus haltmachten; von Persien aus das Kaspische Meer hoch nach Aserbaidschan bis Baku. Vom Armeelager Kufa aus drangen zwei Heere weiter nach Osten vor; das eine überquerte die Hindukusch-Berge und erreichte Kabul im heutigen Afghanistan, das andere den Indus im heutigen Pakistan. Osman ließ auch endlich Schiffe bauen.

Die erste Seeattacke der Sarazenen galt Cypern. Das lag vor der Haustür, war daher als Ziel für die unerfahrenen Seefahrer geeignet und bot sich als vorgeschobene Bastion gegen jedes byzantinische Flottenunternehmen an. Auf jeden Fall spielte die – fast unblutige – Expedition ihre Unkosten ein. Die Cyprioten wurden zu einer jährlichen Tributzahlung von 7200 Golddinaren an den Kalifen verpflichtet.

Ein neues Heer, diemal 40 000 Mann stark, machte sich vom Armeelager Fostat (heute Kairo) auf, um Allahs Fahnen ein zweites Mal westwärts zu tragen. Oberbefehlshaber war diesmal jedoch nicht der ruhmreiche Amr Ibn-al-As, sondern ein Halbbruder Osmans. Und mit dieser Ernennung begann die Kette der unheilvollen Ereignisse, die nun unaufhaltsam zu Kalifenmord, Revolution, Bürgerkrieg und schließlich zur Spaltung des Islam, aber auch zum Aufstieg der Omajjaden-Dynastie führen sollten.

Goldene Nägel zum Sarg des Kalifen

Abdullah Ibn-Abi-Sarch war einmal Mohammeds Sekretär in Medina gewesen. Wegen angeblicher Koranverfälschungen vom Propheten zum Tode verurteilt, war er heim nach Mekka geflohen. Nach der Einnahme Mekkas begnadigte ihn der Prophet – auf Fürbitten Osmans.

Viele ehemalige Gegner des Propheten hatten inzwischen, sehr zum Unmut der alten Kämpfer, Karriere machen können. Nun jedoch rückten Osmans Verwandte aus dem Omajjaden-Clan mit Macht zu höchsten Regierungsämtern vor. Der Omajjade Muawija, ein Sohn Abu-Sufjans, hatte es unter Omar zum Gouverneur von Syrien gebracht. Allerdings: Muawija war ein tapferer Kämpfer unter Chalid gewesen, er hatte sich hochgedient, das ließ man gelten. Daß der Kalif einen weiteren – und weniger verdienstvollen – Sohn seines Vetters Abu-Sufjan, Marwan, zum Kanzleichef machte, ließ aufhorchen.

Ibn-Abi-Sarchs Ernennung zum Gouverneur von Ägypten war eine der ersten Amtshandlungen Osmans gewesen. Uns mag die Aufteilung eines Gouvernements in Zivil- und Militärverwaltung plausibel scheinen. Für Sarazenen-Generäle, die eroberte Provinzen als persönliches Eigentum betrachteten, war es ein Affront. Amr widersetzte sich und wurde entlassen. Ibn-Abi-Sarch eroberte Libyen zurück. Zum Dank erhielt er von seinem Halbbruder Omar ein Fünftel des Staatsfünftels zum Geschenk. Der Rest floß aber keineswegs in die Staatskasse, sondern in die Hand von Marwan, der es in Medina mit Gewinn versilberte. Der Omajjaden-Clan hatte endlich den Schöpfplatz an der Quelle.

Während Mekka diese Familienpolitik mehr oder weniger hinnahm, rief diese in den irakischen Soldatenstädten Kufa und Basra immer mehr Empörung hervor; denn hier war Omars »Apartheids«-Konzept gescheitert: Persische Kaufleute und Handwerker waren in großen Scharen herbeigeströmt, jeder neue Feldzug nach Osten hatte neue Beute und neue Heerscharen von Sklavinnen und Sklaven herangeschafft; persische Begriffe infiltrierten Zelte und Häuser der Besatzer. Kein Wunder, daß in Kufa und Basra bald eine Art von Bildungsarroganz gegenüber den in Medina Zurückgebliebenen entstand.

Im Irak entwickelte sich, dank des unter persischem Einfluß freier gewordenen Geistes, die arabisch-islamische Wissenschaft. Doch das kam erst viel später. Vorläufig waren Basra und Kufa Zellen des Aufruhrs.

Der Kalif schien die Zeichen der Zeit nicht zu spüren. Im Gegenteil, das Wohl des Omajjaden-Clans lag ihm mehr denn je am Herzen.

Im Lauf der nächsten Jahre fielen sämtliche Oberkommandos an die Omajjaden. Syrien, Ägypten und den Diwan hatten sie schon, 647 wurde Walid Ibn-Okba Gouverneur von Kufa, auch ein Halbbruder des Kalifen – ein Mann, der Mohammed ins Gesicht gespuckt hatte.

Als dieser Walid gehen mußte, weil er sich öffentlich betrank, trat ein anderer Omajjade seinen Posten an, Saad Ibn al-Aass (nicht verwandt mit General Amr Ibn al-As). Auch sein Vater hatte noch bei Badr gegen Mohammed gefochten. In Kufa wurde ein frommer und verehrter Prophetengefährte durch Abdallah Ibn-Amir ersetzt, erst fünfundzwanzig Jahre alt, aber ein Vetter des Kalifen.

Obwohl diesem Gouverneur Unfähigkeit nicht vorzuwerfen war, wuchs die Verärgerung über diese »Vetternwirtschaft« Osmans. Als er die – bereits von Omar in Auftrag gegebene – amtliche Version des Koran vorlegte, erntete er nur Kritik. Als er in Mekka rund um die Kaaba Häuser abreißen ließ, um das Heiligtum würdiger zu gestalten, erhob sich wütender Protest. Und dann fiel ihm der silberne Siegelring Mohammeds, den alle Kalifen getragen hatten, in einen Brunnen und war nicht mehr zu finden. Ein böses Omen.

Meuterei in Medina

Anfang 656 griffen die Unruhen in Fostat, Kufa und Basra auch auf Medina über – auf die Gruppe alter Prophetengefährten, die zwölf Jahre zuvor als Wahlkomitee Osman gekürt hatten und sich seitdem trotz Omajjaden-Vorherrschaft als eine Art von Senat verstanden. Bislang hatten sich die Handelsherren Ali, Subair und Talha (Abd-ar-Rachman war inzwischen verstorben) zurückgehalten. Teils, weil sie zu beschäftigt waren, teils, weil sie allesamt selber Ambitionen aufs Kalifat hegten und der Machtverfall Osmans ihnen gelegen kam.

Und hier taucht nun auch Aischa, inzwischen älter geworden, wieder auf der Bühne der Geschichte auf. Die Prophetenwitwe stand in loser Verbindung zu diesem Schatten-Triumvirat. Zudem hatte ihr der Kalif die Staatspension gekürzt. Von nun an sollte die Zweiundvierzigjährige eine entscheidende Rolle spielen.

Aus Fostat marschierten meuternde Soldaten, angeführt von dem Abu-Bekr-Sohn Mohammed, auf Medina zu. Gouverneur Ibn-Abi-Sarch setzte den Aufrührern nach, wohl zu spät, erreichte sie nicht mehr, und während er noch am Roten Meer nach Spuren suchte, brach in seinem Rücken der Aufstand gegen ihn aus. Der Halbbruder Osmans flüchtete sich zu seinem Vetter Muawija nach Syrien.

In Muawijas Befehlsbereich blieb alles ruhig. Der in Chalids Eroberungszügen ausgezeichnete Troupier hatte seine Leute fest im Griff, er hatte sein Amt unangefochten unter zwei Kalifen ausgeübt, vor allem aber hatte sich Kalif Omars »Apartheids«-Politik im dichtbesiedelten Syrien nicht durchführen lassen; die Sarazenen-Lager in Syrien lagen dicht bei alten Städten, und die waren stark mit verwandten Arabern durchsetzt. Hier fühlten sich die Soldaten weniger fremd, weniger frustriert. Schon vor Monaten hatte Muawija dem Kalifen angeboten, wenn auch vergeblich, zu ihm nach Damaskus überzusiedeln.

Unterdessen bewegten sich auch von Kufa und Bosra aus meuternde Truppen in Richtung Medina. Jetzt wurde deutlich: Die Aktionen waren abgesprochen. Kurz vor Medina bezogen die Anführer Stellung. Sie schickten Vertrauensmänner an Ali, Subair und Talha, um freien Einzug in die Stadt zu erreichen. Die Soldaten wollten dem Kalifen selbst ihre Beschwerden vortragen und die Absetzung der Gouverneure verlangen.

Die drei »Senatoren« hatten bis jetzt nichts unternommen, um die schwelende Glut in den Provinzen zu löschen. Aber in Medina wollten sie selbst kontrollieren. Der Einmarsch wurde abgelehnt.

Die Berichte über die nun folgenden Ereignisse sind widerspruchsvoll und wohl auch entstellt – die frühesten Quellen stammen aus dem Anti-Omajjaden-Lager. Danach soll Osman den Aufständischen versprochen haben, seine Politik zu ändern, und alle hätten sich zufrieden auf den Heimweg gemacht. Doch dann hätten die Soldaten drei Tagereisen hinter Medina einen Boten aufgegriffen – mit einem Befehl an den geflüchteten Ägypten-Gouverneur, die Rädelsführer festzunehmen und ihnen Hände und Füße abzuhacken. Daraufhin sollen die Soldaten zurückgekehrt sein und den Kalifen zur Rechenschaft gezogen haben. Dabei habe sich herausgestellt, daß nicht Osman, sondern Kanzleichef Marwan Absender dieses unautorisierten Befehls gewesen sei. Dem Kalifen wurde der Rücktritt nahegelegt, er weigerte sich, »den Mantel auszuziehen, den Allah mir angelegt hat«. Ein Handgemenge endet unglücklicherweise für Osman tödlich.

Aber da stecken Haken drin: Wie, wenn die Ägypter den Boten drei Tagereisen hinter Medina aufgriffen, konnten dann die in anderen Richtungen davonmarschierenden Truppen gleichzeitig mit den Ägyptern wieder in Medina sein? War aber die Rückkehr verabredet – war dann der Brief echt? Außerdem scheint der Strafbefehl nicht logisch: Gouverneur Ibn-Abi-Sarch war nach Damaskus geflüchtet – wie hätte er die Meuterer bei ihrer Rückkehr nach Fostat festnehmen können? Zu viele Fragezeichen!

Auffällig an diesen Darstellungen ist, was nicht erwähnt wird: die Rolle der »Senatoren«. Das mindeste, was sich daraus schließen läßt: Sie rührten keinen Finger, um Osman zu retten. Keiner von ihnen – und jeder hätte das Recht dazu, wenn nicht sogar die Pflicht, auf jeden Fall aber die Autorität gehabt – stellte sich vors Volk, um die aufflammenden Leidenschaften zu dämpfen. Kein Zweifel: Sie wußten, daß jetzt kam, was kommen mußte – und sie wollten es.

Amr, der ehemalige General, reiste auf sein Rittergut bei Beerscheba in Palästina. Aischa, die nun die Dinge im Fluß wußte, schloß sich eilig einer nach Mekka aufbrechenden Karawane angeblicher Pilger an. Das war klug: Wer jetzt nicht dabei war, hatte nachher freie Hand.

Die Aufständischen umstellten das Haus des Kalifen, das nur schwach gesichert war. Ali, Subair und Talha hatten ihre Söhne dorthin abkommandiert, anstatt den Kalifen, ihrem Treueid gemäß, mit ihrem eigenen Leben zu schützen. Vierzig Tage belagerten die Rebellen das Gebäude, in dem sich jetzt nur noch einige wenige Getreue Osmans befanden, darunter sein Kanzleichef Marwan.

Als die Belagerten kein Wasser mehr hatten, erschien der alte Mann auf dem Flachdach seines Hauses und fragte nach Ali. Aber Ali saß zu Hause. »Dann sagt ihm, daß wir Wasser brauchen«, rief Osman und zog sich wieder zurück.

Ali ließ drei Ziegenschläuche Wasser schicken, die erst nach einem Handgemenge ins Haus gelangten. Später versuchte noch einmal die Prophetenwitwe Umm-Habiba, Wasser zu bringen. Die Tochter Abu-Sufjans wurde mißhandelt und kam nicht durch.

Inzwischen hatte Muawija eine Brigade schwerer Reiter nach Medina in Marsch gesetzt. Viel zu spät – aber für die Ziele, die er, unabhängig von den »Senatoren«, verfolgte, war wohl jetzt erst die richtige Stunde.

Die Meuterer glaubten sich nun unter Zeitdruck. Von allen Seiten drangen sie gegen das Haus vor. Der Haupteingang war verbarrikadiert, aber einzelne Rotten sprangen über Nachbardächer in den Innenhof. Kanzleichef Marwan fing einen Schwerthieb in den Hals auf. Dann brachen sie ins Haus ein.

Der glücklose Kalif hatte sich, ohne Illusionen über seine Lage, in sein Zimmer zurückgezogen und las gefaßt im Koran. Seine Frau Naila – eine von sieben – wich ihm nicht von der Seite.

Osman erkannte als Anführer der Eindringlinge den Sohn Abu Bekrs. »Sohn meines Bruders«, sagte er vorwurfsvoll, »dein Vater hätte nie versucht, so die Herrschaft an sich zu reißen!«

Osman hielt ihn also für einen machtgierigen Usurpator. Die Stillhalteintrige der »Senatoren« hatte er nicht durchschaut.

Die überlieferte Antwort zeigt immerhin, daß Mohammed Ibn-Abu Bekr aus rechtfertigbaren Motiven zu handeln glaubte: »Sähe mein Vater, was du angerichtet hast, dann hielte auch er dich für unwürdig!« rief er. »Was ich dir entreißen will, ist nicht die Herrschaft!«

Wie es heißt, verließ der Sohn des ersten Kalifen den Raum, ehe seine Genossen über den wehrlosen Alten herfielen. Als Osman vornübersank, preßte er den Koran vor die blutende Brust. Naila hatte vergeblich versucht, sich vor ihren Mann zu werfen. Ein Schwerthieb, den sie mit der bloßen Hand abzuwehren versuchte, trennte ihr die Finger ab. Man schrieb den 17. Juni 656, es war das 35. Jahr des Islam.

Drei Tage soll der tote Kalif liegengeblieben sein, wie er gefallen war. Als ihn endlich eine kleine Prozession zu Grabe trug, war vom Schatten-Triumvirat nur Subair dabei. Inzwischen plünderten die Rebellen die Stadt. Von Omars Vermögen – 30,5 Millionen Dirhem und 150000 Gold-Dinare – blieb nichts übrig. Tausende von Sklaven aus allen besetzten Gebieten, die sich jetzt für jahrelangen Frondienst rächten, schlossen sich den Meuterern an. Räuberische Beduinenbanden fielen in die Stadt ein. Der gottergebene Kampfruf »Allahu akbar« war nirgendwo mehr zu hören. Die Stammesfehden aus der alten Zeit des Unglaubens brachen wieder aus. War der Islam nach nur fünfunddreißig Jahren schon am Ende?

In dieser Stimmung des tiefsten Pessimismus traf sich das Triumvirat. Nun begriffen sie, daß die Schwerthiebe, die den Kalifen getötet hatten, auch das Kalifat getroffen hatten. Wer den Mantel des Kalifen aufhob, zog sich das blutbefleckte Gewand des Mordkomplizen an. Nach dieser Rebellion war kein Reich zu erben, nur ein Fluch. Ein letzter Freund Osmans hatte das zerfetzte Hemd des Kalifen und die abgehackten Finger Nailas nach Damaskus gebracht. Dort hingen sie jetzt an der Kanzel der Moschee Muawijas. Tausende sahen die grausigen Indizien jeden Tag, stumme Anklagebeweise für den, der sich nun zum Kalifen ausrufen ließ. Die Herren Ali, Talha und Subair boten sich gegenseitig reihum den Vortritt an.

Die jungen Fanatiker indessen fühlten sich getäuscht. Sie hatten den

Kalifen entfernt, mit dem alle unzufrieden waren – warum wollte jetzt niemand Kalif werden?

Alle Augen richteten sich auf Ali. Vetter, Adoptiv- und Schwiegersohn des Propheten, Vater zweier Prophetenenkel – niemand war berufener. Ali, nun ein korpulenter Fünfziger, ließ sich breitschlagen. Erst unter dem Druck der Rebellen waren Talha und Subair bereit, ihm den Treueid zu schwören.

So war Ali endlich Kalif – was er sich immer erträumt hatte und nun, da er es war, ein Alptraum für ihn wurde. Immerhin verließen jetzt endlich die Rebellen das geplünderte Medina. Es herrschte wieder Ruhe im Land, die Ruhe vor dem Sturm.

Ali – der glücklose Held

Ali Ibn-Abu-Talib ist die große tragische Figur des Islam. Der erste Jünger des Propheten war untersetzt, bullig, muskulös – freilich mit fortschreitendem Alter zur Fettleibigkeit neigend –, von ziemlich dunkler Hautfarbe, mit großen, schwarzen Augen.

Seine Heldentaten in den Wüstengefechten zur Zeit der Raubzüge rankten Legenden um ihn. Aber er war ein Einzelkämpfer, kein Mannschaftsführer. Mohammed wußte das. Bei 88 Razzias bis zum Jahr 12 gab er Ali nur dreimal das Kommando. Dennoch verschafften die Verwandtschaft mit Mohammed und die Spitzennummer in der Bekehrtenrangordnung Ali automatisch einen Platz im Führungskader. Vielleicht liegt seine Tragik darin, daß er sich zu Höherem berufen fühlte.

Ali soll ehrlich, großmütig und loyal gewesen sein. Er tat, was ihm notwendig schien, nicht, was ihm nützlich war. Er war einer, auf den man sich verlassen konnte.

Mohammeds Verhältnis zu Ali läßt sich nicht ganz ohne Zynismus betrachten. Als Mohammed aus Mekka flüchtete, war es Ali, den er in seine Kleider steckte und zurückließ. Ali mußte sich allein durchschlagen. Und er schlug sich durch. Als die Koraisa-Juden von Medina hinzurichten waren und ein Scharfrichter gebraucht wurde – Ali machte das. Es ist auch nicht ausgemacht, ob Alis Verheiratung mit Fatima vom Propheten wirklich als Auszeichnung gedacht war. Fatima war längst über Zwanzig – in einer Welt, in der Mädchen spätestens mit zwölf geehelicht werden. Ali heiratete sie.

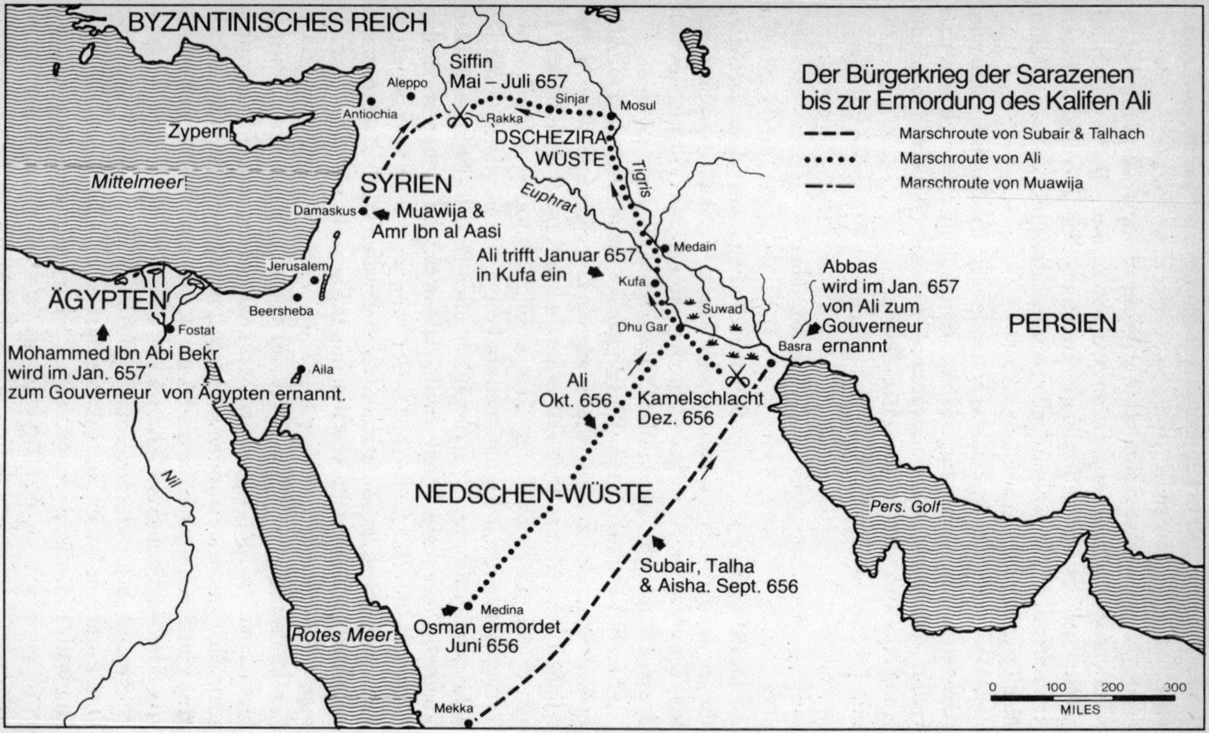
Der Bürgerkrieg der Sarazenen
bis zur Ermordung des Kalifen Ali
Marschroute von Subair & Talhach
Marschroute von Ali
Marschroute von Muawija
BYZANTINISCHES REICH
Siffin
Mai – Juli 657
Aleppo
Antiochia
Sinjar
Rakka
Mosul
Zypern
DSCHEZIRA
WÜSTE
Tigris
Mittelmeer
SYRIEN
Euphrat
Damaskus
Muawija &
Amr Ibn al Aasi
Medain
Ali trifft Januar 657
in Kufa ein
Kufa
Jerusalem
Beersheba
ÄGYPTEN
Suwad
Abbas
wird im Jan. 657
von Ali zum
Gouverneur
ernannt
Dhu Gar
PERSIEN
Fostat
Basra
Mohammed Ibn Abi Bekr
wird im Jan. 657
zum Gouverneur von Ägypten ernannt.
Aila
Ali
Okt. 656
Kamelschlacht
Dez. 656
Nil
NEDSCHEN-WÜSTE
Pers. Golf
Subair, Talha
& Aisha. Sept. 656
Medina
Osman ermordet
Juni 656
Rotes Meer
Mekka
0
100
200
300
MILES

Sollte er je gehofft haben, mit dieser Heirat seine Stellung im Prophetengefolge zu verbessern? Mohammed wies Fatimas Beschwerde über Aischas (und damit Abu Bekrs) überwältigenden Einfluß lieb, aber bestimmt zurück. Mohammed überging Alis Meinung in der Halsbandaffäre, eine Verstoßung Aischas hätte ja auch Abu Bekr und Omar abgewertet. Mohammed hatte nie ein unzweideutiges Wort über Ali als Nachfolger gesprochen. Die Nachfolge machten Abu Bekr und Omar unter sich aus, Ali wurde nicht einmal gefragt. Abu Bekr zog auch den Besitz in Chaibar, den Fatima (und damit Ali) vom Propheten zu erben gehofft hatte, für die Staatskasse ein. Es gab auch kein Kommando für Ali in Abu Bekrs Feldzügen gegen die Renegaten. Es wurde ganz still um Ali. Die unglückliche Entscheidung für Omars Nachfolge fiel wahrscheinlich – auch – nur auf Osman, um Ali auszuschalten.

Sicher hätte er nicht die gleichen Fehler gemacht wie der labile Vetter aller Omajjaden. Ob der gutmütige und nie mißtrauische Ali aber das Zeug gehabt hätte, das Einflußstreben des Omajjaden-Clans rechtzeitig mit politischem Geschick und notfalls mit Gewalt in Schach zu halten, ist zweifelhaft. Ali wäre auch da geblieben, was er immer war: der Mann, der seinen Chancen ständig selbst im Weg stand.

Aber hübsche Gedichte und weise Aphorismen konnte er schreiben, da war er gut; arabische Kinder lernen sie heute noch aus ihren Schulbüchern auswendig.

Ali begann seine Herrschaft mit einem Regierungserlaß, dessen Notwendigkeit ebenso auf der Hand lag wie seine politische Unsinnigkeit. Die omajjadischen Statthalter, deren Amtsführung das Hauptmotiv für die Rebellion gegen Osman geliefert hatten, mußten entlassen und neue Gouverneure benannt werden. In Basra gab es keinen Widerstand – allerdings nahm der abgesetzte Kommandeur Dschaala die Kasse mit. Kufa ließ den neuen Mann gar nicht erst in die Stadt, und die Absetzung Muawijas in Damaskus war schlechthin unmöglich, die syrischen Truppen waren ihm blind ergeben. Erst einen Monat nach Empfang der Kündigung würdigte Muawija den neuen Kalifen einer Antwort – er schickte ihm ein leeres Blatt.

Inzwischen hatten sich Talha und Subair nach Mekka abgesetzt. Dort fanden sie bereits, in enger Kumpanei, Aischa (Alis alte Widersacherin) und Dschaala (mit der gestohlenen Kriegskasse) vor. Ihnen schlossen sich Osmans umstrittener Kanzleichef Marwan an und ein Haufen Omajjaden.

Zwischen Damaskus und Mekka lautete die Parole nun »Rache für den Kalifenmord« – und selbstverständlich mußte der, der selbst Kalif geworden war, auch maßgeblich am Mord beteiligt gewesen sein. Mit Aischa auf einem weißen Kamel an der Spitze setzte sich die Karawane der Rächer nach Basra in Marsch.

Ali beging nun den nächsten Fehler. Ein Bataillon, das Kufa für ihn halten sollte, ließ er von Mohammed Ibn-Abi-Bekr befehligen, der verdächtigt wurde, an dem Mord an Osman beteiligt gewesen zu sein. Immerhin erklärte sich die Hälfte der Garnison für den Kalifen, darunter Chalids alter Kampfgenosse gegen die Perser, Scheich Kakaa.

Ali versuchte sich gegen den Verdacht zu wehren, mit den Kalifenmördern schon immer unter einer Decke gesteckt zu haben. Er kündigte eine Bestrafung der Täter an. Für Ibn-Abi-Bekr ging es jetzt um die eigene Haut. Mit Komplizen und Getreuen sonderte er sich von Alis Heer ab und hoffte auf eine letzte Chance.

Ali hatte, wie auch Aischa, etwa 15 000 Krieger auf seiner Seite, die bei Dhu-Kachr, zwischen Kufa und Basra, lagerten. In beiden Heeren war die Stimmung trist. Zum erstenmal standen Moslems gegen Moslems. Angehörige gleicher Stämme in beiden Lagern. Alle hofften auf Verhandlungen.

Ali und Subair trafen sich im Niemandsland. Beide waren Vettern des Propheten, Kindheitserinnerungen kamen auf, sogar Tränen. Ali und Subair verabredeten sich zu weiteren Verhandlungen am nächsten Tag.

In der Nacht schlichen sich Komplizen der Kalifenmörder in beide Lager. Plötzlich Kampfrufe, Waffengeklirr, Todesschreie. In beiden Heeren erscholl die Parole: »Die anderen greifen uns an!« Als der Morgen graute, war die Ebene von Dhu-Kachr ein wildwogendes Schlachtfeld.

Subair fiel durch das Schwert eines Beduinen, Talha verblutete an einer Pfeilwunde. Die Prophetenwitwe feuerte, aus ihrer Sänfte auf dem weißen Kamel, ihre Krieger an. Aber Alis Front rückte vor. 70 Krieger, die das weiße Kamel ihrer Feldherrin schützten, fielen. Da trennte ein Schwerthieb dem Kamel die Beine ab. Scheich Kakaa hob die Prophetenwitwe aus der herabgestürzten Sänfte. Die Schlacht war vorbei.

Ali gab sich, wie meistens, großmütig. Er schickte Aischa mit würdiger Begleitung nach Mekka zurück und verbot jeden Racheakt. Trotz ihrer Niederlage war es ihr gelungen, Ali als Nutznießer des Kalifenmordes zu exponieren.

Zwischen Muawija, dem ehrgeizigen Syrien-Gouverneur, und dem umstrittenen Kalifen spitzten sich die Dinge zu. Ganz sauber waren beide Seiten nicht: General Amr, auch ein Wühler gegen Osman, stand nun in Muawijas Sold: Muawija brauchte den gerissenen Politiker und Feldherrn. Ali hatte halsstarrig den Mordkomplizen Ibn-Abi-Bekr zum Gouverneur von Ägypten gemacht – auch Ali brauchte einen Mann mit Gefolgschaft. Muawija hatte einen propagandistischen Vorteil: Osmans blutbespritztes Totenhemd hing in der Moschee von Damaskus. Aber Amrs Anmusterung enthüllte die wahre Absicht. Gerechtigkeit war Vorwand – Muawija wollte das Kalifat. Mit Gewalt.

Vom Irak und von Syrien her marschierten zwei Moslem-Heere aufeinander zu. Bei Siffin, am Euphrat, trafen sie aufeinander, Muawija und Ali hatten je 50000 Mann aufgebracht. Wieder schien Alis Armee im Vorteil. Immerhin kämpften hier Ibn-Ali-Bekrs Rebellen um den eigenen Kopf. In dieser kritischen Lage zeigte General Amr, was er als Taktiker wert war: Er befahl seiner Infanterie, sich Koranrollen an die Lanzen zu binden.

Alis Leute wichen zurück. Gegen das Wort Allahs wagten sie ihr Schwert nicht zu erheben. Vergebens warnte Ali vor dieser Heuchelei, seine Krieger schrien ihn nieder. »Das Wort Gottes soll entscheiden!«

Ali mußte sich mit Muawija im Niemandsland zu Verhandlungen in den Sand setzen. Ali gab klein bei: Eine Jury sollte, bei strenger Auslegung des Korans, entscheiden, wer der rechtmäßige Inhaber des Kalifats sei. Das sollte der größte Fehler sein, den Ali je in seinem Leben machte, freilich auch sein letzter.

General Amrs List im roten Pavillon

Ali hätte es besser wissen müssen. Er hatte die Feder geführt, als der Prophet mit Mekka einen listigen Vertrag schloß und sich dadurch Mekkas Anerkennung als gleichberechtigter Partner erschlich. Nun war es Ali, der sich, wiewohl amtierender Kalif, mit dem Usurpator Muawija auf eine Stufe stellte.

Mitten in der Wüste, an der Grenze zwischen Syrien und Irak, entstand eine Zeltstadt. Aus entlegensten Teilen des Sarazenenreiches strömten Neugierige und Opportunisten zu der Oase Dumat al-Dschandal, unter ihnen die Söhne von Abbas, von Omar, von Abu Bekr.

In einem roten Pavillon saßen sich die Geisteskämpfer gegenüber. Der Koran sollte entscheiden – für Ali sprach der angesehenste Korangelehrte seiner Zeit: Abu-Musa, der als ständiger Begleiter Mohammeds die Offenbarungen Allahs vom Munde des Propheten gepflückt hatte, seine schöne Stimme beim Koranlesen war berühmt. Muawija dagegen, der weniger an fromme Gelehrsamkeit als an taktische Schläue dachte, hatte den listigen Amr aufgestellt. Das war spannender als bei den Dichterturnieren auf den Wallfahrtsmärkten in alten Tagen, als Stammespoeten die Kriege ihrer Clans mit dem Mundwerk führten – bei diesem Zweikampf der Beredsamkeit stand die Zukunft des Islam auf dem Spiel.

Amr eröffnete die erste Runde mit scheinheiligen Komplimenten: »Du bist älter, du zähltest zu den Vertrauten des Propheten, ich will voll Ehrfurcht deiner Meinung lauschen.«

Abu-Musa hörte selbst gern seine wohlklingende Stimme. Er redete über Allah und die Welt, den Propheten und seine Zeit, über mögliche und unmögliche Kandidaten. Geschickt gab ihm Amr die Stichwörter, bis er den Redseligen auf die These brachte, sowohl Ali wie Muawija müßten als des Kalifats unwürdig erklärt und die Nachfolgerwahl dem Volk überlassen werden. Amr gab sich von der Weisheit des Prophetengefährten beeindruckt. »Das«, sagte er, »wollen wir nun dem Volk vortragen.«

Abu-Musa hielt mit Stentorstimme eine ergreifende Rede über die Glaubensnot der Gemeinde, breitete dann, von Amrs eifrigem Kopfnicken begleitet, seine These aus. Er schloß feierlich: »So erkläre ich denn hiermit Ali und Muawija aller Herrschaftsansprüche verlustig. Ihr aber, meine Söhne, nehmt eure Befugnis wahr, und macht zum Herrscher über euch, wen ihr für würdig haltet!« Amr dankte dem Gelehrten mit demutsvollen Umarmungen für seine erleuchteten Worte. Befriedigt erteilte Abu-Musa, unter wachsender Ratlosigkeit des Publikums, seinem »tapferen jungen Bruder« das Wort.

»Ihr habt gehört, daß Abu-Musa Ali abgesetzt hat«, begann Amr. »Ich erkläre ihn auch für abgesetzt. Das ist das einstimmige Urteil des Schiedsgerichts.«

Abu-Musa, immer noch nichts Schlimmes ahnend, nickte Amr zu. Die Bestürzung im Publikum wuchs. »Ich«, fuhr Amr fort, und nun wurde seine Stimme scharf und schneidend, »bestätige dagegen den nunmehr einzigen Kandidaten Muawija, er ist der Bluträcher Omans und allein der Nachfolge würdig!«

Wilder Tumult brach los, aber die Syrer waren, wie sich herausstellte, in der Überzahl. Abu-Musa schleuderte fromme Flüche auf Amr, nannte ihn einen Hund; Amr konterte mit dem Koranwort, Abu-Musa sei eben nur ein Esel, der Bücher trägt und davon nicht klüger wird. Abu-Musa flüchtete, auch von der eigenen Partei bedroht, nach Mekka. Er trat nie wieder öffentlich auf.

Der »Schiedsspruch« änderte zunächst wenig. Das Sarazenen-Reich blieb geteilt, Moslems kämpften weiter gegen Moslems. Amr eroberte von Syrien aus zum drittenmal Ägypten, nun für Muawija. Die Truppen Ibn-Abi-Bekrs wurden vernichtend geschlagen, der Kalifenmörder ermordet. Syrische Truppen reduzierten Alis Herrschaftsgebiet auf Persien und die Gegend um Kufa, seinen Regierungssitz. Außerdem wurde Alis Land von fanatischen Sektierern terrorisiert, die sich »Charidschiten« nannten – zu deutsch: »die Ausziehenden«.

Diese frommen Anarchisten waren aus dem Islam, wie er sich nun darstellte, »ausgezogen«, als Ali sich auf den Schiedsgerichtshandel mit Muawija einließ. Sie wählten sich ihren eigenen Kalifen, ihr erstes Ziel war die Liquidierung der drei Männer, die – wie sie es sahen – die göttliche Reinheit der Nachfolge des Propheten mit Blut und Schmutz besudelt hatten: Amr, Muawija und Ali.

Mord in der Moschee

Ob Aischa hinter dieser Mordverschwörung steckte, ist nicht erwiesen, Indizien liefern die Chronisten nicht. Aber es ist die Rede von einer geheimnisvoll verschleierten Dame, die mit »Mutter der Gläubigen« angeredet wurde, als sie sich in einer Dezembernacht Ende 660 in einem Haus an der Kaaba mit drei vermummten Männern traf. Am 22. Januar 661, mitten im Fastenmonat Ramadan, tauchten die drei Vermummten in drei verschiedenen Moscheen des Reiches auf: in Fostat, Kufa und Damaskus, just zur Stunde des Freitaggebets – und stürzten sich mit dem Dolch auf die Vorbeter.

Der Vorbeter in Damaskus war Muawija; der Dolch verfehlte sein Herz um Zentimeter, die Leibgarde überwältigte den Täter. In Fostat war Gouverneur Amr als Vorbeter erwartet worden – der Dolch des Charidschiten traf einen Stellvertreter. In Kufa wurde dem Kalifen Ali von einem in Gift getauchten Schwert der Schädel gespalten. Ali starb zwei Tage später. Er war der eine, den kein Zufall rettete.

Womit freilich Aischa – und jeder, der Ali kannte – nie gerechnet hatte: Der tote Ali wurde für einen Teil des Islam zu der großen Jahrhunderte überstrahlenden Figur, die der lebende Ali niemals hatte werden können. Für die Schiiten ist Ali der glorifizierte Heilige, er sitzt zur Rechten Allahs, verehrungswürdig wie der Prophet.

Alis Nachfahren und ihre Parteigänger – Aliden, Fatimiden, Idrisiden, Ismaeliten, Alawiten und viele andere – ließen von nun an das Sarazenen-Reich nie mehr zu innerer Ruhe kommen. Mit Predigt und Gewalt hielten sie den Anspruch aufrecht, der »Herrscher der Gläubigen« dürfe nur aus der Familie des Propheten kommen, repräsentiert durch einen Nachfahren Alis (oder Fatimas). Die »Familie« zettelte Revolutionen an, eroberte Provinzen, gründete Dynastien. Die Geschichte der Aliden, die mit Aischas Halsband-Affäre begann, eine opfervolle Geschichte nie erfüllter, nie begrabener Hoffnungen, zieht sich durch das ganze Zeitalter der Sarazenen. Und sie sorgt noch heute für politische Explosionen – wie 1978, als die Schiiten den Iran erschütterten.

Ein Kamel mit grausiger Last lief am Morgen nach Alis Tod aus Kufa hinaus, über die Euphratbrücke, nach Südwesten. Das Kamel trug die Leiche Alis in die Wüste. Weit dahinter folgten Freunde des glücklosen Kalifen. So verwirklichten sie seinen letzten Wunsch. »Wenn ich gestorben bin«, hatte er gesagt, »dann bindet mich auf ein Kamel und laßt es laufen, so weit es will. Wo es sich niederlegt, dort schaufelt mir ein Grab.« Das Kamel mit dem Toten hielt erst nach 53 Kilometern an.

Wer heute, im Auto über eine breite Asphaltstraße, dieser Spur folgt, sieht schon von weitem, erst stecknadelkopfgroß, dann immer mächtiger, über dem grellgelben Wüstenhorizont strahlend die vergoldete Kupferkuppel der Grabmoschee Alis heraufsteigen. Hinter hohen Mauern mit wuchtigen Rundtürmen drängen sich die engen Gäßchen der 25000-Einwohner-Stadt Nadschaf um das Wallfahrtsheiligtum der Schiiten. Vor der Stadt parken in langen Reihen die staubverkrusteten Omnibusse und Taxis der Pilger. In dem kleinen überfüllten Straßencafé gegenüber der Moschee erzählt, bei einer Flasche Limonade – ohne ein Glas zu trinken – der Moschee-Hüter Sajjid, wie fast 140 Jahre lang das Grab Alis geheimgehalten wurde, aus Furcht vor Schändung durch die Omajjaden. Erst Harun ar-Raschid, der Alis letzte Ruhestätte bei einem Wüstenritt durch Zufall entdeckte, ließ hier eine Moschee bauen. Sajjid erzählt es, als wären Mord und geheime Bestattung erst gestern geschehen. Für Schiiten ist das Entsetzen über den Tod Alis heute so lebendig wie im Januar 661. Denn die Geschichte der Schiiten ist eine nicht abreißende Kette von Gewaltakten, von tragischen Erinnerungen, von Märtyrern. Hier in Alis Heiligtum lebte auch 1978 Persiens Schiitenführer, der Ayatollah Chomeini, bis 1978 im Exil. Von hier aus wurden die Brände und Aufstände gezündet, die im Januar 1979 den Schah des Iran stürzten – im Namen Alis.

Muawija, der sich schon 660 in Jerusalem zum Kalifen erklären ließ, war nun, nach Alis Tod, unumschränkter Alleinherrscher. Mit Ali war die Ära der, wie arabische Historiker es nennen, »orthodoxen Kalifen« zu Ende gegangen. Mit Muawija begann die Epoche der königlichen Dynastien. Das Weltreich der Sarazenen, als Gottesstaat geplant, wurde zu einem sehr weltlichen Reich – zu einem Reich jedoch, dessen Glanz und Leistungen in Kunst und Kultur, sinnlicher Lebensart und wegweisender Wissenschaft in unsere Zeit herüberstrahlen. Mit Muawija begann die Hoch-Zeit des Mittelalters – in Damaskus, der neuen Kalifenmetropole der Omajjaden.

9.
Das Reich der Omajjaden oder Die Männer mit der eisernen Hand

Im roten Dämmerlicht der Omajjaden-Moschee, in der himmelhohen Halle, 136 Meter lang und 38 Meter breit, die von zwei Säulenreihen in drei Schiffe geteilt ist, unter dem sanften Schimmer von 600 tief herabhängenden Lampen, sitzt auf alten Teppichen eine Runde alter Männer. Sie tragen Turbane zu ihren Straßenanzügen, in ihren Taschen knistern Banknoten aller Länder.

Unter diesen Männern ist vielleicht ein Trödler aus den Basaren der »Geraden Straße«, die schon in der Bibel erwähnt wird und immer noch mit buntem Händlerleben erfüllt ist. Vielleicht ein Friseur der Chalid-Ibn-al-Walid-Straße, neben dem Hauptbahnhof; die Straße, die den Namen des Prophetengefährten mit dem napoleonischen Feldherrngenie im Alltagsleben des 20. Jahrhunderts lebendig erhält. Vielleicht ist auch ein Importeur vom »Auto-Suk« darunter, der ein Zelt auf dem quadratkilometergroßen Gelände vor der Stadt hat, wo Lkws und Pkws aus Deutschland stehen, die von abenteuerlustigen Fahrern für 1000 DM pro Trip in Tag- und Nachtfahrt quer durch den Balkan und die Türkei zu diesem jüngsten Ableger jahrtausendealten syrischen Händlergeistes geschafft werden. (Damaskus ist »open market« für alle Autoaufkäufer des Orients, mit den Papieren nimmt man's nicht so genau.)

Was diese Männer in der Moschee gemeinsam haben, sind ihre herrlichen Stimmen, mit denen sie, jeden Mittag, Koransuren vortragen, nicht vom Blatt, sondern aus dem Herzen, mit verteilten Parts, nicht fürs Publikum, nur für sich und Allah. Da kann der Ungläubige erfahren, wie das Wort des Koran Fleisch geworden ist. Das Stakkato der freien Rhythmen, der hämmernde Klang der Reime – das bewegt, das dringt ein, das geht unter die Haut. Nur annähernd läßt sich das beschreibend vermitteln, indem man – und Allah, der Barmherzige, wird diesen unzulänglichen Vergleich geschehen lassen – an die Gospel-Songs in den Gottesdiensten amerikanischer Südstaaten-Neger erinnert. Die Sowjet-Touristen, deren Omnibus vor dem Bab-Scharki-Tor parkt – dem Osttor, durch das einst Chalid in die Stadt eindrang – und in deren Land Religion doch eigentlich als Aberglaube gilt, stehen ergriffen in ihren – für jeden Moscheebesucher vorgeschriebenen – Leihpantoffeln.

Wie viele Städte des alten Sarazenen-Reiches steht und lebt Damaskus auch heute noch im Magnetfeld der Vergangenheit. Der Omnibusfahrer, der mit seinem zwanzig Jahre alten Fahrzeug ohne Motorhaube durch die Wüste tuckert und sich wundert, daß die doch eigentlich so berühmten deutschen Motoren ständiges Reinigen des Ölfilters verlangen, sieht ganz klar, warum syrische Truppen in den Libanon einmarschieren mußten: Zur Zeit der Omajjaden war der Libanon doch auch ein Teil Syriens.

In einem Café an der Palestine-Street nahe der Universität hört man's freilich anders. Hier diskutieren Studenten, die sunnitische Moslems und außerdem links sind, und die haben viel gegen ihren Präsidenten Assad einzuwenden.

Präsident Assad gehört einer schiitischen Sekte an, die so extrem ist, daß sie schon fast als christlich gilt: den Alawiten, die in den Bergen nördlich der – einzig bedeutenden – syrischen Mittelmeerhafenstadt Lattakia leben. Für die Alawiten ist Ali, einerseits, die Verkörperung der Göttlichkeit. Andererseits haben sie sich Liturgisches aus dem Christentum geborgt, sie feiern Messen, halten christliche Feiertage wie Weihnachten und Ostern, tragen vielfach christliche Vornamen.

Doch die syrischen Sunniten (70 v. H. der Bevölkerung) sind immer weniger bereit, den Machtanspruch der alawitischen Minderheit (15 v. H.) zu dulden. Eine nicht abreißende Kette von Attentaten und Anschlägen gegen alawitische Regierungsmitglieder, Offizierskadettenschulen und Geistliche hat Präsident Assad Ende 1979 zu einer Regierungsumbildung gezwungen. Aber Chef des Geheimdienstes »Mochabarate« ist nach wie vor Assads Bruder Rifaat. »Assads Machtbasis«, behaupten die Studenten, »ist jetzt genauso schmal, wie es die des Schah war.« Allerdings stört es die Linken ebensosehr wie die radikalen Moslems, daß Assad mit seiner Wirtschaftspolitik Erfolg hat – nach westlichen Maßstäben.

Unter Präsident Assad, der von vielen heute verknöchert wirkenden Aspekten des – sunnitischen – Islam ebensowenig zu halten scheint wie von den wirtschaftlich unbekömmlichen Konzepten der Kommunisten, machte Syrien einen gewaltigen Sprung nach vorn. Davon ist zwar für das verwöhnte Auge des Besuchers aus Ländern des westlichen Kapitalismus noch nicht viel erkennbar, aber Damaskus zeigt dennoch schon die ersten typischen Licht- und Schattenseiten.

Investitionen haben sich verzehnfacht, Wohnblocks für Luxusappartements schießen aus dem Boden, und trotz einer zweihundertprozentigen Importsteuer auf neue Autos, die einen Mittelklassewagen auf 40000 DM bringen, steigt die Zahl der Neuzulassungen rapide. Schon gibt es wieder ein paar Dutzend neue Millionäre. Restaurants setzen wieder französische Gerichte auf die Speisekarten, auch wenn die Kellner vom Land (noch) nicht (wieder) wissen, was die exotischen Namen bedeuten.

Der Zustrom von Flüchtlingen aus Beirut macht die wenigen Klassehotels, wo nun achtköpfige Familien in einem Zimmer wohnen, zu Ballungszentren westlicher Dekadenz. Kabaretts, die in der sozialistischeren Zeit aus Mangel an Attraktion und Publikum oft monatelang schlossen, legen jetzt Sonderschichten ein. Clevere Unternehmer machen in Privatwohnungen die staunenden Neureichen von Damaskus mit erotischen Sehenswürdigkeiten vertraut, die weit unter der – immer noch offiziellen – Bauchtanz-Schicklichkeitsgrenze liegen.

Das hautnahe Nebeneinander von Palästinensern mit den unter Assad voll ins Geschäft kommenden Alawiten, die über direkte Drähte zu den Maroniten des Libanon verfügen, einerseits und ehemaligen Staatsfunktionären mit guten Beziehungen zur Sowjetunion andererseits hat zur Parallelentwicklung von zwei aufstrebenden Waffenmärkten geführt. Freilich, in den »Kalaschnikoff-Basaren«, auch sie in neuen 200000-DM-Appartements und Millionenvillen etabliert, wird kommerzielle Kollegialität geübt: Bei Lieferschwierigkeiten hilft man sich gern gegenseitig aus.

Die Klasse der neuen Reichen hat viele Gesichter. Dazu gehören Hotelbesitzer, die den Job des Empfangschefs persönlich übernommen haben und sich das Bakschisch für die Zuteilung einer Besenkammer selbst in die Tasche stecken. Das Bakschisch ist oft zehnmal so hoch wie der – staatlich kontrollierte – Zimmerpreis. Dazu gehören höhere Regierungsbeamte, deren Gehalt bei 1000 DM liegt, die aber von Unternehmern, Unterunternehmern und Mittelsleuten großzügig aus den Schmiergeldtöpfen der internationalen Konzerne bedient werden.

Dennoch oder gerade deswegen: Der Boom läuft an. Arbeitslose gibt es nicht mehr, Straßen werden gebaut, und die 2,8 Millionen Hektar kultivierbaren, aber brachliegenden Landes sollen nun endlich fruchtbar gemacht werden. Die Fusion mit dem – damals – nasseristisch-sozialistischen Ägypten ist vergessen, die dirigistischen Experimente früherer, schnell wechselnder Regierungen sind überstanden. Das Steueraufkommen wächst stetig, schon zwischen 1973 und 1975 stieg der Staatshaushalt um das Dreifache. Und da seit Assads Machtergreifung nicht mehr gegen die »dekadenten, feudalistischen Könige« der arabischen Ölländer geschimpft wird, strömen auch die hilfreichen Petro-Dollars der freundlichen Scheiche ins Land.

Die Händler in den Basaren an der »Geraden Straße« spüren es deutlich. Seit sie nicht mehr grobe Russenkittel und mausblaue Mao-Hemden verkaufen, die schon nach Arbeitsschweiß riechen, bevor man sie zum erstenmal auf der Haut hat, und statt dessen Cardin-Anzüge, Cacharel-Hemden und Dior-Kleider anbieten, klingelt es auch in ihren Kassen.

Der Apostel Paulus freilich, der einst hier wandelte, würde sich nicht mehr auskennen. Die Straße liegt heute sechs Meter höher als damals. Generationen von Basarhändlern haben immer wieder neu gebaut auf dem, was mit dem Kommen und Vergehen der Dynastien, Königs- und Kolonialreiche zusammenbrach. 1947 ist hier das Nordtor eines römischen Triumphbogens ausgegraben und neu errichtet worden. Nun steht es seltsam verquer neben der »Geraden Straße« – damals war sie knapp sechzehn Meter breit, heute überquert man sie mit sechs Schritten.

Das Neben- und Aufeinander der Zeugnisse aus vielen tausend Jahren wechselvoller Geschichte, mitten im turbulenten Alltagsleben unserer Zeit, ist dem Damaszener Symbol für die dieser Stadt eigentümliche Überlebenskraft durch Toleranz, die immer wieder Sieger und Besiegte in sich integriert: ein Löwe aus der Hethiter-Zeit; eine – nachgebildete – Synagoge aus dem 3. Jahrhundert; das Haus des blinden Ananias, den Paulus besuchte (auch heute einige Meter unter Straßenniveau); die Stelle in der Stadtmauer, wo Paulus, auf der Flucht, sich in einem Korb über die Stadtmauer hieven ließ, eine Bronzesäule auf dem Merdsche-Platz zur Erinnerung an den Bau der ersten Telegrafenlinie (fast schon wieder schön in ihrer Kuriosität); dann das Grabmal des Kreuzrittervernichters Saladin, das, völlig vergessen, von Kaiser Wilhelm wiederentdeckt und restauriert wurde; in der Omajjaden-Moschee (angeblich) der Kopf von Johannes dem Täufer, darüber in einer Wand Mosaike aus vergoldeten Glaswürfeln, die noch aus der Omajjaden-Zeit stammen; schließlich das »Jesus-Minarett« der Omajjaden-Moschee, wo nach muselmanischer Überlieferung am Jüngsten

Stammbaum der Omajjaden-Kalifen

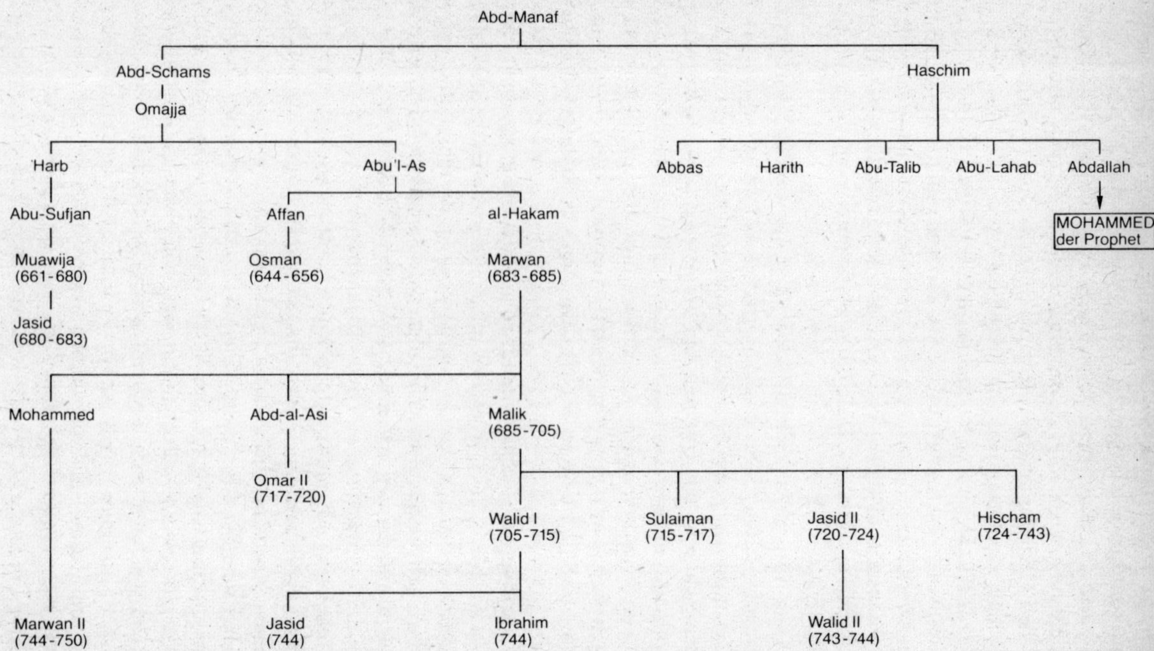

Tag Jesus auf die Erde herabsteigen wird; aber auch noch die Paläste früherer türkischer Besatzungspaschas; die alten Villen französischer Mandatsbeamter – das alles macht diese Stadt zu einem Gebilde aus nur scheinbar unverträglichen Versatzstücken der Historie und ist dennoch wie aus einem Guß. Der Kalif Muawija muß eine gute Ahnung gehabt haben, als er Damaskus zur Hauptstadt des Sarazenen-Reiches machte.

Nicht das Schwert, wo die Zunge genügt

Mit der Dynastie der Omajjaden, die Muawija begründete, begann die islamische Kultur. Omajjaden bauten die vier großartigsten Gotteshäuser der islamischen Welt: den Felsendom in Jerusalem mit seinen Gold- und Kupferdächern und Marmorsäulen; die al-Aksa-Moschee, ebenfalls in Jerusalem, noch größer als der Felsendom; alles überragend aber die Omajjaden-Moschee in Damaskus, in deren Ausschmückung das Steueraufkommen Syriens aus sieben Jahren verewigt wurde. Omajjaden trugen den Glanz islamischer Kultur nach Spanien, von dort drang auch mancher Schimmer in die Finsternis des europäischen Mittelalters, die Abd-ar-Rachman-Moschee in Cordoba läßt ihn heute noch erahnen. Omajjaden bauten die ersten Kranken-, Waisen- und Irrenhäuser, mit den Omajjaden begann die arabische Wissenschaft. In den 89 Jahren der Omajjaden-Herrschaft von Damaskus erlebte das Sarazenen-Reich seine größte Ausdehnung.

Um das im Bürgerkrieg zerrissene Reich straff regieren zu können, paßte Muawija seine Verwaltung den neuen Notwendigkeiten an. Kein geniales Improvisieren mehr wie unter Abu Bekr und Omar, keine Vetternwirtschaft wie unter Osman: Muawija schmolz das gute Dutzend Militärgouverneurschaften zwischen Nordafrika und Armenien in fünf Vizekönigtümer um, teilte die Staatsverwaltung in drei Ministerien (für Verwaltung, Steuern und religiöse Angelegenheiten), schuf ein Postsystem mit Relaisstationen, ein Staatsarchiv und eine Polizei – eine politische Polizei natürlich, denn Alis Anhänger predigten Revolution.

Gleichzeitig bereitete Muawija seinen Sohn Jasid auf die Übernahme des Kalifenamtes vor. Das Gezänk um die Kalifennachfolge sollte ein für allemal ein Ende haben. Das freilich war eine Revolution von oben, denn nie zuvor hatte es unter Arabern ein Erstgeburtsrecht gegeben. Wenn ein Scheich starb, wählte die Sippe den fähigsten Mann zum Nachfolger, das Erbe wurde aufgeteilt – Kamele und Frauen waren leicht abzuzählen. Mit Muawija also begann das erbliche Königtum.

Orthodoxe Historiker beschuldigen Muawija heute noch, aus dem theokratischen Kalifen einen »malik« gemacht zu haben – »malik« war das arabische Wort für barbarische Könige.

Der neue »malik« hatte, das ließen ihm auch Gegner, ungewöhnliche Fähigkeiten. Er griff zur Gewalt nur, wenn alle anderen Mittel versagten; ein hohes Maß an Selbstkontrolle ließ ihn auch in gefährlichen Situationen gelassen reagieren. »Mein Schwert benutze ich nicht, wo die Peitsche genügt«, sagte er, »die Peitsche nicht, wo meine Zunge reicht.« Araber haben ein unübersetzbares Wort für diese Art von entschlossen-wohldosiertem Einsatz verhältnismäßiger Mittel: »hilm«.

Zwei Männer hätten Muawija gefährlich werden können: Hassan, ältester Sohn Alis, von dem die Aliden nun Rache für den Mord in der Moschee erwarteten und den sie in Kufa zum Gegenkalifen erhoben, und Alis immer noch amtierender Gouverneur von Persien, Sijad.

Hassan war ein kleiner Fisch für Muawija. Hassans Spitzname war »al-Mitlak«, der »Ehescheider«; er kam mit seinen gesetzlichen vier Frauen nur aus, weil er alle halbe Jahre die eine oder andere verstieß, um eine neue zu heiraten, er soll es so auf 70 bis 100 Frauen gebracht haben. Muawija schickte Hassan eine unterschriftsfertige Abdankungserklärung und einen Blankoscheck. Den Verzicht unterschrieb Hassan, in den Scheck setzte er 5 Millionen Dirhem ein – soviel enthielt die Staatskasse seines ermordeten Vaters. Der glückliche Erbe zog sich, zusammen mit seinem jüngeren Bruder Hussein, nach Medina zurück, wo er in einem Bett seines Harems starb. Eine seiner Frauen hatte ihn vergiftet.

Sijad war ein schwierigerer Fall. Der Gouverneur Persiens hatte Muawija die Huldigung verweigert. Sijad war schon einmal hohen Herren gefällig gewesen. Er war in dem Prozeß gegen General Mugira als ominöser vierter Zeuge aufgetreten, der als einziger nicht gesehen haben wollte, wie der General den ihm zur Last gelegten Ehebruch vollzog. Solch einsichtiges Verhalten, das einen General vor der Steinigung bewahrte – und Sijads Karriere förderte –, gab Muawija Hoffnung, den Persien-Gouverneur nun für sich zu gewinnen. Sein voller

Name lautete »Ibn-Abihi«, »Sohn seines Vaters«, ein Beiname für Uneheliche. Sijads Mutter war Prostituierte in Taif.

Der Kalif, Sohn des Abu-Sufjan, vertraute Sijad nun ein Familiengeheimnis an: Sijads unbekannter Vater war auch Muawijas Vater – Kalif und Gouverneur waren somit Halbbrüder, Opposition also nicht opportun. Abu-Sufjan, schon zu Osmans Zeit zufrieden über den Machtvormarsch des von ihm geführten Omajjaden-Clans, verstorben, hätte sich über die Heimholung dieses illegitimen Sohnes gerade im rechten Augenblick sicher sehr gefreut.

Muawija wußte, warum Sijad ihm soviel wert war. Sijad war genau der Mann mit der eisernen Hand, den er für seine straffe »law-and-order«-Politik im Reich brauchte. Sijad konnte sich rühmen: »Zwischen Bosra und Khorasan geht kein Strick verloren, ohne daß ich davon erfahre.«

Mit Ruhe im Land konnte Muawija auch den Waffenstillstand mit Byzanz kündigen und wieder Truppen in Marsch setzen. Ehrgeizig, wie er war, bestimmte er Konstantinopel zum Angriffsziel. Für seinen zum Kalifen vorgesehenen Sohn Jasid, der das Expeditionsheer führte, wäre es ein schöner Sieg gewesen. Aber Kleinasien und Anatolien (die heutige Türkei) waren nicht so leicht zu unterwerfen wie Syrien und Mesopotamien. Denn hier waren die Byzantiner nicht landfremde Kolonialherren, hier war altes Griechen-Land, in das die Sarazenen als halbbarbarische Räuber einfielen. Außerdem waren den Wüstenbewohnern Landschaft und Klima unsympathisch. Dennoch gelang es ihnen, von der Flotte unterstützt, bis unter die Mauern der byzantinischen Hauptstadt vorzudringen.

Im Kampf um die Stadt fiel einer der ersten Freunde Mohammeds aus Medina: Abu-Ajjub, der dem Propheten Quartier gegeben hatte, bis die Moschee fertig war; bei zahlreichen »Razzias« hatte Abu-Ajjub die weiße Fahne des Propheten getragen. Über seinem Grab am Westufer des Goldenen Horns erhebt sich heute, nördlich der Stadtumgehungsautobahn, die heiligste Moschee von Konstantinopel-Istanbul (»Eyüp Sultan Camii«).

Sieben Jahre lang, immer im Sommer, berannten die Sarazenen die uneinnehmbaren Mauern. Mit ihrer jungen Flotte segelten sie die Dardanellen hinauf ins Marmarameer, wo sie sich auch, zum Überwintern, eine Basis schufen.

Die Byzantiner verteidigten sich mit einer Wunderwaffe, der die Sarazenen nichts entgegenzusetzen hatten. Gerade rechtzeitig vor dem Anmarsch von Jasids Armee hatte ein Chemiker aus Heliopolis den Flammenwerfer erfunden: aus großen Eisenbehältern spritzten die Verteidiger Konstantinopels eine Flüssigkeit auf die Krieger Allahs, die hauptsächlich aus Erdöl, Salpeter, Schwefel, Kohle, Pech und Harz bestand. Dieses »griechische Feuer«, das sogar auf dem Wasser brannte, rettete Byzanz. Erst 400 Jahre später kamen die Sarazenen hinter das Geheimnis. Da setzten sie es gegen die Kreuzzügler ein.

Mit mehr Erfolg konsolidierten Muawijas Truppen die bisherigen Sarazenen-Eroberungen in Nordafrika. General Amrs Neffe Okba legte nahe Karthago, in Tunesien, ein festes Armeelager an, nach dem Muster von Fostat, Basra und Kufa, dem er, nicht gerade phantasievoll, den Namen »Kairouan« gab: »Rastplatz für Karawanen«. West- und ostwärts davon errichtete er eine Linie von Wüstenforts, die den Besitz gegen Angriffe von Byzantinern und Berbern schützte.

Als Muawija sich etwa siebzigjährig zum Sterben legte, warnte er seinen Sohn vor zwei potentiellen Staatsfeinden: vor Alis Sohn Hussein, der aus härterem Holz war als sein im Lotterbett verstorbener Bruder, und vor Abdallah Ibn-Subair, dem Sohn des Mannes, der für Mohammed seine Schneidezähne geopfert und mit Aischa gegen Osman und Ali intrigiert hatte.

Hussein und Ibn-Subair lebten in Medina und Mekka, opponierten schmollend und wartend auf den Augenblick, da sie sich gegenseitig das Kalifat streitig machen konnten.

Hussein – der Märtyrer der Schiiten

Kaum war Muawija unter der Erde, als Hussein sich mit einem kleinen Gefolge von 200 Leuten, darunter Frauen und Kinder, auf den Weg durch die Wüste machte. Aliden in Kufa, die ihn seit Hassans Tod als rechtmäßigen – wenn auch heimlichen – Kalifen verehrten, hatten ihm ein Aufgebot von 12000 Kämpfern zugesagt. Sein Nebenbuhler Ibn-Subair, ein Realist, wußte zwar, daß dieser Wüstenmarsch ein Wahnsinn war, aber er hatte gute Gründe, ihm zuzureden.

Husseins Karawane errichtete am Westufer des Euphrat, bei Kerbela, ein Zeltlager. Von seiner Anhängerschaft weit und breit keine Spur.

Aber General Ubaidallah Ibn-Sijad, inzwischen als Nachfolger seines Vaters, mit nicht minder eiserner Hand, Statthalter von Kufa, schickte ihm mehrere tausend Mann entgegen. Ubaidallahs Befehl: Hussein tot oder lebendig nach Kufa zu bringen.

Tagelang umstellten die Regierungstruppen das Lager. Endlose Verhandlungen führten zu nichts. Hussein hatte mit allen Fehlern auch den gewissen donquichottischen Heldenmut seines Vaters geerbt. Ein feiger Rückzug kam für ihn nicht in Frage.

Dreißig Regierungssoldaten desertierten, weil sie nicht gegen den Enkel des Propheten kämpfen wollten – dann begann das Massaker.

Scharfschützen töteten mit Pfeil und Bogen Husseins Gefolgsleute, einen nach dem anderen. In seinem Zelt nahm Hussein einen seiner Neffen in die Arme, um Abschied zu nehmen. Ein Pfeil tötete das Kind. Eine seiner Frauen reichte ihm Wasser – ein Pfeil drang ihm in den Mund. Verwundet, fast sterbend, schleppte sich Hussein bis ans Ufer, um seinen Mund im Fluß zu kühlen. Pfeilsalven trieben ihn zurück, drei Pfeile steckten in seinem Körper. Nach einem letzten Gebet stürzte sich Hussein mit dem Schwert in der Hand gegen seine Feinde, um kämpfend den Tod zu finden. Die Soldaten zertrampelten Husseins Leiche, den Kopf schnitten sie ab und spießten ihn auf eine Lanze. Den Rest überließen sie den Geiern.

Nur zwei kamen davon: Husseins Schwester Sainab rettete ein Söhnchen Husseins, das auch Ali hieß. Seine Mutter war eine Tochter von Jasdagerd, dem letzten Sassaniden-König von Persien.

In diesem kleinen Ali pflanzte sich nicht nur das Haus des Propheten fort, sondern auch, durch die Mutter, der Anspruch der Sassaniden auf den Thron Persiens – genug Erbmasse, um für alle Zukunft Persien zu einem Treibhaus schiitischer Umtriebe zu machen. Heute ist Persien schiitisch.

Eine makabre Karawane bewegte sich nach Damaskus. Soldaten trugen auf ihren Lanzen die abgeschnittenen Köpfe von Hussein und seinen Märtyrern – in ihrer Mitte Sainab, die den kleinen Ali in ihren Armen hielt.

In Damaskus saß Sainab mit dem Kind in blutigen Lumpen vor dem Palast des Kalifen Jasid und bejammerte das Schicksal der »wahren Kinder des Propheten«. Jasid schickte sie schließlich nach Hause, nach Medina. Husseins Kopf durfte sie mitnehmen.

Abdallah stand mit seinen Getreuen auf dem großen Platz vor der Moschee in Medina, als die kleine Trauerkarawane Sainabs, von Damaskus kommend, heranritt. Sainab saß tief verschleiert auf dem Kamel an der Spitze, in den Händen hielt sie ein winziges Bündel – den Kopf Husseins. Auf dem Kamel hinter ihr wiegte eine Frau einen kleinen Jungen in den Armen: Ali, den Sohn Husseins. Er war noch zu klein, um die Hölle, die er überlebt hatte, zu begreifen, aber in ihm würde die Rache weiterleben.

Abdallahs Blicke wanderten über die Menschen, die sich mit ihm vor der Moschee versammelt hatten. Die schrillen Schreie der Totenklage hatten schon begonnen, die Kampfrufe der Männer mischten sich hinein: »Rache für Hussein!«

Die Saat, die Abdallah gesetzt hatte, als er den leicht entflammbaren Hussein zu seinem hoffnunglosen Marsch nach Osten inspirierte, blühte auf. Bald war die Ernte reif. Abdallah gab seinen Männern ein Zeichen. Sie mischten sich unters Volk. Den hochgepeitschten Emotionen mußte jetzt ein politisches Ziel gesetzt werden.

Der pockennarbige Kalif Jasid, der Wein und Jagd liebte, im Luxus des Hofes von Damaskus aufgewachsen war und sich in einer ergebnislosen Expedition gegen Konstantinopel nicht bewähren konnte, schien weder das Phänomen Kerbela noch die Umtriebe Abdallahs in ihrer Tragweite zu erkennen. Er versuchte es mit gutem Zureden. Neun alte Prophetengefährten aus Medina lud er nach Damaskus ein, sie sollten ihm ihre Kritik am Omajjaden-Regime persönlich vortragen. Nun hatte der junge Kalif noch nie im Leben einen von diesen sagenhaften »Ansar« zu Gesicht bekommen, und er wußte von ihnen wohl auch nicht viel mehr, als daß es sonderbare alte Männer waren, die sich vor siebzig Jahren in der Wüste herumgeschlagen hatten und sich darauf viel einbildeten. Kalif Jasid führte also die Abordnung finsterblickender und wortkarger Greise, die sich da in schäbigen Mänteln vor ihm aufbauten, zu allerlei Festlichkeiten bei Hofe, hörte sich geduldig ihre Kritik an der aktuellen Politik an und verehrte schließlich jedem noch ein Wegegeld von etwa 100000 Dirhem.

Das Geld nahmen sie, warum auch nicht, aber kaum heimgekehrt, empörten sie sich über den Sittenverfall. »Wir kommen von einem Mann ohne Religion«, zeterten sie, »der Wein trinkt und mit Hunden spielt. Vor ihm greifen Sängerinnen in die Harfen, er verpraßt seine Nächte mit liederlichen Burschen und Kameldieben...!« Einer riß sich den Turban vom Kopf und warf ihn auf den Boden: »Wie ich mein Haupt dieses Turbans entkleide, so entkleide ich Jasid des Kalifats!« Der nächste warf seine Sandalen, der andere seinen Mantel dazu. Die pathetische Kleiderablage wirkte als Signal. Medina erhob sich. Abdallah Ibn-Subair und seine Agenten hatten ganze Arbeit geleistet.

Der Kalif sah keine andere Möglichkeit, er befahl das Ungeheuerliche: eine Strafexpedition gegen die Heilige Stadt. Medinas Veteranen, die wenigen, die es noch gab, fochten mit der ganzen fanatischen Begeisterung ihrer Jugendzeit. Doch vergebens. Der modernisierten syrischen Armee waren sie nicht gewachsen. Drei Tage wüteten die Syrer in der Stadt, 2400 »Ansar« und 2300 »Muhadschirun« sollen getötet worden sein, »die Zierde der Religion, die Bewahrer der reinen Lehre des Islam«, wie ein Chronist beklagt. Abdallah Ibn-Subair floh nach Mekka, wo er im Schutz der Kaaba erneut zum Widerstand aufrief. Tausende von Medinensern flüchteten jedoch gleich weiter bis Nordafrika, von wo aus sie sich später eine neue Heimat in Spanien erkämpften. Medina blieb jahrelang eine Ruinenstadt.

In Mekka rief Abdallah unterdessen den Belagerungszustand aus. Die Regierungstruppen kesselten, was leicht war, von den Bergen her die Stadt ein, brachten Katapulte in Stellung und beschossen die Kaaba – Abdallah hatte dort seinen Befehlsstand eingerichtet – mit Felsbrokken und Brandpfeilen.

Für die Mekkaner muß das ein unfaßbarer Anblick gewesen sein, als ihre Kaaba in Flammen aufging. Der alte Holzbau brannte wie Zunder, in der Gluthitze zerplatzte der Schwarze Stein in drei Stücke. Einige Chronisten behaupten jedoch, Abdallah selbst habe den Brand gelegt, um Haß gegen die Syrer zu schüren. Ein sarazenischer Reichstagsbrand?

Kalif Jasids plötzlicher Tod unterbrach die Strafaktion. Die Syrer kehrten in Eilmärschen nach Damaskus zurück, wo sie nun dringend gebraucht wurden; auch hier standen Unruhen bevor. Diese Wendung nutzte Abdallah, um sich zum Kalifen ausrufen zu lassen. Seinen Bruder Musab setzte er als Statthalter im Irak ein. Auch der Jemen, Ägypten und sogar Teile Syriens erkannten Abdallah Ibn-Subair als Kalifen an. Die Dynastie der Omajjaden schien entmachtet. Nur in einer Enklave um Damaskus kämpften sie noch ums Überleben. Abdallah stand kurz vorm Ziel.

Das Sarazenen-Reich erlebte es nicht zum ersten- und auch nicht zum letztenmal: Ein Herrscher stirbt, das Imperium zersplittert. Jasids Söhne waren schwach und kränklich, ein paar Vettern hatten zwar Gefolgschaft, aber kein Durchsetzungsvermögen. Da hatte Ubaidallah, der Gouverneur und Hussein-Mörder von Kufa, die rettende Idee. Er, der Sohn des unehelichen Sijad, den Kalif Muawija zum Bruder ernannt hatte, holte einen halbvergessenen Onkel aus der Versenkung: Marwan, Abu-Sufjans Sohn, ehemals Kanzleichef des glücklosen Osman. Marwan, zwar gealtert und auch seit dem Schwerthieb eines Meuterers in Osmans Haus durch einen steifen Hals gehandikapt, hatte nichts von seiner Verschlagenheit verloren. In nur neun Monaten stellte er das torkelnde Imperium wieder fest auf die Füße. Wie er das machte, ist ein Lehrstück in Familienintrige.

Zuerst gewann er die Parteigänger eines minderjährigen Jasid-Sohnes für sich, indem er die Mutter (also Jasids Witwe) ehelichte und dem Kleinen den Thron versprach. Seinem Vetter Amer, der ebenfalls eine starke Anhängerschaft hatte, sicherte er ebenfalls das Kalifat zu. Die in Syrien lebenden Araber der südlichen Stämme kaufte er sich mit üppigen Konzessionen an ihre Scheichs.

Auf diese Weise gelangten Syrien und Ägypten in seine Hand. Unglücklicherweise durchschaute Jasids Witwe das Intrigennetz und den Betrug an ihrem Sohn und drückte Marwan eines Nachts im Bett ein Kissen auf den steifen Hals – seine eigene Frau war der einzige Gegner, den er unterschätzt hatte. Der Mord freilich war umsonst – Kalif wurde trotzdem Marwans Sohn. Und das sollte gut sein.

Abd-al-Malik, der neue Kalif, etwa vierzig, war der Mann, der das Omajjaden-Reich nicht nur rettete, sondern auch seiner größten Blüte entgegenführte. Er war ganz aus dem harten Holz, aus dem arabische Herrscher geschnitzt sein müssen.

In seinen ersten Regierungsjahren hielt er sich noch zurück und gab bereits mit diesem Abwarten eine Vorprobe seiner Herrscherkunst. Er sah einfach zu, bis der Gegenspieler in Mekka sich an den eigenen innenpolitischen Schwierigkeiten verausgabt hatte. Dann freilich schlug er um so härter zu. In der Zwischenzeit suchte er nach einem Mann, der die Wiedervereinigung des Omajjaden-Reichs bewerkstelligen konnte, einen Mann, dem es nichts ausmachte, sich bei den nun fällig werdenden Säuberungsaktionen die Hände zu besudeln. Er fand dieses Werkzeug in einem Mann namens Haddschadsch; der stammte, wieder einmal, aus Taif – dort war er Lehrer gewesen. In die Geschichte ging er unter einer anderen Berufsbezeichnung ein: »der Metzger«.

Haddschadsch hatte den Schuldienst aufgegeben, um Offizier zu werden, und es auch schon zum Oberst gebracht, ohne sich freilich sonderlich beweisen zu können. Als nun Kalif Malik einen Truppenführer zur Wiederaufnahme der Strafaktion gegen Mekka suchte und die Generäle sich nicht gerade danach drängten, ihren Namen mit der voraussichtlichen Zerstörung der heiligsten Stadt zu verbinden, sah Oberst Haddschadsch seine Chance. Er meldete dem Kalifen, er habe geträumt, wie er dem Gegenkalifen die Haut vom Leib ziehe, und das sei doch sicher ein gutes Omen. Der Kalif sah sich den jungen Oberst an und übertrug ihm das Kommando. Ende März 692 stand Haddschadsch vor Mekka.

Kalif Malik hatte seinen Wiedervereinigungsplan umsichtig vorbereitet. Den Rücken hielt er sich frei, indem er, wie vor ihm Muawija in ähnlicher Lage, mit Byzanz einen Waffenstillstandsvertrag schloß. Der Preis war hoch: Konstantinopel bekam Armenien und Cypern zurück, außerdem jährlich Tributzahlungen. Dafür konnte sich Malik nun voll auf den Osten und den Süden seines unruhigen Imperiums konzentrieren.

Auf Mekka donnerten wieder, wie neun Jahre zuvor, Felsbrocken hinab, von Katapulten in den Bergen ringsum abgeschossen. Alle Zufahrtswege waren gesperrt. Hunger breitete sich aus. Zahlreiche Mekkaner desertierten, sogar zwei Söhne Subairs. Der Gegenkalif mußte sich eingestehen, daß keine Hoffnung mehr war. Eine rührend-pathetische Abschiedsszene, wie aus einem altarabischen Bilderbuch, soll sich zwischen Ibn-Subair und seiner Mutter abgespielt haben.

Asma Bint-Abu-Bekr war jetzt hundert Jahre alt. Als junge Frau hatte sie ihrem Vater und dem Propheten bei der Flucht aus Mekka geholfen, ihnen Wasser zu ihrer ersten Fluchtetappe, einer Höhle am Berg Thaur, gebracht, was ihr für alle Zeiten einen Ehrenplatz in der Heldengalerie des Islam sichert. Nun ermutigte die Hundertjährige ihren Sohn zum Endkampf bis zum letzten Schwertstreich. Als die Syrer die Kaaba stürmten, stürzte sich Abdallah Ibn-Subair ins wildeste Schlachtgetümmel, um einen ehrenvollen Tod zu finden.

Oberst Haddschadsch verweigerte dem toten Gegenkalifen und

Prophetenneffen jedoch die letzte Ehre. Den Rumpf stellte er in Medina zur Schau, aufgespießt auf einen Pfahl, den Kopf schickte er, als Vollzugsbeweis, seinem Kalifen nach Damaskus. Abd-al-Malik dankte es seinem Obristen, indem er ihn zum Vizekönig über den – freilich noch immer unruhigen – Irak ernannte.

Mit Abdallah Ibn-Subair ging einer der allerletzten Gefährten des Propheten dahin. Die Zeit – und der Geist –, dem sie entstammten, war ohnehin längst verweht. Der Mord an Osman konnte als gerächt betrachtet werden. Die Omajjaden saßen nun einigermaßen fest im Sattel. Die alte arabische Ordnung, in der das Haus Omajja die Hocharistokratie Arabiens bildete, war wiederhergestellt. Alle Minuskonten in der Omajja-Bank waren liquidiert.

Der »Metzger« als Vizekönig

An einem klaren Novembermorgen des Jahres 694 ritt, unerwartet und unerkannt, Oberst Haddschadsch mit einigen wenigen Begleitern in die Stadt Kufa ein und bezog in der Hauptmoschee Quartier. Die Kufier strömten gelassen zusammen, es ging das Gerücht, da sei ein Mensch mit verhülltem Gesicht gekommen, der wolle zur Gemeinde reden. Ihnen allen stand eine gänsehauterregende Stunde bevor.

Haddschadschs Antrittsrede als Vizekönig ist nicht nur wegen ihrer plastischen arabischen Wortbilder klassisch geworden, sondern auch als Manifest eines tyrannischen Herrschers.

Als die Moschee besetzt war, erhob sich auf der Kanzel der Fremde mit dem verhüllten Gesicht. Statt des üblichen »Gelobt sei Allah!«, das sonst jede Rede an geweihter Stätte eröffnet, schrie der Unbekannte den Vers eines heidnischen Dichters über die Menge: »Ich bin der Sohn des ersten Morgenschimmers über den Bergen, bei dessen Anblick jeder ruft: ›Seht her, da leuchtet er auf!‹ Und wenn ich jetzt meinen Schleier hebe, werdet ihr mich erkennen...!« Jetzt erst riß er sich das Tuch vom Gesicht.

Die ihn nicht kannten, begriffen spätestens bei den nun folgenden Sätzen, wer da in ihre Stadt geritten war. »Ja, ich sehe unter mir viele Köpfe, die reif für den Schnitter sind! Und ich sehe viel Blut zwischen den Turbanen, zwischen den Bärten... Mich, ihr Leute des Irak, drückt man nicht zusammen wie eine Feige, mir trommelt man nichts vor auf alten Schläuchen (so wie man furchtsame Kamele erschreckt)! Der Beherrscher der Gläubigen hat seinen Köcher ausgeschüttet und in die Pfeile gebissen (um festzustellen, welcher am härtesten ist), und er hat gefunden, daß ich aus unzerbrechlichem Holze bin. So hat er mich zu euch geschickt, denn ihr seid Kamele, die zu lange ohne Zügel im Galopp gelaufen sind. Bei Allah, wie man Bäumen die Rinde schält, so werde ich euch schälen, und wie man die stacheligen Mimosen bindet, so werde ich einen Strauß aus euch machen! Von nun an, ihr Hurensöhne, will ich nichts mehr von heimlichen Zusammenkünften hören, nichts mehr von nutzlosem Gerede, nie mehr wieder die Frage, was sollen wir tun? Was zu tun ist, ihr Sklaven des Stockes, erfahrt ihr von mir! Ich bin al-Haddschadsch Ibn-Jusuf, und wen ich rasiere, dem schabe ich bis unter die Haut...!«

Der ganze Osten des Reiches duckte sich unter Haddschadschs eiserner Hand. Leisester Verdacht auf Sympathien mit der »Familie«, den Aliden oder auf Widerstand gegen die Omajjaden genügte für Verhaftung und Hinrichtung. In den gut zwei Jahrzehnten seiner Statthalterschaft soll er 120000 Menschen zum Tode verholfen haben; als er starb, lagen 80000 in Kerkern. Haddschadsch führte auch eine eindrucksvolle Variante in die Prozedur der öffentlichen Hinrichtungen ein. Nun wurde nicht mehr schlicht geköpft. Von jetzt an nagelten die Scharfrichter den Todeskandidaten zunächst an eine Mauer, und erst, wenn dem sich Aufbäumenden die Hände zerrissen, säbelte man ihm den Hals durch. Einer, der so starb, war der Sohn von Anas, einem langjährigen Diener Mohammeds, auch Anas' Besitz wurde beschlagnahmt.

Neben der Wiederherstellung von Ruhe und Ordnung betrieb Haddschadsch, mit nicht minder eiserner Hand, die Entwicklung der Landwirtschaft Mesopotamiens durch den Bau riesiger Bewässerungsanlagen; Zwangsarbeiter gab es ja jetzt genug. Die andauernden Unruhen während der beiden Bürgerkriege, die ununterbrochenen Kreuz- und Querzüge omajjadischer, schiitischer, subairitischer und charidschitischer Heerhaufen hatten die Landbevölkerung fast ruiniert – wie die Bauern Deutschlands im Dreißigjährigen Krieg. Als Haddschadsch die Statthalterschaft übernahm, war der Steuerertrag des »fruchtbaren Halbmonds« von 100 auf 40 Millionen Dirhem abgesunken. Haddschadsch entwickelte eine Art von Agrarhilfsfond. Mit Vorschüssen aus der Staatskasse versuchte er, den Bauern auf die

Beine zu helfen. Ein Metzger war er, aber er warf seinen Hunden auch hin und wieder einen Happen Fleisch zu.

Gleichzeitig aber, um den Steuersäckel nicht ganz schlapp werden zu lassen, hob Haddschadsch das Gesetz auf, das jeden Neubekehrten von der Kopfsteuer befreite, die er bisher als Ungläubiger hatte zahlen müssen. Das wiederum verstärkte den Haß auf das Regime und trieb, bald sollte es sich zeigen, potentiellen Aufrührern neue Gefolgschaft zu. Der ewigen Revolten in Kufa und Basra leid, gründete Haddschadsch schließlich eine neue Garnison dazwischen: Wasit, die »Stadt der Mitte«. Sie lag 180 Kilometer östlich von Kufa, zu beiden Ufern des Tigris, bekam eine »Große Moschee«, die berühmt wurde, und sogar zwei Häfen. Heute ist Wasit eine verfallene Geisterstadt im Sumpf, da sich längst der Flußlauf verlagert hat. Aber damals konnte der Vizekönig von seinem »Grünen Palast« aus – da Wasit mit Kufa und Basra ein Dreieck bildete – seine syrischen Besatzungstruppen schnell zu jedem Unruheherd in Marsch setzen.

So konnte Haddschadsch nun auch endlich in Angriff nehmen, was schon seit Jahren sein und seines Kalifen Traum war: die dauerhafte Eroberung der Länder östlich und nordöstlich von Persien, jener geheimnisvollen Welten jenseits der schwer zugänglichen Felsentore in den Gebirgsregionen des Pamir und des Hindukusch. Gewiß, Vorstöße nach Samarkand im Norden waren schon früher gelungen, auch zum Indus im Süden; aber bis jetzt hatte sich noch jede Sarazenen-Expedition, von den eisigen Gebirgswinden Turkistans gepeinigt, von den barbarischen Stammesfürsten Transoxaniens im Guerillakrieg gebeutelt, von den Seeräubern vor der Küste des heutigen Pakistan verfolgt, wieder zurückziehen müssen. Von einem ersten Vorstoß ins Indusgebiet lag noch der Bericht an Kalif Osman vor: »Wer mit wenigen Kriegern kommt, wird erschlagen, wer mit vielen kommt, muß verdursten.«

Die Gerüchte vom Reichtum der Länder im fernen Osten, von der Pracht der Städte an der Seidenstraße aus China, von goldenen Buddhastatuen in Indien, bohrten in Haddschadschs Hirn. Mit den Generälen Ibn-Kutaiba und Ibn-Kasim (der auch sein Schwiegersohn war), glaubte er Feldherrn zu haben, die ihm sogar das sagenhafte China erobern würden. Er stattete seine beiden jungen Haudegen mit den besten Bataillonen und Waffen aus. Schwiegersohn Ibn-Kasim bekam sogar die fünf größten Katapulte des Sarazenen-Reiches mit auf den

Weg, transportfähig in Einzelteile auseinandergenommen, darunter eine Steinschleuder, die den neckischen Namen »die Braut« trug und zur Bedienung 500 Mann brauchte. Allein für das Unternehmen »Indien« verbrauchte Haddschadsch, sonst von schulmeisterlicher Knauserigkeit, 60 Millionen Dirhem. »Wer als erster seinen Fuß auf chinesischen Boden setzt«, stachelte er seine beiden Abenteurer an, »der wird Gouverneur von China!«

Die Siegesmeldungen, die Ibn-Kutaiba in den folgenden Jahren heimschickte, kamen aus Landschaften, die auch für uns noch einen Klang haben, der zugleich fasziniert und frösteln macht, aus Afghanistan, Turkmenien, Usbekistan, Tadschikistan, schließlich aus Kaschgar in der chinesischen Provinz Sinkiang. Und Ibn-Kasim schickte seinem Schwiegervater tatsächlich goldene Buddhas vom Pundschab, unterhalb des Himalaja; auch zarte Hindu-Mädchen mit unerhörten Fertigkeiten in klassisch-indischer Liebeskunst – ein wenig zu raffiniert freilich, wie sich zeigen sollte. So stürmten Haddschadschs wilde Reiter den Spuren Alexander des Großen nach: Was Ibn-Kasim eroberte, heißt heute Pakistan und ist der größte Moslem-Staat der Erde. Und in Transoxanien, heute Autonome Sowjetrepublik Usbekistan, wo Ibn-Kutaiba die ersten Moscheen baute, wird – Kommunismus hin oder her – immer noch zu Allah gebetet. Mit dem Abmarsch der beiden Expeditionsheere begann eines der folgenreichsten Kapitel in der Geschichte der Sarazenen-Eroberungen.

General Ibn-Kutaiba entdeckt Chinas Geheimnis

Die Chinesen sahen ihn sich wohl nur von fern an, sie nannten ihn »Zwiebel«. Tataren, die darüber hinwegzogen, fiel nichts besonderes dazu ein, nur »Unbewohnte Wildnis«. Aber dem Kirgisen, der im Sommer dort oben als Nomade lebt, öffnete der Blick von den Gipfeln die Seele: Er fand für ihn den Namen »Bam-i Dunja« – das »Dach der Welt«. Chinesen, Tataren und der Kirgise meinten alle dasselbe: den Pamir.

Mit seinen bis auf 7500 Meter ragenden Felsspitzen (Schneegrenze zwischen 3900 und 5200 Metern) ist diese öde Hochsteppe, wo sich nur an geschützten Orten Weiden und Zwergbirken halten, wo plötzlich prächtige Seen aufschimmern (aber mit bittersalzigem Wasser) und tiefe Mulden voller Gesteinsschutt klaffen, mehr als ein »umgestaltetes Rumpfgebirge«, wie die Geologen sagen. Auf dem Satellitenfoto sieht der Pamir aus wie das Zentrum eines versteinerten Strudels. Gebirgsketten und Flußtäler, die vom Pamir angesogen scheinen, reichen über Persien bis in die Türkei, nach China und Indien. Aus mehr irdischer Sicht ist der Pamir ein Stein vieler Anstöße.

So wie er da steht, auf den Grenzen von Afghanistan, Rußland, China und Pakistan, hat er viel ins Rollen gebracht im Lauf der Jahrtausende, was unter dem Dach unserer Welt geschichtlich geworden ist. Das kommt, weil er das Tienschan-, das Küenlün- und das Himalaja-System mit dem des Iranischen Plateaus, dem Hindukusch und seinen Verzweigungen verbindet. Das kommt, weil auf ihm und seinen Anschlußketten Flüsse entspringen, in deren fruchtbaren Tälern immer wieder Wandervölker neuen Lebensraum suchten. Das kommt, weil sich im Norden und im Süden die Tiefländer Turans und des Indus bis auf nur 600 Kilometer nähern – die Wiegen zweier zivilisatorischer Entwicklungen, weltfern voneinander getrennt und doch immer wieder in Haßliebe gegenseitig angezogen. Das kommt schließlich, weil seit undenkbaren Zeiten Wege zwischen West und Ost über seine Pässe führen.

Die berühmte »Seidenstraße« lief über den Pamir, am Pamir vorbei. Römische Kaufleute kamen bis hierher, am »Steinernen Turm« fand der Warentausch mit den Chinesen statt. Nestorianische Missionare überquerten den Pamir, um Mongolen ein erstes Wort vom Christentum zu bringen, buddhistische Mönche wanderten in Gegenrichtung. Und Marco Polo, wiederum ostwärts, zog hier entlang. Der ewige Kirgise mit seiner mageren Bergziege auf dem »Dach der Welt« hat sie alle dahin- und daherziehen sehen, auch die großen Eroberer. So Alexander den Großen, der von Mazedonien kam und das Märchenreich Magadha am Ganges erobern wollte. So die Marya-Könige, die aus Magadha kamen und bis nach Afghanistan vordrangen. So die Nomadenhorden aus Zentralasien, aus Turan – Parther, Skythen, die »Jüctschi« und später die »weißen Hunnen«, die über Indiens Städte herfielen. So die Sarazenen, wieder einmal von Westen, so die Engländer, später, aus Indien. Der Kirgise sucht immer noch jeden Sommer einen Weideplatz für seine Bergziegen.

In 4000 Meter Höhe, wo oft Staub- und Schneestürme dahinfegen, entspringen zwei Gebirgsbäche. Etwa 2000 Meter tiefer vereinigen sie sich zu einem Fluß, der dann Amu-Darja heißt. 2200 Kilometer entfernt mündet er in den Aral-See. Dieser Fluß, von antiken Geographen »Oxus« genannt, bildet heute die Grenze zwischen Afghanistan und der Sowjetunion. Nördlich vom Amu-Darja fließt der Sir-Darja dahin, 2860 Kilometer lang, der ebenfalls im Aral-See mündet. Dieser Fluß hieß früher »Jaxartes«, und das Land zwischen beiden, heute die Autonome Sowjetrepublik Usbekistan, mit den Städten Samarkand und Taschkent, war einmal »Transoxanien«, eine geheimnisumwitterte Grenzregion am Ende der bekannten Welt.

Oxus und Jaxartes sind Schicksalsflüsse. Am Jaxartes baute der große Alexander das nordöstlichste Bollwerk seines Reiches. »Es'chate« nannte er es, »das Fernste«. Heute liegt Leninabad dort in der Nähe. Als Alexanders indische Provinzen zerfielen, blieb das Land zwischen den Flüssen die Grenze. Hellenistischer Einfluß hielt sich hier lange, verband sich mit vordringenden buddhistischen Elementen. Am Oxus mischten sich Nomaden aus dem zentralasiatischen Norden mit indischen Kolonisatoren aus dem Süden – zum skythisch-indischen Reich Baktrien. Das gründete auf griechischen Fundamenten, wurde von mongolischen Eindringlingen überlagert und schließlich von Turkvölkern aus der Turan-Ebene beherrscht. Ein phantastisches Gemisch, aber daraus erhoben sich strahlende Städte wie Buchara, Balch und Samarkand, mit eigenen Fürsten und sogar – ein Wunderwerk in damaliger Zeit – gepflasterten Straßen. Bis zum Oxus hatten die Sarazenen schon ein paarmal vordringen können, Transoxanien jedoch blieb eine Fata Morgana, die erst Haddschadschs General in die sarazenische Wirklichkeit reißen konnte.

Zwei andere Flüsse, die im Einzugsgebiet des Pamir entspringen, haben ebenfalls Geschichten zu erzählen: Indus und Ganges. Während der Indus südwestwärts dem Arabischen Meer zuströmt, strebt der Ganges südostwärts dem Golf von Bengalen zu. Beide nähren an ihren Oberläufen eine fruchtbare Landschaft, dann bildet jeder für sich, durch das Hochland von Dekan getrennt, ein eigenes Siedlungsbecken, Mutterboden uralter Kulturen. Die Sarazenen, die mit General Ibn-Kasim hier einmarschierten, konnten sich im Indus-Becken in gleichsam vertrauter Landschaft fühlen. Wie in Mesopotamien oder Ägypten war dank eines Flusses mitten in einer Wüstenregion ein Oasenland entstanden. Dank kluger Bewässerungsanlagen, dank jahrtausendelangen Fleißes hatten sich hier Menschen eine hohe Kultur- und Wohlstandsstufe erarbeitet. Es war alles richtig, was Haddschadsch von den Reichtümern Indiens und Transoxaniens gehört hatte. Der Handel an der »Seidenstraße« dort oben und die Landwirtschaft am Fluß hier unten hatten unter chinesischer Schutzherrschaft angehäuft, was entbehrungsreiche Expeditionen lohnt: Beute.

König Gurak von Samarkand öffnete lächelnd den Eroberern die Tore. Er war überzeugt, seine Stadt müsse den Sarazenen zur tödlichen Falle werden. Denn hier hatten die Buddhisten Götterbilder erbaut, denen Wundertaten zugesprochen wurden. König Gurak rechnete damit, daß die fanatischen Moslems sich an diesen Idolen vergreifen würden – und dann mußten die Götter den bösen Feind vernichten.

Ibn-Kutaiba erfüllte die Erwartungen des Stadtkönigs. Mit eigener Hand legte er Feuer an die Statuen. Gelassen sah Gurak zu, wie die Flammen die Heiligtümer fraßen. Erst als die Asche erkaltet war und kein Blitz den Frevler zerschmettert hatte, begriff er, daß Allah, von dem die Eroberer sagten, daß er als einziger Gott keine Idole wolle, der stärkere Gott war.

Unterdessen hatte ein Muezzin das höchste Haus der Stadt betreten. Gut 4000 Kilometer Luftlinie von der Kaaba entfernt erklang nun zum ersten Mal der Gebetsruf »Allahu akbar«.

Und dann machten die Krieger Allahs eine seltsame Entdeckung.

Bei der Durchsuchung der Stadt nach Wertgegenständen und Mädchen traten sie auch in ein Haus, wo in großen Bottichen eine undefinierbare, breiig-verfilzte Masse gekocht und umgerührt wurde. Zuerst glaubten sie, in eine Art Volksküche geraten zu sein, wie es sie auch in jeder islamischen Stadt für die Armen gab. Es roch nach verschimmelten Pflanzen, nach Knochensud, einen Haufen Gebein fanden sie auch in einer Ecke. Dann sahen sie, daß auch Menschenskelette dabei waren. Irgendwo hingen Leichentücher. Verwirrt riefen sie ihre Offiziere.

Ein paar Männer neben den Bottichen versuchten ihr rätselhaftes Handwerk zu erklären. Hinter dem Haus lagen Berge von Baum- und Nesselwolle; dieses Pflanzenmaterial wurde wochenlang in Wasser eingelegt, bis es in Fäulnis überging, dann die Fasern ausgespült und gereinigt, dann in Kästen mit Kalkschichten wieder ein paar Wochen stehengelassen, bis verfilzte Masse daraus geworden war. Die wurde dann in breiten Schüsseln mit Mörsern und Stößeln zermanscht. Die Chinesen zeigten auf die brodelnden Bottiche: Dort kochte das Zeug jetzt.

Ein Vorarbeiter nahm nun ein rechteckiges Sieb aus feinsten Bambusstäben zur Hand, schöpfte eine Kelle des ekligen Breis darüber, strich den Faden glatt und kippte ihn auf eine Filzunterlage. So legte er mehrmals abwechselnd Fladen und Filz übereinander, dann einen schweren Stein auf die Schichtung. Die Handwerker führten ihre ungebetenen Gäste nun zu einem ähnlichen Haufen, der bereits unter dem Preßstein zusammengesunken war. Sie rollten den Stein herab, nahmen die Fladen, denen der Filz die Feuchtigkeit entzogen hatte, heraus und hängten sie behutsam an Fäden auf – zusammengeknüpfte Haare aus Kuhschwänzen –, die über einen Teil des Raums gespannt waren. Das also waren die Leichentücher, die den Soldaten im Vorraum schon aufgefallen waren. Ein Soldat riß sich ein Stück herunter, biß hinein, kostete, spuckte aus, angeekelt.

Die Arbeiter nahmen eins der bereits getrockneten Laken vom Faden, trugen es in den Kochsaal, zu einem Bottich, wo inzwischen die Knochen zu klebriger Gelatine verkocht waren. Ein Kuli verdünnte mit ein paar Eimern Wasser den Sud, tauchte langsam das Laken hinein, hob es wieder heraus, ließ abtropfen und trug es zur Trockenleine zurück.

Wortlos waren die Sarazenen bisher den unaufhörlich schwatzenden Fremden von einem Raum in den anderen, von einem Bottich zum nächsten gefolgt. Was immer hier gekocht wurde, zum Essen war das nicht, und Gold schien auch nicht dabei herauszukommen. Doch nun hob der Vorarbeiter bedeutungsvoll den Zeigefinger, ganz Zauberkünstler vom Basar auf dem Höhepunkt seiner Darbietung. Der Meister nahm eins der bereits getrockneten, steif und glatt gewordenen Laken von der Schnur, faltete es umständlich achtmal, bat sich höflich einen Dolch aus, vollführte acht flinke Schnitte – und ließ vor den erstaunten Blicken seiner Zuschauer ein kleines Büchlein von 32 Seiten aufblättern. Ohne innezuhalten, griff er sich nun aus einer Truhe ein feines Bambusröhrchen und ein Fläschchen Pflanzentinte, tauchte das Röhrchen hinein und bedeckte Seite um Seite mit Schriftzeichen. Dann reichte er dem Offizier sein Buch, trat mit undurchdringlichem Lächeln einen Schritt zurück und studierte die Gesichter der Sarazenen.

Die Soldaten zuckten die Achseln, aber der Offizier sah den Vorarbeiter lange an. Dann bellte er ein paar Befehle; während die Besatzer alle Ausgänge sperrten, zerrte der Offizier den verwirrten Chinesen zu General Ibn-Kutaiba.

Ibn-Kutaiba begriff schon nach wenigen Sätzen die Tragweite der Entdeckung: Die Sarazenen waren in den Besitz von Chinas bestgehütetem Industriegeheimnis gekommen – der Herstellung von Papier und Büchern.

Mit der Eroberung von Samarkand trat das Papier seinen Siegeszug um die Welt an. Papyrus, nur in beschränkten Mengen aus mühsam kultivierbarem Papyrus-Schilf zu gewinnen – wenn auch der untere Stengelteil, im Gegensatz zum Rohmaterial des Papiers, eßbar war – und beschriftet nur umständlich in Rollen aufzubewahren, hatte nun ausgedient. Ibn-Kutaiba, nicht nur General, sondern auch gläubiger Moslem, war überzeugt, in der besonderen Gnade Allahs zu stehen, denn niemand anderen hatte Allah ausersehen, das Mittel zu finden, den Koran in jedes Haus der Welt zu tragen.

Auf den schnellsten Pferden seines Heers jagten Ibn-Kutaibas Kuriere heimwärts, um dem Vizekönig und dem Kalifen – schon auf dem neuen Schreibmaterial – das Geheimnis der chinesischen Papierfabrikation mitzuteilen. »Papierhäuser« entstanden bald im ganzen Sarazenenreich. Damit breitete sich auch der Erfolg der arabischen Wissenschaften aus. Von nun an stand die Größe des Islam nicht nur auf seinen Waffen. Sie stand, stärker noch, auf seinem Papier. Europa mußte allerdings noch gut 400 Jahre warten, bis es seine Papiere bekam.

Ibn-Kutaiba, immer noch das Versprechen Haddschads auf den Posten als Gouverneur von China im Ohr, war seit Samarkand erst recht neugierig, was das Reich der Mitte ihm noch an Wundern bieten könnte. Das erste Jahrhundert des Islam war noch nicht zu Ende, da galoppierten Ibn-Kutaibas wilde Reiterscharen über die Pamir-Pässe in die Oase von Kaschgar hinunter – in die Provinz Sinkiang. Ibn-Kutaibas Hoffnung auf das Gouvernement von China erfüllte sich freilich damit nicht. Die von hohen Lehmmauern umgürtete Stadt, berühmt für golddurchwirkte Stoffe, war damals noch turkestanisch, allerdings ebenfalls unter chinesischer Schutzherrschaft; chinesischer Besitz ist Kaschgar erst seit dem 17. Jahrhundert. Fürs erste wollte Ibn-Kutaiba nicht weiter nach Osten reiten; bald hinter Kaschgar beginnt die Wüste Gobi, eine neue Expedition hätte erst vorbereitet werden müssen. So blieb Kaschgar der östlichste Punkt, den Ibn-Kutaiba erreichte.

Aber noch heute ist jeder zweite in der elf Millionen Menschen zählenden chinesischen Provinz Sinkiang ein Moslem. Nicht die massiven Atheismus-Kampagnen, nicht einmal die Kulturrevolution haben den Sinkiang-Moslems den Islam austreiben können. Zwar wurden die meisten alten Moscheen längst profanen Zwecken zugeführt, doch in der Naliang-Moschee von Urumschi bewahren die Gläubigen noch immer eine historische Koran-Abschrift auf – die einzige in der Stadt. Und private Briefe werden immer noch arabisch geschrieben.

Und immer noch erzählt man sich eine seltsame Geschichte von einer angeblichen Unterredung Ibn-Kutaibas mit dem »Kaiser von China«, vermutlich einem Mandarin der Grenzprovinz. Der Chinese habe versucht, den Sarazenen von seinem Schwur abzubringen, chinesischen Boden in Besitz zu nehmen. Als symbolischen Ersatz habe er dem General einen Sack chinesischer Erde und einen Beutel chinesischer Münzen geschenkt sowie vier Jünglinge aus königlichem Geblüt, denen er sein Brandzeichen aufglühen durfte. Wahrscheinlich ist, daß der scharfsinnige Vizekönig Haddschadsch die Eroberungslust seines Generals dämpfte. Denn im Sommer 713 ritt eine Gesandtschaft Haddschads am Hof des Kaisers Hiüen-Tsang ein. Die stolzen Araber weigerten sich zwar, dem »Sohn des Himmels« die üblichen Ehren zu erweisen und sich vor ihm in den Staub zu legen, aber chinesische Seide erlebte von nun an im immer reicher werdenden Damaskus eine große Konjunktur. Anderseits rührte der chinesische Kaiser keinen seiner manikürten Finger für das bisher chinesische Schutzgebiet um Samarkand. Demarkationslinien waren festgelegt worden sowie Import- und Exportverträge. Wenn die Großen handeln, zahlen die Kleinen meistens drauf.

Mit der Zeit gewöhnten sich die Minifürsten Transoxaniens an ihre neuen Herren. Nicht zu ihrem Schaden. Im Zeichen des Islam erreichten Samarkand und Buchara ihre größte Blüte. Für die Kultur des Sarazenen-Reiches sollten beide eine bedeutende Rolle spielen. Ibn-Kutaiba erlebte das allerdings nicht mehr. Bei einer Meuterei kam er ums Leben.

Goldene Buddhas vom Pundschab

65 Kilometer östlich von Karachi, im heutigen Pakistan, stehen die Überreste der ältesten Moschee auf dem indischen Subkontinent: verwitterte Lehmziegel, die einmal einen imposanten Kuppelbau getragen

haben müssen. Archäologen vermuten hier auch die noch viel ältere Königsstadt Daibul, einst Hafen an der Mündung des Indus ins Arabische Meer. Nichts ist geblieben vom reichen Daibul, nur ein Chronistenbericht von der dramatischen Eroberung durch das 50000-Mann-Heer des Haddschadsch-Schwiegersohns Mohammed Ibn-Kasim im Frühjahr 712.

Das Expeditionskorps hatte einen entbehrungsreichen Weg hinter sich. Vom Irak aus waren sie endlos den schmalen Küstenstreifen zwischen dem steil abfallenden Iranischen Plateau und dem Arabischen Meer entlanggezogen, eine weltvergessene Gegend, die Belutschistan heißt, heute teils Persien, teils Pakistan gehört und immer noch nur dünn besiedelt ist. Als sie endlich, nach der langen Durststrecke, die Ausläufer des Kirthar-Gebirges hinter sich aus den Augen verloren, lag vor ihnen das gelobte Land: die Indus-Ebene, blühend wie Mesopotamien, reiche Städte, so alt wie Ur und Babylon, bewohnt von sanften Menschen, die Luxus und Liebe liebten. Ein Heer hatte König Dahir, der über Sindh, am Unterlauf des Indus herrschte, nicht. Aber entschlossen verriegelten die Bürger von Daibul die Tore ihrer Stadtmauer, griffen zu Lanzen, Pfeil und Bogen und mobilisierten göttlichen Beistand: In Akkordarbeit bauten sie sich einen 20 Meter hohen Talisman und plazierten ihn hoch oben auf den Tempel, wo die rote Fahne wehte.

Gelassen luden die Sarazenen von ihren 3000 baktrischen Lasttieren die Einzelteile ihrer Monsterwaffe ab, die von ihren fünf Hundertschaften Artilleristen liebevoll »die Braut« genannt wurde. Außerhalb der Pfeilschußzone der Verteidiger, 500 Meter vor der Stadtmauer, bauten die Artilleriewerker das Gerüst auf, das den 15 Meter langen Baumstamm aufnahm, an dessen Wurfende der lederne Schleudersack vertäut wurde. Mit Stricken banden derweil persische Muskelmänner das freie Ende des Baumstamms bis kurz vor den Bruchpunkt herunter. Inzwischen schleiften abessinische Neger mit Kamelen zentnerschwere Felsbrocken heran, von denen nun der erste in den Sack gerollt wurde. Die »Braut« war gespannt und geladen.

General Ibn-Kasim gab den Befehl. Der »Braut«-Führer schlug den Haken heraus, der den Baumstamm in Spannung hielt. Zischend peitschte das Schleuderende des Baums hoch, ließ das ganze Gerüst, trotz seiner Bodenverankerungen, auf und nieder tanzen. Im hohen Bogen rauschte das Projektil auf die Stadt zu. Hinter der Stadtmauer brandeten tausend Angstschreie auf. Hilflos waren die Verteidiger dem Monstrum mit der Superreichweite ausgeliefert.

Die Sarazenen-Artillerie muß gute Ballistiker gehabt haben. Schon eins der ersten Geschosse soll mit Getöse durch des Tempeldach gebrochen sein. Die Verteidiger sahen ihren Talisman schwanken, noch hielt er sich auf seinem Podest in der Höhe. Die nächste Ladung traf den Götzen voll. Das Idol, doppelt so hoch wie die größten Häuser, zersplitterte in der Luft, die Bruchstücke regneten auf den Tempelplatz, in die betende Menschenmenge. Ihr Gott hatte sie verlassen. König Dahirs Sohn kapitulierte.

General Ibn-Kasim ließ die Stadt, die einem Götzen vertraut hatte, den ganzen Zorn Allahs spüren. Alle Männer über Siebzehn, Hindus und Brahmanen, die nicht Moslems werden wollten, fielen unters Schwert. 700 Mädchen, die, wie es heißt, »unter Buddhas Schutz gestanden hatten«, schöne Tempelpriesterinnen also, versüßten in den folgenden Nächten den Eroberern den Sieg. General Ibn-Kasim nahm sich eine der Frauen König Dahirs.

Mit Beute überladen, mit ihren neuen Frauen im Gefolge, bewegten sich die Sarazenen indusaufwärts. König Dahir wehrte sich mit einer durch Elefantenschwadronen verstärkten Bürgerarmee. Aber die Dickhäuter, unzuverlässig schon im Perser-Krieg, stapften während der Schlacht in den Indus. Die Armee, nun ohne »Panzerschutz«, wandte sich zur Flucht. König Dahir, triefnaß, denn er war mit seinem Leitelefanten baden gegangen, stellte sich dem Sarazenen-General zum Duell und fiel. Doch eine zweite Frau des Königs, offenbar von stärkerem Charakter als Ibn-Kasims nunmehrige Gemahlin, sammelte 15000 versprengte Soldaten in einem Fort. Deren aussichtsloser Kampf gegen eine unbezwingbare Übermacht ist zu einem indischen Heldenepos geworden: Sie verteidigten sich bis zum letzten Pfeil, dann begingen sie, um wenigstens ihre Ehre zu retten, mit ihrer Königin kollektiven Selbstmord.

Und weiter marschierte das Sarazenen-Heer den Indus hoch, ruinierend, massakrierend, requirierend. Ibn-Kasim nahm sich eine weitere Konigswitwe zur Frau. Die beiden Töchter Surja-Devi und Parmal-Devi schickte er als Erfolgsbeweis seinem Schwiegervater Haddschadsch nach Hause. Doch das sollte ihn den Kopf kosten.

Sindh hatte Ibn-Kasim nun völlig dem Sarazenen-Imperium einverleibt, jetzt kam das Reich Pundschab, am Oberlauf des Indus, an die

Reihe. Die Hauptstadt Multan, von Schreckensnachrichten aus Sindh bereits demoralisiert, ergab sich ohne großen Widerstand. So überwältigt waren die Moslems von der Beute, daß sie Multan fortan die »Goldene Stadt« nannten. Ibn-Kasim hatte das Sarazenen-Reich damit bis unter den Himalaja ausgedehnt.

Haddschadsch, der schulmeisterlich über seine Unternehmungen Buch führte, konnte die Bilanz positiv abschließen. 60 Millionen Dirhem hatte ihn die Expedition gekostet – aber allein das dem Staat zustehende Fünftel aus der Beute belief sich auf 120 000 Millionen, nicht einberechnet das jährliche Steueraufkommen aus Sindh und Pundschab von 150 000 Millionen. Der Kalif war wieder einmal sehr zufrieden mit seinem Vizekönig im Osten.

Anderer Gewinn war indessen unschätzbar. Wie schon im Westen kamen die Sarazenen auch hier mit einer ungleich höheren Kultur in Berührung. Wiederum, statt Einfluß auszuüben, unterlagen sie dem Geist der Unterworfenen, nahmen ihn auf, absorbierten ihn und – gaben ihn weiter.

Bald saßen arabische Studenten zu Füßen brahmanischer und buddhistischer Mönche und lernten von ihnen Philosophie, Astronomie, Mathematik, Chemie und Medizin. Wie verzaubert waren die Invasoren von der Kunst der indischen Musiker, Maler und Architekten. Die Kuppel des Tempels von Mandapam wurde zum Vorbild für die Kuppeln islamischer Moscheen, der Spitzbogen der muselmanischen »Mihrab«, der Gebetsnische in den moslemischen Gotteshäusern, inspirierte sich an den Symbolbögen der Hindu-Schreine. Vischnu-Tempel boten Muster für die Kathedralmoscheen der islamischen Königsdynastien, und die indischen Siegestürme standen Pate für Minaretts. So zapfte der Islam aus zwei kleinen Provinzen die Reichtümer der gesamten indischen Kultur ab und leitete sie nach Europa weiter. Orientalisten und Kulturhistoriker streiten heute, ob die Sarazenen in den eindruckswilligen Jahren ihrer geschichtlichen Jugend mehr von Griechenland oder mehr von Indien lernten, woher sie mehr an Philosophie und esoterischen Idealen bezogen, welcher Kulturkreis mehr zur Ausdruckskraft ihrer Literatur, Kunst und Architektur beisteuerte.

Doch auch dem Eroberer des Indus-Gebietes war es nicht vergönnt, die Früchte seines Sieges reifen zu sehen. Denn während General Ibn-Kasim in der »Goldenen Stadt« Multan immer noch mehr Beute versandfertig machte, erlebte der Kalif eine frustrierende Haremsnacht –

und vor den Folgen solch allerhöchsten Ungemachs konnte selbst der Vizekönig seinen Schwiegersohn nicht retten.

Vizekönig Haddschadsch hatte die beiden indischen Prinzessinnen, die sein aufmerksamer Schwiegersohn ihm zum Geschenk gemacht hatte, nach Damaskus gebracht. Dort suchte sich nun der Beherrscher der Gläubigen die Jüngere für eine Fühlungnahme mit der vielgerühmten indischen Liebeskultur aus. Aber Surja-Devi war ein Biest.

Als der Kalif das seidenhäutige Beutestück, appetitlich gesalbt und parfümiert, vernaschen wollte, jammerte ihm die Prinzessin vor, sie sei leider keine Jungfrau mehr, und schuld daran sei Ibn-Kasim. Den Kalifen schlug das derart nieder, daß er die Anklage gar nicht erst näher an der Quelle prüfte und gleich einen Vollstrecker ins Feldlager schickte. Der General mußte sich in Kuhhaut einnähen und so nach Damaskus verschicken lassen. Als nun dort vor den Augen von Kalif und Prinzessin die Verpackung aufgeschnitten wurde, stellte sich heraus, daß der Indien-Eroberer den Heimtransport nicht überstanden hatte. Die Prinzessin konnte ihre Freude über den gelungenen Racheakt an dem Mörder ihres Vaters, ihrer Stiefmütter und Brüder sowie Schänder ihrer Mutter nicht verhehlen. Der Kalif ließ Surja-Devi an den Schwanz eines Pferdes binden und zu Tode schleifen. Ihre Unschuld nahm sie mit ins Grab.

Ein faules Ei

Um die Jungfräulichkeit einer Prinzessin ging es auch in einer Affäre, die sich etwa um die gleiche Zeit am anderen Ende der Welt ereignete, dort, wo sich Afrika und Europa, nur durch eine schmale Wasserstraße getrennt, auf Sichtweite gegenüberliegen. Diese Affäre jedoch nahm welthistorische Dimensionen an. Sie ermöglichte den Sarazenen den Vorstoß ins Herz Europas: durch Spanien bis tief nach Frankreich hinein.

Hauptpersonen dieses folgenschweren Dramas um eine geknickte Mädchenblüte: erstens Roderich, etwas achtzigjährig, letzter König der Westgoten, die damals über Spanien herrschten; zweitens der byzantinische Graf Julian, Herr der Festung Ceuta auf der nordafrikanischen Seite der Meerenge von Gibraltar (die aber damals noch nicht so hieß); drittens Florinda, die Tochter Julians.

Florinda war von ihrem Vater an den Hof des Königs in Toledo geschickt worden. Das war damals üblich, das höfische Milieu bot den besten Heiratsmarkt für Aristokratenkinder. Florindas Heiratschancen schmolzen jedoch dahin, als der greise König Roderich Florindas Kemenate wie auch ihre Unschuld stürmte. Der König war nicht nur kein feiner, er war auch kein kluger Mann.

Es gelang Florinda, ihren fernen Vater in einer verschlüsselten Botschaft zu informieren. Sie packte einen Korb hübscher Geschenke – und mittenhinein praktizierte sie ein faules Ei.

Graf Julian eilte, von väterlicher Sorge und einem schnellen Pferd getragen, nach Toledo. Unter einem Vorwand – der angeblich todkrank daniederliegenden Mutter Florindas – holte er das Mädchen aus dem Schloß. Der König wunderte sich lediglich, warum der Graf ihm diesmal nicht, wie üblich, ein Geschenk mitgebracht hatte: «Das nächstemal, Graf Julian, müßt Ihr mir aber wieder einmal einen Eurer herrlichen Jagdfalken mitbringen!« sagte er.

»Das nächstemal«, knirschte der Graf mit seinen noch guterhaltenen Zähnen, wie die Chronik verbürgt, »komme ich mit Falken, wie Ihr sie noch nie gesehen habt!« Sprach's und ritt von dannen, die geschändete Tochter im Arm.

Graf Julian wußte dem sarazenischen Gouverneur und Vizekönig von Nordafrika, Musa Ibn-Nosair, geschickt blendende Bilder reicher Beute vorzugaukeln, die ihm gewiß wäre, wenn er König Roderichs Reich überfiele. Graf Julian beobachtete jede Regung im Gesicht des Sarazenen: Der arabische Falke nahm Witterung auf. Florindas Unschuld würde bald gerächt sein...

Diese Geschichte ist natürlich viel zu hübsch, um wahr zu sein, und wird deshalb auch von jedem Historiker, der ernstgenommen sein will, bestritten. Es ist aber, wie sich zeigen wird, doch was dran. Wenden wir uns daher – ohne Florinden aus dem Aug' zu lassen – zunächst den Hintergründen der Eroberung Spaniens durch die Sarazenen zu, die bisher kritischen Untersuchungen standgehalten haben.

Gibraltar – der Felsen des Leutnants Tarik

Wieder einmal hatte sich ein Sarazenen-Heer, diesmal gründlich aufgerüstet und 40000 Mann stark, auf den langen Marsch zur Eroberung Nordafrikas gemacht. Erstmals wurde mit Entschlossenheit der Kampf gegen die wilden Berber-Stämme aufgenommen, die bislang jede dauerhafte Besetzung Nordafrikas unmöglich gemacht hatten; Kairouan wurde zurückerobert, Karthago gestürmt. Die Berber schienen auf den ersten Blick den Beduinen verwandt; nicht von der Rasse her – Berber sind Hamiten, keine Semiten –, wohl aber in ihrer umweltbedingten Lebensart. Hier wie dort herrschte das Stammessystem, nur wenn fremde Eroberer drohten, begruben die Berber auf Zeit ihre Fehden. Und wenn sie Glück hatten, erstand ihnen dann aus ihrer Mitte ein einigender Führer. Als das westwärts vordringende Sarazenen-Heer das heutige Algerien erreicht hatte, übernahm eine Frau das Kommando über die Berber-Stämme: »al-Kahina«, die »Zauberin«. Die Kahina – ihr wahrer Name ist unbekannt – faßte einen ungeheuerlichen Plan: Zerstörung des gesamten besiedelten Landes, Vernichtung aller Ernten, Abschlachtung aller Herden – nirgendwo sollten die Sarazenen Quartier und Versorgung finden können. Dann mußten sie den von den Bergen herabstürmenden Berbern schutzlos ausgeliefert sein.

Ein Teil der mit Kahina verbündeten Stämme führte gehorsam die »Operation Verbrannte Erde« aus. Aber die meisten widersetzten sich. Kahina wurde klar, daß so ihrem Volk nicht mehr zu helfen war. Als sich das Sarazenen-Heer näherte, befahl sie ihren Söhnen, den fremden Glauben anzunehmen und sich den Siegern anzuschließen – »damit unsere Sippe erhalten bleibt«. Dann stellte sie sich an einem Brunnen im Aurès-Gebirge zum letzten Gericht. Der Brunnen, an dem sie fiel, trägt heute noch ihren Namen.

Bald zeigte sich, daß die einfache Lehre Mohammeds durchaus dem Wesen der Berber entsprach. »Eine Rasse, deren Fähigkeit zu abstraktem Denken so gering ist, wie ihr mannhafter Unabhängigkeitssinn hervorragend«, skizzierte der deutsche Historiker August Müller im vorigen Jahrhundert, als habe er einen Berber wie General Gaddafi vor Augen gehabt. »Diese beiden Eigenschaften bestimmten von nun an die Geschichte Nordafrikas und Spaniens. Die Berber sahen sich durchaus in der Lage, ihre Treue zu der neuangenommenen Religion mit einem ständigen Widerwillen gegen die fremden Eroberer auf einen Nenner zu bringen.«

Fürs erste freilich halfen die Berber nun den Sarazenen, sich den Rest Nordafrikas zu unterwerfen. Drei Jahre später (709) bildete ganz

»Ifrikijja«, wie die Sarazenen das Gebiet zwischen Atlantik, Numidien und Sahara nannten, eine neue Provinz. Vizekönig wurde der hinkende Musa Ibn-Nosair, eine ziemlich zweifelhafte Persönlichkeit; schon einmal wegen Veruntreuung von Staatsgeldern verurteilt, durfte er, da er starke Fürsprecher beim Kalifen hatte, nun zum zweitenmal Karriere machen.

Nur an wenigen Stellen hatten sich noch byzantinische Brückenköpfe halten können, nachdem Konstantinopels stärkste Bastion Karthago gefallen war. Einer davon war die Festung Ceuta. Und nun geraten die realen politischen – und weniger romantischen – Hintergründe der islamischen Invasion Spaniens deutlicher ins Blickfeld.

Rom hatte Spanien den Westgoten überlassen müssen, und Konstantinopel – das die nordafrikanischen Bastionen Roms übernahm – hatte es den Eindringlingen aus dem Norden nicht mehr abtrotzen können. Zwischen dem westgotischen Spanien und dem letzten byzantinischen Brückenkopf Ceuta herrschten gewisse Spannungen. Die Byzantiner dort blickten in stiller nostalgischer Wut auf die iberische Halbinsel, die für sie unerreichbar blieb – und die neuen Herren Spaniens fühlten sich durch Ceuta immer wieder daran erinnert, daß sie einen Wachhund Konstaninopels vor der Tür sitzen hatten. Nicht sehr bissig, zunächst, aber verschlagen, wie sich herausstellen sollte.

Musa hatte mehrmals versucht, Ceuta zu stürmen. Allmählich hatte sich ein Zustand von Koexistenz eingependelt. So saß Julian, der Befehlshaber von Ceuta, nun auf einer Nadelspitze zwischen Westgoten und Sarazenen. Julians Existenz war indessen nur sicher, solange die Eroberungsgelüste beider nicht über die Meerenge greifen konnten. Mit dieser Pattsituation aber war es im Juli 710 vorbei. Am Hof von Toledo hatten sich Verschwörergruppen gebildet. König Roderichs Macht war unterhöhlt – und Florinda hatte dabei vielleicht eine entscheidende Rolle gespielt.

Vizekönig Musa, neugierig, ehrgeizig und habgierig, lieh sich von Graf Julian ein paar Boote aus und schickte einen Leutnant mit 500 Mann übers Wasser. Leutnant Tarifa plünderte ein wenig in der Küstenregion, erschreckte die Bewohner eines Städtchens – das seitdem seinen Namen trägt – und kehrte mit einer Schiffsladung voll Beute zurück. Musa wußte nun Bescheid. Beute war drüben zu holen. Aber war auch die Gelegenheit günstig? Julian winkte ab. Noch nicht. Noch war aus Toledo kein Signal gekommen.

Ein Jahr später war es dann soweit. Vizekönig Musa rüstete einen jungen Abenteurer namens Tarik Ibn-Sijad für eine neue, diesmal größere Aktion aus. Tarik war vermutlich Berber und als Sklave in Musas Haushalt geraten, dann aber von seinem Herrn, dem er brauchbar schien, mit einem Offiziersrang beschenkt worden. Tarik hatte sich für sein Unternehmen 7000 Elitesoldaten ausgesucht, fast ausnahmslos Berber. In Julians Schiffen brachte Tarik seine Landungstruppen im Pendelverkehr bis zu jenem Felsen vor der südspanischen Küste, der seitdem den Namen seines Eroberers trägt: »Dschabal at-Tarik« (»Tariks Berg«), woraus dann Gibraltar wurde.

Widerstand begegnete Tarik zunächst kaum. Erst am Janda-See, auf halbem Weg nach Cadiz, meldeten ihm Späher, daß ein gewaltiges Gotenheer im Anmarsch sei. König Roderich war entschlossen, mit dem »afrikanischen Gesindel« kurzen Prozeß zu machen.

Spanien fällt

Was war das für ein Land, in das die Sarazenen nun eindrangen? Iberer waren die Ureinwohner Spaniens, die Leute, die am Iberus-Fluß, am Ebro, wohnten. Dann kamen die Kelten über die Pyrenäen, machten sich gewaltsam breit und vermischten sich mit den Einheimischen. »Keltiberer« nennen die Historiker diese Völkerpaarung. Phönizier landeten an der Ostküste, Griechen an der Westküste, schließlich kamen Karthager und jüdische Einwanderer. Kaiser Augustus machte die iberische Halbinsel zu einer römischen Provinz (einige große Römer kamen von hier: Trajan, Mark Aurel, Seneca). Als das Römische Reich zerfiel, versuchte Byzanz den Rest zu halten, aber schließlich unterjochten die Westgoten alles, was sich da bisher verschwägert und verheiratet hatte. Und wieder sollten die Sarazenen, wie vorher in Syrien und Ägypten, ein Land betreten, das in eine feudale Fremdherrscherschicht und eine unterdrückte Ureinwohnerschicht gespalten war. Die Verdammten der spanischen Erde, rechtlose Sklaven, besitzlose Leibeigene, ausgepreßte Mittelständler, verfolgte Juden – sie alle beteten schon lange zu Gott um Erlösung. Aber es war weder der christliche noch der jüdische Gott, der sich ihrer erbarmte. Es war Allah.

König Roderich erhielt die Meldung von der Sarazenen-Invasion, als er in Nordspanien einen Aufstand der Basken niederknüppelte, die damals schon ein eigenwilliger Volksstamm waren. Die Botschaft trug die Handschrift eines verwirrten Gouverneursgemüts: »Die Küstengegend wird verwüstet von Leuten, deren Herkunft unbekannt ist; ich weiß nicht, sind sie aus den Tiefen der Erde emporgestiegen oder vom Himmel gefallen...«

Roderich steckte in einer Klemme. Nicht nur im unterdrückten Volk standen die Zeichen auf Sturm. Auch die Adeligen und die Bischöfe suchten einen Anlaß, um zuerst über den König, dann übereinander herzufallen: Roderich, ein Emporkömmling, hatte seinen Vorgänger Wititza mit Gewalt vom Thron gestoßen; Adel und Klerus, die bisher den König bestimmten, sahen ihre Privilegien in Gefahr. Manchen Herren kamen die Invasoren keineswegs ungelegen. Der Bischof von Sevilla, ein Bruder Wititzas, hielt schon länger konspirativen Kontakt mit Graf Julian.

So rundet sich nun das Bild der wahren Hintergründe um Florindas angebliche Entjungferung. Julians Tochter war weniger Gast auf Roderichs Schloß als vielmehr Geisel – und gleichzeitig Agentin. Dafür spricht der Name, unter dem sie bei arabischen Chronisten bekannt ist: »cava« – die Hure. Florindas faules Ei war das verabredete Signal an Graf Julian, daß die Verschwörung gegen den König überreif gediehen war. Daraufhin hatte Julian den Köder aus dem Fuchsbau gezogen und anschließend die Jäger auf die Fährte gesetzt. Als Tarik seinen Fuß auf Gibraltar setzte, war Graf Julian an seiner Seite. Über Julian nahm Leutnant Tarik Kontakt mit Bischof Oppas von Sevilla, dem Wititza-Bruder, auf. Und während der ganzen Operation befindet sich Julian im Generalstab der Eroberer, kartographiert ihre Vorstöße in dem unbekannten Land, dirigiert ihre Besatzungsverwaltung. Es war schon ein sehr faules Ei, das da an Roderichs Hof ausgebrütet worden war.

König Roderich trommelte Spaniens Barone und Grafen mitsamt ihren Truppenkontingenten nach Cordoba zusammen – ohne zu ahnen, worauf er sich da einließ. Denn was er dann in die erste und einzig nennenswerte Schlacht gegen die Invasoren führte, war eine höchst gemischte Gesellschaft aus innenpolitischen Gegnern und wehrunlustigem Fußvolk. Oder hoffte er naiv, daß seinem Aufgebot auf einmal Christentum und Vaterland wichtiger wären als persönlicher Ehrgeiz und soziale Rache?

Auf die Sarazenen freilich, die von den Geheimabsprachen zwischen Tarik und Oppas nichts wußten, mußte das spanische Heer durchaus erschreckend wirken. Zwischen 40000 und 100000 Mann (die Chroniken sind da widersprüchlich), eine vielfache Übermacht jedenfalls, wälzte sich ihnen entgegen. Die Ritter waren von Kopf bis Fuß in Eisen gekleidet, auch ihre Pferde, ein Meer von unheimlichen, insektenähnlichen Fabelwesen mit todbringenden Schwert- und Lanzenstacheln bedeckte die Küstenebene südlich von Cadiz, wo der Barbate in den Janda-See fließt. König Roderich vorneweg in all dem ebenso majestätischen wie unpraktischen Firlefanz, mit dem Kriegsherren dazumal ihre Feinde zu beeindrucken glaubten: goldschimmernde Rüstung und goldener Helm, juwelenbesetzter Mantel, Edelsteine auf Schwert und Schild, smaragdbesetzte Stiefel und Kampfhandschuhe, das alles in einem Kampfwagen aus Elfenbein, davor zwei milchweiße Hengste, beschlagen mit Hufen aus Gold und silbernen Nägeln, mit Zaumzeug und Schutzplatten wiederum aus Gold, worin Rubine glitzerten – alles in allem im Kaufkraftvergleich durchaus einen Starfighter wert.

Der aufgeputzte Gotenkönig zeigte damit freilich den Kriegern Allahs nur, welch herrliche Beute zu erwarten war. Tariks Berber-Elite durchbrach mit fanatischem Todesmut die christliche Front in ihrer ganzen Tiefe.

Und dann sah König Roderich rings um sich einen Abgrund von Verrat aufbrechen. Bischof Oppas schwenkte als erster aus der Front. Mit seinen Truppen sammelte er sich unter dem Banner der Sarazenen. Andere Adelige folgten ihm. Ihre Taktik erklärten sie später: Gemeinsam mit den Invasoren wollten sie den Usurpator stürzen – in der Hoffnung, daß die Eindringlinge, sobald sie sich sattgeplündert hätten, Südspanien wieder verließen.

König Roderich war zwischen Schwert und Schild geraten. Wohin er sah, brachen seine wenigen Getreuen im Gestech mit moslemischen Angreifern und christlichen Verrätern zusammen, hier Kopf und Arm, dort Hals und Bein verlierend. Derweil flüchteten die Infanteristen. Die erste Begegnung zwischen Europa und den Sarazenen war vorbei.

König Roderich wurde nicht mehr gesehen. »Da man ihn weder lebend noch tot fand«, stellt ein arabischer Chronist gottbefohlen fest, »kennt niemand sein Schicksal außer Allah allein.«

Die Rechnung der spanischen Granden ging freilich nicht auf. Von ihrer Beute trunken und durstig auf immer noch mehr, stürmten die Sarazenen, nun aus der Schlachtbeute auch besser bewaffnet und beritten, gegen Sidonia und Carmona vor. Ecija bot einigen Widerstand, ließ sich schließlich auf gnädige Kapitulationsbedingungen ein.

General Tarik, von der Kollaboration des sevillanischen Bischofs und etlicher Aristokraten – wie auch vom jubelnden Zulauf unterdrückter Leibeigener und verfolgter Juden – im Glauben bestärkt, zur Erfüllung eines persönlichen Anliegens Allahs ausersehen zu sein, fächerte seine Truppen auf. Er besetzte Malaga und Granada, Cordoba igelte sich noch auf zwei Monate ein. Bevor er Toledo angriff, ließ er die Leichen spanischer Offiziere einsammeln, sorgfältig waschen und in großen Kupferkesseln unter Beigabe würziger Kräuter gar kochen. Während die Gliedmaßen in handliche Rationen tranchiert wurden, gab man ein paar Gefangenen Gelegenheit zur Flucht. In Windeseile verbreitete sich das Greuelgerücht, die Sarazenen nährten sich von Menschenfleisch. Tariks List wirkte. Toledo wurde evakuiert – aber nur von Christen, die Juden blieben und begrüßten die Moslems als Befreier. Zum Verwalter setzte Tarik den Bischof Oppas ein.

Die gotischen Großgrundbesitzer flohen über die Pyrenäen nach Aquitanien und ins Frankenreich hinein. Die geistlichen Würdenträger gingen nach Rom. Von dort aus begannen sie den Kreuzzug gegen die barbarischen Heiden zu predigen.

In den Bergen nördlich Toledos fing Tarik den Bischof der Königsstadt ein. Glanzstück des bischöflichen Fluchtgepäcks war der sagenhafte »Tisch Salomons«, an dem Generationen von Goldschmieden und Juwelieren gearbeitet hatten. Römische Besatzer hatten ihn unter Titus aus Rom verschleppt, westgotische Eroberer unter Alarich von Rom nach Toledo entführt. Und jeder gotische König hatte seinen Ehrgeiz dareingesetzt, das Prachtmöbel mit den kostbarsten Edelsteinen seiner Sammlung weiter zu verschönen. Der Tisch soll 365 Füße aus Smaragd gehabt haben, die Platte – aus purem Gold – je drei Reihen Perlen, Rubine und Smaragde rundum. Tarik nahm in an sich, um ihn dem Kalifen zu verehren.

Während Tarik in knapp fünf Monaten halb Spanien eroberte, war Vizekönig Musa mit der Verwaltung seiner Residenzstadt Kairouan beschäftigt. Die Erfolgsmeldungen aus Spanien riefen bei ihm keineswegs Stolz, sondern vielmehr Eifersucht hervor, Eifersucht auf seinen erfolgreichen ehemaligen Sklaven. Nun setzte Musa selbst ein Expeditionskorps in Marsch. Mit 18000 Kriegern, ausschließlich syrischen und jemenitischen Arabern, landete er im Frühjahr 712 in Spanien – noch rechtzeitig, wie er hoffte, um allen Ruhm für sich vereinnahmen zu können. Graf Julian, immer bei den stärkeren Bataillonen, führte den Vizekönig zu Orten, die Tarik bisher links liegengelassen hatte und wo noch Beute zu holen war. Bei Talavera stieß Musa dann auf seinen allzu erfolgreich gewordenen General.

Die Begegnung war für alle Augenzeugen peinlich, denn der fast achtzigjährige Vizekönig maßregelte den Truppenführer vor versammelter Mannschaft und beschuldigte ihn des Ungehorsams, zog ihm die Peitsche durchs Gesicht und verlangte die Beute.

Tarik gab sich gehorsam und verschob die Rache auf später. Bevor er Musa den »Tisch Salomons« aushändigte, brach er vorsorglich einen der 365 Smaragdfüße ab und tauschte ihn gegen ein, immerhin goldgegossenes, Ersatzstück aus. Musa merkte es nicht – aber über diesen falschen Fuß sollte er stolpern und sich den Hals brechen.

Der größte Tag des Islam

Musa stand auf den Pyrenäen. Das Abendland lag zu seinen Füßen. Er hatte Tarragona erobert, Barcelona besetzt, Gerona überwunden. Nun schweifte sein Blick über Aquitanien und Septimanien, er träumte nicht nur davon, ins Frankenreich vorzudringen und nach Italien überzusetzen, er traf auch schon Vorbereitungen. Da erreichte ihn ein Kurier des Kalifen. Er wurde in Damaskus erwartet. Diesmal war Musa selbst dem Kalifen zu mächtig geworden, der Verwaltungsbereich des Vizekönigs und seiner Söhne reichte von Ägypten bis fast ans Frankenreich. Zudem schürte die Mißachtung Tariks durch Musa die Unzufriedenheit in der Truppe.

Zunächst ignorierte Musa den Rückruf. Seine Vorwände waren durchaus triftig. In den Felsschluchten Asturiens trieben Guerillabanden ihr Unwesen. Musa forcierte die Säuberung, schließlich blieb nur noch eine Bande übrig, dreißig Männer und zehn Frauen unter ihrem Anführer Pelayo. Da traf ein zweiter Bote des Kalifen ein, der sowohl Musa als auch Tarik zurückbeorderte. Dieser Rückruf hatte für das damalige Europa und den Islam weitreichende Folgen.

»Weil Damaskus zögerte, verlor der Islam eine goldene Chance«, bedauerte der arabische Historiker Sayyed Ameer Ali, und sein Bedauern gilt auch dem Abendland. »Denn das hatte zur Folge, daß Europa noch acht Jahrhunderte lang in die Finsternis des Mittelalters eingehüllt blieb.« In der Tat ermöglichte Musas vorzeitiger Abzug es den Pelayos-Partisanen, sich in der Felsenhöhle von Covadonga halten zu können. Pelayos' letztes Fähnlein von Aufrechten war der Kern, aus dem drei Jahrhunderte später die »Reconquista« erwachsen sollte – die Rückeroberung Spaniens durch das Christentum. Pelayos Partisanennest in den unzugänglichen Gebirgsregionen des »Picos de Europa« wurde zum Fluchtpunkt für trotzige, versprengte Westgoten-Ritter, die den Invasoren die Stirn bieten wollten. Von ihnen ließ Pelayos sich 718 in der kleinen asturischen Stadt Cangos de Onis zum König wählen. In der Folgezeit entstanden neben Asturien andere Christenherrschaften – Katalonien, Navarra, Aragonien, Kastilien, Portugal. Zug um Zug gingen den Sarazenen immer größere Teile des iberischen Nordens verloren. König Alfonso I. von Asturien trotzte ihnen um 755 die Landschaft León ab. León mauserte sich 925 zum Königreich – und wurde 1230 mit Kastilien vereinigt. Am Ende der Kette, die mit Pelayo begonnen hatte, standen die katholischen Könige des mit Kastilien vereinigten Aragon, Ferdinand und Isabella, die schließlich – 1491 – dem letzten Sarazenen-Sultan in Granada die Kapitulationsurkunde vorlegten. »So«, resümierte daraufhin trauervoll der Sarazenen-Chronist Makkari, »verschlang die Feuersbrunst die allerschönste, die Kronkolonie der Sarazenen. Ach, hätte Allah es doch dem Musa nur erlaubt, mit einem letzten Schritt die Funken auszutreten, als es noch Zeit war...«

Aber Musa und Tarik reisten ostwärts, wie es der Kalif befohlen hatte, und ließen im »Picos de Europa« die Funken glimmen.

Musas Heimweg nach Damaskus war kein Gang nach Canossa. Hoch zu Roß führte der stolze Jemeniten-Greis eine kilometerlange Triumph-Karawane an. Gleich hinter ihm zog eine Hundertschaft spanischer Fürsten, gefolgt von (so ein Chronist) »20 Königen der Inseln von Rum«, damit waren gemeint die ehemals römischen Inseln Mallorca und Menorca, Sizilien, Sardinien und Lampedusa, die der Vizekönig nebenbei noch mit seiner inzwischen aufgebauten Flotte gekapert hatte. Die zweite Abteilung dieses grandios-gespenstischen Festzuges bildeten 30000 spanische Jungfrauen (die Zahl ist hoffentlich übertrieben), denen ein keineswegs ungewisses Schicksal in den Harems der Omajjaden-Prinzen bevorstand. Ihnen folgten 30 schwere Wagen, die mit der aus Gold, Silber und Edelsteinen bestehenden Beute zweier Heere beladen waren. Allein aus der Kathedrale von Toledo stammten 24 oder 27 goldene Kronen, die Spaniens Westgoten-

Könige, jeweils mit ihren eingravierten Lebensdaten versehen, der Kirche vermacht hatten. Mitgeführt wurden auch mehrere goldene Zuber, randvoll mit Perlen, Rubinen und Topasen. Fracht für Damaskus war aber auch, da die Sarazenen inzwischen brennendes Interesse am Wissen fremder Völker entwickelten, Warenladungen mit Büchern über »Geheimnisse der Natur und der Kunst« sowie »Rezepte für Elixiere«. Alles, was sich in zwei Jahrhunderten Feudalherrschaft an geistigen und weltlichen Schätzen in den Tresoren von Adel und Kirche angesammelt hatte, rollte der Hauptstadt des Kalifen entgegen.

Alle Chronisten sind sich einig, daß es einer der glanzvollsten Tage des Islam war, als der Kalif in der festlich geschmückten Omajjaden-Moschee zu Damaskus seinen Vizekönig empfing und zum erstenmal über 100 Europäer allerblauesten Blutes einem Kalifen – wenn auch nicht ganz freiwillig – ihre Aufwartung machten.

So schildert es ein zeitgenössischer Bericht: »Es war Freitag, der Tag des großen Gebetes. Musa hatte Befehl gegeben, alle Gefangenen mit ihren Roben und Diademen zu schmücken, außerdem, alle Berber-Fürsten, die Könige der Römischen Inseln und die königlichen Prinzen Spaniens in ihre Nationaltrachten zu kleiden und ihnen ihre Herrscherkronen aufzusetzen. So wurden die Gefangenen in die große Moschee geleitet. Dann ließ Musa alle Schätze Andalusiens vor dem Kalifen ausbreiten, die herrlichsten Teppiche, die gold- und silberdurchwirkten und mit Perlen, Rubinen und Smaragden bestückten Stoffe. Seinen Einzug in die Moschee hielt Musa an der Spitze von 30 jungen fränkischen Prinzen aus königlichem Geblüt.

Als der Kalif dieser Prozession ansichtig wurde, überwältigte ihn fassungsloses Staunen, auch in der Menge wurden Jubelrufe laut: ›Seht, da kommt Musa, der große Eroberer!‹ Musa trat vor und schritt majestätisch auf die Kanzel zu. Der Kalif legte seinen Mantel ab und schmückte damit Musa, dann schenkte er ihm 50000 Gold-Dinare und gewährte allen seinen Söhnen Staatspensionen.«

Musa rühmte sich lauthals seiner Heldentaten. Den abseits stehenden Tarik erwähnte er mit keinem Wort. Dann, um den Höhepunkt seiner historischen Selbstdarstellung einzuleiten, klatschte der Vizekönig in die Hände, schwarze Sklaven trugen das Renommierstück der Beute vor den Kalifen, den »Tisch Salomons«. Da zerriß eine bellende Stimme die feierliche Stille in der Omajjaden-Moschee.

»Wenn du all diese Kostbarkeiten erbeutet hast, wie du sagst, dann wirst du auch sicher wissen, wo der abgebrochene Fuß von ›Salomons Tisch‹ ist!« Es war Tarik, der sich jetzt durch die geladenen Gäste drängte. »Nun, der Mann, der wirklich die Siege errungen hat, derer Musa sich rühmt, und der auch den Ungläubigen ›Salomons Tisch‹ abgejagt hat – dieser Mann hat auch den Fuß. Hier ist er, o Beherrscher der Gläubigen!« Tarik warf den Fuß auf die Tischplatte. Das Echo kam von allen Wänden der Moschee zurück. »Damit das Geschenk der Krieger Allahs an ihren Kalifen vollkommen sei!«

Der »größte Tag des Islam« war Musas schwärzeste Stunde. Der Vizekönig wurde aller Ämter entkleidet, mußte bis zum Umfallen in der Sonne stehen, schließlich beschlagnahmte der Kalif seinen gesamten Besitz. Musa starb als Bettler in einem kleinen Dorf nahe Mekka. Daß er damit das Schicksal fast aller großen Eroberer des Islam teilte, von Chalid bis Ibn-Kasim, war ihm sicher nur ein schwacher Trost. Von Tarik wissen die Chronisten übrigens auch nichts mehr zu vermelden.

Spanien wird zum blühenden Garten

»Al-Andalus« nannten die Sarazenen ihr Spanien. Das Wort rührt von den Wandalen her (»Wandalusien«) – so, wie nach den Westgoten die Landschaft Spaniens, die sie zuerst und zuletzt besetzt hielten, »Gotalonien« hieß. Die Namen »Andalusien« und »Katalonien« erinnern noch heute an diese frühen Einwanderer.

Erster Generalgouverneur Spaniens (das schließt immer auch das heutige Portugal ein) war Abd-al-Asis, ein Sohn Musas, der den Sturz seines Vaters aus der Gnade des Kalifen gut überstanden zu haben schien. Zunächst!

Abd-al-Asis war ein freundlicher Besatzer. Unter seinem Regime konnte Spanien wieder freier atmen. »Mit den Sarazenen begann für Spanien eine soziale Revolution«, schwärmen islamische Historiker wie Ameer Ali. »Ihre Auswirkungen können nur mit den besten Errungenschaften der Französischen Revolution verglichen werden, doch ohne deren abschreckende Konsequenzen.« Was der Islam ins Land brachte, war in der Tat positiv: Abschaffung der Unterdrückung durch privilegierte Klassen, Fortfall der Steuerlasten, die Handel, Gewerbe und Mittelstand ruiniert hatten, statt dessen die relativ milde Abgabenordnung, mit der schon Kalif Omar die ehemaligen ausgeplünderten römischen und persischen Exprovinzen Syrien, Ägypten und Irak zu neuer Blüte gebracht hatte. Ohnehin waren die meisten Städte, da sie sich widerstandlos den Eroberern geöffnet hatten, unbehelligt geblieben. Konfisziert wurden nur die Domänen der geflüchteten Junker und Kleriker – die freilich reichten zur Ansiedlung ganzer Sarazenen-Stämme. Wie in anderen Besatzungsgebieten wurde auch spanischen Christen und Juden eine einigermaßen freie Religionsausübung gestattet.

Hand in Hand damit ging eine Art Bodenreform. Leibeigene wurden freie Pächter auf den in sarazenischen Staatsbesitz gefallenen Gütern. Arbeiter, die weiter auf den Farmen der verbliebenen christlichen Gutsbesitzer arbeiteten, waren jetzt vor jeder Ausbeutung geschützt. Diese Landarbeiter waren samt und sonders Moslems geworden und hatten nun in Allah (und seinen irdischen Statthaltern) den besten Sozialanwalt. »Niemals in seiner Geschichte ist Andalusien so milde, gerecht und weise regiert worden!« jubelte ein Chronist. Bei aller Schönfärberei muselmanischer Federn – keine spätere christliche »Befreiungsaktion« konnte mit Unterstützung aus dem Volk rechnen.

Generalgouverneur (»Emir«) Abd-al-Asis teilte das Land in vier Verwaltungsbezirke, später sollte noch ein fünfter hinzukommen – jenseits der Pyrenäen: die Südwestregion des heutigen Frankreich mit Narbonne, Nîmes, Carcassonne, Beziers, Agde, Maguelonne und Lodève, also das einstmalige »Septimanien« (so benannt wegen dieser seiner sieben Städte, vielleicht aber auch, weil hier einmal die VII. römische Legion stationiert war).

Die Neusiedler aus Ägypten, Syrien und Persien, die ihr landwirtschaftliches »know-how« mitbrachten, verwandelten Spanien, auch wo es unter der Wandalen-Herrschaft brachgelegen hatte, in einen Wundergarten. Die Händlernomaden aus den Wüstenregionen überzogen, Hand in Hand mit einheimischen und nachgewanderten Juden, das Land mit Verbindungswegen, Basarplätzen, Im- und Exportzentren. So bevölkerten die Sarazenen die verlassenen Städte, investierten ihre Gewinne in Baudenkmäler und konnten auch, wie Anhänger jeder Weltanschauung, die Gewinnstreben für gottgefällig ansieht, sich nebenbei den Luxus einer Intellektuellenklasse leisten, die – wenngleich (oder gerade weil) häufig aufmüpfig – staunenswerte Geistesleistungen vollbrachte. Für Spanien begann das Mittelalter – das wir Nord- und Mitteleuropäer finster nennen, das aber hier, wo die Muezzins ihr

»Allahu akbar« von den zu Moscheen umgewandelten Kirchen riefen, eine sehr erleuchtete Ära war.

Als Siedlungsland der Sarazenen wurde Spanien freilich auch zum Spiegelbild aller Stammesgegensätze, die aus der »Alten Welt« über viele tausend Kilometer Karawanenpisten herüberimportiert worden waren. Emir Abd-al-Asis förderte zwar eifrig Heiraten zwischen Besatzern und Besetzten – er selbst ging mit gutem Beispiel voran, indem er die Witwe des Goten-Königs Roderich ehelichte –, die Integration der Sarazenen gelang ihm jedoch hier ebensowenig wie anderen Führern in anderen Teilen des Imperiums. Cordoba wurde zur Siedlung der Legion von Damaskus, Algeciras zu der der Palästinenser. Perser schlugen in Jeres Wurzeln, Jemeniten in Toledo, Iraker in Granada, Ägypter in und um Lissabon. Etwa 10 000 Beduinen aus dem Hedschas siedelten sich in Zentralspanien an.

Bald geisterten die altbekannten Schatten auch durch dieses Paradies – die Schatten der schiitischen »Märtyrer«. Die Nordaraber gaben sich wie daheim als streng konservative Sunniten, die Südaraber als oppositionelle (und untereinander zerstrittene) Schiiten. Und die Berber haßten ihre arabischen Offiziere sowieso, egal ob Omajjaden- oder Aliden-Anhänger. Außerdem fühlten sie sich benachteiligt. Obwohl sie die Hauptlast der Eroberungskämpfe getragen hatten, seien ihnen nur die unfruchtbaren Hochebenen zugewiesen worden. Emir von Spanien zu sein war da ein permanenter Balanceakt, kaum einer hielt sich lange auf solch dünnem Seil (Abd-al-Asis stürzte, weil er sich angeblich zu sehr von seiner ehrgeizigen, christlichen Frau beeinflussen ließ). Zwischen 711 und 755 verschliß »al-Andalus« nicht weniger als 28 Generalgouverneure.

Vor diesem kontrastfarbenen Hintergrund nahm der Vorstoß der Sarazenen ins Frankenreich – bis nach Poitiers – allmählich Gestalt an.

Sarazenen terrorisieren das Frankenreich

Das Land jenseits der Pyrenäen blieb lange ein Land der Verlockung. Noch trauten sich die Söhne der Wüste nicht, die schroffen Dreitausender zu überklettern. Nur am Ostrand, entlang der Mittelmeerküste, schoben die Krieger Allahs behutsam erste Fühler vor. In Septimanien, zwischen Garonne und Rhône, dem Rest des spanischen Westgoten-

Reiches, mit seiner Hauptstadt Narbonne, faßten sie zuerst Fuß. Zaghaft noch, im scheinfriedlichen Rahmen eines Schutzvertrages mit dem dort regierenden jungen König Akila.

Nur wenig wußten die Sarazenen über die Welt jenseits der Pyrenäen. Da lag, zwischen Atlantik und Rhein, das riesige Gallien, das längst schon seine römische Herrschaft abgeschüttelt hatte und in dem nun, während die römischen Straßen, Aquädukte und Arenen zerfielen, fränkische Herrscher im ständigen Bruderkrieg um die Oberherrschaft kämpften: degenerierte Merowinger-Könige, minderjährig zumeist, von machtsüchtigen Müttern bevormundet, alle zusammen von den Hausmeiern (von ihren »Wesiren«, würden die Araber sagen) längst entmachtet, ihren nördlichen und östlichen Anrainern (Friesen, Sachsen, Alemannen und Baiern) – ein barbarischer Schrecken – und dem Papst, dessen Missionare verzweifelte Berichte über die heidnische Verstocktheit von Volk und Führern schickten, ein Greuel. Gewiß, es gab schon einen Klerus, Bischöfe, Priester und Äbte, aber das waren meist höchst unfromme Burschen, denen ein König die geistlichen Ämter als Pfründe verliehen hatte. Und einträgliche Pfründe waren es allemal. Das Volk, das immer etwas braucht, woran es glauben kann, um so opferfreudiger, je tiefer es im Dreck steckt, machte die Kirchen reich und mächtig, die Klöster nicht minder: Ihnen schenkte es das wenige, was es an materiellen Kostbarkeiten besaß, um sich ein bißchen Hoffnung auf Frieden und Gnade zu erkaufen – irgendeinen Frieden, irgendeine Gnade in dieser Zeit, in der das Recht, jedes Recht, den durchziehenden Söldnerhaufen und Räuberbanden gehörte.

So ungefähr hörten die Sarazenen es von den wenigen Reisenden, die aus dem Norden kamen, und darüber dachten sie nach, wenn sie von ihrem Brückenkopf Narbonne aus nach Norden starrten, über das Land, das sommers im milden Sonnenglanz dalag, winters sich in Nebeln verbarg. Die Geographie kann ihnen nicht geläufig gewesen sein, wie die verwirrten Chroniken der folgenden Jahre beweisen. Nur vom unermeßlichen Reichtum der Kirchen und Klöster wußten sie, vom unvorstellbaren Wert der Opfergaben, die sich dort ansammelten. Händler und Reisende erzählten davon in den Weinschenken, in Narbonne, wo aquitanischer und burgundischer Wein die Zungen der Ungläubigen locker und die Ohren der Gläubigen Allahs spitz machte. Da nahmen die Berichte von den Schatzkammern der Wallfahrtskirchen, in Poitiers und Tours zum Beispiel, gigantische Dimensionen an. Und

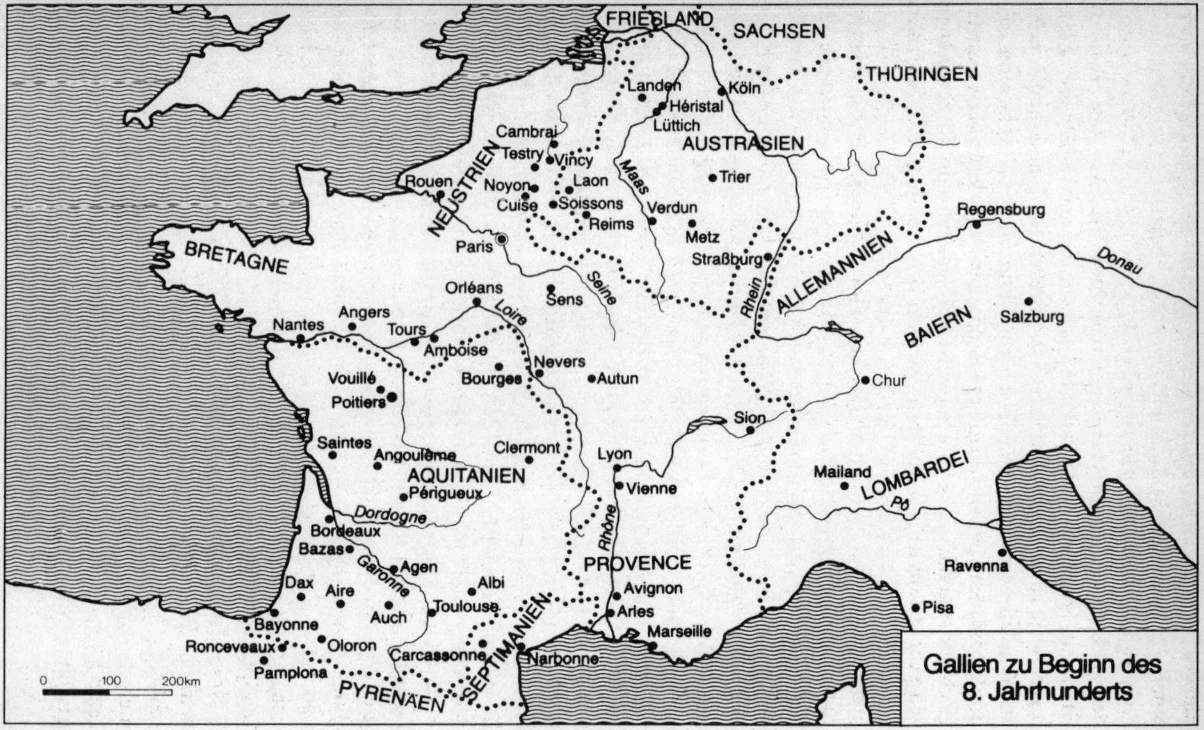
Gallien zu Beginn des
8. Jahrhunderts
FRIESLAND
SACHSEN
THÜRINGEN
AUSTRASIEN
NEUSTRIEN
BRETAGNE
ALLEMANNIEN
BAIERN
AQUITANIEN
PROVENCE
LOMBARDEI
SEPTIMANIEN
PYRENÄEN
Landen
Köln
Héristal
Lüttich
Cambrai
Testry
Vincy
Rouen
Noyon
Laon
Trier
Cuise
Soissons
Verdun
Reims
Metz
Paris
Straßburg
Regensburg
Donau
Salzburg
Orléans
Sens
Seine
Maas
Rhein
Loire
Nantes
Angers
Tours
Amboise
Nevers
Bourges
Autun
Chur
Vouillé
Poitiers
Sion
Saintes
Angoulême
Clermont
Lyon
Vienne
Mailand
Pô
Périgueux
Dordogne
Rhône
Bordeaux
Bazas
Garonne
Agen
Ravenna
Dax
Aire
Albi
Avignon
Auch
Toulouse
Arles
Pisa
Bayonne
Marseille
Oloron
Ronceveaux
Carcassonne
Narbonne
Pamplona
0
100
200km

die wuchsen, je weiter die Gerüchte nach Süden, nach Spanien, gelangten.

Es fing wieder einmal alles ziemlich absichtslos an. Narbonne schlug den sarazenischen Steuereinnehmern die Stadttore vor der Nase zu. Die zahlungsunwilligen Einwohner wurden, wie die Chroniken lakonisch vermerken, dem Schwert anheimgegeben, die Frauen und Kinder als Sklaven abtransportiert. Narbonne, nun endlich fest besetzt, die nördlichste Sarazenen-Bastion in Europa, bot sich wegen seiner strategisch günstigen Lage – in Küstennähe und schwer angreifbar, weil von Marschland umgeben – als Stützpunkt für weitergreifende Aktionen an.

Bald trafen aus Spanien Schiffe mit schwerfälligen Belagerungsmaschinen und Freiwilligenbataillonen ein, wenig später folgten die Familien der Invasionsteilnehmer, die sich, sie wußten noch nicht, wo, im Frankenreich niederzulassen hofften. Das Unternehmen kam fast von allein in Schwung. Das Gros der Invasoren wälzte sich in Richtung Toulouse, der Hauptstadt des Königreichs Aquitanien.

Zuerst ging alles nach Plan. Die Sarazenen brachten ihre schweren Katapulte in Stellung; steinbeschwerte Wurfschlingen, von muskelstarken Persern geschleudert, rissen die Verteidiger reihenweise von den Stadtmauern. Die Rammblöcke donnerten schon gegen die Tore, als Aquitaniens König Eudo endlich mit einer Entsatzarmee anrückte. Die Heere prallten aufeinander wie, so eine Chronik, »zwei Felsgebirge, die sich krachend gegeneinanderstürzen«. Spaniens derzeitiger Emir, as-Samch, der die Schlacht verfolgte, um sich die Einnahme der Hauptstadt nicht entgehen zu lassen, mußte jetzt, an der Seite seines Generals Abd-ar-Rachman al-Gafiki, höchstselbst in die Schlacht eingreifen – »und wo er ritt, hinterließ das von seinem Schwert tropfende Blut eine grausige Spur«. Am Ende der Spur lag er schließlich selbst, von einer Lanze im Galopp durchbohrt. Entmutigt ließen die Sarazenen ihre Schwerter sinken. General Abd-ar-Rachman führte die erschöpfte Armee in Sicherheit.

König Eudo hatte zwar seine Hauptstadt Toulouse gerettet, aber aus dem nordöstlichen Pyrenäen-Vorfeld, aus Septimanien, und dem anschließenden Küstenstreifen bis zur Rhône waren die Sarazenen nicht mehr zu verdrängen. Nîmes hatte sich ergeben, und Geiseln, nach Barcelona verbracht, garantierten für das Wohlverhalten der Stadt. Carcassonne war erobert, Avignon bildete einen neuen Brückenkopf für

»Razzias« ins Herz Frankreichs. Rhôneaufwärts, in Lyon, raubten die Sarazenen Kirchen aus, Macon und Chalons wurden geplündert, Beaune zerstört, und die beiden Kirchen von Auton (St. Nazaire und St. Jean) in Brand gesetzt, das Kloster Béze bei Dijon dem Erdboden gleichgemacht. In Besançon, fast schon an der Schweizer Grenze, richtete ein Sarazenen-Trupp ein Blutbad unter den Mönchen des Klosters St. Columban an. Auch die Abtei von Luxeuil, am Fuß der Vogesen, fiel den Kriegern Allahs zum Raub; der Abt, der später heiliggesprochene Mellinus, starb durch ein Sarazenen-Schwert. Nur in Sens, schon auf der Straße Dijon–Paris, wehrte Bischof Ebbon einen massierten Angriff ab. Bis hierhin hatten die Sarazenen ihre Belagerungsmaschinen hochgeschleppt.

Nirgendwo planvoller Widerstand. Aber auch nirgendwo Sympathien der Bevölkerung. Den Sarazenen muß das Land unheimlich erschienen sein. Hier war nichts wie anderswo. Menschen, die nicht in Freiheit lebten, aber auch vom Islam keine Befreiung erwarteten, ihn nicht einmal zur Kenntnis nahmen – dies war kein Land, das man erobern, besetzen, verwalten, missionieren konnte. Nur immer diese wellige, rollende Landschaft mit ihren tückischen Tälern, verdächtigen Hügeln, beängstigenden Wäldern. Je weiter sie vordrangen: Wenn die Sonne unterging, stieg Kühle und Nebel von den Flüssen hoch. Nein, dieses Land war für sie nicht bewohnbar – hier konnte man nur morden, plündern, brandschatzen, zuschlagen. Und weiterreiten.

Unterdessen hatte sich im Süden, im Pyrenäen-Vorfeld, eine Art von Waffenstillstand herausgebildet. Munusa, der Bezirksgouverneur (»Wali«) des nun fest in Sarazenen-Hand befindlichen Septimanien, hatte sich mit König Eudo von Aquitanien arrangiert. Das war mehr als Koexistenz, und dafür sorgte wieder eine Frau – die allen Chroniken zufolge überaus schöne Lampegia (Frauen in diesen alten Chroniken pflegen immer schön zu sein). Diese Lampegia war König Eudos nebeneheliche Tochter – und Scheich Munusa wurde des Aquitanier-Königs Schwiegersohn zur linken Hand. Schon wieder eine Liebesgeschichte, die Weltgeschichte machte: Die Affäre führte schließlich – auch – zur Entscheidungsschlacht von Poitiers.

Karl Martell – wie er nicht im Schulbuch steht

Stellen wir zunächst die vier handelnden Personen vor, die – um die schöne Lampegia gerankt – mit ihren Charakteren, ihrem Ehrgeiz, ihren Schwächen und Leidenschaften das Rad der Geschichte, wenn man so sagen darf, bis nach Poitiers rollten.

Da war erstens Abd-ar-Rachman Ibn-Abd-Allah al-Gafiki, der tapfere General, der nach der Niederlage vor Toulouse die geschlagenen Sarazenen sicher heimgeführt hatte. Er war inzwischen, etwa im Jahre 730, Emir von Spanien geworden, der vierzehnte seit der Invasion. Abd-ar-Rachman, Araber reinsten Blutes, aufgewachsen am Kalifenhof zu Damaskus, hatte nur ein Ziel: Rache für den Heldentod seines Blutsbruders al-Samch vor den Mauern von Toulouse – Krieg gegen den hassenswerten Ungläubigen Eudo, den Aquitanier.

Da war zweitens Munusa, der Berber, als Haudegen tollkühn wie Abd-ar-Rachman, ehemaliger Invasions-Offizier, nun Statthalter der sarazenischen Grenzmark jenseits der Pyrenäen. Insgeheim hegte er Hoffnungen, Emir von Spanien zu werden; die Ernennung Rachmans hatte seine ehrgeizigen Pläne durchkreuzt. Aber nur für den Augenblick, wie er sich einredete. Die Konfrontation zwischen Arabern und Berbern war für ihn unausbleiblich, und Munusa bereitete den Tag der Abrechnung vor. Ein Zufall spielte ihm dabei in die Hände: Bei einer »Razzia« ins Aquitanische nahm er Prinzessin Lampegia gefangen.

Und da war, drittens, Lampegias Vater, König Eudo, ein kraftvoller Greis ohne Alterserscheinungen, weitläufig mit den Frankenkönigen verwandt (er soll ein Urgroßneffe des legendären König Dagobert gewesen sein). Eudo regierte sein Land unangefochten von den Familienquerelen zwischen den Merowingern und ihren Hausmeiern, ein ebenso tapferer wie politisch manövrierfreudiger Herrscher. Den unaufhaltsamen Aufstieg des Hausmeiers Karl Martell und dessen immer offenbarer werdende Machtansprüche im Frankenreich beobachtete Eudo mit Argwohn. Er wußte, daß er sich vor seinen sarazenischen Nachbarn kaum mehr in acht zu nehmen hatte als vor seinen halbchristianisierten Vettern im Norden.

Karl Martell, die vierte Hauptfigur, noch im Hintergrund und fern von den Schauplätzen des Vorspiels: groß, kräftig, kantiges Gesicht, umrahmt von üppigem Bart- und Haarwuchs, das über die Schultern fallende Haupthaar in der Mitte gescheitelt. »Martell« als Abwandlung von »Marteau«, der »Hammer«, war eigentlich ein heidnischer Name – der Hammer ist das Kennzeichen Thors. Sein Vater war Pippin von Heristall, Hausmeier des fränkischen Reiches, Kanzler also und damit mächtigster Mann im Land.

Die Macht der Hausmeier hatte sich aus dem Autoritätsverfall der Merowinger-Dynastie entwickelt, allmählich, ein Vakuum nach dem anderen ausfüllend, doch unaufhaltsam (einen ähnlichen Aufstieg der Wesire erleben wir später bei den Sarazenen nach dem Verfall der Kalifendynastien). Verschwenden wir einen kurzen Blick auf das Frankenreich in der Stunde vor dem Aufbruch Karl Martells.

Noch im 19. Jahrhundert schrieben Historiker nur mit dem Ausdruck tiefster sittlicher Empörung über das Frankenreich jener Epoche: »Die inneren Wirren bieten eins der abschreckendsten Bilder der gesamten Weltgeschichte. Furchtbarste moralische Zerrüttung, blutige Gewalttat, hinterlistige Tücke, wilde Grausamkeit und schamlose Sinnlichkeit bilden den düsteren Hintergrund...« Während diese »abschreckendsten Bilder« abrollen, nutzen die Hausmeier die Zeit, um ihr Amt erblich zu machen wie die Königswürde. Als Pippin von Heristall stirbt – auf seinem Herrensitz an der Maas, gegenüber Lüttich –, übernimmt seine Gattin Plektrudis die Hausmeierei stellvertretend für ihren Enkel Theudobald (oder Grimoald), der noch von dem sterbenden Pippin mit der Majordomuswürde bekleidet worden war. An seinen Sohn, Karl Martell, hat er da nicht gedacht, denn der stammt aus einer Liaison mit einer Nebenfrau. Um ihn auch sicher von der Macht fernzuhalten, steckt Witwe Plektrudis den jungen »Hammer« in ein Kölner Gefängnis.

Die fränkische Herrschaft wirkt bizarr. Da gibt es einen Schattenkönig aus dem entmachteten Merowinger-Haus, unter der Regentschaft eines Hausmeisters stehend, der erst sechs Jahre alt ist und von der Großmutter bevormundet wird. Aufstände sind unausbleiblich, das ganze Land revoltiert (will heißen: die Aristokraten), Chaos überall. Das nutzt nun Karl zum Ausbruch aus dem Kölner Kerker. Er findet eine Partei vor, die nur auf einen starken Mann gewartet hat. Die Grafen rufen Karl Martell zum Herzog aus. An Karls Seite reitet der Klerus, vertreten durch den Bischof von Trier, ein getreuer Freund und typischer Repräsentant des Kirchenadels seiner Zeit. Bischof Miles ist, so liest es sich in zeitgenössischen Chroniken, »habitu et moribus irreligiosus« – von »unfrommer Lebensart und Sitte«, leidenschaftlich als Fresser, Liebhaber, Jäger und natürlich auch Krieger.

Von nun an schlägt der »Hammer« gnadenlos zu und schmiedet das zerfallene Reich wieder zusammen. Kreuz und quer führt Karl Martell seine kriegerischen Horden in den folgenden zehn Jahren durch das heutige Deutschland, durch die schmatzenden Sümpfe Friesiens, wo seine Männer schreiend im bodenlosen Schlamm zwischen Schelde und Elbe versinken, durch die endlosen Hügelebenen Baierns, durch die schwarzen Wälder Alemanniens. Überall unterwirft er sich die heidnischen Grenzstämme des Frankenreichs, legt Feuer an ihre heiligen hundertjährigen Eichen, zertrümmert ihre Tempel, raubt ihnen die Schätze und die Frauen.

Freilich: »Um den Besitz zu konsolidieren, wäre es notwendig gewesen, Straßen zu bauen, Brücken zu schlagen, feste Lager zu gründen«, schreiben die französischen Historiker Jean-Henri Roy und Jean Deviosse. »Dann hätte er sich das Land wirklich untertan machen, missionieren und verwalten können. Aber dazu fehlte Karl Martell die Zeit, vielleicht auch der konstruktive Sinn. So gab es denn auch kaum entscheidende Schlachten, stets nur rüde Metzeleien.« Er war ein Hammer, kein Zirkel; ein Schläger, kein Baumeister.

Die immer tiefer nach Europa hineindringenden Sarazenen, der »Untergang des Abendlandes«, scheinen ihn herzlich wenig zu rühren. Während die Sarazenen Aquitanien und Burgund verwüsten, läßt sich Karl Martell nicht dabei stören, Friesen, Sachsen und Baiern zu massakrieren. Soll König Eudo doch an den Moslems verbluten – um so leichter wird ihm, Karl, dann Aquitanien in den Schoß fallen.

König Eudo hat zwar einen Vertrag, ist also eigentlich ein Alliierter Karls. Aber nützt ihm das? Der Vertrag steht nur auf dem Pergament – und Karl kann nicht lesen. 731 rückt Karl gegen das Land seines Vertragspartners vor, schickt sich an, die Landschaft Berri zu verwüsten, die Stadt Bourges zu belagern. Da ist König Eudo schon sehr froh, seine Tochter Lampegia an einen so kampffreudigen Schwiegersohn wie Munusa verloren zu haben. Das Sarazenen-Schwert wird ihm gegen den großen Hammer aus dem Norden beistehen...

Munusa saß um diese Zeit mit Lampegia in seiner Felsenresidenz »al-Bab« (»das Tor«), 1200 Meter hoch über einer Paßstraße mitten in den Pyrenäen (wahrscheinlich die alte Römer-Feste Castrum Liviae, heute Livia bei Puigcerda, 40 Kilometer westlich von Andorra), und dachte wohl wie sein Schwiegervater: gut, einen starken Freund zu haben. Denn wie zwischen Eudo und Martell, so trieben jetzt die Spannungen zwischen Munusa und Rachman ihrem Höhepunkt zu.

Emir Rachman, von Agenten über Munusas Machtergreifungspläne informiert, über Munusas Ehe mit einer Christin empört, hatte an Truppen aufgebracht, was er aus Spanien abziehen konnte. Nicht eben viel, denn die Berber- und Sektierer-Subversion band starke Ordnungskräfte, aber für eine Strafaktion würde es schon reichen.

Ein Vorauskommando Rachmans umstellte das Felsenfort »al-Bab«, hungerte es aus. Mit Lampegia und einigen Getreuen wagte Munusa einen Ausfall, zu Fuß, schaffte auch tatsächlich die Flucht in ein Gebirgstal. Da brach Lampegia erschöpft zusammen. Ein Suchtrupp stöberte die Flüchtigen auf, Munusas Männer flohen. Allein, das Schwert in der Hand, stellte er sich vor seine Frau. Zwanzig Lanzen durchbohrten ihn. Der Suchtruppführer schnitt den Rebellenkopf vom Hals und fesselte Lampegia. Der Emir schickte Kopf und Witwe nach Damaskus. Im Harem des Kalifen verliert sich Lampegias Spur.

Und Eudo? War er vertragsbrüchig geworden? Keineswegs. Auf die Rückendeckung durch Munusa bauend, war er nordwärts geritten, um Karl Martells Einbruch in Aquitanien zurückzuschlagen. Und so, immer noch nichts vom Schicksal seines Schwiegersohnes und seiner Tochter ahnend, traf ihn Rachmans Nachstoß ungeschützt. Poitiers rückte immer näher.

Martell hatte inzwischen die Stadt Bourges eingenommen, hatte Klöster und Kirchen zerstört und geplündert und sich insgesamt nicht weniger barbarisch aufgeführt als die Sarazenen. Eudo gelang es zwar, das geschändete Bourges zu befreien, aber Schlimmeres stand ihm bevor: Nun war er zwischen den fränkischen Hammer und den sarazenischen Amboß geraten. Denn Rachman stieß jetzt, verstärkt durch Munusas Garnisonen, die sich nach dem Tod ihres Scheichs schnell auf ihre Regierungstreue besannen, in das durch Eudos Nordkampagne entblößte Aquitanien hinein. Rachman hatte kurzerhand beschlossen, da die Strafaktion so unerwartet rasch verlaufen war, auch noch den Verbündeten Munusas, Eudo, zu bestrafen. Der Leidtragende sollte Bordeaux sein.

Von Eudo unbehelligt – der mußte sich ja gegen die Franken wehren – legte der Emir seinen Belagerungsring um die Stadt. Unter dem Felsbrockenhagel der Schleudermaschinen barsten die Mauern, mit wildem »Allahu-akbar«-Geschrei trieben die Sarazenen ihre Pferde in die brennenden Straßen. Die Chroniken zeichnen die bekannten Gruselbilder: Massaker unter der männlichen Bevölkerung, Frauen und Kinder als Sklaven davongetrieben, Flammen iodern aus dem Turm von St. André, das Kloster Sainte-Croix ausgeraubt, verwüstet. König Eudo kam zu spät, er konnte nichts verhindern, nur noch eine tote Stadt beweinen.

Von nun an hatten die Sarazenen in ganz Aquitanien freie Bahn. Monatelang zogen sie plündernd von Stadt zu Stadt, durch die Dörfer, die Höfe, die Klöster. Rauchsäulen über den in Schutt und Asche liegenden Siedlungen zeigten die Spur der Sarazenen an. Aquitanien lag im Sterben.

Und durch das Loire-Tal ritt, auf einem müden Hengst, ein trauriger, alter Mann nach Norden, tiefe Falten der Bitterkeit im eisgrauen Gesicht unter schlohweißem Haar. Neben ihm zwei jüngere Männer, in zerrissenen Kleidern, die Schwerter schartig, die Schilde verbeult. Eudo und seine Söhne Hatton und Hunold, ein König ohne Land und zwei Prinzen ohne Erbe. Hinter ihnen eine Handvoll zerlumpter Gestalten auf müden Kleppern: die letzten Überlebenden der aquitanischen Aristokratie. Was nach dem Franken-Einfall noch übrig war von Eudos Heer, ist ihm vor Bordeaux davongelaufen. Eudo hat einen verzweifelten Entschluß fassen müssen. Er wird zu Karl Martell reiten und sich ihm unterwerfen. Er wird den Franken-Herrn, der ihn verraten hat, nun bitten, Aquitanien zurückzuerobern. Er weiß, nie wieder wird er König sein, auch seine Söhne werden es nicht sein. Karl Martell ist schon so lange erpicht auf Aquitanien, nun wird er es bekommen. Aber lieber der betrügerische Franke als die mörderischen Sarazenen, die ihm seine Tochter genommen haben. Das gebietet ihm die Rache. Und sein letzter Stolz: König ist er gewesen – aber Christ ist er noch immer.

Karl Martell nimmt die Unterwerfung Eudos an. Er ruft den »Heerbann« aus, und diese totale Mobilmachung bringt ihn gleich zwei innenpolitischen Zielen näher. Das Heer untersteht nun nicht mehr aufgebotsweise den Gebietsfürsten, sondern direkt ihm. Und die Kirche verliert ihre irdische Macht: Er verfügt eine – wenn auch kaschierte – Beschlagnahme kirchlicher Güter unter dem Vorwand, die Aufrüstung finanzieren zu müssen. Immerhin, ein Schwert kostet drei Kühe, eine Rüstung zwölf, ein Helm und ein Pferd kosten je sechs, ein Schild und eine Lanze je zwei; Grundausstattung eines berittenen Kriegers also insgesamt den Gegenwert von 31 Kühen – der Gegenwert eines ansehnlichen Bauernbesitzes.

Nun erst, doch ohne Übereilung, wendet sich Karl Martell der Aufgabe zu, die ihm zur Rechtfertigung seiner machtpolitischen Schachzüge gedient hat: Aquitanien von den plündernden Sarazenen-Horden zu befreien.

Abd-ar-Rachman hatte inzwischen von zwei christlichen Wallfahrtsorten gehört, deren Reichtum an wertvollen Opfergaben angeblich alles übertraf, was Sarazenen bisher an abendländischen Kostbarkeiten gesehen hatten: die Basiliken von St. Hilarius in Poitiers und St. Martin in Tours. Vor allem das Gotteshaus zu Tours mußte den Emir reizen. Es war, wenn die Klassifikation der Historiker Roy und Deviosse gerechtfertigt ist, »die berühmteste und höchstverehrte Kirche der gesamten Christenheit, das Delphi Galliens, und machte Tours damit zur goldenen Stadt des Okzidents. Zehntausende strömten jährlich hier zusammen, seit einem Vierteljahrhundert, um dem heiligen Martin von Tours, der drei Tote zum Leben erweckt, Besessene und Lepröse geheilt hatte, ihre Opfergaben vor den Altar zu legen.«

Die beiden Schatzdepots befanden sich zwar gut 300 Kilometer Luftlinie vom augenblicklichen Operationsgebiet der Sarazenen entfernt, waren aber kaum zu verteidigen: Sie standen vor den Stadtmauern. Mit einem Bataillon ausgesuchter Reiter – nur Freiwillige, das Gros drängte zur Heimkehr unter die Sonne Spaniens – rückte Rachman von Saintes aus die alte römische Überlandstraße hoch, die »Via Prima Mediolanum Santinum«, die geradewegs nach Poitiers und Tours (und weiter nach Paris) führte.

So kam es also, daß sich wohl Anfang Oktober 732 zwei Heere, von Norden und Süden, auf Tours und Poitiers zu bewegten, um sich dort die Schlacht zu liefern, die heute noch in Schulbüchern als eine der entscheidendsten der Weltgeschichte bezeichnet wird, die endlich den unaufhaltsamen Vormarsch der Sarazenen stoppte, das Abendland davor bewahrte, muselmanisch zu werden, und die Karl Martell als Retter von Christenheit und Abendland erstrahlen läßt. Dies alles zu Unrecht, wie sich bei näherer Betrachtung zeigen wird. Aber untersuchen wir zuerst, in welchem Zustand sich das Sarazenen-Reich zu diesem Zeitpunkt befindet.

Bordelle in Medina, Führungsfehler in Damaskus

732 also. Hundert Jahre nach Mohammeds Tod herrschen die Sarazenen über ein Imperium, das von der Rhône bis zum Indus reicht, von den Grenzen Chinas bis zum Mittellauf des Nil – ein Imperium, größer als Rom auf seinem Höhepunkt. Und die Namen Allahs und seines Propheten erschallen fünfmal am Tag von Tausenden von Minaretts zwischen Südwesteuropa und Zentralasien. Mittelpunkt dieses Reiches ist der »al-Kadhra«-Palast zu Damaskus, »eine Perle im grünen Gürtel seiner Gärten« (Hitti). Hier herrscht jetzt Hischam, der letzte von fünf Söhnen des Kalifen mit der eisernen Hand, Abd-al-Malik. Dem Willen ihres Vaters folgend übernahmen sie nacheinander die Regierung.

Hischam, unter dem das Sarazenen-Reich seine größte Ausdehnung erlebt, ist intelligent und durchblickend, kein fröhlicher Mensch. Er ist unsicher und kleinlich. Das Erbe, das er angetreten hat, ist bei aller Großartigkeit ein ziemlich verworrenes Gebilde. Seine Brüder waren von allzu verschiedener Charakterart: Walid, virtuoser Künstler der Macht, Baumeister von Moscheen und Palästen, hat die Widerstandsbewegungen unterdrückt, aber nicht ausgerottet; Sulaiman soll dumm, Omar II. ein frommer Träumer und Jasid II. ein verstörter Versager gewesen sein. Was sie verpfuscht haben, ist in einem Menschenalter nicht mehr ins Lot zu bringen. Hischam sieht das, und es frustiert ihn. Der Herrscher des größten Imperiums der Erde ist eine tragische Figur.

Nach außen bietet das Sarazenen-Reich eine glänzende Fassade. Damaskus, mit seinen Kuppeln und Türmen, Moscheen und Palästen, ist eine der schönsten Städte der Welt. Nicht nur Kalifen bauen. Der Gouverneur von Mossul, nur ein Beispiel, leistet sich nach elf Jahren Amtszeit schon den Luxus, eine Universität, eine Karawanserei und, für seine privaten Bedürfnisse, eine Residenz aus schneeweißem Alabaster zu errichten. Sieben Hauptkanäle, vom Barada-Fluß gespeist, versorgen die Stadt mit Wasser – auch die Springbrunnen und Kaskaden in den Gärten der Reichen. Viele sind reich in Damaskus. Auf der Liste des Kalifen stehen, allein für die Hauptstadt, 45 000 Bezieher jährlicher Staatspensionen. In den Straßen und Basaren drängt sich buntes Völkergemisch, zu dem natürlich Sklaven aus aller besiegter Herren Ländern nicht wenig beitragen: Allein Spaniens Emire haben insgesamt 75 000 geschickt, Samarkand-Eroberer Ibn-Kutaiba 100 000. Perser, Kopten und Berber betreiben Geschäfte und Wissenschaften in Damaskus, sogar exotisch gekleidete »al-Ifrandsch« (Franken) werden gesichtet.

Unterdessen sind auch die im Bürgerkrieg zerstörten Städte Medina und Mekka aus ihren Aschen wiederauferstanden. Medina ist zum Refugium der Neureichen geworden, die abseits vom sektiererischen Polit-Hickhack ihren jungen Luxus konsumieren. Auch Mekka, das wieder mit jeder Pilgersaison reicher wird, entwickelt sich, in sicherer Entfernung vom Kalifensitz, zum Sündenbabel.

In Mekka eröffnet ein exklusives Kasino, wo – obwohl vom Propheten verboten – Schach, Backgammon und Würfel gespielt werden. In Medina florieren Bordelle, wie der Dichter al-Farasdak, der hier häufig Kunde ist, berichtet; persische und byzantinische Sängerinnen verwöhnen – nicht nur – die müden Krieger gehobener Ränge. Elegantere Salons unterhalten die Damen aus ersten Familien. So die geistvolle Ali-Enkelin Sukaina, Förderin von Kunst und Künstlern; Chronisten (wie Ibn-Saad und Ibn-Challikan) haben die Namen ihrer prominenten Liebhaber in langen Listen festgehalten. So die extravagante Aischa Bint-Talha, Tochter eines Mohammed-Gefährten und einer Schwester von Mohammeds Lieblingsfrau. Diese Aischa, die sich von einem ihrer drei Ehemänner eine Million Dirhem als Morgengabe schenken ließ, zeigt sich stets unverschleiert in der Öffentlichkeit. Allah habe ihr die Schönheit gegeben, verkündet sie kokett, also sei es gottgefällig, sie zu zeigen.

Die emanzipierten Damen, und ihrer gibt es viele, schmücken sich, gesellschaftlich wie privat, mit Dichtern. Die Goldschmiede des Wortes, vom Propheten verachtet, feiern mit dem Liberalismus der Omajjaden, mit der Wiederentdeckung der Freuden von Wein, Musik und Liebe ein lautstarkes Comeback. Mohammeds Musenfeindlichkeit hatte die Dichter so verschreckt, daß nicht einer das ruhmreiche Jahrhundert der Eroberungen besang. Nun, freilich, bricht sich eine andere Poesie Bahn, die Poesie der Erotik. Ihr anregendster Vertreter ist Omar Ibn-Abi-Rabi, frivoler Sohn eines mekkanischen Handelsherrn, Koraischite, berüchtigt als Verführer von Pilgerinnen, berühmt als Liebhaber der kapriziösen Sukaina.

Auch altarabische Poesie, lange als heidnisch verpönt, kommt wieder hochoffiziell zu Ehren. Dem jungen Dichter Hammad ar-Rawijja – er hat sich um die Sammlung der »Goldenen Oden« von Mekka, der »mullakat«, verdient gemacht – honoriert der Kalif einen Vortragsabend mit 100 000 Dirhem. Gebildet ist, nach dem Standard der Omajjaden-Zeit, wer lesen, schreiben, Bogen schießen und schwimmen kann.

Diese Gesellschaft, nach den puritanischen Jahren des Propheten und der »Republik« nun mit ersten geistigen und sittlichen Lockerungsübungen beschäftigt, erweist sich auch als religiös tolerant. Christliches und griechisches Denken sickert in den Islam ein – hauptsächlich über Johannes Damascenus (auch »Chrysorrhoas« genannt, »der Goldzüngige«): Er ist Finanzminister von Damaskus.

Der Großvater dieses Syrers, Mansur Ibn-Sardschun, stand schon unter Byzanz dem Finanzwesen der damaligen Provinzhauptstadt vor (er soll auch mit seinem Bischof hinter der Übergabe der Stadt an die Sarazenen gesteckt haben), und da die Sarazenen das byzantinische Verwaltungssystem unverändert übernahmen, behielt auch Ibn-Sardschun sein Amt (vorher hieß er Sergios) und vererbte es an Sohn und Enkel. Der junge Johannes wächst mit dem Omajjaden-Prinzen Jasid auf, der später Kalif wird. Er soll dessen liebster Trinkkumpan, auch der standfesteste, gewesen sein. Johannes' theologische Essays – berühmt: ein Streitgespräch zwischen Moslem und Christ – werden auch bei Hof wegen ihrer philosophischen Brillanz geschätzt.

Irgendwann, in seinen Anfangsdreißigern, muß dem nachdenklichen Johannes Damascenus seine zwiespältige Existenz als Renommierchrist der Omajjaden zuwider geworden sein. Er schwört allem Weltlichen ab und zieht sich zu einem Leben der Demut und Askese ins Kloster St. Sabbas bei Jerusalem zurück. Dort stirbt er sechzigjährig, hinterläßt eine Systematik der Dogmatik und wird später heiliggesprochen.

Johannes, der »Goldzüngige«, ist als christlicher Beamter in sarazenischen Diensten kein Einzelfall. Die Söhne der Wüste, bürokratisch unbedarft, jedoch im Gegensatz zu Wandalen, Franken und – später – Mongolen von der staatserhaltenden Funktion des Aktenordners überzeugt, überlassen lange Zeit alles, was Verwaltung heißt, in Persien den Persern, in Syrien und Ägypten den Christen. Lange zirkuliert auch byzantinisches und persisches Geld im Sarazenen-Reich. Nachteile solch hochmütigen »laissez-faire« gehen freilich schon dem klugen Kalifen Malik auf: Bei den Unterworfenen muß sich so die Illusion einer eigenen, ungebrochenen Nationalität erhalten und hindert sie, sich mit der Zentralgewalt zu identifizieren. Malik erkennt als erster, daß ein allumfassendes Staats- und Nationalbewußtsein nottut – ein arabisches.

Die Verwaltungsreform, die Kalif Malik, der Mann mit »hilm«, in Gang setzt, ist behutsam, ohne Härten. Er erklärt Arabisch zur Amtssprache; das entfernt schmerzlos die Beamten, denen die Sprache der Eroberer nicht über die Lippen will; sind sie jedoch bereit zu lernen – um so besser.

Unter Walid, Maliks ältestem Sohn, ist der Staat der erste sarazenische, der nicht nur expansive – und damit bedrohliche – Macht nach außen darstellte, sondern auch Anziehungskraft nach innen: Walid läßt Brunnen, Straßen, Krankenhäuser, Moscheen und Schulen errichten. Und als Symbol – aber sicher nicht nur, sondern auch, weil es sein Vergnügen ist – Monumentalbauten. Sicher steht Machtdemonstration dahinter: Schon Kalif Malik hatte in Jerusalem – auf dem Tempelberg, wo Omar nur einen Gebetsschuppen gezimmert hatte – den gigantischen Felsendom und die »al-Aksa«-Moschee errichtet, um dem Islam ein neues Wallfahrtszentrum zu schaffen. Genauer: um dem Gegen-Kalifen Subair in Mekka die Pilgerströme abzugraben. Ein politisches Bauunternehmen, kein Zweifel. Walid nun, als Bauherr noch aktiver als sein Vater, empfindet die Notwendigkeit, endlich den Hauptstadtcharakter von Damaskus zu akzentuieren. So läßt er die Omajjaden-Moschee bauen, das vierte Heiligtum des Islam, nach moslemischer Zählweise auch das vierte Weltwunder.

Bis dahin hatten sich die Gläubigen Allahs mit den Gläubigen Christi in die Benutzung des alten Johannesdoms geteilt. Das wachsende Selbstverständnis des Sarazenen-Reichs, inzwischen Weltmacht, verlangt jedoch längst nach einem hundertprozentig eigenen Betpalast für die Metropole. Für die Einverleibung der christlichen Kathedralenhälfte in das muselmanische Monument drängt der Kalif der christlichen Gemeinde eine, wie es heißt, großzügige Entschädigung auf. Nun stehen die zwei Südminaretts auf den ehemaligen Basilikatürmen. Das Nordminarett der Omajjaden-Moschee sowie im großen ganzen der Felsendom von Jerusalem sind, von der Kaaba abgesehen, die ältesten bis heute erhaltenen Denkmäler arabischer Architektur. Eins freilich kann auch das Weltwunder von Damaskus nicht bewirken: dem Islam die seit dem Abmarsch Alis aus Medina verlorengegangene sowohl politische als auch religiöse Mitte wiederzugeben.

Walid, gleichzeitig Tyrann und Volksfürsorger, draußen Eroberer und daheim Baumeister, führt sein Reich mit einer streichelnden und einer eisernen Hand – eine Führerpersönlichkeit, wie Araber sie brauchen (und nicht nur Araber sich immer wieder heimlich ersehnen). Die Syrer lieben ihn heute noch. Die Schwächen seiner Brüder, die ihm nach dem Willen des Vaters folgen sollen, kennt Walid genau. Sulaiman, Omar II. und Jasid II. übertreffen jedoch seine schlimmsten Befürchtungen.

Sulaiman soll dick und fröhlich, geil und faul, mal grausam, mal jovial gewesen sein. Kaum im Amt, verkündet er eine Generalamnestie für alle, die sein Vizekönig Haddschadsch inhaftiert hat, entläßt die Steuereintreiber, die Haddschadsch ausgebildet hat, und erhöht rundum die Gehälter. Er ist einer von jenen, die immer, wenn sie über die Straße gehen, von allen geliebt werden möchten. Sulaiman ist der Kalif, der den Spanien-Eroberer Sulaiman degradiert und den Eroberer Indiens, Ibn-Kasim, liquidiert. Und als er dann einmal selber vorführt, wie man Krieg macht – gegen Konstantinopel –, wird es eine Pleite.

Auch Omar II. öffnet Gefängnisse, verteilt Staatsgelder, rehabilitiert Verfemte – er jedoch, um rechtschaffen auf Allahs vorgeschriebenem Weg zu wandeln. Omar II., verkrüppelt, weil als Kind von einem Esel getreten, kahlköpfig und krankhaft mager, verabscheut den Luxus seiner Vorgänger. Wie der erste Omar trägt er geflickte Abas, er löst den Rennstall der Familie auf und überschreibt den Erlös – wie übrigens auch den Erbschmuck seiner Frau – der Staatskasse. Sicher, eine an der Staatsspitze vorgelebte Rückbesinnung auf den Koran – daraus wäre vielleicht eine Bewegung entstanden, die dem im maßlosen Eroberer-Konsum versumpften Omajjaden-Staat gutgetan hätte. Doch wie allen gläubigen Eiferern fehlt auch Omar II. das Augenmaß für das politisch und wirtschaftlich Machbare.

Omar findet, daß die Zahl der zum Islam Bekehrten in keinem Verhältnis zu den gewaltigen Eroberungen steht. Warum? Einige Gouverneure haben stillschweigend die Steuerfreiheit für konvertierte Nichtaraber abgeschafft, und da nun Bekehrung keinen irdischen Vorteil bringt und Moslems ja Andersgläubige, so sie ein »Buch« besitzen, ohnehin zu respektieren haben, hält sich der Neuzugang in Grenzen. Omar II. nun befiehlt als strenger Koranausleger, jedem Neu-Moslem die Steuer zu erlassen (bis auf die Armensteuer natürlich, zu der alle verpflichtet sind). Unverzüglich treibt der Steuerausfall das Omajjaden-Reich bis fast in die roten Zahlen. Selbst auf die Beschneidung der Neubekehrten verzichtet Omar. Und ungerührt hört er sich die verzweifelten Mahnungen seiner Finanzexperten an. Er bleibt standhaft im Glauben: »Allah hat den Propheten als Missionar geschickt, nicht als Steuereintreiber noch Beschneider!«

Korrupte Gouverneure nutzen das Chaos. Sie erfinden sich doppelte und dreifache Buchführungen. Die Reformen Omars mögen von Frömmigkeit diktiert gewesen sein – Allahs Segen ruhte offensichtlich nicht darauf. Daß Omar II. von Verwandten, die seine Staatsführung nicht überzeugte, vergiftet worden ist, bleibt umstritten. Überraschend wäre es nicht gewesen.

Nachfolger Jasid II., sensibel und gleichgewichtsgestört, wohl seelisch krank, tut überhaupt nichts. Er verkriecht sich in den Armen seiner Haremsfavoritin, einer berühmten Sängerin. Als diese an einer Traube erstickt, die er ihr, wohl mitten im Gesang, in den Mund wirft, peitscht er sich selber zu Tode. Sein einziger Beitrag zur Kalifengeschichte: die Perfektion des Eunuchensystems, eine Übernahme vom byzantinischen Kaiserhof.

So also sieht das Erbe aus, das Hischam übernommen hat: ein Reich im Zustand seiner größten Ausdehnung – zum Platzen gespannt. Noch, freilich, übertönten fröhliches Singen und Musizieren die ersten Zerreißgeräusche.

Was der Prophet verurteilte, weil es ihm Symbol für heidnische Riten und Feste war, bildet nun der Sarazenen liebsten Zeitvertreib. »Muezzine des Teufels« nannte Mohammed die Musikinstrumente – Tamburine, Rohrflöten und Lauten. Nun, mit den lange verborgen gehaltenen Instrumenten, lassen sich auch die hundert Jahre verstummten Lieder wieder vernehmen, die alten Karawanengesänge der Beduinen zuerst, dann neuere, frechere Kompositionen – zu Beginn in den halbseidenen Amüsierclubs von Mekka und Medina, dann bald auf den Straßen. Wer als konservativer Moslem in der spätomajjadischen Musikbesessenheit Anzeichen verderblicher Dekadenz zu hören glaubt, sieht sich darin schon in den Persönlichkeiten der Stars bestätigt.

Den singenden Knaben hängt allesamt der Spitzname »muannathun« an, was vornehm übersetzt »die Effeminierten« heißt. Ihr Vorbild ist Tuwais, genannt »der kleine Papagei«, der sich zum Tambourin produziert. Arabischen Musikhistorikern gilt er als Liedervater des Islam, er soll den aufregenden Rhythmus der arabischen Musik erfunden haben.

Auf die frommen Bürger jedoch müssen die singenden »Effeminierten« gewirkt haben wie in unseren sechziger Jahren die »Rolling Stones«. Erschwerend fiel ins Gewicht, daß es – immer das alte Klagelied – vor allem Ausländer und Sklaven waren. Ibn-Suraidsch beispielsweise, auch ein Liebling der Sukaina, ist ein freigelassener Turkmene, er macht mit der persischen Laute Furore. Al-Gharid, dessen Karriere als Sklave bei ebenderselben Sukaina beginnt, ist ein Berbermischling. Ein Mulatte aus Medina, Mabad, durchwandert als Troubadour das Reich, bevor er zum Hofsänger avanciert. Die Sängerin Dschamila führt sogar eine eigene Pilgerkarawane, die nur aus Sängern, Musikern und ihren »Groupies« besteht, nach Mekka, in bunten Gewändern und auf grell aufgeputzten Pferden und Kamelen. Es muß zugegangen sein wie auf den Rock-Festivals unserer Tage. Bei einem solchen »Woodstock«, das – natürlich in Sukainas Palazzo-Parks – stattfand, kommt der Stargast, ein irakischer Sänger namens Hunain al-Hiri, zu Tode. Eine Tribüne, überbesetzt mit begeisterten Fans, bricht über ihm zusammen.

Wein, Weiber und Gesang, Glücksspiel und Festivals – so tanzt die Omajjaden-Gesellschaft auf ihrem Vulkan. Und im Untergrund brodelt die Subversion. In Nordafrika erheben sich 300000 Berber, die unter Omar II. eben erst zum Islam übergetreten sind und die nun, unter seinen Nachfolgern, doch wieder mit Steuern belegt werden. In Transoxanien, im Irak und in Persien nutzen Aufwiegler der »Familie« die Wiedereinführung der Kopfsteuer zur Propaganda für die Sache der Aliden. Und in Spanien duellieren sich Araber mit Arabern – weil das immer so war.

Marschiert wird um diese Zeit nur noch auf Sizilien, in Aserbaidschan und in Gallien, aber halbherzig; politische Frustration und Agitation stumpfen die Schwerter Allahs. Der Vormarsch in Aserbaidschan endet mit einem Desaster, das Unternehmen Sizilien muß abgebrochen werden – nur das Expeditionskorps Abd-ar-Rachmans steht vor einer erfolgversprechenden Operation.

An einem kühlen, neblig-feuchten Oktobermorgen des Jahres 732, nach dem Sonnenaufgangsgebet, gibt der Emir von »al-Andalus« seiner Reiterei den Befehl zum Angriff auf die Wallfahrts-Basilika St. Hilarius vor den Mauern von Poitiers.

Poitiers – Moslems im »Café de la Paix«

Heute sitzen Araber beim Tee, wo einstmals Abd-ar-Rachmans wilde Reiterei an den Stadtmauern von Poitiers vorbei – mit goldenen Monstranzen, silbernen Kerzenleuchtern, diamantenbesetzten Heiligenfiguren und mehreren hundert Kilo glitzernder Opfergaben auf den Packpferden – nach Nordnordosten galoppierte. Sie sitzen beim Tee im anderthalbstöckigen »Café de la Paix« und starren durch die dreimal mannshohen Scheiben auf die herbstgraue Place Letellier. In ihren Taschen klimpern sie mit der mageren Beute ihres Wochenlohns. Es ist Sonntag, die Woche über stehen sie am Fließband der Dassault-Flugzeugwerke in der »Industriezone West«, dem größten Arbeitgeber der kleinen Provinzstadt mit der großen Vergangenheit.

Sonntagnachmittag in Poitiers, Oktober wie damals, ein grauer Himmel drückt über der Stadt, die Studenten und Studentinnen, die auf das Café zustreben, um dort Bücher auszutauschen, und sich dann für eines der halben Dutzend Kinos oder Diskotheken entscheiden, haben die Kragen ihrer Jeans-Jacken hochgeschlagen. Die Araber in Poitiers tragen schon dicke Pullover; sie sitzen neben den Studentencliquen, neben den flirtenden Pärchen, neben den sich frotzelnden jungen Familien. Mit ihnen spricht keiner: sie sitzen daneben. »Es ist«, sagt der Lackierer Achmed aus Sidi-Bou-Said in Algerien, der sofort Tee und Zigaretten spendiert, bloß weil endlich einer mit ihm spricht, »es ist, als ob die Leute hier uns die Schlacht von Poitiers noch immer übelnähmen.«

Poitiers ist eine Stadt wie ein mehrfach belichtetes Foto. Viertel aus verschiedenen Epochen schieben sich übergangslos ineinander. Auf der Place Letellier geht man noch auf dem glatten Asphalt unserer Zeit, eine Ecke weiter staucht sich schon der Fuß schmerzhaft auf dem spitzen Kieselpflaster des Markts vor der Kathedrale von Notre Dame, wo sich auch die schiefe, schmalbrüstige Fachwerkfassade des ältesten Hauses der Stadt, einer Apotheke aus dem 14. Jahrhundert, vornüberlehnt.

Die Rue des Feuillants, so schmal, daß man sich bei jedem Auto, das man hinterrücks heranrollen hört, umdreht und gegen die Hausmauern drückt, folgt immer noch dem Kreisbogen, den die alte Stadtmauer um den Ortskern schlug. Und wo immer ein altes Häuschen einem Neubau weichen muß, kann man auf römische Fundamente schauen, die der Bagger in ihrem Jahrhundertschlaf entblößt. Wo jedoch die alte, verwinkelte Gäßchenstadt endet und sich den protzigeren Baulichkeiten späterer Epochen nähert, den Kirchen und Stadtpalästen aus Gotik und Renaissance, da haben sich jetzt lustige Boutiquen für Mode, Musik und neuzeitlichen Schnickschnack ihre Nostalgienester gebaut.

Die Basilika St. Hilaire ist allerdings in diesem Stadtgewächs nicht zu finden. Da muß man von der Place Letellier eine Viertelstunde gehen: durch die Rue Carnot, an der auch noch hohe Häuser aus dem vorigen Jahrhundert stehen, dann durch ihre Fortsetzung, die Rue de la Trance, schon stiller, mit niedrigeren Häusern – ein Stück der alten Römerstraße ist das, die einst an der Stadt vorüberführte.

An diesem Sonntag ist es um die Kirche und die alten Klostergebäude, die heute eine Schule beherbergen, fast menschenleer. Poitiers' berühmte Kirche mit ihrem Heiligengrab aus dem 4. Jahrhundert liegt, erhaben und zeitlos, abseits; der Stadt auch jetzt noch so enthoben wie damals im Oktober, als die Sarazenen kamen, als sie noch weit vor den Mauern lag. Von der Basilika, die Rachmans Ritter leerplünderten, ist fast nichts mehr erhalten. Spätere – christliche – Jahrhunderte haben, was Rachmann stehenließ, zweimal fast dem Erdboden gleichgemacht, der Hugenotten-Aufstand zuerst, dann die Französische Revolution.

Daß sich in dieser Stadt die Jahrhunderte so ineinanderdrängen, hat seinen geographischen Grund. Poitiers ist eine Insel: ein Plateau zwischen zwei Flüssen – Clain und Boive –, die sich gut 40 Meter tiefe Täler gegraben haben. Im Süden ist der Landrücken nur einen Steinwurf breit. Ein idealer Festungsort also. Das erkannten schon die keltischen Pictonen, die hier siedelten. Cäsar nannte die Stadt »Limonum«, ließ Häuser aus Stein bauen und ein 25 Kilometer langes unterirdisches Aquädukt, das immer noch von den Städtischen Wasserwerken genutzt wird, sowie Thermen und ein Amphitheater für 40000 Zuschauer.

Die beiden Flußtäler prägen bis heute Stadtbild und -entwicklung. Im Boive-Tal hat sich die Eisenbahn breitgemacht (vom Bahnhof bedarf es eines steilen Aufstiegs in die Stadt); durch das jetzt entsumpfte Clain-Tal schwingt sich auf Betonpfeilern der neue Autobahnzubringer. Die römische »Via Mediolanum I«, vordem ein keltischer Überlandweg, unter Cäsar gepflastert, erreichte von Süden her über den Engpaß zwischen den Flüssen das Plateau. Dort führte sie an der Hilarius-Basilika vorbei, ließ rechts die ummauerte Stadt liegen, die Thermen und die Arena, überquerte dann, dicht neben der Mündung des Boive, den Clain – und strebte nun, immer in einigem Abstand östlich vom Fluß, auf Tours zu.

Auf Landkarten existiert die Römerstraße immer noch als pfeilgerade gestrichelte Linie. In der waldbestreuten, grünen Hügellandschaft freilich ist sie schwieriger zu finden. Aber mal als Feldweg, mal als Waldschneise, mal als überwucherter Holzpfad, gelegentlich mit Cola-Dosen und Picknick-Papier bestreut, markiert sie immer noch den Weg, den Abd-ar-Rachmans Krieger ritten, um am entferntesten Punkt vom Zentrum ihres Reiches den Märtyrertod zu finden.

Etwa 20 Kilometer nördlich von Poitiers, ehe der Clain in den Vienne mündet, liegt an der Römerstraße, auf einem Hang vor einem Waldrand, der alte Bauernhof Moussais. Seit Menschengedenken hat er den Beinamen »La Bataille« – »die Schlacht«. Auf den drahtumzäunten Wiesen liegt, dümmlich wiederkäuend, gut ein Dutzend Kühe. Der Bauer von Moussais La Bataille wird das Staunen über die Fremden, die sich immer mal wieder bei ihm nach Abd-ar-Rachman erkundigen, wohl nie verlieren. Natürlich hat er »die Sache mit Charles Martell« in der Schule gelernt, aber, nicht wahr, das ist schon lange her. Nein, da wird er kaum weiterhelfen können. Das hat er voriges Jahr auch einem Herrn aus dem Orient gesagt, der mit dem Taxi von Paris herkam, ein Scheich wohl. Nein, die Farm wollte er nicht kaufen. Nur einmal hier beten. Einen Gebetsteppich hatte er dabei, sehr kostbar übrigens, soweit unsereins das beurteilen kann...

Hier also soll den Kriegern Allahs ein abruptes »Halt« geboten und das Abendland gerettet worden sein. Man schrieb – wahrscheinlich – den 25. Oktober 732.

Eine »Razzia« zuviel

An Poitiers waren sie unbehelligt vorbeigekommen. Poitiers' Bürger und Miliz hatten von der zehn Meter hohen Stadtmauer in ohnmächtiger Wut mitansehen müssen, wie die Sarazenen die Wallfahrtsbasilika ausplünderten und in Brand setzten. Noch die ganze Nacht tauchte der Flammenschein die Stadt in grausig-rötliches Licht. Die Bürger von Poitiers hatten zähneknirschend auf den Heerzug hinabgestarrt, der da unter ihnen, in Lanzenwurfweite, den schönsten Teil des Reichtums ihrer Stadt davonschleppte und dazu die Mönche von Sankt Hilarius, als Sklaven in Fesseln. Aber keine Lanze flog, kein Pfeil schwirrte.

Diese gespenstische Begegnung zwischen Plünderern und Ausgeplünderten ist nur eine von vielen Ungereimtheiten um die Schlacht von Poitiers. Warum griffen die Poitianer nicht an? Warum hatten sie den Angreifern nicht schon an der schmalen Landbrücke den Weg zur Basilika verlegt? Warum hatten sie nicht wenigstens, auf die Nachricht vom Herannahen des Sarazenen-Heers, den kostbaren Kirchenschatz in Sicherheit gebracht?

Es gibt wohl nur eine Erklärung. Der Überfall kam so überraschend, daß keine Zeit für Gegenmaßnahmen blieb. War es aber ein Überraschungsangriff, dann konnte Rachmans Streitmacht nur eine mittelgroße Horde gewesen sein – die freilich von den Poitianern, Schrekkensberichte aus Aquitanien im Ohr, gewaltig überschätzt wurde. Wahrscheinlich hielten sie den Trupp lediglich für die Vorhut eines nachfolgenden Riesenheeres.

Rachmans Reiter waren guter Laune. Ohne einen Tropfen Blut war ihnen ein enormer Schatz zugefallen. Vielleicht rissen sie Witze über die Poitianer auf den Stadtmauern. In Tours würde es wohl genauso leicht gehen. Da meldeten vorausgesandte Späher, daß im Flußdreieck von Clain und Vienne ein gewaltiges fränkisches Heer lagerte. Rachman ließ halten und absitzen.

Karl Martell hatte bei Cenon, an der Nordspitze des Dreiecks, den

Vienne überschritten. Nun baute er eine Front auf, die über den Clain hinweg nach Westen reichte. Den Sarazenen war jeder direkte Weg nach Tours verlegt.

Sieben Tage verstrichen ohne entscheidende Begegnung. Vereinzelt kam es zu Spähtruppgefechten; bis nach Loudon hin müssen Rachmans Pfadfinder versucht haben, Chancen für eine Umgehung auszukundschaften – vergeblich. Das fränkische Bauernheer, das sich im Herbstklima nicht unbehaglich fühlte, nahm die Ruhe vor dem Sturm gelassen hin. Die im Oktoberwind fröstelnden Araber und Berber jedoch, zudem an schnelle »Razzias« gewöhnt, verloren die Geduld. Nach dem Freitagsgottesdienst befahl Emir Rachman den Angriff für den nächsten Morgen.

Der Kriegsruf »allahu-akbar!« schrillte über die Hänge zwischen Clain und Vienne, die Hufe der zottigen Araberpferde dröhnten über die Kuhweiden um Moussais, vier Tagesritte vor Paris blitzten die Sarazenen-Schwerter in der kühlen Herbstsonne Mittelfrankreichs.

Auf der anderen Seite der Talsenke nahmen die Männer von Maas und Rhein, von Elbe, Isar und Donau ihre Streitäxte und Schwerter auf, ihre Speere aus Schwarzwälder Tannenholz, ihre Knüppel aus niedersächsischer Eiche.

Nach altgewohnter »Razzia«-Taktik suchten die Sarazenen ihren Kampfvorteil im schnellen Überrollen, in der vorgetäuschten Flucht, um unbedachte Gegner aus der Phalanx herauszulocken und, mit blitzschneller Kehrtwendung, im Einzelduell fertigzumachen. Doch bei den fränkischen Bauern, die stehenblieben, wo sie standen, bis sie fielen, verfing die Masche nicht. In immer neuen Wellen brandeten die braunhäutigen Sarazenen gegen den Deich aus blonden Haarschöpfen und kalten Blauaugen an.

Die Männer mit den Stier- und Auerochsfellen auf den Schultern bildeten, so ein Chronist, »eine Mauer aus Eis«. An ihren groben Schwertern, wuchtig mit beiden Händen zu schwingen, schlugen sich die feingeschliffenen Toledo-Klingen schartig, ihre langen Speere mit den Fangschlingen rissen die Angreifer von den Pferden, ihre kurzstieligen Äxte, zielsicher geschleudert, spalteten die kraushaarigen Köpfe der Moslems schon im Ansturm. Karl Martell, Bischof Miles an der Seite, hielt mit lothringischen Rittern von einem Hügel am Vienne-Ufer Ausschau nach Schwachstellen in seiner Front, brauchte aber nicht einzugreifen. Auch an König Eudo, der mit seinem letzten Häuflein Aquitanier die Flanke hielt, war für die Sarazenen kein Vorbeikommen.

Mitten im Schlachtgetümmel muß Abd-ar-Rachman erkannt haben, daß dieser Tag und diese Taktik nicht die Entscheidung bringen konnten. Einen Augenblick lang dachte er, den Rückzug zu befehlen, um am nächsten Tag erholt neu anzugreifen. Als brauchbare Rückfallstellung kamen nur die Wälder hinter Moussais in Frage – hinter dem Lager mit der Beute. Konnte er seinen Kriegern den Verzicht auf die Beute von Poitiers zumuten?

Abd-ar-Rachman hat diese Überlegungen einem Kampfgenossen anvertraut, der sie später dem Historiker al-Makkari weitergab. Der Grund für Rachmans Unsicherheit: Vermutlich waren sektiererische Spannungen auch schon in Rachmans Truppe eingedrungen; ohne Beute aber glaubte er seine Männer nicht mehr unterm Banner halten zu können. So unterließ er den – vielleicht – richtigen Befehl, der – abermals vielleicht – am nächsten Tag den Schlachtverlauf geändert hätte.

Rachman kam nicht mehr dazu, über »richtig« oder »falsch« dieser nicht getroffenen Entscheidung nachzudenken. Die Dämmerung hatte noch nicht eingesetzt, als er blutüberströmt von seinem Hengst stürzte. Eine fränkische Lanze hatte sich in seine Rüstung gebohrt. Das war die Entscheidung.

Die Sarazenen, erschöpft, ohne Aussicht auf Durchbruch, ließen von der »Mauer aus Eis« ab. Die Schlachtlinie Martells geriet nicht einmal jetzt in Bewegung. Unangefochten, ohne Verfolger, erreichten sie ihr Lager. Offenbar war das Frankenheer stärker angeschlagen, als die Moslems wissen konnten.

Am nächsten Morgen, nach sonntäglichem Feldgottesdienst, rückte Karl Martell umsichtig gegen das Zeltbiwak der Sarazenen vor. Kein Krieger stellte sich ihnen in den Weg. In der Morgenkühle waberte eine unheimliche Ruhe über dem Lager. Die Franken bewegten sich immer langsamer, je näher sie kamen. König Eudo und seine Aquitanier hatten viel von den teuflischen Tricks der – für Franken – schnelldenkenden Wüstensöhne berichtet. Aus einigen Zelten wurde leises Wimmern hörbar. Es klang nach der Agonie von Verwundeten. Eine Falle?

Beherzte drangen, das Schwert stoßbereit, ins erste Zelt. Leer. Auch das zweite. Mißtrauisch äugte Karl Martell die Waldränder ab.

Niré und Umgebung

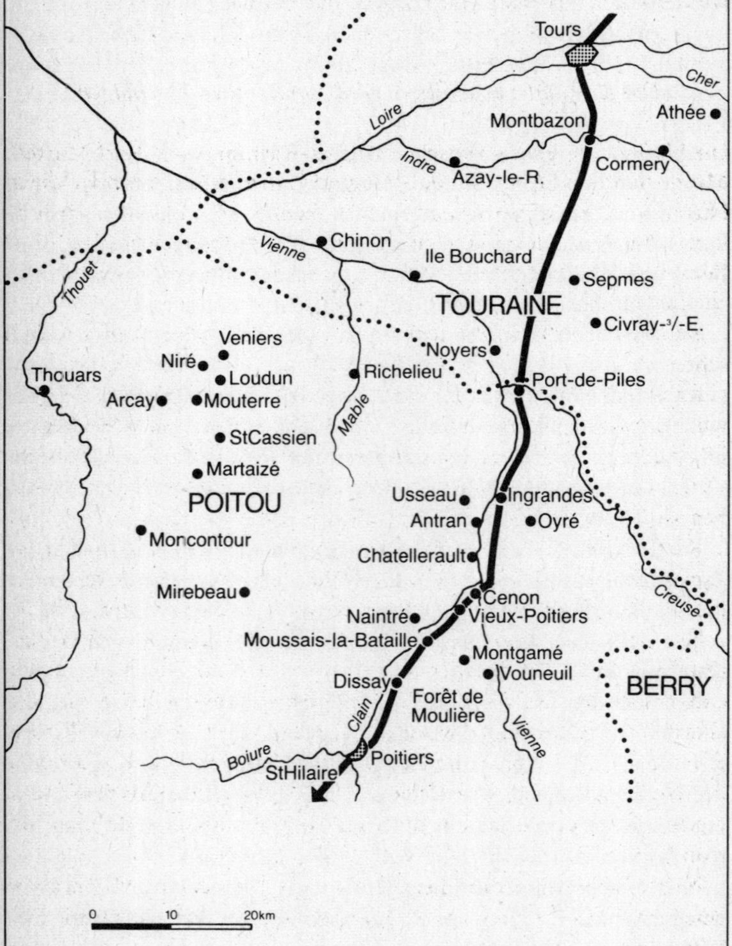

Alle Zelte waren leer. Die Sarazenen waren in Nacht und Nebel verschwunden. Nur ein paar transportunfähige Gefangene hatten sie zurückgelassen – und die gesamte Beute. Martells Offiziere brauchten lange, bis sie begriffen, daß die Sarazenen-Invasion zerstoben war wie ein Spuk. Die Schlacht von Poitiers war vorbei.

Die Schlacht von Poitiers wird immer noch geschlagen

Die blutige Begegnung zwischen Abd-ar-Rachman und Karl Martell, Morgenland und Abendland, Islam und Christentum in den waldigen Hügeln des (heutigen) Departements Vienne, wird von den Historikern wohl nie zu den Akten gelegt werden. Umstritten sind, fast 1250 Jahre danach, nicht nur Ort und Zeitpunkt, sondern auch geschichtliche Bedeutung.

Schulbücher machen es sich einfach. Da steht schlicht und wirklich sehr ergreifend, Karl Martell habe am 25. Oktober 732 in der Schlacht von Poitiers das Abendland davor gerettet, eine muselmanische Provinz zu werden. Aber war es nicht vielleicht doch am 17. Oktober des folgenden Jahres? Und wie steht es um die Ansprüche von vier anderen Orten, Kriegsschauplatz gewesen zu sein? Und wird Karl Martell wirklich zu Recht als Retter des Abendlandes etikettiert?

Karl Martells Zeit- und auch Kampfgenossen hielten den Waffengang für so wenig bedeutungsvoll, daß sie, in den wenigen Chroniken, die ihn überhaupt erwähnen, nur einige Zeilen verschwenden. Und die geben Aufschluß weder über Heeresstärke, Verluste, noch Zeit und Ort. Bis zum 16. Jahrhundert war Karl Martells angeblich geschichtsentscheidender Sieg so vergessen, daß selbst ein Gebildeter wie Machiavelli die Schlacht an die Ufer der Loire verlegte (in seiner »Historia di Firenze«). Erst im 18. und 19. Jahrhundert, mit dem Aufkommen der Nationalstaatsidee (und damit des Nationalbewußtseins), gerät die Schlacht von Poitiers in die Optik der Historiker – als Geburtsstunde Frankreichs.

Nun erst bekommt die Begegnung zwischen Christ und Sarazene eine historische Dimension. Nun freilich beginnt auch eine systematische »Poitiers-Forschung«. Sie gründet sich auf die bisher ignorierten arabischen Texte. Die beschreiben nun zwar den Kampfverlauf, aber immer noch nicht, wegen mangelnder Ortskenntnis, den Schauplatz.

Trotzdem liefern sie eine Orientierungshilfe: Da ist vom »balat« die Rede – von einem »gepflasterten Weg«. Irgendwo an der Römerstraße also mußte die Schlacht stattgefunden haben. Doch wo?

Eine Reihe von Orten um Poitiers und Tours werden angeboten (einschließlich der Version, daß die Sarazenen bis Tours vorgedrungen wären). Da ist die Rede von Amboise und Loches, von St.-Martin-le-Beau (früherer Name: »Sanctus Martinus de bello«), St. Maure (da schimmern die Mauren durch) und Villeperdue (das »verlorene Dorf«, angeblich in der Schlacht zerstört). Um das Maß voll zu machen, entdeckte 1937 der deutsche Historiker Bernhard Bischoff in der Pariser Nationalbibliothek eine lateinische Handschrift mit Daten aus der Regierungszeit Karl Martells – und mit dem Vermerk »pugna in Nirac«. Schlacht in Nirac also. Aber wo war, im Umkreis von Tours und Poitiers, ein Ort, der einmal ähnlich wie Nirac geheißen haben könnte? War es »Miré«? Oder »Niré«, das früher ein römisches »Niracum« war und bei Loudun liegt?

Suchfieber befiel auch pensionierte Offiziere, die nun mit Sandkasten, Generalstabskarte nebst Fähnchen und natürlich auch Augenschein die von den Gelehrten angebotenen Örtlichkeiten auf ihre militärische Eignung untersuchten. Einer dieser sachverständigen Amateure lieferte tatsächlich den wertvollsten Hinweis. Der französische Major Lecointre hielt einen Schlachtverlauf von der Römerstraße – dem einzigen gesicherten Fixpunkt – bis ins 30 Kilometer entfernte Niré aufgrund geographischer Gegebenheiten und militärischer Usancen für ausgeschlossen. Dafür entdeckte er, daß ein Ort namens Naintré vorzeiten einmal »Nintriacum« hieß. Und Naintré liegt nur 4 Kilometer westlich von Moussais La Bataille (und der Römerstraße), gerade auf der anderen Seite des Clain. Eine Linie Moussais-Naintré, nach Osten fortgesetzt bis Voneuil, am Vienneufer, bildet mit den beiden zueinanderfließenden Wasserläufen ein Dreieck – ideales Manövergelände, fand der Major.

Die Schlachtenforscher Jean-Henry Roy und Jean Deviosse suchten das von Major Lecointre abgesteckte Operationsgebiet auf Volkssagen und Bodenfunde ab. Ihre Ausbeute verursacht, wo nicht wissenschaftlichen Eindruck, so doch Gänsehaut.

Da gibt es auf der Straße entlang des Vienne, bei Voneuil, eine Kurve, die »Cinq Maures« heißt, »Fünf Mauren«. Bei Gewitter hört man dort, vom Grund des Flusses her, Glocken läuten. Das kommt, weil damals fünf Sarazenen, mit geraubten Kirchenglocken auf der Flucht, beim Übersetzen den Tod fanden.

Gruseliger ist der Volksaberglaube vom Todeswind. Wer samstags im Oktober auf den Höhen bei Moussais den Wind pfeifen hört, wird bald von Arthrosen befallen. Moderne Version: Autofahrer verlieren die Reifen.

Auch Archäologen wurden fündig: Vor Montgamé, 4 Kilometer östlich von Moussais, wurden bei Fällen einer Riesenkastanie unter den Wurzeln ein Skelett und Sarazenen-Waffen gefunden. Skelette, die Füße nach Osten, wie bei der Bestattung von Moslems-Vorschrift, wurden auch zwischen Cenon und Jumeaux ausgegraben – an einer Stelle, die seit Menschengedenken »Königsgraben« heißt. Fiel hier Rachman?

Noch andere Spuren hat die Schlacht von Poitiers, wo und wann immer sie stattfand, hinterlassen: lebendigere. Sarazenen müssen sich nach der Flucht in der Region versteckt gehalten und schließlich Fuß gefaßt haben. In den dreißiger Jahren, lange vor der Einwanderung von Gastarbeitern oder der Rückwanderung von Kolonialfranzosen, machte der Historiker Levillain zwischen Loudun und der Loire »Bevölkerungsinseln von ethnisch sarazenischem Typus« aus. Solche Spuren sind auch heute noch mit Hilfe des Telefonbuchs zu ermitteln. Rund um Poitiers tritt der Name »Sarrasin« mit überraschender Häufigkeit auf. Ebenso Maurin, Moreau, Morel, Maury, Noireau, Negrault – alle abgeleitet von »Mauren« und »Negern« und »noir« (schwarz). Allerdings sind einige Trägerinnen solcher Namen heute ganz hübsch blond.

Bleibt die Frage, ob Karl Martell sich zu Recht als »Retter des Abendlandes« rühmen lassen darf. Halten wir fest: Die Streitmacht Rachmans war kein Invasionsheer; der Überraschungsangriff auf die Hilarius-Basilika spricht für eine kleine, sehr bewegliche Eliteeinheit. Der Emir kann auch keinen Invasionsplan gehabt haben. Aufgebrochen war er von Pamplona, um den Verräter Munusa nebst seinem Komplizen Eudo zu züchtigen. Nur zufällig hatte sich daraus ein – ziemlich planloser – Beutezug durch Aquitanien ergeben. Die »Razzia« gegen Poitiers und Tours kann nur als Abstecher gedacht gewesen sein. Auch politische Gründe sprechen gegen eine planmäßige Invasion. Einmal hätte der Emir für die Einverleibung Galliens ins Sarazenen-Reich, wie üblich, zuvor die Genehmigung des Kalifen einholen müssen. (Tariks eigenmächtiger Vorstoß in Spanien wurde als Disziplinlosigkeit getadelt.) Zum anderen hätten die Sarazenen, wäre planmäßige Besetzung Galliens das Ziel gewesen, die Städte nicht ausgeraubt, sondern wie in anderen Ländern unter ihre Verwaltung gestellt. Müßige Überlegungen: Vorbürgerkriegs-Situation im ganzen Reich, Stammesfehden in Spanien, boten nicht die Plattform, um neue Länder zu erobern und zu halten. Außerdem war das Frankenreich den Söhnen der Wüste einfach zu kalt. Fazit: Poitiers war für Abd-ar-Rachman ein isoliertes Abenteuer, eine »Razzia« – nur eben eine mißglückte.

Auf der anderen Seite: Auch Karl Martell kann nicht das Gefühl gehabt haben, »Abendland« oder »Christentum« zu retten. Der Begriff »Abendland« war in diesem Sinn auch längst noch nicht geboren. »Christentum« war für ihn nur ein politisches Vehikel, wie für Kaiser und Könige nach ihm und Politiker heute, ein Vehikel freilich, dessen Nutzwert Karl eben erst testete. Zudem waren Karls Beziehungen zum Papst noch ziemlich gespannt. Sicher, Rachmans »Razzia« war ihm willkommener Vorwand, die Kirche unter seine Fuchtel und ihre Güter in seine Hand zu kriegen. Aber hätte König Eudo ihm nicht das lange begehrte Aquitanien aufgedrängt, hätte er wohl keinen Finger gerührt. So bot sich immerhin Gelegenheit, aus den längst nicht integrierten Reichsteilen eine Art Nationale Volksarmee zusammenzuschweißen. »Retter der Christenheit«?

Aber nicht doch. Die Beute von Poitiers, den Sarazenen nur 20 Kilometer weiter wieder abgejagt, gab Martell keineswegs den rechtmäßigen Eigentümern zurück. Die steckten er und seine Soldaten sich selber in die Mantelsäcke.

Der »Hammer« machte auch keinerlei Anstalten, den Sarazenen nachzusetzen. Die hatten derweil Gelegenheit, sich ungeschoren bis zur Provence und der Riviera für die Verluste von Poitiers zu entschädigen.

Karl Martell gab unterdessen seinen Truppen eine neue Marschrichtung: Friesland. Es widersetzte sich den Missionierungsversuchen des heiligen Willibrord. Erst zwei Jahre später, König Eudo war gestorben, und seine Söhne schienen sich nicht an das Loyalitätsversprechen ihres Vaters halten zu wollen, versuchte er, von Aquitanien aus, sich die Provence zu unterwerfen.

Die Fürsten dort kamen freilich ganz gut mit den Sarazenen aus; zusammen mit ihren moslemischen Freunden wehrten sie sich gegen die Herrschaftsansprüche des Reichsgründers. Karl Martell zertrümmerte Avignon und ließ unterschiedslos Christen und Sarazenen über die Klinge springen. Martells Männer wüteten mindestens so brutal, wie christliche Chronisten es den Moslems nachzusagen pflegen. Beziers, Agde und Maguelonne wurden geschleift, in Nîmes versuchten sie die römische Arena zu sprengen – Stierkampfbesucher sehen noch heute die Brandspuren. Doch abermals mußte Karl Martell den Süden sich selbst überlassen. Im Norden gab es neue Aufstände: diesmal die Sachsen.

In Aquitanien macht sich heute, 1250 Jahre danach, eine Bewegung für ein unabhängiges Aquitanien bemerkbar.

Poitiers also keine Schlacht von weltentscheidender Bedeutung, Karl Martell kein Retter des Abendlandes, auch kaum die Geißel der Sarazenen (jedenfalls kaum mehr, als er die Geißel der Friesen, Sachsen oder Baiern war) – da muß man sich freilich fragen: Was wäre denn geschehen, wenn nicht eine Lanze Abd-ar-Rachman getroffen, wenn die Sarazenen die Schlacht gewonnen hätten? Würden dann tatsächlich, wie Chateaubriand es ausmalte, über Paris und London nicht Glocken läuten, sondern Muezzins von Minaretts rufen?

Chateaubriand, als Erfinder einer Zubereitungsweise für Filetsteaks vielleicht unsterblicher denn als Diplomat und geschichtsphilosophischer Dichter, dürfte sich umsonst entsetzt haben. Ein Sarazenen-Sieg hätte zwar Rachman die Wallfahrtsschätze von St. Martin zu Tours verschafft, das Eroberungsprogramm von Karl Martell aber nicht aufhalten können. Für eine Besetzung des Frankenreichs hatte der Islam, hundert Jahre nach Mohammed, weder die äußere noch die innere Kraft. Die Welle, die von Mekka und Medina heraufgebrandet war, hatte sich verausgabt. Poitiers war ein letzter Schaumspritzer, der entfernteste. Nun rollte die Welle zurück, sanft, in Schönheit, aber unaufhaltbar.

10.
Die Abbasiden und ihr Märchenreich aus Tausendundeiner Nacht

Der Stammbaum der Abbasiden-Kalifen

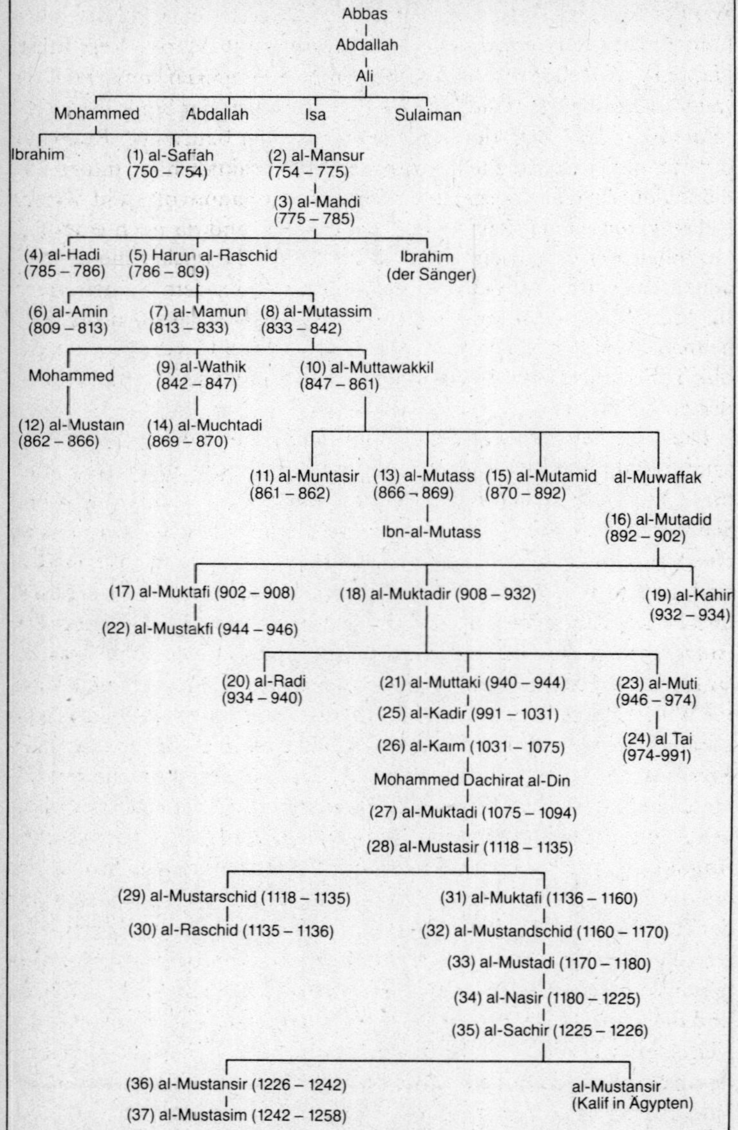

Wo der Murgha-Fluß, sich vielfach verzweigend, im Sand der Karakum-Wüste verlorengeht, liegt die Oasenstadt Marw. Verwitterte Haufen von Mauertrümmern in der Umgebung zeugen von der mindestens zweieinhalbtausendjährigen Vergangenheit der Stadt: Reste des »Fort Iskander«, das Alexander der Große hier bauen ließ. Ruinen in der Steppe, zwischen Zuchtkolchosen für Karaku-Schafe, in den Domänen der Produktionsgenossenschaften für Baumwolle und Weizen – das waren einmal Paläste und Bäder. Hier und da noch ein Stück Grabmal, letzte Spur eines der vielen stolzen Herrscher dieser Residenz. Was einst »Antiochia Murgana« war, unter dem Namen Marw für kurze Zeit zum Brennpunkt des Sarazenen-Reiches wurde, heißt heute Mary und ist eine von vier Distrikthauptstädten der Sowjetrepublik Turkmenien, eine ameisenfleißige Kleinstadt wie Zehntausende in der Sowjetunion.

Die tödlichen Fieber aus den Oasensümpfen und die drohende Versandung, die um die Jahrhundertwende aus Marw eine Geisterstadt für 2000 Desperados machten, die noch tief im Süden Angst und Schrecken verbreiteten – was einmal sogar die persische Regierung zu einem regelrechten Kriegszug veranlaßte –, sind gebannt. Auf quadratisch angelegte Wohnwabenviertel blicken Riesenplakate mit Marx- und Engels-Köpfen voll sozialistischem Ernst, rote Spruchbänder mit Aufrufen zu noch höherem Arbeitseinsatz überspannen breite Parallelstraßen, durch die im Sommer der staubige Feueratem der Wüste bläst, im Winter eisige Winde vom Hindukusch fegen. Um den Markt, wo Landarbeiter ihre Privatdeputate feilbieten, fällt in der mausgrauen Masse der Sowjetmenschen noch ein beturbanter Turkmene mit faltenreichem Gesicht auf. Scharfgeschnittene Sarazenenprofile mit flinken Augen heben sich hier und da aus der Vielzahl der mittelrussischen Rundköpfe. Auch das sind Spuren der Vergangenheit von Marw, das um die Mitte des 8. Jahrhunderts die Kulisse bildet für den ersten Akt der Revolution, die Allahs Imperium in seinen Grundfesten erschüttert, die stolze und verkommene Omajjaden-Dynastie stürzt, den Mittelpunkt der islamischen Welt von Damaskus nach Bagdad verschiebt und die glanzvollste Epoche der Sarazenen-Geschichte einleitet – das Märchenreich aus 1001 Nacht im Zeichen der Abbasiden-Dynastie, das in dem unvergessenen Harun ar-Raschid seinen Höhepunkt erlebt. Und alles begann hier in Marw, das heute Mary heißt.

Die Revolution, die den Nachkommen des Prophetenonkels Abbas, des zwielichtigen Wasserhändlers von Mekka, auf den Kalifenthron hilft, ist ein anschauliches Lehrstück in Subversionsstrategie. Die agitatorischen Tricks und die demagogische Falschmünzerei der Abbasiden-Agenten wirken überraschend modern. Modern freilich auch die Nachgeburten dieses Umsturzes: die blutigen Säuberungswellen, die Liquidierung der Männer der ersten Stunde. Daß Revolutionen ihre Kinder fressen, ist kein Phänomen unseres Jahrhunderts.

Marw 746. Im Seidenhändlerbasar sitzt eine Verschwörergruppe beim süßen, kardamongewürzten Tee im Hinterzimmer des Exporthändlers Ibn-Kathir. Die zwölf Männer, die ihre revolutionäre Zelle »Haschimijja« nennen, spielten bisher nur eine obskure Rolle im politischen Untergrund der Oasenstadt. Aber nun ist Besuch aus Kufa gekommen.

Der weißhaarige Ibn-Kathir und seine Gesinnungsfreunde betrachten mißtrauisch die beiden Männer, die noch den Staub der langen Reise in den Gewändern haben. Den einen kennen sie. Das ist Abu-Salama, Essighändler, Vorsitzender der revolutionären Zelle in Kufa. Außerdem hält er die Verbindung zum Hauptquartier der Bewegung aufrecht – und von diesem wissen Ibn-Kathir und seine Freunde nur, daß es am Toten Meer liegt. In der Haschimijja-Bewegung ist alles sehr geheim.

Essighändler Abu-Salama stellt den Männern von Marw seinen Begleiter vor: »Das ist Abu-Muslim. Er wird von jetzt an die Organisation hier in Marw leiten. Marw wird eine besondere Rolle in der Revolution übernehmen. Von Marw aus werden wir das dekadente, bankrotte Unterdrückerregime in Damaskus stürzen. Abu-Muslim genießt das volle Vertrauen der Zentrale.«

Eisiges Schweigen. Abschätzende Blicke nehmen an Abu-Muslim Maß. Harter, schmaler Mund. Kalte Augen. Undurchdringliches Gesicht. Aber so jung. Viel zu jung nach der Meinung des in revolutionären Ehren – und unfruchtbaren Teestuben-Diskussionen – ergrauten Ibn-Kathir. Er protestiert. Er stellt seine langjährige Treue zur gemeinsamen Sache heraus. Seinen wohlbekannten Haß auf das imperialistische Omajjaden-Regime.

Abu-Muslim verzieht keine Miene. Der Essighändler vermittelt, höflich, aber bestimmt. Befehl von der Zentrale, da könne man nichts machen. Die Männer aus Marw lenken ein. Endlich gibt auch der Vorsitzende klein bei. Ibn-Kathir und Abu-Muslim erheben sich, schütteln sich die Hände. Abu-Muslim lächelt. Ein Lächeln ohne Wärme.

Wenn er, von Marw aus, die Revolution gewonnen hat, wird er mit Ibn-Kathir abrechnen. Die Leiche des Seidenhändlers wird die letzte sein, die seinen abenteuerlichen Weg zur Macht markiert. Abu-Muslim erwidert den Bruderkuß des Alten.

Wer war Abu-Muslim? Genau weiß es bis heute niemand. Über 1200 Jahre lang haben sich Geschichtsforscher abgemüht, seine Herkunft zu enthüllen. Sicher scheint nur, daß er als Sklave in Mekka verkauft wurde. Und daß Abu-Muslim nicht sein richtiger Name war.

Abu-Muslim Abd-ar-Rachman Ibn-Muslim al-Chorasani war kein Name, sondern ein Programm. Der Orientalist A. M. Shaban von der Londoner Universität analysiert das. »Abu-Muslim« heißt »Vater eines Moslems«. Und »Abd-ar-Rachman« bedeutet »Diener des Barmherzigen« – und das hat jeder gläubige Moslem zu sein. Der Prophet hat diesen Namen vielen Neubekehrten verliehen. »Ibn-Muslim« wiederum meint »Sohn eines Moslem«. Bis hierher also steht der Name eigentlich für nichts anderes als »Gottergebener Dienender Vater und Sohn des Moslemischen Menschen«. Mit anderen Worten: Er verstand sich als Inbegriff des wahren Gläubigen, ungeachtet aller sektiererischen oder stammespolitischen Abweichungen. Der letzte Teil des Namens, die sogenannte »nisba«, mit der Araber ihre Herkunft angeben, nämlich »al-Chorasani«, besagt »der Mann aus (von, für) Chorasan«. Aber Abu-Muslim stammte, soviel weiß man immerhin, nicht aus Chorasan, der Provinz, die ihm zum Wirkungsgebiet bestimmt worden war. Wie kam er dazu, sich dennoch so zu nennen? Um das zu verstehen, müssen wir die Ereignisse skizzieren, die zu Abu-Muslims plötzlichem Auftauchen bei dem bisher harmlosen »Haschimijja«-Verein in Marw führten.

Die Erbstücke der Familie Abbas

Haumaima, ein Dorf, das kaum jemand kennt, südlich des Toten Meeres. Eine Trauergemeinde vor einem offenen Grab. Die drei Söhne des Verstorbenen häufen Steine zu einem Grabhügel, sprechen ihre Gebete und reichen sich die Hände – so stehen sie einen langen Augenblick. Sie werden das Vermächtnis ihres Vaters erfüllen, sie werden dem morschen Reich der Omajjaden den Todesstoß versetzen und ein neues Reich gründen, mächtiger, größer und strahlender. Ihr Vater hat die Saat dafür gelegt und ihnen auch das wichtigste Instrument zur Einholung der Ernte in die Hand gegeben: den Sklaven, dem er den Namen Abu-Muslim gab, ein teuflisches Genie.

Vor dem Heimweg zu ihrer Hausburg verharren die drei Brüder noch an einem anderen, älteren Grab. Hier ruht ein Fremder, der eines Tages zu ihnen kam. Auch er hat seinen Teil zu dem Anspruch beigetragen, mit dem die drei Brüder den Thron der Omajjaden fordern werden.

Die drei Brüder heißen Ibrahim, Abu'l Abbas und Dscha'far. Ibrahim wird den Sieg nicht mehr erleben. Aber Abu'l Abbas und Dscha'far werden die ersten Kalifen der neuen Dynastie sein, und Dscha'fars Enkel wird Harun ar-Raschid heißen. Die drei sind die Urenkel jenes Abbas, der sich zusammen mit seinem Vetter Abu-Sufjan im letzten Augenblick zum Islam bekehrte – als Mohammed, vom Karawanenpiraten zum Wüstenkönig aufgestiegen, schon auf Mekka zumarschierte. Damals, im Ramadan des Jahres 8, standen die beiden mekkanischen Handelsherren auf einem Hügel, betrachteten den Anmarsch der Krieger des neuen Gottes Allah, Abu-Sufjan wiegte den Kopf und sagte: »Mein lieber Abbas, die Macht deines Neffen hat bemerkenswerte Dimensionen erreicht!« Und Abbas hob die Schultern und sagte: »Das muß wohl die Macht des Prophetentums sein...« Die Söhne Abu-Sufjans hatten, in einem Jahrhundert, die Dimensionen des Prophetentums in ungeahnte Bereiche ausgeweitet – und alles verspielt. Nun also schickten sich die Nachfahren Abbas' an, die Macht des Prophetentums an sich zu reißen.

Abbas war, ohne politisch oder religiös merkbar hervorgetreten zu sein, im 32. Jahr des Islam gestorben. Sein Sohn Ibn-Abbas jedoch, zwölf Jahre alt, als Mohammed in Mekka einmarschierte, wurde ein tiefreligiöser Mann, Parteigänger Alis, als Theologe so überzeugungsstark wie als Kämpfer; in der Schlacht von Siffin befehligte er Alis Kavallerie. Nach dem Mord an Hussein starb er, siebzigjährig, an gebrochenem Herzen. Seinen Sohn hatte er, dem geliebten Kalifen zu Ehren, Ali genannt. Dieser Ali Ibn-Abdullah, ganz aus dem Holz seines Vaters, zog sich den Zorn des moscheenbauenden Kalifen Walid zu; er wurde öffentlich ausgepeitscht, ins Gefängnis gesteckt und schließlich verbannt, immerhin noch gnädig, in das trostlose Dorf Haumaima; zu aufdringlich war dieser Ali für die Ansprüche der »Familie«, der Kinder Fatimas, eingetreten. Sein Sohn Mohammed Ibn-Ali, in der Verbannung geboren, trat das geistige Erbe von Vater und Großvater an – aber nicht nur theoretisch.

Dieser Mohammed Ibn-Ali, der kurz nach 746 von seinen drei Söhnen zu Grabe getragen wurde, muß ein Mann von ebenso unerschrokkener Konzeptionskraft wie unbändigem Ehrgeiz gewesen sein. Er durchschaute als erster aus den Familien Abbas' und Alis die Schwächen der bisherigen Oppositionsbewegungen: zuviel Grundsatzdiskussion, zuviel Sektierertum, zuwenig Basis im Volk. Er hatte die Nase voll von Leuten wie Vater und Großvater, die immer nur die Welt erklärten und nicht veränderten. Da beschloß er, Politiker zu werden.

Es traf sich günstig, daß eines Tages zu ihm in sein tristes Dorf ein gewisser Abu-Haschim kam, der kinderlos war, sich auf seine Gästematte legte und starb. Aus den immateriellen Habseligkeiten des Fremden – irdische hatte er nie besessen – zimmerte sich Mohammed Ibn-Ali nun eine revolutionsträchtige Ideologie für die zur Zeit noch ahnungslose breite Masse. Wer aber war nun dieser seltsame Fremde?

Abu-Haschim war der »Imam« der Aliden gewesen. Bei den Sunniten ist ein Imam einfach nur ein Vorbeter, und das kann jeder sein, der den Koran auswendig weiß. Bei den Schiiten jedoch ist der »Imam« ein höheres Wesen: ein Mensch, der dank göttlicher Gnade oder Eingebung und Abstammung von Ali ein übermenschliches Wissen um die Wahrheit besitzt. Alle Schiiten waren – und sind – des Glaubens, daß nur ein solcher »Imam« mit »interpretativen religiösen Fähigkeiten« (Shaban) das Amt des Kalifen ausfüllen kann und soll. Hier ist anzumerken, daß die Omajjaden-Kalifen sich nie solche »Imam«-Qualitäten (die ungefähr dem »ex-cathedra«-Verkündigungsrecht eines Papstes entsprechen) angemaßt haben. Sie verstanden sich stets nur als »amir al-muminin«, als »Führer der Gläubigen« (wobei das Wort »amir«, von dem unser »Admiral« herrührt, ebenso »Kommandant« wie »begleitender Ratgeber« bedeutet).

Mohammed Ibn-Ali, in der dörflichen Einsamkeit von Haumaima – in jener Region ums Tote Meer also, in der religiöse Konzeptionen besonders gut zu gedeihen scheinen, wie Moses und Jesus beweisen –, beschloß nun, der Welt eine faßbare Imams-Ideologie zu schenken: Ali sei der erste »Imam« gewesen, und seitdem pflanze sich das Imamat von Generation zu Generation, von »Imam« zu »Imam« fort. Zweiter Träger des Imamats wäre dann der bei Kerbela ermordete Hussein gewesen, der nächste jedoch nicht dessen Sohn Ali, der das Massaker überlebte, sondern jener Mohammed Ibn-al-Hanafijja, in dessen Namen der Abenteurer Muchtar bereits einen Sklavenaufstand inszeniert hatte. Und dessen Sohn Abu-Haschim nun habe auf dem Sterbebett das Imamat wiederum weitergereicht – an den Abbasiden Mohammed Ibn-Ali, immerhin ein Nachkomme von Männern, die sich um die Sache der »Familie« verdient gemacht hatten.

Imamats-Ideologe Mohammed Ibn-Ali war klug genug, nicht gleich mit dieser ebenso hausgemachten wie maßgeschneiderten Konstruktion lautstark an die Öffentlichkeit zu treten. Für die Flüsterpropaganda verfertigte er erst einmal ein Bündel von Parolen, welche den Vorteil hatten, ebenso vage wie vielfältig auslegbar zu sein und, zur gleichen Zeit, höchst eingängig und dabei nicht völlig wahrheitswidrig. Die beiden Hauptparolen, die er in Umlauf setzte, lauteten:

»Alles für das Haus Haschim!« – damit fing er die schiitische Splittergruppe der (nicht sehr zahlreichen) Anhänger des seligen Abu-Haschim genauso ein wie die breite Masse derer, die das Schlagwort auf jenen Haschim bezogen, der ein gemeinsamer Vorfahr von Ali und dem Propheten (zufällig auch von Abbas) war, jedoch nicht der Omajjaden. Für die kleine Kadergruppe seiner halbeingeweihten Aktivisten wählte er den Namen »Haschimijja«.

»Alles für das Haus des Propheten!« – das besagte zwar oberflächlich das gleiche wie Parole eins, bot aber zusätzlich allen jenen eine Öffnung, die zwar nichts gegen die Omajjaden als Dynastie hatten, wohl aber gegen die augenblickliche Innenpolitik opponierten und sich eine Rückkehr zu den »echten Werten« – wie man heute sagen würde – wünschten, so wie sie, zwar sozial und demokratisch, doch mit Akzent auf der Vorherrschaft der arabischen Stämme, im »Haus des Propheten« (nämlich in der Ur-Moschee zu Medina) gepredigt worden waren.

Als Kennzeichen der Bewegung wählte Mohammed Ibn-Ali die Farbe Schwarz – die Farbe des ersten Banners des Propheten.

Jedem, der mit dem Omajjaden-System unzufrieden war – Nord- oder Süd-Araber, unterprivilegierter Stammes-Klient, Sklave, frommer Sunnit mit Kritik an der Korruption der Herrschenden, Anhänger der von den ersten Kalifen geübten Demokratie, frustrierte Schiiten in allen Splittergruppen –, stand jetzt die Möglichkeit offen, sich Mohammed Ibn-Alis Parolen zu bedienen. Mohammed Ibn-Ali darf somit als Erfinder des politischen Etikettenschwindels gelten. Zu den ersten, die ihm seine Parole für bare Münze abkauften, gehörten natürlich die, nach denen er damit vornehmlich zielte: die leichtgläubigen Fatimiden, die ihre Opposition zwar meist nur in Korandiskussionen und literarischen Zirkeln betrieben, auch stets allen sich widerständlerisch gebärdenden Abenteurern applaudierten, selbst aber bei gelegentlichen Mutproben immer den kürzeren zogen. Die »Familie« stellte den Aktivisten der Haschimijja ihre weitgefächterte Sympathisantenszene zur Verfügung. So konnten Radikale wie Abu-Muslim überall reisen und Unterschlupf finden, ohne der »politischen Polizei« – bereits von dem »eisernen« Vizekönig Haddschadsch organisiert – aufzufallen.

Noch etwas hatte der versponnene Wanderprediger Abu-Haschim den Gastgebern seiner letzten Tage hinterlassen: einen kleinen Club von Anhängern in Kufa. Die Kufaner hatten schon oft bewiesen, daß sie für jede Art von Sektierern zu haben waren – wenn auch nicht verläßlich. Doch hier zeigte sich Subversions-Stratege Mohammed Ibn-Ali von seiner realistischsten Seite: Kufa hakte er sofort als Aktionsszene ab. Gestartet werden sollte der Aufstand in Marw. Der Essigverkäufer Abu-Salama – ein Sympathisant der alidischen »Familie« – bekam den Auftrag, in Marw eine revolutionäre Basis zu gründen. Warum Marw?

In der Nordostecke des Imperiums spiegelten sich, wie nirgendwo sonst, die inneren Spannungen des Omajjaden-Systems verschärft wider. Keine Regierungsmaßnahme zur Verwaltung von eroberten Gebieten hatte sich hier befriedigend ausgewirkt.

Als die Sarazenen, nach der Eroberung Persiens, über den Murghab hinweg nach Transoxanien vordrangen, bekamen sie es plötzlich mit einem härteren Gegner zu tun. Die stolzen Handelsfürsten links und rechts der Seidenstraße zwischen Marw und Samarkand ließen sich nicht von den Sarazenen unterjochen. Aber sie schlossen Verträge mit ihnen, sogar solche, die eine Ansiedlung von arabischen Bauern und Viehzüchtern vorsahen. Um 670 trafen die ersten Trecks arabischer Familien ein, dreißig Jahre später schickte Vizekönig Haddschadsch – er entmilitarisierte gerade die aufmüpfigen Städte Kufa und Basra – weitere Zehntausende, Zwangsumsiedler diesmal. Und diese arabischen Siedler mußten ihre Steuern an die einheimischen Turkmenen-

und Usbeken-Fürsten abführen – nur diese »dichkane« waren dem Gouverneur für die Erfüllung des Steuersolls verantwortlich. »Eine rein verwaltungstechnische Maßnahme«, wie die Omajjaden-Beamten versicherten. Für die stolzen Araber eine unerträgliche Schikane: die alten »dichkane«, zumeist nicht einmal Moslems, waren die Herren, die Männer aus dem Volk des Propheten die Hintersassen.

Aufstand lag in der Luft – Bauernkrieg. Die Zentralregierung setzte Ordnungstruppen ein. Zuerst syrische Militärpolizei. Dann eine polizeiartige Legion, vom Gouverneur aus örtlichem Junkeradel aufgestellt, was noch schlimmer war.

Nur eine Gruppe fühlte sich frustrierter als die Siedler: die Mawalis, die einheimischen Moslem-Konvertierten, denen die Bekehrung nicht einmal Gleichberechtigung mit den Arabern brachte. Im Wohlstand lebten nur der einheimische Landadel – und die Händler: Die waren sogar in der Lage, die Strafaktionen des Gouverneurs zu finanzieren, als dank der religiös gutgemeinten, aber steuerlich katastrophalen Politik Omars II. plötzlich die Gouvernementskassen leer waren. Natürlich waren die Unterprivilegierten der Provinz Chorasan auch noch untereinander zerfallen: in die bekannten Sekten und Stämme. Es gab örtliche Krawalle, aber nie konzertierte Widerstandsbewegungen dieser Gruppe.

Bis Abu-Muslim kam.

Nun wird auch der letzte Bestandteil von Abu-Muslims Namen verständlich: »al-Chorasani« – der Mann von Chorasan; nicht der Mann einer einzelnen Klasse, des einen oder anderen Stammes. Für ihn gibt es, jedenfalls in seiner Propaganda, keine Parteien mehr, sondern nur noch Chorasanis.

Wie der alte Mohammed Ibn-Ali es schaffte, in einem damals knapp zwanzigjährigen Burschen, der auf dem Sklavenmarkt zur Pilgerzeit in Mekka zum Verkauf stand, das demagogische Potential eines Goebbels, den militärischen Genius eines Napoleon und die terroristische Brutalität eines Stalin zu erahnen, gepaart mit der Dirigierbarkeit eines Roboters – das weist den »Erfinder« der Abbasiden-Revolution als unvergleichlichen Menschenkenner aus. Kurzentschlossen hatte er den Jungen gekauft, ihn mit in sein Haus nach Haumaima genommen, ihn auf seine Pläne eingeschworen, ihm einen Namen gegeben, und ihn – schließlich – über Kufa nach Marw geschickt. Die Zeit war reif.

Daß der große Planer Mohammed Ibn-Ali nun gestorben ist, ändert nichts. Seine drei Söhne Ibrahim, Abu'l Abbas und Dscha'far sind eisern entschlossen, das Programm ihres Vaters Punkt für Punkt durchzuführen. Wie ihr Vater halten auch sie sich im dunkeln. Die Provinz Chorasan brodelt, aber keine Spur weist nach Haumaima. Das ist die Grundlage des Plans: Niemand darf erfahren, für wen die Revolution tatsächlich inszeniert wird. Die Revolution – das ist Abu-Muslim, der Mann im schwarzen Gewand.

Abu-Muslim begann seine subversive Arbeit in Marw mit einer Reorganisation der Haschimijja-Zelle. Jedem der zwölf gab er einen zweiten Mann zur Seite, angeblich als vorsorglichen Ersatz für den Fall einer Verhaftung, in Wirklichkeit, um den lahmen Verein mit Aktivisten eigener Wahl zu durchsetzen. Zum größten Teil bestand dieser Aktivistenkader – und damit erwies sich auch schon die Parole von der »Gerechtigkeit für alle Chorasanis« als Schwindel – aus Landfremden, zumeist Arabern. Im einzelnen: Scheich Kochtaba und sein Sohn, die später die Befreiungsarmee führen sollten; Abu-Dawud, der als Adjutant Abu-Muslims die delikateren politischen Attentate durchführte; Abu'l-Dschachm, der als »Polit-Kommissar« die ideologische Ausrichtung der Anhänger versah. Auch Chalid Ibn-Barmak war dabei, ein Perser; sein Sohn wird Großwesir unter Harun ar-Raschid. Dem eitlen Seidenhändler Ibn-Kathir überließ Abu-Muslim pro forma den Vorsitz und das Vorbeteramt beim Gottesdienst.

Chronisten attestieren Abu-Muslim eine unheimliche Geschicklichkeit in der Verfertigung und Verbreitung subversiver Propaganda. Jeden Koranspruch, jede Hadith-Überlieferung, worin vom Sturz herrschender Regime die Rede war, drechselte er in anti-omajjadische Parolen um. Seine Agitatoren, die als Händler, echt oder verkleidet, durch die Basare zogen, brachten die Slogans unter die Leute. Straßensängern und Moritatenerzählern zahlte er enorme Bakschischs, wenn sie seine Texte – Heldenlieder auf die »Familie«, Spottverse auf Damaskus – sangen. Die Parole »Alles für das Haus der Heiligen Familie!« flog von Stadt zu Stadt.

Gleichzeitig konsolidierte Abu-Muslim die Unzufriedenen. Er praktizierte mit den Südarabern, ohne die Nordaraber zu vergrämen, versprach den Siedlern die Abschaffung des Junkertums, den Junkern höhere Abgaben von den Siedlern, den persischen Mawalis die Steuerfreiheit, den verfolgten Sektierern die Abschaffung der syrischen Garnison. Er versprach jedem alles und allen das Gegenteil, machte Feinde zu Freunden, Sympathisanten zu Komplizen und schwor sie allesamt ein auf das »Haus Haschim«. Und schwarze Gewänder wurden im ganzen Land immer mehr Mode.

Aufstände in anderen Teilen des Omajjaden-Reichs banden unterdessen dem Kalifen die Hände. Kalif Marwan II., ein bulliger Expeditionsgeneral, brauchte alle verfügbaren Kräfte zur Niederschlagung von Stammeskriegen, die von Jerusalem bis Antiochia tobten. Im entlegenen Marw war Gouverneur Nasr auf sich gestellt.

Nasr, ein grauhaariger Haudegen mit schwarzgefärbtem Bart, etwa achtzig, stand zunächst mit seinen Garnisonstruppen zwei – verfeindeten – Bürgerkriegsmilizen der arabischen Siedler gegenüber. In diese Dreiecksscharmützel griff Abu-Muslim nicht ein. Erst als beide Siedlermilizen sich gegenseitig dezimiert hatten, schloß er mit den Überlebenden, angeführt von Scheich Kirmani, ein Volksfrontbündnis gegen den Gouverneur. Nun, endlich, gab er Befehl zum Sammeln.

Von den Bergen Chorasans loderten die Signalfeuer, die Untergrund-Organisationen warfen ihre Tarnungen ab, von den Sammelplätzen bewegten sich Hunderte von schwarzgekleideten Horden unter schwarzen Bannern auf Marw zu. Gemeinsam mit Kirmanis Siedlermiliz, bereits vor Marw in Stellung, überrannten sie die Stadtbefestigungen. Das war Abu-Muslims erster Sieg.

Scheich Kirmani, der sich nur als Führer einer Bürgerinitiative für die Rechte der arabischen Siedler verstanden hatte, merkte nun freilich, daß er mißbraucht worden war. Als Abu-Muslim auf einer Siegesfeier – der Seidenhändler Ibn-Kathir hatte da eine große Stunde als Vorbeter – als nächstes Angriffsziel die Eroberung Kufas bekanntgab, protestierte Kirmani. Mit den persischen Sklavenhorden, mit zarathustrischen Ungläubigen und schiitischen Sektierern wollte er nichts zu tun haben. Doch zu spät. Kurz darauf waren er und seine beiden Söhne tot; das Volksfrontbündnis hatte seinen Zweck erfüllt, die ersten »nützlichen Idioten« der Abbasiden-Revolution ihre Schuldigkeit getan. Abu-Muslims Adjutant besorgte die Liquidation.

Aus ganz Chorasan strömten jedoch weiter Omajjaden-Feinde der verschiedensten Couleurs zu den schwarzen Fahnen. Abu-Muslims Kader aus der Haschimijja-Gruppe wurden Heerführer. Scheich Kachtaba und der Perser Chalid Ibn-Barmak eroberten Rai (das heutige Teheran), während Kachtabas Sohn und Abu-Ajjum, ebenfalls ein arabisch-persisches Gespann, auf die Vizekönigsstadt Kufa marschierten. Vergeblich hatte der Gouverneur von Marw, inzwischen von den schwarzen Garden von Ort zu Ort getrieben, beim Kalifen Verstärkung angefordert.

Immerhin war Marwans Geheimpolizei unterdessen das ständige Kommen und Gehen von Meldereitern in dem Dörfchen Haumaima verdächtig vorgekommen, und sie hatten das Haupt der Abbasiden verhaftet, mit ihm zwei omajjadische Sympathisanten, Söhne der Kalifen Omar II. und Walid I. Für den Drahtzieher der Revolution hielt man Ibrahim wohl dennoch zunächst nicht. Lasch bewacht, gelang es ihm, Kassiber mit strategischen Anweisungen zu Abu-Muslim zu schmuggeln. Einer wurde abgefangen – jetzt endlich war das Haupt der Revolution bekannt; Kalif Marwan erstickte es in den Giftdämpfen eines Sacks voll ungelöschtem Kalk. Ibrahims Brüder Abu'l Abbas und Dscha'far gelang derweil die Flucht nach Kufa, doch verfrüht: Noch standen hier Regierungstruppen. Essighändler Abu-Salama, der – immer noch von den Behörden unerkannt – den hiesigen Aufstand vorbereitete, versteckte die beiden in seinem Haus im Basar.

Nur eine Schlacht hatte Abu-Muslim noch zu schlagen: gegen ein hastig zusammengetrommeltes Aufgebot von Omajjaden-Truppen, das der Befreiungsarmee den Weg nach Kufa verlegen sollte. Nahe bei Kerbela, wo der »Märtyrer« Hussein von omajjadischen Schergen ermordet worden war, trafen die Armeen aufeinander. Die Erinnerungsträchtigkeit dieses Ortes muß den zahlenmäßig unterlegenen Revolutionären enorme Kräfte verliehen haben. Mit dem Kampfgeschrei »Rache für Hussein!« hackten sie das Kalifenkorps in Stücke. Sie müssen wirklich fest geglaubt haben, für das »Haus des Propheten« zu kämpfen.

Kufa fiel schnell. Kaum tauchten die ersten schwarzen Fahnen am fernen Wüstenhorizont auf, brach die von Essighändler Abu-Salama vorbereitete Meuterei aus. Abu-Muslim, das straffe Gesicht und die kalten Augen wie immer ohne Emotion, marschierte in die Stadt ein. Er war jetzt siebenundzwanzig.

Die provisorische Regierung, die nun in Kufa gebildet wurde, gab immer noch nicht zu erkennen, in wessen Namen sie handelte. Abu-Muslim und Abu-Salama erklärten sich als provisorische Amtshalter für »einen aus dem Haus des Propheten«, der noch zu wählen sei. Nur Eingeweihte wußten, daß die Abbasiden-Brüder im Essigbasar auf ihr Stichwort warteten.

Jetzt allerdings begann Abu-Salama, der ja ein Mann der Fatimiden war, sein gefährliches Doppelspiel. Eilreiter durchquerten von Kufa aus die Wüste, um die in Medina lebenden Führer der »Familie« auf die politische Bühne Kufas zu holen. Konnte Abu-Salama wirklich hoffen, Abu-Muslim hätte die Kastanien aus dem Feuer geholt, um dann anderen als seinen Auftraggebern die Herrschaft zu überlassen?

Tatsache ist, daß Abu-Salama die von Volk und Armee ungeduldig erwartete Proklamation eines Gegenkalifen über zwei Monate hinauszögerte – befremdlich angesichts des schließlich mit 120000 Mann von Damaskus heranrückenden Omajjaden-Kalifen.

Ob die Nachkommen Alis wieder einmal an der schicksalhaften Entschlußlosigkeit ihres Stammvaters litten oder ob Scharfmacher Abu-Schachm den Aliden-Agenten zu hart in die Mangel nahm – die Chroniken sind da unbestimmt –, nach zwei Monaten jedenfalls konnte Abu-Salama den Gang der Geschichte nicht mehr aufhalten. Vor eine riesige Volksversammlung in der Hauptmoschee von Kufa gestellt, präsentierte er als einzigen Wahlkandidaten aus dem »Haus der Propheten« den Abbasiden Abu'l Abbas. Propagandachef Abu-Dschachm hatte allerdings saubere Feldarbeit geleistet: Die Massenakklamation für den neuen Kalifen war überwältigend. Vereinzelte Rufe wie »Betrug!« oder »Alles für das Haus Alis!« wurden schnell abgewürgt. »So erhoben sich«, tadelt der (schiitische) Historiker Ameer Ali, »die Abbasiden auf der Liebe des Volks zu den Kindern Fatimas an die Macht.«

Was der immer noch regierende Omajjaden-Kalif Marwan II. an Truppen auf die Beine gebracht hatte, wurde am Sab, einem Nebenfluß des Tigris südöstlich von Mossul, vernichtend geschlagen. Die Legende hat diesen Sieg verklärt. Als die Garden der Abbasiden – Männer, Pferde, Kamele, Fahnen, alles mit drohendem Schwarz verhangen – in Schlachtordnung vorrückten, stürzte sich eine Wolke Raben aus dem Himmel, überflog die syrischen Truppen und ließ sich dann auf den Standarten der schwarzen Legion nieder. Dieses unheilvolle Omen habe die Syrer so demoralisiert, heißt es, daß mehr Soldaten auf der Flucht im Sab umgekommen seien als durchs Schwert.

Drei Monate später wehten die schwarzen Banner über dem »Grünen Palast« in Damaskus. Der geflüchtete Marwan wurde in Ägypten in einer – christlichen – Kleinstadtkirche aufgestöbert, sein abgehackter Kopf, wie üblich, dem Kalifen zum Präsent gemacht. Kalif Abu'l Abbas betrachtete sich den Schädel seines Vorgängers: »Und wenn ihr all mein Blut gesoffen hättet, es hätte euren Durst nicht gelöscht – also wird auch euer Blut meinen Haß nicht davonschwemmen!«

Von Stund an trug Kalif Abu'l Abbas den Beinamen: »der Blutvergießer«.

Die große Säuberung

Die Machtergreifung der Abbasiden war mehr als ein Regimewechsel. Was nun geschah, hat seine Parallelen nur in den Aristokratenpogromen der französischen und der russischen Revolution. In Jaffa ließ Abu'l Abbas neunzig Mitglieder der Familie Omajja zu einem »Versöhnungsmahl« laden. Mitten im Essen stürzte sich die Leibgarde des Kalifen auf die Gäste und tötete sie alle. Nach dem Gemetzel ließ der Gastgeber Lederdecken über die – teils noch im Todeskampf zuckenden – Körper breiten und darauf die nächsten Gänge servieren. Das Fest, nun in exklusiverem Kreis, ging weiter. Bei einer ähnlichen Blutmahlzeit in Basra wurden die Omajjaden-Leichen aus dem Palast auf die Straße geworfen, den Hunden zum Fraß. Kaum eine Handvoll Omajjaden im Reich entging den schwarzen Terrorkommandos. Nicht einmal vor den Toten machte der Haß halt. In Damaskus wurden die Gräber verstorbener Kalifen geschändet, die Leiche Hischams, einbalsamiert und gut erhalten, wurde gehenkt, ausgepeitscht und verbrannt.

Bald begann die Abbasiden-Revolution auch ihre eigenen Kinder zu fressen. Essighändler Abu-Salama, nun Wesir, war der erste, den das Schicksal vieler Steigbügelhalter von Revolutionen vor und nach ihm traf. Er war, als ehemaliges alidisches Feigenblatt, jetzt eine unbequeme Erinnerung an den Etikettenschwindel der neuen Machthaber. In Marw beglich derweil Abu-Muslim, inzwischen zum Gouverneur von Chorasan avanciert, seine alte Rechnung mit dem vormaligen Vorsitzenden des Haschimijja-Clubs. Und nach dem Essig- und dem Seidenhändler war General Abdallah, der Sieger vom Sab, der nächste auf der Liquidationsliste. Aber das war schwieriger.

Mansur, inzwischen seinem Bruder Abu'l Abbas, der an Pocken starb, auf den Kalifenthron gefolgt, setzte Abu-Muslim mit einer ganzen Armee nach Syrien in Marsch. Der Kalifenonkel, nun Gouverneur von Damaskus, ergab sich verständnislos seinem ehemaligen Waffenbruder; der Kalif wies ihm als Arrestort eine Villa zu, die eigens für ihn erbaut worden war – auf Salz. Beim ersten großen Regen brach das Gebäude, wie geplant, über ihm zusammen und erschlug ihn.

Nun war nur noch einer übrig. Abu-Muslim. Der Roboter der Revolution hatte den blinden Gehorsam abgelegt und eigenen Ehrgeiz entwickelt. Er streute aus, selbst abbasidischer Abstammung zu sein, bemühte sich um eine Heirat mit einer Abbasidin – kurz, er bereitete mit geübter, langer Intrigantenhand die Usurpation vor. Kalif Dscha'far, genannt »al-Mansur« (»der Siegreiche«), lud den Mann, der nach zeitgenössischen Ausrechnungen den Tod von insgesamt 600000 Menschen für die Machtergreifung der Abbasiden auf sich genommen hatte, zu sich ins Schloß. Ein Händeklatschen des Kalifen war für fünf – hinter Vorhängen versteckte – Vollstrecker das Signal, Abu-Muslim an Armen und Beinen zu packen und zu zersäbeln.

Dank für die Machtergreifung wären die Abbasiden jetzt allenfalls noch einer Handvoll Aliden schuldig gewesen, die, mehr oder minder freiwillig, als Aushängeschild für die Revolution des »Hauses des Propheten« gedient hatten. Auch sie bekamen ihre Quittung. Die Wortführer der »Familie«, zwei Ur-Ur-Enkel von Fatima und Ali, wurden von einem Sonderkommando zu Tode gehetzt. Der eine, genannt »Mohammed, die reine Seele«, starb mit dem legendären »Dhu'l-Fakar«-Schwert seines Vorfahren in der Hand. Der andere, Ibrahim, fiel unter Pfeilschüssen, sein Sohn wurde lebendig eingemauert. Und wieder einmal wurde Medina zerstört.

Endlich, 763, etwa siebzehn Jahre nachdem Abu-Muslim mit einem Diskutierverein in Marw die Basisarbeit begonnen hatte, nach vierzehn Jahren Bürgerkrieg und einer Millionen Toter, war Ruhe im Land. Kalif Mansur konnte sich einigermaßen ungestört ans Tigrisufer setzen und zuschauen, wie da Stein um Stein eines der positiveren Werke seines Lebens aus dem Boden wuchs: seine neue Hauptstadt, die Metropole der Abbasiden, später berühmt als die Märchenstadt von Tausendundeiner Nacht – Bagdad.

Nur eins ärgerte ihn bei seinem Bauherrenspaß: Seinen Todeskommandos war tatsächlich ein Omajjaden-Prinz entkommen. Er hatte sich bis nach Spanien durchgeschlagen und in Cordoba eine neue Omajjaden-Dynastie begründet. Diese Flucht nötigte sogar dem alten Tyrannen Anerkennung ab. Um den verhaßten Namen dieses jungen Herrschers nicht in den Mund zu nehmen zu müssen, nannte er ihn den »Falken der Koraisch«.

Dabei hatte Kalif Mansur selbst einen Enkel, der zu gewissen Hoffnungen berechtigte: Harun ar-Raschid.

Der »Falke des Koraisch«

Abd-ar-Rachman ist eine von diesen arabischen Heldengestalten mit überraschend blauen Augen und rötlichblondem Haar, die uns in der Sarazenen-Geschichte öfter begegnen. Seine Mutter war Berberin. Sein Vater, Prinz Muawija, Frontoffizier im Afrikakorps, fiel, als Rachman zehn war. Zeitgenössische Chronisten beschreiben ihn, als hätten sie Prinz Eisenherz vorausahnen müssen: Das kupferschimmernde Haar fällt in Locken über seine hochstehenden Backenknochen, die blauen Augen können träumen und töten, der sportlich gestählte Körper ist härtesten Strapazen gewachsen.

Abd-ar-Rachman war neunzehn und in Aleppo, als ihm die Einladung zur Blutmahlzeit von Jaffa überbracht wurde, genau wie neunzig anderen Omajjaden-Edlen. Elternlos, aber mit einem vierjährigen Sohn, zwei Brüdern, zwei Schwestern und einem byzantinischen Diener auf einem Landgut ziemlich abseits lebend, wäre der junge Prinz wahrscheinlich gefolgt. Gewundene Andeutungen eines früheren Bediensteten, jetzt in Abbasiden-Lohn, machten ihn vorsichtig.

Die sieben beschlossen unterzutauchen, keine Stunde zu früh. Patrouillen in den schwarzen Uniformen der Abbasiden hatten bereits den Fahndungsbefehl. Jachja, den älteren Bruder, schnappte eine berittene Streife, als er sich zum Essenholen in ein Dorf wagte. Nun war Rachman das Familienoberhaupt. Als die sechs ihren Fluchtpunkt, ein Dorf am Euphrat, erreichten, hatte Rachman sich eine Augenentzündung zugezogen – deshalb saß er in einem abgedunkelten Raum, als

Söhnchen Sulaiman, das auf der Straße spielte, verängstigt ins Haus stürzte. Am Ortseingang waren Reiter aufgetaucht – schwarze, wie kürzlich, als Jachja getötet wurde.

Rachman drückte seinen Schwestern den Sohn in die Arme und hoffte auf einen letzten Funken Fairneß gegenüber den Mädchen und dem Kind bei den abbasidischen Menschenjägern, dann packte er seinen dreizehnjährigen Bruder und flüchtete mit ihm durch einen Hinterausgang, zu einem Zedernwald am Fluß.

Plötzlich Hufschlag, die Verfolger ritten auf die Zedern zu – ein Sklave im Haus des Gastgebers hatte das Versteck verraten. Die Prinzen warfen ihre Abas ab und stürzten sich in den Fluß. Die Schwarzen, am Ufer abgesessen, riefen, man wolle ihnen nichts Böses, sie sollten zurückkommen. Aber Rachman hatte das heimtückische Massaker nicht vergessen, mit weitausgreifenden Schlägen strebte er dem anderen Ufer zu. Der Bruder gab auf, ließ sich zurücktreiben. Noch ehe Rachman an Land stieg, mußte er mitansehen, wie sein Bruder von den Verfolgern getötet wurde. Rachman, erschüttert, nackt, allein, begann seinen langen Marsch.

Die nächsten Stationen waren Verstecke bei Bauern im Irak, Beduinenzelte bei Nomadensippen in der Wüste, Unterschlüpfe in Städten an der Libanonküste. Hier irgendwo fand sein Diener Badr ihn. Die Schwestern hatten ihm all ihr Geld und ihren Schmuck mitgegeben. Und auch einen Veteranen der omajjadischen Nordafrika- und Spanienfeldzüge, einen Mann, der viel herumgekommen war und tausend Schleichwege kannte.

Rachmans Fluchtziel war Marokko, dort lebte der Berberstamm, aus dem seine Mutter kam, dort hatte auch die neue Zentralregierung keine Autorität. Außerdem: Im Orient würde er immer jedem Denunzianten verdächtig vorkommen; die helle Haut und die blauen Augen hatten ihn schon ein paarmal fast verraten. Rachman erreichte die Kyrenaika. Dort, zwischen Benghasi und Tobruk, herrschte Scheich Ibn-Habib, ein Vasall des Omajjaden-Kalifen, der das neue Regime nicht anerkannte.

Doch auch hier war Rachman nicht sicher. Dem Scheich war geweissagt worden, ein junger Omajjaden-Prinz werde ihm die Herrschaft rauben. Als Rachman in Fesseln vor dem Scheich stand, schien alles verloren. Aber ein alter jüdischer Wahrsager, früher in Damaskus in den Diensten von Rachmans Onkel, formulierte listig ein Gegengutachten: »Tötest du den Prinzen, erhabener Scheich, dann war er nicht derjenige, den das Schicksal zu deinem Sturz ausersah. Hat aber das Schicksal bestimmt, daß du gestürzt werden sollst – dann beschleunigt die sinnlose Tötung eines Unschuldigen nur deinen Fall.« Scheich Ibn-Habib ließ sich das durch den Kopf gehen, dann schob er Rachman über die Westgrenze ab.

Weiter auf seinem jahrelangen Weg durch die Wüsten fand Rachman schließlich zu den Ziegenfellzelten der Nafsa-Berber. Nun war er angelangt, wo seine Mutter einmal, mit einer Sklavenkarawane, den Weg nach Damaskus angetreten hatte. Aber war es eine Heimkehr? Die Berber hatten nicht vergessen, wie die Omajjaden-Soldaten das Lager überfielen, die Krieger töteten und die schönsten Mädchen in Fesseln verschleppten. Er ist auch Omajjade, nicht wahr? Nur halb, und er hat heimgefunden; zur anderen Hälfte ist er Berber, wie sie. Ja schon, aber nur halb...

Sie trieben ihn nicht fort, aber heimisch werden ließen sie ihn auch nicht. Als der Stamm einmal in der Nähe von Ceuta kampierte, schickte er Badr über die Meerenge nach Spanien. Es war ein wolkenverhangener Wintertag, als Rachman seinen Kundschafter zum Boot brachte. Der Felsen von Gibraltar, gegenüber, ragte als dunkler Schatten im Regen auf.

Gruppierungen, die einem Omajja-Prinzen verpflichtet sein mußten, gab es viele in Spanien. Da bestanden Chancen. Anderseits hatte auch der im Augenblick starke Mann Spaniens gewisse Bindungen zum Haus Omajja: Sumail, der energische Chef der Regierungsarmee, war ein Omajjaden-Klient. Die geringste Rolle spielte indessen der Emir. Er war zwar ein Koraischite, aber trotz seines noblen Stammbaums ein gutmütiger Schwächling. An der Macht hielt er sich nur, weil sein General brutal jede Meuterei im Keim erstickte.

Gerade eben rebellierten Jemeniten-Stämme, die um Barcelona siedelten und einen Schutzvertrag mit Karl dem Großen besaßen. Sumail, mit gewohnter Brutalität vorgehend, hatte siebzig Gefangenen die Köpfe abschlagen lassen. Die Jemeniten richteten Saragossa auf Belagerung ein, Emir Jusuf und sein General Sumail rückten mit Truppen vor.

Hier bewies Prinz Rachman, daß er nicht nur Abenteurer-, sondern auch Diplomatenqualitäten besaß. Kundschafter Badr hatte Auftrag, bei Regierung und Rebellen gleichzeitig zu sondieren. Sumail reagierte zögernd. Ein Prinz Rachman würde ihm nie freie Hand lassen, nur mit einem Trottel wie Jusuf konnte er der wahre Herrscher Spaniens bleiben. Der General versuchte, den Sondierer mit Geschenken hinzuhalten, aber Badr durchschaute ihn. Wieder südwärts reitend, traf er Syrer, die ihm nachgereist waren. Während sie noch verhandelten, kam ein Kurier von Emir Jusuf, der zusätzliche Truppen für die Operation gegen die Jemeniten anzuheuern versuchte.

Die Syrer begriffen sofort, daß hier ein schneller Schnitt zu machen war: Der Emir griff tief in seine Kriegskasse, Badr hielt die Hand auf. 10000 Dirhem wechselten die – von dem ahnungslosen Jusuf noch nicht wahrgenommenen – Fronten. So finanzierte der Emir selber seinen Sturz.

Rachman wartete mit Ungeduld. Doch was Badr mitbrachte, übertraf alle Erwartungen: ein Schiff, ein halbes Dutzend syrischer Offiziere, die ihm die alte Damaskus-Division gefechtsbereit meldeten – und Silberlinge aus der feindlichen Kriegskasse. Allerdings war jetzt Eile geboten. Da die Entscheidung gegen Sumail und Jusuf gefallen war, galt es nun, die Regierungstruppen von den bedrängten Jemeniten im Norden abzulenken, damit gleichzeitig weitere Verbündete zu gewinnen und so die Machthaber in die Klemme zu nehmen. Aus Rachmans – und Badrs – kalt-klugem Taktieren hatte sich von ganz allein ein strategisches Muster herausgebildet.

Rachmans Schiff legte am 13. September 755 von der nordafrikanischen Küste ab. Es war, als hätten auf der spanischen Seite alle nur auf den Omajjaden-Prinzen gewartet. In den folgenden Wochen verpflichteten sich die Führer von omajjadischen und jemenitischen Einheiten mit 20000 Mann, dann meldeten sich das Jordan-Regiment in Malaga, das Homs-Regiment in Sevilla und die palästinensischen Beduinendivisionen von Medina, Sidonia und Algeciras einsatzbereit. Ohne Schwertstreich stand schon fast der ganze Süden hinter Rachman.

Emir Jusuf und sein General gaben sich in den Kommandozellen ihres Feldhauptquartiers am Jarama die Berichte über das Überlaufen ihrer Südprovinzen zu den roten Bannern des Omajjaden in die Hand. Diesmal war es General Sumail, der die Gefahr bagatellisierte. Nur ein Halbwüchsiger, der sich mit seinem Namen wichtig machte, befand er, und ein Haufen nostalgischer Veteranen, die mit ihm am Lagerfeuer vom verblichenen Ruhm der Omajjaden träumten. Was Sumail am nächsten Morgen sah, als er aus dem Zelt trat, belehrte ihn eines besseren. Über Nacht hatte sich der größte Teil seiner Truppen aus dem Lager geschlichen.

Aber Emir und General schätzten den Prinzen immer noch falsch ein. Aus ihrer Erfahrung mit aufständischen Stammesfürsten glaubten sie, Rachman mit Geld befriedigen zu können, und schickten ihm einen Geschenkkatalog, der schwächeren Charakteren durchaus als Amortisation bisheriger Investitionen genügt hätte: Heimatrecht in Cordoba, ein Gouverneursamt in Malaga, Rückerstattung aller spanischen Privatdomänen der Omajjaden, ein kostbares Gewand, zwei edle Hengste, zwei in mehreren Schönheitswettbewerben preisgekrönte Sklavinnen, 500 Goldstücke und – Emir Jusufs Tochter. Obwohl sich Rachman der Treue seiner Truppen selbst nicht ganz sicher war, lehnte er das in seinen Augen arrogante Angebot ab.

Als es dann im folgenden zur Entscheidungsschlacht kam, stand Rachman mit seinem Heer schon vor Cordoba. Am heiligen Tag »Id-al-As'ha«, an dem in Mekka mit Hekatomben von getöteten Hammeln das Opferfest gefeiert wird, nahm Prinz Rachman die Parade seiner Truppen ab.

Rachmans Schlachtordnung war ebenso simpel wie effektvoll: die jemenitische Kavallerie rechts, Berber-Reiterei links, die verläßliche Syrien-Division, zu Fuß kämpfend, mit ihm in der Mitte. Die wilden Berber erzwangen den ersten Durchbruch. Sie hatten Emir Jusufs zuletzt rekrutierten Volkssturm gegenüber, einen untrainierten Haufen auf leicht verschreckbaren Gäulen; den hieben sie zuschanden, noch ehe er recht im Sattel saß. General Sumail, der die Front schon von der Flanke her aufgerollt sah, griff jetzt zum äußersten, nämlich zum eigenen Schwert, und versuchte in einem verzweifelten Alleingang Prinz Rachman zu fällen. Gegen den unaufhaltsam vorwärtskriechenden Schwertigel der Damaskus-Garde rund um den Prinzen war jedoch kein Durchkommen.

Die Ebene von Musara war schwarz von flüchtender Kavallerie. Auch Emir Jusuf flüchtete, so weit er konnte – bis Toledo.

Nun war Eile geboten, Rachman mußte Cordoba vor seinen siegestrunkenen Truppen erreichen. Er wollte die Hauptstadt seines neuen Reiches erobern, nicht zerstören. Er kam rechtzeitig, um eine Rotte Berber aus den Frauengemächern des Emirpalastes zu vertreiben. Emirgattin Umm-Osman und ihre beiden Töchter lohnten es ihm, indem sie ihm eigenhändig das Emir-Schlafgemach mitsamt der obligaten Sklavin bereiteten. Am Ziel seiner sechs Jahre dauernden Flucht, lehnte Rachman das Willkommensgeschenk nicht ab. Die Sklavin war kindlich jung, hieß Hulal und brachte neun Monate später einen Jungen zur Welt, der den Namen Hischam bekam und Rachmans Nachfolger als Emir von »al-Andalus« wurde.

Der hochgewachsene fünfundzwanzigjährige Sarazene mit den kupferroten Haaren über dem blauäugigen Falkennasengesicht, der am Morgen nach dem Sieg auf der Kanzel der Moschee von Cordoba stand, war der neue Emir von Spanien – und blieb es auch, zweiunddreißig Jahre lang, bis zu seinem Tod. Der Omajjade, dessen Geschlecht im Orient fast ausgelöscht war, gründete auf der iberischen Halbinsel eine neue Kalifendynastie, die auf ihrem Höhepunkt sogar dem »1001-Nacht«-Wunder Bagdad durchaus ebenbürtig war. Emir Rachman forderte allerdings den Kalifentitel nicht für sich; den nahm erst 173 Jahre später sein Urenkel Abd-ar-Rachman III. für sich und seine Erben in Anspruch.

Es dauerte freilich über zwanzig Jahre, bis Emir Rachman I. unbestrittener Herr im eigenen, neuen Land war. Der ewige Zank mit Stammesführern und Sektierern blieb auch ihm nicht erspart. Weniger bedrohlich waren zwei Invasionsversuche. Einmal unternahm Bagdads Kalif Mansur eine letzte Anstrengung, Spaniens Unabhängigkeit aufzuheben. Doch der Mann, den Mansur zum abbadischen Generalgouverneur von »al-Andalus« erklärte, verlor schnell seinen Kopf – und den schickte Emir Rachman dem Kalifen, wie es heißt, sorgfältig in Salz und Kampfer eingelegt, damit er auf der langen Reise nicht unkenntlich wurde.

Schmählich endete auch der Einmarsch eines fränkischen Heeres unter Karl dem Großen (778). Ein anti-omajjadischer Verschwörerbund in Nordspanien hatte dem Frankenkönig Hoffnung auf eine leichte Einnahme Spaniens gemacht. Ob die im »Rolands-Lied« – freilich nicht ganz korrekt – besungene Expedition ein Freundschaftsdienst des Karolingers für den Kalifen in Bagdad war, wie manche Historiker behaupten, wollen wir später untersuchen. Emir Rachman überließ die Bereinigung seinen Generälen, den Rest gaben den Franken – in der seither berühmten Pyrenäen-Schlucht von Roncesvalles – die Basken. Unaufgefordert. Rachman ließ sich derweil nur wenig in seiner Lieblingsbeschäftigung stören, beim würdigen Ausbau seiner Hauptstadt.

Cordoba war, wie mittlerweile im Orient auch Bagdad, zu einer

Schmelztiegelstadt geworden. Araber, Franken und Slawen, Syrer, Berber und Byzantiner, Neger, Hispano-Römer und Goten – das ganze bunte Vökergemisch aus Ureinwohnern, besiegten und siegreichen Eroberern, Sklaven und Gefangenen, machte Cordoba zur ersten wirklich kosmopolitischen Stadt im mittelalterlichen Europa. Rachman, für den das Damaskus seiner Jugend immer Vorbild seiner spanischen Metropole blieb, ließ durch neue Aquädukte Wasser aus den Sierras heranleiten, reparierte die alte sechzehnbogige Römerbrücke über den Guadalquivir (sie trägt heute mit 17 Bogen den Autoverkehr), erneuerte die Stadtmauer und ihre sieben Tore, baute Moscheen und – im übrigen Europa damals unbekannt – Krankenhäuser und Volksschulen. Wie einst Walid in Damaskus, kaufte Rachman für 100000 Dinar den Christen ihre Hauptkirche ab (die ihrerseits auf dem römischen Janus-Tempel stand) und begann, den ersten Teil jenes sinneverwirrenden Säulenwaldes zu bauen, der heute noch in der »Mezquita« (»Moschee«) von Cordoba Zehntausende Touristen jährlich beeindruckt. Tatsächlich wurde die Kathedralmoschee von Cordoba, wie von Rachman beabsichtigt, die Rivalin ihrer Gegenstücke von Mekka, Jerusalem und Damaskus – der zentrale Wallfahrtsort des westlichen Islam.

Bauern und Handwerker erhielten unter Abd-ar-Rachman einen Rechtsstatus, von dem Europas Unterprivilegierte – auch nach der »Magna Charta« in England – nur träumen konnten. Undenkbar auch für Europas Kreuzzugsideologen die Selbstbestimmung, die christliche und jüdische Minderheiten unter eigenen Richtern, Grafen und Bischöfen genossen.

Andere von Rachman gepflanzte Saat ging ebenfalls prächtig auf: Orangen, Pfirsiche und Aprikosen, aus dem Orient eingeführt (die arabischen Worte dafür heißen »narandsch«, »firsik« und »al-barkuk«), schlugen im sarazenischen Spanien, dank der aus Ägypten und Mesopotamien übernommenen Bewässerungssysteme, zum erstenmal auf europäischem Boden Wurzeln. Ebenso Reis (arabisch »aruss«) und Baumwolle (die spanischen, französischen und englischen Worte dafür »cotton«, »coton« und »cottone« verraten noch die arabische Herkunft: »al-kutn«). Abd-ar-Rachman soll in seinem Palastgarten selbst die erste Palme Spaniens gepflanzt haben.

Rachmans letzte Lebensjahre zeigen uns den »Falken der Koraisch« als ungebeugten Endfünfziger, schlank, sehnig und reaktionsschnell.

Einäugig seit einem Zweikampf, schmückt ein weißer, dichter Bart sein Falkengesicht. Als er stirbt, neunundfünfzigjährig, an einer Krankheit, kann er sich rühmen, Spanien länger als jeder Emir vor ihm regiert zu haben (auch nach ihm kam keiner auf zweiunddreißig Jahre). Außer elf Söhnen und neun Töchtern hinterläßt er ein Reich, in dem seine Nachfolger jenen Hochstand an »heidnischer« Zivilisation und Kultur, Toleranz und wissenschaftlichem Fortschritt aufbauen können, der den Neid, den Haß und die primitive Zerstörungswut des in gottgefälligem Elend und gläubiger Dummheit lebenden Abendlandes, der »Dritten Welt« von damals, herausfordern muß.

Ein Wunsch blieb Rachman unerfüllt: einmal nach Mekka zu pilgern und Damaskus wiederzusehen. Seine abenteuerliche Flucht war eine Reise ohne Wiederkehr geblieben.

Kalif Mansurs Traumstadt Bagdad – nach zwölf Jahrhunderten

Träumen muß schon können, wer heute durch die Traumstadt Bagdad geht: gut 263mal 1001 Nacht ist es heute her, seit die Wunderschöpfung des Kalifen Mansur, die Märchenmetropole Harun ar-Raschids zum ersten Mal in Trümmer sank, unter dem Ansturm der Mongolen, 1258. Und wieder 1400, abermals 1648. Kann da noch viel übrig sein vom alten Zauber? Vom historischen Bewußtsein?

Sa'dun-Street bei Nacht. Der breite Boulevard ist voller Menschen. Schieben, stoßen, drängen. Vorsicht beim Umgehen der Aufbrüche auf den Bürgersteigen. Irgendwann hat hier jemand Rohre repariert, die Löcher nie wieder zugeschüttet. Aber dies ist die Hauptstraße, die Promenadenallee der Bagdadis am Abend. Irgendwann war eine deutsche Wirtschaftsdelegation hier (die Herren schliefen, weil Bagdad viel zuwenig Hotels hat, beim Botschafter auf der Couch). Wenn die Bundesrepublik nun bald 300 Kilometer Autobahn im Irak baut, ob es vielleicht auch noch für 300 Meter Bürgersteig reicht? Immerhin, zarte Damenfüße sind hier nicht gefährdet. Unter den Tausenden, die jetzt, wie jeden Abend, auf- und abflanieren, ist kaum eine Frau. Keine Frauen in den wenigen Kaffeehäusern und Restaurants, in dem bis auf die Fahrbahn reichenden Gedränge vor dem Kino: nur Männer. Atmosphäre wie in einer Kasernenstadt.

Geschäfte sind offen, auch spät noch. Nirgendwo Verkäuferinnen (doch: tagsüber im Warenhaus Orisdi-Back auf der Harun-ar-Raschid-Street, aber wo sind sie abends?). In einem Kaffeehaus: hundert Männer, Wasserpfeifen, dünnes Bier. Kantinenstimmung. Farben fehlen – die Farben von Frauenkleidern, roten Lippen, ein bißchen Make-up, Lachen. Auch Männer lachen anders, wenn nirgendwo Frauen sind. Es ist alles so unbunt. Tausendundeine Nacht – das erwartet man doch in einer Art von Technicolor.

Im »Bagdad Observer« steht ein langer Artikel, wie schrecklich die Frauen im kapitalistischen Europa um die Gleichberechtigung kämpfen müssen. Was immer der irakische Sozialismus den Frauen gebracht haben mag – die Männer hat er vor dem Einbruch des Weiblichen in ihre uralten Gewohnheiten verschont.

Wieder auf dem Boulevard. Vielleicht doch gut, daß es keine Frauen gibt. Männer rotzen, spucken, verrichten ihre Notdurft mitten auf der Sa'dun-Street. Macht nichts, wir sind ja unter uns. Aber es ist wohl zu europäisch gedacht, daran Anstoß zu nehmen.

Das Gedränge ist noch dichter geworden, die Atmosphäre auch. Aggressionen brechen durch. Schlägereien. Eine Jagd quer über die Fahrbahn. Blut fließt, Fausthiebe, Tritte, Haß zum Töten. Andere stehen derweil ungerührt vor einem Radioladen, der Stereoboxen vor der Tür hängen hat. Der Trommelrhythmus der arabischen Musik läßt die Scheiben auch sechs Läden weiter noch vibrieren. Manche halten ihr Ohr ganz dicht an die Lautsprechermembrane. Auch das kann trunken machen, wenn es sonst nichts gibt.

Eine Hand legt sich mir auf die Schulter, ein aufgeregter Wortschwall, halb arabisch, halb englisch. Kleine Schrecksekunde – dann: ach so, in dem Kaffeehaus vorhin habe ich mein Feuerzeug vergessen. So ein Wegwerfding aus dem Kaufhaus (das nächste Kaufhaus, wo es sie gibt, steht allerdings im Ölscheichtum Abu-Dhabi). Also, da ist es. Eine halbe Stunde muß sich der Mensch durchs Gedränge gequält haben, um den Verlierer zu finden. Bevor ich begreife, daß es so etwas gibt, ausgerechnet hier (nein, wohl gerade hier), ist er auch schon wieder untergetaucht in der Menge. Kein Warten auf Bakschisch, keine ausgestreckte Hand, wohin auch immer. Seltsame Stadt.

In dieser Stadt ist zuviel verschüttet. Von der »Runden Stadt«, die Kalif Mansur baute, drei konzentrische Ringe mit dem Regierungspalast im Zentrum, ist nichts geblieben. Sie lag auf dem Westufer, etwa in einem Dreieck, das heute vom Güterbahnhof, der Pferderennbahn und der Barackenstadt Hurijja-City (für Palästina-Flüchtlinge) gebildet wird. Die Bahnstrecke Bagdad–Basra verläuft vielleicht sogar durchs ehemalige Palastgebäude, und links und rechts davon dehnt sich eine Wohnwüste mit oft ungepflasterten Straßen. Nur das »Summurud-Chatum«-Mausoleum, lange Zeit für das Grabmal von Harun ar-Raschids Frau Sobaida gehalten, in Wirklichkeit aber das ihrer Schwiegermutter, erinnert einsam, daß hier der Mittelpunkt einer Weltmacht war. Das Mausoleum, ein strahlend weißer Zuckerhut mit Ziegelmauern in Ananasschalenmanier, liegt in einem Palmenpark, ab und zu rattert eine Eisenbahn vorbei.

Was an Bauwerken aus der Abbasiden-Zeit erhalten ist, liegt auf dem östlichen, dem Tigrisufer. Was unter Harun ar-Raschid als »Neustadt« entstand, ist heute die »City« – mit ihrer kilometerlangen Hauptstraße, die vorn Sa'dun und hinten Harun-ar-Raschid-Street heißt, und ihrem Basardschungel links und rechts davon. Hier findet man, vom Tigris durch das klotzige Parlamentsgebäude getrennt, Reste eines Bauwerks, das sich »Abbasiden-Palast« nennt, aber viel zu renoviert ausschaut, um historische Empfindungen zu wecken.

Vom Abbasiden-Palast zum »Suk-al-Gasil«-Minarett durch den knöcheltiefen Staub des Gäßchengewirrs. Das Minarett überblickt einen riesigen, unasphaltierten Parkplatz für Liefer- und Lastwagen, Wegwerfplatz auch für Kisten und Kartons, damit Versammlungsplatz für Lumpensammler zwischen vier und vierundachtzig. Hinter diesem Dekor verkümmert das Minarett – dabei ist es eines der wenigen noch erhaltenen Abbasiden-Denkmäler in Bagdad überhaupt. Ehrfurcht wäre also angebracht.

Wie kommt es nur, daß Bagdad so desillusionierend wirkt? So glanzlos bei aller Erinnerung an historischen Glanz? So schmucklos, bei allen historischen Schmuckstücken, die doch noch hier und da links und rechts vom Tigris über den Häusermeeren glänzen? Der Irak hat die zweitgrößten Ölreserven in Nahost, ist der größte Dattelexporteur der Welt. Aber nirgendwo eine Spur des neuen Reichtums der Ölscheichtümer, der hektischen Bau- und Aufbruchsstimmung vom Persischen Golf. Wie dankbar wäre jetzt das Auge für Indizien jenes vielgelästerten grellen Neureichtums dort – chromglänzende Straßenkreuzer, ungelenk-elegante Modeboutiquen, ehrgeizige Wolkenkratzertorsos mit kindlich bunten Lichtergirlanden bei Nacht, die naive Fröhlichkeit der tiefverschleierten Frauen, die unter hauchdünnen Seidenüberwürfen Pucci-Kleider und hochhackige Gucci-Schuhe erahnen lassen. Nichts davon hier.

Allerdings kommen Liebhaber von Oldtimer-Omnibussen sehr auf ihre Kosten. Bagdads Londoner Doppeldeckerbusse, noch aus der englischen Kolonialzeit, halten sich, obwohl stets überbelastet, wacker mit 44 Grad Schlagseite auf den Straßen. Wären es 45 Grad, wären sie schon umgekippt, behauptet ein Schaffner.

Sicher wäre es unfair, das alles dem Revolutionsregime der »Baath«-Partei anzulasten (die eine sehr arabische Art von Sozialismus durchsetzen will, sich stramm antikapitalistisch gibt, es mit Verstaatlichungen hat, Freundschaft mit der Sowjetunion proklamiert, aber Kommunisten ins Loch steckt). Was natürlich ins Geld geht: die Finanzierung revolutionärer Bewegungen, von Gaddafis Revolution in Libyen 1969 bis zum Palästinenser-Krieg 1976 im Libanon, der Krieg gegen die Unabhängigkeitsbewegung der Kurden im eigenen Land, die jetzt aus ihren Bergen im Norden ins Tiefland im Süden verpflanzt werden. Wer so viele Verantwortungen hat, kommt eben nicht so leicht auf einen grünen (Öl-)Zweig wie die Scheiche am Persischen Golf.

Wo die Sa'dun-Street in die Raschid-Street übergeht, liegt – dazwischen – der Tahir-Platz, der »Platz der Freiheit«, die Drehscheibe der Stadt. Für die hunderttausend Bagdadis, die ihn täglich passieren, hält er Notwendigkeiten, Annehmlichkeiten und Attraktivitäten parat: Omnibusbahnhöfe, Taxipools, Schaschlik- und Limonadenverkäufer, einen ständigen Bauchladenbasar – und immer mal wieder ein paar Galgen. Hier hing 1958 der junge König Feisal (übrigens ein Haschimite) nebst seinem Premierminister und dessen Sohn. Den abgeschnittenen Kopf hatte Revolutionsgeneral Kasim vor der Menge – die die Leichen schließlich in den Asphalt trat – retten können, um ihn zunächst Präsident de Gaulle anzubieten (weil es gerade ein 14. Juli, Frankreichs Nationalfeiertag, war), dann, als der nicht wollte, Ägyptens Präsident Nasser. Der wollte ihn auch nicht. Fünf Jahre später hing General Kasim selbst auf dem Tahir-Platz, dann wiederum einige von den Leuten, die General Kasim hierhin gebracht hatten. Im Prinzip findet alle fünf Jahre eine Revolution auf dem Tahir-Platz statt. Die von 1973 ist fehlgeschlagen. Und die fällige Konspiration von 1978 endete am 8. August 1979 mit der Hinrichtung von 21 Hochverrätern – diesmal zwar nicht auf dem Tahir-Platz, sondern in einem Bagdader Gefängnis, aber ein blutiges Volksfest wurde es trotzdem. Aus dem ganzen Land reisten Hunderte von Freiwilligen an, um mit ihren Maschinenpistolen die glücklosen Putschisten zu zersieben. Unter den Opfern: fünf Mitglieder des allmächtigen »Revolutionären Kommandorates«, vier Minister und ein General.

Nein, es gibt nicht viel zu lächeln in Bagdad. Wie kommt das? »Das kommt«, meint der Nahostexperte des Pariser »Figaro«, Thierry Desjardins, »weil der Irak ein totales Kunstprodukt Englands (der ehemaligen Mandatsmacht) ist. Um zwei Ölfelder – Kurkuk und Basra –, die nichts gemein haben, unter einen Hut zu bringen, kamen die Engländer auf die Idee, drei Völker, die auch nichts gemein haben, nämlich Kurden, Perser und Araber, um eine Hauptstadt zu vereinigen, die von der Welt vergessen worden war.«

Bagdad, eine vergessene Hauptstadt – in der Tat. Von den Mongolen zerstört, von den Türken zum Provinznest degradiert, von den Persern okkupiert, von den Briten kolonialisiert – dazwischen von Pestseuchen dezimiert und von Überschwemmungen verschlammt – so dämmerte Bagdad durch die Jahrhunderte dahin. Jede der Regierungen, die am Tahir-Platz an den Nagel gehängt wurde, sagte von der vorangegangenen, sie habe sich das Geld aus den Ölfeldern in die eigene Tasche gesteckt.

Die besten Restaurants und ein paar Dancings, wo Taxigirls für Geld zu haben sind, befinden sich nicht in der City. Sie liegen dort, wo die Stützen der Gesellschaft wohnen – am Südende der Sa'dun-Street, zwischen dem Denkmal des Unbekannten Soldaten und der Saad-Ibn-Wakkas-Street. Da kosten die Mädchen den Wochenlohn eines Arbeiters, 180 Dinar. Dafür lachen sie auch. Lächeln nie.

Als Kalif Mansur beschloß, Bagdad zu bauen, ließ er sich, damit es eine glückliche Stadt werde, die Minute des ersten Spatenstichs von seinem Hofastrologen ausrechnen. Er muß sich wohl verrechnet haben.

Bagdad – das »Pentagon« des Kalifen

Die Stadt, die Mansur erfand, war eine Machtmaschine, ein nach präzisen Maßangaben konstruiertes Herrschaftsinstrument für Despoten, die das größte Weltreich des Mittelalters zu regieren hatten. Alles, was

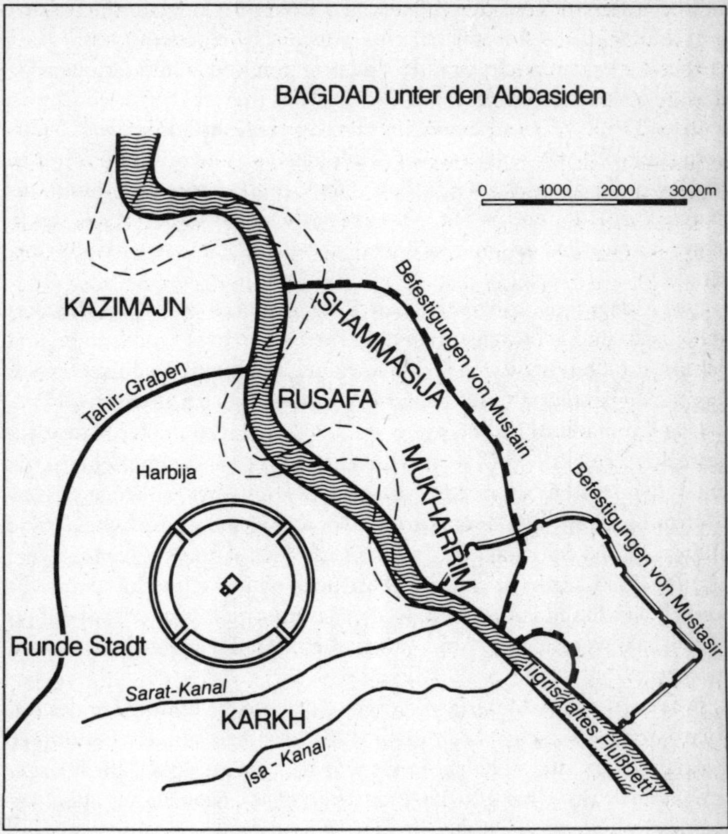

gemeinhin unter »Stadt« verstanden wird – Wohnviertel, Märkte, Handwerkerstraßen –, war hier auf seine Servicefunktionen für den »Apparat« reduziert und ihm stadtplanerisch untergeordnet.

Mittelpunkt des Gebildes war der Kalifenpalast, nicht nur Residenz des Potentaten und seiner Familie, sondern auch Schalt- und Steuerzentrale der Macht – mit Ministerialkanzleien, ihren Archiven und

Wohnquartieren für die Beamten. Ein Kalifenpalast mit siebzehn Innenhöfen. Den Audienzsaal – dessen Funktion nicht zuletzt, mit seinem niederschmetternden Luxus, die Beeindruckung ausländischer Botschafter war – überwölbte eine gigantische Kuppel.

Dieses Herzstück der Stadt umgürtete eine mit 128 Bastionen bestückte Mauer, 15 Meter hoch und 6 Meter breit. In weiteren Ringen wurden Offizieren und Beamten, Handwerkern und Händlern Quartiere zugewiesen, wiederum eingeschlossen von einer 30 Meter hohen Mauer und einem Wassergraben. Die vier Stadttore stammten aus Damaskus, Kufa und Wasit. Mansur hatte sie dort abbrechen, stückweise herantransportieren und in seine »Runde Stadt« einbauen lassen.

Die Anlage aus konzentrischen Ringen, durch ein ausgeklügeltes Schleusen- und Schottensystem in leicht absperrbare Quadranten und Sektoren aufgeteilt, war mehr als eine uneinnehmbare Festung – es war das Super-Pentagon (auch wenn es rund war) der Kalifen.

Das Baumaterial für das auf etwa 1,6 Quadratkilometer Fläche abgesteckte Projekt ließ Mansur zunächst aus den Trümmerfeldern der unter dem ersten Sarazenen-Ansturm zusammengesunkenen Perser-Metropole Ktesiphon herankarren. Der Königspalast dort widerstand allerdings den Spitzhacken der abbasidischen Abbruchbrigaden. Ein Südflügel, 35 Meter hoch, ragt heute noch empor – und hat damit die freilich viel zu schnell aus dem Boden gestampfte »Runde Stadt« überlebt, auch wenn er jetzt mit einem Betonpfeiler abgestützt werden muß.

Eine verbesserte Materialversorgung erzielte die Bauleitung des Kalifen jedoch, als die für die insgesamt 21 Kilometer Mauern benötigten Ziegel an Ort und Stelle gebrannt wurden. Ein riesiges Arbeiterlager breitete sich aus. Über 100 000 Handwerker soll Mansur aus allen Teilen des Reiches hierhergeholt haben: Ziegelbrenner aus Mesopotamien, Maurer aus Persien, Keramiker aus Anatolien, Kunstschmiede aus Afghanistan und – als es an die Feinarbeiten ging – auch noch Glasbläser aus Syrien und Brokatweber aus Damaskus und Chorasan. Die meisten schlugen hier Wurzeln. Damit war Bagdad, vom ersten Augenblick seiner Existenz, die produktivste Manufakturmetropole der Welt.

Rapide breitete sich in der ganzen Flußebene um die »Runde Stadt« Siedlung an Siedlung aus, bildete schließlich eine unübersehbare Stadt-

14 *Das Grab Saladins in der Moschee von Damaskus.*

15 Im Innenhof der Omajjaden Moschee von Damaskus.

16 Die islamische Theologie forderte von der religiösen Kunst die Bildlosigkeit. Ihr blieb daher nur die dekorative Ornamentik.

17 Innenraum der Mezquita in Cordoba (10. Jh.).

Rechte Seite:
18 Krak des Chevaliers (Syrien), eine der besterhaltenen Kreuzritterburgen.

19 Das eigenartig gebaute Minarett der Moschee in Samarra (Irak).

20 Zwischen Geschäften und Tankstellen, ein Eingang der großen Moschee von Bagdad.

21 *Auch heute muß, wie zu Mohammeds Zeiten, noch vielerorts das Wasser aus öffentlichen Brunnen geholt werden; hier in Sana, der Hauptstadt des Jemen.*

22 *Gewehr und Krummdolch, Symbol des wehrhaften Mannes.*

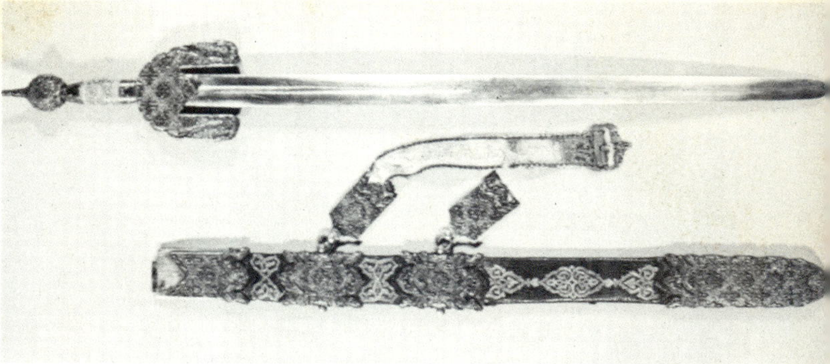

23 Das Schwert des Boabdill, des letzten maurischen Königs von Granada.

24 Die Dschambija, der südarabische Krummdolch, ist heute so wie früher Gebrauchsgegenstand, Waffe und Statussymbol.

25 *Das Damaskustor in Jerusalem. Foto um 1890.*

26 *Alter arabischer Astrolab.*

27 *Detail der Fassade des Wüstenschlosses Mshatta aus der Zeit der Omajjadenkalifen (743–744).*

28 Ein besonders kunstvoller und wahrscheinlich sehr alter arabischer Krummdolch. Der Griff ist aus Horn.

landschaft. Als Groß-Bagdad »stand«, zählte Geograph Jakubi 10000 Straßen und 15000 Bäder. Seine Angabe von 30000 Moscheen muß freilich mit Vorsicht gewertet werden: Moscheen, so sehr Versammlungsplätze wie Betorte, waren auch Vorläufer unserer Kaffeehäuser.

Insgesamt werden für das Bagdad der Abbasiden zwischen 1,6 und 2 Millionen Einwohner geschätzt. Damit blieb Bagdad auf Jahrhunderte die größte Stadt der Welt. »Wie durch einen Zauberstab ins Leben gerufen«, schwärmt Philip Khuri Hitti, »riß die Stadt Mansurs das Erbe und das Prestige von Babylon an sich.«

Die Abbasiden-Kalifen wußten ihre Stadt gut in Szene zu setzen, so für den Besuch einer Botschafterdelegation aus Byzanz. Was da aufgeboten wurde, beschrieb ein Chronist: »In den Parks vor der »Runden Stadt« 1000 edle Pferde mit Sätteln aus Gold und Silber, in den Wandelgängen 2000 schwarze Eunuchen. Die Zahl der entrollten Wandbehänge betrug, laut der Aufstellung des Magazinverwalters, 63500. Die Zahl der bestickten Gewänder betrug 12500. An großen und kleinen Teppichen waren in allen Gängen und Höfen, vom neuen Volkstor bis zum Audienzsaal 22000 ausgelegt worden, nicht mitgezählt die in den Gemächern und auf den Diwanen.« Höhepunkt des Besuches war natürlich die Audienz beim Kalifen. Sobald die Botschafter eingetreten waren, öffnete sich vor ihnen der Marmorboden, aus dem Untergrund wuchs ein riesiger Baum empor, dessen Krone sich gleichzeitig ausbreitete und schließlich die 43 Meter hohe Kuppel des Thronsaals ausfüllte. Aus dem Gezweig spritzte Rosen- und Moschuswasser über den Hofstaat, und mechanische Vögel begannen zu zwitschern. Die abbasidischen Kalifen waren leidenschaftliche Liebhaber von mechanischem Spielzeug.

Für den Bau der »Runden Stadt« soll Mansur 18 Millionen Dirhem ausgegeben haben. Ohne die Inneneinrichtung natürlich.

Das in vier Jahren hochgerissene Bagdad war indessen alles andere als die irre Laune eines größenwahnsinnigen Imperators. Die Omajjaden-Hauptstadt Damaskus kam für die Abbasiden nicht mehr in Frage. Damaskus steckte voll von Anhängern der alten Dynastie. Die neuen Herren brauchten eine neue, »saubere« Zentrale. Mit dem Wechsel der Hauptstadt verlagerte sich jedoch auch der kulturelle Schwerpunkt des Islam. Das Sarazenen-Reich verlor seine arabische Dominante und entwickelte dafür eine persische.

So setzen mit der Machtergreifung der Abbasiden zwei tiefgreifende

Änderungen ein. Kalif Mansur weiß – der Untergang der Omajjaden hatte es gezeigt –, daß dieses Imperium zu groß geworden ist, um zentral gelenkt werden zu können. Folgerichtig unternimmt er kaum Anstrengungen, Afrika und Spanien bei der Stange zu halten. Von nun an sollte das Herrschaftsgebiet des Kalifen nie mehr deckungsgleich mit den Grenzen des Islam sein. Umwälzend auch der mit den Abbasiden einsetzende Wechsel in der Staatsverwaltung: Ein neuer Beamtenapparat wird geschaffen, Chef dieses Funktionärssystems nach persischem Muster wird der Wesir, mehr Hausmeier als Kanzler, der fast allmächtige Herrscher über einen Staat im Staat.

Mit wachsendem persischen Einfluß verliert sich auch die arabische Ungeschlachtheit der Sitten, doch ebensosehr auch die männliche Geradheit, die die Beduinen in den Islam hineingetragen hatte. Nach der Epoche der Eroberungen prägen nun persische Kultur, Toleranz und Gelehrsamkeit, damit zugleich ungehemmtere Sinnenfreude den Lebensstil der Sarazenen. Das Imperium der Abbasiden, auf Täuschung und Terror gegründet, wird das großartigste des Islam. Über die Jahrhunderte hinweg verkörpert es sich – so will es die Legende – in Kalif Harun ar-Raschid.

Harun ar-Raschid – Produkt einer Hofintrige

Als Harun ar-Raschid sich an einem Septemberfreitag 786 in der Kathedral-Moschee von Bagdad zum Kalifen ausrufen läßt, hat er eine bewegte Nacht hinter sich. Donnerstagabend hieß der Kalif noch Hadi, und in der Thronfolge stand Harun erst an zweiter Stelle. Doch zwischen Mitternacht und Morgen sind in den beiden Lebensläufen, die Harun vom Thron trennten, abrupte Wendungen eingetreten.

Der frischgebackene Sarazenen-Imperator ist ein hübscher Bursche. Erst dreiundzwanzig Jahre alt, schlank und sehnig, nur dreiundfünfzig Kilo. Der weiche Mund in dem schmalen, hellhäutigen Gesicht, von dem Bagdads Sänger mit Tremolo in Blick und Stimme schwärmen, kaschiert einen feinen Zug von Zynismus und Grausamkeit. Den berechnenden Blick, der ab und zu in seinen dunklen, sonst eher melancholischen Augen aufflackert, hat er von seiner Mutter Kaisuran, einer Jemenitin, die als Sklavin in den Harem von Haruns Vater kam.

Was in dieser Freitagnacht geschah und daß Harun nun den gut anderthalb Jahrhunderte alten Mantel des Propheten trägt, Symbol der Kalifenwürde, das ist auch Kaisurans Werk, Krönung ihrer geduldig feingesponnenen Palastintrigen.

Ganz Bagdad ist auf den Beinen. In der Millionenstadt zu beiden Ufern des Tigris laufen die wildesten Gerüchte um. Überall – vor den Garnisonen, vor den Aristokraten- und Regierungspalästen – sind Truppen aufmarschiert, auswärtige Einheiten. Sie müssen schon früh am gestrigen Donnerstag Marschbefehl erhalten haben. Niemand glaubt an die offizielle Verlautbarung vom »plötzlichen Unfalltod« des Kalifen Hadi in der vergangenen Nacht. Aber Hadis Parteigänger, wenn er welche hatte, rühren sich nicht. Trotzdem bilden die berittenen Garden ein undurchdringliches Spalier, das vom Rusafa-Palast, der bisherigen Residenz des Prinzen Harun auf dem Ostufer, bis zum Regierungsviertel auf der Westseite reicht – zu der mit drei 30 Meter hohen und 9 Kilometer langen Mauern gesicherten »Runden Stadt«, die Haruns Großvater aus dem Boden stampfte, als Bagdad noch ein Bauernhof war.

Der Festzug hat jetzt die mittlere der drei Schiffsbrücken über den Tigris erreicht, die »Chorasan«-Brücke. Hinter der Ehrengarde mit ihren weißen Kamelen reitet, auf einem schwarzen Rappen, der junge Kalif. Ihm folgt sein engster Freund, Dscha'far, der Sohn des Großwesirs, der Spielkamerad seiner wilden, gerüchteumschwirrten Nächte. Danach erst kommt die feierliche Prozession der Würdenträger, der Minister, Staatssekretäre und Koran-Gelehrten. Auch in ihren Gesichtern steht noch manches Fragezeichen.

Mitten auf der Brücke – die »Runde Stadt«, die sich aus dem graubraunen Meer der Lehmziegelhäuser erhebt, ist mit ihren grünen und goldenen Kuppeln schon in Sichtweite – läßt Harun anhalten. Für seinen Einzug ins Zentrum der Macht hat er ein kleines Zauberkunststück geplant. Auch ein wenig Blut wird fließen. Das Volk soll wissen, daß es nun einen Herrscher hat, der zwar den Spaß liebt, aber nicht mit sich spaßen läßt...

Harun ar-Raschid, so unsterblich mit dem »1001-Nacht«-Zauber Bagdads verbunden, ist im selben Jahr gezeugt worden wie Kalif Mansurs Entwurf der »Runden Stadt«. Sein Vater Machdi, damals Kronprinz, hat sich zwei Sklavinnen aus dem väterlichen Harem ausgeborgt. Das eine Mädchen bringt ihm eine Tochter zur Welt, das andere zwei Söhne: zuerst Hadi, dann Harun.

Kaisuran, die schlanke jemenitische Sklavin mit den kalten Augen, ist ehrgeizig. Als Mutter zweier Prinzen liegt sie dem tumben Kriegs- und Verwaltungsmann Machdi so eifrig nicht nur im Bett, sondern auch in den Ohren, daß er sie bald aus dem Sklavinnen- in den Ehestand erhebt. Als Machdi nach dem Tod seines Vaters Kalif wird, stehen nur Kaisurans Söhne für die Kalifatsnachfolge zur Wahl. Ihr Einfluß ist entsprechend groß. In der »Runden Stadt« weiß jeder: An Kaisuran kommt man nicht vorbei. Ein Wort aus dem herrischen Mund hinter dem – für Kaisuran – durchsichtigen Schleier aus spinnenfadenfeiner Chinaseide startet oder stoppt Karrieren.

Für ihren ältesten Sohn hat sie wenig Sympathien: Hadi mit dem dicken Gesicht, der hängenden Unterlippe und dem immer offenstehenden Mund; Hadi, der wenig begreift und keinen Sinn fürs Schöne hat, an dem die Lehrer verzweifeln und hinter dem die Haremsmädchen heimlich Fratzen schneiden. Aber verhindern kann sie dennoch nicht, daß ihr Mann den Erstgeborenen zum Nachfolger proklamiert.

Harun dagegen: hübsch, klug und stark. Harun, der Gedichte schreibt, der schon als Kind im Fechtunterricht ein brillanter Täuscher ist; Harun, der reiten kann wie ein Teufel und dem die Haremsmädchen sehnsuchtsvolle Seufzer nachschicken – ihm verschafft Kaisuran die Erziehung, die ein Kalif braucht, und aufsehenerregende Erfolge, die für Sympathien in der Armee sorgen.

Harun bekommt die beste Verwaltungsausbildung der damaligen Welt: Sein Lehrer ist Jachja al-Barmaki, der Großwesir, zu ihm sagt Harun »Vater«. Und das hat psychologische Finesse: Versucht Kaisuran, dem Jungen den echten Vater zu entfremden – und damit den leiblichen Bruder? Harun wächst auch nicht mit Hadi auf, sondern mit den Wesirssöhnen Dscha'far und Fasl. Und die hat Kaisuran auch gestillt – während Harun an der Brust der Wesirsgattin lag. Nur eine Haremsfrauenlaune? Bei Kaisuran nicht. Die Kinderstube im Kalifenpalast ist schon der Kader der zukünftigen Macht. Hadi mit dem immer offenstehenden Mund ist von allem ausgeschlossen. Er bleibt, sein kurzes Leben lang, der Junge, mit dem die Kinder nicht spielen.

Für Harun und die Wesirssöhne dagegen tut Kaisuran alles. Die dürfen alles, leisten sich alles, ihnen verzeiht sie alles. Mit zwölf lädt Harun sich, obwohl der Vater es verbietet, zusammen mit den Söhnen Barmakis, berühmte Sänger ein: Ibrahim al-Mausili zum Beispiel, der früher ein Straßenräuber war, oder Ibn-Dschamil, einen berüchtigten

Glücksspieler. Der Kalif tobt vor Zorn. Die Strafe ist fürchterlich – für die Sänger: 360 Peitschenhiebe für jeden.

Homosexuelle Spielereien zwischen Harun und Dscha'far werden ebenso geduldet. Kaisuran weiß genau, was sie tut. Die Familie Barmak übt das Kanzleramt für die Kalifen nun schon in der zweiten Generation aus. Als Haruns Urgroßvater die Revolution plante, die das Haus der Abbasiden an die Macht brachte, war bereits ein Barmak dabei: Chalid al-Barmaki, Leutnant des Revolutionsgenerals Abu-Muslim. Chalid war einer der wenigen, die von Säuberungsaktionen verschont blieben. Der Perser, Sproß einer alten Familie von zarathustrischen Feueranbetungspriestern, aber schon früh zum Islam konvertiert, besaß die unaufdringliche Genialität aller »grauen Eminenzen«: die Mächtigen mit hellseherischen Entscheidungen zu versorgen und sich ihrer Erfolge nie zu brüsten. Als Kalif Mansur seine »Runde Stadt« plante, führte Chalid al-Barmaki ihm die Zeichenfeder. Mansur mag als großer Bauherr in die Geschichte eingegangen sein – der Architekt war Chalid, sein Wesir.

Jachja al-Barmaki, Großwesir des Kalifen Machdi, bewährte sich schon früh als rechte Hand seines Vaters bei allen Amts- (und natürlich auch Privat-) Geschäften. Aber Jachja hat von seinem Vater nicht nur politisches Fingerspitzengefühl geerbt. Damals verwahrte man wichtige Staats- und Finanzgeheimnisse noch nicht so sehr in Archiven, sondern im eigenen Gedächtnis – damit wurden sie in Wesirsdynastien zum Familienerbe. Was Chalid im Kopf hatte, steckt nun in Jachjas Hirn und wird eines Tages auch, komplettiert und reflektiert, die grauen Zellen der zur Zeit noch jugendlich verspielten Dscha'far oder Fasl al-Barmaki ausfüllen. Und da Wissen nicht erst seit Lenin Macht ist, war es Mutter Kaisurans raffiniertester Schachzug, wenn sie den Herzschlag Haruns eng mit dem Barmaks verband. Hadi, den Ungeliebten, läßt sie so auch informationstechnisch verkümmern.

Als Harun sechzehn ist, darf er sich erste Frontbewährung holen. Für die Armee ist es das alte Spiel: Seit anderthalb Jahrhunderten dringen die Sarazenen alle Jahre bis Konstantinopel vor, biwakieren am Bosporus – aber die Hauptstadt des oströmischen Reiches bleibt uneinnehmbar. Denn immer noch sind die Byzantiner im alleinigen Besitz einer Geheimwaffe, des »griechischen Feuers«. Dann, rechtzeitig vor Einbruch des Winters, treten die Krieger Allahs wieder den Rückzug an. Immerhin, Teilnehmer an solchen Westfeldzügen gelten als Helden, nur Konstantinopel-Veteranen dürfen sich den Bart schwarz färben.

Harun zieht zweimal gegen Byzanz. Beim erstenmal übt er, unter Altwesir Chalids strategischer Anleitung, Belagerung einer Provinzstadt (Zeitaufwand: 38 Tage). Beim zweitenmal schlägt er sogar ein ganzes Byzantiner-Heer zusammen und zwingt Kaiserin Irene jährliche Tributzahlungen von neun Millionen Dirhem auf. Mutter Kaisuran ist überzeugter als je, daß Harun das Zeug zum Kalifen hat.

Unter dem Einfluß Kaisurans wächst auch die Vorliebe des Kalifen für seinen jüngeren Sohn. So sieht er sich eines Nachts seinen Söhnen je einen Zweig schenken; Hadis Zweig bringt nur kümmerliche Blättchen, aber Haruns Holz üppiges Grün. Da heizt der Großwesir den Aberglauben seines Herrschers an: Kein Zweifel, unter Hadi kommt nichts, unter Harun gedeiht alles. Der Kalif ist beeindruckt.

Hadi, der Frustrierte, Spröde, Asketische und Mißtrauische, wird die Palmen der Barmakiden nicht lange in den irakischen Himmel wachsen lassen; Harun dagegen, der »Sonny Boy«, genußfreudig, allem Schönen aufgeschlossen, Kunst und Künstlern zugetan, wird als Kalif Allah und den Großwesir einen guten Mann sein lassen – Wachs in den Händen der Barmakiden.

Jachja al-Barmaki, der, als Kalif Machdi ihn einmal auf die Probe stellt, mühelos fast drei Millionen Gold-Dinar hinblättern kann – mehr als den dreifachen Jahrestribut des Kaiserreichs Byzanz –, dessen Paläste in Bagdad (zwei davon zu beiden Ufern des Tigris, durch eine eigene Brücke verbunden) fast luxuriöser sind als die der Abbasiden, hat unter einem Kalifen Hadi alles zu verlieren, mit einem Kalifen Harun alles zu gewinnen. Die private Machtpolitik der Hausmeier ist im 8. Jahrhundert nicht nur ein fränkisches Problem.

Die Nacht der Kalifen

Anfang 785 ist Kalif Machdi weich. Er ändert sein Testament, Kaisuran soll ihren Willen haben, Harun die Erstanwartschaft auf den Thron. Jedoch: Mit einem Federstreich ist die öffentlich festgelegte Thronfolge nicht umzuwerfen. Ein Stück Beduinengesetz hat sich im Kalifat noch erhalten: So wie in den Wüstenzelten der Nomaden die Sippe den Entscheidungen des Scheichs zustimmen muß, so darf auch der Kalif das Volk von Bagdad nicht übergehen. Hadi, der Erstgeborene, muß öffentlich verzichten, die Gläubigen müssen auf den neu bestimmten Erben eingeschworen werden. Aber Hadi weigert sich.

Hadi befindet sich am Kaspischen Meer. Einem väterlichen Rückruf verweigert er den Gehorsam. Kalif Machdi, von Frau und Großwesir aufgestachelt, zieht mit Truppen nach Norden, Harun und natürlich auch Jachja – es gilt, jetzt alle Fäden in der Hand zu behalten – an seiner Seite. Da stirbt der Kalif. So plötzlich, daß sich die Historiker bis heute nicht auf die Todesursache einigen konnten. Der tote Kalif nützt nur einem: Hadi. Noch ist Hadis Thronverzicht nicht ausgesprochen.

Bagdad hält den Atem an – und atmet erleichtert auf: Der Bruderkrieg findet nicht statt. Die neue Parole heißt: Friede, Trauer, Händeschütteln. Harun schwört seinem Bruder, der nun doch Kalif wird, Loyalität. Gleichzeitig wird eine Meuterei der Garnison Bagdad, offenbar von langer Hand vorbereitet, aber nun aufs falsche Stichwort losgebrochen, elegant erstickt. Die Soldaten erhalten doppelten Jahressold und dürfen sich besaufen.

Alle diese Maßnahmen verraten die Handschrift des Großwesirs – er schießt die Soldzahlung aus der eigenen Tasche vor –, denn Ruhe ist jetzt das wichtigste. Eine Revolte wäre schlecht für die Staatsfinanzen und das Haus Barmak.

Kalif Hadi, fünfundzwanzigjährig, soll riesig groß und kräftig genug gewesen sein, um mit einem Hieb einen Stier zu fällen. Ohne Hausmacht, sitzt er nun in der »Runden Stadt«, beobachtet mit wachsendem Ärger das Kommen und Gehen in den Nachbarpalästen.

Seine Mutter, deren Haß er kennt, führt mit ihrer Apanage von 160 Millionen Dirhem ein feudales Haus. In Männerkleidern, umrankt von amazonenhaften Favoriten, empfängt sie in ihrem Achinas-Palast Gouverneure und Generäle, Minister und Funktionäre. Anschließend begeben sich die Stützen des Staates dann meist zum Rusafa-Palast, wo Bruder Harun, Arm in Arm mit den Barmakiden-Söhnen, die Puppen tanzen läßt.

Stiller geht es im Palast des Großwesirs zu. Dort versammeln sich persische Dichter und Ärzte, die Professoren der Universitäten, als Freidenker – mit griechischer Philosophie imprägniert, deren Übersetzung eben große Mode wird – nicht minder verdächtig wie die Geistlichen aus christlich-nestorianischen Kirchen und Klöstern, wie jüdische Rabbiner und Handelsreisende mit fremden Ideen, buddhistische

Wundermönche mit pazifistischen Sentenzen, sogar ein paar Frauen, die Bücher schreiben – kurzum die Intellektuellen einer Millionenstadt.

Kalif Hadi, in Provinzgarnisonen aufgewachsen, beschließt, Zucht und Ordnung in diese Stadt zu bringen, die ihn ignoriert, die ihn für geist- und witzlos hält. Nicht nur – aber auch –, um seinen Thron zu festigen.

Als erstes isoliert er seine Mutter, er verbietet hohen Staatsbeamten ihren Salon. Der nächste Schlag trifft Harun: Ausgestattet mit einem Gutachten seiner Rechtsgelehrten, bestimmt Hadi seinen Sohn zum Thronerben. Hier freilich hakt der Großwesir ein – womit sich der bisher behutsam taktierende Barmakide selbst in die Schußlinie bringt. Da Hadis Sohn noch minderjährig ist, gibt Jachja zu bedenken, was aus der Stabilität des Regimes werden soll, falls bei plötzlicher Vakanz ein Kind auf den Thron gerät. Sollte man nicht wenigstens, Jachja versucht schlau, die Balance zu halten, einen Regenten einsetzen – Harun zum Beispiel?

Hadi lehnt ab. Doch er ist unsicher. Er versucht, den Großwesir, dessen Hausmacht nicht zu ignorieren ist, zu kaufen. 20000 Dinar bietet er ihm an. Aber das ist, Hadi scheint schlecht unterrichtet, kein Preis für einen Barmakiden. Hadi, nun kompromittiert, verliert die Fassung und tobt. Die Palastwache führt Jachja ab. Ein Barmakide im Gefängnis – Bagdad gerät schon wieder in Atemnot.

Hadi verläßt vorsichtshalber die Stadt, die jeden Augenblick zu rebellieren droht. Die Garnison steht in Alarmbereitschaft. In seinem Sommerpalast tigrisaufwärts berät er sich mit seinen wenigen Gefolgsleuten, ob er es sich leisten kann, den Barmakiden-Kopf abzuschlagen. Kaisuran erfährt davon; als Hadi endlich sein Siegel unter den Hinrichtungsbefehl setzt, ahnt er nicht, daß für ihn selbst das Todesurteil schon gefällt ist.

Freitag, 15. September 786, kurz nach Mitternacht. Kalif Hadi ergötzt sich in seinem Lustschloß mit einem Dutzend Sklavinnen. Das hitzige Gebalge wird Hadis letztes irdisches Vergnügen sein.

Was Hadi nicht weiß: Die Mädchen stammen aus dem Harem Kaisurans; sie hat sie im »verbotenen Trakt« ihres Palastes zu Leibwärterinnen herangezüchtet und – Kaisurans Arm reicht immer noch weit – als Agentinnen in den Harem Hadis geschleust. Ihrer Herrin sind die Amazonen in blinder Hörigkeit ergeben. In dieser Nacht heißt ihr Auftrag Mord. Nicht alles, was in dieser Stunde geschieht, deutet auf Verschwörung. In Haruns Frauenhaus setzen bei einer – nicht einmal besonders hübschen – Sklavin namens Merdschol Wehen ein. Die naive Afghanin mit dem knochigen Gesicht ist mit ihren Schmerzen wahrscheinlich der einzige glückliche Mensch im gesamten Palastbezirk von Bagdad. Nur ein einziges Mal hat Harun ar-Raschid ihr die Gnade seiner Gunst geschenkt – nun wird sie sein Kind zur Welt bringen.

Kalif Hadi, vom Wein, von der Lust und seinen Gespielinnen erschöpft, läßt sich in die Kissen fallen. Er lacht eitel und besoffen – diese Mädchen haben immer noch nicht genug. Mit irrem Kichern fallen sie über ihn her. Fast kriegt er keine Luft. Ein Kissen preßt sich ihm aufs gerötete Gesicht, er kann nicht meht atmen. Zu spät begreift sein benebeltes Gehirn, daß aus dem Amazonenspiel tödlicher Ernst geworden ist. Raubtiere sitzen ihm auf Armen und Beinen, auf Brust und Hals, auf dem erstickenden Kissen über Mund und Nase. Es wird totenstill im Raum.

Die Mädchen erheben sich. Eine nimmt das Kissen weg. Eine zieht dem toten Kalifen den Ring vom Finger. Eine ruft nach dem Chefeunuchen. Der weiß, was er zu tun hat. Drei Stunden später trifft der Ring, zusammen mit anderen Insignien der Kalifenmacht, in Harun ar-Raschids Rusafa-Palast in Bagdad ein.

Die Machtübernahme läuft nun planmäßig ab. Ein Sonderkommando holt den Großwesir aus dem Kerker des Matbak-Gefängnisses im Südquadranten der »Runden Stadt«, ein anderer Trupp zerrt Hadis Sohn aus dem Bett. Vor gezogenen Dolchen verzichtet der kleine Prinz auf alle Thronansprüche. Am Vormittag, in der Kathedral-Moschee, wird er den Verzicht wiederholen, ziemlich weinerlich, nach den Schrecken der Nacht, aber die Form ist gewahrt. Der Thronbesteigung Haruns steht nichts mehr im Weg.

Um dieselbe Stunde, der Morgen beginnt eben zu grauen, und die Muezzins rufen von den Moscheen Bagdads die Gläubigen zum Gebet, legt die Sklavin Merdschol ihren Sohn an die Brust. Er wird Mamum genannt werden und die Dynastie der Abbasiden zu ihrem letzten, größten Höhepunkt führen.

Islamische Historiker haben die Nacht zum 15. September 786, die Nacht, in der ein Kalif starb, ein Kalif den Thron bestieg und ein Kalif geboren wurde, als »wundersam« bezeichnet: die Nacht der Kalifen.

Als Harun ar-Raschid dann um die Mittagsstunde des 15. September, bei seinem Triumphzug zur »Runden Stadt«, mitten auf der »Chorasan«-Brücke anhalten läßt, setzt er den Schlußpunkt hinter seinen Staatsstreich. Er hebt die Hand und gibt ein Zeichen. Männer, die darauf gewartet haben, springen in den breit und braun dahinfließenden Tigris. Fünfmal tauchen sie – dann ein Freudenschrei, der sich in der Menge fortpflanzt: Einer der Taucher hält ein glitzerndes Ding zwischen den Zähnen.

Vor einigen Monaten hatte Harun mit seinem Gefolge die Brücke überqueren wollen. Gleichzeitig ritt von der anderen Seite der kleine Kronprinz heran – und dessen Gardehauptmann Abu-Masma zwang Harun, den Weg freizumachen und umzukehren. Da hatte Harun in jäh aufbrausender Wut seinen Ring in den Fluß geschleudert.

Triumphierend, hoch auf seinem Staatsroß mit dem edelsteinglitzernden Zaumzeug, steckt Harun sich das Kleinod an den Finger. Ein Wunder? Böse Zungen verdächtigen Harun der Taschenspielerei. Kein Trick ist jedenfalls die anschließende Hinrichtung des Hauptmanns der Kronprinzengarde. Der abgeschlagene Kopf Abu-Masmas bleibt lange öffentlich ausgestellt.

So reitet Kalif Harun ar-Raschid, umwogt vom Jubel der Gläubigen, endlich in die »Runde Stadt« ein, die nun dreiundzwanzig Jahre lang sein Regierungssitz sein wird. Aber ist es wirklich Harun ar-Raschid, der regiert?

Blankoscheck für den Großwesir

Wie war Harun ar-Raschid wirklich – nicht der Legendenkalif aus »Tausendundeiner Nacht«, sondern der echte, der historische Beherrscher des Sarazenen-Reichs von 786 bis 809?

Zu begreifen ist dieser Mann nur, wenn wir uns das Spannungsverhältnis zwischen der immensen Machtfülle des Kalifats und dem Gebrauch, den Harun davon machte, vor Augen halten.

Der lenkbare Harun, von Mutter und Großwesir auf den Thron gebracht, nun mit fast göttlicher Macht ausgestattet, hat zunächst keinen anderen Wunsch, als sich kopfüber in die verschwenderischsten Vergnügungen zu stürzen – und das Regieren denen zu überlassen, die es immer schon wollten.

»Kann man es ihm übelnehmen?« fragt Harun-Biograph Gabriel Audisio und gibt auch gleich die – hoffentlich ironisch gemeinte – Antwort: »Gibt es nicht genügend Minister, die den Staat funktionsfähig halten? Besteht die Rolle des Herrschers nicht darin, sein geheiligtes Wesen über dem Staat erstrahlen zu lassen, sich mit tüchtigen Männern zu umgeben und ihnen nicht dreinzureden? Den Reichtum einer Nation, den Glanz einer Epoche zu verkörpern, ihr lebendiges Symbol zu sein – ist das nicht eine Rolle, die ihre eigene Größe und Wichtigkeit hat?« Es war eine Rolle, die Harun hervorragend ausfüllte.

Die Regierungsgeschäfte sind in den Händen des Großwesirs verläßlich – wenn auch nicht uneigennützig – aufgehoben. Vom ersten Tag an hat Harun ihm einen Blankoscheck für Staatsmacht und Staatskasse ausgeschrieben. Wörtlich: »Mein lieber Vater, auf diesem Thron sitze ich dank deiner von Allah gebenedeiten Hilfe, dank deines segensreichen Einflusses und deiner klugen Führung – hiermit statte ich dich mit der absoluten Macht aus.«

Damit ist die Staatsverwaltung als Familienbetrieb der Barmakiden etabliert. Jachjas ältester Sohn Fasl, übrigens ein durchaus ernsthafter Mann – sein stolzes, immer ein wenig finsteres Gesicht ist nie auf den wilden Festen bei Hof zu sehen –, bekleidet die Ämter des Gouverneurs von Chorasan, dann anderer Provinzen, ist Oberbefehlshaber der Armee, Ausbilder eines Kalifensohns. Selbst der schöne Dscha'far, von der Nachwelt nur als Busenfreund Haruns akzeptiert, hat sein Soll an Amtsstunden zu erfüllen: als oberster Kanzleichef, Kommandant der Leibgarde und ebenfalls Ausbilder eines Kalifensohns (die Barmakis legen schon früh Hand auf die nächste Abbasiden-Generation).

Natürlich sind alle Schlüsselstellungen in Bagdad wie in der Provinz, ebenfalls mit Barmakiden näherer und entfernterer Verwandtschaft, mit Klienten und Günstlingen besetzt, die, daran besteht kein Zweifel, alles schwer ersetzbare Fachleute sind.

Allerdings muß Wesir Jachja seine Macht zunächst noch mit der Kalifenmutter teilen. Doch im dritten Kalifenjahr Haruns stirbt sie. Nun sind die Barmaks niemandem mehr Rechenschaft schuldig.

Dscha'far al-Barmaki, Kamerad des Kalifen schon in Kindertagen, ist indessen, vielleicht sogar mehr als Harun, der brillante Mittelpunkt der Hofgesellschaft. Mitte Zwanzig wie Harun, schön und gebildet wie er, Poet und Musiker dazu, von exquisitem Erfindungsreichtum in seiner Kleidung, gerät oft in Gefahr, seinen Freund zu überstrahlen. Wie er sich seine Kragen schneidern, seine Gürtel schmieden, seinen Turban binden und seine Haare über Stirn und Ohren locken läßt – was immer ihm einfällt, und es fällt ihm viel ein, wird von den »Snobs« und »Dandys« Bagdads unverzüglich imitiert. Alle Welt liebt ihn, seinen Geist und seinen Charme – am meisten Harun.

Für Harun ist Dscha'far das zweite Ich, ohne ihn mag er nicht leben. Als Dscha'far einen Gouverneursjob in Damaskus antreten will, ruft Harun ihn mit Brieftaubenpost zurück. Harun läßt für sich und ihn ein gemeinsames Hemd schneidern, ein Hemd mit zwei Kragen, aber nur zwei Ärmeln. In diesem Hemd darf er (oder muß er) neben Harun auf dem Thron sitzen – ein Botschafter aus Byzanz behauptet sogar, auf Haruns Schoß. »Welchen philosophischen Meditationen«, fragt Harun-Biograph Audisio, »mögen sich die beiden Freunde Hand in Hand unter ihrem Hemd wohl hingegeben haben...«

Dies alles hindert Harun nicht – warum sollte es –, auch seinen Harem sehr zu lieben. Und was für ein Harem!

Eine Liebe im Dreieck

Kalif Malik mag die herrlichsten Moscheen gebaut, Kalif Walid die erfolgreichsten Feldzüge geführt haben – Harun ist der Schöpfer der großartigsten Schönheitsgalerie, die je ein Kalif sein eigen nannte. Weit über 10000 der schönsten, aufregendsten und exotischsten Mädchen aus der gesamten damals bekannten Welt wählt Harun mit der Besessenheit eines leidenschaftlichen Kunstsammlers für seine Frauenpaläste. Eine Armee von »Talent-Jägern« ist ständig für ihn unterwegs, Offiziere mit Sonderauftrag begleiten jedes Expeditionsheer, Aufkäufer mit unbegrenzten Barmitteln durchkämmen jeden erreichbaren Sklavenmarkt, Handelsleute und Schiffskapitäne fahnden in fernsten Häfen.

Favoritin des Kalifen ist eine Zeitlang die seelenvolle Gadir; sie war vorher Lieblingsgespielin seines Bruders Hadi, und ihm hatte sie schwören müssen, nie mit Harun zu schlafen: »Eher will ich barfuß nach Mekka pilgern!» Nach Hadis Ermordung findet sie barfüßig ihr Mekka in Haruns Bett. Dort jedoch, so geht die Sage, erscheint ihr der tote Hadi im Traum, von da an welkt sie in Schwermut dahin. Auch in der üppig-sinnlich wuchernden Welt des Harems erblüht manchmal das zarte Pflänzchen einer schicksalhaften Liebe.

Eine seltsame Liebe verbindet auch – im Dreieck – den Kalifen und seinen Busenfreund Dscha'far mit dem Mädchen Abbasa. Biographen beschreiben sie als geistvoll, dichterisch begabt, sangesfreudig und, natürlich, sehr schön. Was Abbasa wirklich außergewöhnlich erscheinen läßt, ist ihre Vorliebe für alle Vergnügungen, an denen sich auch Harun und Dscha'far ergötzen. Nie ermüdend, Nacht für Nacht, teilt sie mit ihnen die Freuden des Kalifenhofes, wenn auch ein durchsichtiger Vorhang den erhabenen Herrscher und seinen Intimkreis von den gewöhnlichen Sterblichen trennt. Abbasa ist Haruns Halbschwester.

Abbasa ist die Hypotenuse in einem erotischen, latent inzestuösen Spannungsdreieck. Um die Dreisamkeit in Einklang mit den Gesetzen des Propheten zu bringen, kommt Harun auf die Idee, seine Halbschwester mit dem Seelenbruder zu vermählen. Unter Bedingungen: Vollziehen darf das Paar die Ehe nie. Abbasa und Dscha'far schwören es dem Dritten in ihrem Ehebunde mit heiligsten Eiden. Trau- und Schwurzeuge ist Haruns erster Eunuche Masrur.

Abbasa bleibt also Haruns unantastbares Eigentum. Damit aber wird das Dreieck, aus reizvollem Lustspiel entstanden, zur tragischen Schicksalsgemeinschaft. Als es zerbricht, bekommt auch das Abbasiden-Reich einen Riß, der nicht mehr zu kitten ist. Von Abbasas Hochzeit an ist für die Glanzzeit Harun ar-Raschids und der Barmakiden die Sanduhr gestellt: noch vier Jahre bis zur »Götterdämmerung«.

Eine von Harun ar-Raschids Frauen wird das Drama in Gang setzen. Weniger aus Eifersucht als aus gekränkter Eitelkeit.

Sobaida, die »First Lady« unter Haruns sieben Ehefrauen, ist anders als viele Kalifengattinnen. Sobaida hat, wie Harun, Prophetenblut in den Adern, sie ist eine Enkelin des Bagdad-Erbauers Mansur, eine Kusine also. Haruns Mutter fädelte die Ehe ein, als der Kalif neunzehn und noch Kronprinz war und Punkte für seine Anwartschaft auf den Thron brauchte.

Bei einem Mekkabesuch erfährt Sobaida, daß Dscha'far und Abbasa inzwischen ein Kind gezeugt haben und es heimlich in der Nachbarstadt Medina aufziehen lassen. Sie zeigt sich auf dieser Pilgerreise sehr spendabel: Drei Millionen Gold-Dinar verteilt sie unters Volk. Dauerhaftestes Ergebnis ihrer Spendierfreude ist immerhin eine 40-Kilometer-Wasserleitung für die Heilige Stadt.

Geld spielt keine Rolle im Bagdad des 8. und 9. Jahrhunderts. Jedes Fest, Prinzenhochzeit, Aufbruch zur Wallfahrt, Botschafterempfang: Alles darf Millionen kosten. Als Kalifenbastard Mamun heiratet, regnen tausend Perlen auf das Paar, alle Gäste ziehen Lose für Landsitze, Sklavinnen, Schiffe und Teureres. Nieten gibt es nicht. Großwesir Jachja kann einem Juwelier für ein erlesenes Schmuckstück sieben Millionen bieten (und kriegt es doch nicht). Die fünf Vergnügungsschiffe, die der Kalif am Tigris-Ufer liegen hat, sind runde 10 Millionen wert, so kostbar sind sie ausgestattet. Auch weniger noble Leute sind reich. In den Chroniken findet sich ein Ibn-Suleiman, dessen Besitzungen täglich 100 000 Dirhem abwerfen.

Hier sind auch Blitzkarrieren möglich. Da kommt ein Sänger mittellos in die Metropole, bettelt in Moscheen, wird von einem Palasteunuchen entdeckt, für ein Fest bei Hof engagiert. Er fasziniert das feine Publikum, Harun zahlt ihm 4 000 Goldstücke, quartiert ihn in eine Villa ein und behält ihn bei Hofe.

Woher kommt all das Geld, das in Bagdad mit vollen Händen ausgegeben wird? Bagdad ist nicht nur eine Stadt der Luxusresidenzen. Am Tigris-Ufer reiht sich ein Handels- und Büropalast an den andern, fünf, sechs Stockwerke hoch, während man im nördlichen Europa noch in fensterlosen Katen haust. An kilometerlangen Kaimauern drängen sich Dschunken aus China, die von Basra aus den Fluß hochgezogen werden, daneben dümpeln »Kelleks«, Schlauchflöße, dünne Baumstämme über aufgeblasenen Schafhäuten, die von Norden, von Mossul herkommen. In den Lagerhäusern am Kai wie in den Karawansereien vor der Stadt, den Güterbahnhöfen von damals, stapelt sich Handelsware aus Skandinavien und Rußland: Pelze, Honig, Wachs und weiße Sklaven. Sarazenen-Segler laufen Indien und China an, gründen sogar, wie später Amerikaner und Europäer, Niederlassungen dort. Chinesen haben in Bagdad ihren Porzellanbasar. Teppiche kommen aus Buchara und Transoxanien. Persiens Textilmetropole Schiras liefert glänzendes Seidengewebe, das »tafta« heißt, Bagdads Händler exportieren es als Taft nach Europa. Textilwerker in Bagdad, in Europa auch »Baldach« genannt, bauen für Europas Kirchen und Könige prunkvolle Bet- und Bett-Himmel, »Baldachine«. Papier, damals noch mit Silber aufzuwiegen, geht von Bagdad in die

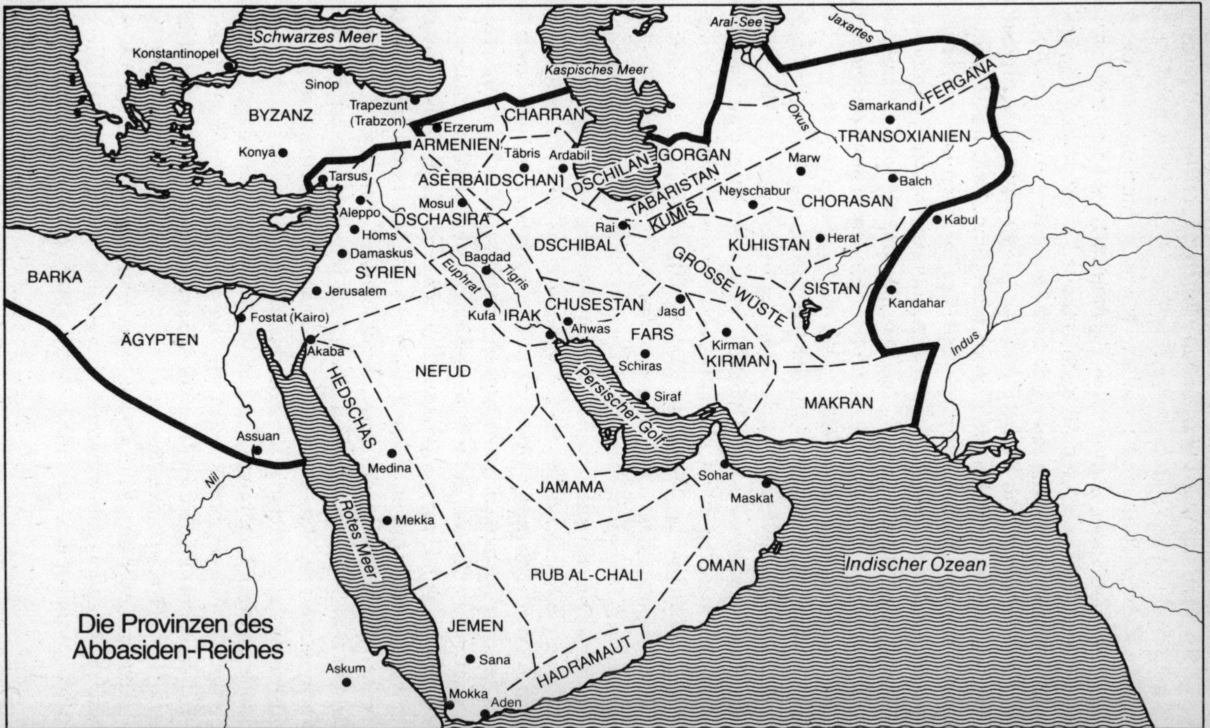

Die Provinzen des Abbasiden-Reiches

Welt, seit Fasl, der Sohn des Wesirs, 794 eigene Fabriken baut (mit dem Samarkander Produktionsverfahren). Damit ist Bagdad auch Buchhandelszentrum; ambulante Buchhändler ziehen übers Land, nicht nur mit Koran und anspruchsvollem Bildungsgut. Bestseller sind, wen wundert's, vor allem Ratgeberbücher, auch solche, die das Schwerterschlucken, Glaszerbeißen und Hypnotisieren lehren.

Spitzenverdiener sind Edelsteinhändler und Juweliere. Die protzige Zurschaustellung prachtvollen Glitzerkrams durch die Geld- und Blutaristokratie des Orients, die abendländische Reisende so blendet, daß es sich in atemberaubenden Schilderungen bis in die Köhlerhütten Europas herumspricht – und schließlich am Aufbruch der Kreuzfahrerhorden nicht unschuldig ist –, beruht auf immensen mineralogischen Bodenschätzen. Khorasan fördert Gold und Silber, Transoxanien liefert Lapislazuli, Persien Türkise, der Jemen Karneol, Perlen kommen vom Persischen Golf (die Taucher dort gehen erst, seitdem das Öl sie besser trägt, nicht mehr unter Wasser). So reich sind Bagdads Juweliere, daß einer auch dann nicht pleite ist, als der Kalif ihm für 16 Millionen Gold-Dinar Ware konfisziert. Umsatzmillionäre, in Gold-Dinaren jährlich, sind auch Im- und Exporteure im Seehafen Basra. Ein Müller in Bagdad kann jeden Tag 10000 Dirhem an die Armen verteilen.

Der Irak, heute auf Lebensmittelimporte angewiesen, war neben Ägypten die Kornkammer des Sarazenen-Reichs. Das Steueraufkommen aus der »chasradsch«, dem Zehnten vom Erlös von Agrarprodukten, gehört zu den höchsten im ganzen Imperium. Allerdings sorgen die Kalifen – genauer: die Wesire – unablässig für den Neubau von Bewässerungsanlagen. Hauptprodukte sind neben Getreide, Reis, Baumwolle, Flachs und Datteln auch das im Abendland noch unbekannte Zuckerrohr und die Apfelsine. Kilometerweit erstrecken sich die Rosen- und Veilchenplantagen, Rohstoffe für die weltumspannende Parfümindustrie. Wassermelonen, in eisgefüllten Bleibehältern über 50 Karawanen-Tagesstrecken aus Chwarism (heute Urgentsch in der Sowjetrepublik Usbekistan) herangebracht, erzielen in Bagdad Stückpreise von 700 Dirhem. Leute, die das zahlen, gibt es genug. (Ein »Hilfsarbeiter« hätte allerdings für solch eine Luxusfrucht über dreizehn Jahre arbeiten müssen.)

Als Herrscher über ein solches Wirtschaftswunder-Imperium können die Kalifen ein immenses Steueraufkommen erwarten. Drei Staatshaushaltspläne der Abbasiden sind erhalten geblieben. Danach bewegten sich die jährlichen Steuereinnahmen zwischen 299 265 340 und 388 291 350 Dirhem. Nicht einberechnet sind Sachabgaben wie etwa 30 000 Flaschen Rosenölessenz, die Persiens Parfümprovinz Fars jährlich abzuliefern hat.

Nicht nur eine bis ins letzte transoxanische Bergdorf hinein funktionierende Steuerveranlagungs- und Eintreibungsorganisation haben die Barmakiden aufgezogen, sondern – dieser beigeordnet – auch ein überall durch Lokalbehörden vertretenes Sozialministerium für die Rückverteilung an die – nach dem Koran – Bedürftigen. Über kassierenden und verteilenden Behörden führt ein »Reichsrechnungshof« Kontrolle.

Astronomische Summen erzielen die Kalifenfamilien mit ihren Privatunternehmungen. Als Kalif Mansur seine »Runde Stadt« baute, teilte er das Umland in Parzellen auf. Einen Teil vergab er als Lehen an seine Familien, Minister und Generäle. Den größten Teil aber zeichnete er als Wohngebiete und Märkte aus – und behielt sie, um dafür Mieten zu kassieren.

Die Rechnung war einfach. Allein 100 000 Arbeiter waren beim Bau der »Runden Stadt« beschäftigt. Sie wurden über Tarif bezahlt: 1 Dirhem pro Woche für Hilfskräfte, 1,25 für Maurer, 2,5 für Vorarbeiter. Aber für einen Dirhem gab es 50 Pfund Hammelfleisch oder 10 Kilo Reismehl oder 40 Kilo Rindfleisch oder 10 Kilo Butter. Mit Familienangehörigen dürfte die Bevölkerung um die Baustelle rund 400 000 betragen haben – eine »Boom-Town« mit Goldgräberatmosphäre. Unvermeidlich also der Zuzug von Händlern, Zulieferern, Dienstleistungs- und Amüsierbetrieben. Alle diese Menschen – insgesamt sicher eine halbe Million – wollten wohnen, handeln, kaufen. Der Kalif ermöglichte es ihnen. Über Wohnungsmieten, Pachtgebühren und Spekulationsgewinne bei steigenden Bodenpreisen floß binnen kurzem die Summe von 18 Millionen Gold-Dinar, die aus Steuergeldern in das Projekt investiert wurden, in seine Taschen zurück.

Zwei Beispiele: Allein das Pachtaufkommen aus Basarläden belief sich auf 11 Millionen Dirhem jährlich. Und aus einer großen Mehlfabrik, in der sich 100 Mühlsteine für den Kalifen drehten, floß jährlich eine weitere Million ab (Verrechnungskurs: 10 bis 14 Silber-Dirhem waren 1 Gold-Dinar wert, die Dinar-Münze enthielt 4,25 Gramm Feingold).

Prinzen und Prinzessinnen, Frauen und Nebenfrauen, Wesirs-Familien und Staatsbeamte, natürlich auch Geschäftemacher und Abenteurer, ahmen das allerhöchste Beispiel nach. Klug wissen die Kalifen den Profitsinn der Unternehmer anzuheizen, Steuererleichterungen für investitionsfreudige Unternehmen – ein heutzutage selbstverständliches Kapitalismusrezept, aber im 8. Jahrhundert in Bagdad von Kalif Machdis Wirtschaftsberater Muawija Ibn-Ubaidallah eben erst orientalisch entwickelt – heizen den Boom an.

Muawija erfindet auch eine Art von produktionsspezifischer Steuerförderung. So schafft er die starren Kategorien ab, wonach ein Stück Agrarland nur nach der Größe, nicht nach dem Ertrag veranlagt wird. Ebenso zahlt jetzt ein Hersteller von Krügen, der ein großes Fabrikations- und Lagerareal benötigt sowie zahlreiche Arbeiter und Esel, nun weniger Abgaben als ein Seidenhändler, der von einem kleinen Laden aus mit nur zwei Kamelen weit höhere Umsätze erzielt. Das führt zu einem enormen Anreiz für Kleinbetriebe, zum Aufschwung des Mittelstandes und Aufstieg des Bürgertums. Und unaufhaltsam wächst der Finanzhaushalt des Kalifen.

Auf dem Höhepunkt von Harun ar-Raschids Regierungszeit ist Bagdad 70 Quadratkilometer groß, hat fast zwei Millionen Einwohner und ist damit fünfmal so groß wie Konstantinopel. Es ist die größte Stadt der Welt, das New York, Tokio oder Paris des Mittelalters. Und ein großer Teil davon ist der Privatbesitz des Kalifen und seines Wesirs.

So kann es den Kalifen auch bei größtem Verschwendungseifer nicht gelingen, das Familienvermögen kleinzukriegen: Bagdad-Gründer Mansur hinterläßt 74 Millionen Gold-Dinar, Harun ar-Raschid 90 Millionen. Hundert Jahre später bilanzieren die Rechnungsprüfer des Kalifats den Bestand an klingelnden Barren, Kronjuwelen und Domänen – trotz Krisen – noch auf 100 Millionen. Diese Vermögenssteigerung ist ein eindrucksvolles Zeugnis für das Management der Wesirsfamilie Barmak und des von dieser Hausmeier-Dynastie strukturierten Verwaltungssystems.

Für Ruhe und Ordnung im Reich sorgt eine zentralbefehligte Polizei. Jede Stadt hat ihre »Muchtasib«; die fangen nicht nur Diebe und Mörder, die prüfen auch die Waagen im Basar und das Ladegewicht der Lasttiere, achten darauf, daß Witwen sich nicht vor Ablauf der Trauerzeit wiederverheiraten, schreiten gegen Weinverkauf in Lokalen ein, verwarnen Spanner, die heimlich Harems belauschen, und Männer, die sich unberechtigt den Bart schwarz färben, um vorzutäuschen, sie wären im »Heiligen Krieg« gewesen.

Die organisatorische Glanzleistung ist der auf der damaligen Welt einzigartige Postdienst. Zwar hatte schon der erste Omajjaden-Kalif auf großen Karawanenstraßen Pferdewechselstationen für Regierungskuriere eingerichtet. Unter Harun wird das Relaisnetz auch bis in die kleineren Städte ausgebaut und privaten Benutzern verfügbar gemacht, gegen Gebühren natürlich. Im bequemen Tagereisenabstand entstehen Karawansereien, Rasthäuser und Moscheen (mit Bädern), auch Brunnen und Zisternen; an jeder Poststation Pferde, Esel und Kamele zum Wechseln. Mehr noch: In den Karawanenhöfen hängen Reisepläne aus, für alle Routen, komplett mit Beschreibung der Rasthäuser und der einzelnen Streckenabschnitte dazwischen; nun können Touristen, Spediteure und Pilger ihre Reisen und Transportgeschäfte fast schon auf die Stunde genau planen. Waren-, Rechnungs- und Scheckverkehr nehmen gewaltigen Aufschwung, sogar Privatkorrespondenz. Jahrhundertelang dienen die Kursbücher der Abbasiden-Post den Geographen als ergiebiges Grundlagenmaterial.

Mit dem Postnetz schafft Großwesir Jachja gleichzeitig einen allgegenwärtigen Geheimdienst. So wie heute in Fernsprechämtern Abhörer an der Leitung hängen, kontrollierten damals die Posthalter jeder Station die Korrespondenz, auch zwischen Regionalbehörden. Der Generalpostmeister in Bagdad ist gleichzeitig Chef der Geheimpolizei, jeder Posthalter auch Anlaufstelle der regionalen V-Leute. Die Kalifatsregierung macht kein Hehl aus den Doppelfunktionen. Die offizielle Amtsbezeichnung des Postministers heißt: »Sahib al-barid w'al-ach'bar«. Frei übersetzt: »Chef des Post- und des Nachrichtendienstes«.

Erhalten ist der Geheimbericht des Postmeisters von Mekka über einen Gouverneur, der bei der Wallfahrt »seine ganze Zeit von Mittag bis Mitternacht mit einer schönen Sklavin verbringt«. Und als ein aufmüpfiger Gouverneur beim großen Freitaggebet, das er als Vorbeter zu leiten hat, den Namen des Kalifen zu preisen vergißt, da dauert es nur so lange, wie ein Eilbrief bis Bagdad und zurück braucht, bis man ihn tot im Bett findet. Auf die Post war damals schon Verlaß.

Das »System« des abbasidischen Bagdad-Staates, wie die Mentalität seiner Träger, ist materialistisch und pragmatisch, wahrscheinlich sogar glaubenslos – vom Ritual als politischer Funktion abgesehen. So öffnet es sich allen verwertbaren Einflüssen von draußen. Eine Flut von arabischen Übersetzungen – aus dem Persischen, Syrischen, Griechischen und Sanskrit – bricht herein. Das geistige Erwachen im Islam beginnt.

Ansätze gab es schon unter den Omajjaden, in Damaskus. Nun jedoch, in Bagdad, entsteht, mit System und Planung betrieben, ein beispielloses Assimilations- und Adaptionszentrum. Kaum 100 Jahre nach der Stadtgründung hat zumindest die Elite der Arabisch lesenden Welt Besitz ergriffen von den philosophischen Hauptwerken des Aristoteles, den wichtigsten Büchern der neoplatonischen Denker, fast allen medizinischen Schriften des Galen sowie von einer Unmenge wissenschaftlicher Werke aus Persien und Indien. Innerhalb weniger Jahrzehnte rezipiert die sarazenische Intelligenzschicht, was das Altertum in Jahrhunderten entwickelte.

Mit diesen Informationsströmen aus der vor- und nicht-islamischen Welt treiben auch unzählige Ungläubige in die Moslemmetropole, werden nicht nur geduldet, sie genießen auch Ansehen. Was dieses Klima im Bagdad der abbasidischen Überflußgesellschaft bestimmt, ist die Großzügigkeit der Unbesorgten, die Neugier dogmafreier Individualisten, der Fortschrittseifer kluger Egoisten – kurz, die Toleranz der Satten.

Als Kalif Mansur unter Bauchschmerzen leidet, zitiert er einen Christen namens Dschurdschis (Georg) Ibn-Bachtischu in seinen »Palast der Ewigkeit«. Der Ungläubige kann die Darmbeschwerden erfolgreich beheben und wird als Hofmedikus gleich dabehalten. Moslem braucht er, obwohl nachdrücklich dazu aufgefordert, nicht zu werden. Sechs Generationen lang, über 250 Jahre, stellen die Bachtischu Vertrauensärzte für die Kalifen. Bachtischus Sohn Dschibril (Gabriel) wird Harun unentbehrlich, als er dessen Lieblingssklavin von hysterisch bedingten Lähmungserscheinungen heilt. Seine Therapie: Er macht Anstalten, das Mädchen in aller Öffentlichkeit zu entschleiern. Der Schock wirkt ein Wunder – das keins ist, nur angewandte Psychologie.

Dr. Dschibrils jährliches Pauschalhonorar: 100000 Dirhem. Dafür hat Harun ar-Raschid ein Abonnement auf zwei Blutegel – und zwei Abführkuren im Jahr. Insgesamt soll Dschibril es – er war auch Hausarzt der Großwesirsfamilie Barmak – auf 88,8 Millionen gebracht haben. Ob Ärzte zuviel verdienen, ist in Bagdad keine Frage. Aber dort hat man die besten der Welt.

Ein Arzt, ein »Hakim«, das ist freilich nicht nur einer, der Blutegel setzen kann, der versteht sich auch aufs Metaphysische, ist Philosoph, Forscher und Gelehrter – wie Hunein Ibn-Is'hak, ein Schüler Dschibrils, Christ auch er. Ihn betraut Kalif Mamun mit dem Aufbau eines Unternehmens, das Kulturhistoriker heute das wichtigste seit der Gründung der Alexandria-Bibliothek im 3. Jahrhundert vor Christus nennen.

Das »Bait al-Hikma«, das »Haus der Weisheit«, zunächst als Staatsinstitut für wissenschaftliche Übersetzungen gedacht, gerät unter der Intendanz Huneins zu einer Kombination von Forschungszentrum, Zentralbibliothek und Universität. Weder Hunein noch sein Auftraggeber und Mäzen ahnen, was sich in letzter Konsequenz daraus entwickelt: die größte Datenbank der Welt – und die einzige Brücke zwischen dem Gesamtwissen der Antike und der Renaissance in Europa.

Um diese Zeit scheint im Kulturgedächtnis des Abendlandes fast ausgelöscht, was menschlicher Geist in Athen und Alexandrien gesammelt und geschaffen hat. Philosophie, Medizin, Naturwissenschaft – alles, was auf heidnische, vorchristliche Zeiten weist, steht im Ruf, Teufelswerk zu sein. Noch im 13. Jahrhundert – eben sind die ersten sieben Universitäten Europas eröffnet – lautet die Anweisung des Dominikanerordens: »Die Ordensmitglieder sollen die heidnischen Philosophen nicht studieren.« In der Medizin gilt der Kirche noch länger, was der heilige Chrisostomos erkannte: »Keim der Krankheit ist die Sünde.« Was Inder, Chinesen und auch Araber längst vor der Zeitwende über Seucheninfektion wußten, war gar nicht erst bis ins Abendland gelangt. Hätte sonst die Kirche im Pestjahr 1348 zu einer Osterwallfahrt nach Rom gerufen, um »mit der Kraft des Glaubens die Seuche zu besiegen«? Von den 1,2 Millionen versammelter Gesundbeter infizierten sich 90 Prozent in den Massenquartieren; Papst Clemens VI. blieb verschont, er hielt sich, in Avignon, dem Infektionsherd fern.

Im »Bait al-Hikma« zu Bagdad wird das gesamte Weltwissen des Altertums zusammengetragen, ausgewertet und auf Arabisch aufbereitet. Arabisch, vor Mohammed nur eine Sprache einfacher Beduinenpoesie, nach Mohammed ein Vehikel unkomplizierter Theologie, wird damit – angereichert durch Fremdbegriffe aus allen Kultursprachen – zum Medium wissenschaftlichen und philosophischen Denkens und zur Volkssprache. Arabisch wird, ohnehin schon Kommunikationsmittel der Diplomaten und Händler, das »Englisch« des Mittelalters zwischen Spanien und Indien.

Kalif Mamun ist ein der Geistesarbeit verbundener Souverän. Anfangs honoriert er Hunein (offizielle Amtsbezeichnung: »Scheich der Übersetzer«) mit 50000 Dirhem im Monat, später wiegt er ihm jedes im »Haus der Weisheit« produzierte Manuskript in Gold auf. Die Kalifen scheuen auch keinerlei Aufwand bei der Materialbeschaffung für das Forschungszentrum. Truppen haben Befehl, in jeder eroberten Stadt nach Büchern zu fahnden. Die Auslieferung von wissenschaftlichen Werken wird zur Bedingung in jedem Waffenstillstandsvertrag. Mehrfach, um anderswo unbeschaffbare Werke – so die mathematischen von Euklid – zu bekommen, verlegen sich die sonst so stolzen Kalifen sogar aufs Bitten beim Kaiser von Byzanz. Bücherdetektive durchziehen derweil auf eigene Faust die Welt zwischen Sumatra und Savoyen, um unbekannte Wissensschätze aufzustöbern. Im Koran steht: »Sucht Wissen, und sei es in China.«

Wichtige Übersetzungsleistungen werden – wie vielen Privatinstituten – auch den Angehörigen einer Sekte honoriert, die absolut heidnisch ist. Die »Harran-Sabier« sind Sternanbeter und daher auf Astronomie und konsequenterweise auf Mathematik spezialisiert. Sektenoberhaupt und Chefübersetzer Thabit Ibn-Kurra erfreut sich der persönlichen Protektion des Obersten Glaubensschützers.

Den Arbeitsteams in Huneins Forschungszentrum fällt die Nachberechnung und Weiterentwicklung des mathematischen und astronomischen Materials immer leichter. Schon 773 ist ein indischer Reisender in Bagdad eingeritten, der in der Satteltasche seines Kamels ein zwar leichtgewichtiges, aber unschätzbar wertvolles Importgut mit sich führte: die Null.

Enthalten war sie in einem »Siddhanta« betitelten Lehrbuch über indische Zahlen (die bei uns noch immer »arabische« heißen) und ihre unendlichen Anwendungsmöglichkeiten. Bisher arbeiteten Wissenschaftler mit in Worten ausgeschriebenen Zahlen, oder sie dividierten, auf römische Manier, MMMMCCCLIV durch MMCCCLVIII. Die

Handhabung der indischen Zahlen, das simple Stellensystem für Einer, Zehner, Hunderter und Tausender, vor allem aber der Null, eröffnete nun früher undenkbare Dimensionen. Für die arabischen Mathematiker muß das eine Sensation gewesen sein.

Gut 100 Jahre später wird sich ein Sohn chorasanischer Feueranbeter, al-Chwarismi, noch einmal der indischen Zahlen annehmen. Zuerst verfaßt er ein volkstümliches Lehrbuch für Händler und Beamte, dann aber setzt er sich hin und erfindet die Algebra. Sein Hauptbuch, betitelt »al-Gabr w'al-Mukabala« (»Wiederherstellung und Ausgleich«, nämlich bei der Umwandlung von Gleichungen) wird erst im 12. Jahrhundert in Toledo ins Lateinische übersetzt; aus dem ersten Wort des Buchtitels wird dabei gleich der ganze Gattungsbegriff (»Algebra«). Den Namen des Autors verballhornen die Übersetzer zu »Algorismi«.

Aber auch die Null hat ihr sprachliches Schicksal. Die Inder nannten das Nichts-Zeichen »sunya«, die »Leere«. Die Araber übersetzten das wörtlich: »as-sifr«. Europas Übersetzer gossen diese »Leere« in eine lateinisch klingende Form: »cepherum«. Dieses Wort ging nun in zwei Abwandlungen in europäische Sprachen ein. Über das italienische »zefero« wurde »zero« daraus, über das lateinische Pseudo-Original direkt das deutsche »Ziffer«, das englische »cipher« und das französische »chiffre« – und da war es dann keine Null mehr, sondern irgendein Zeichen. Eine andere Lateinformulierung für die Nichts-Zahl lautete »nulla figura« (»keine Gestalt« – und das ausgerechnet für das wichtigste Gestaltungsmittel der neuen Rechnerei); so kamen wir zu unserer Null.

Mathematiker wie al-Chwarismi illustrieren anschaulich die Assimilations- und Kreationsfähigkeit der Sarazenen. Die Begabung der Griechen lag vornehmlich im Geometrischen, gepaart mit Symbolik (Platon sah Dreiecke auch in Feuer, Wasser, Luft und Erde). Dem Händler auf dem Markt ein kleines Einmaleins beizubringen kam ihnen nicht in den Sinn. Die Inder wiederum hatten mehr Sinn fürs Rechnerische, chiffrierten Zahlenakrobatik aber ins Mythische um. Erst die Araber machen aus alldem das solide Werkinstrument, mit dem wir schließlich Computer bauen konnten. Der Astronom al-Kaschi erfindet das Komma und übersetzt Brüche zu Stellen hinter demselben. Al-Kindi, ein Hans Dampf in allen wissenschaftlichen Gassen, beschert der Geometrie die Winkelmessung mit dem Zirkel, al-Battani den Sinus, und ein gewisser Hassan Ibn-al-Haithama (»Alhazen«) arbeitet bereits um das Jahr 1000 bei der Berechnung des Brechungswinkels von Lichtstrahlen mit Gleichungen vierten Grades (Alhazensches Problem).

Forschungs-Scheich Hunein und sein »Haus der Weisheit« spielen auch eine Hauptrolle, als die Periode der Übersetzungen in die Periode der eigenschöpferischen Leistungen übergeht. Mit den indischen Zahlen im Kopf und den Astronomiebüchern der Griechen in der Hand bauen sich Huneins Spezialisten ein riesiges Observatorium am Osttor von Bagdad. Bald ist es nur eins von vielen im Reich. Und bald ist auch der »Almagest« des Griechen Ptolomäus, die Zusammenfassung des Weltraumwissens der Antike, ein alter, ziemlich durchlöcherter Hut. Wenn die Griechen den Blick zum Sternenzelt erhoben, suchten sie in der flimmernden Welt der Himmelserscheinungen nach dem Prinzip der göttlichen Harmonie. Die Araber dagegen wollen wissen, wo genau – von jedem Punkt der Erde aus – Mekka liegt und wie man ohne Umwegverlust nach Indien schifft. Selbstverständlich gehen sie davon aus – wie freilich die Griechen auch schon –, daß die Erde rund ist. Aber sie berechnen den Erdumfang neu, und das Bagdader Forscherteam, dem auch wieder der Mathematiker al-Chwarismi angehört, irrt sich dabei nur um 3,6 Prozent. Im Abendland bekreuzigt sich noch Jahrhunderte später jeder Inquisitionsrichter bei der Vorstellung einer runden Erde.

Auch was ein al-Fargani unter dem Kreuz des Südens entdeckt, führt unter dem Kreuz Roms zu inquisitorischer Verfolgung. Farganis Erkenntnis, daß die Sonnenbahn rückwärtig verläuft, taucht bei Galilei wieder auf, und da ist es keine astronomische Sensation mehr, sondern Ketzerei – ebenso wie al-Birunis Überlegungen zur Rotation der Erde um ihre eigene Achse.

Galilei hatte die Stirn, schlußzufolgern: Hätte Gott tatsächlich bei der Schlacht von Jericho die sich um die Erde drehende Sonne stillstehen lassen, dann hätte er nicht den Tag verlängert, wie es in der Bibel heißt, sondern verkürzt – und Josua um den Sieg gebracht. Militärisch sinnvoll wäre ein Anhalten der Sonne nur dann gewesen, wenn man auch der Erde eine Eigenbewegung zugestand. Das legendäre trotzige »Und sie dreht sich doch!« des italienischen Astronomen war bereits ein halbes Jahrtausend zuvor von arabischen Astronomen belegt worden.

Wie Galilei an sein gefährliches Wissen kam? Nun, er war Professor an der Universität Padua; Padua gehörte zu Venedig, Venedig trieb seit Jahrhunderten Handel mit den Arabern. Und was Venedig für arabische Gewürze, das war Padua für arabische Wissenschaft: Hauptumschlagplatz. Die Schriften Galileis wie auch Keplers und Kopernikus' (in denen sich ebenfalls arabische Forschungsergebnisse wiederfinden), verschwinden übrigens erst 1835 vom Index des Vatikans. In der fruchtbaren Zeit des Islam jedoch können kluge Köpfe, von keinem wissenschaftsfeindlichen Dogma behindert, allen ihren Neugierden nachgehen. Kein Wunder, daß die Zahl der Doppel- und Multibegabungen häufig ist.

Da ist der Kairoer Arzt Ali Ibn-Sulaiman, der um 1000 eine Atom-Theorie aufstellt. Da ist der Mathematiker und Astronom Omar Chajjam, der Observatorien in Rai und Nischapur leitet und als Dichter unsterblich wird. Auch »Alhazen« mit den Gleichungen vierten Grades ist ein fleißiges Universalgenie vom technischen – wo schon nicht künstlerischen – Rang eines Leonardo da Vinci. Fast hätte er das Fernrohr erfunden.

Der Arzt Alhazen bastelt, um die »Natur der Schattenwerfung« zu untersuchen (so der Titel eines seiner wegweisenden Bücher), an einem Kasten herum, der ein Loch hat, durch welches Licht einfällt. Das Ding beweist ihm die gradlinige Ausbreitung der Lichtstrahlen – stellt ihm aber alle Bilder auf den Kopf: Um Haaresbreite läßt er sich die Erfindung der Lochkamera entgehen (der große Leonardo holt das nach). Aber Ibn al-Heitham ist hinter einem anderen Phänomen her: der Strahlenbrechung durch Luft und Wasser. Das führt ihn zur Berechnung der Lufthülle der Erde (ziemlich genau sogar: 15 Kilometer). Von da ist es nur ein Schritt, mit verschiedenartig geschliffenem Glas – auch mit Hohlspiegeln und Scheinwerfern – zu arbeiten. Daraus zieht er einen überraschenden persönlichen Profit: Er erfindet sich eine Lesebrille. Diese Erfindung ist für ihn allerdings auch sehr wichtig. Wegen einer Fehlberechnung des Nil-Hochwassers ist er beim Kalifen in Ungnade gefallen. Er bestreitet seinen Lebensunterhalt mit dem Kopieren von Manuskripten. Nun, mit Glaslinsen vor den Augenlinsen Strahlengänge durch geschliffenes Glas beobachtend, hält er plötzlich die primitiven Grundelemente des Teleskops in der Hand. Er fügt sie auch folgerichtig in ein Rohr. Dieses »Rohr mit zwei Lichtbrechern an den Enden«, wie er es beschreibt, bleibt jedoch in seiner Studierstube und in seinen privaten Aufzeichnungen vergraben. Es läßt sich ahnen, warum er mit seiner Konstruktion, die bereits ein halbes Jahrtausend vor Galilei das Welt- und Himmelsbild verändert hätte, nicht an die Öffentlichkeit trat. Der schüchterne alte Mann – der schon beim ersten Anblick der Pyramiden, von der Schöpferkraft jener versunkenen Kultur überwältigt, in tiefe Depressionen versank – fürchtete zu sehr, die Aufmerksamkeit des ungnädigen Kalifen auf sich zu ziehen. Ein Erfinderschicksal...

Haruns Bagdad – die Stadt der großen Ärzte

Was immer alles aus dem versunkenen Bagdad des Mittelalters zu uns herüberstrahlt – das stärkste Leuchten geht von einigen tausend Männern aus, die der Menschheit, nicht nur der islamischen, dort Fortschritt brachten, wo sie ihn am dringendsten brauchte: in der Medizin.

Hier freilich springen uns die unterschiedlichen Auffassungen von der Wissenschaft in Christentum und Islam am krassesten an. Die Unterschiede gehen auf die persönlichen Einstellungen der beiden Religionsgründer zu Heil und Heilung zurück.

Jesus tritt selbst als Wunderheiler auf, befiehlt auch seinen Jüngern: »Macht die Kranken gesund, weckt die Toten auf, treibt die Teufel aus.« – »Beschwörungen, Magie und Ritus wuchern empor, an die Stelle von unabhängiger Wissenschaft tritt mönchischer Aberglaube«, charakterisiert der Medizinhistoriker Gerhard Venzmer die Entwicklung der Heilkunde unter dem Christentum, das, einmal an der Macht, sein Teufelsaustreibermonopol gegen jede wissenschaftlich operierende Konkurrenz abblockt. Statt für Volkshygiene zu sorgen, heilen christliche Könige durch Handauflegen. So Englands Eduard der Bekenner, 11. Jahrhundert: »Ich berühre dich, Gott heilt dich!« – bei bis zu 1500 Kranken pro Sitzung. So muß es lange dauern, bis die Menschen dahinterkommen, daß nicht die Sünde an der Pest schuld ist (25 Millionen Tote in drei Jahren), sondern die Verpönung von Waschen und Baden, vor allem die heute unvorstellbare Umweltverschmutzung im 14. Jahrhundert: überall Unrat und Tierkadaver in den Straßen, nirgendwo wie in Sarazenen-Städten Straßenreinigung, Bäder, Lebensmittelkontrolle.

Ganz anders dagegen Mohammed. Er ist der Feind von Zauberei

und Aberglauben. Für ihn gibt es zwei Arten von Wissenschaft, von Allah in die Welt gesetzt und deshalb als gottgefällig zu betreiben: Theologie und Medizin. Kein Gedanke jedoch, beides zu vermengen. Mit dem Ritual der fünfmal täglichen Waschung verschafft Mohammed dem Islam vom Start weg einen Vorsprung in Volkshygiene. Mit der Übernahme der Beschneidung (»gegen Penis- und Gebärmutterkrebs die beste Vorsorge aller Zeiten«, erkennen moderne Krebsforscher an) wird schon die Übernahme vor-islamischer Operationen sanktioniert; die Freiheit, heidnisches Wissen zu assimilieren, garantiert für die Zukunft das Prophetenwort: »Sucht Wissen, und sei es in China!«

Die Beduinenmedizin zu Mohammeds Zeit kennt nur ein paar primitive Allheilmittel. Kaum mehr als Schröpfen, Aderlassen und etliche Kräuterarzneien. Zur Narkose bei schmerzhaften Operationen – Abhacken brandiger Gliedmaßen, Ausglühen von Wunden und Geschwulsten – verwendet man Bäusche aus Haschisch, Wicken und Bilsenkraut, die dem Patienten in die Nase geschoben werden. Und eine merkwürdige Salbe aus Schimmelpilzen, die sich an den Geschirren von Lasteseln bilden, wirkt bei infizierten Wunden Wunder – 1920 wird der Pilz von dem englischen Chemiker Fleming wieder entdeckt, für das Präparat, das er daraus gewinnt, bekommt er den Nobelpreis. Der Pilz heißt Penicillium.

Aber nur 200 Jahre nach Mohammeds Tod verfügen die Sarazenen schon über das gesamte und von der orthodoxen christlichen Kirche verteufelte medizinische Wissen der Welt. Und die es ihnen vermitteln, sind – Ironie der Geschichte – Christen. Verketzerte freilich, Nestorianer zum Beispiel, wie Kalif Mansurs Leibarzt Ibn-Bachtischu.

Nestorianische Gelehrtenfamilien, von der kostantinopolitanischen Orthodoxie aus dem byzantinischen Reich vertrieben, nahmen in ihrem Flüchtlingsgepäck viel daheim unerwünscht gewordene Wissenschaftsliteratur mit in ihre neue Heimat. Und wie auch in unserem Jahrhundert die von totalitären Ideologien zur Emigration gezwungenen Einsteins die Wissenschaftsszene ihrer Asylstaaten befruchten, so entfaltet nun im toleranten, fortschrittsfreudigen Bagdad die Medizin Hippokrates' und Galens eine neue Blüte.

Aber schon bald sehen wir Bagdads Mediziner bei selbständiger Arbeit. Zwei Namen ragen heraus: Abu-Bakr Mohammed Ibn-Sakarijja ar-Rasi, ein Mann aus Rai (Teheran), wie die »Nisba«, der letzte Bestandteil seines Namens andeuten soll. Als »Rhases« wird er später in

Europa bekannt. Und: Ibn-Sina, ein Sohn des harran-sabäischen Sternanbeters und Astronomen Thabit Ibn-Kurrach; im Abendland später als »Avicenna« verehrt.

Ar-Rasi (865–925), auch Mathematiker, Astronom, Musiktheoretiker und Philosoph, ist sicher der Vater der Pollutionsforschung. Als er den Bauplatz für ein neues Krankenhaus bestimmen soll, hängt er überall in Bagdad Fleischstücke aus. Wo sie nach 24 Stunden den geringsten Verwesungsgrad aufweisen, wird die neue Anstalt errichtet.

Harun ar-Raschid hatte bereits 100 Jahre zuvor das erste Hospital in Bagdad bauen lassen. Etwas anders organisiert als etwa das »Hôtel de Dieu« in Paris, wo, nach zeitgenössischen Berichten, die Kranken halb verhungert im Ungeziefer auf Stroh lagen und die Wärter sich nur mit Essigschwämmen vorm Mund in die pestilenzialisch stinkenden Säle wagten, in denen die Verendenden oft über 24 Stunden liegen blieben. Dennoch war das »Hôtel de Dieu« ein Fortschritt; vor dem 12. Jahrhundert gab es in Europa überhaupt keine Krankenhäuser, erst Kreuzfahrer brachten die Idee aus dem Orient heim.

Bagdad besitzt schon zur ar-Rasi-Zeit 34 Krankenhäuser (Cordoba 50), daß sie alle mit Dutzenden von Badehallen ausgestattet sind, bedarf keiner Erwähnung. Viele verfügen über ein Jahresbudget von über einer Million Dirhem. Außer aus Regierungssubventionen, Spenden und Nachlässen finanzieren sich die Anstalten – meist umfunktionierte Paläste – aus den Erträgen auswärtigen Grundbesitzes, mit dem jeder Sozialmäzen seine Gründung ausstattet.

Ar-Rasi, in seinem Adula-Hospital, behandelt mit 24 Chefspezialisten – vom Augen- bis zum Nervenarzt – die nach Krankheitsarten getrennt liegenden Patienten; täglich hält er, von Medizinstudenten umringt, auf allen Stationen Visite ab, auch bei den Genesenden, die sich im Aufenthaltsraum mit Brettspielen und Musikinstrumenten amüsieren (ar-Rasi verfaßt auch Schriften über die Heilwirkung der Musik).

Als »Krebs«-Arzt weiß ar-Rasi bereits: »Du mußt das ganze Gewächs herausschneiden, keine seiner Wurzeln darfst du zurücklassen.« Er forscht und schreibt über Blattern und Masern, Stein-, Blasen- und Nierenleiden, Gelenkrheumatismus. Daneben medizinische Volksschriften: sein »Buch für jene, die keinen Arzt in der Nähe haben« ist das erste Haushalts-Gesundheitslexikon. Als er stirbt, findet man in seinen Truhen Tausende von Krankengeschichten seiner Patienten, komplett mit Familienhintergrund und Lebenslauf, zusammen mit

Korrekturen zu den Thesen seiner griechischen Vorgänger. Seine Schüler werten das Material aus; es füllt 30 Bände und wird zur wichtigsten Medizinenzyklopädie beider Welten des Mittelalters.

Auch Ibn-Sina (»Avicenna«, 980–1037) ist Chefarzt eines Bagdader Krankenhauses. Seine Pioniertat ist die Einführung von Eignungsprüfungen für Ärzte. Als dem Kalif ein Fall von Fehlbehandlung zu Ohren kommt, beauftragt er Ibn-Sina, den ärztlichen Wissensstand in Bagdad zu untersuchen. Aufgrund der von Ibn-Sina ausgestellten Praxisgenehmigungen wissen wir, wie viele approbierte Ärzte es damals in der Zwei-Millionen-Stadt gab: 860 – einen auf 2325 Einwohner. Ähnliche Zahlen werden aus anderen Städten berichtet. Für unterversorgte Landgebiete organisiert Ibn-Sina Wanderlazarette und Apotheken.

Die Griechen, eher Philosophen als Praktiker, hatten, wie den arabischen Ärzten schnell klar wird, wenig klinische Erfahrung. Ibn-Sinas tägliche Knochenarbeit an den Krankenbetten eines Großstadthospitals führt indessen schnell zu sensationellen Erkenntnissen und Erfindungen. So entdeckt er, daß Gehirnhautentzündungen und Lungenschwindsucht infektiös sind (die Griechen behaupteten, »lockere Gewebe« könnten sich nicht entzünden), und er entdeckt als erster, daß Krebs keine lokal begrenzte Erscheinung ist, sondern eine Systemerkrankung anzeigt. Ibn-Sinas »Canon«, das enzyklopädische Werk seines Lebens, ist ein halbes Jahrhundert nach seinem Tod für das Abendland immer noch eine Sensation. Es wird, 1593 in Rom gedruckt, das erste arabische Buch, das dank der neuerfundenen Buchdruckkunst die weiteste Verbreitung findet.

Neuland betreten die Sarazenen-Ärzte in der Gynäkologie. Die Griechen hatten sie völlig vernachlässigt, aber den Haremsärzten öffnet sich hier ein weites Feld: Sie entdecken die Muskelarbeit der Gebärmutter bei der Geburt (die Griechen behaupteten, das Kind bewege sich selbständig in die Welt), außerdem eine Vielzahl von Frauenleiden und den Unterleibskrebs, erfinden einen Vaginalspiegel sowie ein Gerät zur künstlichen Erweiterung der Scheide bei Geburten.

So eifrig Europas Übersetzer sich später auch bemühen, arabisches Wissen ins Abendland zu transferieren – viel geht in der Überfülle unter, häufig wird nur übertragen, was die Übersetzer begreifen. So muß im Abendland nacherfunden werden, was im Orient längst vorgedacht worden ist. Ein Frauenarzt namens Ali Ibn-Abbas hat schon 1000 Jahre vor Darwin über die Entstehung der Arten und ihre funktionsbedingte Anpassung an die Umwelt geschrieben. Vaginalspiegel-Erfinder Abu'l Kasim praktiziert bereits erfolgreich die Unterbindung der großen Blutgefäße, mit der ein französischer Chirurg 600 Jahre später in die Annalen der Medizingeschichte eingeht. Auch die Entdeckung des Blutkreislaufes, dem Engländer William Harvey (1616) zugeschrieben, ist fast 400 Jahre zuvor vom Chefarzt eines Kairoer Krankenhauses, Ibn an-Nafis, protokolliert worden; nachzulesen in Ibn an-Nafis »Kommentar zur Anatomie des Canons Ibn-Sinas«. Harvey war übrigens, wie Galilei vor ihm, Student an der arabisch inspirierten Universität Padua.

Wie die meisten Ärzte ihrer Zeit waren auch Avicenna und Rhases leidenschaftliche Alchimisten. Sie suchten dabei weniger nach dem Stein der Weisen als vielmehr nach Möglichkeiten, auch diese neuentdeckten Wissenschaften in der Heilkunde zu erproben. Ar-Rasi, der sich in seinem Labor mit den Apparaten der syrischen und ägyptischen Glasmacher umgibt, destilliert auch bald etwas heraus, das noch den Namen trägt, den er ihm gab: Alkohol (vom arabischen »al-kuahl«: der Bleiglanz, der zur Augenschminke verwendet wird). Im Gold und Silber entdeckt er anregende Herzmittel; in destillierten Kräuterauszügen, im Sirup (arabisch »scharob«) eine Möglichkeit, seinen Patienten die weniger schmackhaften Präparate mundsam zu machen. Als es ihm auch noch gelingt, Früchte zu kandieren (vom arabischen »kand«, Zuckerrohr), hat er auch bald das Dragée, die verzuckerte Pille, erfunden. Wir lutschen sie heute noch. Und wie.

Etliche Geister freilich, aus ihren Reagenzgläsern und Destillierflaschen syrischer Bauart entlassen, erfüllen den Arzt mit Besorgnis. Als ar-Rasi Quecksilberverbindungen, die er entwickelt hat, an seinem Hausaffen testet, erschrecken ihn die Reaktionen so sehr, daß er strenge Kontrolle des Apothekergewerbes fordert. Fachprüfungen werden eingeführt; Ärzte und Apotheker, die Arzneien an Krankenhauspatienten ausprobieren, müssen darüber in einem Berichtsbuch, das veröffentlicht wird, Protokoll führen.

Während Ärzte wie ar-Rasi aus der Alchimie neue Heilmittel destillieren, versuchen Forscher wie Dschbar Ibn-Hajjan aus ihren Tiegeln und Retorten endlich das Gold herauszuschmelzen, das Chinesen und Byzantinern bis jetzt entgangen ist. Dschabar, im Abendland »Geber« genannt, wieder ein Mann aus der Sterne anbetenden Sabier-Sekte, steht in dem unausrottbaren Verdacht, es auch geschafft zu haben. 200 Jahre nach seinem Tod wird in Kufa, bei der Errichtung eines Neubaus, der Keller abgerissen, in dem er experimentierte. Bauarbeiter graben aus dem zerfallenen Labor einen Schmelztiegel aus – und einen Klumpen Gold.

Haruns Bagdad – eine Welt aus Papier

Die ganze Erde wird zum Forschungsfeld, Neugier und Wissensdurst der Sarazenen kennen keine Grenzen, schon gar keine geographischen. Die Söhne der Wüstennomaden reisen bis China und Indonesien, landen auf Sansibar, erkunden Rußland die Wolga hoch und bis zum Dnjepr, leben unter fremden Völkern, bei Hindus und Negern, um deren Sitten zu studieren, entdecken die Azoren und sogar – das glaubt zumindest der Historiker Ameer Ali aus Reiseberichten herauslesen zu können – Amerika.

Al-Chwarismi, der vielseitige Mathematiker und Astronom, schafft in Teamarbeit mit 69 Wissenschaftlern das »Bild der Erde«, einen Universalatlas mit Welt- und Himmelskarten, der bis ins 14. Jahrhundert kaum verbessert werden kann. Ein Direktor der Post- (und Geheimdienst-)Station Mekka erstellt einen ersten Welt-Reiseführer mit genauen topographischen Beschreibungen. Von Globetrottern und reisenden Händlern wie Jakubi und Jakut stammen geographische Enzyklopädien, die mit ihren wirtschaftlichen, historischen, ethnographischen und sogar archäologischen Detailbeschreibungen heute jedem Islam-Historiker als unübertreffliche Quellen dienen. Mit der Akribie von Teppichknüpfern tüfteln Bagdads Topographen eine Stadtbeschreibung aufs Papier, Haus um Haus und Straße um Straße, so daß man heute, obwohl von Haruns Metropole kein Stein auf dem anderen geblieben ist und auch nennenswerte Ausgrabungen nicht betrieben werden, mühelos dieses New York von damals, präzise bis auf fast jedes Haremsfenstergitter und jeden Basarstand, wieder aufbauen könnte. So wird die Welt dem Sarazenen im wahrsten Sinn ein offenes Buch.

Was diese Wanderameisenarbeit von Tausenden geographischer Fachschriftsteller und Kartographen für den Bildungsstand und das Weltgefühl eines Kulturkreises bedeutet, ist von uns kaum nachzuempfinden. Aber man muß sich vor Augen halten, wie ahnungslos damals Europäer von der Welt jenseits ihrer Kirchturmshorizonte waren: Ganze Kreuzritter-Heere gingen auf dem Weg ins Heilige Land zugrunde, weil kaum einer wußte, wo es wirklich lag.

In dieser Zeit, in der europäische Chronisten Ereignisse wie die Schlacht von Poitiers so beiläufig vermerken – wenn überhaupt –, daß spätere Historiker sich im Rätselraten verirren, blüht im Sarazenen-Imperium eine Geschichtsschreibekunst, die auch den heutigen Leser noch fasziniert. Fast immer Augenzeugenberichte, wenn nicht gar Erlebnisprotokolle, handelnde Personen kommen ausführlich zu Wort: Geschichte als Interview und Reportage.

Die ersten Historienwerke sind, wie anders, Lebensbeschreibungen des Propheten, seiner Gefährten, seiner Kriegszüge; zuerst noch protokollarisch, eindimensional, unreflektiert: Kriegsreporter Wakidi führt für jede Expedition Mohammeds seitenlang Listen mit den Namen der Teilnehmer, der von ihnen Getöteten und der Gefallenen auf, und eine schon buchhalterische Inventur der Beutestücke, auch, wer mit wem auf einem Kamel saß (weil es zu wenige gab). Bald jedoch findet die durchdachte, kommentierte Geschichtsschreibung ihre Form. Baladhuri und Ibn-Kutaiba sind darin, in Bagdad, die ersten. Abu-Hanifa und Jakubi wagen sich schon an eine Weltgeschichte. Tabari, ein ewiger Wanderstudent, der auch einmal seine Hemdsärmel verkauft, um Geld für Brot zu kriegen, und trotzdem 40 Jahre lang täglich 40 Seiten füllt, unternimmt nichts Geringeres als die »Annalen der Apostel und Könige«, von der Erschaffung der Welt bis 915. Weltläufig war auch Masudi, seine anekdotischen Beschreibungen von Königen, Städten und einfachen Menschen (»Goldene Wiesen und Edelsteinminen«) füllen 30 Bände. Auf 80 Bände bringt es Ibn-Asakir mit seinem »Who is Who« bedeutender Männer von Damaskus. Und 7500 Biographien von Prophetengefährten notiert Ibn-al-Athir. Sein Titel dafür ist nach 750 Jahren noch bestsellerverdächtig: »Die Löwen des Dickichts«. Über 360 Bücher soll al-Kindi, Nachfahr jenes jemenitischen Wüstenkönigsgeschlechts, das schon vor Mohammed berühmte Dichter zeugte, in seinen 72 Lebensjahren geschrieben haben.

Ein Nomadenkönig auch er, durchreitet al-Kindi die Reiche der Astrologie und der optischen Physik, der Musiktheorie und der Mathematik, führt die Messung mit dem Zirkel in die Geometrie ein, berechnet spezifische Gewichte von Flüssigkeiten, experimentiert schon mit den Fallgesetzen. Der nomadisierende Sinn der Sarazenen manifestiert sich jetzt im Geistigen.

Und sie schreiben nicht in den Sand. Die Papierküchen Bagdads stehen Tag und Nacht unter Dampf. Buchhandel entsteht, über 100 Buchläden allein in der Hauptstadt. An lesekundigen Konsumenten mangelt es nicht; längst schon lernt jeder junge Moslem – und auch manches Mädchen – lesen, in der Moschee natürlich, das erste Lesebuch ist der Koran. Universitäten gibt es in jeder Stadt, mit Studenten-Wohnheimen und Stipendien, mit Mensa, Bädern und Bibliotheken. Um 1200 besitzt Bagdad 30 Hochschulen, Damaskus 20, Mossul immerhin 6, und sogar eine Kleinstadt wie Homs hat eine. Bibliotheken stehen schon in jeder Moschee, Testamentsvermächtnisse wohlhabender Bürger stocken sie auf. In einer Provinzstadt wie Rai schätzt Jakut den Bestand der Volksbücherei auf »400 Kamelladungen«, allein der Katalog hat zehn Bände.

Es wurde viel geforscht, es wurde viel gedruckt, es wurde viel gelesen – aber nicht nur Wissenschaft. Auch die kulturbeflissene Abbasidenzeit hatte ihre Schnulzen und Thriller. Hauptsächlich ausländische; Inder und Perser hatten das Monopol auf die literarische Traumfabrikation. Wir können uns gut ein Bild davon machen: Einiges, was damals, saft- und kraftvoll arabisiert, Bestseller war, ist es, gedruckt, auch heute noch.

Da ist einmal die reißerische Abenteuerserie, die sich ursprünglich um den seefahrenden Skythen-König Samabra rankte. Von den Persern, die den Helden Sintipas nannten, übernehmen die arabischen Volksdichter das Gerüst der Story und machen einen Kaufmann daraus, der nun Sindbad heißt – in Hollywood wurde er in Gestalt von Errol Flynn ein Filmpirat.

Und weil in der Seehandelsmacht Bagdad Seefahrerschicksale gerade »in« waren, konnte bei den im zivilisatorischen Komfort Daheimgebliebenen die Moritat von dem auf einer einsamen Insel gestrandeten Schiffsjungen, von Ibn-Tufail um 1150 aus dem Indischen übersetzt, banges Herzklopfen erzeugen. Der Schiffbrüchige tauchte später an Europas Gestaden als »Robinson Crusoe« wieder auf.

Eine persische Kollektion von Hofklatsch um den Schah und seine unvergeßliche Liebe (es handelt sich hier um Kaiser Chosrau II. und eine Bürgerliche namens Tschirasadh), von den Urvätern der Regenbogenpresse, den Märchenerzählern im Basar, zu einem ebenso endlosen wie herzzerreißenden Liebes- und Eifersuchtsdrama fortgestrickt, erlebt im Bagdad des 10. Jahrhunderts eine Neuausgabe. Da um diese

Zeit Harun ar-Raschid bereits 100 Jahre tot ist, kann von den arabischen Hinzudichtern gefahrlos der persische Schah durch den abbasidischen Kalifen, der dem Publikum geläufiger ist, ersetzt werden. Aus dem Schahkanzler Bachtakan wird der Kalifenwesir Dscha'far, aber Prinzessin Tschirasadh behält – da sich wohl Haruns Frau Sobaida für den Part nicht eignet – auch in der arabischen Neufassung als »Scheherazade« ihre Identität. Mit Bagdader Dekors und Details, Arabesken und Grotesken, Parodien und Pikanterien aufgeputzt, genießt das Kollektiv-Oeuvre von etwa 24 Autoren-Generationen nun bei uns alle Ehren eines historischen Sittengemäldes. Was es, nicht minder als die Tatsachenberichte in den Illustrierten unserer Tage, ja auch sicher ist. Irgendwie.

Gegenüber dem ornamentösen Stil der persischen Bestsellerliteratur taten sich die Beduinenpoeten der alten Schule schwer. Vom Publikum im Stich gelassen, schmiedeten sie jetzt ironische Regimekritik, zogen sich frustriert zurück oder mimten, wie ein Abu'l-Atahija (der nichtsdestotrotz von Harun ar-Raschid mit einem Jahresstipendium von 50000 Dirhem versorgt wurde) im Gewand des wandernden Derwischs den Asketen.

Die neuen Stars der literarischen Salons und auch der Volksgunst sind – wie später Omar Khajjam – jetzt die jungen persischen Dichter der Sinnenfreude und des trunkenen Diesseitsglücks. An Haruns Hof gibt Abu-Nuwas den Ton an:

Such' nicht unter Beduinen deine Freunde,
was gibt's da schon?
In Hunger leben sie, in Not.
Laß ihnen ihre Schüssel Milch, und laß sie ziehn,
Des Lebens köstlichere Freuden kennen sie wohl kaum...
Ja, ein Glas, und schenk mir ein!
Und sag mir schnell, ist es auch Wein?
Arm ist jede Stunde Nüchternheit,
Doch reich bin ich im Rausch,
Wenn ich schwankend deinen Namen singe.
Was soll mir Lust, die unterm Schleier sich verbirgt?

Über diesen Abu-Nuwas, Sohn einer Wäscherin, urteilt der englische Professor Nicholson, Autor einer arabischen Literaturgeschichte, schockiert: »Er liefert uns das abscheuliche Bild einer korrupten und frivolen Gesellschaft, die nur ihren Vergnügungen lebt!« Nun ja, er war nicht der Typ, den ein englischer Professor zum Familientee eingeladen hätte. Aber an Harun ar-Raschids Hof war er der Hahn im Korb.

In einer jener feucht-fröhlichen Nächte, als sie alle berauscht vom Wein und der Musik und den durchsichtigen Schleiern der Tänzerinnen auf den Diwans und den Kissen lagen, kamen sie auf die Idee, dem Abu-Nuwas einen Streich zu spielen. Der Dichter hatte sich verspätet, Zeit genug also, ein Spiel zu verabreden, das er verlieren mußte. Die Vorbereitungen waren schnell getroffen. Ein Korb mit Eiern genügte, eins für jeden, schnell unter den Falten der Aba versteckt. Und da stand auch Abu-Nuwas schon im Saal.

»Setz dich, Vater der trunkenen Reime«, sagte Harun, »und mach uns nach, was wir tun. Nur ein kleines Spiel. Wer verliert, kriegt zwanzig mit der Peitsche!«

Gelächter und schelmische Blicke. Abu-Nuwas, auf seinen Kissen, blickte verwirrt um sich. »Ich fange an!« verkündete der Kalif, legte den Kopf in den Nacken, spitzte den Mund, stieß das triumphierende Gackern einer legenden Henne aus, griff sich unter die Aba und brachte ein Ei zum Vorschein. Der Beherrscher der Gläubigen registrierte zufrieden den ihm geziemenden Applaus.

»Nun du, Dscha'far!« nickte er seinem lieben Freund zu. Reihum unterzogen sich die Generäle, Minister, Professoren, Prinzen und Schranzen ihrer Mitspielpflicht. Abu-Nuwas folgte jedem Handgriff in der Runde, jedem vorgelegten Ei. Woher nur ein Ei nehmen? Er sah die teils schadenfroh, teils lustvoll lauernden Blicke. Was wäre er für ein Dichter, wenn ihm nichts einfiele – mehr als eine rettende Idee. Eine Pointe mußte es sein. Aber was?

»Jetzt leg du uns was vor, Abu-Nuwas!« prustete Harun. Die Runde lachte gehorsam und schallend.

»Einer von euch«, sagte Abu-Nuwas, stand langsam auf, trat mit gespreizten Armen und gestelztem Gang in die Runde, »wird sich gleich wünschen, hier nicht mitgespielt zu haben!«

Dann stieß er seinen Kopf vor, ließ einen durchdringenden Hahnenschrei erschallen und stürzte sich auf einen jungen Offizier – der erschreckt begriff und sich sträubte. Harun klatschte sich auf die Schenkel, Dscha'far lehnte sich gegen ihn.

»Kein Gluck-Spiel ohne Hahn!« rief Abu-Nuwas, mit dem verzweifelten Offizier ringend. »Ich bin der Hahn! Ich will meine Glucke haben! Mir steht der Hahnentritt doch zu, findest du nicht, Beherrscher der Gläubigen?«

»Nimm, was dir zusteht«, lachte Harun.

Abu-Nuwas nahm es sich. Die Runde zog den Kreis enger. Abu-Nuwas war wirklich ein Bursche, der die Hofgesellschaft zu amüsieren verstand.

Haruns Bagdad – Treibhaus der Sekten

Das Papier, die Bücher, die Flut von Übersetzungen, die fremden Ideologien und Ideen, die vielen Ausländer, das leichte Leben ohne Krieg und Hunger, der neuentdeckte Nationalsport Denken – aus all diesen Elementen braut sich eine kritische Masse zusammen: Nicht nur die Alchimisten suchen den Stein der Weisen, auch Theologen und Philosophen. Wenngleich die Alchimisten im Augenblick noch nicht erfunden haben, wie man Blitz und Knall erzeugt – eine theologische Explosion ist unausbleiblich. Unter Haruns Sohn Mamun findet sie statt, aus den Kettenreaktionen entstehen Hunderte von Sekten. Werfen wir einen Blick auf das Feuerwerk.

Es beginnt damit, daß ein Teil des Volkes immer weniger Verständnis aufbringt für den Intellektualismus, der an Universitäten, an Moscheen, in Diskussionsklubs um die vielen Wege, Allahs Weg zu gehen, entstanden ist, um die vier »Schulen« des sunnitischen Islam, die liberalen Hanafiten, die orthodoxen Hanbaliten und die Malikiten und Schafiten dazwischen. Sie wollen keinen Allah mehr aus und auf Papier, ihn nicht zwischen den Zeilen, sondern in der Seele suchen, ihn nicht denken, sondern fühlen. So entsteht, als Gegenreaktion, der Mystizismus im Islam, der »Sufismus« mit seinen in Ekstase tanzenden Derwischen. War nicht auch Mohammeds Verhältnis zu Gott mystisch – unmittelbares Bewußtwerden der göttlichen Präsenz?

Die »Sufis« schauen sich viel von den Christen ab. »Suf« heißt Wolle, und aus grober Wolle sind die Gewänder, die sie – wie die christlichen Mönche – tragen, wenn sie sich einem asketischen Leben der Meditation verschreiben. Christliches Meßritual steckt auch im Gottesdienst der Sufis, buddhistische Nirwana-Sehnsucht in ihrem Streben nach Selbstentrückung.

Bald splittert sich der Sufismus in zahlreiche Untersekten auf. Kadariten üben Gastfreundschaft, da in jedem Menschen Gott wohnt. Maulawiten, besser bekannt als »tanzende Derwische«, suchen die mystische Ekstase in der Musik. Senussis gründen einen neuen, militanten Gottesstaat. Rifaiten treiben sich Messer ins Fleisch, schlucken Glas und Schlangen, da Gott im Menschen lebt und folglich unverletzlich ist. Die Sufis nennen sich »Derwische«, was eigentlich Bettler heißt, und bauen sich als einzige Gruppierung im Islam eine klerikale Hierarchie auf, beginnen auch als erste im Islam, Heilige zu verehren, und benutzen, ebenfalls als erste, von den Hindus übernommen, zur Meditationshilfe einen Rosenkranz – den Kreuzfahrer dann in Europa einführen.

Zur größten Sekte sind die Schiiten geworden. Sie zerfallen in zahlreiche Untersekten, die sich alle auf eine Dauerexistenz im Untergrund eingerichtet haben. Der »Imam« hat die Überlebensparole ausgegeben: »Wenn der Gegner alle Macht hat, muß sich der wahrhaft Gläubige nach außen zur herrschenden Religion bekennen, um sein und seiner Glaubensbrüder Leben für die Stunde der Abrechnung zu erhalten.« Politisches Mimikry also.

Der »Imam« gilt nach wie vor als von Allah gegen Sünde und Irrtum imprägniert, ist unfehlbar und unbefleckbar, nach unseren Begriffen Kaiser und Papst und Heiliger Geist in einer Person. Als die drei ersten »Imams« werden – rückwirkend – erkannt: Ali und seine Söhne Hussein und Hassan. Die neun folgenden »Imams«, die dem Großteil der Schiiten heilig sind, stammen allesamt von Hussein ab. »Imam« zu sein ist freilich fast schon eine Garantie, nicht eines natürlichen Todes sterben zu müssen. Der letzte »Imam«, er ist der zwölfte, verschwindet spurlos.

Das mystische Unheil ereignete sich 878, in Samarra, vor den Ruinen von Babylon. Eines Abends machte sich der »Imam« Mohammed Ibn-Hassan auf die Suche nach seinem Vater. Der war zwar schon fünf Jahre zuvor im Hausarrest gestorben, aber sein fünfjähriger Sohn, wohl noch zu jung, um das zu begreifen, krabbelte in einen Höhlengang unter der Moschee. Und das war das letzte, was man von ihm sah.

Seitdem wartet die Welt der Schia auf die Rückkehr des 12. »Imam«. Für sie ist er unsterblich, »Herr über die Zeit«, der »Verborgene« – der »Mahdi«. Wenn er wieder aufscheint, wird er den »wahren Islam« verkünden, die Welt erobern und das grandiose Jahrtausend vor dem Jüngsten Tag einleiten. Das »Mahdi«-Dogma ist nicht nur Nährboden frommer Legenden, auch politische Abenteurer leben davon. Karl Mays Millionen-Bestseller »Im Lande des Mahdi« hat das Phänomen sogar bis in deutsche Kinderstuben getragen. Selbsternannte »Mahdis« finden immer wieder fanatische Anhänger, die zu jeder Schand- und Heldentat bereit sind. Erst 1976 versuchten Rebellen unter einem – von Libyen finanzierten – »Mahdi« die Regierung des Sudan zu stürzen.

Mays Millionen-Bestseller »Im Lande des Mahdi« hat das Phänomen sogar bis in deutsche Kinderstuben hinein bekanntgemacht. In Chomeinis neuer Verfassung für den Iran, in Artikel fünf, ist der Mythos nun auch endlich zu einer politischen Institution des 20. Jahrhunderts geworden. Der Artikel sieht ausdrücklich vor, daß ein »Oberster Führer«, als Statthalter des »Zwölften Imam«, bis zu dessen Rückkehr in seinem Sinn die Geschicke des Landes lenken soll. Und da, nach der Schia-Tradition, der »Zwölfte Imam die Herzen der Gläubigen durchdringt und ihnen sagt, welchem Ayatollah sie zu folgen haben«, kann Chomeini mit seinem Artikel fünf der Verfassung für die heutige Zeit nur den Ayatollah Chomeini meinen – bis der »Mahdi« kommt.

Für alle Fälle lagern ständig Schiiten vor der Legendenhöhle von Samarra. Der zungenfertige Touristenführer, für dessen Familie das mythos-umwitterte Loch in der Ruinenstadt seit Generationen eine Bakschischgoldgrube ist, sieht, wie sich auf eindringliches Befragen ergibt, dem Wiederauftauchen des »Mahdi« mit Befürchtungen entgegen – seine Familie würde es an den Bettelstab bringen. Es sei wirklich nur ein Job auf Abruf, sagt er. Ganz ernst.

Neben der »Zwölfer-Schia« lebt die »Siebener-Schia«. Einverständnis herrscht zwischen beiden Gruppen bis zum »Imam« Nummer sechs, Dscha'far as-Sadik, 765 in Medina vergiftet. Von da an wird es kompliziert. Vater Dscha'far entzog seinem Erstgeborenen Ismail wegen Trunkenheit das Recht auf seine Nachfolge als »Imam«. Die »Zwölfer-Schia« akzeptierte das väterliche Machtwort sowie den Zweitgeborenen Musa (und konsequenterweise dessen Nachfahren) als nachfolgende »Imams«. Freunde des enterbten Ismail jedoch sahen in dem Alkoholgenuß keine Gefahr für die Immunität eines »Imamats«-Kandidaten. Leider verstarb Ismail schon vor seinem Vater. Nichtsdestotrotz beharren nun die »Siebener-Schiiten« auf Ismail als siebtem und letztem »Imam«, für sie ist nur er der »Mahdi«.

Diese »Ismailiten« – ihr heutiges Oberhaupt ist Karim Aga Khan, wohnhaft Paris, Quai des Ursins Nr. 2 – tüfteln sich ein Organisationsschema aus, wonach der Ismailiten-Jünger sieben Stadien der Erkenntnis absolvieren muß, um endlich zu den »Eingeweihten« zu stoßen – die Freimaurer scheinen ihnen etwas abgeschaut zu haben.

Ein »Eingeweihter« Abdallahs gründete indessen einen mehr diesseitig orientierten Sektenableger. Hamdan Karmat, ein irakischer Bauer mit astrologischen Neigungen, schwor seine Gemeinschaft – nach ihm Karmatier genannt – auf kommunistische Prinzipien ein: Gewerkschaften, Kollektivbesitz (auch an allen Frauen), Schützenhilfe für andere revolutionäre Bewegungen (so beim Negersklavenaufstand in Basra 868 bis 883). Die Karmatier, als »Bolschewiken des Islam« neuerdings von linksorientierten Orientalisten als Studienobjekt wieder aus der historischen Versenkung gezogen, terrorisierten nach 900 zwischen Kuwait und Oman so lange, bis sie einen eigenen Staat besaßen. Sie überfielen von dort aus Pilgerkarawanen und entführten sogar den Schwarzen Stein aus Mekkas Kaaba (930, er wurde erst 21 Jahre später zurückerobert).

Der Karmaten-Staat zerbrach, einige ihrer Ideen blieben. Mit den Neo-Ismailiten, wegen ihrer Haschischsucht von den Arabern »haschaschijjun« genannt (auf europäisch, leicht verfälscht »Assassinen«), ging der Horror-Trip weiter. Führer dieser Bewegung war ein angeblicher Abkömmling der altjemenitischen Himjar-Könige, Hassan Ibn-al-Sabbach. Sein Hauptquartier war die Bergfestung Alamut, das »Adlernest«, 3000 Meter hoch im Elbrus-Gebirge, über der Karawanenstraße zwischen dem Kaspischen Meer und dem Persischen Hochland. Marco Polo wagte, wie er behauptet, einen Abstecher in die Räuberburg, auf seiner Entdeckerreise nach China. Der globetrottende Venetianer beschreibt auch, wie der Ismailiten-Fürst seine jungen Fanatiker mit Huris und Haschisch berauscht und ihnen dann befiehlt: »Nun geh hin und töte den ›...‹, und wenn du heimkehrst, werden meine Engel dich ins Paradies tragen...«. Um diese Zeit hatte bereits ein assassinischer Attentäter, als Sufi-Derwisch verkleidet, den Bagdader Wesir und Gründer einer berühmten Universität, Nisam al-Mulk, erstochen.

Andere Assassinen-Zellen nisteten sich derweil mit ähnlichen Adlerhorsten in Syrien und im Libanon-Gebirge ein. Ihr Großmeister, Raschid ad-Din Sinan, kommt als »der Alte vom Berge« in Kreuzritterchroniken zu gänsehauterregendem Ruhm. Die Killerorganisation dieses Raschid tötete auch für Geld und wechselnde Honorarzahler mal im Auftrag, mal zum Nachteil der Kreuzritter. »Die Assassinen«, so ein Chronist, »entwickelten den Umgang mit Dolch und Gift zu einer virtuosen Kunst.« Dank solcher Berichte gewannen die Assassinen in fast allen europäischen Sprachen Asylrecht. »Assassinen« heißt auf englisch und französisch immer noch: Attentäter.

Heute sind die Ismailiten friedliche, kaufmännisch begabte, fleißige Menschen, die in Syrien, Persien, Oman, Afrika, vor allem in Indien und Pakistan so viel Geld verdienen, daß sie gelegentlich ihren Aga Khan in Gold und Edelsteinen aufwiegen. In Uganda waren sie zu fleißig. Staatschef Idi Amin vertrieb die indischen Ismailiten, um ihren Besitz und ihr Handelsmonopol zu beschlagnahmen. Seitdem ist Uganda bankrott. Andere afrikanische Staaten verdanken, wie auch Pakistan, ismailitischem Fleiß und Geld moderne Krankenhäuser und Universitäten. Ismailitisches Geld steckt, dank einer geschickten Finanzpolitik des Aga Khan, in zahlreichen europäischen Unternehmungen – nicht erst seit dem Ölboom. Karim Aga Khans Bruder Sadruddin ist Chef der Weltflüchtlings-Organisation der UNO.

Ismailitische Splittergruppen (nicht unter der Oberherrschaft des Aga Khan) sind die Drusen im Libanon und die Alawiten in den syrisch-libanesischen Grenzgebirgen. Drusen und Alawiten spielten ihre – vorläufig – letzte historische Rolle im libanesischen Bürgerkrieg.

Wieviele Spaltungen es im Islam gibt, kann wahrscheinlich niemand genau sagen. Da kann man sich nur an die klassische Aufzählung von Abd-al-Kahir al Bagdadi halten, der 73 Gruppierungen beschrieben hat.

Man sieht: Echos der geistigen Explosion im Abbasiden-Reich Harun ar-Raschids hallen bis in unser Jahrhundert nach.

Harun ar-Raschid und Karl der Große – Gipfeldiplomatie?

Harun ar-Raschids Amtszeit war keineswegs politisch problemlos. Dafür sorgten schon, wie stets, die Aliden. Ein von der »Familie« angezettelter Aufstand im Dailam-Gebirge, südlich des Kaspischen Meers, war schnell niedergeschlagen, aber ein Sohn des 6. »Imams« (Idris, angeblich ebenso trinkfreudig wie sein Bruder Ismail) flüchtete nach

Nordafrika. Dort gründete er einen Kleinstaat mit der Hauptstadt Fez und rief sich zum Kalifen aus. Im ersten Zorn wollte Harun das Heer in Marsch setzen, aber dann fand Haruns kluger Dscha'far eine kostensparendere Lösung. Ein Spezialagent von Haruns CIA streute dem Kleinkalifen Gift in die Suppe.

Nordafrika wäre ohnehin den Einsatz einer Armee nicht wert gewesen. Seit Jahren war die Kolonie ein Verlustobjekt und verschlang jährlich 100000 Gold-Dinare an Zuschüssen aus der Staatskasse – mehr als der jährliche Tribut, den Byzanz immer noch an Bagdad zahlen mußte. Da bot ein General namens Ibrahim Ibn-Aghlab dem Kalifen im Jahr 800 einen Handel an: Er sei bereit, auf eigene Rechnung und Gefahr, die unergiebige Provinz zu verwalten und dafür eine Jahrespauschale von 40000 Dinaren zu zahlen. Aghlabs Bedingung: ein Erbvertrag.

Damit war nun auch Nordafrika endgültig für das Abbasiden-Reich verloren. Die Aghlabiden riefen in ihrer Hauptstadt Kairouan eine autonome Regierung aus und prägten nicht einmal mehr den Namen des Kalifen auf ihre Münzen. Die Pacht freilich zahlten sie pünktlich – und mühelos: Sie hatten die maritime Abart der klassischen Karawanen-»Razzia« erfunden, die Freibeuterei. Ihre gutausgerüstete Piratenflotte besetzte von ihrem Hafen Tunis aus Sardinien, Korsika, Malta und Kreta, plünderte Städte an der französischen, italienischen und griechischen Küste, fuhr sogar den Tiber hoch bis Rom, wo sie die Kirche »St. Paul vor den Mauern« ausraubte, gründete schließlich auch eine Niederlassung in Athen.

Weltpolitisch war die Lage jetzt so, daß die vier Großmächte der damaligen Welt miteinander in Fehde lagen – und zwar (geographisch) über Kreuz. Da war der Kalif von Bagdad, der die Abtrünnigkeit des Kalifen von Cordoba doch nie ganz zu verschmerzen schien und sich gleichzeitig von Byzanz belästigt fühlte. Anderseits war da der Kaiser des Heiligen Römischen Reiches Deutscher Nation, der auch die Interessen des Papstes zu vertreten hatte. Der Papst wiederum fühlte sich von Byzanz, das seine Oberhoheit über die gesamte Christenheit nicht anerkennen wollte, in seinem Alleinvertretungsanspruch beschnitten. Aus dieser Konstellation erwuchs jene historische Beziehung zwischen Harun ar-Raschid und Karl dem Großen, die den Historikern so zu schaffen macht. Das Ziel dieser weltumspannenden Allianz läßt sich, wenn alles so war, wie es scheint, mit dem Motto umschreiben: »Hau du meinen Ketzer, dann hau ich deinen Ketzer!« Aber letzten Endes kreist alles um die eine Frage: Wie kam der Elefant Abdallah vom Kalifenhof zu Bagdad an die Kaiserpfalz zu Aachen?

Begonnen hatte das wechselseitige Umarmungsspiel auf dem westöstlichen Diwan schon um 751 – mit einem Flirt zwischen Karls des Großen Vater Pippin und einigen Scheichs nordarabischer (Abbasiden-freundlicher) Stämme in Nordspanien. Barcelona war da bereits fränkisches Protektorat.

Um diese Zeit tobte in Konstantinopel die Bilderstürmerei. Christliche Puristen – man darf annehmen, unter dem Einfluß der islamischen Abbildungs-Feindlichkeit – zertrümmerten Heiligengemälde, Statuen und Reliquien. Die Regierung hatte sich diese Ikonoklasten-Ideologie zu eigen gemacht. Bald drohte die Bewegung auch nach Europa überzugreifen. Der Papst, um die Spendeneinnahmen der Wallfahrtsklöster und -kirchen fürchtend, aber auch um die Heiligen Stätten in Jerusalem besorgt, legte sich mit der Ostkirche auf Biegen oder Brechen an. Gleichzeitig streckte Pippin Fühler nach Bagdad aus – um Bagdad zum Angriff auf Byzanz zu bewegen. Als Gegenleistung dafür bot er an, die abtrünnigen Spanien-Moslems zu züchtigen.

So machte sich 765 eine diplomatische Mission des Franken-Königs Pippin auf die lange Reise in den Orient und wurde von Kalif Mansur herzlich willkommen geheißen. Sarazenische Sonderbotschafter begleiteten die »al-Ifrandsch« auf dem Heimweg und überreichten Pippin in Selles-sur-Cher kostbare Geschenke. Das weitgeschwungene Einkreisungsmanöver gegen Byzanz und das omajjadische Spanien hatte begonnen.

Als Karl der Große die Regierung übernahm, erschienen Barcelonas Gouverneur Sulaiman und sein Sohn Jusuf bei ihm in Paderborn – wo er gerade eine Synode abhielt – und bestätigten den Bagdad-Pakt. Damit war Karl der Große freilich auch verpflichtet, Sulaimans Barcelona gegen die wieder einmal heranrückenden Truppen des Kalifen von Cordoba zu schützen. So begann Karls verhängnisvolle – und erfolglose Expedition nach Saragossa. Wieder trat, wie einst bei Poitiers, ein Karl gegen einen Rachman an. Aber diesem Abd-ar-Rachman war das Heer der Männer aus dem Norden nicht gewachsen, außerdem kämpften die Sarazenen diesmal mit Platzvorteil. Entgegen der Zusagen Sulaimans blieben die Tore Saragossas verschlossen. Auf dem ziemlich ungeordneten Rückzug über die Pyrenäen geriet das Expeditionskorps dann auch noch in die Baskenfalle bei Roncesvalles. Karls hochberühmter Schlachtenbruder, Graf Roland der Bretagne, starb hier seinen im »Roland-Lied« und auf zahlreichen Rolands-Denkmälern verewigten Heldentod. Von dieser Bereicherung an bildhauerischen und epischen Motiven abgesehen, war es ein höchst uneinträgliches Unternehmen.

Unterdessen hatte Byzanz – nach dem siegreichen Feldzug des jungen Kronprinzen Harun ar-Raschid – sich mit Bagdad tributpflichtig arrangieren müssen. Von den Sarazenen in Schach gehalten, von Papst und König befehdet, versuchte nun Kaiserin Irene sich mit einer List der Einkreisung zu entziehen: Sie bot der Karls-Tochter Rotrud ihren Sohn Konstantin VI. als Bräutigam an. Und um den Papst womöglich noch zum Trauzeugen zu gewinnen, beendete sie den Bildersturm, ja ließ sogar wieder Heiligenbilder aufhängen.

Beinahe hätte sie es geschafft. Die Hochzeitsritter waren schon unterwegs – in Capua mußten sie umkehren. Sohn Konstantin, den sie später blenden ließ, hatte heimlich ein Dienstmädchen seiner Mutter geheiratet.

Nun verzichtete Irene auf zwei Provinzen in Italien, Benevent und Istrien (die Karl aber beide schon annektiert hatte). Irenes Sonderbotschafter Theoktistus, der die Verzichtserklärung 797 in Aachen überbrachte, fand dort eine seltsame Gesellschaft vor. In der Kaiserpfalz waren versammelt: Abdallah, ein Sohn von Abd-ar-Rachman, der von der spanischen Thronfolge ausgeschlossen worden war und nun bei Karl Unterstützung suchte; ferner König Alfonso von Asturien und Galizien, der sich, ebenfalls mit teuren Geschenken, für zukünftige Unternehmungen gegen den Omajjaden-Herrscher zu empfehlen suchte. Außerdem der Emir Aghlab aus Kairouan, angeblich Sonderbotschafter Haruns. Ihnen allen liefen ständig über den Weg, fleißig mit einem Juden namens Isaak Arabisch lernend, die Grafen Sigismund und Landfried. Diese letzteren drei waren von Karl ausersehen, dem Kalifen einen dringlichen Herzenswunsch vorzutragen. Karl der Große wünschte sich nämlich so sehr, ein noch nie gesehenes Fabeltier zu besitzen, ein – wie es in der Chronik des kaiserlichen Hofberichterstatters Einhard heißt – »elephantum bestiam«.

Ohne Kommunikationsmittel, wie wir sie kennen, ohne rotes Telefon und Kissinger-Jet entwickelte sich die internationale politische Willensbildung natürlich nur mit der täglichen Reisegeschwindigkeit von etwa 50 Kilometern. Antwort auf seine Wunschbotschaft hatte Kaiser Karl frühestens in vier oder fünf Jahren zu erwarten. Endlich, 802, ging dann auch Karls des Großen sehnlichster Wunsch tatsächlich in Erfüllung. Ein leibhaftiger Elefant stapfte durch die gepflegten Gärten der Kaiserpfalz zu Aachen. Nur: wie war er dahingekommen?

Karls zu Harun entsandte Botschafter, Sigismund und Landfried, waren beide unterwegs umgekommen, an der Krätze oder Schlimmerem. Nichtsdestotrotz traf eine Fülle von angeblichen Kalifengeschenken in Aachen ein. Darunter die berühmte »Klepshydra«, eine phantastisch ausgestattete Wasseruhr. Da es noch ein halbes Jahrtausend dauern sollte, bis an Kirchen in Straßburg und Nürnberg die ersten Turmuhren schlugen, stellt das Zeitmessungs-Monstrum eine mindestens so große Sensation dar wie Elefant Abbas. Karls Hofchronist Einhard sah sich außerstande, die komplizierte Apparatur zu beschreiben: »Die Uhr war aus Messing und mit staunenswerter Kunstfertigkeit zusammengebaut. Eine Wasseruhr maß den Verlauf der zwölf Stunden, bei deren Vollendung zwölf Kügelchen herabfielen und eine darunter befestigte Zimbel ertönen ließen. Die gleiche Anzahl von Reitern sprang zur vollen Stunde durch zwölf Tore heraus und schlossen dieselben durch den Schwung ihres Sprunges. Aber noch viele andere Merkwürdigkeiten waren an dieser Uhr zu sehen, was aufzuzählen jetzt zu weit führen würde...« So muß die Nachwelt leider auf genaue Kenntnis der »vielen anderen Merkwürdigkeiten« verzichten.

Dafür spekulieren Analytiker der Historie nun um so eifriger darüber, was die Übersendung solcher und anderer Preziosen an den Kaiser politisch bedeutet haben könnte. F. W. Buckler, Professor für Geschichte an der Universität Cambridge (Massachusetts, USA), stellt dabei zwei Symbole heraus. Erstens die Übergabe der Stadtschlüssel von Jerusalem – das sei einer Erhebung Karls zum Statthalter der Heiligen Stadt und damit in die Hierarchie der Abbasiden gleichgekommen. Zweitens die »Bekleidung« mit dem Kalifenmantel – das sei das äußere Zeichen der Anerkennung als Vasalle, als gefolgschaftspflichtiger Bundesgenosse.

Wenn das alles so stimmt, hätte Harun ar-Raschid sich jetzt als Herr der Welt feiern lassen müssen: Byzanz war ihm tributpflichtig, der Frankenkönig hatte sich freiwillig seiner Oberherrschaft unterstellt. So weit, so gut. Aber welchen praktischen Wert hatte nun diese Politik der ständigen Geschenke?

Als muselmanische Piraten im Mittelmeer ihr Unwesen trieben, schickte Karl eine Protestnote nach Bagdad. Der Kalif ließ ein bedauerndes Achselzucken überbringen: Die Freibeuter seien Fürst Aghlabs Leute, nicht sein Problem. Karl, andererseits, unterzeichnete noch kurz vor seinem Tod einen Freundschaftsvertrag mit Byzanz. War also alles nur ein weltumspannendes Mißverständnis? Oder ist die Achse Aachen–Bagdad überhaupt nur eine Erfindung? An diesem Punkt gerät Elefant Abbas ins politische Zwielicht.

Existiert hat er, das ist belegt. Hofchronist Einhard hat »elephantum bestiam« in seiner »Vita Caroli Magni« dokumentarisch festgehalten. Doch die Umstände von Elefant Abbas Reise nach Aachen stecken voller Ungereimtheiten. Unklar ist auf jeden Fall die Rolle des jüdischen Dolmetschers Isaak. Da die Grafen Sigismund und Landfried auf der Reise gestorben sind, segelt Isaak allein heim – mit dem Elefanten. Im Oktober 801 bringt er ihn in dem kleinen Hafen Portovenere (bei La Spezia) an Land und überwintert, bis die Alpen schneefrei werden, in Vercelli. Als Isaak und sein gerüsselter Reisebegleiter endlich in Aachen eintreffen (Juli 802), sind die anderen Geschenke an Karl (Wasseruhr und Kalifenmantel) bereits seit einem halben Jahr abgeliefert. Seltsam.

Warum überhaupt solch eine komplizierte Reise, wo doch die Seemacht Bagdad genug Schiffe zur Verfügung hatte? Warum der Umweg über die Alpen statt müheloser Verladung im, zum Beispiel, auf Orienthandel spezialisierten Marseille? Skeptische Historiker wie der Franzose Pouqueville oder der Russe Barthold halten denn auch die ganze Geschichte von den Beziehungen zwischen Kalif und Kaiser schlicht für einen aufgelegten Schwindel.

Ob ein paar im Ost-West-Handel tätige Geschäftemacher, allen voran der ominöse Isaak und der Piratenemir Aghlab, den Großen Karl mit angeblichen Botschaften von Harun hereingelegt und ihm dafür Importprivilegien abgeschwatzt haben? Aber die Geschenke, der Elefant, die Wasseruhr, der Mantel, die Juwelen? Nichts als Blendwerk, sagen die Skeptiker, in Europa aufsehenerregend, im Orient auf jedem größeren Basar leicht zu beschaffen (Elefanten wurden in Bagdad für Abbruch- und Straßenbefestigungs-Arbeiten, wie heute Bulldozer, eingesetzt). Kaum anders, als Europäer später die staunenden Wilden im Busch mit Glasperlenketten um die Finger wickelten.

Die Skeptiker haben ein schwer zu widerlegendes Argument auf ihrer Seite. Weder in arabischen Chroniken noch den sonst peinlich genau geführten Rechnungsbüchern der Kalifatsverwaltung ist vom Botschafter- oder vom Geschenkaustausch die Rede.

»Wie es wirklich war«, pflegen arabische Chronisten in dergleichen Zweifelsfällen zu sagen, »steht allein bei Allah geschrieben.«

Der Elefant Abu'l Abbas starb 810 im Kloster Lippenheim, nach nur acht Jahren kaiserlicher Pflege.

Götterdämmerung in Bagdad

Die Nacht, in der in Bagdad die Lichter ausgehen, kommt überraschend nur für jene, die sie nicht überleben werden. Die ganze Stadt spürt schon seit langem, daß sich über den Barmakiden ein Unwetter zusammenbraut.

Sind sie nicht so mächtig geworden, daß der Kalif nur noch eine Gallionsfigur vor dem Staatsschiff zu sein scheint, das von den Barmakiden gesteuert wird? Leuchten die Paläste der Wesirsfamilie nachts nicht so hell, daß Fremde sie mit Haruns »Palast der Ewigkeit« verwechseln? Singt nicht das Volk von Bagdad schon in den Schenken Spottverse wie diese:

»Der schöne Dscha'far hat sich ein Palais gebaut,
Wo auf dem Boden man nur Perlen und Rubine schaut,
Kein Perser und kein Inder hat sich so was je im Traum getraut.
Und bist du tot, Kalif, wird er regieren –
Man muß schon Sklave sein, um so viel zu riskieren...«

Gibt es nicht Gerüchte, daß der Kalif bei seinem Wesir um Geld betteln muß? Hat Harun nicht erst kürzlich, ohne ein Wort der Warnung, Dscha'fars Chefsekretär köpfen lassen? Verzichtet der Kalif nicht neuerdings, undenkbar noch vor einem Jahr, auf Dscha'fars Kumpanei bei seinen Mitternachtsgelagen? Eine unheimliche Wandlung ist in Harun vorgegangen, seit er von seiner letzten Pilgerfahrt nach Mekka heimkehrte. Nicht einmal Hofnarr Abu-Nuwas vermag jetzt noch die Düsternis aus Haruns Mienen zu vertreiben.

Alle zwei Jahre unternimmt Harun die Wallfahrt zur Kaaba. Aber nie zuvor gab es eine großartigere Pilgerkarawane. Mekka 802 – das sollte das Fest des Jahrhunderts werden. Es wurde der Anfang vom Ende des Abbasiden-Reiches.

Die längste und luxuriöseste Karawane, die Arabien je gesehen hat, durchquert das Sandmeer zwischen dem grünen Euphrat-Tal und den ausgeglühten Felsen von Mekka. Die juwelengespickten Kamelsänften aus Gold und Silber funkeln in der grellen Wüstensonne, von fern wirkt der Konvoi wie ein Feuerwurm. An den Brunnenoasen bauen Pionierregimenter Raststädte aus palastartigen Zelten in den Sand, komplett mit Wandbehängen, Teppichen und Diwane. Ballette und Orchester, Meistersinger und Meisterringer, Entertainer und Jongleure machen jede Rast zur Gala. Nachschubkolonnen versorgen, nach einem vom Generalstab durchdachten Organisationsplan, täglich die Herren des Sarazenen-Reiches und ihre Harems mit Wein und Obstsäften, mit Speiseeis aus Rosenwasser und Orangenmus, alles in Kühlbehältern mit Eis und Schnee aus Kurdistan.

Noch in Mekka, während der zehn Tage andauernden Zeremonien, zeigt Harun sich als der »strahlende Leuchtturm des Islam«; im härenen Pilgergewand, in einfachen Sandalen, von der ernsten Frömmigkeit der heiligen Stätte erfüllt, führte er seine Gemeinde in den vom Propheten vorgeschriebenen Ritualen an. Dann, bei der letzten Etappe der Pilgerreise, nach dem Gebet in der Grabmoschee Mohammeds in Medina, geschah es. »Wie schön, daß wir in Medina sind«, sagte Sobaida, und sie schmeckte jedes Wort auf der Zunge ab, »da hast du ja nun Gelegenheit, deinen kleinen Neffen kennenzulernen...«

Dann sprudelte aus ihr heraus, was ihr auf der Wallfahrt im Vorjahr eine Sklavin Abbasas – wütend über eine angeblich zu Unrecht bezogene Ohrfeige – enthüllt hatte.

Mit versteinertem Gesicht hörte sich Harun an, wie die beiden Menschen, die er auf der Welt am meisten liebte, ihn zum durchlauchtigsten Hahnrei des Reiches gemacht hatten.

Eine Zeitlang hatte sich das Scheinehepaar an den Schwur gehalten, die Ehe nicht zu vollziehen. Dann jedoch, eines Nachts, bestach Abbasa ihre Schwiegermutter, sie in Dscha'fars Zimmer zu lassen, als Sklavin verschleiert – an einem jener Donnerstagabende, die Scha'far nicht in Haruns Gesellschaft verbrachte. Von da an schlief sie jeden Donnerstag mit ihrem Mann. Als das Kind zur Welt kam, hatten sie es heimlich nach Medina geschickt, um es dort aufziehen zu lassen.

Viele hatten es gewußt, und Harun sah sie alle vor sich, die er mit vollen Händen beschenkte, die Künstler, die Gelehrten, die Unternehmer, die Kadis, die Emire, die sich in den warmen Nächten voller Musik und Wein auf seinen Kissen aalten und die alle Stellung, Reichtum, Existenz, ja Leben nur seinem Wohlwollen verdankten. Viele mußten es gewußt haben, schon lange – nur er nicht, der große Kalif – ein Stückchen Wachs in den Händen der Barmakiden, dieser Magierfamilie mit den Oktopusarmen.

Am nächsten Tag soll Harun draußen in der Wüste, jenseits der Harran-Felsen von Medina, das Kind gesehen haben. Eine Weile habe er ihm zugeschaut, wie es im Sand spielte. Ein hübsches Kind, mit der hohen Stirn und den sinnlichen Lippen der Barmaks, dem breiten Kinn und den wachen Augen der Abbasiden. Ein hübsches Kind mit sehr heller Haut. Er soll auch geweint haben, eine Träne oder zwei, bei dem Gedanken, daß auch das Kind nun sterben muß.

Nein, das ist nicht mehr der Harun ar-Raschid der fröhlichen Nächte, der jetzt durch die endlosen Säulengänge des »Palasts der Ewigkeit« wandert, ruhelos, als suche er etwas, das er vor langer Zeit verloren, vielleicht nie besessen hat: das eigene Ich.

Bagdad, die tausendundeinste Nacht

27. Januar 803, kurz vor Mitternacht. Kalif Harun ar-Raschid ist allein in seinem Palast. Keine Musik, kein Stimmengewirr, kein Sklavinnenkichern. Die Öllampen in den leeren Korridoren und Gemächern werfen nervöse Schatten, die Glut in den Heizöfen – Bagdad ist kalt in Januarnächten – taucht die Mosaikwände und die Stalaktiten-Bögen zwischen den Säulen in blutiges Rot. Die Eunuchen gehen auf Zehenspitzen.

»Masrur!« Der Kalif läßt seinen Chefeunuchen rufen, den Trau- und Schwurzeugen bei Dscha'fars Hochzeit mit Abbasa. »Masrur, du erfüllst mir jeden Befehl, ist es nicht so?« Ohne die Ergebenheitsbeschwörungen abzuwarten, fährt er dort: »Geh zu Dscha'far. Egal, wie du ihn antriffst, wo und mit wem – bring mir seinen Kopf.«

Der Eunuche steht starr.

Dscha'far feiert mit Freunden. Masrur läßt seine Männer in einem Vorraum warten, tritt allein hinter den Milchbruder des Kalifen, Chef der Staatskanzlei, Sohn des Großwesirs, Oberaufseher der Provinzgouverneure, Oberst der Palastgarde, Bruder des Innen- und Finanzministers und – Schwager des Kalifen.

Dscha'far, dem mitternächtliche Ein- und Vorladungen zum Beherrscher der Gläubigen nicht ungewohnt sind, folgt dem Eunuchen. Im Vorraum legen ihm Masrurs Männer Fesseln an. Aus dem Festsaal nebenan klingen die Lauten, Tamburins und Trommeln herüber.

Noch glaubt Dscha'far an einen Scherz. Wer kennt nicht die Launen des Kalifen. Nicht wahr, Harun hat getrunken. Nein, meint Masrur, seit Tagen keinen Schluck. Dscha'far beginnt das Unfaßbare zu glauben. »Hör zu, Masrur, mein Bruder, ich war immer gut zu dir. Geh zum Kalifen. Sag ihm, du hättest mich getötet, wie er es befahl. Achte auf seine Augen. Du wirst sehen, er glaubt es nicht. Er wird weinen, dich verfluchen. Dann kannst du ihm sagen, ich lebe noch. Er wird dich belohnen, reicher noch als ich. Du wirst es sehen. Er liebt mich.«

»Und wenn nicht?«

»Dann tust du deine Pflicht.«

Haruns Gesicht wirkt eingefallen. Schweiß auf der Stirn. Jahre älter als vor einer halben Stunde. In seiner Seele ist der Mord bereits geschehen. Nicht mehr ungeschehen zu machen. Die leeren Hände des Eunuchen irritieren ihn. »Wo ist der Kopf?«

Masrur, jetzt selbst in Todesangst: »Drüben im Palast.«

»Hier will ich ihn haben! Vor meinen Augen!« Masrur hat es gleich gewußt.

Dscha'far, gefesselt, von gezogenen Dolchen umzingelt, lächelt dem Eunuchen verkrampft entgegen. Masrur schüttelt den Kopf. Dscha'far sackt in seinen Fesseln zusammen. Masrurs Männer tun sich nicht schwer, den schlaffen Körper über den Diwan zu legen. »Masrur, wirklich?« Masrur nickt nur. »Allah verzeihe uns allen.« Im Festsaal tritt das Ballett auf.

Nachdem Masrur den Kopf auf einen niedrigen Tisch vor Harun ar-Raschids Diwan gesetzt hat, zieht er sich in den Schatten der Vorhänge zurück. Vom Fenster kann er, auf dem anderen Tigris-Ufer, die Paläste der Barmakiden sehen. Da verlöschen jetzt die Lichter. Minutenlang starrt Harun den Kopf an. Dann spricht er mit ihm, verflucht ihn, beweint ihn. Er haßt ihn so sehr, wie er ihn liebte, und er liebt ihn noch immer.

»Masrur!« Die Stimme Harun ar-Raschids ist eisig. Der Kalif beginnt zu regieren. Erst in dieser Stunde nimmt er die Staatsgewalt wirklich in die Hand. Die ersten Befehle gehen an die Geheimpolizei und die Armee. Noch vor Morgengrauen sind alle Angehörigen der Familie Barmak festzunehmen, die Ministerien und die Paläste der Wesirsfamilie unverzüglich zu besetzen. Als die Sonne des 28. Januar 803 über Bagdad aufgeht, sitzt der alte Großwesir Jachja Ibn-Barmaki wieder in demselben Matbak-Gefängnis im Südquadranten der »Runden Stadt«, aus dem Harun ar-Raschid den Mann, den er einmal »Vater« nannte, vor siebzehn Jahre befreite. Neben ihm auf dem Stroh liegt sein Sohn Fasl. Dort werden sie beide bald krepieren. Abbasa wird in ihrem Schlafgemach eingemauert, das Kind wenig später in Mekka getötet.

Das Volk von Bagdad schiebt sich stumm über die drei Tigris-Brükken. Auf jeder Brücke ist ein Drittel von Dscha'fars Leichnam, auf einen Pfahl gespießt, zur Schau gestellt. Für die Geier ist es ein Festtag. Erst nach zwei Jahren läßt Harun die Reste von den Stangen nehmen und verbrennen. Penibel, wie die Hofbuchhaltung einst die Ausgabe von 100000 Dinar für eine goldene Halskette, Geschenk Haruns an Dscha'far, vermerkte, registriert sie nun: »1 Posten Reisigholz zwecks Verbrennung Leiche Dscha'far – 0,10 Dirhem.« Aber da ist der Traum von Tausendundeiner Nacht schon längst zu Asche geworden.

Seit Haruns Staatsstreich von oben ist in Bagdad nichts mehr wie zuvor. Ein neuer Wesir, der unter Haruns Vater Kammerherr gewesen war, übernimmt das Kanzleramt, ein durchaus fähiger Beamter, der jedoch mit einer dezimierten Behördenorganisation, selbst wenn er die Intelligenz und die Erfahrung eines Barmakiden gehabt hätte, keine Glanzleistungen vollbringen kann.

Harun ar-Raschid verlegt seine Residenz nach Rakka in Syrien. Von dort beobachtet er, nicht ohne Selbstmitleid, den Niedergang des Wohlstands im Reich. Verbittert beginnt er, Ketzer zu verfolgen. Und schon jetzt sieht er voraus, daß die unterschiedlichen Charaktere seiner beiden für die Kalifatsnachfolge vorgesehenen Söhne zu einer Zerreißprobe für das Imperium führen müssen. Da empfindet er es fast schon als Erleichterung, als in Nordpersien Aufstände ausbrechen und er an der Spitze seiner Truppen ins Feld ziehen kann.

Seine letzte Expedition führt Harun ar-Raschid nach Chorasan. Dort haben Aufständische die Provinzhauptstadt angezündet und 30 Millionen Dirhem mitgehen lassen, die der Gouverneur unterschlagen und in seinem Garten vergraben hatte. Harun ist krank (wahrscheinlich Nieren- und Darmkrebs), außerdem leidet er an Verfolgungswahn. Aus Angst vor Gift ißt er nichts mehr. Sein langjähriger Leibarzt Dschibril Ibn-Bachtischu kann sich nur durch Flucht vor einem in Wut erlassenen Hinrichtungsbefehl retten. Aber Harun reitet weiter. Ende März 809, kurz vor Tus (nahe der heutigen iranisch-afghanischen Grenze) wird ihm der Gouverneur vorgeführt, der die strapaziöse Expedition verursacht hat. Harun, selbst dem Ende nah, befiehlt für ihn einen gräßlichen Tod.

Nicht ein Henker, ein Metzger wird bestellt. Mit irrem Blick, die knochigen Hände um die Sessellehne gekrampft, starrt Harun auf die sachverständige Tranchierarbeit, die ihm da am – noch eine Weile – lebenden Objekt demonstriert wird.

Harun ar-Raschid ist der Name, der als Symbol einer Epoche die Jahrhunderte überdauert hat – aber war der Mann Harun tatsächlich der Repräsentant seiner Zeit? »Je mehr man Harun ar-Raschid studiert, um so klarer wird, daß dieser Mann die Geschichtsschreiber in einen fast hypnotischen Bann geschlagen hat«, wundert sich der englische Historiker Anthony Nutting. »Es fällt schwer, in seinem Leben etwas auszumachen, womit er sein Imperium oder dessen Kultur bereichert hätte.« Nicht Harun ar-Raschid war »Tausendundeine Nacht« – die Barmakiden waren es, die Forscher, Ärzte, Künstler und Gelehrten, die in dem Wohlstandssystem, das die Barmakiden schufen, über bis dahin für unerreichbar gehaltene Grenzen des menschlichen Geistes hinausdrangen. Harun ar-Raschid ging im blutigen Wahnsinn zugrunde, seine Nachkommen verschleuderten das Reich. Aber die Arbeit der islamischen Forscher und Gelehrten wirkte weiter und schuf die Grundlagen, auf denen die europäische Renaissance aufbauen konnte.

Eine Stunde, nachdem der Metzger von Tus sein blutiges Handwerk beendet und die sauber auseinandergetrennten Glieder des Gouverneurs, zuletzt jeden Finger einzeln, vor dem Diwan des Kalifen geordnet hat, läßt Harun ar-Raschid sich in den Garten tragen. Er schaut interessiert den Männern zu, die ihm sein Grab ausheben. Am nächsten Morgen – die Hälfte der Nacht verbringt er noch im Delirium – wird er darin bestattet. Man schreibt den 24. März 809.

11.
Der Halbmond geht auf: Türken und Seldschuken, Mamluken und Mongolen

Wer auf den drei Schiffsbrücken Bagdads die an ihren Pfählen verwesenden Leichendrittel Dscha'far al-Barmakis als grausiges Omen für die Zukunft der Zwei-Millionen-Stadt gedeutet hatte, sah seine düstersten Vorahnungen nur zu bald bestätigt. Der nobelgeborene Kalifensohn Amin – Sobaidas Kind – begann seine Regierungszeit damit, gegen seinen Bruder Mamun zu kämpfen. Mamun, der Sklavinnenbastard, begabter Zögling der Barmakiden, machte relativ kurzen Prozeß. Seine Truppen blockierten vierzehn Monate die Stadt, bis der Hunger spürbar wurde. Als sie dann zum Sturm ansetzten, versuchte Amin zu fliehen. Mamun-Soldaten köpften ihn.

Der Bastard sollte sich, trotz turbulenter Amtseinführung, als hervorragender Herrscher erweisen, viele Historiker halten ihn für weitaus staatsmännischer als seinen legendären Vater. Tatsächlich wurde ein großer Teil der allgemein der »Epoche der Abbasiden« zugeschriebenen Kulturleistungen in den dreizehn Jahren seiner Regierung erbracht.

Die Überfremdung Bagdads, die sich auf geistigen Gebieten so befruchtend auswirkte, führte auf dem Militärsektor zu einer Kettenreaktion von Katastrophen. Griechisches und persisches Denken beflügelte sowohl das gesellschaftliche als auch das kulturelle Leben, persische Wesire verwalteten das Reich – das Rückgrat der Armee aber bildeten die harten Männer aus Chorasan und den zentralasiatischen Steppen dahinter.

Seit Vizekönig Haddschadsch die Grenzen über den Oxus (Amu-Darja) gestreckt hatte, floß still und permanent ein Strom von Menschen ins Reich, die präzise zu bezeichnen die Historiker sich immer schwer getan haben: Turgesch, Turkomanen, Turkvölker. Sie haben mit den Türken von heute soviel und sowenig zu tun wie die ersten europäischen Einwanderer mit den heutigen Amerikanern, sind aber die Stammväter der Türken, die wir kennen (die heutige Türkei war damals ein Teil des oströmischen Reiches, Byzanz). Diese »Türken« also, die als Kriegsgefangene, Sklaven und Gastarbeiter kamen, zeigten sich schnell als hervorragend militärtauglich.

Für Militärexperten zählte vor allem ihre selbstmörderische Disziplin in schweren Gefechten. Bagdads Rekrutierungsoffiziere holten sich ihren Nachwuchs mehr und mehr aus den Lagern der Sklavenhändler.

Nur: In Friedenszeiten wandelten sich die Kampfqualitäten dieser Fremdenlegion zu Verschwörertum und Putschsucht. Und so beginnt eine Clique von Fremden aus der Steppe, scheinbar über Nacht, die Geschichte eines doch recht hochkultivierten und -zivilisierten Teils der Erde zu bestimmen. Wie konnte es dazu kommen?

Die Zersplitterung des Sarazenen-Reiches, die nun einsetzt, der Pilzbefall durch Dutzende von hochschießenden und schnell wieder wegfaulenden, regionalen und Möchtegerndynastien war – um ein Modewort zu benutzen – systemimmanent. Die meisten Eroberungen der ersten »arabischen« Phase waren, so sehr sich Militärs damit brüsteten, nur nominell gewesen, überhastet, kaum durchgreifend. Die Verwaltung, einheimisches Personal, blockte die Verankerung der »Kolonialherrschaft« ab. Außer dieser »horizontalen« Spaltung machten sich im Imperium auch »vertikale« und »diagonale« Schnitte schmerzhaft bemerkbar: zwischen Nordarabern und Südarabern, zwischen Arabern einerseits und Nichtarabern andererseits, zwischen arabischen Moslems und Neomoslems, zwischen Moslems insgesamt und »dhimmies« überhaupt. Weder Perser noch Turkvölker, noch hamitische Berber – von Indern ganz abgesehen – sind je mit den semitischen Arabern zu einem homogenen Ganzen zusammengeschmolzen bis heute nicht. Und selbst innerhalb der gemeinsamen Religion arbeiteten zentrifugale Kräfte und produzierten Schiiten, Karmaten, Ismailiten, Assassinen und dergleichen. Sowenig das Kalifat die Mittelmeerländer mit den Regionen Zentralasiens zu einer stabilen Einheit integrierte, sowenig vermochte der Islam auch seine Anhänger in eine einzige ökumenische Gemeinde zu inkorporieren. Kein Grund zum Naserümpfen: Auch das Christentum hat innere Religionskriege nicht verhindern können; auch der Kommunismus, so jung und schon so desintegriert, ideologische Schismen nicht.

Zu all diesem traten, womit offenbar Ideologen selten rechnen, die menschlichen, allzumenschlichen Faktoren: Selbst-, Ehr-, Gewinn- und Genußsucht. Die Sieger auf dem Schlachtfeld ließen sich, wie meistens, nachträglich im Bett unterkriegen, die riesigen Harems (nicht nur der Kalifen) mit ihren Sklavenmädchen und -jungen, die unübersehbare Zahl von Nebenfrauen, die Horden von Halbbrüdern und -schwestern mit ihren unvermeidlichen Eifersüchten und Intrigen, das wein-, weib- und sangesselige Schlemmer- und Schmarotzerleben an den Herrscherhöfen – all das ließ letzten Endes auf die Throne nur noch schwache (wenn nicht gar schwachsinnige) Erben krabbeln, die, wegen der fast niemals überzeugend festgelegten Nachfolgerechte, selbst bei bestem Willen ihre Zeit hauptsächlich mit Erbschaftsstreitigkeiten vergeudeten.

Mit den Barmakiden schienen auch die klugen Finanzexperten dahingegangen zu sein (ein paar Glücksfälle gab es freilich immer wieder), die das Wechselspiel zwischen Investitionsanreiz und Produktionssteigerung und damit wiederum erhöhtem Steueraufkommen begriffen hatten. Wenn auch die Steuern selbst in den schlimmsten Zeiten nach Harun ar-Raschid nie so hoch waren, wie wir sie uns heute aus den Rippen zu schneiden gewohnt sind – Bauern, Handwerker und Händler empfanden sie drückend genug, um die Lust an der Arbeit zu verlieren. Lustlosigkeit der Fleißigen, Entmutigung der Ehrgeizigen – nach und nach setzten, unaufhaltsam, die Gleichgültigkeit und die Dumpfheit ein, die sich dann in dem Wort »Kismet« ihre Entschuldigung suchten.

Bagdad blieb trotzdem im Denken der Sarazenen noch lange der Mittelpunkt der Welt. Aber es war bald nur mehr der nostalgische Nachglanz einer großen Zeit, das mähliche Abflackern einer Flamme, für die niemand mehr Öl nachgoß. Vor diesem Hintergrund rollt nun die Schlußphase des orientalischen Sarazenen-Reichs ab. Es ist die Geschichte der türkischen Fremdenlegion, der Verschwörungen und Meutereien ihrer Offiziersjunten, der daraus hervorgehenden, meist kurzlebigen Sultansdynastien – die dann selbst unweigerlich wieder den Offiziersputschen ihrer, auch wieder türkischen, Palastgarden zum Opfer fallen.

Fremdenlegionäre ergreifen die Macht

Eines Nachts, in seinen lustvolleren Zeiten, ließ Harun ar-Raschid sich ein frisch eingefangenes Türkenmädchen ins Bett legen. Der Sohn, den er der Sklavin machte, kam als Nachfolger von Mamun auf den Kalifenthron. Mutassim, der Halbtürke, sprach lieber Türkisch als Arabisch; und wie Araber und Perser einander mißtrauten, so mißtraute er beiden. Mutassim wechselte die letzten Araber in der Palastgarde gegen Türken aus, und ehe noch Mutassims Amtszeit zu Ende ging, hatten türkische Ofziere auch die Armee übernommen – und ihren »türkischen« Kalifen fest in der Hand. Die Leute in Bagdad, die sich über die Rüpeleien der Jungtürken beklagten, nannten sie »Mamluken« (vom arabischen »mamluk«, der Unfreie; sie waren ja, auch wenn sie sich als die neuen Herren aufspielten, ihrem Status nach Sklaven).

Von nun an setzten die Türken 350 Jahre lang Kalifen ein und ab, wie es ihnen gefiel (es waren, immerhin, stets Abbasiden), schreckten auch vor Mord und Verstümmelung nicht zurück, wenn ein Kalif sich ihnen widersetzen wollte. Die Türken regierten die Perser, von denen die Araber unterdrückt wurden, und Mohammed war noch nicht einmal 300 Jahre tot.

Nun konnten zwar die türkischen Juntaoffiziere, wie bei ihrem Lieblingssport, den Kalifen zum Poloball ihrer politischen Launen machen – für die Provinzgouverneure waren sie nur ein Haufen wildgewordener Sklaven. Der Erfolg der noch von Harun eingesetzten, nun unabhängigen Aghlabiden-Dynastie in Nordafrika ließ bald in jedem Gouverneur Sezessionspläne keimen. Als erste scherten Ägypten und Persien aus. Die Junta schickte zwar nacheinander zwei ihrer starken Männer an den Nil, um das reiche Steuerertragsgebiet wieder zurückzugewinnen. Aber auch die kündigten, angesichts der Fleischtöpfe Ägyptens, Bagdad die Loyalität auf, machten sich selbständig und schnitten sich außer Ägypten und Syrien auch noch ein Stück heutiges Saudi-Arabien aus dem zerstreuselndenen Kuchen der Abbasiden. Nun hatte Bagdad auch die heiligsten Stätten – Mekka, Medina und Jerusalem – verloren. Östlich von Bagdad entwickelte sich der Zerfall nicht minder rasch.

Wie immer, wenn Imperien auseinanderbrechen, setzte jetzt, im Westen wie im Osten, eine Ära ein, die geprägt war von »sinn- und ziellosen Kriegen, in denen Regionalkaiser, krawallierende Statthalter, größenwahnsinnige Ex-Sergeanten und sogar Räuberhauptmänner den Status eines Alexanders des Großen zu erreichen trachten«, wie Professor Habib von der indischen Moslem-Universität resümiert. Nach Kalif Mamuns einäugigem General Tahir riß ein Kupferschmied namens Saffar, der als Terrorbandenführer klein angefangen hatte, den Osten des Reiches an sich – um ihn, ebenfalls nach 50 Jahren (875), an eine Aristokratenfamilie aus Balch (die »Samaniden«) zu verlieren. Die

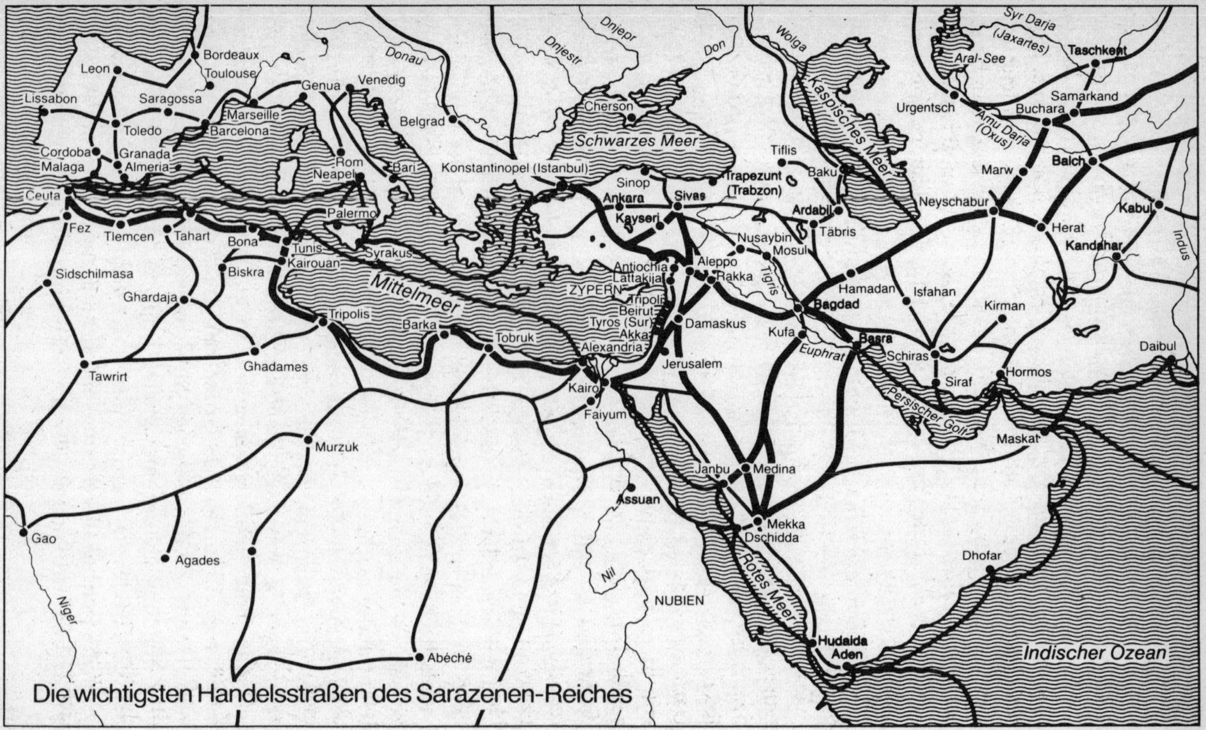

Die wichtigsten Handelsstraßen des Sarazenen-Reiches

wiederum hatten einen türkischen Unteroffizier namens Alptigin in der Palastwache, der sich in einem Bergtal westlich von Kabul gleich zum Kaiser ausrufen ließ. Dessen Enkel Mohammed, der erste Träger des Sultantitels, machte das afghanistanische Felsennest Ghasna zur Goldgrube. Auf 17 Raubzügen in 30 Jahren plünderte er Indiens schönste Tempelstädte bis südlich von Delhi und Bombay aus. Doch zehn Jahre nach dem Tod dieses Sultans mit dem ewig verschleierten – weil von Pockennarben entstellten – Gesicht mußte sein Sohn bereits aus Ghasna fliehen. Die 300 mit den väterlichen Raubschätzen beladenen Kamele wurden ihm beim Zug ins Exil, nach Lahore, von seinen Dienern gestohlen.

Untergegangen war das Sultansreich von Ghasna – das sich vom Elbrus bis zum Ganges erstreckte – durch die Seldschuken.

Da war nämlich eines Tages ein Mann namens Israil Ibn-Seldschuk, seines Zeichens Führer eines Stammes turkmenischer Oghusen, zu dem verschleierten, pockennarbigen Sultan Machmud gekommen. Recht artig hatte er darum gebeten, mit seinen Leuten über den Amu-Darja setzen zu dürfen. Sultan Machmud ließ 4000 Oghusen-Familien mit ihren Herden über den Fluß und zu seinen Weiden rudern. Fünfzehn Jahre später reichte die gesamte Sultansarmee nicht mehr aus, um die Seldschuken in Schach zu halten. Der Enkel von Einwandererführer Seldschuk krönte sich in Marw zum König, und Sultan Machmuds Enkel mußte ins Exil. Seldschuken-Sultan Togril (1039–1063), nun Herr über Afghanistan, Aserbeidsch'an und Chorasan, aber damit nicht zufrieden, legte die Hand auf Bagdad.

Togrils Sohn Alp-Arslan (»Held und Löwe«), der seinen Schnurrbart so lang wachsen ließ, daß die Spitzen hochgebunden werden mußten, verklammerte das Abbasiden-Reich wieder einigermaßen von Damaskus bis Buchara. Etwa um diese Zeit taucht auch bei den Stämmen der Turk-Völker der Halbmond als Wappen- und Bannerzeichen auf, der später für das Abendland zum Symbol des Islam werden soll.

Seldschuken ließen das geistige Leben in Bagdad wieder aufleben. Zwanzig Jahre wirkte dort der fähigste Wesir seit den Barmakis: Nizam al-Mulk, der auch die berühmte Nizamijja-Universität gründet, die heute noch steht. Noch einmal durfte sich Bagdad für den Nabel der Welt halten.

Zu Unrecht. Am Nil war inzwischen ein neues Reich entstanden, das sich in Größe, Reichtum und geistiger Kraft fast mit dem alten Bag-

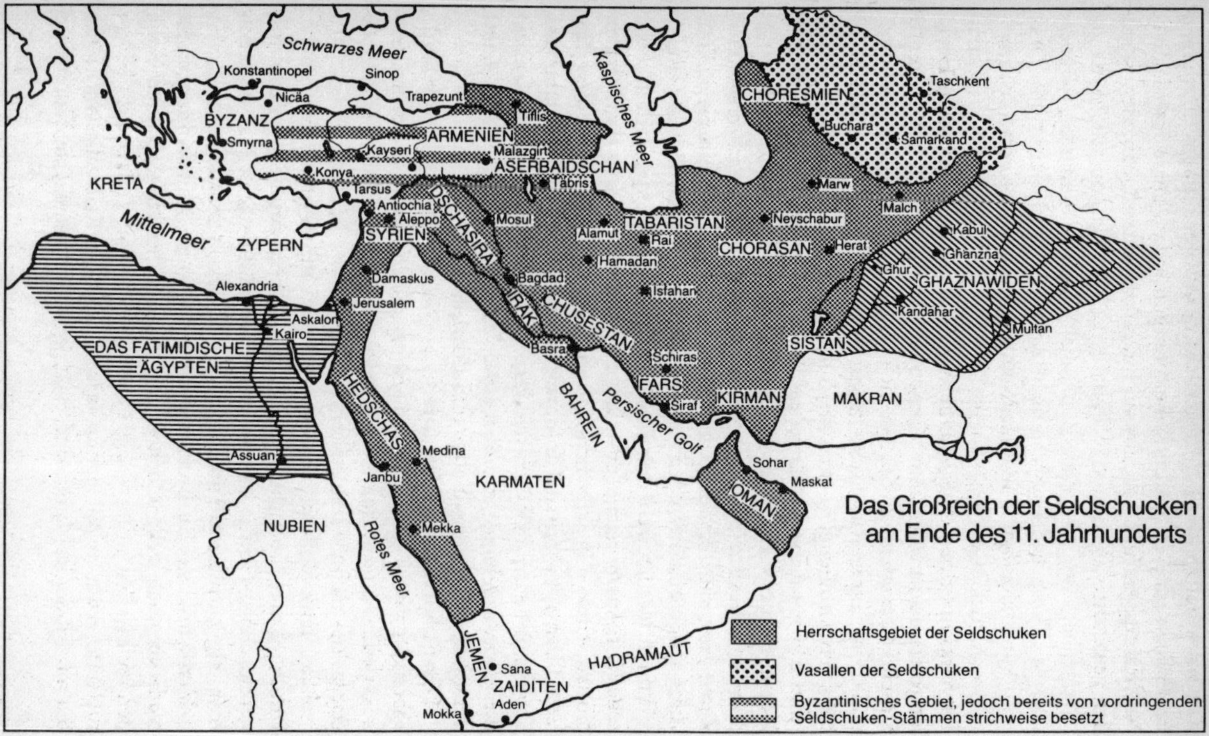

Das Großreich der Seldschucken
am Ende des 11. Jahrhunderts

dad-Staat messen konnte. Regiert wurde das neue Imperium von den Erbfeinden der Abbasiden – von den Fatimiden. Die »Familie«, die Nachfahren Alis und Fatimas, die Stiefkinder des Islam, hatten es endlich geschafft.

Noch eine Weltstadt aus dem Nichts – Kairo

Ein Sarazene, mit billiger Handelsware auf seinen Kamelen als Händler getarnt, reitet an einem Morgen des Jahres 903 in die Wüstenstadt Sidschilmasa ein. Stolz erheben sich weiße Häusertürme, die Kuppeln und die Minaretts der mauerumgürteten Stadt, die sich, nur von der Sahara her zugänglich, an einen Südhang des Großen Atlas-Gebirges lehnt. Der Sarazene hat eine lange Reise hinter sich, quer durch ganz Nordafrika, bis ins heutige Marokko, immer auf der Hut vor Geheimpolizisten, sein Steckbrief ist überall bekannt. Said Ibn-Hussein kommt aus Syrien, und oft glaubte er, das Ziel seiner Reise nie zu erreichen – Sidschilmasa, die Stadt aus Gold.

Von Sidschilmasa existieren heute nur Ruinen. Aber zwei Jahrtausende lang war es eine der reichsten Städte der Erde, bis zu ihrer Zerstörung Ende des 18. Jahrhunderts. Sidschilmasa war die End- und Verteilerstation für die Trans-Sahara-Karawanen aus Timbuktu und den geheimnisvollen Reichen dahinter – Gold, Sklaven und Elfenbein, die gewinnträchtigste Handelsware der Antike und des Mittelalters, der ganze Reichtum Afrikas floß durch Sidschilmasa.

Diese Stadt am Ende der islamischen Welt hat Said Ibn-Hussein, das Oberhaupt der »Familie«, der Nachkommen Alis und Fatimas, sich ausgesucht – von hier aus will er ein Königreich für die Schiiten erobern. Ein wahnwitziger Plan.

Aber dieser Plan Said Ibn-Husseins hat zwei Argumente für sich: In Sidschilmasa ist das Gold, das man zur Finanzierung von Revolutionen braucht – und ringsum leben wilde Berber-Stämme, mit denen man Revolution machen kann. Kann es Ibn-Hassan?

Herrscher über das Land sind die Aghlabiden, die von ihrer Hauptstadt Kairouan aus (im heutigen Tunesien) über Nordafrika und Sizilien regieren. Aber der letzte Aghlabide liegt in seinem Palast und vertut seine Tage und Nächte mit Mädchen und Wein. Die Berber-Stämme sind unruhig, wollen selbst regieren, wollen das Gold von Sidschilmasa. Agenten der »Familie« säen schon seit langem Unruhe unter ihnen. Was fehlt, ist nur noch ein zündender Funke und ein Führer, den sie alle anerkennen. Ibn-Hassan wird ihnen beides liefern. Mit undurchdringlichem Gesicht treibt er seine Kamele durch das einzige Tor der Goldstadt.

So beginnt das Abenteuer der Machtergreifung der Fatimiden. Und der Plan, dessen Erfolgschancen tausend gegen eins stehen, gelingt. Sidschilmasas Stadt-Scheich Elisar läßt sich vom Berber-Heer der Fatimiden aus der uneinnehmbaren Stadt locken – und wird geschlagen. Ibn-Hassan gewährt den Berbern vierzig Tage Zeit, sich aus den Magazinen der Goldstadt mit dem Nötigsten zu versorgen – dann beginnt der Marsch auf Kairouan. Der letzte Aghlabide flüchtet, Nordafrika gehört der »Familie«. Said Ibn-Hussein läßt sich unter dem Namen »Iman Ubaidallah al-Machdi« zum Kalifen proklamieren. Damit hat der Islam nun drei Kalifen.

Unaufhaltsam marschiert der Fatimiden-Kalif ostwärts. 914 erobert er Alexandrien, und als das Jahrhundert zu Ende geht, haben die Fatimiden die größten Triumphe ihrer bisher nicht gerade glorreichen Geschichte erlebt: Sie sind Herren über Ägypten und Syrien, einen Teil Mesopotamiens, den Jemen und das Hedschas. Das grüne Banner der Fatimiden weht über Mekka, Medina und Jerusalem. Eine Zeitlang besetzen sie sogar Damaskus. Und wo General Amr, der erste Sarazenen-Eroberer Ägyptens, am Nil das Militärlager Fostat anlegte, da bauen sich die Fatimiden ein Denkmal für die Ewigkeit: die Stadt Kairo.

Wie es sich für Kalifen gehört, betätigen sich auch die fatimidischen sofort als eifrige Bauherren. Die al-Ashar-Moschee und -Universität gehören heute noch zu den eindrucksvollen Monumenten der ägyptischen Hauptstadt. Neue große Krankenhäuser werden gebaut (in einem arbeitet dann der Entdecker des Blutkreislaufs, Ibn an-Nafis, als Chefarzt), Paläste, Brücken und Kanäle; ein neues »Bait al-Hikma«, ein »Haus des Wissens« mit mindestens 200000 Büchern.

Seinen Höhepunkt erlebt das Fatimiden-Reich unter Kalif al-Asis. Dieser Ur-Urenkel des Dynastiebegründers macht Kairo zur neuen Metropole des orientalischen Islam. Seine Palastanlage bietet 30000 Beamten und Bediensteten Unterkunft. Die Hauptstraßen Kairos sind überdacht, nachts hell erleuchtet. Auch hier der kalifatsspezifische Monopolkapitalismus: 20000 Wohnhäuser in Kairo sind Eigentum des Kalifen, für ebenso viele Geschäftslokale kassiert er monatlich 200 bis 1000 Dirhem pro Laden an Pacht. Dafür garantiert er freilich auch Sicherheit. Sogar Juweliere und Geldwechsler brauchen nachts ihre Läden nicht abzuschließen, heißt es.

Kalif al-Asis, dessen Name in allen Moscheen vom Atlantik bis zum Indischen Ozean gepriesen wird, träumt auch schon davon, das Sarazenen-Reich in seiner alten Einheit wiederherzustellen. Ein Wiedervereinigungsangebot an den Kalifen von Cordoba bleibt zwar offiziell unbeantwortet (»hätten wir je von dir gehört, würden wir dir vielleicht schreiben«, läßt der Omajjade wissen), aber für den Fall einer Eroberung Bagdads, die er plant, baut er vorsorglich einen Zwei-Millionen-Dirhem-Palast, wo dann die abbasidische Kalifenfamilie in königlichem Hausarrest residieren soll. Christen genießen unter al-Asis Toleranz wie in Bagdads schönsten Zeiten. Christ ist sein Wesir Isa (Jesus) Ibn-Naschr, Christin seine russische Frau, ihre beiden Brüder sind Patriarchen in Alexandria und Jerusalem.

Der jähe Absturz vom Höhepunkt, verschuldet durch eine vertrackte Erbfolge, bleibt indessen auch dem Fatimiden-Kalifat nicht erspart. Als Asis stirbt, kommt sein Bruder Hakim auf den Thron – und der ist nicht nur erst elf Jahre alt, sondern auch, wie sich später herausstellt, das merkt man leider nicht gleich, wahnsinnig. Kalif Hakim, der nie ein Schermesser an sein Haar läßt, liquidiert etliche Wesire und droht auch seiner Schwester, wegen ihres emanzipierten Lebenswandels, mit dem Tod. Sein glühendster Haß richtet sich jedoch gegen die Religion, der sein Bruder mit so viel Toleranz begegnete. Christen werden wieder verfolgt, Kirchen und Klöster sinken unter der Spitzhacke in Trümmer, die Grabeskirche Christi zu Jerusalem wird zerstört. Gegen Raubüberfälle auf christliche Jerusalem-Pilger wird nicht mehr eingeschritten. Wahnsinnig oder nicht – auch ein Hakim findet seine fanatischen Anhänger; diese organisieren sich zu einer Sekte, die sich nach ihrem Gründer, einem türkischen Schneider namens Darasi, »Drusen« nennt. Sie halten ihren langhaarigen Kalifen für eine Inkarnation Gottes, und daß er das sei, glaubt Hakim auch selbst.

Diese extrem-ismailitische Drusensekte, deren letztes Oberhaupt Kamal Dschumblatt – er entstammt einer alten Drusenführer-Dynastie – eine treibende Rolle im libanesischen Bürgerkrieg 1976 spielte und 1977 einem Attentat zum Opfer fiel, entwickelte früh blutige Todfeindschaft gegenüber der quasi-christlichen Ismailitensekte der Alawiten, deren Mitglied Assad dann als syrischer Staatspräsident mit seinen Panzern in den Libanon einmarschierte. Wie sagte doch der arabische Historiker Ibn-Chaldun schon im 14. Jahrhundert: »Vergangenheit und Zukunft gleichen sich wie zwei Tropfen Wasser...«.

Am Abend des 13. Februar 1021 reitet Kalif Hakim, wie schon oft, allein zu dem einsamen Haus auf dem langgestreckten Mokattam-Hügel vor den Mauern Kairos. Als er nicht zurückkehrt, kämmt ein Suchkommando das Hügelgelände ab – und findet sein Pony mit abgehackten Vorderbeinen, seine blutigen Kleider, von Dolchstichen durchlöchert, aber noch zugeknöpft, in einer Zisterne. Hakim – oder seine Leiche – bleibt unauffindbar. Die Drusen warten noch heute auf seine Wiederkehr. So haben auch sie ihren »Mahdi«.

Die Nachfolger Hakims des Schrecklichen versuchen nach Kräften, die am christlich-moslemischen Verhältnis angerichteten Schäden zu reparieren. Kaiser Konstantin VIII. von Byzanz darf die Jerusalemer Grabeskirche wieder aufbauen. Die Christenverfolgung kann als vorübergehende Verirrung eines umnachteten Geistes zu den Akten gelegt werden.

So dachte man, und so schien es auch. Aber die Nachrichten von Kalif Hakims Irrsinnstaten – er regierte von 996 bis 1021 – verbreiteten sich in Europa nur mit der den damaligen Reisegeschwindigkeiten entsprechenden Verspätung. Und wiewohl christliche Pilger längst wieder Jerusalem samt renovierter Grabeskirche besuchen konnten, rüstete das Abendland gegen die barbarischen heidnischen Sarazenen.

Papst Urban II. hält eine Rede

26. November 1095. Vor dem Osttor der kleinen französischen Stadt Clermont, in der Auvergne, hat sich eine fröstelnde Menschenmenge versammelt: Fürsten und Bischöfe, Ritter und Kardinäle starren auf die Tribüne, die dort auf freiem Feld errichtet worden ist, weil die Kathedrale die Menschenmenge nicht fassen kann. Dort steht ein unscheinbarer weißhaariger Mann, im wollenen Mantel, auf einen Stab gestützt. Als er das Wort ergreift, wird es totenstill im weiten Rund. Die brüchige Altmännerstimme ist nur schwer zu verstehen. Doch Satzfetzen treiben der atemlos lauschenden Versammlung Tränen des Mitleids und der Wut in die Augen.

Der alte Mann, Peter von Amiens, genannt »der Eremit«, kommt, so sagt er, eben von einer Pilgerreise aus dem Heiligen Land zurück. Was er dort erlebt habe, sei die Hölle auf Erden: Jerusalem geschändet, Klöster verwüstet, Mönche und Pilger massakriert, gläubige Christen versklavt und ins Joch gespannt wie das Vieh. Die Stimme des Alten erstickt im Schluchzen. Man muß ihn stützen.

Hinter Peter dem Eremiten sitzt, auf einer Art Thron, Papst Urban II., flankiert von Kardinälen. Der Papst studiert aufmerksam die Wirkung, die der Vortrag des Alten bei den Menschen zu seinen Füßen auslöst. Er nimmt sich Zeit. Die Empörung soll erst Wurzel greifen. Dann läßt er seine predigtgewohnte Stimme über die führenden Köpfe Europas rollen.

Dies ist der neunte und letzte Tag des Konzils von Clermont. Die bisher behandelten Punkte der Themenordnung haben die Konzilteilnehmer nur wenig bewegt. Kirchendisziplin, Ämterkauf, Einsetzung von Geistlichen durch die Feudalherren, das Übliche. Nichts, was den von weither Angereisten nachts in dem ausgedehnten Zeltlager auf den feuchten Äckern vor der Stadt die Novemberkälte aus den Gliedern getrieben hätte. Aber die Schilderungen des Wallfahrers, die treffen jeden mitten ins Herz. Sünder mögen sie alle sein, gegen die Gebote des Herrn zehnmal am Tag verstoßen haben und in der Nacht auch noch ein paarmal, wenn sie sich um Land, Vieh, Frauen, Erbe und Ehre gegenseitig, landauf, landab mit Schwert und Keule massakrieren. Aber inbrünstige Christen sind sie allesamt, wie sie da stehen.

Das Echo der Papstworte, die nun auf die Volks- und Fürstenversammlung vor den Mauern von Clermont niederdonnern, wird der Welt noch jahrhundertelang in den Ohren klingen. Die Rede Urbans II. zählt zu den folgenreichsten rhetorischen Leistungen der Geschichte.

»Krieger, die ihr mich hört, die ihr ohne Unterlaß eitlen Vorwand für eure Kriege sucht – freut euch, denn hier werdet ihr zu einem gerechten Krieg aufgerufen! Nun geht es nicht mehr darum, eine Stadt, eine Burg zu stürmen. Es geht um die Eroberung der Heiligen Stätten! Wenn ihr siegt, wird der Segen des Himmels, werden die Königreiche Asiens eure Beute sein! Und Christus selbst, der aus seinem Grab aufsteigt, gibt euch das Kreuz – das Kreuz soll von nun an das hohe Zeichen über allen Nationen sein. Laßt es auf euren Waffen und Bannern leuchten, als Unterpfand des Sieges oder des Märtyrertums. Was immer geschieht – Gott will es!«

Dann verspricht Papst Urban jedem Kreuzzügler völlige Absolution von allen Sünden, stellt jeden, samt Familie und Vermögen unter den Schutz der Kirche, verhängt über jede Gewalttat gegen Kreuzzügler von vornherein den Bann. Spontan proklamiert die Versammlung zum Führer des Kreuzzugs den Papst. Leider muß er ablehnen.

Von Clermont aus erfaßt die Aufbruchsstimmung ganz Europa. Alle haben nur noch ein Ziel: Jerusalem. »Und so«, schreibt der Kreuzzugshistoriker Michaud, »verlieren alle Länder an den Kreuzzug die Soldaten, die sie eigentlich zur Selbstverteidigung brauchen.«

Europa 1095 – wie sieht das aus? »Überall solche Unordnung, daß man den Weltuntergang nahe glaubt«, konstatiert der Kreuzzugschronist Wilhelm von Tyros. »Überall stöhnt das Volk im Joch der Leibeigenschaft. In ganz Europa seit Jahren schon entsetzliche Not, Verbrechen und Raubrittertum. Entleerte Städte und Dörfer verfallen dem Ruin. Die Menschen verlassen ohne Bedauern ihre Scholle, die ihnen weder Nahrung noch Sicherheit bieten kann.«

Da ist es ein Segen, daß das Kreuzzugsedikt von Clermont nicht nur himmlische, sondern auch irdische Erlösung garantiert: Befreiung von allen Steuer- und Privatschulden, Aufhebung jeglicher Strafverfolgung. Das Kreuzzugsgelöbnis steht über jedem Gesetz, jedem Vertrag. Feudalherren können weder ihre Vasallen noch diese ihre Leibeigenen zurückhalten, so ziehen sie dann selber mit. Warum auch nicht? Dreck am Stecken hat jeder. Und gibt es – außer Ehre, Ruhm und Ablaß – nicht sagenhafte Reichtümer zu gewinnen?

Wunderzeichen heizen die Stimmung auf. Ein Abt sieht ein Kreuz am Himmel. Ein Komet erscheint, Sterne spielen Feuerwerk, eine blutrote Riesenwolke erhebt sich im Osten. In Frankreich soll Karl Martell aus dem Grab gestiegen sein. Als der Frühling kommt, ist das ganze Abendland auf den Beinen. Die Ritter treffen zwar noch umständliche Reisevorbereitungen – viele müssen erst ihren Besitz verkaufen, an die Kirche zumeist, um aufrüsten zu können –, aber das Volk will nicht länger warten.

Ganze Dörfer, ja Städte laden ihren Hausrat auf Karren und ziehen los. Mehrere hunderttausend Proletarier aller Länder vereinigen sich zwischen Maas und Mosel unter dem Kreuz von Peter dem Eremiten: Männer, Frauen, Kinder, Greise, Kranke, Räuber, Huren, Bettler – ein riesiger Elendstreck wälzt sich der Fata Morgana des goldenen Orients entgegen, den Rhein hinauf und die Donau hinunter, plündert die Dörfer, zertrampelt die Felder, schlachtet die Herden. Bauern und Städter versuchen, sich gegen die kreuztragenden Heuschreckenschwärme zu wehren. In Semlin werden 16 Kreuzler am Stadttor aufgehängt, da stürmen die übrigen die Stadt. Die Bürger von Nisch massakrieren 10000. Von da an benehmen die Kreuzzügler sich gesitteter. Angekommen ist von diesem ersten Zug im Heiligen Land kaum einer. Wer es bis in die Türkei schafft und dort das letzte Gemetzel überlebt, den verkauft der Sultan von Nicäa auf dem Sklavenmarkt. Einer, der übrigbleibt, ist Peter der Eremit; halbverhungert, fast verdurstet und verirrt, wird er von einem nachfolgenden Ritterheer aufgegriffen. Bei der Belagerung von Antiochia versucht er zu desertieren, da wird er mit Gewalt ins Lager zurückgeschleppt. Aber Hunderttausende von gebleichten Skeletten, makabre Überreste der Karawanen, die er führte, markieren nachfolgenden Kreuzzüglern eine Strecke des Weges nach Jerusalem.

So verläßt, über 200 Jahre lang, Zug um Zug das Abendland, der größte Aderlaß Europas bis zur Besiedelung Amerikas, die meisten zu Fuß, viele zu Pferd, einige auch per Schiff. Aber immer sind es nur die wenigsten, die das gelobte Land erreichen. Heute stöhnen selbst Fernfahrer, die gewohnheitsmäßig dicke Brummer über einigermaßen ausgebaute Straßen durch den Balkan und die Türkei fahren, über Strapazen und Gefahren. Für die Kreuzfahrer jedoch war die weglose Welt, die hinter dem Bosporus beginnt, unbekannter als die Rückseite des Mondes.

Blutbad in Jerusalem

Welche Kraft hat der Islam dem Kreuz entgegenzusetzen? Im Augenblick keine. Lange Zeit machen die Widrigkeiten von Landschaft und Natur den Kreuzfahrerheeren mehr zu schaffen als die Krieger Allahs. Die Zerrissenheit des Sarazenen-Reiches läßt den Gedanken an eine zentralgesteuerte Verteidigung gar nicht erst aufkommen. Auch die Seldschuken-Stämme, die sich inzwischen über »Rum« (Türkei), Syrien und Persien ausgedehnt haben, besitzen kein gemeinsames Oberhaupt. Ägypten verkümmert unter minderjährigen Kalifen, die Bagdader Kalifen verkümmern unter ihren türkischen Sultanen, und überall zerfleischen sich die Juntas der Mamluken-Offiziere gegenseitig. Die Muezzins haben Trauer und Verzweiflung in der Stimme.

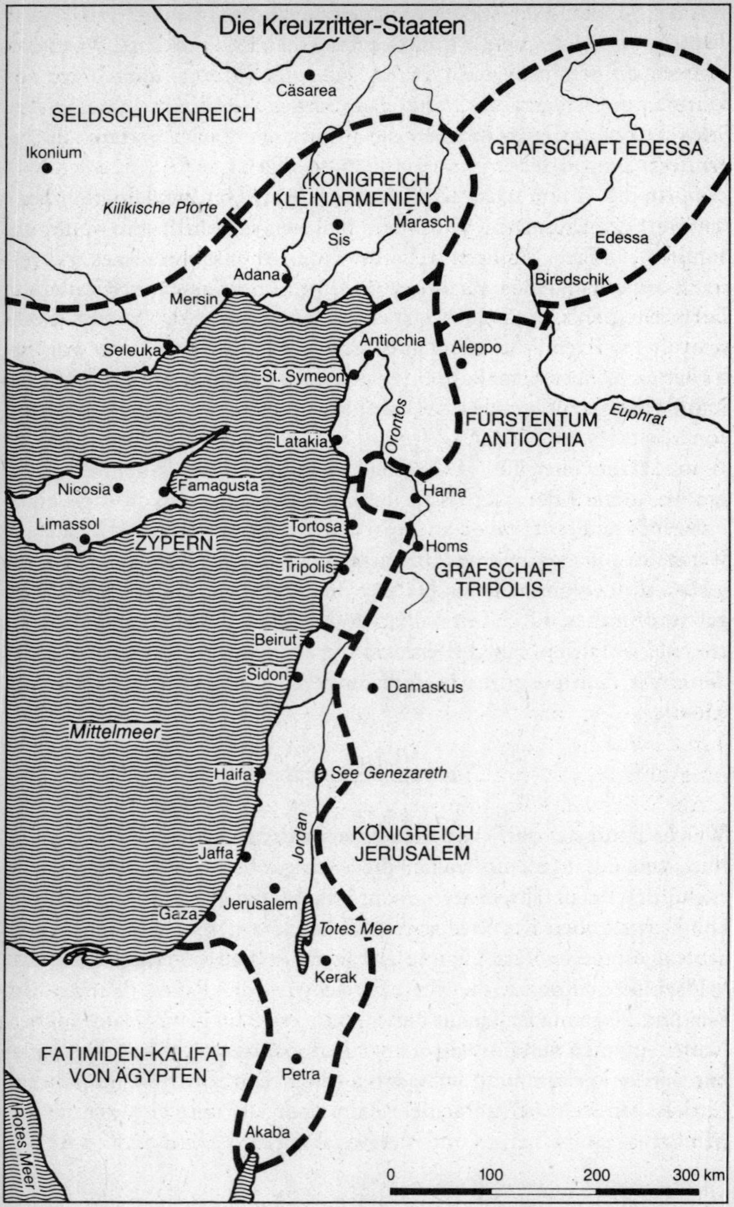
Die Kreuzritter-Staaten
Cäsarea
SELDSCHUKENREICH
Ikonium
KÖNIGREICH
KLEINARMENIEN
Kilikische Pforte
Marasch
Sis
GRAFSCHAFT EDESSA
Edessa
Biredschik
Adana
Mersin
Seleuka
Antiochia
Aleppo
St. Symeon
Orontos
Euphrat
FÜRSTENTUM
ANTIOCHIA
Latakia
Nicosia
Famagusta
Hama
Limassol
ZYPERN
Tortosa
Homs
Tripolis
GRAFSCHAFT
TRIPOLIS
Beirut
Sidon
Damaskus
Mittelmeer
Haifa
See Genezareth
Jordan
KÖNIGREICH
JERUSALEM
Jaffa
Jerusalem
Gaza
Totes Meer
Kerak
FATIMIDEN-KALIFAT
VON ÄGYPTEN
Petra
Rotes Meer
Akaba
0
100
200
300 km

Als der französische Ritter Gottfried von Bouillon im Juni 1099 mit 20000 Mann auf Jerusalem marschiert – dem Rest von 300000, die 15 Monate zuvor mit ihm aufbrachen –, ist die Heilige Stadt kaum auf Verteidigung eingerichtet. Die Fatimiden haben sie gerade erst den Seldschuken entrissen, fieberhaft wird an den Stadtbefestigungen gearbeitet. Die Garnison zählt ganze 1000 Mann.

Es ist Juli. Gluthitze. Die Bäche ausgetrocknet, die Brunnen zugeschüttet, vergiftet. Die Kreuzfahrer schlagen sich die Köpfe blutig um Tropfen fauligen Wassers. Tier- und Menschenleichen legen Pestgestank über die biblische Landschaft. Eine Hiobsbotschaft kommt aus Jaffa: Ein Geleitzug, Nachschub aus Genua, ist bei der Landung zerstört und verbrannt worden. Trotzdem ein Hoffnungsschimmer: Unter den Überlebenden sind Spezialisten für Belagerungsmaschinen. Aus Schiffstrümmern, nach Jerusalem gekarrt, entsteht jetzt ein Arsenal von mauerüberwindenden Apparaten, darunter drei Rolltürme, höher als die Stadtbefestigung, mit je drei Etagen für Pfeil- und Lanzenschützen und oben einer Klappbrücke für Sturmtruppen.

Im Morgengrauen des 14. Juli 1099 setzt das Kreuzfahrer-Heer zum Sturm an. Während Schleudermaschinen die Bollwerke sturmreif schießen, bewegen sich, von Norden und Osten her, die drei Rolltürme auf die Mauer zu. Auf Turm 1 (mit einem weithin leuchtenden Goldkreuz) Gottfried von Bouillon, auf Turm 2 Graf Raimund von Toulouse, auf Turm 3 der Ritter Tankred. Die Verteidiger, die sich inzwischen 14 Wurfmaschinen bauen konnten, leisten erbitterten Widerstand. Nach 12 Stunden Artilleriegefecht sind Rollturm 1 und 3 bewegungsunfähig, Turm 2 völlig zerstört.

Auch der zweite Tag bringt bis zum Mittag keine Entscheidung. Alle Belagerungsmaschinen der Kreuzritter stehen in Flammen – die Alchimisten der Moslems haben inzwischen das »Griechische Feuer« nacherfunden und verfügen somit über Flammenwerfer und Brandbomben. Bei den Kreuzfahrern gibt es zum Löschen weder Wasser noch – was gegen das »Griechische Feuer« allein wirksam ist – Essig.

Da, plötzlich, auf dem Ölberg: Ein unbekannter Ritter in funkelnder Rüstung gibt mit blitzendem Schwert das Zeichen zum Sturmangriff. Gottfried und Raimund erkennen die Strahlengestalt sofort. Das kann nur der heilige Georg sein. Nun hält kein Zögern mehr die Krieger Christi. Mit dem Schlachtruf »Ritter Georg ist mit uns!« werfen sie sich gegen die Mauern. Gottfried von Bouillon, sein Rollturm ist just rechtzeitig vor der Georgserscheinung repariert worden, treibt seine Schiebmänner zu übermenschlichem Einsatz. Im Hagel der Brandpfeile und Naphthabomben, von Flammen umlodert, kappt er das Halteseil seiner Klappbrücke. Ein Sprung, er ist auf der Mauer, hinter ihm Vetter Baudouin du Bourg und andere Ritter. Unten splittern vor den Rammböcken die Tore auf, über Hunderte Leitern erklettern die Ritter die Mauern. Es ist Freitag, Nachmittag drei Uhr, der Wochentag und die Stunde wie damals, als Christus starb.

Von dieser Stunde an, eine Woche lang, regiert der Terror in Jerusalem. Moslems werden von Mauern und Türmen gestürzt, lebend auf Scheiterhaufen geröstet, zerrissen, zerhackt, gevierteilt, gepfählt. 300 Menschen werden auf der Plattform der Omar-Moschee – obwohl Ritter Tankred ihnen, um sie zu retten, sein Banner zuwirft – von Kreuzträgermeuten massakriert. In der al-Aksa-Moschee werden, wie Raymond d'Agiles und Matthäus von Edessa übereinstimmend berichten, 65000 bis 70000 Menschen geschlachtet. Mordkommandos gehen von Haus zu Haus, töten Kranke in den Betten, Frauen mit Kindern an der Brust.

»In der Omar-Moschee stand das Blut so hoch, daß es bis an die Steigbügel unserer Pferde reichte«, notiert der Augenzeuge Kaplan Raymond d'Agiles, doch keineswegs irritiert, denn er fährt fort: »Wunderbare Anblicke wie diese erfreuten unser Auge, wohin wir blickten.«

Andere wunderbare Anblicke beschert den Christen die reiche Beute. Vor dem Angriff war vereinbart worden, daß jeder Kreuzfahrer das Gebäude in Besitz nimmt, das er als erster betritt. So versieht jeder »sein« Haus mit seinem Zeichen. Ritter Tankred hat sein Wappen an die Omar-Moschee gehängt. Sechs Lastwagen sind nötig, um die Schätze abzutransportieren. Wichtigstes Fundstück für die Christenheit ist das Kreuz Christi. Es ist allerdings nicht auszumachen, wie es wieder in das moslemische Jerusalem kam, nachdem Kaiser Herakleios es drei Jahrhunderte zuvor gerade noch vor dem ersten Ansturm der Sarazenen aus der Heiligen Stadt retten konnte. Was immer das für ein Holz war, das die Kreuzfahrer fanden – es erfüllte sie, wie ein Chronist versichert, »mit solcher Freude, als sähen sie den Leib Christi noch daran selbst hängen«.

Die Ritterschaft wählt Gottfried von Bouillon zum König des neuen christlichen Staates Jerusalem, dann geht die Eroberung des Heiligen

Landes weiter. Zwar kehrt ein Teil der Kreuzfahrer, die tatsächlich nur Jerusalem befreien wollten, nun heim. Die meisten jedoch bleiben und richten sich häuslich ein. Für die Ritterschaft bedeutet »Kreuzzug« die Eroberung neuer Fürstentümer. Für die Stadtstaaten Venedig und Genua – die mit ihren Flotten den Nachschub- und Fährservice für Erster-Klasse-Kreuzzügler übernehmen – die Gewinnung neuer Handelsniederlassungen (sie lassen sich freilich erst Stadtviertel und Handelsmonopole garantieren, bevor auch nur ein Ruder gerührt wird). Für das Fußvolk der Kreuzzüge aber geht es ganz einfach um Flucht aus der Armut und dem Elend Europas. »Kreuzzug« – das ist auch der Überfall der damaligen »Dritten Welt« auf die hochzivilisierten Länder der damaligen Industrie- und Verschwendungsgesellschaft, die Besitzer von Rohstoffen und Technologie. Und wie immer bei solchen Unternehmungen – nicht das erste und nicht das letzte in der Geschichte – war auch eine Ideologie vorhanden, die die Inbesitznahme zum »gerechten Krieg« erklärte. Wie immer stehen die Opfer in keinem Verhältnis zum »Gewinn«; wie immer sind die Fähigkeiten der Eroberer, das Gewonnene zu nutzen, nur beschränkt, die Sarazenen stellten da für immer eine Ausnahme dar.

Um 1110 erstreckt sich der Christenstaat von Antiochia bis Akaba, aufgeteilt in das Königreich Jerusalem (Beirut bis Akaba), das Fürstentum Antiochia (vom Seehafen Latakia bis zur armenischen Grenze) und die Grafschaft Tripoli. Vornehmlich ein schmaler Küstenstreifen also, von einigen weiter landeinwärts gelegenen Kreuzritterburgen abgesehen.

Mußte es nicht einfach sein, die Christen »ins Meer zu werfen« – so wie es heute, schon seit Jahren, die Palästinenser den Israelis androhen? Damals wie heute waren die arabischen Staaten hauptsächlich mit sich selbst beschäftigt, mit Nachbarschaftskrächen, mit politischen und religiösen Sektierereien. Damals wie heute gab es keine »islamische Einheit«. Damals wie heute ergingen sich die Führer der entfernteren Staaten – je ferner, je lauter – in Lippenbekenntnissen, die nur von Europäern, unerfahren in orientalischer Denk- und Sprechweise, für bare Münze genommen werden.

Ende 1110 erscheinen Flüchtlinge, darunter Händler, Theologen und Rechtsgelehrte, angeführt von einem »Scharif« (so lautet der Ehrentitel für Nachkommen der Prophetenfamilie), in Bagdad und demonstrieren gegen die Tatenlosigkeit des Kalifen. Der Chronist Ibn-al-Kalanisi berichtet:

»Zur Stunde des Freitagsgebets betraten sie die Sultansmoschee, holten den Vorbeter von der Kanzel – die sie in Stücke schlugen – und bejammerten das Schicksal der Opfer der fränkischen Invasion. Kurz darauf kehrte die Gattin des Kalifen, die Schwester des Sultans, mit ihrer Karawane aus Isfahan zurück und brachte eine unbeschreibliche Fülle von Kostbarkeiten mit. Das laute Benehmen des Scharifen und seine Forderungen nach Hilfe wirkten sich sehr störend auf den Empfang aus. Kalif al-Mustasir fühlte sich äußerst belästigt und wollte die Demonstranten festnehmen und streng bestrafen lassen. Der Sultan mischte sich jedoch vermittelnd ein, begnadigte die Demonstranten und wies die anwesenden Offiziere an, sich auf den Heiligen Krieg gegen die Ungläubigen vorzubereiten...«

Nichts geschieht. Fast 50 Jahre können sich christliche Könige, Fürsten und Grafen einem durch sporadische Attacken nur wenig gestörten Genuß des Heiligen Landes hingeben. Dann plötzlich, 1144, verlieren die Kreuzzügler ihr östliches Bollwerk: Edessa (heute Urfa) im nördlichen Mesopotamien. 24 Jahre später sitzt ein seldschukischer Sultan im fatimidischen Kairo, der sich wiederum sechs Jahre später »König von Ägypten und Syrien« nennt. Sein Name: Salah addin Jusuf Ibn-Ajjub. Die Kreuzfahrer lernen ihn fürchten unter dem Namen Saladin.

Die Sarazenen haben wieder einen Helden: Saladin

Über drei Sultansgenerationen hinweg haben die syrischen Seldschuken zäh und folgerichtig einen Einkreisungsplan verfolgt. Voraussetzung dieses Plans war die straffe Zusammenfassung der gesamten Frontgebiete unter einer Hand. Sultan Sangi (»Sanguin«) konsolidierte Syrien. Sein Sohn Nureddin unterwarf sich Ägypten samt dem fatimidischen Kalifen. Und Saladin, der Neffe von Nureddins Generalstabschef, ein Kurde, schaffte die Fatimiden-Herrschaft ganz ab. Ziemlich schmerzlos übrigens: Als der 14. Kalif von Kairo sanft entschlief, proklamierte Saladin in der Moschee den Namen des abbasidischen Kalifen von Bagdad. Nennenswerter Widerspruch erhob sich nicht. Das fatimidische Zwischenspiel war zu Ende.

Dem Christenkönig Amalrich von Jerusalem ist indessen das Schachspiel entlang seiner Grenzen nicht entgangen. Vergeblich hat er schon versucht, gemeinsam mit dem Fatimiden-Heer die Seldschuken-Einkreisung zu verhindern. Ja, Christen und Moslems Schulter an Schulter – aus der hehren Kreuzzugsidee ist banales machtpolitisches Taktieren geworden.

Taktiert wird derweil auch in anderer Form in und um Jerusalem. Der neue Sarazenen-König von Ägypten und Syrien ist über jede strategische Idee, jeden Familienkrach und jede Palastintrige bei den inzwischen durchweg miteinander verschwägerten Christensippen genau informiert. Seine ergiebigste Nachrichtenlieferantin ist eine Nebenfrau (sollte man Haremsdame sagen?) des Königs von Jerusalem.

Im Juni 1187 ruft Saladin zur »dschihad«, zum »Heiligen Krieg«, auf. An der Spitze der größten Sarazenen-Streitmacht seit der Christeninvasion überquert er den Jordan und erobert Tiberias, treibt damit einen Keil zwischen Jerusalem und den Libanon. Von jetzt an bestimmt Saladin das Spiel. Den Christen bleiben nur zwei Möglichkeiten: offene Feldschlacht – oder Belagerungskrieg um Jerusalem.

Der soeben frisch ins Amt getretene König von Jerusalem, Guy de Lusignan, entscheidet sich für den offenen Kampf – sehr zur Freude der Sarazenen, die sich auf Pferden und Kamelen immer wohler fühlen als vor Mauern. Bei Hittin stoßen die beiden Heere aufeinander. Der Kurde Saladin hat, ganz im Stil seines arabischen Vorbildes Chalid Ibn-al-Walid, die Schlacht sorgsam vorgeplant.

Am Vorabend hat er die Kreuzritter durch Scheinangriffe gezwungen, in einer wasserlosen Wüstengegend zu kampieren. Nun läßt er ihnen scheinbar den Weg zum Tiberias-See offen. Eine leichte Brise weht ihnen verlockend den Geruch von Wasser ins Gesicht. Da stecken die Sarazenen das dürre Steppengras in Brand. Hinter der Feuerwalze, schemenhaft im Rauch, brechen sie auf Lusignans 20000-Mann-Heer herein. In immer neuen Wellen stürmen nun auch die zunächst in Reserve gehaltenen Reiterbrigaden von den Hügeln herunter. Es wird die vernichtendste Niederlage der Christen seit der Invasion.

Unter den Gefangenen ist nicht nur König Guy, sondern auch Graf Reginald de Chatillon, der von seiner Kreuzritterburg Karak immer wieder Mekkapilger überfallen und ausgeraubt hat. Saladin hatte sich geschworen, ihn mit eigener Hand zu töten.

Saladin hat die prominenten Gefangenen in sein Zelt gebeten. Dem König bietet er einen Becher Wasser an, Zeichen arabischer Gastfreundschaft. Als der König den Becher an den Grafen weiterreicht, macht Saladin den Herrn vom Karak durch seinen Dolmetscher aufmerksam, daß er ihm nicht selbst das Wasser angeboten habe. Graf Reginald stehe daher nicht unter dem Schutzgesetz der Gastfreundschaft. Dann bittet er ihn höflich vors Zelt. Und köpft ihn.

Knapp drei Monate später – fast alle Hafenstädte zwischen Gaza und Beirut sowie auch Bethlehem sind inzwischen gefallen – belagert Saladin das nun von jeder Verbindung abgeschnittene Jerusalem. Saladin ist fest entschlossen, den christlichen Besatzern das Blutbad von 1099 heimzuzahlen. Aber dann muß er sich doch auf Verhandlungen einlassen: Die Garnison droht, falls ihr nicht freier Abzug gewährt wird, alle heiligen Stätten zu zerstören.

Der Fall Jerusalems erschüttert das Abendland wie ein Erdbeben. Neue Kreuzzüge werden ausgerufen. Deutschlands Kaiser Friedrich Barbarossa, Englands König Richard Löwenherz und Frankreichs Philipp machen sich auf den Weg, freilich ohne Koordination. Kaiser Barbarossa, auf dem Landweg durch die Türkei irrend, fällt in einen Bach und ertrinkt. Richard Löwenherz, per Schiff unterwegs (wie auch Philipp), nutzt die Reise, um erst einmal Zypern zu erobern. Dann hält er mehr vom Handeln als vom Kämpfen. Er will seine Schwester mit Saladins Bruder verheiraten, die beiden sollen dann Jerusalem als Hochzeitsgeschenk bekommen. Dazu kommt es nicht, wohl aber wird ein Waffenstillstand geschlossen: Jerusalem wird »Freie Stadt«, zugänglich für Pilger aller Religionen.

Als Saladin 1193 stirbt, erst 55jährig, hinterläßt er ein großes Reich, vom Tigris bis zum Nil – sowie einen Dinar und 47 Dirhem. Saladins Bruder hält 22 Jahre lang die Christen in Schach, sein Nachfolger ist Saladins ältester Sohn Kamil.

Sultan Kamil verbindet, auch solches ist nun nicht mehr selten, Freundschaft mit Richard Löwenherz. Franz von Assisi war sein Gast. Ihm begegnet, als Führer eines wieder einmal ausgerufenen Kreuzzugs der deutsche Staufen-Kaiser Friedrich II., König von Sizilien, ein Liebhaber orientalischer Gelehrsamkeit und Lebensart. Die beiden verstehen sich gut und halten wohl auch im geheimen wenig von dem zwischen Bagdad und Rom erschallenden heiligen Kriegsgeschrei um Jerusalem.

Ein seltsamer Christ, dieser deutsche Sizilianer. Wie kommt es, daß er so ganz anders ist als alle »Franken«, die der Orient bis jetzt gesehen hat?

Der da an einem Februarabend 1229 in Turban und besticktem Brokatmantel dem Sultan von Kairo auf Orientalenart gegenüberhockte, Friedrich II. von Hohenstaufen, König von Sizilien sowie Kaiser des Heiligen Römischen Reiches und damit die höchste weltliche Autorität im Christentum, war in keine Kategorie seiner Zeit einzuordnen. Der Papst ließ ihn schon zu Lebzeiten für tot erklären, weil er seine Existenz nicht mehr ertragen konnte, und die Sarazenen nannten ihn einen »getauften Sultan«. Von dem Schweizer Kulturhistoriker Jacob Burckhardt wurde er als »frei im geschichtlichen Raum schwebender, traditionsloser Geist« erkannt, »der erste moderne Mensch auf einem Thron«. Aber das war schon 600 Jahre später. Woran lag es, daß dieser Mann seinen Zeitgenossen so unbegreiflich schien?

Es muß im Jahre 1200 gewesen sein, da lief durch das Gassengewirr der muselmanischen Stadt Palermo, auf Sizilien, ein barfüßiger Junge, etwa sechs Jahre alt, der keinen festen Wohnsitz hatte. Ein aufgewecktes Kerlchen: Die großen blauen Augen unter dem blonden Wuschelhaar sprangen über das bunte Durcheinander in den kleinen Läden an den Basarstraßen, erhaschten hier eine Andachtsszene in einem Moscheehof, folgten bald dem von melancholischer Freude erfüllten Gesang, der zu einer Synagoge führte, bald dem Rasseln der Klapper, mit dem ein Mönch die Christen zu einer Gebetsstunde rief. Ein Gemisch süß-scharfer Gewürze, betäubender Räucherwaren und Parfüms, offen feilgeboten, zog mit dem Blutgeruch frischgeschlachteter Hammel in die Nase, Gesprächsfetzen aus neun verschiedenen Sprachen drangen ihm ans Ohr. Das Leben war verwirrend bunt für einen Sechsjährigen, der als Prinz geboren worden war und doch als bettelarmes Waisenkind, dem zwar ein Königreich gehörte, aber nicht ein einziger Silberdirhem, durch die Straßen zog. Doch Palermos Menschen waren freundlich. Irgendwo fand sich immer eine Familie, die ihm für ein paar Tage ein paar Decken zum Schlafen auf den Fußboden breitete. Am schönsten war es, wenn ihn eine Moslem-Familie aufnahm, da gab es dann ein erfrischendes Bad in marmornen Wannen. Aber wie konnte aus einem normannischen Prinzen ein obdachloser Straßenjunge in Palermo werden?

129 Jahre zuvor waren die Normannen mit ihren hochbordigen Wikingerschiffen auf Sizilien gelandet. Sie hatten eine generationslange

Reise hinter sich. Auf der Suche nach Beute, Handel und neuen Siedlungsländern waren Wikingerflotten schon zu Beginn des 8. Jahrhunderts aus ihrer kalten Heimat am Nordmeer aufgebrochen, hatten Staaten in Nowgorod und Kiew, England und Westfrankreich (»Normandie«) gegründet, Amerika entdeckt, sich in Rom zu Vasallen des Papstes gemacht und für ihn ganz Unteritalien erobert. Und Sizilien wartete nur darauf, von einem starken Arm erobert zu werden.

Blutige Fehden zwischen sarazenischen Stämmen sowie byzantinische Überfälle hatten auf der arabischen Inselkolonie ein Machtvakuum geschaffen. Der starke Arm, der nun hinüberlangte, gehörte dem Urgroßvater des kleinen Friedrich. Roger (Robert) Guiscard, notwendigerweise Christ, doch von keinerlei Kreuzzugsideologie angekränkelt, ließ den Gott seiner neuen Untertanen einen ebenso guten Mann sein wie den eigenen. Sohn und Enkel führten diese Toleranzpolitik weiter, nicht zu ihrem Schaden. Der Handel, in den trickreichen Händen der Araber und Byzantiner belassen, machte Palermo zum Umschlagplatz zwischen Ost und West.

So wurde Sizilien unter den islamophilen Normannen nach nur drei Generationen eine Insel mit ziemlichem Wohlstand und sichtbarer Lebensqualität. Die »capella palatina«, die Roger II. baute, erinnert mit ihren überladenen Schmückungen, mit ihren Säulen-Medaillons voller arabischer (kufischer) Schriftzeichen noch an die Mirakel-Insel, die Sizilien einmal war.

Das war die Welt, in der Rogers Urenkel aufwuchs. Von ihrem Überfluß genoß er als Kind freilich nur wenig. Er war noch jung, als zuerst sein Vater starb, der Barbarossa-Sohn Heinrich VI., dann seine Mutter Konstanze, die ihr sizilianisch-normannisches Erbe in die Staufer-Familie eingebracht hatte. Die deutschen Erzieher und Verwalter seiner Erbschaft wirtschafteten schlecht. Als Betteljunge in seinem eigenen Königreich mußte er schließlich durch die Straßen Palermos irren. Nicht, daß es ihm keinen Spaß gemacht hätte.

Er war noch ein Kind, da sprach er schon neun Sprachen, arabisch rechnen lernte er bei den Händlern, arabisch denken bei den Imams, mit denen sich der blitzgescheite Herumtreiber in den Säulengängen der Moscheen anlegte. Der Kadi, dem er auffiel, gab ihm Bücher zu lesen, arabische natürlich, philosophische und wissenschaftliche. Wie sie auf ihn wirkten, beschrieb er später so: »Ich atmete«, formulierte er arabisch-blumenreich, »ihre balsamischen Düfte ein.«

Als er mit knapp achtzehn endlich das königliche Erbe seiner Väter antreten konnte, führte er – verwundert waren nur der deutsche Adel und der Papst, sein Vormund – einen fast orientalischen Hof. Mit fünfundzwanzig in Rom zum Kaiser gekrönt, heiratete er mit dreißig die (vierzehnjährige) Tochter des Königs von Jerusalem. Diesen Titel nahm er dann selbst an, als seine Frau starb. Der kleine Gammelbube vom Basar in Palermo war zum mächtigsten Mann der Welt geworden, sein Imperium reichte von der Ostsee bis zum Jordan. Freilich, nicht wenige seiner Untertanen – im Abendland – bekreuzigten sich dreimal, wenn sein Name fiel, und der Heilige Vater vergoß bittere Tränen über ihn.

Da kam er dann auf seinem herrlichen arabischen Vollblut herangeritten, das »Drachen« hieß und ein Geschenk des Saladin-Sohns und Ajjubiden-Sultans von Kairo war. Von seinen breiten Schultern wallte der purpurne Kaisermantel, auf dem plastisch eine Dattelpalme, mit goldenen Früchten, sowie zwei Löwen und zwei Kamele prangten. Aber den Saum entlang verlief ein goldenes Schriftband, schwere Goldstickerei in arabischer Schrift. Des Kaisers Garden, das waren grell aufgeputzte Sarazenen und schwarzhäutige Abessinier; dann folgten Elefanten und Kamele, eine Menagerie von Leoparden und Affen, sowie – zum ersten Mal in Europa – eine Giraffe: »als Tier eine Perversion, wie es der Kaiser als Christ ist«, entsetzte sich schriftlich ein Mönch. Den Quell erschreckendsten Ärgernisses – und keuschheitsgefährdender Neugier – aber erblickte das verstörte Christenauge im Troß. Dort wandelte nicht nur ein Haufen Heidenknaben als Dienerschaft, sondern auch eine Hundertschaft verschleierter Mädchen. Ja, der Kaiser des Heiligen Römischen Reiches, dieser »getaufte Sultan«, hatte auch seinen Harem.

Wie wären sie erst erschrocken, die ihn da auf den Straßen abendländischer Städte angafften, wenn sie ihren Kaiser auf seinem heimatlichen Inselparadies gesehen hätten! Ob sie es auch so enthusiastisch beschrieben hätten wie die arabischen Reiseschriftsteller?

»Palermo«, schwärmte der Geograph Idrisi, »ist die Perle des Jahrhunderts, heiter und sonnig am Meer, seine turmgekrönten Paläste, um die Stadt gereiht wie Perlen auf einer Schnur am Hals einer schönen Frau; seine Moscheen, Kaufhäuser, Bäder und Läden; breite Alleen und Straßen, das ringsum von Wasserläufen durchzogene Land – wie sinnbetörend wirkt das alles auf den Beschauer...« Intimeres ermittelte der Reisejournalist Ibn-Dschaubair aus Granada: »Die Mädchen und die Konkubinen, die der König in seinem Palast hat, sind sämtlich Muselmaninnen. Von seinem Diener erfuhren wir, daß die fränkischen Christinnen im Palast durch diese Mädchen zum Islam bekehrt worden sind. Bei einem Erdbeben riefen sie alle in ihrer Angst nicht nach Christus, sondern nach Allah und seinem Propheten...«

Dieses Sizilien eines Kaisers aus deutschem Blut und sarazenischem Geist war nicht wie heute ein Klotz am Bein Italiens; und das südliche – normannische – Italien dank Sizilien kein wirtschaftlich verkümmerter Wurmfortsatz Europas. Unter Friedrich II. wurde Sizilien zur Brücke zwischen Orient und Okzident. Wie jeder Sarazenen-Fürst von Format schuf auch Friedrich II. großzügige Arbeitsmöglichkeiten für Forscher und Gelehrte, Künstler, Dichter und Sänger. Von Palermo aus beginnt, wie der italienische Kulturhistoriker G. A. Cesareo darlegt, die italienische Renaissance.

Die Universität Neapel, die Friedrich II. gründet (1224), war die erste europäische Hochschule mit eigener Verfassung. Aufgrund der von Kreuzrittern heimgebrachten Eindrücke waren Hochschulen bereits entstanden in Salerno (nach 1100, vorwiegend für Medizin), Paris (1110), Bologna (1113), Oxford (1167) und Montpellier (1181). Im 13. Jahrhundert folgten Messina und Padua, im 14. dann Prag, Wien, Heidelberg, Köln und Erfurt. Aber Palermo war die erste »freie« Universität. In allen anderen regierten die Kirche und die Mönche. Oxford und Paris lehrten Arabisches nur die zur Missionsarbeit in Moslem-Ländern vorgesehenen Mönche. Im übrigen zeigt das geographische und chronologische Auffächerungsbild der Universitätsgründungen deutlich, wie sich die ersten Lehranstalten nur allmählich vom Einflußgebiet der Sarazenen-Kultur in die entfernteren Entwicklungsgebiete ausbreiten. Friedrich greift auch höchstselbst zur Feder, um das erste »moderne« Naturkundebuch zu schreiben – über Aufzucht und Training von Jagdfalken.

Mit der Kultur und der Wissenschaft überzieht auch sarazenisches Handwerk von Sizilien aus den italienischen Stiefel. Nach dem Muster – und mit den Mustern – der königlichen Hofweberei in Palermo, die Europas Könige mit Staatsroben beliefert, entstehen Manufakturen für Edeltextilien in Venedig, Ferrara und Pisa, ferner Buchbindereien und Studios für Leder-Design. Ganze Armeen von sizilianischen »Lehrern« führen den Entwicklungsbedürftigen dabei die Hand.

Nicht minder bedeutungsvoll ist ein sizilianischer Exportartikel (freilich vom Orient abgekupfert), den Friedrich in Deutschland installiert: die Struktur der »Diwane« – und so haben sie sich, mit all ihren damaligen Vorteilen und den inzwischen daraus erwachsenen Nachteilen bis heute erhalten. Von dem Sizilianer stammt auch unser progressives Steuersystem, direkte und indirekte Steuern, Landvermessung und Katasteramt, Staatsmonopole für das, was wir heute Schlüsselindustrien nennen: Salze, Erze, Weizen, Seide. Die hinderliche Zollhoheit der Gemeinden, Städte und Regionalsouveräne schafft er ab zugunsten eines einmaligen Zolls an den Reichsgrenzen – eine ebenso konsum- wie handelsfreundliche Einrichtung, die freilich mit dem Zerfall der Reichseinheit schnell zusammenbricht und von der EG, die in Ausdehnung fast dem Staufer-Reich entspricht, so noch nicht wieder neugeschaffen werden konnte. Damit greifen endlich auch in Europa orientalische Selbstverständlichkeiten Platz wie Markt- und Gewerbepolizei, Berufsprüfungen für Ärzte und Apotheker. Nun, endlich, entstehen Krankenhäuser und Schulen. 1215 eröffnet die erste Apotheke in Deutschland.

Einen historischen Einschnitt bedeutet seine Verwaltungsreform. Friedrich schafft, zuerst in Sizilien vorexerziert, den »Beamtenstaat, in dem alle Macht in den Händen des Herrschers zusammengefaßt ist, sein Wille sich durch eine Hierarchie von Beamten über den zum Untertan gewordenen Staatsbürger senkt. Der mittelalterliche Lehnstaat stirbt ab, und herauf steigt der absolut regierte, zentralistische Beamtenstaat der Zukunft« (Sigrid Hunke).

Aber war Friedrich wirklich ein Mann, der aus dem Rahmen seiner Zeit fiel? Hat Burckhardt recht, ihn einen »traditionslosen Geist« zu nennen, den »ersten modernen Menschen auf einem Thron«? Das ist wohl zu einseitig gesehen, starr aus dem Abendland. Die Tradition des Staufers war die nun schon über ein halbes Jahrtausend alte Kultur des Islam. Seine »Modernität« bestand ganz einfach darin, den Zivilisationsvorsprung, den er in seiner geistigen Heimat kennengelernt hatte, auch weiterzugeben. Auch gegen den Widerstand der Reaktionäre in Adel und Klerus. Das war alles, und das war seine Größe. Und es war auch eine Musterschau dessen, was Kultur und Zivilisation der Sarazenen, befreit von ihren Stammeskriegen und ihrem Sektierertum (wovon sie sich aber in der Realität nie zu befreien in der Lage waren), wirklich leisten konnten. Wenn Friedrich sich in seinem äußeren Gehabe als halber Sarazene gab, dann nicht nur, weil es höhere Lebensqualität ermöglichte – eine Ehrenbezeigung vor dem Teil seiner Erlebnis- und Erfahrungswelt, dem er die stärksten Impulse verdankte, war es sicher auch.

Als er, am 13. Dezember 1250, in Castel Fiorentino, Apulien, starb, empfing er die christlichen Sterbesakramente in einer weißen Zisterzienserkutte. Begraben ließ er sich jedoch in einem roten Mantel, der in arabischer Schrift die von seinen sizilianischen Freunden aufgestickten Worte trug: »Das ist ein Geschenk für den Sultan.«

Das also war, damals ein Mittdreißiger, der »Sultan« Friedrich, der im Februar 1229 dem Sultan von Kairo gegenüberhockte – der seinerseits ein Reich beherrschte, das die heutigen Staaten Ägypten, Syrien, Libanon, Israel, Sudan und den Westen Saudi-Arabiens umfaßte. Die zwei mächtigsten Männer von West und Ost handelten nach fast eineinviertel Jahrhunderten massenmörderischer Kreuzzugsgeschichte den Frieden für Jerusalem aus.

Friedrich verhandelt auf eigene Rechnung und Gefahr, durch keinen päpstlichen Auftrag gedeckt. Im Gegenteil: Papst Gregor IX. hat ihn für tot erklärt, den Eid seiner Untertanen aufgehoben. Friedrich, der »halbe Heide«, weiß indessen genau, wie man mit Orientalen redet. »Wir«, sagt er zu Sultan Kamil, »besitzen mehr Länder als jeder andere Herrscher auf Erden. Wir sind nicht übers Meer gefahren, um euer Land zu erobern. Wir wollen nur, daß ihr nicht weiter das Blut eurer Untertanen gegen uns vergießen müßt.«

Zwischen den beiden Männern, die Geist und Gelehrsamkeit lieben, entsteht Freundschaft. Sie schließen den Friedensvertrag. Jerusalem, Bethlehem und Nazareth sollen frei sein, zugänglich für alle Gläubigen aller Religionen. Ferner behalten die Christen die Häfen Sidon, Cäsarea, Jaffa und Akkra. Zudem konzediert Sultan Kamil noch für Touristen die Pilgerstraße von den heiligen Stätten durch das burgenreiche biblische Galiläa bis zur Küste. Das Kreuzzugsziel ist also erreicht. Ist die Christenheit zufrieden?

»Verräter«, »Satanssohn« und »Antichrist« sind die Etiketten, die Rom dem Vertragshändler anklebt. Der Erzbischof von Cäsarea belegt Jerusalem mit dem Interdikt: Keine Glocken dürfen mehr geläutet werden, keine Messen gelesen, keine Sakramente gespendet; die Altäre werden abgeräumt, die Heiligenstatuen umgestürzt, die Toten ungesegnet begraben. »Der Heilige Vater beklagte diese Eroberung Jerusalems wie einen Verlust«, schreibt Michaud. »Da Gregor den Kaiser bereits exkommuniziert hat, schmettert er den Bann nun gegen jeden, der sich an Friedrichs Tisch setzt.« Die Priester versuchen, Meuterei im Heer anzustiften, lassen den Kaiser beim Einzug in Jerusalem mit Dreck bewerfen, der Sultan bekommt eine Geheiminformation zugesteckt, wie der Kaiser am leichtesten umzubringen sei. Sultan Kamil schickt seinem Freund Friedrich die Mordofferte, sie trägt das Siegel des Ordensmeisters der Templer. »Angeekelt« sei er von den »Rittern des römischen Kalifen«, schreibt Kamil im Begleitbrief. Freilich, auch Sultan Kamil muß sich wegen seiner großzügigen Konzession Kritik gefallen lassen.

Gottlob, nach knapp einem halben Jahrhundert ist die unhaltbare Situation eines frei zugänglichen Jerusalem ausgestanden. Die Moslems holen es sich wieder. Der Papst kann wieder zu Kreuzzügen aufrufen.

Aber die Zeit der Kreuzritter in Syrien ist fast abgelaufen. Eine Frau, nicht ganz eine sarazenische »Johanna von Orléans«, setzt den Christenfürsten das Schwert aufs Herz: Schadscharat ad-Durr, der »Perlenmund« – die erste Frau, die der Islam je auf einem Herrscherthron erlebte.

Die Sultana von Kairo und ihr General

Die tragisch-unerfüllte Liebesgeschichte von Schadscharat und Baibars, der Sultana und ihres Ritters ohne Furcht und Skrupel, ist zu einem der großen, unsterblichen Volksepen der islamischen Welt geworden. Ihrer orientalischen Ausschmückungen entkleidet, ist die von Mordgestöhn und Schlachtgeschrei umtobte Verschwörerromanze auch das Schlußkapitel der europäischen Okkupation des Heiligen Landes.

Schadscharats Herkunft liegt im dunkeln, wahrscheinlich stammt sie aus Georgien; als Sklavin kommt sie an den Hof von Kairo, wo als Sultan ein Großneffe von Saladin regiert. Der holt sie sich aus dem Harem, macht ihr ein Kind (das jung stirbt) – und ist bald Wachs in ihren Händen. Schadscharat duldet keine Rivalin im Bett, sitzt neben dem Sultan im Staatsrat und läßt ihn weder hier noch dort zu Wort kommen. Die Emire des Reiches gewöhnen sich schnell daran, daß der

»Perlenmund« das große Wort führt, und sie gewöhnen sich gern daran; auch sie erliegen dem Zauber der Georgierin mit der »feurig bis auf die Schultern wogenden Mähne kupferroten Haares« und den »malvenfarbenen Blitzen aus den samtenen Mandelaugen«. So sehen das jedenfalls die Chronisten. Als die Invasionsflotte des 7. Kreuzzuges unter dem Franzosenkönig Ludwig IX. in Damiette an Land geht und sich auf den Marsch nach Kairo macht, ist Schadscharat gerade zweiunddreißig – und der Sultan liegt im Sterben. Damit die Todesnachricht nicht den Kampfgeist der Verteidiger bricht, schafft sie die Leiche heimlich weg.

König Ludwig, durch Spione informiert, glaubt Kairo führerlos und holt voreilig zum Schlag aus – nicht ahnend, daß im Sultanreich gerade jetzt der klügste Kopf seit Saladin regiert. Schadscharat gibt im Namen des verheimlichten Toten Befehle und Parolen aus, die ein auf Schriftfälschungen spezialisierter Sklave signiert.

Noch kennt niemand das Genie hinter Schadscharats Staats- und Truppenführung: Baibars, ein athletischer Bursche, »eine Elle größer als die anderen«, blaue Augen und gebräunte Haut, zehn Jahre jünger als die Sultanswitwe. Baibars ist im selben Sklavenlager aufgewachsen, gemeinsam mit ihr nach Kairo verkauft worden. Für Baibars, jetzt junger Oberst in Kairos Fremdenlegion, ist Schadscharat die Liebe seines Lebens. Und das bleibt sie auch, über ihren Tod hinaus. Perlenmund wird an dieser Liebe zugrunde gehen…

Oberst Baibars tritt aus dem Schatten seiner Sultana heraus, als den Franzosen bei Mansuria ein Durchbruch gelingt. Schadscharat setzt ihren jungen Geliebten an die Spitze der geschlagenen Truppe. Ohne strategische Vorbereitung, nur auf die beispielgebende Wirkung seiner eigenen Tollkühnheit vertrauend, stürzt sich Baibars mit seiner Mamluken-Reiterei gegen die Invasoren. 30000 Kreuzfahrer bleiben, ins Sumpfgelände getrieben, auf der Strecke. Noch am selben Abend jagt Baibars auf seinem Schlachthengst zu Schadscharats Palast auf der Nilinsel Roda zurück, staubbedeckt und blutbespritzt meldet er ihr seinen Sieg. Unter den 120000 Gefangenen (Zahlenangaben aus arabischen Chroniken wie immer ohne Gewähr) ist auch der König von Frankreich, der erst gegen hohes Lösegeld wieder freikommt. Die Sultanswitwe kann stolz sein auf ihren Ritter; der Zweiundzwanzigjährige hat Europas 7. Kreuzzug zum Teufel geschickt.

In dieser Nacht soll sie zu ihm gesagt haben: »Zusammen könnten wir ein Reich erobern!« Und er zu ihr: »Wenn ich ein Reich gewinne, will ich es nicht einer Frau verdanken!« Im übrigen tut sein Mamluken-Stolz ihrer Liebe keinen Abbruch.

Als die Emire Ägyptens, den Führungsqualitäten einer Frau letztlich doch mißtrauend, den einzigen Sohn des verstorbenen Sultans auf den Thron heben, bringt Baibars ihn um. Schadscharat macht ihren Ritter zum Leibadjutanten, die Emire machen Schadscharat zur Sultana. Beibars reitet rechts neben ihrer Sänfte, als sie sich im Festzug durch die Straßen Kairos zur Zitadelle begibt, wo im Thronsaal die Krönung stattfindet.

An diesem 5. August 1250 werden zum erstenmal in allen Moscheen eines islamischen Königreiches die Freitagsgebete im Namen einer Frau gesprochen, Münzen mit dem Titel einer Frau geprägt. Mit einer stark sozial akzentuierten Gesetzgebung wird die Sultana Schadscharat ad-Durr auch zur Geliebten der unteren Klassen. Doch selbst Baibars kann nicht verhindern, daß die Männer, die keine Frau auf einem Sarazenen-Thron sehen wollen, bald eine starke Partei bilden. Nach einem Jahr heiratet sie, um innenpolitischen Querelen abzuhelfen, einen ihrer Minister, einen gewissen Aibak. Baibars, der wohl weiß, was Staatsräson ist – und dem auch der Stolz verbietet, an Schadscharats Hand Sultan zu werden –, läßt sich keine Eifersucht anmerken.

Aibak jedoch, nun De-facto-Herrscher, erweist sich bald als blutrünstiger Despot, raubt die Staatskasse aus, verfolgt Schadscharats Anhänger, setzt Schadscharat unter Hausarrest und reaktiviert den schon seit Schadscharats erster Ehe brachliegenden Harem. Da will Baibars das ganz große Spiel riskieren: Er reitet nach Bagdad, um sich beim Wesir des Kalifen Rückhalt für einen Staatsstreich zu verschaffen.

Nun ihrem Mann schutzlos ausgeliefert, fürchtet Schadscharat um ihr Leben. Sie kommt Aibak zuvor: Als der Sultan ins Bad steigt, drükken ihm ihre Eunuchen den Kopf unter Wasser. Das Volk von Kairo bejubelt den Tyrannenmord, und, so Schadscharats Biograph Fuad Abu Chatir, »segnet die Sultana für diesen neuen Beweis ihrer Wohltätigkeit«. Aber mit diesem Notwehrakt zur Unzeit fällt auch Baibars Putschplan ins Wasser. Als er nach einwöchigem Eilritt, Tag und Nacht im Sattel, endlich Kairo wieder erreicht, ist schon Aibaks Sohn Mansur der neue Sultan. Schadscharat ist das Opfer blutrünstiger Haremsweiber geworden. Der Mob hat das Schloß verwüstet. Baibars kann nur noch zu dem Mausoleum reiten, das die schöne Georgierin sich bereits zu Lebzeiten bauen ließ. Freunde haben die zerschmetterten Überreste der faszinierendsten Frau des Jahrhunderts dort bereits beigesetzt.

Buntes Glasmosaik im byzantinischen Stil schmückt die Gebetsnische in der Grabstatt der schönen Sultana. Der Touristenführer sagt, es sei das gelungenste Beispiel in ganz Kairo für diese Art alten Kunsthandwerks. Draußen: einst der Südfriedhof – heute eins der ärmsten Wohnviertel Kairos. Kleine Mädchen, mit Hunger in den Augen, strecken bettelnd ihre mageren Händchen aus. Sie zeigen auf sich und sagen, sie hießen Schadscharat. Der Guide sagt, an dieser Stelle habe Baibars gekniet, verzweifelt, seine tote Sultana beschwörend. Er macht es vor. Die kleinen Mädchen starren ergriffen. Tagelang, sagt er. So groß war die Liebe. Zwei Wochen.

Aber da muß er sich irren. Baibars hat in diesen letzten Apriltagen 1257 nicht eine Stunde Zeit zum Trauern. Von Osten ist ein verheerendes Unheil, schlimmer als Kreuzfahrer und Pest, über das Sarazenen-Reich hereingebrochen: die Mongolen.

Schon in Bagdad, als er mit Wesir al-Kami konspirierte, hatte Baibars die Flüchtlingstrecks gesehen, die von Norden und Osten her in der Stadt des Kalifen Zuflucht suchten, Hunderttausende kampierten in elenden Zeltstädten am Rande der Wüste, westlich vom Tigris. Baibars kennt diese Schreckensbilder von Vertreibung und Flucht aus der Kindheit: Er stammt aus Kiptschak an der Wolga – von seiner Heimatstadt aus regiert jetzt der Groß-Chan das Reich der »Goldenen Horde«. Baibars hatte den Wesir gefragt, wie er sich der Mongolenflut entgegenstemmen wolle. Der Wesir hatte die Augen fromm zum Himmel geschlagen: »Allah wird uns ein Zeichen geben!«

Erst später vermag er die Worte des Wesirs zu deuten. Zu spät: Als Baibars vor ihm saß, war das Schicksal Bagdads bereits besiegelt. Wesir al-Kami, der mit Baibars geplantem Putsch Ägypten an sich reißen wollte, hatte sich vorher – mit dem senilen Kalifen an der Hand – bereits an den Mongolentyrannen Hulagu verkauft.

Als die schlitzäugigen Männer mit den krummen Säbeln sich hinten weit in der Mongolei zu ihrem verheerenden Ritt fast rund um die Welt auf ihre Zottelpferde schwangen, zeigte die wasserbetriebene Uhr mit dem melodischen Schlagwerk an der Omajjaden-Moschee zu Damaskus das Jahr 602 der islamischen Zeitrechnung an. Saladin war dreizehn Jahre tot, in Konstantinopel regierten die Kreuzfahrer (Jerusalem war den Teilnehmern am 4. Kreuzzug zu weit gewesen, und die Beute gab's ja auch hier), in Delhi herrschten Sarazenen-Sultane. Im Abendland schrieb man 1206 (und zwar, wenn auch noch ungelenk, mit »arabischen« Ziffern).

Unter Dschingis Chan nahmen die Mongolen 1215 Peking ein, vier Jahre später Turkestan, machten das 2000jährige Samarkand trotz seiner zehn Kilometer langen Stadtmauer dem Erdboden gleich, schwärmten ins Indus-Gebiet und nach Afghanistan aus. Zunächst schien der Sturm am Sarazenen-Reich vorüberzuziehen: Die nächsten Katastrophenmeldungen kamen aus Kiew, Budapest und Breslau. Und dann starb Dschingis. In den Grenzgebieten des Islam stellte sich eine Art von Koexistenz ein, Demarkationslinien wurden respektiert.

Dschingis-Enkel Hülägü-Chan hielt derweil Hof in seinen Zelten südlich der Karakum-Wüste. Um ihn herum ein bizarres Völkchen unterschiedlicher Herkunft: persische Atabeks mit kostbaren Geschenken in den zittrigen Händen, Abgeordnete von Sultanen aus dem türkischen Konya und dem indischen Delhi sowie des Maliks von Jordanien. Aber da buckelten auch schon die Bevollmächtigten des christlichen Königs Ludwig IX. von Frankreich, nämlich Guilleaume de Lonjumeau und ein Mönch namens Rubruk. Ein Juwelier aus Paris, Guillaume Boucher, war ebenfalls bereits mit einer Musterkollektion zur Stelle – und freute sich sehr, in der Hofdame einer Hülägü-Gemahlin eine Landsmännin zu entdecken, eine gewisse Madame Paquerelle aus Metz. Hülägü-Chans Hauptfrauen Dokus-Chatum und Tukiti-Chatum waren fanatische Christinnen. Und Mönche aus Armenien und Byzanz, die mit Rasseln in der Hand zum Feldgottesdienst riefen, segneten ihren Herrn und Meister.

Vom Karakum-Hauptquartier aus schickte Hülägü-Chan dem Kalifen – es war der siebenunddreißigste – einen Mobilmachungsbefehl: zur Liquidierung der Assassinen-Forts in Persien. Der Kalif ging nicht darauf ein. Seine Kassen waren leer, sein Heer praktisch auf Dauerurlaub. Hülägü zog die Konsequenzen. Im Januar 1258 standen seine Belagerungsmaschinen rund um Bagdad.

Und hier kommt nun der intrigante Wesir al-Kami ins Spiel, Oberst Baibars konspirativer Partner. Al-Kamin war ein Geheimagent der Fatimiden und hielt sich für ein politisches Genie. Den ahnungslosen Geliebten der Sultana glaubt er fest genug eingewickelt zu haben, um die geplante Revolte in Kairo zur fatimidischen Machtergreifung umfunktionieren zu können. Für den Sieg der »Familie« in Bagdad wollte er selber sorgen. Schon sah der Wesir sich als ersten Fatimiden-Kalif in Bagdad – mit Hülägü als Steigbügelhalter.

Wesir al-Kami traf die üblichen Geheimabsprachen mit Hülägü – und öffnete den Mongolen die hauptsächlich von Schiiten bewohnte Vorstadt Karch. Aber über Bagdad brach die Hölle herein. »Drei Tage lang strömte das Blut in den Straßen Bagdads, und meilenweit flußabwärts war der Tigris rot gefärbt«, so zeichnet Ameer Ali die Szenerie. »Sie rissen und brannten Paläste, Moscheen und Mausoleen nieder, um das Gold von den Kuppeln zu schlagen. Sie schlachteten die Kranken in den Hospitälern mitsamt den Ärzten, die Studenten in den Universitäten mitsamt den Professoren, die großen Bibliotheken sanken in Asche. So ging der in fünf Jahrhunderten angesammelte Wissensschatz der Welt in Rauch auf. Bagdad, die Heimstadt der Gelehrsamkeit, der Brunnen der islamischen Kultur, Herz und Auge des Sarazenen-Reichs, war auf immer ruiniert.«

Nie zuvor hatten Eroberer solche Beute machen können. Nun ritt der simpelste Mongole auf goldbeschlagenem Sattel, auch wenn er nur einen Esel unter sich hatte. »Einige«, versichern Augenzeugen, »weideten Leichen aus, füllten sie randvoll mit geplündertem Schmuck und ritten so, diese grausigen Transportbehälter quer vor sich auf dem Sattel, davon.« Über eine Million Menschen, fast die Hälfte der Bevölkerung, sollen in dem sechs Wochen andauernden Schlachtfest umgekommen sein. Auch der Kalif und sein Wesir. Erst als mit nachlassender Winterkühle der Leichengestank unerträglich wurde, zogen sich die Eroberer eine Weile zurück.

Verschont blieben nur Christen und christliche Kirchen. Nicht nur, weil Hülägüs Hauptfrauen Christinnen waren. Hülägü war durch den (christlichen) König von Armenien, der ein Schwiegervater von Kreuzritterfürst Bohemond von Antiochia war, in eine große Koalition mit den Kreuzfahrern getreten. Er hatte auch schon Waffenhilfe für die Wiedereroberung Jerusalems zugesagt. Nach Bagdad ist Hülägü-Chan dem Papst die (briefliche) Anrede »Serenissimus« und »Magnifizenz« wert.

Sultan Baibars zerschlägt die fränkisch-mongolische Koalition

Kairo 1259. In den Schattengängen der Moscheen lauschen die Moslems, erschauernd in der Julihitze, den Schreckensberichten der Flüchtlinge aus Bagdad und vielen anderen Städten. In Aleppo sollen die Mongolen, Schulter an Schulter mit den Kreuzrittern Bohemonds, den größten Teil der Moslem-Bevölkerung abgeschlachtet, die Kinder zu den Sklavenmärkten in den Kreuzfahrerstädten verschleppt haben. In Damaskus sei glimpflicher verfahren worden, aber in Harim, einer kleinen Stadt zwischen Antiochia und Aleppo, habe nur ein aus Armenien stammender Goldschmied das Massaker überlebt. Und unaufhaltsam rücken die Horden Hülägüs und Bohemonds näher. Schon sind Abgeordnete Hülägüs zur Stadt hinein und zur Zitadelle hochgeritten. Die Menschen in den Straßen Kairos blicken zur Zitadelle hinauf. Dort tagt zur Stunde der Staatsrat. Ist Kairo noch zu retten?

General Baibars, jetzt siebenundzwanzig, aber schon mit harten Linien im Gesicht, erhebt seine berühmte Stimme. Der Atabek Ägyptens hat ihm das Wort erteilt. Atabek Kotus stammt wie Baibars aus der Wolgastadt Kiptschak, und ähnlich wie Baibars hat er in der Mamluken-Garde Karriere gemacht. Zum Regenten für den minderjährigen Sohn des von der Sultana ermordeten Aibak bestellt, hat er, ohne mit der Wimper zu zucken, die Macht an sich gerissen. Ägypten braucht jetzt starke Männer. Wie Kotus und Baibars.

»Wir haben«, donnert Baibars Stimme durch den Thronsaal, in dem er einmal zur Rechten Schadscharat ad-Durrs stand, als die Sultana gekrönt wurde, »wir haben die unverschämten Forderungen der Abgesandten Hülägüs gehört. Darauf gibt es nur eine Antwort. Schlagt ihnen die Köpfe ab. Das ist die einzige Sprache, die der Mongole versteht.«

Die ägyptischen Emire zucken zusammen. So hat noch nie jemand den Horden die Stirn zu bieten gewagt, von Peking bis zur Weichsel, von Burma bis zum Taurus nicht. Aber Baibars hat nichts mehr zu verlieren, seit Schadscharat tot ist, und solange er lebt, soll kein Mongole das Grab seiner Sultana schänden, so wie sie die Mausoleen Bagdads geschändet haben.

Die Mamluken-Offiziere im Thronsaal geben ihrem General frenetisch Beifall. Sie alle haben als Kinder ihre Eltern und Geschwister unter den Säbeln der Horden fallen gesehen. Minuten später rollen die Köpfe der Botschafter auf dem Boden des Zitadellenhofs.

Baibars hat das Glück der Unverschämten. Fast um dieselbe Stunde stirbt im fernen China der Groß-Chan Möngkä. Unter den Enkeln Dschingis bricht Streit um das Erbe aus. Bruderkrieg: Hülägü auf der Seite des Kubilai-Chan gegen Arik-Bögä, den Chan der Mongolei. Um einer Invasion seines Vetters Berke, von Kiptschak aus, zuvorzukommen, muß Hülägü den Syrien-Feldzug stoppen. Aber er läßt seinen General Ketbogha zurück; der soll mit 20000 Mann die Stellung halten und, da Christ, die Waffenbrüderschaft mit den Kreuzfahrern fester schweißen. Den Kairo-Mamluken bietet der mongolische Familienzwist eine unverhoffte Chance.

Baibars stellt eine Elitebrigade auf. Da ist keiner dabei, der nicht aus den von Mongolen verwüsteten Gebieten stammt. Hoffnungslos eingekesselt zwischen einer Infanteriearmee unter Kotus und einer Tausendschaft Reiterei, sind die Mongolen in der Dünenoase von Ain-Dschalut (»Goliaths-Quelle«) den Hammerschlägen Baibars ausgeliefert. Ketbogha, der General, stirbt als letzter. Vor dem Kommandozelt von Baibars und Kotus wird ihm der Kopf vor die Füße gelegt. Als dann das Mongolenhaupt auf einer Lanze durch die Straßen Kairos paradiert wird, jubelt die ganze Stadt. Der Mythos von der Unbesiegbarkeit der Mongolen ist gebrochen, die Invasion gestoppt. Zum erstenmal seit langem versammeln sich in den Moscheen wieder Menschen zu Dankgebeten.

Während das Volk noch mit hastig errichteten Triumphbögen den Atabek und seinen General feiert, kriselt es zwischen den beiden. Kotus hat, sicher aus innenpolitischen Gründen, das zurückeroberte Aleppo nicht, wie versprochen, Baibars zum Lehen gegeben, sondern einem ägyptischen Emir. Da zerbricht die Sklavenfreundschaft. Kotus stirbt auf einer Jagd, die öffentliche Proklamation Baibars zum Sultan ist nur noch eine Formsache. Für das Volk ist, wenn die Chronisten die Stimmung richtig sondiert haben, der Ritter der Sultana immer schon der würdigste Mann gewesen.

Baibars also nun auf dem Sultansthron in der Zitadelle von Kairo, neben ihm, leer, der Platz der unvergessenen Schadscharat ad-Durr, Herrscher des Reiches, das er für sie, die über den Tod hinaus geliebte Sultana, gerettet hat – das ist die Szene, mit der, gefühlvoll ausgeschmückt, die Erzähler in den Basaren Ägyptens immer noch die stärkste Rührung wecken.

Mit Baibars als Herrscher in Ägypten, Syrien und im Hedschas ist die Lage der Kreuzritterfürsten, die nur noch Brückenköpfe und isolierte Wüstenburgen halten, fast aussichtslos. Über 80 Städte nannten einmal die Christenfürsten im Orient ihr eigen. Doch die Kreuzfahrer waren als Eroberer, nicht als Kolonisatoren und kaum als Missionare gekommen. Sie säten nicht, sie ernteten nicht – und offenbar hat weder der Herr noch sein Abendland nach 200 Jahren viel Lust, sie weiter zu nähren. Was an letzten Bastionen übrig ist, fegt nun Baibars hinweg. Zwischendurch rettet er das Abbasiden-Kalifat vor dem Aussterben.

In Damaskus hält sich ein verstörter alter Mann – mit seinem kleinen Neffen – versteckt, der das Millionenmassaker von Bagdad überlebt, aber nicht verkraftet hat: ein Onkel des letzten Kalifen. Baibars läßt ihn nach Kairo bringen, ihm von einer Gutachterkommission den Stammbaum bestätigen und inthronisiert ihn. Der moralische Effekt ist unabschätzbar: Der Orient hat wieder einen Kalifen – und Sultan Baibars ist sein Schutzherr.

In der Legende lebt Baibars als Tag und Nacht im Sattel dahinjagender, hier gegen die Mongolen, dort gegen die Kreuzritter das Schwert schwingender Mamluke fort, Tatsache ist, daß Kairo in diesem kometenhaft aufgestiegenen Exsklaven zum erstenmal einen wahren Bürgerkönig erlebte; Schulen, Krankenhäuser, ein Stadion von Olympiagröße, Staudämme und Kanäle im Niltal, Volksküchen, jährlich 10000 Sack Brotgetreide für Sozialfälle – die Liste seiner »guten Werke« ist fast so ermüdend lang wie die seiner kriegerischen Unternehmungen. Und einen Postdienst, wie ihn dieser Sultan organisierte – vier Tage für einen Brief von Kairo nach Damaskus –, wünscht man sich heutzutage dort vergebens.

Da hat er sich nun das Reich erobert, das er nicht als Mitgift nehmen wollte. Erinnerungen an Schadscharat ad-Durr hält er freilich gern lebendig; das Volk dankt es ihm mit bunter Legendenstickerei. Jedes Jahr läßt er in Kairo einen neuen Schmuckbehang für die Kaaba weben – eine Einrichtung, die »Perlenmund« begründet hatte. Und am Ende seines Lebens baut er auch den verwüsteten Palast auf der Nil-Insel Roda wieder auf – Schadscharats Palast, in dem er ihr Geliebter war. Historiker halten Sultan Baibars – mit oder ohne unvergessene Liebe – für den größten aller Mamluken; immerhin verschaffte er seinem vom Sudan bis zum Euphrat reichenden Imperium ein Jahrhundert Frieden, und das ist zu keiner Zeit wenig gewesen.

Kalifensitz blieb Kairo bis 1517 – bis die Türken des Sultans Osman, die inzwischen Byzanz von der Bühne der Geschichte abgeräumt hatten, von ihrer neuen Hauptstadt Konstantinopel aus (die sie jetzt Stambul nennen), den Orient noch einmal überrollen, doch nun als imperialistische Eroberer. Da entführen sie ihren mamlukischen Vettern nicht nur die Souveränität, sondern auch – als eine Art lebender Monstranz – den »Beherrscher der Gläubigen«. Aber das ist eine andere Geschichte.

Islam – eine Religion, die Eroberer besiegt

Mamluken und Mongolen, Seldschuken und Türken – der Islam des Orients hat begonnen, eine andere Sprache zu sprechen. Und während Europa beginnt, arabische Bücher zu lesen, mit arabischer Philosophie und arabischen Wissenschaften das Denken zu lernen, ziehen sich die Araber dorthin zurück, von wo sie mit Mohammed einst aufgebrochen waren – in die Wüste. Dort beginnt für sie, wie Historiker es nennen, der »Schlaf der Jahrhunderte« – aus dem sie erst gestern erwacht sind.

In ihren Träumen von vergangener und verspielter Herrlichkeit mag es ihnen ein Trost gewesen sein, daß es ihr Prophet war, aus ihrem Mekka, ihrem Medina, dem all diese Völkerschaften, die ihren Platz, ihre Rolle und ihre Kraft übernommen hatten, nun folgten. Die osmanischen Türken schafften, was ihnen, den Sarazenen, immer versagt geblieben war, nämlich dem Erbfeind Byzanz dessen Hauptstadt Konstantinopel zu entreißen, und trugen den Islam schließlich bis vor Wien (1529).

Und die Mongolen, als Vernichter des Islam angetreten, pilgerten schließlich auch zur Kaaba, schufen sogar eins der schönsten Reiche des Islam überhaupt: das Indien der Moghule – Moghul heißt nichts anderes als Mongole. Wer hätte es gedacht, als die Horden eines Hülägü die Herrlichkeit, die Bagdad war, zermalmten, daß ein Mongole, der Großmoghul Schah-Dschahan, einmal das schönste Bauwerk Indiens, das Tadsch Mahal, bauen werde?

Hier wird ein augenfälliger Unterschied zwischen Islam und Christentum zur historischen Konsequenz: Wo das Christentum eroberte, wurde die Religion den Besiegten aufgezwungen. Der Islam hingegen, in den okkupierten Gebieten im allgemeinen tolerant, »eroberte« die Sieger, die sich später seiner Gebiete bemächtigten (Michaud in seiner »Geschichte der Kreuzzüge«: Im Heiligen Land wurden mehr Christen Moslems als umgekehrt). Freilich war im Islam »die Glaubenslehre immer weniger wichtig als die Pflichtenlehre«, bemerkt der Religionswissenschaftler Professor Schoeps. »Glaube bedeutet im Islam vor allem, daß der Mensch seine im Koran festgelegten Pflichten erfüllt.« Alles andere – Allah, der Allmächtige und Allerbarmer, wird's schon richten. Da außerdem der Islam nicht den »Büßer« im jüdisch-christlichen Sinn kennt, der nach seinen Sünden den »Weg der inneren Umkehr« gehen muß, bereitete es wohl den Eroberern, die sich das Sarazenen-Reich unterwarfen, keine unüberwindbaren inneren Hemmnisse, sich in die Moscheen zu begeben und sich somit (Mohammed: »Alle Menschen werden als Moslems geboren«) als ein, wenn auch auf Umwegen und etwas verspätet eingetroffenes Mitglied der allumfassenden Moslem-Bruderschaft zu erweisen. Von da an war das Regieren allemal leichter.

Timur-i-Lenk (»Timur der Lahme«), im Abendland als Tamerlan bekannt, ist ein Beispiel dafür, wenngleich auch viele Moslems diesen Glaubensbruder nicht unbedingt als Zierde des Islam ansehen. Timur, mongolischer Herkunft, aber schon in Moslemland geboren, bei Samarkand, entwickelte sich zum schiitischen Fanatiker. Eins seiner ersten Angriffsziele war daher Damaskus. Bis auf die Grundmauern brannte er dort die grandiose Moschee der Omajjaden nieder – die Omajjaden waren verantwortlich für den Märtyrertod von Alis Sohn Hussein gewesen. Zuvor hatte Timur seine »ungläubig«, nämlich christlich gewordenen Vettern in Kiptschak an der Wolga gezüchtigt (dabei konnte er bis Moskau vorstoßen). Um 1400 jagten Timurs Horden in die Indus-Ebene hinunter. Die Moslemsultane von Delhi betrieben, wie er meinte, die Bekehrung der indischen Heiden zu lasch. Timur holte nach. Wo immer Timur ritt, markierten bis zu 25 Meter hohe Pyramiden aus abgeschlagenen Köpfen seinen Weg, die im Tod verzerrten Gesichter stets sorgsam nach außen gedreht.

Stammbaum der Moghul-Kaiser in Indien von 1526-1707

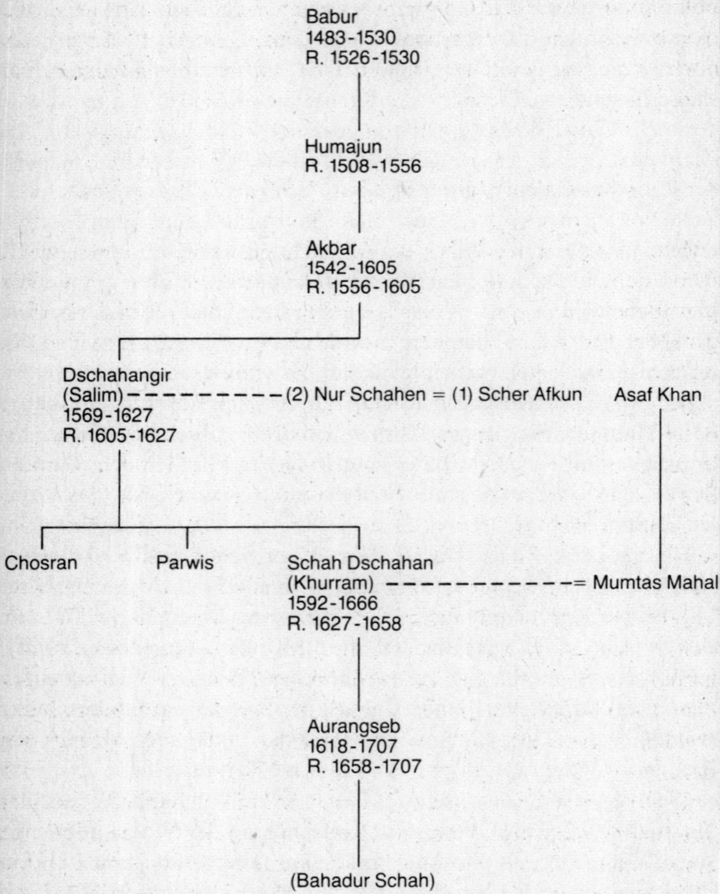

R.: Regierungszeit

= : Verheiratet mit

Verschont wurden in jeder Stadt nur die besten Handwerker der Bauzünfte. So bewegten sich, solange Timur reiten konnte, unablässig Hunderte von Facharbeiterkarawanen aus Syrien und der Türkei, Rußland und Indien, sternförmig auf die Moslem-Mongolen-Metropole Samarkand zu. Was Timur und sein Sohn Ulug-Beg da an Monumentalbauten aufführten, macht das heute sowjetische Samarkand noch immer zu einer der größten Denkmalsstätte islamischer Baukunst.

Sultan Babur gründet Indiens Reich der Großmoghule

»Mein Vater war ein dicker Mann und liebte seine Tauben sehr. Für den Taubenschlag hatte er auf einer Felsnase unserer Burg eine Holzplattform gebaut. Am vierten Tag des Fastenmonats Ramadan, als er gerade seine Tauben fütterte, brach das Holzgerüst. Da flog mein Vater mit seinen Tauben um die Wette und wurde ein Falke...«

Mit dieser unbekümmerten Einleitung begann der Mongolensultan Babur, Stammvater der sagenhaften Rasse der indischen Großmoghule, seine – nun fast 500 Jahre alte – Autobiographie. Mit dem »Falkenflug« seines Vaters war Babur selbst Sultan geworden.

Ganze dreizehn Jahre war er alt, als er das – von seinem Vater und seinen Onkeln schon leicht abgenutzte – Erbe Timurs des Schrecklichen antrat. Von Timur stammte der kleine Babur durch seinen Vater ab, von Dschingis-Chan durch die Vorfahren seiner Mutter. Wie sehr sich, in dem Jahrhundert nach Timurs Tod, die Timuriden gewandelt hatten – dafür ist die Geschichte Baburs ein Beispiel. Weil sie außerdem das Bindeglied zwischen der Ära der Sarazenen und dem Indien und Pakistan des 20. Jahrhunderts darstellt, soll sie kurz skizziert werden.

Timur hatte – wie Dschingis Peking und Hülägü Bagdad – Delhi als Trümmerhaufen hinterlassen. »Zwei Monate hörte man hier nicht einmal mehr einen Vogel singen«, entsetzte sich ein Chronist. Und: »Die Armee hatte so viel Beute abzuschleppen, daß sie pro Tag kaum sieben Kilometer zurücklegte.« Das war 1399 gewesen, und ein Jahrhundert lang hatte Delhi Ruhe vor den Timuriden, sogar die Dynastie des von ihnen eingesetzten Gouverneurs. »Als sie wiederkehrten, um für immer zu bleiben, hatte sich der Charakter dieser Familie seltsam

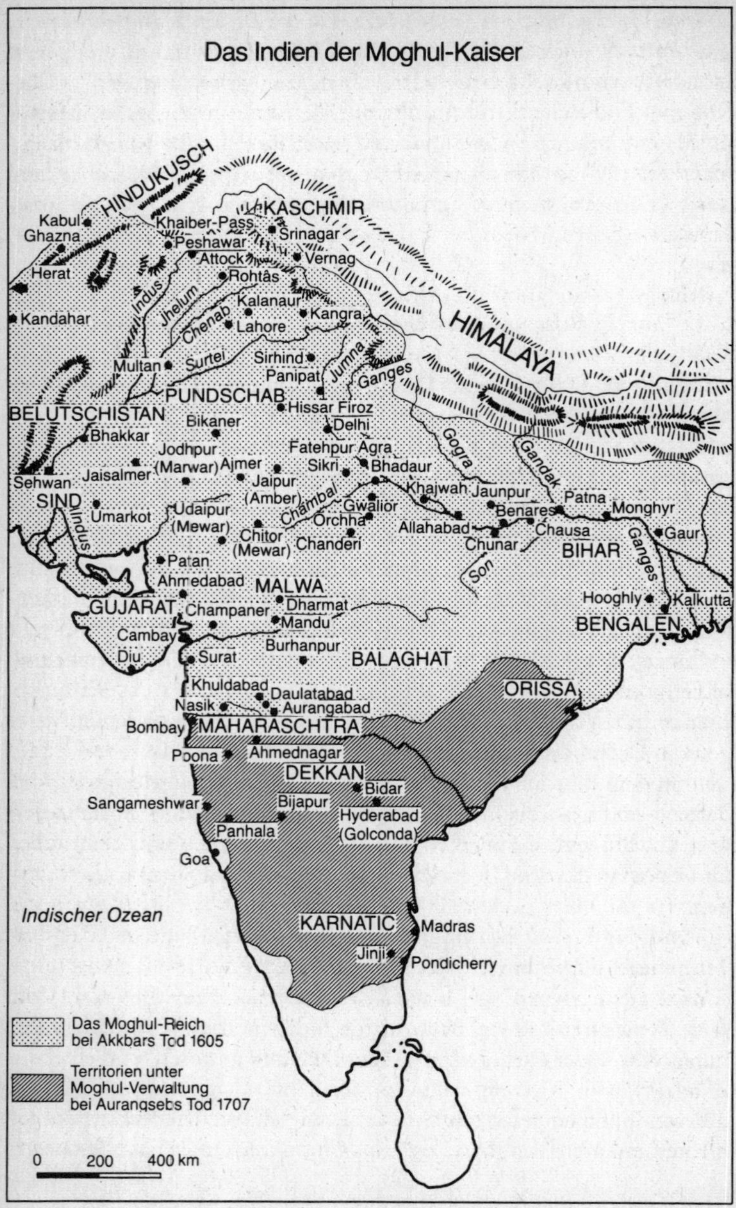

Das Indien der Moghul-Kaiser
HINDUKUSCH
KASCHMIR
Kabul
Ghazna
Khaiber-Pass
Srinagar
Peshawar
Attock
Vernag
Herat
Rohtâs
Indus
Jhelum
Kalanaur
Kandahar
Kangra
Chenab
Lahore
HIMALAYA
Multan
Surtej
Sirhind
Jumna
Panipat
Ganges
PUNDSCHAB
BELUTSCHISTAN
Hissar Firoz
Bikaner
Delhi
Bhakkar
Jodhpur
(Marwar)
Fatehpur
Sikri
Agra
Gogra
Gandak
Jaisalmer
Ajmer
Bhadaur
Sehwan
Jaipur
(Amber)
Khajwah
Jaunpur
SIND
Chambal
Patna
Umarkot
Udaipur
(Mewar)
Gwalior
Benares
Monghyr
Orchha
Allahabad
Chausa
Chitor
(Mewar)
Chanderi
Chunar
Gaur
BIHAR
Patan
Son
Ganges
Ahmedabad
MALWA
GUJARAT
Champaner
Dharmat
Hooghly
Kalkutta
Mandu
Cambay
BENGALEN
Burhanpur
Diu
Surat
BALAGHAT
ORISSA
Khuldabad
Daulatabad
Nasik
Aurangabad
Bombay
MAHARASCHTRA
Poona
Ahmednagar
DEKKAN
Bidar
Sangameshwar
Bijapur
Hyderabad
(Golconda)
Panhala
Goa
Indischer Ozean
KARNATIC
Madras
Jinji
Pondicherry
Das Moghul-Reich
bei Akkbars Tod 1605
Territorien unter
Moghul-Verwaltung
bei Aurangsebs Tod 1707
0
200
400 km

verändert«, schreibt der Indien-Historiker Bamber Gascoigne. »Sie besaßen zwar noch die Fähigkeit, Schlachten zu gewinnen, aber sonst hatten sie von ihren grauenhaften Vorfahren wohl offenbar nur die Vorliebe für die Gesellschaft gelehrter Männer geerbt und die Leidenschaft, ihre jeweilige Hauptstadt zu verschönern. Das Künstlerisch-Schöpferische, bei Timur nur schwach ausgeprägt, wurde bei seinen Nachfahren zum wichtigsten Lebenszweck. Timur hatte den Ehrgeiz, die Welt in Schrecken zu versetzen – sie wollten sie zum Staunen bringen.«

Babur versetzte die Welt um Samarkand schon als Dreizehnjähriger in Erstaunen: Als Anführer einer mit Holzknüppeln bewaffneten Halbstarkenbande. Aber das herrliche Samarkand verlor er an seinen zwölfjährigen Halbbruder: »Da konnte ich nicht anders«, schrieb er, »da mußte ich einfach losheulen.« Er war eben immer noch erst vierzehn.

So um 1515 herum, Babur war dreißig, muß er die ersten Pulvergewehre und -geschütze für seine Armee bekommen haben – von den Türken. Von nun an galoppierte Baburs Armee der Ruf der Unbesiegbarkeit voraus. Nur eine einzige Schlacht braucht der Kanonensultan zu führen, um Indien zu erobern. Es muß zugegangen sein wie im Wildwestfilm, wo die Indianer mit Pfeil und Bogen die Wagenburgen der Siedler angreifen und von deren Gewehren reihenweise niedergemäht werden.

Auch Babur baute eine Wagenburg, aus den Lafetten seiner selbstgegossenen Kanonen (die von Elefanten gezogen wurden – »sonst hätten 400 Männer sie transportieren müssen«). Zusätzlich ließ er 700 Ochsenkarren nebeneinanderschieben. Dahinter dann postierte er seine Schießrohre. Aber es war mühsam für die Kavalleriebrigaden, das indische Heer ins Schußfeld zu manövrieren. Dann allerdings stürmten die Inder mit 100000 Mann und 1000 Elefanten gegen die mongolische Mauer an. Baburs Eintrag in seinen Memoiren: 22000 tote Feinde, darunter der König. Indien war offen.

Wenige Tage später – er hatte sich in der Hauptmoschee von Delhi eben zum Kaiser von Indien krönen lassen – hielt er ein Juwel in der Hand, den heute noch berühmtesten Diamanten der Welt, den Kuh-i-Nur.

Baburs Sohn hatte ihn geschenkt bekommen: von der Familie des gefallenen Sultans Ibrahim. Die Königssippe fand es so überraschend, daß der neue Kaiser sie am Leben ließ. Man hatte doch soviel Schreckliches über die Mongolen gehört.

»Timur hatte Delhi ein vernichtendes Desaster beschert«, schreibt Bamber Gascoigne, »Babur eröffnete dem muselmanischen Indien die glanzvollste Epoche seiner Geschichte.«

Acht Moslemdynastien, die auf Babur folgten – und von denen sich keine länger als jeweils vierzig Jahre halten konnte –, bewahrten nur mit Mühe das Erbe ihres eroberungsfreudigen Vorfahren. Dann, endlich, kam ein Moghulkaiser auf den Thron, von dem man in Indien noch heute mit stolzer Nostalgie spricht: Akbar der Große.

Ganze vierzehn Jahre war Akbar alt, als er die Herrschaft antrat. In fünfzig Jahren schweißte er das vorher zersplitterte Land von Persien bis Burma und Assam, vom Himalaja und vom Hindukusch bis zum Godavari zu einem wirklichen Nationalstaat zusammen – zum ersten und zum einzigen Mal.

In diesem halben Jahrhundert genoß Indien, was vor und nach dem großen Akbar kein Herrscher den Menschen bescheren konnte: einen fast paradiesischen Frieden zwischen den Religionen.

Akbar höchstselbst war die Personifizierung dieses Gottesfriedens: Sohn eines sunnitischen Vaters und einer schiitischen Mutter, zur Welt gekommen in der Nachbarschaft von Sufis, im Haus eines Hindu.

Unter Akbar endete eine Zeit blutiger Glaubens- und Sektenkriege. Moslem- und Hindukinder besuchten nun im ganzen Land, Hand in Hand, Gemeinschaftsschulen. Gleichberechtigt bekleideten Hindus und Moslems Verwaltungs- und Regierungsämter – ein Hindu war Finanz- und später Premierminister, von zwölf regionalen Finanzministern waren acht Hindus. Hinduheilige und -philosophen gehörten zu Akbars Hofstaat; die Frauen in Akbars Harem (er hatte 300 sowie 5000 Dienerinnen) durften Gottesdienste in all ihren Religionen halten. Akbars Toleranzedikte befahlen den Moslems im ganzen Land Respekt vor den religiösen Eigenheiten der Andersgläubigen, die heiligen Kühe der Hindus waren auch von ihnen zu achten, Rindfleisch zu essen war im ganzen Reich tabu. Andererseits unterdrückte er, was ihm am Hinduismus ohne praktischen Sinn schien: die Verheiratung von Kindern, die Selbstverbrennung der Witwen.

Natürlich war mit Gesetzen allein die Streitlust der Glaubenseiferer nicht aus der Welt zu schaffen. Die Maßnahme, die Akbar letztlich dagegen ergriff, mag uns heute als ein Verfall ins andere Extrem erscheinen, doch auf der Grundlage seiner unbedingten Herrschergewalt war sie wirksam. Akbar erhob für sich den Anspruch – und verkündete ihn als Grundgesetz –, in Religionsfragen unfehlbar zu sein. In jedem Glaubensstreit war er als oberster Richter anzurufen, seine Entscheidung war für alle Glaubensgemeinschaften bindend bis ins letzte Dorf. Der Großmoghul empfand sich dabei jedoch nicht – und indische Historiker glauben das belegen zu können – als Papstkaiser. Er sei sein ganzes Leben lang eher ein Skeptiker geblieben und habe sich lediglich als majestätischen Schiedsrichter gesehen.

Mit der Zeit freilich entwickelte Akbar aus seiner politisch kalkulierten Toleranz eine neue Glaubensphilosophie: eine Synthese aus Islam und Hinduismus – eine Art »dritter Weg« zur Seligkeit.

Christliche Elemente fanden sich darin auch. Denn inzwischen hatten Portugiesen und Holländer Indien entdeckt, hatten Handelsniederlassungen und Missionen einrichten dürfen – und Akbar lud sich auch christliche Geistliche zum Philosophieren ein. Drei seiner Enkel ließ Akbar sogar taufen und von Jesuiten erziehen.

Akbar konnte sich wohl eine solche für seine Epoche höchst ungewöhnliche Versöhnlichkeitspolitik leisten – und auch durchsetzen. Denn Hand in Hand damit betrieb er eine Sozialpolitik, die ihn als Landesvater im schönsten Sinne beliebt, ja geliebt machte.

Die Bauern erlöste er vom Joch der Feudalabgaben, die Handwerker und Händler von fast allen indirekten Steuern. Die Hindus brauchten nicht mehr die – bei allen moslemischen Herrschern so hochgeschätzte – Kopfsteuer der Ungläubigen zu zahlen, aufgehoben wurde auch die von Akbars Vorgängern eingeführte Wallfahrtssteuer für alle Hindus, die zum Ganges pilgerten.

Abgeschafft wurde auch der erbliche Adel. Generäle und Minister wurden zwar weiter mit wertvollen Lehen belohnt, doch nur auf Lebenszeit. Söhne mußten sich, wollten sie nach dem Tode ihres Vaters den gewohnten Lebensstandard weiter genießen, erst einmal eigene Verdienste erwerben.

Allerdings, so ganz perfekt war dieses Gesetz auch wieder nicht – Indiens Aristokraten auf Zeit, die nichts hinterlassen durften, brachten ihre staatlichen Zuwendungen mit verschwenderischer Großzügigkeit durch und auf die Seite.

Und auch Akbars pan-religiöse Philosophie – die der indische Historiker S. R. Sharma ein »Esperanto der Religionen« nennt – hatte ihre

Nachteile. Denn eine Religion, die allen wohl und niemandem wehe tun soll, nur Licht und keine Schatten, scheint auf die Dauer den dunkleren Seiten der menschlichen Natur wenig Befriedigung zu verschaffen – und die stellen doch wohl auch immer wieder ihre Ansprüche. »In religiös geprägten Gesellschaften«, schreibt der indische Gelehrte Lawrence Binyon, und welche Gesellschaft wäre das nicht, »ist Toleranz keine Tugend.«

Die allesumarmenwollende Weltreligion Akbars starb mit ihm. Sie lebt nur in Sekten wieder auf, wie heute bei den »Ba'hai«, die in Eschborn bei Frankfurt einen Tempel besitzen.

In seiner äußeren Erscheinung bot Akbar keineswegs das Bild eines schwärmerischen Weltverbesserers. Zeitgenossen schildern ihn als einen Mann von Witz und Sportgeist: Der philosophische Großmoghul mit den krummen Reiterbeinen führte gelegentlich seinem Hofstaat vor, wie man einem ungezähmten Löwen mit einem einzigen Schwerthieb den Kopf vom Rumpf trennt.

Wie alle großen Herrscher war auch Akbar ein eifriger Bauherr; auch er baute sich eine neue Metropole, Fatehpur Sikri, wo er jedoch nur vierzehn Jahre lang residierte. Übriggeblieben ist davon nur die auf einem Hügel gelegene Palaststadt – mit weitläufigen, gepflasterten Boulevards und Plätzen, mit Herrenhäusern, Versammlungs-, Fest- und Audienzhallen. »Als habe ein Architekt«, so schwärmt der Indienkenner Bamber Gascoigne, »seine Vorstellung von einer utopischen Stadt für eine ausgewählte Gemeinschaft von Ästheten Wirklichkeit werden lassen.«

Keiner von Akbars Nachfolgern erreichte je die staatsmännische oder nur philosophische Größe, die er ihnen vorgelebt hatte. Gewiß, berühmter als er wurde Schah Dschahan – als Erbauer des »Tadsch Mahal«, doch eben nur deswegen.

Dieses Mausoleum, das Schah Dschahan für seine – einzige – Gattin Mumtas Mahal schuf, ehrt in der Tat eine ungewöhnliche Frau. Mumtas Mahal war, bis zu ihrem Tod 1631, die eigentliche Herrscherin über Indien – sie war es, die das Siegel auf jedes Dokument setzte, das den Namen ihres Mannes trägt.

Mumtas starb bei der Geburt ihres vierzehnten Kindes. Schah Dschahan war danach nicht mehr regierungsfähig. Zwölf Jahre lang – nach anderen Quellen 22 – beschäftigte er sich fast ausschließlich mit dem Bau des Tadsch Mahal sowie mit der Ausschmückung des nicht minder weltbekannten Pfauenthrons, den dann später die Perser aus Delhi raubten. Die letzten Jahre seines Lebens verbrachte Dschahan als Gefangener in seinem »Roten Fort« zu Agra, mit Blick auf das Grabmal seiner Frau, in dem auch er zu ruhen wünschte. Sohn Aurangseb hatte den trübsinnigen Vater abgesetzt und unter Hausarrest gestellt.

Der puritanische und asketische Aurangseb vergrößerte zwar noch einmal das Herrschaftsgebiet des Moghulreiches nach Süden, jedoch nur nominell. Seine Intoleranz zerstörte das innere Gleichgewicht des Staates, und die staatsverdrossene Armee ließ sich von den persischen Truppen, die so einen blitzkrieghaften Raubzug bis nach Delhi wagen konnten, leicht zerschlagen.

Anderthalb Jahrhunderte und elf bedeutungslose Moghulkaiser später (1857) wurde Indien zur englischen Kolonie. Der letzte Moghulkaiser, jämmerliches Schlußlicht einer Kette von anfangs so strahlenden Herrschergestalten, starb – von den Kolonialherren aus dem eigenen Land verwiesen – in Burma im Exil.

Sein wilder Ahnherr Tamerlan wird sich im Grab herumgedreht haben.

12.
»Al-Andalus« – das verlorene Paradies der Sarazenen

Der Fluß hat noch den Namen, den ihm die Sarazenen gaben: Wadi'l-kabir, der »große Fluß«, und darin stehen auch noch die Wassermühlen, die sie bauten. Die Stadt hat immer noch die Kathedralmoschee, die Abd-ar-Rachman und seine Söhne schufen. Die Gassen rundherum verlaufen, wie einst, nach dem Stadtbauplan der Omajjaden. Handwerker, die in den schattigen, springbrunnengekühlten Innenhöfen – Damaszener Wohnkultur – kunstvoll Ornamente auf Leder stanzen, benutzen Muster und Werkzeug, die Sarazenen brachten. Und sprechen, wie jeder Spanier, eine Sprache, die immer noch über 6000 Worte Arabisch enthält.

Was wäre Cordoba am Guadalquivir heute ohne Abd-ar-Rachman, was wollten Spaniens Städte den Touristen zeigen, hätte es nicht den Islam gegeben; wann wäre Europa aus dem Mittelalter aufgewacht, wären nicht die Kalifen von Cordoba gewesen?

Eisiger Wind wehte von der schneebedeckten Sierra Morena ins Guadalquivir-Tal hinab, als Abd-ar-Rachman III. am 16. Januar 929 zum feierlichen Freitagsgottesdienst die »minbar« seiner Kathedralmoschee bestieg. Der Nachfahre des gleichnamigen Flüchtlingsprinzen, der die Omajjaden-Dynastie von Damaskus nach Spanien verpflanzt hatte, blauäugig wie sein Vorvater, holte nach, was sieben Omajjaden-Emire unterlassen hatten. Erst von dieser Stunde an nannten sich die Sarazenen-Herrscher Spaniens »Kalif«.

Für den Emir in Cordoba, einziger Nachfahre der Prophetenfamilie mit einem intakten Großreich des sunnitischen Islam, war die Selbstproklamation zum »Verteidiger der Gläubigen« jetzt, nach dem Verdämmern des Kalifats in Bagdad und der Machtergreifung eines schiitischen Kalifen in Kairo, eine innen- wie außenpolitische Notwendigkeit. Für Abd-ar-Rachman III. hatte sich der wahre Islam nur noch in seinem »al'Andalus« erhalten.

Cordoba war im 10. Jahrhundert mit seinen 800000 Einwohnern, seinen 113000 Häusern und 60000 Villen und Palästen, seinen 70 großen Bibliotheken und zahllosen Buchhändlereien, seinen 700 Moscheen und 300 Badehäusern die größte und zivilisierteste Stadt Europas, neben Konstantinopel und Bagdad eine der großen drei der Welt.

Prunkstück der spanischen Sarazenen-Metropole war der »as-Sachra«-Palast, fünf Kilometer vor der Stadt. Auf einem Ausläufer der

Sierra Morena, mit Blick über die fruchtbare Talebene des Guadalquivir, hatte sich der Kalif eine grandiose Residenzstadt bauen lassen. Die »Madinat as-Sachra« hat alle zeitgenössischen Chronisten zu Superlativen herausgefordert. Da nur noch Ruinen existieren, müssen wir uns mit ein paar nackten Zahlen begnügen: 10000 Bau- und Kunsthandwerker, mit 2500 Lasteseln zur Hand, richteten hier 4300 Säulen auf, die meisten aus Nordafrika und Italien herangekarrt; 140 waren ein Geschenk des Kaisers von Byzanz. 400 Räume zählte der Hauptpalast, Domestikenquartiere boten Unterkunft für 14000 Bedienstete, für Sklaven und Soldaten und ihre Frauen nebst den Kindern, die hier auch eigene Schulen hatten. 1200 Laib Brot sollen täglich allein an die Fische in den zahllosen Kunstteichen verfüttert worden sein.

Überall, wo Wüstensöhne siedelten, fand ihr Sinn für Luxus im verschwenderischen Spiel mit Wasser seinen phantasievollsten Ausdruck. Doch einen Teich soll es im Märchenschloß von »as-Sachra« gegeben haben, der mit Quecksilber gefüllt war – die tausend Säulen, Türme, Kuppeln, Minaretts spiegelten sich da in einem glitzernden Kadeiloskop von Sonnenreflexen. Was wir architektonisch träumen können, wir mit unserer rechteckig betonverschalten, stahlverschraubten und verglasten Fertigbauphantasie, das wird wohl den Zauber nie beschwören können, den »as-Sachra« einmal ausstrahlte.

Die am Kalifenhof akkreditierten Botschafter aus Deutschland, Frankreich und Italien hatten es auch schon schwer, ihren Heimatländern ein Bild der alltäglicheren Aspekte Cordobas zu vermitteln. Denn während die Bürger selbst von Städten wie Paris (Einwohnerzahl damals: 40000) bei Regenwetter knöcheltief im Matsch versanken und sich bei Nacht den Heimweg mit Handlichtern ertasten mußten, waren Cordobas 16 Kilometer städtische Straßen mit ihren 80000 Läden nicht nur gepflastert, sondern nachts auch taghell beleuchtet. »Noch 700 Jahre später gab es in London nicht eine einzige Straßenlaterne«, rechnet der englische Kulturhistoriker John Draper nach. Die »Kölnische Zeitung« schrieb noch 1819: »Straßenbeleuchtung ist aus theologischen Gründen verwerflich, der Mensch darf nicht die göttliche Ordnung und Finsternis zerstören.« Immerhin scheint es keine theologischen Gegengründe gegeben zu haben, als 1185 in Paris zum erstenmal eine Straße gepflastert wurde.

Und während das Baden – trotz einer tollkühnen Demonstration Karls des Großen in den warmen Quellen Aachens – dem aufrechten, wenn auch übelriechenden Christen als ein das Seelenheil gefährdendes Tun galt, planschten Cordobas Bürger ungeniert in ihren öffentlichen und privaten Bädern, ließen sich sogar auf ihren Toiletten die nach christlichem Sittlichkeitsverständnis verachtungswürdigen Körperregionen ebenso hygienisch wie genüßlich lau berieseln.

Nichtsdestoweniger, selbst in der Abgeschiedenheit der Klosterzelle einer Roswitha von Gandersheim müssen ferne Vibrationen der Heidenhauptstadt fühlbar geworden sein: Die Nonne schwärmte von Cordoba als dem »Juwel der Welt«.

Wie im Bagdad Harun ar-Raschids hatte der Luxus Cordobas durchaus seine wirtschaftliche Basis. Steuern und Zölle – »al-Andalus« war damals das Land mit der stärksten Bevölkerungsdichte – erbrachten, nach dem Haushaltsplan eines Durchschnittsjahres, 6,2 Millionen Gold-Dinar. Davon verschlangen Wehretat und »Öffentliche Aufgaben« (etwa Soziales, Wirtschaftsförderung, Sakralbauten) je 30 Prozent; das letzte Drittel ging als Rücklage in den Julius-Turm. Kalif Rachman bescherte dem Land eine Konjunktur, wie Spanien sie nie wieder erreichte – wenn man von der auf Ausbeutung fremder Völker beruhenden Kolonialzeit absieht. Statistiker der Sarazenenzeit zählten allein in Cordoba 25000 Webereibetriebe und Manufakturen für (meist kunstgewerbliche) Lederverarbeitung. So berühmt waren Cordobas Lederwaren, daß, wie Sprachkundler aufzeigen, das französische Wort für Schuhmacher, »cordonnier«, noch an Cordoba erinnert.

Aus Bergwerken nahe Cordoba kam Erz, dessen Endprodukt aus Toledos berühmten Waffenschmieden. Unschätzbar muß die Ausbeute an Gold und Silber in den Minen von Algarve und Jaén gewesen sein, an Rubinen in Malaga. Spaniens Handelsflotte besorgte den Export bis nach Indien; politische und theologische Differenzen scheinen den Warenverkehr mit Kairo, Bagdad und Mekka nicht gestört zu haben.

Einträgliche Beiladung in allen Richtungen: Sklavinnen und Sklaven, exotische für Europa, weiß für den Orient. Auch da störte Religion nie das Geschäft. Für christliche Menschenhändler muß der Export weißer Ware – außer verkauften Christen auch gefangene Heiden aus Skandinavien und Rußland – so lukrativ gewesen sein, daß sich die Einrichtung von »Eunuchen-Machereien« (in Verdun, hauptsächlich in Südfrankreich) durchaus lohnte. Päpste drohten gelegentlich mit Exkommunikation, doch wenig überzeugend: Der Vatikan selbst bediente sich dieser »French Connection«, Roms Kirchenchöre waren die Hauptabnehmer der Kastrationsanstalten. Neger und Negerinnen, per Karawane nach Marokko verbracht, wurden meist in Tunis verladen.

Für Sklaven erster Sorte bestanden freilich auch bei Kalif Rachman gute Absatzchancen. Wie die abbasidischen Kalifen stellten auch die omajjadischen ihre Fremdenlegion auf – mit den gleichen Folgen. Bildeten in Bagdad vornehmlich Türken die Mamluken-Garden, so füllten in Cordoba Deutsche, Franzosen, Italiener, Skandinavier, Slawen und Russen die Kasernen – hier nicht Mamluken, sondern »Iskalabi« genannt, was von den Slawen herrührte. Sie alle taten sich, wie es scheint, nicht schwer, Glauben, Sprache, Kultur und Sitten ihrer Soldgeber anzunehmen.

Unter Rachmans Enkel hatte eine Offizierjunta der Iskalabis bereits das spanische Kalifat fest in der Hand. Hätte Rachman das voraussehen müssen? Was er sah, war die Unverläßlichkeit seiner Sarazenen-Armee. Was er nicht vorausahnen konnte, war die Führungsschwäche seiner Nachfolger.

Die Mechanik des Untergangs

Das Land war ruhig und wirtschaftlich gesund, Rachmans III. Nachfolger Hakam konnte sich ungestört seinen edleren Neigungen hingeben. Seiner Bibliothek zum Beispiel, die mit 400000 Werken, in einem 44bändigen Katalog registriert, natürlich die größte in ganz Europa war. Wenn Hakam regierte, dann in seiner Universität. Da christliche Hochschulen erst 200 Jahre später eröffneten, nährten sich auch die Pioniere abendländischer Gelehrsamkeit am Busen dieser sarazenischen Alma Mater. Kalif Hakam, wahrscheinlich der gelehrteste aller Kalifen, verschaffte somit seinem Land auf geistigem Gebiet, was seine Vorväter militärisch und wirtschaftlich besorgt hatten – die Vormachtstellung in Europa.

Sie wäre freilich schon mit seinem Sohn verlorengegangen, der zwölfjährig auf den Thron kam, wenn die Mutter des kleinen Hischam II. nicht einen so kritischen Geschmack bei der Auswahl ihrer Bettgespielen gehabt hätte. Kalifenwitwe Subch, eine Baskin, kaprizierte sich schließlich auf einen jungen Araber, der in einem subalternen Behördenbüro als Schreiber arbeitete. Von der festen Hand der Baskin zielsicher geführt, durcheilte er sämtliche hierarchischen Institutionen. Erst Kammerherr, dann Wesir, schließlich Generalissimo, nahm der Jemenite – Nachfahre eines Arabers, der schon bei Tariks erster Invasion dabeigewesen war – nun den eindrucksvollen Namen »al-Mansur billah« an: »der durch Gottes Hilfe Siegreiche«.

Dem Siegreichen war bald auch seine Aufhelferin unterlegen. Von der Kalifenwitwe ist hinfort wenig in den Annalen die Rede; dem jungen Kalifen verschrieb Mansur Hausarrest.

Die Militärmacht Spaniens, die Mansur in Süd und Nord demonstrierte, war leider, wie sich bald herausstellte, ein Papiertiger. Blendende Siege hatten eine von Größenwahn geplagte Offizierskaste geschaffen, die, nach Mansurs Tod sich selbst überlassen, gegeneinander putschte. Die slawisch-fränkische Prätorianergarde machte sich, in bekannter Mamluken-Manier, über den jungen Kalifen her, die Berber zogen blank und schnappten sich, was vom zerbrechenden Omajjaden-Staat das Schönste war – die Traumstadt »as-Sachra«. Seitdem steht dort kein Stein mehr auf dem anderen.

Spaniens verwirrte Moslem-Bürger sahen in einundzwanzig Jahren sechs Kalifen auf- und absteigen: als Marionetten der Cordobaner, der Iskalabis, der Berber und sogar in einem Fall der christlichen Kastilier. Der letzte, Hischam III., 23. Nachfolger des »Falken der Koraisch«, saß in einem finsteren, stinkenden Kellerloch neben der großen Moschee und preßte seine kleine Tochter an sich, als Juntaoffiziere ihm seine Absetzung mitteilten und daß von nun an ein republikanischer Staatsrat regieren würde.

Das war 1031. Als das Jahrhundert zu Ende ging, war das spanische Sarazenen-Reich in zwanzig Minidynastien zerbrochen, die nun Stück für Stück den von Norden heruntergreifenden christlichen Königen zum Opfer fielen.

»Al-Andalus« in den folgenden vier Jahrhunderten: ein schillerndes, ständig giftige Blasen aufwerfendes Gebilde – nicht ohne einen gewissen morbiden Charme. Da brachen aus den Wüsten der Sahara religiös-militante Sekten nach Andalusien auf. Zweimal die Almoraviden, die den Islam mit dem Schwert predigten, ursprünglich ein Mönchsorden, deren »Heilige«, die »Marabus«, Schleier trugen. Und einmal die Almohaden, ebenso intolerant wie puritanisch, gegründet von dem kurzleibigen, mißwüchsigen Sohn des Lampenanzünders einer Moschee in Fez, der schon als Jugendlicher vornehme Moslemdamen anfiel, wenn sie mit nacktem Gesicht über die Straße gingen. Dreimal wogten berberische, christliche und sarazenische Heere die Halbinsel hinauf und hinunter. Aus dem wilden, wüsten Schlachtenlärm jener wirren Jahrhunderte klingt nur ein Name vernehmlich bis in unsere Zeit herüber: El-Cid, der edle Ritter.

Der wahre El-Cid

Fast wäre er heiliggesprochen worden. In Wirklichkeit war der in Legenden als Kreuzritter besungene Rodrigo Diaz ein Pendler zwischen den Fronten. Seinen Beinamen »El-Cid« verliehen ihm seine Sarazenen-Soldaten, als er für Allah ins Feld zog. »El-Cid« ist eine spanische Verformung des arabischen »al-sajjid«, der »Herr«. Versuchen wir die verschlungenen Wege dieses »Doppelagenten« durch das Getümmel der spanischen Religionskriege mit seinen unablässig wechselnden Waffenbruderschaften nachzuskizzieren.

El-Cid war, was die Araber einen »Möchtegern-Araber« nannten, ein »mustarib« (spanisch: Mozarab), einer von unzähligen spanischen Christen, die zwar ihren Glauben behielten, von der herrschenden Sarazenen-Klasse jedoch die äußeren Lebensformen – vor allem die angenehmeren – übernahmen. Viele Mozarabs hatten Harems, waren beschnitten, trugen arabische Kleidung und Namen. In vielen Städten hatten die Mozarabs eigene Kirchen, eigene Gerichtsbarkeit. Richter in einer Mozarab-Gemeinde war Rodrigos Großvater, der kleine Rodrigo hatte arabische Lehrer. So war der Cid von Kind an auf Zweispurigkeit programmiert – ohne freilich das Format eines Friedrich II. von Sizilien entwickeln zu können, er hatte auch nicht das Gefühl, zwei Religionen versöhnen zu müssen.

Als Zwanzigjährigen sehen wir ihn das Banner des katholischen Königs von Kastilien tragen, als Fünfunddreißigjährigen das Schwert für den Sarazenen-König Mutamid von Sevilla schwingen. Unter der Fahne des Propheten wird er zum Schrecken des christlichen Toledo. Der König von Kastilien hält ihn für einen Verräter, nicht zu Unrecht, und verhängt den Bann gegen ihn. Dem Scheich von Saragossa ist das gerade recht, so kann er nun den starken Arm des Mozarabs für sich anheuern, für seinen Krieg gegen den Grafen von Barcelona, welchen der Cid auch, schließlich ist man sein Honorar wert, besiegt.

Nun freilich mag auch König Alfons, Bann hin, Bann her, auf solch brauchbaren Beutemacher nicht mehr verzichten. Der Kastilier versöhnt sich mit dem Cid, aber der weiß nun, was er kann. Als Mittvierziger will El-Cid endlich Eigenes besitzen. Mit den schlagkräftigsten Männern beider Religionen, die sich um ihn versammeln, macht er sich das Gebiet zwischen Daroca und Ternel tributpflichtig (südlich von Saragossa), ebenso das reiche Valencia, das einen Sarazenen-Scheich zum Stadtherrn hat.

Unterdessen muß König Alfons einsehen, daß er allein mit der Belagerung von Granada nicht fertig wird. Gegen entsprechendes Entgelt kommt ihm der Cid mit seiner Privatarmee zu Hilfe. Der König lohnt es ihm schlecht: Ein Jahr später schon nutzt er die Abwesenheit des Cid, um ihm sein schönes Valencia abzunehmen. Der Cid hat unterdessen seine Lanze auf das lebende und tote Inventar im Schloß des Königs Mutamid gerichtet, der einmal sein Brotherr war. Und bei dem gibt es mindestens 800 Haremsmädchen zu »befreien«.

In seiner Not ruft der Haremsherrscher die fanatischen Almoraviden aus der Berberei zu Hilfe – mit den für Christen und Moslems gleichermaßen verheerenden Folgen. Und somit spielt der käufliche Raubritter endlich auch eine große historische Rolle: El-Cid ist mit schuld, daß ganz Spanien eine Zeitlang zur Kolonie der berberischen Almoraviden wird.

El-Cids hat es damals viele gegeben, warum gerade dieser, der Rodigo Diaz hieß, der berühmteste wurde, bleibt das Geheimnis der Legendenschreiber. Immerhin, sein Valencia hat El-Cid den Almoraviden noch einmal aus den Händen schlagen und bis zu seinem Tod (1099) behalten können. War El-Cid kein großer Mann, so war er doch ganz ein Mann seiner Zeit. Halten wir uns an die Legende, da ist er tapfer, edel und vor allem fest im Glauben.

Die verschwiegene Invasion – Sarazenen am Bodensee

Als die Bucht, wo Brigitte Bardot ihr Inkognito weithin sichtbar spazierenführt, nicht St. Tropez hieß, zogen zwanzig braune Männer dort, wo jetzt die weißen Jachten in der sanften Dünung dümpeln, ein wind- und seegebeuteltes Boot auf den Strand. Es war ein später Nachmittag im Jahre 889, und die Rivieraküste war menschenleer. Die Männer warteten die Dämmerung ab, dann setzten sie sich schweigsam und hungrig in der Richtung auf ein Dorf in Marsch, das einer von ihnen von einem Hügel aus in der Ferne ausgemacht hatte. Der Überfall geschah plötzlich, und es gab nur wenige Tote. Wozu auch – sie wollten etwas zu essen, ein paar Frauen und möglichst viele Arbeitskräfte. Eine Festung war zu bauen.

So begann die verschwiegenste aller Sarazenen-Invasionen. Sie führte durch Südfrankreich, die Savoyer Alpen und die Schweiz bis zum Bodensee hinauf. Es war eine Infiltration, über die nur wenige Nachrichten vorliegen, die aber dennoch selbst in entlegenen Alpentälern ihre Spuren hinterlassen hat. Wir wollen versuchen, einigen dieser Spuren nachzugehen.

In den Tagen und Wochen nach dem Überfall auf das namenlose Dorf beim heutigen St. Tropez landeten weitere Boote in der Bucht, nun auch mit Frauen und Kindern, und weitere Dörfer im Umkreis wurden besetzt. Auf einem Hügel nahe der Bucht begannen Mauern heranzuwachsen. Eine Festung entstand, etwa dort, wo heute das Dorf Garde-Frenet liegt. Wie die Sarazenen-Festung an der Côte d'Azur wirklich hieß, wissen wir nicht. Überliefert ist uns nur der Name, den einheimische Chronisten ihr gaben. Das waren zumeist Klostermönche, die in ihren Annalen die Raubzüge notierten, die von dort ausgingen. Sie nannten die Zwingburg »Fraxinetum«, später wurde der Ortsname Garde-Frenet daraus. Welches arabische Wort hinter »Fraxinetum« steckt, hat Arabisten Kopfzerbrechen gemacht; es muß eines dahinterstecken, denn überall, wo die Invasoren Forts bauten, haben sie ähnlich klingende Ortsnamen hinterlassen. Die Chronistenbezeichnung »Fraxinetum« – wahrscheinlich der Versuch, mit einem sinnvoll klingenden lateinischen Wort die unverständliche arabische Ortsbenennung annähernd wiederzugeben – bedeutet jedenfalls nur, daß hier irgend etwas »aus Eschenholz« gebaut worden war, vielleicht ein provisorischer, ursprünglicher Teil des Forts. Mauerreste von »Fraxinetum« findet man bei Garde-Frenet, wo sich heute, auf einer Anhöhe, die Kirche von Notre Dame de Miramar erhebt.

Etwa zwanzig Jahre später, nach 906 – die moslemischen Eindringlinge hatten inzwischen die Küste bis Monaco und den zugänglicheren Teil des Hinterlandes in der Hand –, wurden berittene Rotten hoch in den Savoyer Alpen gemeldet. Die Mönche der Abtei Novalese sahen die Sarazenen über die Paßwege des verschneiten Mont Cenis heranreiten. Sie konnten eben noch die Heiligenreliquien ihrer Wallfahrtskirche retten. In Oulx, zwischen Suse und Briançon, wurde die Ankunft der Flüchtigen aufgezeichnet und auch, daß zwei Mönche zurückgeblieben seien, um die heidnischen Räuber mit der Kraft des Gebetes zur Umkehr zu zwingen.

Eine Turiner Chronik aus dem 10. Jahrhundert meldet die Gefangennahme etlicher Sarazenen. Dort, im Andres-Kloster eingesperrt, brachen sie eines Nachts ihre Ketten auf und legten Brand. Während die Feuersbrunst das Kloster und benachbarte Straßenzüge ergriff, gelang ihnen die Flucht. Um diese Zeit hielten die Sarazenen die Alpenpässe besetzt. Eine Tagebucheintragung des Bischofs von Narbonne belegt es: Er konnte 911 nicht, von Rom kommend, nach Frankreich weiterreisen.

Nun häufen sich die Berichte von Überfällen auf Klöster und Kirchen in der Alpenregion. Schlimm muß 939 die »Razzia« auf die überaus reiche, von Karl dem Großen beschenkte Abtei Agaune im Wallis gewesen sein. Es scheint, daß sich die Alpen-Sarazenen im 10. Jahrhundert ein Guerrillero-Gouvernement aufbauten, ein undeklariertes Imperium. Bald bildete die Sarazenen-Präsenz zwischen der Riviera und dem Mont Cenis einen Machtfaktor.

Gegen 940 verabredete Hugo, Graf der Provence, mit dem Kaiser von Byzanz (der sein Schwager war) eine Zangenoperation gegen »Fraxinetum«. Planmäßig drangen 942 byzantinische Kampfschiffe in die Bucht von St. Tropez ein. Schon brachten Graf Hugos Belagerungshandwerker ihre mauerbrechenden Apparate in Stellung. Da drohte von Osten her der Lombarden-Herrscher Berenguer einzubrechen. Dem Grafen Hugo blieb nur eine Möglichkeit, den Vormarsch an der savoyischen Alpenbarriere zu stoppen: Er mußte sich mit den Sarazenen verbünden. Kopfschüttelnd drehten die Byzantiner ab.

Chronist Luitprand gab seiner Verwunderung über die »heidenfreundliche« Bündnispolitik des Provenzalen Ausdruck, indem er eine Ode an den Großen St. Bernard richtete, auf dem sich nun die Sarazenen breitmachen konnten: »Unbegreiflich bist du, Berg des Jupiter, der du die Frömmsten sterben läßt und Zuflucht schenkst den maurischen Schurken. Oh, möge doch der Blitz dich treffen und in tausend Stücke schlagen...«

Kein Blitz half. 950 standen die Sarazenen vor St. Gallen, nahmen ihre rituellen Waschungen in Rheinwasser vor. Der Pfarrer der Wallfahrtskirche St. Peter zwischen Martigny und Sion brachte 1010 eine Gedenktafel an, die von einem Überfall »ismailitischer Kohorten« spricht. Die Sarazenen, inzwischen am Genfer See, drangen weiter ins Jura vor.

Von St. Gallen, vom Bodensee bis in die Po-Ebene gewöhnten sich die Bewohner in den nächsten Jahrzehnten, teils in permanentem Schrecken, teil in verzweifelter Ergebenheit, an den Anblick dieser »ismailitischen Kohorten«, die auf gebirgstüchtigen, haflingerartigen Pferden in die Klostertäler hereinbrachen; an das seltsame Bild, die fremdartig gekleideten Männer auf schneebedeckten Bergpässen plötzlich absitzen und, ihre Gebetsteppiche entrollend, unbegreifliche Rituale vollführen zu sehen.

Sie gewöhnten sich daran, so scheint es, denn bald blühte auch ein heimlicher Handel in den Alpendörfern auf: Lebensmittel, warme Kleidung, Maulesel und, wohl häufiger, als mancher dachte, auch Töchter und Kinder – überzählige Esser an den karg gedeckten Tischen armer Bergbauern – im Tausch gegen die funkelnden Scherben zerschlagener Klosterschätze.

Sie gewöhnten sich daran, denn eine Reihe von Ortsnamen deutet auf Sarazenen-Siedlungen und -Stützpunkte, von den Jahrhunderten abgeschliffene Verformungen des immer wiederkehrenden Festungsnamens »Fraxinetum«: Ferney am Genfer See zum Beispiel, das heute Ferney-Voltaire heißt, Frassinito in der Po-Ebene, deutlicher dann »Vallon Sarrazin« bei Modena und wieder verschlissener Pontresina, »Ponte Sarrasina« im Oberengadin – war das eine Relaisstation der Moslems an der Bernina-Straße?

Dem unaufhaltbaren Durchdringen der Sarazenen wurde erst Ende der fünfziger Jahre Halt geboten. Im Elsaß, wo die Beduinen überraschend auf ein Vorkommando der Hunnen gestoßen waren, gerieten sie an einen Mann, der scharfsinniger als Araber und schlitzohriger als Hunnen war. Konrad von Burgund, Herrscher auch über die Dauphiné und einen Teil der Schweiz, hetzte mit einer den Nomadenkriegern abgeschauten »Razzia«-Taktik die beiden Erobererkommandos so geschickt und unerkannt aufeinander, daß sie sich schließlich gegenseitig niedermachten.

Unterdessen eroberte sich auch der Graf der Provence, Guilleaume, Schritt um Schritt die Moslem-Besitzungen zurück; 965 fiel Grenoble, 970 waren die Dauphiné und die Provence gesäubert, 975 standen provenzalische Ritter mit genuesischen Hilfskräften vor dem Sarazenen-Bollwerk Fraxinetum, beim heutigen St. Tropez.

Vor dem Sturmangriff heizte Graf Guilleaume mit großzügiger Verteilung der Felder, Farmen und Gärten der arabischen Siedler an seine Truppen den Kampfgeist an. Einen Löwenanteil sprach er dem Führer des genuesischen Kontingents zu, »Gibellin« Grimaldi – ein Vorfahr der heutigen Grimaldi-Fürsten von Monaco also. Sein Honorar für die Waffenhilfe: Der Hafen Port-Grimaud.

Die Überlebenden von Fraxinetum durften auf den Gütern, die sie kultiviert hatten, nun als leibeigene Sklaven ihr Leben fristen. Einige hatten rechtzeitig zu Schiff flüchten können. Von Korsika aus wurden sie als freibeuternde »Korsaren« zum Terror des Mittelmeers und der Küstenstädte. Die »Sarazenen-Türme« entlang der Riviera, Ausguckposten der Küstenbewohner, erinnern noch heute daran.

Am härtesten freilich wurde der Kampf ums Überleben jetzt für die von jedem Rückweg abgeschnittenen Moslems in den Savoyer und Schweizer Alpen. Ob es vielen gelang, dem Gegenterror der nun mutig werdenden Heidenjäger zu entgehen, sagt keine Chronik. Einige müssen es geschafft haben, in der Bevölkerung unterzutauchen. Auch in diesen Gegenden tragen heute noch viele Familien Namen wie »Sarrasin«. Vielleicht ist ein Nachfahre jener Moslem-Abenteurer aus den Schweizer Alpen der heutige Präsident des Schweizer Bankier-Verbandes. Er heißt Dr. Alfred Sarrasin.

»Reconquista«

Als mit Tyros, Sidon und Beirut die letzten Brückenköpfe der Kreuzritter im Heiligen Land gefallen waren, als in den Hafenstädten Italiens die letzten Palästina-Flüchtlinge bettelnd durch die Straßen zogen, da mochten sich die Orient-Veteranen vielleicht damit trösten, daß Glaubensbrüder, die an einer anderen Front das Kreuz gegen die Heiden trugen, erfolgreicher operierten – in Spanien.

Aus den marokkanischen Almohaden, die als Sekte eines mißwüchsigen Tugendfanatikers in Fez angefangen hatten, war, wie die menschliche Natur mit ideologischen Prinzipien so umzuspringen pflegt, eine Prunk und Sinnenfreude liebende Dynastie geworden, die ganz im grandiosen Stil ihrer Vorgänger vom – auch nach etlichen

Bürgerkriegen – immer noch recht prachtvollen Cordoba aus über Spanien herrschte.

Die katholischen Könige des Nordens saßen eine Weile lang einigermaßen ruhig in ihren Stützpunkten vor den Pyrenäen und pflegten ihre Wunden, die ihnen Almoraviden und Almohaden beigebracht hatten, wann immer sie zu vorwitzig nach Süden hinuntergedrungen waren.

In der zweiten Hälfte des 12. Jahrhunderts jedoch erhielten diese Könige von Kastilien, Aragon, Portugal, León und Navarra unverhofft Verstärkung. Kreuzfahrer, die von Saladin und Baibars aus dem Heiligen Land vertrieben worden waren und in der Heimat nichts zu gewinnen hatten, strömten nun auf der Suche nach neuem Ablaß-, Ruhm- und Broterwerb diesen christlichen Königen zu. Allerhöchster Segen ließ auch nicht auf sich warten. Papst Innozenz III. erhob die geplante »Reconquista«, die »Wiedereroberung«, zum Range eines Kreuzzugs. Spanische Veteranen, bereits mehrfach mit den Örtlichkeiten vertraut geworden, bildeten die Vorhut.

Die erste und entscheidende Schlacht, sie fand bei Las Navas de Tolosa statt, war schnell geschlagen, kein Ruhmesblatt in der Sarazenen-Geschichte. Gleich beim ersten Aufeinanderprall suchte der spanische Teil des Sarazenen-Aufgebots sein Heil in der Flucht oder im Überlaufen zu den Kreuzträgern. Nur die Truppen der Almohaden, fanatische Berber-Krieger, wankten nicht, bis der letzte Mann gefallen war. Das war 1212.

Von da an befanden sich die Almohaden, auch bei den alteingesessenen Muselmanen Spaniens als afrikanische Usurpatoren verhaßt, überall auf dem Rückzug. Die »Reconquista« war nicht mehr aufzuhalten. 1236 fiel Cordoba an Kastilien; 1248, nach fünfzehn Monaten Belagerung, Sevilla. Fünfzig Jahre nach Tolosa war der Kreuzzug fast schon zu Ende. Nur eine letzte Insel des Islam gab es noch in Spanien: das Königreich Granada. Das allerdings hielt sich über zweihundert Jahre.

Der Stammbaum der letzten Sultane von Granada führt zurück in das Mekka und das Medina des Propheten. Als Mohammed, kurz vor der Stunde Null des Islam, verfemt in seiner eigenen Stadt, sich mit einer Geheimdelegation von Medinensern traf, war einer von denen, die ihm Heimatrecht in Medina versprachen, der Scheich Saad Ibn-Ubaida aus dem Stamm der Chasradsch. Und als in Medina im Jahr 32 des Islam, nach Mohammeds Tod, der Streit um das erste Kalifat ausbricht, stellen die »Banu-Chasradsch« als Kandidaten ihren Scheich Saad Ibn-Ubaida auf – den Führer der Hilfstruppen, der »Ansar«, die die militärischen Erfolge des Propheten mit ermöglichten. Vergeblich, wie man weiß, doch seine Söhne und Enkel wurden hohe Offiziere unter den Omajjaden.

Von diesem Ibn-Ubaida, der nicht der erste Kalif des Islam werden konnte, stammt die Nasr-Sippe ab, die nun die letzte Sultansdynastie der Sarazenen stellt. Unter ihnen, überstrahlt vom Alhambra-Palast zu Granada, den sie bauten, erlebt das spanische Sarazenentum noch einmal eine wunderbare Renaissance, eine Episode in überreifen Spätsommerfarben, melancholisch getönt von der Gewißheit des unausweichlichen Endes.

Andalusiens Sonne leuchtet

Nur weil Bagdad gar so hell strahlte, werden einige Köpfe, die in »al-Andalus« ihre Geistesfunken sprühen ließen, zu Sternen zweiter Ordnung gezählt. Doch das maurische Spanien schrieb, um noch einmal den fundierten Propagandisten islamischer Kultur, den libanesisch-amerikanischen Professor Hitti zu zitieren, »eines der hellsten Kapitel in der Geistesgeschichte des europäischen Mittelalters«. Schon der Omajjaden-Hof in Cordoba hatte wie ein Magnet gewirkt. Mit der 400000bändigen Universitätsbibliothek als Mittelpunkt, kristallisierten sich um die Rachman-Metropole Historiker wie ein Mohammed al-Gutia (der Name besagt, daß er gotischer Abstammung war), Musiker wie der mit großem Gefolge aus Bagdad zugereiste Sirdschab (der mit seiner Musikhochschule als Begründer der andalusischen Musik gilt). Und natürlich auch wieder Universalgenies wie der Arzt Ibn-Firnas (im Brotberuf Hofmedikus von Kalif Hakim III.), der mit Astronomen ein Planetarium baute, mit Musikern ein Metronom erfand, mit Chemikern neue Methoden in der Glasherstellung entwickelte und sogar – da allerdings fand er keine Mitarbeiter – an Segelflugapparaten bastelte; er soll tatsächlich einmal geflogen sein.

Klassisch geworden ist auch die Anthologie maurischer Dichtung, die der Hofpoet von Rachman III., Ibn-Abd-Rabbi, zusammentrug. Und der Wesir des letzten Omajjaden-Kalifen, Ibn-Hasm, fand noch genügend Zeit – wahrscheinlich zuviel –, um rund 400 Werke über Geschichte, Theologie, Logik und Poesie zu verfassen und sich mit einem Standardwerk über »Irrglauben, Sekten und Bekenntnisse« als Begründer der vergleichenden Religionswissenschaft zu empfehlen.

Die Omajjaden-Dynastie ging unter und zersplitterte – wie das vetterliche Reich in Bagdad – in fast zwei Dutzend Fürstentümer, der geistigen Brillanz des maurischen Spanien tat das wenig Abbruch. Im Gegenteil. Die erleuchteten Geister gingen eben woanders leuchten. Man darf sich die kulturelle Szene dieses Spaniens (und das gilt auch für den zerscherbten Orient) wohl etwa so vorstellen wie im Deutschland der Kleinstaaterei. Da hatte ja auch fast jeder kleine Fürst seinen Johann Sebastian Bach, und kulturhistorisch waren diese dezentralisierten Zeiten auch bei uns nicht die unfruchtbarsten.

Und wie im Orient die Mongolen, so waren auch in Spanien die Christen gegen die Verlockungen der geistigen Irrlichtereien des Islam nicht immun. In Toledo, seit 1085 in christlicher Hand, gründete ein Erzbischof Raimund, um 1135 etwa, Europas erste Hochschule für Orientalische Studien, ein systematisch forschendes Übersetzungsinstitut nach dem Vorbild des Bagdader »Beit al-Hikma«. Hier wurden zum Beispiel al-Chwarismis »Algebra« übersetzt – und der Koran. Hier arbeitete auch der berühmteste Übersetzer, Gerhard von Cremona. Er übertrug, bis zu seinem Tod 1187, insgesamt 71 wichtige Bücher aus dem Arabischen – darunter der »Almagest« von Ptolemäus, die »Elemente« des Euklid, zahlreiche Werke von Aristoteles, Galen und Hippokrates, die ja alle in der Originalsprache nicht vorhanden waren.

Und König Alfonso X. von Kastilien und León, ein Urenkel Barbarossas (im Interregnum auch ein glückloser König Deutschlands), ließ sich die wichtigsten arabischen Werke über Astronomie übersetzen und daraus die »alfonsinischen Tabellen« herstellen. Der spanische Vetter und Zeitgenosse des sizilianischen Königs Friedrich II. schrieb nicht nur das erste abendländische Buch über Schach; seine Rechtsverfassung, islamisch beeinflußt, bildete noch lange die Grundlage des spanischen Rechts. So wiederholte sich im Abendland das Schicksal der asiatischen Eroberer, die vom Islam erobert wurden.

Weniger bekannt ist König Alfonsos Sammlung sarazenisch-andalusischer Lieder, die er – zeitgemäß, doch irreführend – »Cantiguas de Santa Maria« nannte. Alfonsinisches und toledanisches Kulturgut sarazenischer Provenienz in durchsichtiger christlicher Verpackung gelangte auf der Karawanenstraße des Geistes nach Norden, die – wie auch die Importstrecke für sarazenische Konsumware – über die Pyrenäen, durch Frankreich an den Rhein führte. Diesen Weg nahmen auch Elemente der Musik – Zeitwerte für die einzelnen Noten, Aufteilung in Takte – und Musikinstrumente. Einige unserer Instrumente verraten noch heute in ihren Namen die sarazenische Herkunft.

Was, zum Beispiel, wären die Gitarren spielenden Pop-Stars von heute, hätten nicht die Sarazenen einmal für sie die »kitara« gestimmt? Schon die Troubadoure wären ohne die Laute (arabisch: al-ud, spanisch: laud) brot- und liebelos verkümmert. Die Troubadoure, die im 12. Jahrhundert von der Provençe aus ihre unerfüllbare Minne zu besingen begannen, sollen ihre Berufsbezeichnung vom arabischen »tarab«, was Musik und Lied bedeutet, geborgt haben, wie der spanische Musikhistoriker Ribera nachweist.

Die Kulturhoheit des sarazenischen Spaniens hatte – wie im Orient der Abbasiden – ihre Basis im islamischen Schulsystem und natürlich in der Papierproduktion. Die Universitäten in Granada, Malaga und Sevilla, vor allem aber in Cordoba, wo allein schon die jährliche Immatrikulations-Rate in die Tausende ging, sorgten im sarazenischen Spanien nicht nur für steten Nachwuchs an Führungskräften – Hochschulbildung obligatorisch –, sondern auch an Wissenschaftlern und Gelehrten.

Die herausragenden Forscher- und Gelehrtennamen, die auch im Abendland ihren guten Klang hatten, waren der Historiker Ibn-Chaldun, der Geograph Ibn-Battuta, dann (in europäischer Leseart) der Arzt Avenzoar, ferner die Philosophen Avempace, Averroês und Maimonides.

Abd-ar-Rachman Ibn-Chaldun, Diplomat und Historiker, Abenteurer und Beamter, von Herkunft Jemenite, aber in Tunis geboren, begann seine Laufbahn als Verwaltungsfachmann in Fez. Dort in Ungnade gefallen, kam er an den Nasriden-Hof zu Granada, für den Sultan führte er schwierige Friedensverhandlungen mit dem König von Kastilien. Eine Pilgerreise nach Mekka unterbrach er in Kairo, wo der Mamluken-Sultan ihn zur Teilnahme an einem Feldzug gegen Timur einlud. Als Gefangener am Hof des Mongolen weckt er selbst bei dem Tyrannen gewisse geistige Interessen. Ibn-Chaldun gelingen, aus der Fülle persönlicher Begegnungen mit den Großen seiner Zeit und der Intensität seiner Studien, einige Geschichtswerke, die erstmals Theorien über den Mechanismus historischer Entwicklungen und Zusammenhänge liefern, die nicht nur Faktoren wie Klima und geographische Gegebenheiten, sondern auch die Funktion der psychologisch und geistig wirksamen Strömungen miteinbeziehen. So hat vor ihm noch niemand Geschichte gesehen, gedacht und beschrieben.

Weitgereist war auch der in Tanger geborene Ibn-Battuta, der, ein sarazenischer Marco Polo, bis nach Ceylon, den Malediven-Inseln und China gelangte, Afrika durchforschte und auch die Länder an der Wolga beschrieb.

Avenzoar (richtig: Abu-Marwan Abd-al-Malik Ibn-Abil-Ala Ibn-Suchr), geboren 1094 in Sevilla, war Leibarzt des Begründers der Almohaden-Dynastie. Seine größten Verdienste erwarb er sich mit der Weiterentwicklung des Krankenhauswesens (»gleichen Ranges mit ar-Rasi«, versichert sein Kollege Averroês). Er entdeckte, daß der Mensch auch in den Knochen Schmerzempfindungen hat, und führte, zuerst bei einer Ziege, dann bei seinem Diener, erstmalig Luftröhrenoperationen durch. Ziege und Diener überlebten.

Avempace (richtig: Abu-Bekr Mohammed Ibn-Jachja Ibn-Baddscha), der in Granada wirkte und 1138 in Fez starb, verbiß sich, wie viele arabische Philosophen, in das Dilemma, daß Plato die Wahrheit ist, der Koran ebenfalls die Wahrheit, die reine Wahrheit aber nur eins sein kann. Ibn-Baddscha plädierte dafür, daß der Mensch auch ohne Fremdhilfe zu Gott finden kann. Unter Moslems gilt er als Atheist, aber auch christlichen Scholastikern bereitete er Kopf- und Seelenpein.

Universalgenie Averroês (Abu-Walid Mohammed Ibn-Achmed Ibn-Ruschd) war zuerst Kadi in Sevilla und Cordoba, dann Mediziner und nur nebenher Philosoph. Wegen seiner Thesen steckte ihn der Sultan von Marrakesch, dessen Leibarzt er war, ins Gefängnis. Warum? Ibn-Ruschd war Rationalist und beanspruchte das Recht, alles Offenbarte durch die Vernunft zu überprüfen. Außerdem vertrat er eine – zwar noch von einer Gott-Idee bestimmte – Evolutionstheorie: Nicht in Tagen, sondern in Ewigkeiten sei die Zeitspanne für die Entwicklung der Schöpfung zu messen. Auch christliche Zensoren legten ihren Studenten nur einen »gereinigten« Ibn-Ruschd vor; weniger Anstößiges entdeckten sie dagegen in seinen medizinischen Erkenntnissen, zum Beispiel, daß kein Mensch die Pocken zweimal kriegt – worauf die Schutzimpfung gründet.

Maimonides (Abu-Imran Musa Ibn-Maimun) gilt nicht nur als bedeutendster Philosoph des maurischen Spanien, sondern auch als hervorragendster Repräsentant der zahlen- und geistesstarken jüdischen Intelligenzija. In Cordoba geboren (1135), wanderte er wegen anti-jüdischer Maßnahmen zu Beginn der Almohaden-Herrschaft nach Ägypten aus, wo er Leibarzt von Sultan Saladin und Oberhaupt der jüdischen Gemeinde von Kairo sein konnte. Ibn-Maimun wagte es, prophetische Visionen auf psychische Vorgänge zurückzuführen, und erwarb sich seinen ersten Platz unter den Philosophen mit dem Versuch, wissenschaftliches Denken gegen den an einen Gott gebundenen Schöpfungsglauben anzusetzen. Moderne Philosophiekritiker versichern, Averroêssche Denkeinflüsse noch bei Kant ausmachen zu können.

Der sarazenische Skorpion beißt den kastilischen Löwen

Granada 1480. Das letzte Königreich der Sarazenen, eine Insel mitten im Meer des Unglaubens, 4000 Kilometer, 200 Tagereisen entfernt von der Wüste, aus der sie vor 800 Jahren aufgebrochen waren, ein herrliches Königreich, immer noch: 30 Städte besitzt das Sultanat (darunter Malaga, Guadix, Loja, Ronda, Baeza, Almería), 80 größere Ortschaften und mehrere tausend Dörfer – mit ihren weißen Mauern, Häusern und Moscheen liegen sie wie von den Sierras herabgewehte Schneeflocken im gesprenkelten Grün der endlosen Reis- und Zuckerrohrfelder, der schnurgeraden Reihen von Millionen Olivenbäumen und Weinstöcken.

Herr über das weite Land mit seinen zwei Millionen Bauern und Handwerkern ist Ali Abu'l-Hassan. Der 19. Sultan der aus Medina stammenden Nasriden-Dynastie ist ein ebenso geistvoller wie tollkühner Mann, ein Sarazenen-Fürst aus dem Bilderbuch, doch auch mit seinen Mängeln. Ausweglose Melancholie kann bei ihm abrupt zu mörderischem Jähzorn umschlagen.

Stellen wir ihn uns vor, an einem Frühjahrsabend in der Alhambra, seiner »Roten Burg« auf dem steilen Felsen hoch über Granada. Da steht er im »Mirador«, dem mit kostbarem Mobiliar überladenen Aussichtsraum oben im Comares-Turm, er steht an den Bogenfenstern und schaut über die Ebene, die »Vega« heißt und sich zu den fernen Ausläufern der Alpujarra-Berge dehnt. Er schaut auf die Stadt zu seinen Füßen, das Gewirr der Dachgärten und Innenhöfe. Granada mit seinen über 500 000 Einwohnern, seinen Mauern mit 20 Toren und 1300 Türmen – wie lange wird er es noch halten können?

Vielleicht sieht er jetzt seinen Vater vor sich; wie er weinte, der Sultan Ismail, damals, als die Kastilier ihm Gibraltar entrissen. Erpreßt haben sie ihn schließlich, 12 000 Goldstücke mußte er ihnen jährlich zahlen. Ein armer alter Mann, der sich die letzten Jahre seines Lebens mit den Schätzen seines Tresors erkaufte. Auch Sultan Abu'l-Hassan zahlt immer noch für diesen schändlichen Friedensvertrag.

Sultan Abu'l-Hassan am Fenster seines Mirador, während die Dunkelheit über die Vega hereinbricht und unten in der Stadt Tausende von Lichtern angezündet werden, weiß, daß auch er nur noch auf geborgte Zeit lebt. Die Front um das Königreich Granada hat sich geschlossen. Bis 1469 war das katholische Spanien geteilt, Aragon und Kastilien. Da konnte man das eine gegen das andere ausspielen, und einige seiner Vorfahren hatten darin eine sehr geschickte Hand. Doch nun bildet das katholische Spanien eine riesige, vereinigte, geballte Macht. In Toledo hat Ferdinand von Aragon 1469 Königin Isabella von Kastilien geheiratet – läuteten die Hochzeitsglocken von Toledo auch die Todesstunde von Granada ein?

Der Sultan ist manchmal ein Mann von selbstmörderischer Tollkühnheit. Er sieht die Landkarte von Spanien vor sich an der Wand hängen. Der weitgereiste Ibn-Chaldun hat sie gemalt, als er noch Diplomat im Dienste des Hofs von Granada war. Das vereinigte Kastilien und Aragon – alle früheren christlichen Königreiche Spaniens sind darin aufgegangen – türmt sich vor dem Küstenstreifen des Sultanats von Granada wie ein Löwe vor einem Skorpion. Aber, das schwört sich Sultan Abu'l-Hassan in dieser Stunde, ehe der Skorpion sich zermalmen läßt, wird er beißen. Steht nicht im Koran die Geschichte von Dawud und Dschalut, von David und Goliath?

Der Sultan fühlt sich erleichtert, da er nun einen Entschluß gefaßt hat. Durch die marmornen Treppengänge geht er hinunter zum Myrtenhof. Von dort klingt Musik.

Um das große Wasserbecken vor dem Comares-Turm, mit den beiden Myrtenbecken an den Längsseiten, haben sich die Frauen des Harems auf seidene Kissen und Brokatdiwane gelagert; ihr Lachen zirpt silbern und sinnlich in der lauen andalusischen Nacht. Das würzige Aroma aus den sanft glimmenden Räucherschalen verbindet sich mit dem Duft der Myrten, mit – manchmal – einem Hauch von Jasmin und Rosen, der aus den Terrassengärten herüberzieht. Hinter einem seidenen Vorhang, damit sie die Gesichter der Frauen nicht sehen können, spielen die »Dschitts«, die Zigeuner, die einst aus dem Indusgebiet nach Bagdad gekommen, den sarazenischen Heeren bis Spanien nachgewandert sind. Die Musik ihrer Gitarren, Geigen, Lauten, Tamburine und Flöten ist melancholisch und feurig zugleich. Alle Sarazenen lieben die Musik der Dschitts.

Abu'l-Hassan hockt sich auf seinen Diwan; seine Lieblingsfrau, die Kastilierin Sochra, rollt sich zu seinen Füßen, legt ihren Kopf in seinen Schoß. Sie ist Christin; als sie noch die Tochter des Alkalden von Bedmar war, hieß sie Isabel de Solis. Der Wesir hat Mühe, die Aufmerksamkeit des Sultans von der Kastilierin abzulenken. Der Wesir wirkt sehr beunruhigt.

»Die Botschafter der Königin von Kastilien verlangen unverzüglich die Aushändigung des längst fällig gewordenen Tributs.«

Der Sultan löst sich kaum von seiner Gespielin. »Sag ihnen, Sultan Abu'l-Hassan teilt hierdurch mit, die Könige, die Tribut zahlten, seien gestorben. Und unsere Münzmeister hätten den Beruf gewechselt, sie prägten keine Goldstücke mehr, sondern Eisenspitzen für unsere Lanzen.«

Der Wesir blickt erschreckt. »Ist das dein Ernst, Sultan?« Abu'l-Hassan blickt zum Comares-Turm hinüber, der sich mit seinen sechs Kolonnadenlauben im Becken widerspiegelt. Unten im Turm, in den Verliesen, residiert seine Hauptfrau Aischa, eingesperrt, aber mit Dienerinnen und Komfort. Seit er die Christin liebt, verfolgt Aischa ihn mit ihrem Haß. Sie hat sogar ihren Sohn Abu-Abdallah – die Spanier nennen ihn Boabdil – gegen den Vater aufgehetzt. Also mußte er Boabdil in das Verlies neben Aischa sperren. Von Agenten seiner Geheimpolizei weiß der Sultan, daß Boabdil Offiziere der Garnison für eine Meuterei gewonnen hat.

Krieg um Granada zwischen Vater und Sohn

Fast scheint es, als könne Abu'l-Hassan mit seiner Frechheit siegen. Das neugeschaffene katholische Königreich, behindert durch innere Wirren, zeigt lange keine Reaktion. Der Sultan, nun übermütig, attakkiert die kastilische Stadt Zahara. In der »Halle der Botschafter«, die mit ihren hohen Stalaktiten-Säulen den unteren Teil des Comares-Turms ausfüllt, fällt es weitsichtigeren Staatsräten freilich schwer, ihrem Sultan als Sieger zu huldigen. Denn nun ist der kastilische Löwe die Skorpionstiche leid. Der erste Vergeltungsschlag trifft die granadische Grenzfestung Alhama, nur einen Tagesritt südwestlich von Granada. Die Garnison wehrt sich verbissen gegen die Übermacht von Menschen und Material aus dem Norden. Die Kastilier machen aus der blühenden Stadt einen Trümmerhaufen.

Granada ist unruhig. Daß Abu'l-Hassan seine Frau wegen einer Ungläubigen ins Verlies warf, hat schon seit langem böses Blut geschaffen. Daß er mit kindischem Stolz die Kastilier zur Weißglut reizt, macht ihm nun auch Feinde unter den Zehntausenden von Flüchtlingsfamilien, die sich im Stadtviertel Albaicin neue Existenzen aufgebaut haben. Wenn Granada fällt – wohin sollen sie noch flüchten? Parteigänger Boabdils finden offene Türen und Ohren.

Für den Sultan ist jetzt Alhama zum Prestigefall geworden. Ohne Rücksicht auf Verluste peitscht er zweimal seine Elitebrigaden zum Angriff, um das Trümmerfeld zurückzuerobern. Beim zweitenmal gelingt es ihm auch fast. Da überbringt ihm ein Meldereiter Nachricht von einer Rebellion in Granada.

Auf der Alhambra, im Kellergewölbe des Comares-Turms, gleich unter der »Botschafter-Halle«, hatte Mutter Aischa ihren Sohn mit einer Wochenration Kosmetiköl eingerieben, damit er sich zwischen den Gitterstäben hindurchzwängen konnte. Auf der schmalen Ziegelgalerie, gleich unter dem Fenster, hatte er sich dann die aneinandergeknoteten Schals seiner Mutter und ihrer Dienerinnen unter die Achseln gebunden. So von seiner Mutter abgeseilt, war er auf den Alhambra-Hang gelangt, wo ihn Verschwörer mit einem Fluchtpferd erwarteten. Von Offizieren der Garnison als neuer Sultan empfangen und durch Zulauf aus der Bevölkerung verstärkt, hatten die Putschisten nun die strategischen Punkte der Stadt besetzt.

Sultan Abu'l-Hassan muß die Feldschlacht gegen die Kastilier abbrechen und mit abgekämpften Truppen in Granada den Straßenkampf gegen Teile der eigenen Garnison und der Bevölkerung aufnehmen. Unterdessen greifen die Kastilier, die den Etappenaufstand nutzen, die Stadt Loja an, nur einen Tagesritt westlich von Granada. Mühsam kann der Vater seinen Sohn zu einem Waffenstillstand überreden.

Während der Sultan auf der roten Erde vor Loja die Kastilier schlägt, öffnet Boabdil seinen Mitverschwörern die väterlichen Weinkeller.

Der Sultan, zwischen Sohn und Christen fast zerrieben, zieht sich nach Malaga zurück. Das, immerhin, hat sein Bruder Sagal noch fest in der Hand. Die Kastilier jedoch, um Reserven nicht verlegen, schieben starke Truppenkontingente nach, die nun bis in die Provinz Malaga hinein erfolgreich operieren können, »sofern man damit das Verbrennen der Ernten, das Abholzen der Olivenplantagen, die Brandschatzung blühender Dörfer und das Abschlachten von Vieh und Menschen bezeichnen will«, höhnt der französische Historiker Condé.

Dem Haudegen Sagal gelingt ein Rachesieg gegen die katholischen Terrorbrigaden. Ein Pyrrhussieg, denn dieser Erfolg verführt Boabdil, der unbedingt seinen Onkel ausstechen will, zu einer wahnwitzigen Mutprobe. Mit Offizieren, denen subversives Treiben mehr liegt als militärisches Strategieren, marschiert er drei Tagesritte weit nach Nordosten durchs Gebirge, um die stark gesicherte katholische Festung Lucena zu erobern. Vergeblich. Fast als einziger Überlebender läßt er sich auf dem Schlachtfeld gefangennehmen.

In seiner Fluchtburg Malaga verfällt Abu'l-Hassan jetzt in tiefe Depressionen. Illusionslos sieht er sein Spiel um alles oder nichts verloren. Sein Bruder Sagal, der auf den Koran schwört, »zu kämpfen, solange ihm eine Schwerthand am Körper bleibt«, läßt sich von Abu'l-Hassan das Sultanat übertragen. Wenig später stirbt der abgedankte Sultan – an gebrochener Seele. So bleibt ihm erspart, die traurige Rolle, die sein Sohn im schmachvollen letzten Akt der Tragödie von Granada spielt, miterleben zu müssen.

Der unaufhaltsame Fall Granadas

In der Gemäldegalerie des Generalife-Palastes auf der Alhambra zu Granada hängt ein Porträt des 21. und letzten Nasriden-Sultans Boabdil, den die Spanier »el Chico« nennen, den »Kleinen«. Das Bild zeigt einen nicht mehr ganz jungen Mann mit hellem Gesicht und fast blondem Haar. Was immer noch an unkontrolliertem sarazenischen Ungestüm und ungezielter Härte in Abu'l-Hassan und Sagal gelebt haben mag – dieser fernste Ableger eines einst so stolzen Medina-Stammes präsentierte sich zumindest seinem Porträtisten als ein etwas zu hübscher Mensch mit einem Anflug von versponnener Schwermut. Man sieht das Gesicht eines weichlichen, vielleicht sogar kunstsinnigen Menschen, ein Träumer, der seiner eigenen Visionen nicht ganz sicher ist.

Im verträumten Blick eine glanzvolle Zukunft als zwar tributpflichtiger, doch von starken Freunden umhegter Herrscher, die Satteltaschen voll mit Geld und Geschenken und gefolgt von einer wohlinstruierten kastilischen Leibgarde – so kehrt Boabdil zurück nach Granada. Sein Einzug in Granada gerät indessen nicht so triumphal, wie er sich das vorgestellt haben mag. Wieder flammt Bürgerkrieg auf, Widerständler gegen Kollaborateure, »Falken« gegen »Tauben«. Granada ist eine geteilte Stadt. Bürgerkrieg herrscht auch in den restlichen Sarazenen-Städten. Sultan Sagal versucht, von Malaga aus, eine Atempause und eine neue Konstellation zu erreichen. Er beschwört den »Chico«, Schulter an Schulter den gemeinsamen Feind zu bekämpfen. Boabdil, zu feige, lehnt ab. Die Kastilier kassieren indessen weitere Sarazenen-Städte. Ronda fällt. Loja, bisher gegen alle Angriffe gehalten, muß sich 1486 ergeben. Malaga wird umzingelt. Sagal versucht einen Entlastungsangriff, aber da fällt ihm Boabdil in den Arm. Ein Jahr nach Loja schweigen die Muezzins auch in Malaga.

Mit einem so willigen Werkzeug wie ihrem »Chico« können Ferdinand und Isabella es sich leicht machen: Sie haben Boabdil alles versprochen, was er Sagal abnimmt. Sagal, jetzt auf ein kleines Gebiet um Baeza reduziert – im Flußdreieck zwischen dem Guadalquivir und dem Guadalimar – kann sich kaum noch halten. Körperlich und seelisch am Ende, muß er zu Ferdinands und Isabellas Kreuze kriechen. Er wird nach Afrika deportiert. Es ist 1490, das islamische Granada hat noch zwei Jahre zu leben.

Nun lassen Ferdinand und Isabella die Masken fallen. Unverblümt fordern sie von Boabdil die bedingungslose Übergabe Granadas. »Chico«, der nie begreifen wollte, daß allein Sagals Widerstand ihm Zeitgewinn garantierte, zögert. Da schwärmen Kastilier mit Axt, Brandfackel und Schwert in die »Vega«, die fruchtbare Ebene vor Granada, aus. Erst als vorzeitiger Schnee die geschändete Erde bedeckt, zieht Ferdinand seine Armee nach Cordoba zurück. Im Frühjahr wird er wiederkommen.

In dieser Galgenfrist steht, zur Ehrenrettung der Sarazenen von »al-Andalus«, noch einmal eine Heldenfigur auf. Die Garnison wählt einen grauhaarigen Offizier namens Musa Ibn-Abi'l Ghassan zum Kommandeur. Musa bereitet den Belagerungszustand vor. Die Magazine Granadas, das inzwischen noch einmal Tausende von Flüchtlingsfamilien aufnehmen mußte, werden bis zum letzten Fingerbreit gefüllt, Versorgungskarawanen aus den Tälern der Sierra Nevada verabredet. Die Waffenschmiede arbeiten Tag und Nacht.

An einem Märznachmittag 1491 sehen Boabdil und seine Mutter von der Alhambra aus im Westen und Nordwesten riesige Staubwolken in die »Vega« hineinrücken. 40000 Fußsoldaten und 10000 Reiter sowie ein Troß von noch einmal 50000 Mann und Versorgungseinheiten wälzen sich in breiter Front heran, walzen die junge Saat und die mit hoffnungslosem Optimismus frisch gepflanzten Bäume nieder. Als es Nacht wird, leuchten in der Ebene Tausende von Biwakfeuern auf.

Noch ist der Belagerungsring nicht dicht. Noch kommen die meisten verabredeten Nachschubkarawanen durch. Aber bald müssen Musas Männer für jeden Maulesel mit Frühobst, für jedes Dutzend Schweine oder Hammel auf Leben und Tod kämpfen. Pardon wird nicht gegeben. Von keiner Seite.

Bei den Sarazenen erwachen die alten Kampfinstinkte der arabischen Wüste: Plötzliche »Razzias«, aus dem Dunkel der Nacht, auf die Wachen und Zelte am Rand der riesigen Belagererstadt – kein Morgen, da die Kastilier nicht erdolchte Kameraden von den Lagerstraßen auflesen, die gesamte Belegung eines Mannschaftszeltes mit durchschnittenen Hälsen auffinden. Auch der Zweikampf vor großem Publikum, die klassischen Todes-Turniere aus der Beduinenzeit, erleben eine blutige Renaissance. Bis König Ferdinand die Duelle verbietet.

In der Stadt holt sich der Hunger die ersten Opfer. Es ist November geworden. Von der Sierra Nevada weht es kalt. Während sich die Belagerer draußen in der »Vega« eine feste Stadt gebaut haben – sie heißt Sante Fé und steht heute noch –, während vor ihren Zelten aus gut aufgestockten Brennholzlagern Tag und Nacht die Feuer in Glut gehalten werden, verbrennen in Granada die ausgemergelten, frierenden Moslems die Möbel. Nur die Muezzins rufen immer noch mit ungebrochenen Stimmen das Wort Allahs über die Stadt und die Ebene – sie wissen, jeder Gebetsruf kann der letzte in ganz Spanien sein.

An einem milderen Dezembertag führt Oberst Musa einen verzweifelten Ausbruch an. Die Kastilier fangen die ausgezehrten Gestalten gelassen ab. »Was keinem Schwert gelang, schaffte der Hunger«, schrieb der Chronist Makkari. Bald folgen die Kapitulationsverhandlungen.

Ferdinand und Isabella diktieren ihre Friedensbedingungen. Falls bis zum 1. Januar 1492 keine Hilfe von außen kommt, sollen Sultan Boabdil, seine Offiziere und sein Volk dem spanischen König den Treueid schwören. Allen Moslems wird Unversehrtheit von Leben und Besitz sowie freie Religionsausübung zugesichert, auch die Muezzins dürfen weiter rufen, dem Sultan wird eine Domäne an der Küste zugewiesen werden. Großzügige Bedingungen – zu fair, um wahr zu sein.

Von der Belagerungsstadt Sante Fé geht der Blick weit über die »Vega«. Am Ende der Ebene ragen auf ihrem steilen Berg die Türme und Mauern der Alhambra, der »Roten Burg«. Doch in diesen Dezembertagen 1491 erfreut keine Farbe das Auge. Schnee hat die Landschaft zugedeckt, das große Leichentuch ist schon ausgebreitet. Das Bild muß ihnen gefallen haben, den katholischen Majestäten Spaniens, denn Chronisten beschreiben das triumphierende Lächeln, das in ihren Gesichtern spielt.

Isabella ist eine leidenschaftliche Liebhaberin der Inquisition. Seit auf ihr Betreiben der Reichstag von Toledo vor elf Jahren die Einführung der Generalinquisition beschlossen hat, flackern in den Städten Spaniens die Scheiterhaufen. Die ersten flammten in Sevilla auf, um sieben Juden zu verbrennen. Bis 1808 wird das von Isabella gezündete Glaubenswerk (lateinisch: »actus fidei«, spanisch-portugiesisch: »auto da fé«) fortbrennen. In den 327 Jahren der spanischen Inquisition werden 34 658 Menschen geröstet werden, mindestens zwei jede Woche, stets unter großer Anteilnahme des Publikums; zuschauen ist, wie Isabellas Inquisitions-Propagandisten verkünden, »verdienstlich«.

Ferdinand und Isabella dürfen ihr Weihnachtsfest 1491 als gesegnet ansehen. Hilfe für Granada ist, wie erwartet, nirgendwoher zu befürchten. Nur eine Woche noch, dann wird sich die Politik des langen Wartens auszahlen.

Als die Alhambra unter dem Schnee versank

So muß man es gesehen haben, Granada und seine Alhambra: An einem 2. Januar, in der Kälte, unter dem Schnee. Dreißig Zentimeter hoch liegt er auf den Zinnen der Türme, auf den Mosaiken der Höfe, auf den Palmen und Zypressen, auf den Terrassen der Jasmin- und Rosengärten. Touristen, eine Million im Sommer, sind nur noch Erinnerung an einen Spuk. Auf der Alhambra an einem 2. Januar: Busse kommen die Steigungen der vereisten Zufahrt nicht mehr hoch, Privatautos gleiten dort unten schon nach den ersten Metern querstehend wieder bergab. Wenn die Winterstürme über die »Vega« fegen und die Stadt im Tal unter weißer Depression versinkt, ist die Alhambra einer der erhaben-trostlosesten Orte der Welt.

Gestern abend im »Alhambra Palace«, dem Hotel im maurischen Stil an der letzten Steilkurve der Straße zum Tal: Eben noch bestrahlen die Kronleuchter die den Sarazenen-Architekten täuschend echt nachgegipsten Stalaktiten-Bögen in der weiten, von arabischen Spitzbögen überwölbten Hotelhalle, eben noch glitzern unten in Granada weiße Straßenlichterketten im Flockenfall. Plötzlich Finsternis. Der Schneesturm hat die Stromversorgung zerrissen, dunkel bleiben nun Burg und Stadt die ganze Nacht, Granada ein graues Dächerfeld, hier und da mattleuchtend Doppelpunkte: Schlitternde Autos. Im Hotel nistet sich Kälte ein.

Kerzen werfen flackernde Schatten über die Mosaike an den Wänden, die Kachelränder mit den arabischen Schriftzeichen. Essen kann auch nicht mehr serviert werden, kein warmes Getränk. Wie war es erst in jenem Winter der Belagerung vor fast fünf Jahrhunderten, als es frostig und finster war und nach und nach die Lichter ausgingen in Granada?

Am Morgen in der Hotelhalle: Menschen auf gepackten Koffern, nervös, hungrig und verfroren, Abreise unmöglich. Kein Taxi schafft den Weg herauf, die Wagen auf dem Parkplatz sind konturlose Schneehügel. Einige, ausgegraben, springen nicht an, wenn doch, drehen die Räder durch. Januar ist immer ein bißchen Belagerungszustand auf dem Alhambra-Berg.

Mühsam der Weg zum Palast. Die Marmorlöwen im Löwenhof mit hohen Schneehauben auf den Mähnen. Totenstille in der Alhambra, die einmal groß genug war für eine Garnison von 40000 Soldaten. Wasser gurgelt dumpf in den Kanälen unter den marmornen Böden, es kommt aus den unversiegbaren Sarazenen-Quellen im Berg. Durch die leeren Fensterhöhlen fegt der schneidende Wind von der Sierra Nevada. Die Mauern, die Säulen, das Wasser, der Wind, der Schnee – die Stille, in der man die Toten reden hört.

Im Myrtenhof der rote Comares-Turm und sein Spiegelbild im kaltschwarzen Wasser des Beckens. Die Blättchen von der Myrtenhecke, armtief unter dem Schneebelag gepflückt, duften würzig. Hier entlang gingen die Parlamentäre Boabdils, als sie mit den scheinbar großzügigen Kapitulationsbedingungen vom spanischen Königspaar zurückkehrten, fragende Blicke in den ausgemergelten Gesichtern der Garnisonssoldaten, die in Kamelhaardecken und Schafspelze gehüllt hier vor den weißen Mauern unter den sechs Kolonnadenbögen vor dem Comares-Turm lagern, verfolgten sie.

Boabdil, fröstelnd auf seinem Diwan in der ebenerdig gelegenen »Botschafter-Halle«, sah sie herankommen. Heute ist die Halle leer, wie alle Räume der Alhambra; herrlich das Filigranwerk des Wand- und Deckenschmuckes, der die Jahrhunderte überdauert hat – aber wie kalt, wie erstorben wirkt das alles.

Aber damals: Kissen und Diwane, Teppiche und Wandbehänge, farbiges Glas in den Fenstern, Skulpturen in den Ecken, Schmuckstücke auf niedrigen Tischen, Duft aus den Räucherpfannen, Glut in den Braseros, den kunstvoll geschmiedeten Holzkohleöfchen – und das gespannte Schweigen der Offiziere, Minister und Garden rings um Sultan Boabdil, für die alle nun die Nachricht der Unterhändler das Urteil über Leben und Tod ist.

Oberst Musa sieht, wie sich das weiche Gesicht Boabdils während des Vortrags des Chefparlamentärs entspannt. Musa weiß jetzt schon, was dieser leichtgläubige Traumtänzer, der zu sehr am Leben hängt, als daß er jemals dafür kämpfte, sagen wird. Er wird alles akzeptieren und alles dafür hergeben.

Der eisgraue Oberst springt auf, schreit seine Empörung in die Halle. »Jeder Tod ist süßer als die Schande und der Schmerz des Sklavendaseins! Glaubt ihr denn, daß Kastilier ein Versprechen halten? Sie werden unsere Häuser plündern, unsere Frauen und Töchter schänden, unsere Moscheen entheiligen! Steigt nicht der Geruch verbrannten Fleisches aus Sevilla und Malaga schon bis hierher auf? Ich schwöre euch – schon jetzt sind die Fackeln entzündet, um uns alle lebendigen Leibes auf den Scheiterhaufen in Asche zu verwandeln!«

Der Sultan zieht sich den Mantel fester um die Schultern. Niemand antwortet.

Musa greift sich seinen Harnisch und sein Schwert, dann dreht er sich um, stapft durch das Portal in den Schnee auf dem Myrtenhof hinaus. In den Stallungen vorn am Palasttor steigt er auf sein Pferd, dann reitet er den vereisten Talweg zur Stadt hinab – noch einmal über den großen Platz am »Bab ar-Ramla«, dem »Tor des Sandes«, der auch heute immer noch »Biberamla« heißt, wo früher die Reiterturniere stattfanden und Musa sich so manche Trophäe holte. Von den Wachen läßt er sich das Stadttor aufsperren. Die Soldaten auf den Mauern starren ihm nach.

Eine kurze Strecke reitet er das Ufer des Cenil entlang, dann findet er, was er sucht. Eine kastilische Kavalleriepatrouille stellt sich ihm in den Weg. Oberst Musa zieht sein Schwert. Der alte Sarazene, der kämpft, um zu sterben, scheint unbesiegbar. Auch nachdem er bereits einen Unterschenkel verloren hat. Erst als Verstärkung heranprescht, gelingt es einem Kastilier, ihn mit der Lanze aus dem Sattel zu stoßen. Sie bieten ihm Pardon an, aber der Oberst kämpft verbissen weiter, kniend. Dann wirft er sich mit letzter Kraft in den Fluß. Harnisch, Helm und Schwert ziehen ihn auf den Grund.

Das war das letzte Heldenlied der Sarazenen-Geschichte. Währenddessen setzt im »Botschafter-Saal« der Alhambra-Sultan Boabdil seine Unterschrift auf die Kapitulations-Urkunde.

Der letzte Seufzer des Sarazenen

Winterlicher Atemhauch, gefroren zu Marmor, Alabaster und Stuck in millionenfachem Filigran: Säulen und Säulenbogen in der »Halle der Könige«, die östlich vor dem »Löwenhof« liegt. Nie gab es eine grandiosere Szenerie für ein schmachvolleres Finale. Hier drängten sie sich kniend um den mitgebrachten Altar, vor dem der Groß-Kardinal ein triumphales Hochamt zelebrierte: Ihre Katholischen Majestäten, Ferdinand, mit vierzig immer noch das feiste Gesicht eines verwöhnten Kindes. Isabella mit dem Madonnenscheitel und der hängenden Unterlippe, nun neununddreißig. Hinter ihnen, auf den Knien wie das Königspaar, die Meute der Sieger, Bischöfe in ihren Mitren, geschorene Mönche, Ritter in schimmernden Rüstungen mit Kreuzzugkreuz auf der Brust, in Samt und Seide gewandete Hofschranzen, und über ihnen wehen die Banner, ragen die Kreuze – Kreuze über der Alhambra, und das Tedeum brandet exorzierend durch die Säulenhallen und über die Springbrunnenhöfe. Bald wird auch die Komposition der Alhambra-

Paläste und Höfe mit dem architektonischen Siegel der Sieger gebrandmarkt sein: Ein klotziger Rundbau, eine katholische Kirche wird den feinnervigen Filigran der arabeskenhaften Grundstrukturen zerstören.

Boabdil, der »Chico«, hat schon am Nachmittag vor dem Einmarsch der Sieger das Traumschloß der Sarazenen verlassen. Auf seine Bitte wurde das Tor, durch das er davonritt, hinter ihm zugemauert. Am Südostende des Alhambra-Areals, wo einmal der »Turm der Sieben Stockwerke« stand und heute wilder Wein und Feigenbäume die Trümmer der dort verfallenen Wallbastionen bewachsen, war das Tor, das nach Boabdil niemand mehr durchschritt.

Eine triste Karawane bahnt sich dort den steilen »Los-Martiros«-Hang hinab den Weg durch den Schnee. Hinter Boabdil und seiner Mutter einige wenige Bedienstete mit den Packpferden. Maulesel mit den Särgen von »Chicos« Vorvätern, denen die neuen Herren der Alhambra die letzte Ruhe in der »Rauda«, dem heute ebenfalls zusammengesunkenen Nasriden-Mausoleum, nicht weiter gestatten wollen. Boabdil hat diesen mühsamen Kletterpfad gewählt, um nicht die Stadt durchqueren zu müssen. So erreicht er, ohne ehemaligen Untertanen ins Gesicht gesehen zu haben, die kleine Moschee am Xenil-Ufer, die später zu einer San-Sebastian-Kapelle umfunktioniert wird. Hier liefert er die Schlüssel der Alhambra ab.

Ein Zwischenfall ist zu vermerken, der sich nach der Triumphmesse in der Alhambra ereignet haben soll. Als der Festakt beendet ist, wird Königin Isabella informiert, ein Genuese mit einem »besonderen Anliegen« habe während des Hochamtes in den hinteren Rängen gestanden, anschließend vergeblich versucht, zu ihr vorgelassen zu werden. Nun sei er verärgert abgereist. Isabella, auch über das »besondere Anliegen« ins Bild gesetzt, befiehlt das Wiedererscheinen des Genuesen. Die königlichen Boten holen ihn am nächsten Tag in Loja ein, in Santa Fé kann er sein Projekt vortragen. Er heißt Christoph Columbus und will einen Seeweg nach Indien wissen, der den Transithandel über die Länder des Islam unnötig machen soll. Isabella ist, obwohl Columbus enorme Forderungen stellt, sehr interessiert. Schon im August wird Columbus absegeln – und damit ein neues Zeitalter einleiten, in dem der Islam keine Rolle mehr spielt. Columbus' Projekt freilich beruht auf Seekarten der Sarazenen, die ja schon seit Jahrhunderten, auch bereits mit präzisem Navigationsgerät und Kompaß ausgestattet, die Indienfahrt betreiben...

Jenseits der Vega-Ebene erhebt sich, Ausläufer des Alpujarra-Gebirges, karg und schneeumweht in Januartagen, eine Hügelkette. Als Boabdils Karawane auf ihrem Weg ohne Wiederkehr hier oben auf der Paßhöhe anhält, ist der Himmel klar: Der »Chico« kann in der Ferne Granada und die Alhambra sehen. Er verweilt lange, zusammengesunken im Sattel, ohne ein Wort. Tränen laufen ihm über die Wangen. Der Berg heißt heute noch »la Cuesta de las Lagrimas« – der »Hügel der Tränen«.

Aischa, seine Mutter und sein Ungeist, wirft einen verächtlichen Blick auf das untüchtige Instrument ihres Hasses gegen ihren Mann, Boabdils Vater, dann spricht sie den Satz, den noch heute jedes Kind in Granada zitieren kann: »Beweine nur wie ein Weib, was du nicht wie ein Mann verteidigt hast!« Aischa, wie es scheint, ist keine Frau, die weinen kann.

Die Stelle auf dem Hügelkamm hat seit fast fünf Jahrhunderten ihren Namen behalten: »El ultimo sospiro del Moro« – »der letzte Seufzer des Mauren«.

Boabdil, der Sultan, der zu klein für einen großen Abgang war, reißt sich von dem Blick in die verspielte Vergangenheit los, lenkt sein Pferd an die Spitze des Flüchtlingstrecks, reitet voraus, damit niemand die Tränen sieht, nach Süden, der Küste zu.

Granada trägt das Kreuz

Die letzte Nachricht von Boabdil wird uns durch den arabischen Historiker Makkari aus Nordafrika übermittelt. Natürlich hielten Ferdinand und Isabella keine ihrer Zusagen aus dem Kapitulationsvertrag. Aus seinem Exil nach Marokko deportiert, stirbt Boabdil in Fez. Die Söhne des letzten Sarazenen-Sultans von »al-Andalus« halten sich mit Bettelei in den Moscheen am Leben.

In Granada bereiten inzwischen Ferdinand und Isabella die Endlösung vor: Beschlagnahmen, Moscheenschließungen, Zwangstaufen, schließlich Scheiterhaufen – in der seitdem üblichen Reihenfolge, zuerst für Bücher, dann für Menschen. 1526 nimmt der Generalinquisitor in Granada Quartier. Eine der letzten Moscheen wird – samt Gemeinde; Männer, Frauen und Kinder – mit dem nun in Mode kommenden Schießpulver in die Luft gesprengt. Gut 200 Jahre nach dem

Fall von Granada sind drei Millionen Moslems zwangsweise nach Nordafrika deportiert. Handwerk, Landwirtschaft und Handel verfallen, um 1700 gleichen ganze Landstriche Wüsten. Nur vorübergehend hat das in Südamerika durch Massenraubmord erbeutete Gold den Niedergang Spaniens aufhalten können.

13.
Mekka –
eine Fata Morgana
des
21. Jahrhunderts

Der Morgen graut über Mekka. Ein erster Smaragdschimmer des heraufziehenden Tages hebt den Gipfel des »Dschabal-an-Nur« vom blausamtenen Nachthimmel Saudi-Arabiens ab. In den hundert Moscheen der Heiligen Stadt schieben die Muezzins ihre Dolby-Systemkassetten in die Abspielgeräte. Von den Lautsprecherbatterien auf den Minaretts dröhnen die Baritonstimmen der elektronisch verstärkten Vorsänger ihr »Allaha akbar! Gott ist groß!« über die Basare und die Boulevards, über die Stadtautobahnen und die Hochhaustürme.

Mekka, die Geburtsstadt des Propheten, die Wiege des Islam, der geistige Ausgangspunkt der Eroberungszüge der Sarazenen, ist heute eine der modernsten Städte des Orients. Volltechnisiert, elektrifiziert und infrastrukturiert.

Jetzt, zur Zeit der »Hadsch«, der großen Wallfahrt zum Schwarzen Stein der Kaaba, wird das am deutlichsten. Wie alljährlich zwischen dem achten und dem dreizehnten Tag im zwölften Monat des islamischen Kalenders, bricht nun aus allen Ländern der Erde ein Pilgerstrom von rund zwei Millionen Seelen über den von kahlen Wüstenbergen umschlossenen Talkessel herein.

Die Heilige Stadt, normal 250000 Einwohner stark, kann freilich nur einem knappen Hunderttausend Wallfahrern Quartier bieten. So schlafen sie zumeist im Freien: auf den Marmorböden der Moscheen; auf dem Asphalt der Hauptstraßen; auf den Bürgersteigen vor den Wolkenkratzern; auf dem von zahllosen Pilgergenerationen festgetretenen Sandboden der Basarstraßen; auf dem künstlich bewässerten Rasen im »Malab-Islam«-Stadion des »Nadi'l-Wichda«-Fußballklubs (Oberliga); auf den Sitzen ihrer vom oft Tausende Kilometer langen Anmarsch schlamm- und staubbedeckten Autos. Pilger sind genügsam und die Nächte warm in Mekka, auch im sogenannten Winter kaum unter 20 Grad. Da reichen Decke, Schlafsack oder auch Gebetsteppich als Bett. Einige, mit mehr Glück und Geld, übernachten auch, fünfzehn oder zwanzig pro Zimmer, in Appartementhäusern, die zur Hadsch-Zeit für Wallfahrer geräumt werden. Nur wenige können es sich jedoch leisten, in den luxuriösen Hotels zu logieren. Zum Beispiel im zwölfstöckigen »Aziz Khogeer« gleich gegenüber der großen Moschee, mit Blick auf die Kaaba aus den oberen Räumen. Zum Beispiel im »Mecca Intercontinental«, wo sogar leichtgeschürzte Ägypterinnen und Libanesinnen servieren und abends internationale Starbands musizieren (Zimmerpreis zur Hadsch-Saison 1000 Rial oder 700 DM oder der zwanzigfache Monatslohn eines afghanischen Pilgers).

Die meisten Hadschis biwakieren jedoch vor der Stadt. Eine Million in dem gigantischen Zeltcamp zwölf Kilometer weiter nach Westen in Mina, das sonst im Jahr eine nur von ein paar Wachmännern beaufsichtigte Geisterstadt in der Wüste ist. Hunderttausende, ebenfalls in Zelten, in der sandigen Ebene zu Füßen des Berges Arafat, von dessen Abhang Mohammed einst seine letzte Bergpredigt hielt.

Lange bevor die ersten Gebetsrufe von den Minaretts erschallten, sind von Mekka aus bereits die Konvois der Wassertanker über die breite Autobahn zu diesen Zeltstädten aufgebrochen. Nun, in der Morgensonne, starten Hubschrauber und kreisen, von Nationalgardisten über Funk geleitet, dort über den Camps, wo Krankheits- und Unglücksfälle gemeldet wurden. Ambulanzen bahnen sich mit Rotlicht und Sirenen durch das Getümmel der improvisierten Millionenstadt den Weg zu den von Helikoptern markierten Einsatzorten. Viele Pilger brechen krank, ja tod-krank oft, zur Wallfahrt auf. In der Heiligen Stadt erhoffen sie sich Heilung oder glücklichen Tod. Nun richtet sie das halbe Hundert Notlazarette so weit her, daß sie sich von Freunden oder Familien in Sänfte oder Rollstuhl zumindest noch zur Kaaba tragen lassen können. Auf Fernsehmonitoren überwacht der Einsatzstab die Rettungsaktion. Später tuckern Spray-Flugzeuge über die Camps und sprühen Desinfektionsmittel herab.

In den Basaren von Mekka legen derweil die Händler ihre Waren aus. Brokat aus Indien, Lederwaren aus Ägypten, Jeans aus Texas, Schmuck aus Syrien und Irak, Parfüms aus Frankreich, Krummdolche aus dem Jemen, Uhren aus Deutschland und der Schweiz, Radios und Recorder aus Japan. Sie machen jetzt das Geschäft des Jahres.

Wenn jeder Pilger hier nur 20 Rials verplempert, kassiert der mekkanische Klein- und Straßenhandel in der Pilgerwoche 30 Millionen. Für die Staatskasse fällt davon nichts ab. Saudi-Arabien kennt keine Steuern. Seit der 1975 ermordete König Feisal die Schutzherrschaft über die heiligen Stätten des Islam übernahm (oder, was Jerusalem betrifft, anstrebte), kosten Mekka und die Mekkapilgerei die Staatskasse Milliarden.

Mit dem Morgenruf der Muezzins beginnt auch für Seine Hoheit Scheich Ismael Manaan wieder ein achtzehnstündiger Arbeitstag. Von seinem großräumigen, mit kostbaren Teppichen ausgelegten Büro aus dirigiert der schmächtig-feingliedrige Aristokrat das Staatssekretariat für Pilgerwesen. Mit einem Kader von 1600 Mitarbeitern bewältigt er alljährlich ein Organisationsproblem, gegen das olympische Spiele ein Kindergeburtstag sind. Noch 1968 betrug die Zahl der Mekkapilger knapp 375000, doch 1975 waren es schon 1,5 Millionen. Ab 1978 werden jährlich über 3 Millionen erwartet.

Mekka ist für jeden Moslem das Abenteuer der hautnah erlebten Gemeinschaft des weltumspannenden Islam, heute mehr denn je. Sie kommen über Land: auf den Jahrtausende alten, heute asphaltierten Karawanenstraßen; in russischen »Wolga«-Taxis aus Afghanistan über den Iran und Irak von Nordosten; in alten Borgward- und Mercedes-Limousinen aus der Türkei über Syrien und Jordanien von Nordwesten; in Citroëns und Renaults aus Nordafrika über Ägypten; in amerikanischen Straßenkreuzern von den Ölemiraten quer durch die saudi-arabische Wüste; in Lastwagen von Süden her aus dem Jemen. Sie kommen übers Wasser: auf kleinen Frachtern aus dem Sudan übers Rote Meer bis Dschidda und Janbu; mit Dau und Fischerbooten aus Pakistan und Indien über den Persischen Golf bis Dharan. Und sie kommen durch die Luft: auf dem Flughafen Dschidda, 50 Kilometer vor Mekka, landen und starten im Vier-Minuten-Abstand, Tag und Nacht, die Düsenmaschinen von rund fünfzig arabischen, europäischen und amerikanischen Gesellschaften, die im Charterauftrag der »Saudi-Arabian Airlines« fliegen.

Mit den Jets kommen auch die neuen Moslems aus Amerika und Europa, die – frustriert von der Glaubensleere westlicher Zivilisation – ihr Seelenheil in einer lebendiggebliebenen Religion ohne Vatikan und Klerus suchen. Sechshundert Millionen Moslems zählt die Gemeinde Mohammeds heute in der Welt; künftig werden im Laufe einer Generation, so rechnet vorsichtig Scheich Manaan, alle Moslems dieser Erde einmal in Mekka gewesen sein. Was der Prophet vor nun fast 1400 Jahren seiner damals noch überschaubar kleinen Gefolgschaft gebot, macht modernes Transportwesen nun für gut ein Sechstel der Erdbevölkerung möglich.

Für diese Jahr um Jahr verstärkt über Mekka hereinbrechende Pilgerflut hat Scheich Manaans Staatssekretariat eine Organisation geschaffen, die Transport und Unterbringung, Versorgung und Hygiene in einem Maßstab bewältigt, der in der nicht-islamischen Welt ohne Beispiel ist. Freilich wird dergleichen dort auch nirgendwo gefordert.

Gleichzeitig hat Saudi-Arabiens Regierung die Modernisierung Mekkas unternommen. Die ebenso ehrgeizige wie aufwendige Neuplanung der Heiligen Stadt, von König Feisal in Auftrag gegeben und von König Chalid weitergeführt, katapultierte Mekka fast ohne Übergang aus mittelalterlichem Dahindämmern ins Jet-Zeitalter. Ganze Stadtviertel wurden abgerissen. Enge Häuserzeilen und Basargassen, die malerisch-verkommen rund um die Große Moschee gewuchert waren, fielen dem Bulldozer zum Opfer. Dafür wurde die Große Moschee mit der Kaaba um das Fünffache vergrößert – von 29 127 Quadratmetern auf 160 168 (zum Vergleich der Petersdom in Rom: 15 160 Quadratmeter Grundfläche). So kann die Große Moschee nunmehr, zum Ritual der siebenmaligen Umwanderung der Kaaba und des Kusses auf den Schwarzen Stein, rund 300 000 Gläubige aufnehmen (Kapazität des Münchner Olympia-Stadions: 80 000). Und sieben neue Minaretts, jedes 90 Meter hoch, fast wie das Ulmer Münster, ragen in den Himmel. Andere heilige Stätten im Kaababereich erfuhren gleichfalls zeitgemäße Neugestaltung. Da gibt es die historisch-heilige Strecke Wegs zwischen den beiden Bodenerhebungen al-Safa und al-Marwa. Dort lief einst Abrahams Zweitfrau Hagar, verzweifelt auf der Wassersuche für ihr Söhnchen Ismael, siebenmal hin und her, bis Erzengel Gabriel ihr den Brunnen Semsem schenkte. Zum Angedenken durchmessen nun auch Mekkapilger siebenmal im Laufschritt die Distanz, nachdem sie zuvor vom Semsem-Wasser gekostet haben (es schmeckt leicht brackig). Diese »Laufbahn« ist, als hoher, breiter Säulengang, in den Erweiterungsbau der Großen Moschee miteinbezogen worden, breit genug für jeweils zwanzig Pilger Schulter an Schulter, sowohl wegauf wie wegab; dazu ein Mitteltrakt, zweispurig natürlich, für Behinderte in Rollstühlen. Und dabei blasen von den Säulenwänden Air-Condition-Boxen den Pilgerläufern laufend Kühlung zu.

Der Semsem-Brunnen, nun in eine Marmorkammer unterm Innenhof der Großen Moschee eingebracht, ist neuerdings mit einer Flaschenabfüllanlage versehen. Semsem-Wasser ist seitdem in Drugstores und Supermärkten erhältlich, Haddschi nehmen es in Kanistern mit auf den Heimweg.

Und wenn am »Id al-Ad'ha«, dem »Tag des Opfers«, in der Ebene von Mina Riesenherden von Schafen und Kamelen geschlachtet werden – Erinnerung an Abrahams Gehorsam gegenüber Gottes Wort, das ihm befahl, den eigenen Sohn zu opfern –, dann schwärmt dort nunmehr nach dem Blutvergießungsritual in breiter Front ein Räumgeräteaufgebot herein. Wo bis vor kurzem nach dem Abmarsch aller Pilgerscharen stets der Aasgeruch noch lange über der Opferstätte waberte, pflügt jetzt eine Bulldozerschwadron die Kadaver in den Sand. Künftig soll gar nahebei eine Konservenfabrik die Verwertung des Opferfleisches übernehmen. Vorläufig sehen die orthodoxen Schriftgelehrten allerdings überhaupt noch keinen Hinweis im Koran, daß der Prophet die Industrievermarktung dieses Rituals gestattet haben könnte.

Mekkas Modernisierung ist noch längst nicht abgeschlossen. Die Heilige Stadt platzt, ständig sich erweiternd, aus den Nähten. Da sie sich in ihrem Talkessel kaum noch ausweiten kann, wächst sie in die Höhe – ein arabisches Manhattan. Bürgermeister Abdallah Arif hat jetzt vor, alle Häuser kurzerhand um ein oder mehrere Etagen aufzustocken. Für die Nachbarebenen von Mina, Asisijja und Al-Adl ist eine Infrastruktur mit einem auf 200 Kilometer angelegten Ringstraßennetz geplant, komplett mit fünf Tunnels, mit Über- und Unterführungen und Verteilerkreisen, in dessen Rahmen Unterkunft für die drei Millionen Pilger geschaffen werden soll, die ab 1978 jährlich erwartet werden. Ein Konsortium aus englischen, libanesischen und saudischen Firmen soll das Zwei-Milliarden-Projekt realisieren. Die »ungläubigen« Architekten, Bauleiter und Spezialisten werden zum Islam konvertieren müssen – wie schon etliche Deutsche vor ihnen, die eine Autobahn nach Mekka und eine Hochstraße in Mina bauten –, damit sie in dem bis zu 25 Kilometer weiten für Nicht-Moslems bei Strafe streng verbotenen Sperrbezirk rund um die Heilige Stadt überhaupt arbeiten können.

Es wird Abend über Mekka. Die Sonne der Sarazenen sinkt hinter den Ausläufern des Hedschas-Gebirges ins Rote Meer. Von den Minaretts rufen die Lautsprecherstimmen der Muezzins zum letztenmal an diesem Tag die Größe Allahs aus. Nun erstrahlen die Moscheen in gleißendem Scheinwerferlicht. Unter schlanken Bogenlampen rauscht der endlose Strom amerikanischer Luxuslimousinen die breiten Hauptstraßen entlang. In den Hochhaustürmen leuchten tausend Fenster. Grellbunte Neonlichtreklamen blitzen von den Häuserfronten aus Beton und Glas. Lichterketten ziehen sich zu den Bergen rund um die Stadt hinauf und umgürten die Prophetenstadt mit funkelnden Girlanden.

Mekka, gestern noch eine mittelalterliche Legende in der Wüste, ist heute schon eine Fata Morgana des 21. Jahrhunderts. Käme Mohammed zurück auf diese Welt – ohne göttliche Erleuchtung –, würde er seine Stadt nicht wiedererkennen.

Ein Nachwort

Falls Sie zu den Lesern gehören, die ein Buch zuerst hinten aufblättern, dann sind Sie jetzt im Vorteil: Ich möchte Ihnen auf dieser Seite eine Gebrauchsanweisung für dieses Buch an die Hand geben.

Kritische Leser werden einwenden, ein gutes Buch bedürfe keiner Lesehilfe – und wenn, dann am Anfang.

Richtig. Aber ich habe etwas gegen Vorworte; ich mag nicht erst eine Pflichtlektüre hinter mich bringen müssen. Vielleicht denken Sie ebenso. Und vielleicht ist es auch gar nicht so schwierig, wie ich beim Schreiben gelegentlich fürchtete, als Leser mit den uns ungewohnten arabischen, türkischen und persischen Namen zurechtzukommen. Denn darum geht es hier. Die Schwierigkeiten liegen darin, daß arabische Worte sich nur unvollkommen in unsere Schrift übertragen lassen. Die Wissenschaftler haben deshalb für ihre Fachbücher eine Schreibweise entwickelt, die mit Akzenten, Punkten und Strichen zwischen, über und unter unsere lateinischen Buchstaben arbeitet. Das ist jedoch mühsam zu drucken und für den ungeübten Leser noch mühsamer zu entziffern. Wir haben deshalb hier eine vereinfachte – phonetische – Schreibweise gewählt, wie sie zum Beispiel vom Seminar für Geschichte des Vorderen Orients der Universität Hamburg empfohlen und auch von Lexika – so im Brockhaus – benutzt wird.

Im Englischen oder Französischen gibt es ebenfalls solche vereinfachten Schreibweisen, natürlich der englischen oder französischen Zunge angepaßt. Dort wird man das Wort »Hidschra« – der Auszug Mohammeds aus Mekka – als »hijrah« (englisch) oder »hegire« (französisch) antreffen.

Verwirrung kann entstehen, wenn arabische Namen oder Orte in deutschen Publikationen, was oft geschieht, auf englisch auftauchen. So schreibt etwa die »Süddeutsche Zeitung« den Namen des libyschen Staatschefs in der englischen Form, »Khadhafi«, der »Spiegel« benutzt die »offizielle« deutsche Version »Gaddafi«. Verwirrung auch dann, sollte sich der deutsche Leser aufmachen, Orte der Handlung dieses Buches besuchen zu wollen. Den »offiziellen« Ortsnamen »Dschidda« wird er weder auf seinem Flugticket noch bei der Ankunft am Flughafengebäude der saudi-arabischen Großstadt vorfinden. Da steht es nur englisch: Jeddah. Und in Bagdad wird er vergeblich nach der in diesem Buch erwähnten Hauptstraße »Sa'dun Street« Ausschau halten. Auf den Straßenschildern dort (und in deutschsprachigen Reiseführern) existiert sie als »Saadoun Street«.

Manchen mögen solche Eindeutschungen erscheinen, als würden wir aus einem englischen Staatsmann namens Churchill einen »Tschörtschill« machen. Nun, die Italiener nennen unser München auch beharrlich »Monaco« und die Franzosen unser Aachen »Aixla-Chapelle«. Aber solche Rätselspiele gehören mitunter zum (Lese-) Abenteuer einer Reise in fremde Länder und Kulturen.

Kenner der Sarazenen-Geschichte und -Kultur werden in diesem Buch – vielleicht – das eine oder andere Standardkapitel aus wissenschaftlichen Werken vermissen. Zum Beispiel die theologische Erörterung der »mahab«, der vier Haupt-»Schulen« der sunnitischen Orthodoxie. Zum Beispiel eine Darstellung der Wechselwirkungen zwischen Islam und persischer Kultur oder zwischen Moghulkaisern und den von ihnen in Indien vorgefundenen gesellschaftlichen und künstlerischen Strukturen. Vielleicht auch eine detaillierte Betrachtung der Kunst im Islam. Es mag den pedantischen Kenner auch stören, daß die Aufzählung sämtlicher Kalifen und aller Schlachten, die sie gewannen oder verloren, nicht vollzählig ist. Bei der unerschöpflichen Fülle des Stoffes jedoch ist Beschränkung unerläßlich – und dem Autor selbst am schmerzlichsten.

Aber nichts wünscht sich der Autor sehnlicher, als den interessierten Leser, der hier die faszinierende Epoche der Sarazenen kennenlernt, zum Weiterlesen zu bewegen – sei es in den großen, auf ihr Thema spezialisierten Bildbänden über islamische Architektur im maurischen Spanien, in Nordafrika, im Vorderen Orient, in Persien, in Indien, sei es in den umfassenden, vielbändigen Werken der in aller Welt angesehenen deutschen Orientalisten, Arabisten und Islamisten wie Professor Spuler von der Universität Hamburg oder Frau Professor Altheim-Stiehl von der Universität Münster.

Hier ging es vor allem darum, Szenen und Porträts aus einer Epoche der Weltgeschichte, die rund tausend Jahre zurückliegt und deren Ausstrahlung noch immer unsere Welt bewegt, für den neugierigen Leser von heute blutvoll lebendig zu machen. Wenn Allah es gewollt hat, ist es mir auch einigermaßen gelungen…

Bei dieser Gelegenheit möchte ich einigen von den vielen Menschen, die mir bei meinen Recherchen und auf meinen Reisen geholfen haben, meinen aufrichtigen Dank sagen: Herrn Staatsminister Hans Jürgen Wischnewski, dem ich viele Empfehlungen an arabische Freunde und deutsche Diplomaten im Orient verdanke; den Botschaften der Bundesrepublik in Saudi-Arabien, im Irak, in Syrien, in Afhganistan, in der Arabischen Republik Jemen; Herrn Professor Omar al-Sahsi von der Universität Mekka; dem Kulturattaché der Irakischen Botschaft in Bonn, Herrn al-Khudair; den Botschaften aller in Bonn vertretenen Länder für die unbürokratische Bearbeitung meiner Visa-Anträge; Herrn Jewgenji Ditschenko, 1. Sekretär der Botschaft der UdSSR in Bonn-Bad Godesberg; Herrn Victor in Samarkand; dem Soziologen Karl-Heinz Deutsch für seine Mitarbeit; Frau Regina Wehmeyer vom Seminar für Geschichte des Vorderen Orients der Universität Hamburg für ihre wertvolle konstruktive Kritik.

Im Januar 1978 Rolf Palm

Bibliographie

Abbot, Nabia: *Aishah, the beloved of Mohammed.* New York 1973.

Abdar-Rahman, Abdul-Kais: *The history of the conquest of Egypt.* New Haven 1922.

Abu-Khater, Fouad: *Shagar el Dorr et Baibars.* Kairo 1951.

Ahmad, Aziz: *A history of Islamic Sicily.* Edinburgh 1975.

Akram, A. I.: *The sword of Allah.* Karachi 1970.

Altheim, F. und Stiehl, R.: *Die Araber in der Alten Welt.* 6 Bde. Berlin 1964/69.

Ameer, Ali: *A short history of the Saracens.* London 1927.

Asad, Muhammad (Leopold Weis): *Der Weg nach Mekka.* Berlin 1955.

Asad, Muhammad (Leopold Weis): *The Principles of State and Government in Islam.* Berkeley 1961.

Aschbach, Josef: *Geschichte der Omajjaden in Spanien.* 2 Bde. Wien 1860.

Asin, Miguel: *Islam and the Divine Comedy.* London 1926.

Audisio, Gabriel: *La Vie de Haroun al Rashid.* Paris 1930.

Barthold, W.: *Turkyestan v'Epokhu Mongolskavo Nashyestviya.* St. Petersburg 1898.

Blanchère, Régis: *Histoire de la littérature arabe des origines à la fin du XV siècle.* Paris 1964.

Boudet, Jacques: *Histoire universelles des armées.* Paris 1964/66.

Bräker, Hans: *Nationalitätenfrage und muslimische Reformbewegung in Rußland.* Köln 1970.

Buckler, F. W.: *Harun al Rashid and Charles the Great.* Cambridge, Mass., 1931.

Buhl, Frants: *Das Leben Mohammeds.* Leipzig 1930.

Busse, Heribert: *Calif und Großkönig.* Beirut 1969.

Campbell, Donald: *Arabian Medicine and its influence in the Middle Ages.* London 1926.

Chavannes, E.: *Documents sur les Tou-Kiue Occidentaux.* St. Petersburg 1903.

Chissold, Stephen: *In Search of the Cid.* London 1965.

Coffyn, André: *Histoire de l'Aquitanie.* Toulouse 1971.

Dozy, Reinhardt Pieter: *Histoire des Musulmans d'Espagne.* Leiden 1932.

Dürr, Karl: *Völkerrätsel der Schweizer Alpen.* Bern 1953.

Essad Bey: *Mohammed.* Berlin 1932.

Gabrieli, Francesco (Hrsg.): *Storici arabi delle crociate.* Turin 1957.

Cascoigne, Bamber: *The Great Moghuls.* London 1971.

Glubb, John Bagot: *The Great Arab Conquests.* London 1963.

Goldziher, Ignaz: *Vorlesungen über den Islam.* Heidelberg 1925.
Güterbock, Carl: *Der Islam im Licht der Byzantinischen Polemik.* Berlin 1912.
Guillaume, Alfred: *New Light on the Life of Mohammed.* Manchester 1960.
Habib, Mohammed: *Sultan Mahmud of Ghazni.* New Delhi 1967.
Hamidallah, Muhammad: *Documents sur la diplomatie des Khalifes à l'epoque orthodoxe.* Paris 1933.
ders.: *The battlefields of the Prophet Muhammad.* Working Muslim Mission 1953.
Hammer-Purgstall, Josef von: *Gemäldesaal der Lebensbeschreibungen großer mohammedanischer Herrscher.* 6 Bde. Leipzig 1837/39.
Hartmann, Martin: *Zur Geschichte des Islam in China.* Leipzig 1931.
Heinisch, K. J.: *Friedrich II. – sein Leben in zeitgenössischen Berichten.* München 1977.
Hell, Josef: *Der Islam und die abendländische Kultur.* Weimar 1915.
Hitti, Philip Khuri: *History of the Arabs.* London 1937.
Hodgett, Gerald: *A social and economic history of medieval Europe.* London 1972.
Hodgson, M. G. S.: *The Order of the Assassins.* s'Gravenhage 1955.
Hoenerbach, Wilhelm: *Spanisch-Islamische Urkunden.* Bonn 1965.
Houstma, Theodorus (Hrsg.): *Enzyklopädie des Islam.* Leipzig 1913/38 (neu: Leiden 1960).
Hunke, Sigrid: *Allahs Sonne über dem Abendland.* Stuttgart 1960.
Ibn-Battuta: *The Travels of Ibn-Battuta.* Cambridge 1971
Ibn-Hagar: *A biographical dictionary of the persons who knew Muhammed.* 8 Bde.
Ibn-Hischam: *Sira – das Leben Mohammeds.* (Hrsg. F. Wüstenfeld). Göttingen 1859/60.
Ibn-Kutaiba: *The natural history.* Leiden 1949.
Ibn-Saad: *Biographien Mohammeds, seiner Gefährten usw.* (Hrsg. Eduard Sachau). Leiden 1904/21.
Irving, Thomas Ballantine: *Falcon of Spain.* Lahore 1954.
Ivanow, Wladimir: *The alleged founder of Ismailism.* Bombay 1946.
Kheiri, Sattar: *Islamische Architekten.* Berlin 1923.
Kleinklausz, Arthur: *La legende du protectorat de Charlemagne sur la Terre Sainte.* Paris 1926.
Kremer, Alfred von: *Kulturgeschichte des Orients unter den Kalifen.* 2 Bde. Wien 1875 (Neudruck Aalen 1966).
Lacam, Jean: *Les Sarrazins dans le Haut Moyenage Français.* Paris 1965.
Lammens, Henri: *Fatima et les filles de Mahomet.* Rom 1912.
ders.: *Le Caliphat de Yazid I.* Beirut 1910.
Lassner, Jacob: *The Topography of Baghdad in the early Middle Ages.* Detroit 1970.

Le Strange, Guy: *Baghdad during the Abbaside Caliphate from Contemporary Arabic and Persian Sources.* London 1972.
Levi-Provençal, E.: *L'Islam d'Occident.* Paris 1948.
Levy, Reuben: *A Baghdad Chronicle.* Cambridge 1929.
Littmann, Enno: *Morgenländische Wörter im Deutschen.* Tübingen 1924.
Lot, Ferdinand: *L'art militaire et les armées au Moyen Age.* Paris 1946.
Mahajan, Vidya Dhar: *Muslim Rule in India.* New Delhi 1975.
al-Makkari: *The History of the Mohammedan Dynasties in Spain.* London 1840.
Mas'udi: *Les Prairies d'Or.* 9 Bde. Paris 1861/77.
Mazaheri, Aly: *La Vie Quotidienne des Musulmans au Moyen Age.* Paris 1951.
Mercier, Maurice: *Charles Martell et la Bataille de Poitiers.* Paris 1944.
ders.: *Le feu grégois.* Paris 1952.
Moreno, Casado José: *Las Capitulaciones de Granada en su aspecto juridico.* Granada 1949.
Müller, August: *Der Islam im Morgen- und Abendland.* Berlin 1885.
Muhydin, Atta: *Abu Bakr.* New Delhi 1968.
Muir, Sir William: *The Caliphate.* Edinburgh 1924.
Musca, Giosué: *Carlo Magno ed Harun al Raschid.* Bari 1963.
Nicholson, R. A.: *A Literary History of the Arabs.* Cambridge 1907.
Nizam al-Mulk: *Gedanken und Geschichten.* (Übers.: K. E. Schlesinger). München 1960.
Palmer, Edward Henry: *Haroun al-Rachid.* London 1881.
Palsquar, R. D.: *Babar – a study in generalship.* Poona 1971.
Paret, Rudi: *Der Islam und das griechische Bildungsgut.* Tübingen 1950.
ders.: *Der Koran – Kommentar und Konkordanz.* Tübingen 1950.
Pernoud, Regine: *Die Kreuzzüge in Augenzeugenberichten.* Düsseldorf 1961.
Pidal, Ramon Menendez: *Das Spanien des Cid.* München 1936.
Pirenne, Henri: *Mahomet et Charlemagne.* Paris 1937.
Reinaud, Joseph Toussaint: *Muslim Colonies in France, Northern Italy and Switzerland.* Lahore 1964.
Rodinson, Maxime: *Mohammed.* Paris 1975.
Roy, Jean-H., und Deviosse, R.: *La Bataille de Poitiers.* Paris 1966.
Sachau, Eduard: *Ein Verzeichnis mohammedanischer Dynastien.* Berlin 1923.
Salvador, Daniel: *The music and musical instruments of the Arabs.* London 1915.
Sauvaget, Jean: *Memento chronologique d'Histoire Musulmane.* Paris 1950.
Schirmer, Oskar: *Studien zur Astrologie bei den Arabern.* Erlangen 1926.
Schoeps, Hans-Joachim: *Religionen.* Gütersloh.
Sedillot, L. A.: *Histoire des Arabes.* Paris 1854.
Sell, Canon Edward: *The Cult of Ali.* London 1910.
Shaban, M. A.: *The Abbaside Revolution.* Cambridge 1970.
Snouk-Hurgronje, C.: *Mekka.* Den Haag 1888.

Sourdel, Dominique: *Le Vizirat Abbaside.* Damaskus 1959.
Sprenger, A.: *Das Leben und die Lehre Mohammeds.* 3 Bde. Berlin 1869.
Spuler, Berthold: *Der Islam.* Berlin 1948.
Tabari: *Annalen.* (Hrsg. M. J. de Goeje). Leiden 1897/1901.
Talbot, F. G. (Hrsg.): *Memoirs of Baber, Emperor of India.* Delhi 1909.
Thierry, Augustin: *Récits des temps mérovingiens.* Lausanne 1962.
Tugay, Esad Fuad: *Mohammed, le Prophète d'Allah.* Kairo 1951.
Venzmer, Gerhard: *Fünftausend Jahre Medizin.* Bremen 1968.
Wakkidi: *Kitab al-Maghazi.* (deutsch v. I. Wellhausen: *Muhammad in Medina).* Berlin 1882.
Watt, W. Montgomery: *Muhammed, Prophet and Statesman.* London 1961.
ders.: *The influence of Islam on Medieval Europe.* Cambridge 1972.
Weil, Gustav: *Mohammed der Prophet; sein Leben und seine Lehre.* Stuttgart 1843.
Wiedemann, Eilhard: *Über die Naturwissenschaften im islamischen Mittelalter.* Berlin 1919.
ders.: *Zur Alchimie bei den Arabern.* Erlangen 1922.
Wüstenfeld, Ferdinand: *Die Akademien der Araber und ihre Lehrer.* Göttingen 1837.
Yüan Chwang: *Travels to India.* London 1904.
Zambaur, E.: *Manuel de Généalogie et de Chronologie pour l'histoire de l'Islam.* Hannover 1927.

Personenregister

Sach- und Ortsregister

Die Welt des Islam

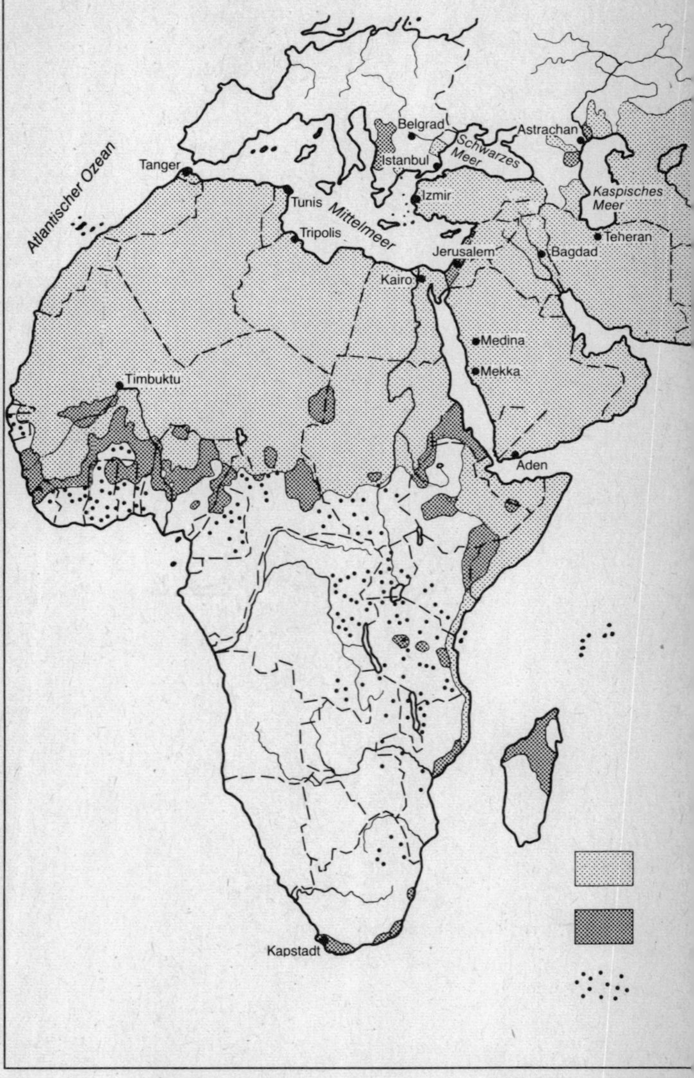

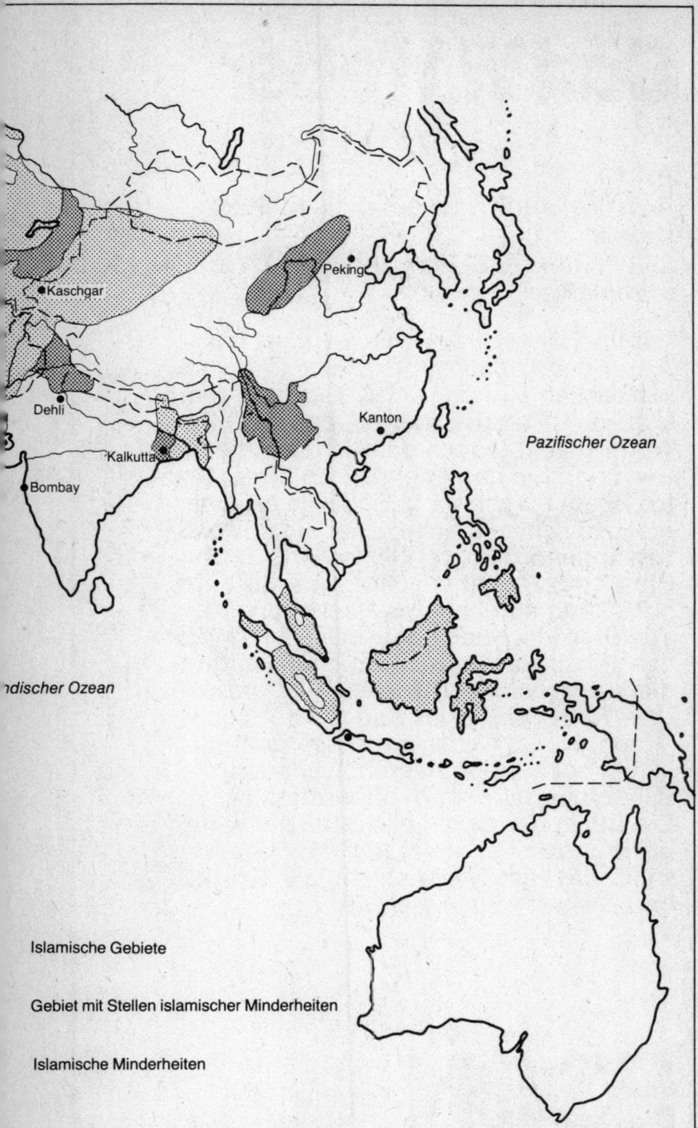

Kaschgar
Peking
Dehli
Kanton
Kalkutta
Bombay
Pazifischer Ozean
ndischer Ozean
Islamische Gebiete
Gebiet mit Stellen islamischer Minderheiten
Islamische Minderheiten